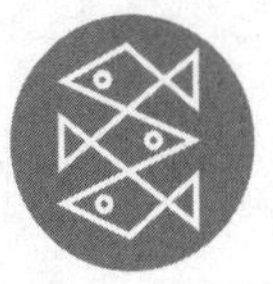

AF552300

Ende des Ersten Weltkriegs begonnen und in den von politischen und wirtschaftlichen Krisen überschatteten Gründerjahren der Weimarer Republik verfasst, wurde Heinrich Manns Roman *Der Kopf* erst Mitte der so trügerisch ›Goldenen Zwanziger‹ als das Finale seiner Kaiserreich-Trilogie veröffentlicht. Er vollendete nach der im Roman *Der Untertan* (1914/1918) vorgelegten Auseinandersetzung mit der ›Bourgeoisie‹ und dem der Arbeiterbewegung geltenden Roman *Die Armen* (1917) die Wiedergabe der wilhelminischen Gesellschaftstriade durch ein Abbild ihrer ›Elite‹. Zum dritten Mal wird das paradoxe und destruktive Potential der Epoche befragt, nun aber, um Ursachen und Folgen der Katastrophe zu ergründen. Die Erzählhandlung setzt 1891 ein und endet 1917. Vor historischer Kulisse treiben verschlüsselte Gestalten im Maskentanz um Liebe, Glück, Erfolg und Macht durch ein Labyrinth von Intrigen, Erpressungen, Verrat und diplomatischem Vabanque dem Untergang entgegen. Zwei in Hassbindung und Gesinnungskampf verstrickte Juristen scheitern im Privatleben wie mit ihrem öffentlichen Handeln: der eine als Kriegsgegner und Syndikus der Rüstungsindustrie, der andere als Kriegsbefürworter und Reichskanzler.

Erkenntniswert und Kunstrang dieser Synthese aus Autobiographie und geschichtspolitischer Verfremdung der Zeitgeschichte wurden oft unterschätzt. Heinrich Mann nannte das Werk eine »General-Abrechnung mit Zeit und Vergangenheit, mit dem Leben selbst« und das »traurigste Buch meines Lebens« (An Félix Bertaux, 18. 3. 1925). Es ist der angesichts höchst zweifelhafter Verwandlung des autoritären Systems zur Demokratie entstandene Versuch, eine Vergangenheit, die nicht vergehen wollte, durch künstlerische Erinnerungsarbeit zu bewältigen.

Heinrich Mann, geboren 1871 in Lübeck, begann nach dem Abgang vom Gymnasium eine Buchhandelslehre, 1891 bis 1892 volontierte er im S. Fischer Verlag, Berlin, gleichzeitig Gasthörer an der Universität; freier Schriftsteller; 1893 Paris-Aufenthalt, bis 1914 längere Italien-Aufenthalte, später München, ab 1928 Berlin; 1931 wurde er zum Präsidenten der Sektion für Dichtkunst der Preußischen Akademie der Künste zu Berlin gewählt. Die Verfilmung seines Romans *Professor Unrat* (unter dem Titel ›Der blaue Engel‹ mit Marlene Dietrich) machte ihn weltberühmt. Februar 1933 erzwungener Ausschluss aus der Akademie; Emigration über Frankreich (Paris, Nizza), Spanien und Portugal 1940 nach Kalifornien. 1949 nahm er die Berufung zum Präsidenten der neu zu gründenden Deutschen Akademie der Künste zu Berlin (Ost) an. Heinrich Mann starb 1950 in Santa Monica/Kalifornien. Seine Urne ist auf dem Dorotheenstädtischen Friedhof in Berlin beigesetzt.

Die wissenschaftlichen Mitarbeiter an diesem Band
Michael Stark, Jahrgang 1947, Dr. phil., 1980–1988 Akademischer Rat und 1989–2003 Lehrbeauftragter für Neuere Deutsche Literaturwissenschaft an der Otto-Friedrich-Universität Bamberg, seither freier Publizist. Bücher und Aufsätze zur literarischen Moderne und zur Intellektuellen-Forschung. Innerhalb der *Heinrich Mann Studienausgabe in Einzelbänden* Nachwort zu *Das öffentliche Leben. Essays.* (Frankfurt am Main 2001).
Peter-Paul Schneider, Jahrgang 1949, Dr. phil., bis Anfang 1999 Abteilungsleiter am Deutschen Literaturarchiv/Schiller-Nationalmuseum, Marbach am Neckar; zuvor Wissenschaftlicher Assistent für Neuere Deutsche Literaturwissenschaft an der Universität Bamberg (1977–1983). Veröffentlichungen zum 18. Jahrhundert und – im 20. Jahrhundert – hauptsächlich zu Heinrich Mann (Herausgeber des seit 1983 erscheinenden ›Heinrich Mann-Jahrbuchs‹; zusammen mit Helmut Koopmann bis 1997); seit 1996 Präsident der damals gegründeten ›Heinrich Mann-Gesellschaft‹ mit Sitz in Lübeck. Seit Mai 1999 leitet er das Deutsche Rundfunkarchiv Potsdam-Babelsberg.

Heinrich Mann
Studienausgabe in Einzelbänden

Herausgegeben von Peter-Paul Schneider

Textgrundlage:
Heinrich Mann: *Die Armen / Der Kopf*
Berlin und Weimar: Aufbau-Verlag 1987
(= Heinrich Mann: Gesammelte Werke
Herausgegeben von der Akademie der Künste der DDR
Redaktion: Sigrid Anger. Band 8)

Heinrich Mann

Der Kopf

Roman

Mit einem Nachwort
und Materialienanhang
von Michael Stark

Fischer Taschenbuch Verlag

Veröffentlicht im Fischer Taschenbuch Verlag,
einem Unternehmen der S. Fischer Verlag GmbH,
Frankfurt am Main, August 2011

Satz: pagina GmbH, Tübingen
Druck und Bindung: CPI – Clausen & Bosse, Leck
Printed in Germany
ISBN 978-3-596-12731-3

Unsere Adresse im Internet: www.fischerverlage.de

Inhalt

Der Kopf

Der Kopf

Erste Seite des Manuskripts mit dem Titel *Der Kopf*

Neunzig Jahre vorher

Indes es noch dämmerte, entfaltete sich der linke Flügel des französischen Heeres am Wald hin. Aus dem Wald schwärmten Schützen, sie nahmen schon den Brückenkopf. Die ganze Festung geriet in furchtbare Verwirrung, ihre Verteidiger flohen bis unter die Mauern. Auf einem der niedrigen Hügel, die die Ebene beherrschten, sagte der Kaiser, den Feldstecher vor den Augen: »Der Feind denkt auf jeder der Landstraßen, die drüben sich kreuzen, eine seiner Divisionen entwischen zu lassen, aber er wird sich betrogen sehen, wir stürmen die Brücke, denn er wird die Sonne in den Augen haben. Ein prachtvoller Tag!« Er trällerte aus einer Operette: »Es kann kein Zweifel sein, der Dummkopf fällt herein.« Da nahm er mit einem Ruck das Glas fort: er hatte den linken Flügel weichen gesehen. Sofort schickte er einen seiner Adjutanten hinunter, um die Ursache zu erfahren.

Sie bestand darin, daß die Truppen seit zwei Tagen kein Brot mehr hatten. Am Wald unter einer Eiche, bei großem Hinundherjagen, Geschrei und Kanonengetöse, beschimpfte der General den Intendanten. »Ihre Leute stehlen!« Wie er den Adjutanten des Kaisers nahen sah, ward der General noch wütender. »Sie stehlen selbst!« schrie er dem Intendanten zu.

In diesem Augenblick wurden zwei Männer in bürgerlicher Kleidung vorbeigeführt, sie sollten Spione sein. Der Intendant, der sie etwas von Getreide hatte rufen hören, klammerte sich an den Zwischenfall, er ließ sie herbeibringen.

»Ihr habt Getreide?« fragte er erbittert. »Dann habt ihr die Bauernwagen gestohlen, die nicht eingetroffen sind. Ich lasse euch aufknüpfen.«

Der General und der Adjutant sprengten fort, um sich persönlich von dem Stande der Schlacht zu überzeugen. Der Intendant verlangte von den Männern:

»Her mit dem Getreide!«

»Bezahlen Sie es?« sagte der eine.

»Sonst suchen Sie es!« sagte der andere.

Der Intendant sah sie an. Sie hatten entschlossene Gesichter, der eine ein rundes ziegelrotes, mit Ringen in den Ohren, der andere ein langes, fromm und hart. Sie trugen Mäntel mit drei Kragen, dazu Pelzkappen und lange Stiefel.

»Schurken!« sagte der Intendant – und dann leise, wegen der Umgebung: »Ich kann euch retten.«

Sie befragten einander mit den Augen, darauf schien es, als hätten sie nichts gehört. Der Intendant warf sich in die Brust, denn General und Adjutant kehrten zurück. Der Adjutant hatte die Truppen von der Unzufriedenheit des Kaisers verständigt. Zugleich hatte er ihnen zugerufen, es sei Brot eingetroffen. Niemand zweifelte an dem Erfolg des einen oder des anderen Mittels, wenn auch vorerst der Kampf noch immer näher kam. Mehrere Granaten platzten vor den Füßen der Herren, einige Verwundete wälzten sich zu nahe, die Herren traten ein wenig zurück. Die beiden Bürger, auf die niemand mehr achtgab, gingen ruhig mit, wie geladene Zuschauer. Dem General ward eine Flasche aus der Hand geschossen. Da er sich umsah, reichte einer der Bürger ihm die seine.

»Ihr seid noch da?« fragte der General. »Warum holt ihr euer Getreide nicht?«

Der mit dem langen Gesicht fragte: »Wird es uns bezahlt werden?« Der General sagte: »Wir haben den Höchstpreis.«

»Zum Höchstpreis liefern wir nicht.« Dies sagten sie einstimmig.

»Auch nicht, wenn ich euch erschießen lasse?«

»Lieber erschossen als ruiniert«, sagten sie. Der Adjutant des Kaisers bemerkte: »Es ist, als wenn wir sagen: lieber tot als entehrt.«

Der General lächelte witzig. »Ihr seid Freunde?« fragte er; und da sie nickten: »Einem von euch will ich mehr zahlen als den Höchstpreis. Der andere hat das Nachsehen.«

»Wir brauchen aber alles«, rief der Intendant. »Auch die zehnte Division hat nichts mehr.«

Der General dagegen: »Mir ist es gleich, was die anderen essen, wer liefert also?« fragte er die beiden Männer.

Sie sahen aneinander vorbei und schwiegen.

Der General hatte gewartet, plötzlich faßte er den Größeren bei der Schulter, er schien mit ihm zu verhandeln. Da stieg dem Kleineren das Blut ins Gesicht. »Was Sie von dem bekommen«, sagte er bissig, »können Sie auch von mir haben.«

»Ihr Kamerad ist aber billiger als Sie.«

»Woher wissen Sie es?« Der Kleinere bekam rote Augen. »Ich will nicht mehr als den Höchstpreis.«

Das Gesicht des Größeren blieb fromm und hart, aber er ward heiser. »Das fehlte nur noch«, stieß er aus, gegen den anderen.

Der General sah sich triumphierend um. Inzwischen hatten auch seine Truppen Erfolg. Sie drangen dem Feind nach, der Kampf entfernte sich. Der General saß auf und sprengte hinterdrein, der Adjutant ritt in gestrecktem Galopp nach dem Hügel drüben, damit der Kaiser die Wirkung seines Eingreifens von niemand als ihm selbst erfahre. Auch den Intendanten riefen die Ereignisse, wie alle anderen. Allein standen die beiden Bürger voreinander, am Waldrand, einige hundert Meter von der Schlacht, die sie nicht sahen noch hörten. Sie hatten Sinne nur für ihre Sache.

Der Größere grollte aus der Tiefe: »Was tust du hier?«

Der Kleinere keifte sofort auf. »Ich bin hier an meinem Platz so gut wie du.«

»Nur weil ich herkam, kamst du auch. Vom Hause her auf Schritt und Tritt hast du dich an mich gehängt, die ganzen hundert Meilen.«

»Wer hat mich nicht aus den Augen gelassen?«

»Weil du in jedem Hof schon gewesen warst, wo ich mich einstellte.«

Der Größere trat näher an den anderen hin. Der Kleinere hob sich auf die Fußspitzen, um ihm die Fäuste unter die Nase zu halten. »Du hast die Bauern bestochen«, keifte er. Jener grollte: »Du hast Räuber gedungen, damit sie mich ausplünderten.«

Da stieß der Kleinere zu, und sofort umschlang ihn der Größere, sie rangen. Sie warfen einander gegen Bäume, stürzten, rollten fort; und in Atempausen, wenn einer über dem anderen lag, keuchten sie einander noch zu: »Vor zehn Jahren bei dem Hauskauf hast du mich betrogen!«

Dem Kleineren quollen die Augen heraus, er lag unten. Aus der Frömmigkeit in dem langen Gesicht des Größeren war Leiden geworden. Er glaubte die Besinnung zu verlieren, so sehr litt er. Um sich zu erleichtern, packte er den Kleineren um die Kehle. Der brachte trotz dem hervor: »Wärest du nie auf der Welt gewesen!« Jener konnte nicht sprechen, er drückte nur fester, da schwieg der andere.

Der Mörder sprang auf, eine Kugel war an seinem Kopf vorbeigeflogen. Er sah in einem, wo er war und was er getan hatte. Er floh in den Wald. Als er schon weit war, kehrte er um. Andere Getötete lagen da, er mußte den seinen erst suchen. Dann kniete er bei der Leiche hin, das

Gesicht nach der Schlacht gewendet, und wartete. Jetzt kam keine Kugel. Allmählich sank seine Stirn bis auf den Boden.

»Holla, euer Getreide ist keinen Heller mehr wert!« rief jemand. Der Intendant war es, er rüttelte, man mußte wohl aufstehen. »Die Schlacht ist gewonnen«, der Intendant überschrie sich und fuchtelte. »Die Brücke genommen, der Feind umzingelt, gefangen, was nicht tot ist. Wir haben seine Vorräte.«

Schon beruhigte er sich und sah klarer. »Sie sind in einem Zustand, als hätten Sie mitgekämpft. Ihr Kamerad scheint sogar – aber wo ist seine Verwundung?«

Da der Intendant aus der Faust des Getöteten einen Fetzen vom Mantel zog, gestand der Mörder: »Wir haben Streit gehabt.«

Sofort warf der Offizier sich in die Brust. »Sie haben gemordet«, stellte er fest. Er rief Soldaten an, sie packten den Mörder. Da kam der General vorbei, er hielt sein Pferd an. »Und das Getreide?« fragte er. »In der Festung haben wir keines gefunden.«

»Der Mann hat seinen Begleiter ermordet«, sagte ernst der Intendant. Der General stutzte. »Ich weiß, sie hatten Streit. Sie gönnten einander den Wucher nicht.« Er hob die Schultern, mißbilligend und mit Verachtung. »Aufhängen.«

Der Mann aber zuckte heftig. Dies war ein Irrtum, sie wußten nichts. Er wollte erklären.

»Wir waren Freunde«, sagte er mit brechender Stimme.

»Um so schlimmer«, sagte der General und ritt weiter, denn er sah den Kaiser nahen.

»Ich habe mich noch nicht deutlich genug gemacht«, dachte der Mann, aber schon warf ihm jemand einen Strick um den Hals, das andere Ende hing schon über einem Ast. Da sah er, es war die Eiche, unter die sie als Spione geführt worden waren, er und sein Freund – vor wenig Zeit erst. Er hatte geglaubt, er sei tageweit fort von hier. Vor seinen Füßen lag sein Freund tot. Plötzlich sah er seine eigenen Füße über dem Toten schweben, sie zogen ihn hinauf. »Was fällt ihnen ein«, dachte er. »Ich bin doch ein Kaufmann aus weiter Ferne.«

Er dachte an ein Haus dort hinten, an Söhne und Töchter, die Schiffe im Hafen. Am Hafen kam ihm sein Freund entgegen. Jetzt sah er ihn nicht mehr, weil die Sonne ihn blendete.

Die Sonne stand hoch über dem Schlachtfeld. Nach ihrem Aufgang hatte sie den Feind geblendet, wie der Kaiser es gewollt hatte. Jetzt strahlte sie auf seinen Sieg. Er kam geritten mit seiner Marmormiene, im Abstand hinter ihm der glänzende Schwarm. Sein Pferd tänzelte gewandt zwischen den Leichen.

Erster Teil

Erstes Kapitel

Die Frau von drüben

Der Zwanzigjährige stürmte die Straße hinan. Sie war steil, der Wind strich her, ihm stockte der Atem. Wie sehr er stürmte, der Körper meinte zu erstarren, so weit voraus lief ihm die Seele.

Als er um die schiefen Nachbarhäuser bog, ging grade die alte Glocke seines Vaterhauses, und auf der Schwelle stand sein Freund. »Ich wollte zu dir«, sagte der Freund und erblaßte bei der Lüge, denn er kam von drinnen. Terra begriff nichts. Er rief gegen den Wind: »Ich werde glücklich werden!«

Mangolf lächelte wehmütig und gewitzigt. »Jetzt, den fünften Oktober 1891 um zwölf Uhr zehn, bist du glücklich. Sage lieber nicht mehr als das.«

»Lebe wohl«, sagte Terra. »Ich muß zum Juwelier.«

»Dein Brautgeschenk? Sie willigt ein?«

Terra faßte stämmig Fuß auf dem Pflaster; um seine Mundwinkel flog es. »Ich würde in dem längsten Leben die Selbstverachtung nicht verwinden können, zu der die freiwillige Aufgabe meines höchsten Lebenszieles mich verdammt hätte.«

Der Freund fragte: »Mit dem Geld versieht dich der wucherische Schneider?«

»Schon nächstes Jahr macht mein Erbe mich wohlhabend. Ich gehe, wohin es mir gefällt, mit der Frau, die das Leben ist.«

»Lebe wohl denn«, schloß der Freund. Terra senkte die Augen, er sagte mit Überwindung, wie ein Mädchen, das sich schämt: »An unsere Verabredung heute abend denkst du nicht?«

Mangolf, um so klangvoller: »Wenn dir an ihr noch etwas liegt? Eine Frau geht zehn Freunden vor.«

»Aber nicht dem einen«, sagte Terra, schlug die Augen auf und meinte zu versinken. Mangolf fühlte: »Um Gottes willen, das darf er nicht allein gesagt haben.« – »Wir wissen Bescheid«, sagte er männlich und warm. Er sah dem Freunde nach. Terra ging langsamer fort, als er gekommen war, sein Glück bedenkend wohl, anstatt es zu erstürmen.

Mangolf drang schnell in das Haus. Der weite Flur hallte noch von dem Geklapper der Glocke, da war er schon über die gelbe Treppe. Man dachte drunten: er geht zum Sohn. Er schlüpfte aber an dem Zimmer des Sohnes vorbei, in die Tür daneben.

Die Schwester saß lesend, die Hände auf den Ohren. Ein schmaler Blitz aus ihren Augen in den Spiegel gegenüber, dann blieb sie regungslos haften am Ende der Seite, ohne umzublättern. Der dunkle Knabe dort hinten verschlang sie, hart klopfenden Herzens: die schmalen Schenkel, die vorragten vom Sitz, den hohen weißen Nacken über der Lehne, und um das süße, ferne Profil, »fern, noch wenn ich es küsse«, der gebauschte blonde Prunk ihres Haares, worin, von dem geschlossenen Laden her, ein runder Lichtschein flammte.

Jetzt war er da, griff ohne Schonung zu und drückte ihr das Gesicht in den Nacken. Sie schloß die Augen erst, als seine Lippen auf ihre halboffenen stießen. Sie sank, wie seine ungeschickten, gierigen Hände auf sie eindrangen, immer tiefer an ihn hin.

Als sie das Kleid wieder glattstrich, schien ihr gesenktes Gesicht zu lächeln, sicher spöttisch und wahrscheinlich grübelnd. Ja; sie sagte: »Was heißt das. Wenn man wüßte, was das heißt.«

Weil ihn dies beleidigte, griff er aufs neue zu, jagte sie

durch das Zimmer – und ward von ihr gefangen. Dann brachte sie selbst die Antwort. »Das heißt, wir nehmen Abschied.«

Er verschränkte die Arme und wollte sich wegwenden, sie zog ihn herum. »Mach immerhin deine Luziferbrauen! Wolf, du heiratest mich nicht. Wolf, ich will dich auch nicht.«

Er entgegnete ordnungsgemäß: »Ein Wort genügt, und meine gern erfüllte Pflicht geht allem vor.« Sie sagte aus ihrer blonden Höhe: »Mein Lieber, wir nehmen beide das Leben viel zu ernst, um uns nur zu unserem Vergnügen zu heiraten.«

Er nahm die Arme auseinander. »Wenn du es denn hören willst, ich habe zu viel vor mit mir in der Welt, als daß ich mich schon heute in die Abhängigkeit von deiner Familie begeben möchte.«

»Und wenn du erst deine Studien beendet hast, fühlst du dich verpflichtet, ein Mädchen zu suchen, das um mehrere Millionen reicher ist als ich.«

»Ich will durch mich selbst hinauf«, behauptete er.

»Das sage auch ich.« Dabei verschränkte nun sie die Arme. »An dir hängenbleiben, bewahre. Obwohl du mein Typ bist, aber davon gibt es mehr. Vor allem beim Theater, wohin ich gehe.«

»Wenn du denkst, daß das leicht ist.«

»Eifersüchtig! Weil du nicht unersetzlich bist.«

»Warum betonst du es? Du haßt mich. Es ist der Geschlechtshaß«, sagte der Zwanzigjährige.

Dies Wort, so hochgemut sie selbst auch reden konnte, machte ihr Scham, sie trat zum Fenster. Er war sogleich bei ihr und sprach ihr in den Nacken. »Wären wir frei! Geliebte Lea!« Sie unterbrach. »Du darfst mich Nora nennen, wie alle, außer meinem Bruder.«

»Ich wünschte mir nichts, Leonora, als auf und davon mit dir, und für dich arbeiten, hungern, kämpfen. Erfolge, damit du lächeln kannst! Reichtum, damit du schön bist! Ein langes Leben, weil du lebst!«

Sie hielt sich still, und erschauerte im Innern, so weich, so brennend war seine Stimme. Da erschien ihr im Spalt des Ladens ihr Bruder.

Der Bruder betrat festen Schrittes das Haus gegenüber. Dort wohnte die Fremde, die er liebte. Die Fremde schien droben hinter den Vorhängen sich anzukleiden. Jetzt gingen bei ihr die Türen. Der Bruder betrat das Zimmer daneben. Zu der Frau kam ihr Mädchen und half ihr. Schneller, die Frau stampft, sie kann es nicht erwarten, bis er ihr seine Geschenke und sich selbst bringt. Fertig, sie wird die Tür aufreißen, hinter der er umhergeht. Nein, Hut und Mantel – und fort, hinunter, zur Haustür hinaus, nahe der Mauer hin, damit er sie von oben nicht sieht, und um die Ecke. Fort.

Droben der Bruder aber ahnte nichts und ging umher. Plötzlich stand er, als sammelte er sich und erforschte, was geschah.

Die Schwester hinter dem Laden spürte im Nacken den Hauch ihres Geliebten, sie murmelte: »Was du dahinredest, Claudius tut es. Er tut es, Lieber.«

»Er will in die Welt gehen mit einer Abenteurerin. Sie hält ihn überdies zum besten. Wir denken darüber dasselbe, schöne Lea.« Da biß die Schwester sich auf die Lippe.

Der Bruder drüben hatte sich gesetzt, war aufgesprungen und hielt nun das Ohr an die Tür nach dem Zimmer der Frau. Die Schwester sah seine Brust arbeiten, sie fühlte: »Wäre die Frau noch drinnen, jetzt müßte sie ihm öffnen.« Aber dem Bruder ward nicht geöffnet, er fiel auf einen Sitz, wie erschöpft von Anstrengungen, legte die Hand über die Stirn, die Augen, und wollte wohl still bleiben – aber ihm zuckten die Schultern.

Der Schwester zuckten sie wie ihm, auch ihre Augen

brannten. Der Freund hinter ihr murmelte: »Soll man ihn beneiden?« Sie wandte sich um. »Hüte dich vor ihm!« sagte sie glühend. Er verzog den Mund. »Wir müssen uns beide vor ihm hüten. Im Grunde aber kenne ich ihn. Er spielt Komödie.«

Sie schritt tragisch in das Zimmer vor. »Rühre daran nicht!«

Er verbeugte sich. »Und du bist seine Schwester.«

»Wie wir beide, Lieber, uns eigentlich fremd sind!« sagte sie verächtlich. Er ward bleich und stieß hervor: »Ich vergesse es selten.«

Sie sagte gehoben: »Ihn verstehe ich. Warum ist er nur mein Bruder!«

»Bringe es vor ihm selbst über die Lippen!« verlangte er höhnisch.

»Und warum mußt du da sein?« fragte sie, und ihr junger, unbändiger Schmerz spielte sich ihr dennoch auch vor.

Er streckte die Arme nach ihr aus. »Ergreifend bist du, Lea!«

»Nenne mich nicht Lea!«

Da lehnte er sich auf. »Ich bin aus anderem Blut als ihr. Ganz recht, aus einem besser erhaltenen. Mich werfen die Gefühle nicht um. Vor mir wird mancher daliegen.«

Damit war er draußen. Leonore hatte nur abgewehrt. Das Zimmer drüben, worin ihr Bruder geweint hatte, stand nun leer. Wann kam er zurück von seinem Lauf? Denn sie wußte, er lief jetzt durch die Stadt, ohne zu sehen noch zu hören, und den Kopf voll der alleräußersten Entschlüsse. Sie ward zum Mittagessen gerufen, aber sie verzog. »Wenn er heimkommt, will ich ihm auf der Treppe begegnen. Diesmal geschehe, was will, ich umarme ihn. Habe ich es nicht schon einmal getan? Ich war zwölf Jahre alt, er vierzehn.«

Schon schritt er über die Straße herbei. Von der Treppe sah sie ihm entgegen, er blies noch immer aus einem Mund, den verstörter Haß krümmte, in Stößen den Zigarettenrauch. Als er seine Schwester erblickte, blieb der arbeitende Mund ihm stehen, Entspannung und Erlösung machten, daß seine Miene töricht ward. Ja, er lächelte, und er hob ein wenig die Hände, wie sie; es konnte der Anfang ihrer Umarmung sein. Dann streiften aber nur die Hände einander. In geschwisterlicher Scheu öffnete er ihr die Tür zum Saal und ging sie vor ihm her.

Da kamen von drinnen auch die Eltern, und jeder ging schweigend auf seinen Platz an dem runden feierlichen Tisch, der unter dem Kristall und den Wachskerzen des Lüsters inmitten des Saales gedeckt stand. Um die tafelnde Familie her, wie schon längst um ihre Vorfahren, glänzten in den feinen, gebrechlichen Holzwänden die alten Spiegel matt. Gemalte Ranken und bunte Vögel überzogen an den Rändern das Glas. Die Fenster trugen geraffte weiße Seide, goldgelbe Vorhänge, hoch wie in Bühnenbildern, und auch noch vergoldete Kandelaber hielten davor Wache.

Der Vater, im Frack, weil er von irgendeiner bedeutungsvollen Begebenheit kam, zerlegte ein Geflügel, die Mutter äußerte sinnend ihre Sorgen wegen der Tischordnung auf ihrem nächsten Diner, die Kinder saßen in guter Haltung. Ein Schiff sollte bald getauft werden, der Vater wünschte den Sohn zur Seite zu haben bei der Zeremonie. Die Reichstagswahlen standen bevor; der Freund des Vaters, Ermelin, war Kandidat; – da traf es uns doppelt peinlich, daß unser eigener Angestellter, der Buchhalter im Hafenspeicher, sich hatte aufstellen lassen von der verbotenen Sozialdemokratie. »Du bist unterrichtet, mein Sohn?« – was ein Verweis war, denn der Sohn war unbesonnen genug gewesen, den Buchhalter, in Gegenwart anderer Angestellter, durch ein Gespräch auszuzeichnen.

Der Sohn schien seinen Fehler nicht einzusehen, der Vater erwähnte daher Mangolf, den Freund. »Ihr Studenten erscheint hier für einen Ferienmonat, fühlt euch noch keineswegs bürgerlich eingeordnet und bewegt euch demgemäß. Meinetwegen. Dein Freund Mangolf hat aber die Gabe, seinen künftigen Pflichten vorzugreifen und schon heute der Welt Verständnis entgegenzubringen. Ich erfahre von den Beteiligten, daß sowohl der Hauptpfarrer von Sankt Simon wie der Direktor des Stadttheaters ihn als erste Kraft für ihre religiöse Aufführung schätzen.«

Erst bei dem letzten Satz hörte der Sohn wieder hin, er überlegte, das sei es, weshalb er seinen Freund zuletzt doch ablehne. »Uns trennt ein einziges Wort, das er anbetet: Erfolg haben.« Worauf er wieder in den inneren Anblick dessen versank, was ihm vor allem Ehrgeiz, allen Siegen stand. Da unterbrach die Mutter. »Wie starrst du deine Schwester an, ihr wird schlecht.«

Die Schwester hatte sein Gesicht sich verdüstern gesehen – etwa nicht, weil der Name ihres Geliebten fiel? Der Bruder aber sah die ganze Zeit, mit den Augen in ihren, doch nur ein Gesicht, das nicht da war. Er kannte es, wie nur es, und verging doch vor Unruhe, was er denn kenne. Man konnte jene Frau also lieben wie das Leben, und vor lauter Begehren nicht einmal in ihrem Gesicht Bescheid wissen, ob es böse war, ob es glücklich war, ob es überhaupt das Gesicht eines fühlenden Herzens war. »Das ist meine Schwester«, sah er, »die ich klein kannte. Schön ist auch sie, auch sie blond, farbenhell und mit der dreisten Nase. Sehe ich sie einzeln, keiner ihrer Züge ist vollkommen, die Augen nicht, der Mund nicht, aber alles zusammen macht ein Wesen aus, wie es gewachsen ist mit mir selbst und wie es sein soll.

Furchtbare Frau dort drüben, die unkennbar und doch unausweichlich ist! Ich muß zu ihr hinüber«, sah der bedrängte Zwanzigjährige und rückte schon den Stuhl.

Ein Wort des Vaters hielt ihn zurück. Ob er Eile habe. Ob die Ferien ihm zu lange währten. Er verteidigte sich ausweichend. »Schließlich kann ich nicht mehr tun, als daß ich sämtliche Prüfungen mache, zu denen mir Gelegenheit geboten wird.« Aber er wußte schon, wo dies hinauswollte.

»Du möchtest vielleicht nächstes Semester mehr Geld ausgeben? Gern. Zerstreue dich.« Der Vater fragte von unten, mit der gefalteten Stirn, die überlegen und doch auch machtlos aussah. Der Sohn ward weich. »Wie sehr muß ein so strenger Mann Kummer leiden, bevor er sogar meinen Leichtsinn unterstützt.« Die Augen der Mutter erbaten es wie eine verdiente Huldigung, er möge die Frau ihr opfern. Der Blick der Schwester freilich wollte vielleicht nur miterleben, was in ihm jetzt vorging.

Die Eltern hatten sich heimlich verständigt, daß er weich genug sei, die Mutter versuchte: »Man spricht davon, mußt du wissen. Es kann uns nicht gleich sein.« – »Für wie vernünftig wir dich auch halten«, ergänzte der Vater.

Der Sohn sah den Ernst der Lage. »Ich lebe nicht für die Leute«, versicherte er, mit gewollter Festigkeit.

»Gegen sie ist es nicht leicht zu leben«, bemerkte der Vater um so nachsichtiger. »Besonders, wenn sie schon alles wissen, was wir eigentlich als erste erfahren müßten.« Da er den Sohn in Unruhe sah, sprach er schlicht belehrend. »Mein Sohn, ich habe hier einige Schriftstükke, Rechnungen und anderes; sie sollen dich aufklären über eine Dame, die dir, es scheint leider so, nahesteht?« Besorgte Frage, der Sohn überhörte sie geflissentlich. Die Schwester machte eine Bewegung. »Nora kann dableiben«, entschied der Vater. »Eins unserer Kinder muß es wissen, wenn das andere in Gefahr ist.«

»Ich will nichts wissen«, hauchte die Schwester, in großer Furcht für sich selbst. Da sie den Bruder entgeistert anstarrte, glaubte er, sie verwerfe ihn feige. Erbittert stieß er aus:

»Anonyme Briefe!«

»Es sind Rechnungen«, sagte der Vater. »Mit deutlichem Firmenaufdruck. Deine, sollen wir sagen Verlobte, hat sich berechtigt geglaubt, auf deinen Namen Schulden zu machen – nicht unbeträchtliche, aber immerhin bleibt sie damit in den Grenzen unserer Lebenshaltung. Sie weiß sich anzupassen, es ist keine unerfahrene Person.«

Diese Anspielung war zu viel. Der Sohn aber fühlte, er würde vielleicht auch sie noch ertragen haben, hätte nicht im Gesicht der Schwester Verrat gestanden. Unter seinem haßerfüllten Blick verlor sie den Kopf, sie plapperte: »Um Gottes willen, Klaus, eine Abenteurerin!«

»Deine Schwester sagt es«, stellte der Vater fest, da sprang der Sohn vom Stuhl, untersetzt stand er da und wollte, mit leidenschaftlichem Zucken des Gesichtes, den Kampf aufnehmen. Der Vater winkte ab. »Ich weiß schon. Nächstes Jahr hast du etwas Geld, von deinem kleinen Erbe zahlst du die Schulden der Dame und gehst – setzen wir gleich das Ärgste voraus – mit ihr in die Welt. Glaubst du aber, daß sie so lange wartet?«

Der Sohn fuhr auf; was wagte man! Die Mutter und die Schwester hatten sich vom Tisch zurückgezogen, der Vater ließ sich nicht stören. »Auch darüber habe ich Nachrichten, nicht einmal ohne Namen. Ich darf sogar fragen, ist sie zur Stunde noch in der Stadt? War sie heute zu Hause? Du wirst es wissen.«

Es schwindelte den Sohn, er umkrallte seinen Stuhl. Die Mutter, die ihn erschüttert sah, sagte ruhig und geschmackvoll: »Wie war es nur möglich. Eine Abenteurerin, und weder jung noch hübsch.« Die Schwester fühlte: Wiedergutmachen, ihm helfen, wie es geht! »Jeder hat seinen Geschmack«, sagte sie schüchtern, und aus Schüchternheit mit einer Art Lachen. »Nun kennen wir wenigstens den deinen«, meinte der Vater, denn er hielt den Ansturm für gelungen und glaubte schon, spotten zu dürfen.

Der Sohn würdigte die Schwester keines Blickes mehr. »Was willst du, Vater, mit deinen Polizeiberichten, dort wo es mir um das Leben geht!« – worauf der Vater auf einmal geschlagen und arm aussah. Die Mutter, ihres besseren Wissens sicher, bewegte verneinend den Kopf.

»Der Fürst, ihr Mann, hat sie mißhandelt«, stieß der Sohn aus. Die Mutter lehnte ab. »Er war nicht ihr Mann, und sie hatte ihm, glaube ich, seinen Kutscher vorgezogen.« – Da der Sohn, um an sich zu halten, durch die Nüstern blies, erhob sie sich: »Erledige dies mit deinem Vater!« – und entfernte sich gelassen. Die Schwester fühlte sich ausgestoßen, drum ging auch sie, die Augen voll Tränen.

Der Vater in seinem Frack saß abwartend da. Er hatte den Kopf schief gestellt und betrachtete den Sohn wohlwollend, fast gar nicht gönnerhaft. »Wir sind unter uns«, sagte er dann. »Jetzt könnten wir am Ende zugeben, daß wir diesmal hineingefallen sind.«

»Vater, ich schwöre dir, daß sie den Fürsten –«

»Und den Bankier, mit dem sie vorher war? Und zwischen den beiden, als sie sich in Varietétheatern ausstellte? Aber es kommt auf kein Mehr oder Weniger an. Die Frage ist, willst du auftreten im Leben – mit einer Gefährtin, die, man darf wohl vermuten, dem Abgang näher als dem Auftritt ist?«

»Falsch.«

»Du hältst sie wohl für ein unbeschriebenes Blatt?«

»Für keusch im Tiefsten. Ich erfahre es an mir selbst.«

Der Vater neigte das Gesicht, so versank das Lächeln im Schnurrbart. Hierauf fand er es geboten, den Ton höher zu nehmen. »Du legst Wert darauf, daß ich dir ausdrücklich mit Enterbung drohe? Ich soll dir erklären, daß ich weder entehrt noch ruiniert werden will?« Die starken Worte übten nun doch ihre Wirkung auf ihn selbst, er stand auf und sagte gerötet: »Wir sollen uns wohl niemals verstehen.«

»Wenn du es nicht willst, Vater.«

Dies erbitterte Gesicht, die schwankend zufahrende Stimme erbarmten den Vater. »Wir brauchen einander doch«, sagte er mit gütiger Strenge. Der Sohn, nur noch erbitterter: »Wozu? Damit du mich angreifst in meinem Besten?« – wobei er aber fühlte: er benimmt sich gut.

»Wir sind anständige Leute, wir finden uns schon wieder.«

»Kann sein, nie.« Der Sohn schnitt ab, um nur loszukommen.

Der Vater richtete die Hand gegen den sich Zurückziehenden. »Die Folgen trägst du allein. Ich sitze weiter hier.«

Dabei mußte er sich wirklich setzen, die Knie versagten ihm – und er sah mit abgehetzter Miene zu, wie der Sohn, rückwärts zur Tür gelangt, jäh kehrtmachte und verschwand.

Er ging hinüber. Die Fürstin sei bei ihrem Anwalt, hieß es. Aber auch von dort war sie schon fort. Wohin? Gradaus kam der Hafen, die langen, krummen Gassen, das Gepolter der Lastwagen. Was hätte sie suchen sollen zwischen den Trägern, Handlungsgehilfen und den schwankenden Reihen angetrunkener Matrosen? Dennoch kam sie daher, als könnte es nicht anders sein. Er erkannte sie zuerst nicht, so unbefangen und zugehörig trat sie auf, mit ihrem großen Körper, ihrem Gang, ein wenig schaukelnd, aber zielbewußt, ihren kühnen Bewegungen und Farben. Auch erregte sie weder Erstaunen noch Mißtrauen. Die Männer sahen sich um nach der schönen Person, mit Gesichtern, die vor lauter Verlangen entweder unterwürfig oder frech waren; manche Frau schalt hinter ihr her. Das alles hieß nicht: was treibst du hier? Es hieß: Du bist hier die Schönste. Zwei Leute kamen vorbei. »Sie ist aus dem Blauen Engel«, sagten sie und sahen sich um, weil jemand sie begrüßte.

Terra war dunkelrot, er stotterte, als er sie begrüßte, er erging sich in umständlichen, mit harter Stimme gesprochenen Komplimenten, die ihm Zeit ließen, zu leiden. »Sie gehört aller Welt, ist es nicht klar? Sie verspricht sich jedem, sie fordert jeden. Es gibt niemand, der sie nicht nackt sieht. Sie wird mich immer und ewig Leiden kosten.«

Er sagte ihr etwas über ihren Gang in der Menge und fühlte dabei: »Ihr Gesicht ist zu allem fähig. Jetzt sieht es nur unzufrieden aus, weil ich sie hier betroffen habe. Aber ich weiß kein Wagnis, ob Glück oder Verderben, das ich ihrem Mund, ihrer Stirn nicht zutrauen würde. Ihre Stimme ist göttlich, sie enthält keinerlei Voraussetzungen.«

»Sie waren bei mir?« fragte sie nur.

»Warum vermuten Sie es?«

»Waren wir nicht verabredet? Nun ich Sie sehe, fällt es mir ein.« Auf seinen empörten Blick antwortete sie: »Haben Sie etwas? Ach, das Kollier. Danke, ich fand es auf dem Tisch, es gefällt mir.«

»So geht es nicht«, sagte er heiser. »Ich setze mein Leben auf Sie, ich bin drauf und dran, mit Ihnen durchzugehen. Sie aber stellen sich jedesmal wieder, als sei nichts vorgefallen.«

»Wie langweilig«, dachte sie, »und hier, wo man gesehen wird. Die Spitzel des Fürsten sind überall, er könnte seine Zahlungen einstellen.« – »Kind!« sagte sie hell. »Wenn Sie erst groß und Kavalier sind, werden Sie von selbst an den Ruf der Frauen denken.«

»Da Sie doch morgen mein sein können!« Er raunte beschwörend.

»Darauf soll ich mich verlassen. Seien Sie meinetwegen beleidigt, aber wie weit kommen Sie denn mit mir?«

Er verstand nicht: mit dem Geld; er schwur feurig, um die Welt reiche seine Liebe. Sie sagte: »Und wie kann ich es verantworten vor Ihren Eltern? Auch eine Schwester haben Sie.« Sie lachte ihr freies, farbloses Lachen. »Wissen Sie, daß Ihre Schwester mir ähnlich sieht?« – was ihn vor Freude und Schrecken stumm machte.

»Und wenn man von jemand spricht –« sagte sie da und sah hinüber. Was war das? Lea? Und mit Mangolf! Soeben verschwanden sie hinter einer Reihe von Lastwagen.

»Ein hübscher Junge«, sagte die Frau. »Es ist mein Freund«, sagte Terra – worauf sie lachte. Warum? Er zog die Brauen in Falten. »Sie gehen spazieren.«

»Wie wir« – immer lachend.

»Es regnet. Wir täten besser, uns unterzustellen«, bemerkte er plötzlich und trat in das Tor einer Wirtschaft. Sie blieb davor stehen, sie sah den beiden nach, wie sie hinter den Fuhrwerken hervorkamen. »Ihre Schwester will zum Theater? Sehr richtig, dahin gehört sie. Gute Figur, nicht spießig.«

»Gehen wir weiter!«

»Nein. Es regnet.« So folgte er ihr in das Gastzimmer. Es war leer, frisch gescheuert und roch nach kleinen Leuten. Er dachte, die Brauen gefaltet: »Wie kommt man hierher? Und dieser Ton über meine Schwester?«

Sie saß am Tisch und beobachtete gelassen sein Platzwechseln. Dann sagte sie: »Claudius – warum sind Sie verstimmt? Auch eine Schwester ist eine Frau.«

Die schöne Stimme konnte nicht trösten, sie war nicht

biegsam. Aber ihre klare Hand, die sie entkleidet hatte, kam auf dem Tisch zu ihm hin. Er packte sie, er packte auch ihren Arm. »Eine Frau wie du! Sprich kameradschaftlich von ihr, es ist eine Ehre. Sei ihre Freundin! – da du meine Frau bist. Komm mit mir!«

»Lächerlich, ich bin zu alt für dich.«

»Morgen fangen wir beide das Leben erst an.«

»Du stellst dir das Leben einfach vor.«

»Ich stelle es mir vor mit deinem Gesicht und deinem Körper.«

»Ich kann es mir doch nicht mit deinem vorstellen.«

»Du mußt. Ich will es.«

»Darin hat mir noch keiner befohlen.«

»Du bist zu weit gegangen mit mir. Ich bin nicht dein Geliebter, aber ich bin mehr. Eine Verbannte, die in Prozessen liegt, keinen Mann sehen darf, weil sie verfolgt wird, und wirtschaftlich so gut wie seelisch und sozial vor die Hunde kommen kann, bevor ihre Verhältnisse sich ordnen lassen, ist mir um den Hals gefallen, weil ich mit allem erdenklichen Zartgefühl auf ihre bedrohliche Lage einging. Sie ziehe endlich die Konsequenzen!«

Sie maß nachdenklich seine gedrungene Gestalt, die plumpen Finger, die sich lösten und verschlangen, das vom Zorn bewegte Gesicht. Nach der Prüfung waren ihre Augen wärmer.

Unvermittelt fragte sie: »Sagen Sie doch, lieber Freund, mußte das Kollier denn sein?«

Er überzeugte sich durch einen Blick, ob es wirklich wahr sei, sie denke an seine Verhältnisse. Plötzlich fiel er mit den Lippen auf ihre Hand, er stöhnte: »Madelon!«

Sie streichelte ihm zerstreut den Kopf, lachte und begann von einem anderen Kollier, einem sehr teueren, für das ihr früherer Mann, der Bankier, ihr einen Teil des Geldes, den übrigen aber schon der Fürst geliefert hatte – jeder ohne Wissen des andern. Jeder war entzückt von seinem billigen und reichen Geschenk, unglücklicherweise sagten sie es einander und bereuten dann beide. Dies war sogar der Anfang ihrer jetzigen Schwierigkeiten gewesen, der Fürst hatte kein volles Vertrauen mehr gefaßt. »Ihr Kollier, lieber Freund, ist hoffentlich nur mit Ihrem Geld bezahlt, ich werde keine Unannehmlichkeiten haben?«

Ach! nur dafür hatte sie Sinn. Er klopfte heftig auf den Tisch, zahlte, nahm seinen Mantel. »Wir gehen?« fragte sie, und folgte gehorsam. Er wäre sonst ohne sie gegangen.

Die Straße war schon dunkel, ungebeten nahm sie seinen Arm. »So gefallen Sie mir besser«, sagte sie klar. Er schwieg. So kamen sie zum Hafen; sie fragte nicht, warum in eine solche Gegend. Keine Geräusche der Arbeit mehr, und anstatt des Gewühls der Träger und Gehilfen streiften nur mehr vereinzelte Gestalten, die die Hände in den Taschen hielten, wie Fledermäuse an ihnen vorbei. Aus einer rinnsteinartigen Seitengasse, wo ein roter Punkt glomm, drang ein Schrei. Da blieb sie stehen, sie hielt dringend seinen Arm fest.

»Der Anwalt sagt, man wisse nicht. Manchmal schlägt alles fehl. Eine Unglücksserie, sagte Nepfer, der Bankier. Was tun? Ich bin für Sorgen wahrhaftig nicht geboren.«

Er hielt still, er ließ sie immer schwerer werden. Schon lag sie an seiner Schulter, er fühlte berauschend jedes Schluchzen. Sie sagte unter Schluchzen, aber immer mit dieser von Gefühlen ungefärbten Stimme: »Ich denke nicht nur an mich, wie du meinst. Sonst wäre ich längst mit dir durchgegangen. Ich will nicht, daß du durch mich herunterkommst.«

Im Herzen jubelte er: Durch dich, in den höchsten Himmel! – hielt aber still und ließ sie noch schwerer werden. Schon mußte er sich fest auf das Pflaster stemmen. »Nur Ferien will ich mir einmal machen.« Sie seufzte tränenfeucht. »Einige Tage keine Sorgen haben. So lange kann ich wohl unbemerkt verschwinden. Daß nur auch deine Familie nichts merkt!«

Ihr dämmerweiches Gesicht lag nahe unter seinem Mund, er wühlte sich hinein, und sie empfing ihn, atmend, die Augen geschlossen. Aus der Gasse drang ersterbend jener Schrei.

Sie kehrten um, er faßte noch keinen Gedanken. Sie schritt lässig, ihre Hüfte glitt über die seine hin. Allmählich rührte sich sein Bewußtsein. »Dies ist nun das Leben, an meinem Herzen halte ich die Frau von drüben. Dies sind nicht mehr die harmlosen Freuden im Schutz der Familie, wie meine alten Flammen, oder wie Lea und Mangolf. Es ist der Ernstfall.«

»Madelon!« – nur um Besitz zu ergreifen von ihrem Namen, ihrem Sein. Sie sagte aber: »Den Namen will ich von dir nicht hören.« Vertraulich die Stimme gesenkt: »Sage Lili! So nennst nur du mich.«

Er stutzte, aber warum enttäuscht sein. »Ich bin auch der einzige, für den meine Schwester Lea heißt.«

»Siehst du, ganz wie ich.«

Hierin versenkte er sich.

Da sah er, ihr Haus war schon nahe. Tatkraft her! »Mein Kind, du wirst sofort deinen Koffer packen«, sagte er klar und endgültig. Er bezeichnete das Dorf, das Gasthaus, wo sie heute nacht den Frühzug erwarten sollten. Ihre Antwort brauchte er nicht, er gab ihr kurz die Hand. Sie ließ seine Hand aus der ihren zurückgleiten, bis zu den Fingerspitzen, die hielt sie noch. Dabei hatte sie, in dem schwach erhellten Flur, ein rätselhaftes Lächeln und neigte den Kopf ein wenig nach der Seite, wo die Treppe lag.

Auch die Fingerspitzen trennten sich, sie nickte und verschwand. Er ging mit weniger starken Schritten über die Straße, als er gedacht hätte.

Vor der Tür des Vaterhauses überlegte er, es sei viel besser, nichts zu packen, ohne Gepäck zu reisen, niemand mehr zu sehen. Die letzte Stunde gehörte dem Freund – auf, zu ihm! Gleich ward ihm die Brust weiter. Nie anders als mit tiefer, reicher Freude hatte er diesen Weg gemacht, und wenn es täglich zweimal war. In Unruhe bedachte er, daß der Gang zu der Frau hinüber ihn nur selten so ganz beglückt habe wie dieser, zu seinem Freund.

Das Haus hinter der alten Veitskirche, in der abendlich aufgeräumten Straße kleiner Werkstätten und Kontore, stand da wie der Alltag, verstaubt die farbigen Scheiben des Flurs, auf der engen Treppe die Spuren zahlreicher Besucher. Noch immer kamen Stimmen aus dem Zwischenstock, mit dem Schild: Mangolf, Agent. Ein Stockwerk höher trat die Mutter aus ihrer Küche gleich auf die Stiege hinaus. Sie trocknete ihre geschwollenen Hände und öffnete demütig dem vornehmen Gast jene kleine Tür. Hinter einer kleinen Tür begann, merkwürdig und bedeutungsvoll, die steile Stiege nach dem Zimmer des Freundes.

Der Freund saß am Schreibtisch, links stützte er sich auf den Deckel des Klaviers. Der Gast trat zwischen dem Feldbett und dem grünen Sofa in das Zimmer, kein Stuhl hätte mehr Platz darin gehabt. Der Freund streckte ihm aufleuchtend die Hand hin, von dem Sofa räumten sie die Bücher, Terra sagte dabei schon: »Weshalb ich besonders komme: Du bist ein Schwein. Leugnest du vielleicht deine Machenschaften mit dem Pfarrer und dem Theaterdirektor? Anständige Leute lassen dir keinen Zweifel darüber, daß das nicht geht. Die bürgerliche Welt ihrerseits erkennt deine gute Gesinnung an. Ich sehe mit Befriedigung, daß du vernichtet bist.«

Mangolf saß und kaute an der Lippe. Er hielt die feinen Schultern gebeugt, die breite gelbe Stirn stand vorgeschoben, und er sah gramvoll aus. Terra auf seinem Sofa bebte im ganzen Gesicht vor Angriffslust. Seine schwarzen Augen brannten unter den Haaren, die tief in die Stirn wuchsen und von den Schläfen sich weit zurückzogen.

Mangolf aber entschloß sich, zu lächeln, melancholisch und witzig. »Du glaubst, ich spiele ihnen ihre fromme Komödie? Ich führe sie an der Nase.« – Womit freilich nichts gesagt war. Nur der Abrechnung war ausgewichen. Statt dessen kam ein Vorstoß von Mangolf. »Weißt du auch schon, daß dein Vater seinen Buchhalter Schlüter festnehmen lassen wollte?«

»Den Buchhalter im Hafenspeicher?«

»Wegen sozialdemokratischer Propaganda. Der Mann hat sich gerade noch frei geschwindelt; er sollte machen, daß er fort kommt.«

Mangolf blickte erwartungsvoll; aber Terra verriet nichts als naives Erstaunen. Wie die Dinge im Munde der Welt ihre Gestalt änderten! Wie sie seinen Vater ansah! Sein Vater, der bedenkenreichste Mensch der Welt!

»Quatte aber hat es für angezeigt gehalten, Wechsel zu fälschen«, sagte Mangolf hohnvoll. »Die bürgerliche Ehrsamkeit eines ganzen, alteingesessenen Familienklüngels dieser ehrwürdigen Stadt wird wieder einmal mit Erfolg in Frage gestellt durch Christian Leberecht Quatte.«

Und Terra, schneidend: »Sie gehen zur Kirche, sie taufen sogar ihre Schiffe. Sie versacken in einem Geisteszustand, der links vom Nationalliberalismus nur mehr eine Art Unzucht sieht ...« Er sprach noch lange mit jener Empörung, die ihn in der Tiefe nur heiterer stimmte – bis Mangolf einwendete, man sei hier reich, gesellschaftlich geschult, und mancher von hier ausgegangen, der weit gekommen sei. Diese Entschuldigung ließ der Patrizier Terra nicht gelten, er haßte die Stadt schlechthin – nicht mit dem Drang nach oben, der den Sohn des Agenten Mangolf quälte. Der Sohn des hochverehrten Mitbürgers Terra sagte: »Hier kannst du nicht einmal mit viel Geld etwas werden.«

»O doch.« Mangolf straffte sich. »Denke dir, ich wäre in der Lage, als Führer einer großen Partei das Kontor des Getreidehauses Terra zu betreten und seinem Chef besonders inhaltreiche Auskünfte zu geben über das künftige Schicksal der alten Bismarckschen Schutzzölle.«

»Was weiter?«

»Heute helfen sich die bedrohten Firmen, wie sie können.« Blick auf Terra, der verständnislos blieb. »Oft mit interessanten Mitteln. Das Schiff des Konsuls Ermelin, das neulich unterging, war erst seit kurzem hoch versichert.«

»Wenn ein Verbrechen dahinter stäke, könnte doch Ermelin nicht der Freund meines Vaters sein.«

Hier nahm Mangolf die zusammengepreßten Lippen voneinander, als gäbe er es auf.

»Nun«, machte er harmlos. »Auch der Kaiser ist mit manchem befreundet. Man nennt nicht alles gleich Verbrechen.«

Terra setzte sich zurecht, es ging los. »Darüber bin ich anderer Meinung. Jene Freundschaften prägen einen Mann. Heute, 1891, sehe ich kein zweites Land, wo es noch möglich wäre, das gesamte öffentliche Leben auf eine Privatangelegenheit zu stellen, nämlich auf den persönlichen Ringkampf Wilhelms des Zweiten mit der Sozialdemokratie.«

Mangolf, voll höhnischer Anerkennung: »Er findet, die Sozialdemokratie widerspreche den göttlichen Lehren, soll heißen, seinen eigenen Interessen.«

»Das Wort: ›Die Sozialdemokratie nehme ich auf mich‹ – ist geradezu ein Jahrtausendwort, was falsches Denken betrifft.«

»Alles wörtlich auffassen – wie ein schlechter Schauspieler, der alle Sätze gleich stark bringt: mein Großvater heilig, der himmlische Appell«, sagte Mangolf und sprach selbst wie ein Schauspieler. Terra fiel ein.

»Das Gottesgnadentum!«

»Das ein romantischer Schwindel ist und nirgends eine kirchliche Stütze hat.«

»Humanität aber hat er noch niemals anders ausgesprochen als in Verbindung mit falsch.«

»Einzig die Sucht, die ganze Welt persönlich zu nehmen, kann einen Menschen dahin bringen, daß er anderen zumutet, sie sollen ihre Eltern niederschießen.«

»Er glaubt auf dem Heer zu stehen. Im Grunde aber steht er auf Paradoxen. Wie lange können sie halten?« fragte Terra.

Hier wiegte der junge Mangolf den Kopf. »Sehr lange«, sagte er nüchtern.

Der junge Terra sagte feurig: »Es ist unmöglich, daß heute, 1891, die Vernunft lange ungerächt bleibt. Wer glaubt ihm eigentlich? Sie tun so, aus Furcht, aus Klugheit, aus Snobismus.«

»Wer die Macht hat, dem glaubt man«, sagte Mangolf mit Überzeugung.

»Dann darf es keine Macht geben!«

»Sie ist aber da. Und jeder will sie mitgenießen.«

Der einmütige Marsch der Geister brach ab, die Zwanzigjährigen maßen einander, herrisch der eine, der andere trotzig.

»Du sinnst Verrat«, behauptete Terra. »Auch du wirst deine religiöse Komödie spielen – genau wie dein Kaiser.«

»Und wenn? Du schwörst auf die Vernunft. Aber das Unvernünftige sitzt in uns allen viel tiefer, und in der Welt bewirkt es viel mehr«, schloß Mangolf, erhitzt und krampfig. Terra, stark und kalt: »Ausreden für Heuchler!«

»Flachkopf! Man kann Wechsel fälschen und doch aufrichtig beten. Ich berufe mich auf den Kaiser, Herrn Quatte und mich selbst.«

»Sauber muß es aussehen in so einem.«

»Ich verachte deine Sauberkeit«, sagte Mangolf. »Das Wissen erwirbt sich erst in Abgründen, die nicht sauber sind. Was weißt du vom Leiden.« Erhitzt und krampfig.

Terra sah ihn dasitzen mit den verdächtigen Augen der schamvoll eitlen Geständnisse. Er lehnte ab, zu hören; stand auf und drehte sich aus Platzmangel um sich selbst. »Dein Leiden! Sprechen wir es einmal klar aus! Daß das Leben nicht das Händewaschen wert ist?«

»Wer es durchschaut hat, muß es verachten«, sagte der zwanzigjährige Mangolf.

»Und kennt die verführerische Anziehung des Nichts. Ich aber kenne sie nicht«, sagte der andere. »Verachte mich ruhig! Dein Leiden liegt auf der Hand. Es rührt daher, daß du wider dein besseres Wissen ein großer Streber bist.«

»Werben um die Welt, wie um eine schlechte Hure – tiefe Wollust der Selbstverachtung.«

»Auch noch dich selbst? Du verachtest zu viel, es wird dir schaden. Ich hasse lieber.« Terra stand stämmig da. »Ich hasse die Erfolge, zu denen du dein Gewissen erst überreden mußt. Die Lüge schwächt. Du wirst die Aufsicht verlieren über deine vergewaltigte Vernunft, wirst dich verrennen und schlecht enden.«

»Mit deiner unbefleckten Vernunft greife nur sogleich zum Revolver, früher oder später ist er dir sicher.«

Auch Mangolf stand. Sie sahen einander glühend an, prophetisch jeder erfüllt von der ganzen Wahrheit seines Lebens, und tödlich gespannt, zu kämpfen für seine Wahrheit.

Dann trat einer zurück, so weit er konnte, und der andere strich sich über die Stirn. Sie sahen einander nicht mehr an, jeder wußte: »Ich habe ihm den Tod gewünscht.«

Terra befreite sich zuerst, er lachte schwer auf. »Wären wir jetzt einfachere Naturen gewesen, wer weiß, wie dies geendet hätte.«

Mangolf sagte mit einem tiefen Lächeln: »Dann wäre es nicht um den Geist, sondern um das Geld gegangen.«

»Wie bei unseren beiden Urgroßvätern.«

»Du weißt also davon«, sagte Mangolf verhalten. Er setzte sich an das Klavier. Terra stand erschüttert noch da.

Als er auf seinen Sitz zurückgekehrt war, kam ihm unvermittelt die Frau in den Sinn – die Frau von drüben, mit der es noch heute nacht in das Leben ging. Das Herz schlug ihm stark, er vernahm etwas wie die Lebensbrunst selbst und merkte, jener spiele »Tristan«.

»Ich muß fort«, sagte Terra, schon bei der Tür. Mangolf brach wider Erwarten ab und wandte sich her. Sein Jünglingsgesicht war umwölkt von schwülem Leiden.

»Klaus! Du gehst zu deiner Geliebten.«

»Tue dasselbe, Wolf – und lebe wohl!«

Die Augen Mangolfs zitterten, ihm war es nicht wohl bei dem Triumph, den er fühlte. »Du willst also durchgehen, Klaus. Du willst sie, was weiß ich, heiraten.«

»Begreife es oder begreife es nicht!«

»Dies ist somit der Fall, wo auch du deine Vernunft opferst, Klaus.«

»Mit Freuden!«

»Einer Frau? Einem trügerischen Wesen, das uns schwächt?« fragte Mangolf mit tiefer Wollust. Nie hatte er die Schwester des Freundes geliebt wie in dieser Minute. Der Haß zwischen ihm und dem Freund stand demnach in einem abgründigen Zusammenhang mit seiner Liebe zu der Schwester. Fragwürdiges Erleben, wie schmerzlich befriedigte es Mangolf!

Terra schlang die Finger ineinander, er sagte halblaut, stark und eintönig: »Ich will für sie leben und sterben, arbeiten und wenn nötig, stehlen. Für sie könnte auch ich zum Streber und Lügner werden, aber dann würde sie mich nicht lieben. Und ihre Liebe wird immer für mich das einzige Zeichen sein, daß ich gesiegt habe und nicht gestrandet bin.«

Mangolf hörte dies Fieber, dies Schicksal. Er selbst, erst heute, hatte solche Worte zur Betörung einer Frau gebraucht. Dieser brauchte sie zu seiner eigenen. Mangolf sagte ernst:

»Ich könnte dich verachten. Aber ich will dich bewundern.«

»Denn du bist mein Freund«, sagte Terra; und sie hielten die Hände ineinander, bevor er ging.

Er ging nach Haus; alle schienen schon zu schlafen; nahm das Notwendigste mit und stieg hinunter in den Garten. Er sah sich nicht mehr um, das Vaterhaus sollte vergessen sein. Durch die Pforte entkam er auf die Wiese, dann an das Flußufer, bestieg das Boot und fuhr zu. Er rechnete auf zwei Stunden Ruderns im sternenlosen Dunkel, barhäuptig und den Wind vom Meer auf der Stirn. Statt dessen wäre er, nahe der Flußmündung, beinahe in einen Zug von Lastkähnen hineingefahren. Die Stimme, die ihn anrief, klang bekannt. Dann ward eine Laterne erhoben. »Schlüter?«

»Der junge Herr! Soll ich vielleicht doch noch umkehren?«

»Wohin fahren Sie denn?«

»Und Sie?« fragte der Lagerverwalter mißtrauisch.

»Ich komme zu Ihnen hinauf.« – Als er oben war: »Mein Vater schickt Sie fort? Wegen des Konsuls Ermelin? Nur heraus damit!« Er sah die Kähne entlang: »Getreide?«

»Wegen des Getreides fahre ich«, gestand der Verwalter. »Auch wegen des Herrn Konsuls, damit er in den

Reichstag gewählt wird. Aber bei der Gelegenheit schaffen wir gleich das Getreide fort, es ist zu billig.«

»Zu teuer, meinen Sie?«

»Der junge Herr kennt das Geschäft noch nicht. Das Getreide ist noch vor dem neuen hohen Schutzzoll hereingekommen, und viel billiger als das hiesige, es verdirbt den Preis. Es muß aus dem Land, ich fahre es hinüber.«

Der Sohn schwieg hierauf lange im Dunkeln. Als er dies ganz erfaßt hatte: »Sie helfen, das Brot zu verteuern, Sie, ein Sozialdemokrat?«

»Grade darum. Ihr Vater kann zu so etwas nur einen brauchen, der noch mehr auf dem Kerbholz hat. Man will doch wieder zurück dürfen. Ich rede nicht. Sie können beruhigt sein, junger Herr.«

»Ich bin es. Aber Sie müssen allein hinausfahren. Ich gehe in mein Boot zurück und lege an.«

Von unten fragte Terra noch: »Was machen Sie, wenn die Zollwache Sie anhält?«

Der Beauftragte seines Vaters rief herab: »Dann kehre ich um und versenke alles.«

Darauf griff der Sohn noch schneller aus. Er fuhr auf den Meeresstrand auf, und durch das wehende Gras ging er den wohlbekannten Weg in das Dorf, nach dem Wirtshaus, das ihn zu jeder Zeit des Lebens schon aufgenommen hatte, als lachendes Kind mit den freundlichen Eltern, als übermütigen Schüler unter vielen, nicht weniger graden Herzen, als Herangewachsenen mit seinesgleichen, denen es nicht fehlen konnte. Mißverständnisse, dies alles. Niemals war so das Leben gewesen. So war nur die Unwissenheit, die besonnte Oberfläche. Eines Tages erfuhr man eine Wahrheit, sie war ungeahnt und so furchtbar, daß dir für immer Spiel und Lachen verging. Andere Wahrheiten gliedern sich an, die Kette wird schwerer und schwerer. Du trägst sie durch das freieste Leben als Sträfling.

In dem schlechten Zimmer unter der niederen Decke stand der Sohn und durchdachte die Miene seines Vaters, seine Miene in großen Augenblicken, seinen Ausdruck, wenn er mit sich allein war, sein Gesicht bei Nichtigkeiten, die, wer weiß warum, ewig unvergeßlich sind. Die Decke war geschwärzt von der rauchenden Lampe. Jetzt prasselte Regen an das Fenster. Das Meer dort hinten hub Schläge zu rollen an. Das Haus in Wetter und Weite bebte wie ein Schiff. Der Sohn suchte, atemlos und verzerrten Gesichtes, nach dem Gesicht eines schlechten Menschen, der sollte sein Vater sein. Er fand es nicht. Dafür vernahm er in seinem Herzen jenen Tonfall von heute mittag, der wohlwollend, kundig und sogar schüchtern klang. Das war der Freund des Verbrechers Ermelin? Dann wissen wir um unsere eigenen Taten nicht, und eben dies ist das Hoffnungslose.

Was weiß wohl die Mutter, vornehm und kindlich sicher. Aber jener junge Leutnant, den der Sohn, noch halbwüchsig, einst durch alle Räume jagte, bis er ihn im Musikzimmer der Mutter aus einem Vorhang zog? »Ach! ich glaubte, dein Vater sei es«, sagte der Leutnant und lachte erleichtert.

Das Haus erbebte, den Sohn kam ein Schauder an. Er selbst hatte mit heiterem Mund seine Eltern bestohlen, um zu Weibern zu gehen oder auch um ein Vergnügen, von dem man hätte sprechen können. Er hatte Freunde verleugnet. Feige Handlungen und unreine Beweggründe waren sein menschlicher Gewinn, noch bevor er einundzwanzig Jahre alt ward.

Auf einem Strohstuhl über sich selbst gebeugt, ließ er die Gesichte heraufsteigen. Unheil und kein Ende, auch die Schwester erschien: in verdächtiger Gasse am Arm seines eigenen Freundes, heimlich fortgetrieben unter fallendem Regen. Das Lachen der Frau von drüben! Er weigerte sich nicht länger, es zu verstehen … Keine der kindlich verehrten Gestalten stand noch fest – und keiner der alten Glaubenssätze! Mit ebendem Freunde, der ihn jetzt verriet, hatte er an stolzen Tagen und in erhitzten Nächten bezweifelt, was irgend Gesetz war. Entfesselter Geist, erhaben über Sitte, Bekenntnis, Menschenfurcht, hingeflogen, wo nicht mehr Welt und auch nicht Gott war – um jählings niederzustürzen vor die Füße einer Frau.

Er fuhr auf, ihm brannte das Gesicht. Die Frau, die er liebte, um derentwillen er floh, alles abbrach, alles wagte! Kommt sie schon? Die verabredete Stunde! Aber daß sie nur jetzt mich nicht ertappt! Jetzt, da ich die Beute meiner Zweifel bin. Erhabenheit des unbeugsamen Geistes, Empörung noch unerbittlicher Moral – sollten sie nichts weiter gewesen sein als Fallstricke der Sinne? Flucht! Aufruhr! – aber wann, in welchem Zeitpunkt? Als mein Vater mir den abenteuerlichen Verkehr verbot ... So ist mein Aufruhr Vermessenheit und Lüge. Im Grunde bin ich wie jedermann. Ich würde zu allem geschwiegen, alles leichtgenommen haben, ließ man mir nur die Begehrte. Sie soll nicht kommen, ich schäme mich.

Wie aber? Es wird Tag? Er riß das Fenster auf. Rauhe Stille; erstes Grauen ohne Hoffnung auf Sonne. Wolkenbänke tief auf glanzlosem Meer. Atmen – wir atmen doch. Und hab ich mich belogen, jetzt weiß ich die Wahrheit, auch diese letzte, daß ich ein schlechter Kerl bin. Ich fliehe mit einer schlechten Frau, so ist es, so bleibt es, ich will es nicht anders. Daß sie noch nicht kam, das hat sie gut gemacht. Jetzt mag sie kommen!

Er ging zu der Haltestelle der Bahn. Sie saß dann also in dem Frühzug, er sollte gleich einsteigen zu ihr, und fort, aus der Nacht des Erkennens und der Abschiede geradenwegs hinein in das Leben, wie es ist. Nur kein Nichtsehen mehr, keine betrügerische Wohlanständigkeit! Mit der Abenteurerin verbündet, ein großer Mann werden, ein Lump oder ein Tropf – »nur wissen um mich!

Die einfachste Menschenwürde verlangt die Befreiung meines Gewissens. Man soll mir in das Gesicht schlagen, nur ich selbst will es nicht tun müssen.«

Der Zug – da bin ich! Aufgerissen die Türen, sie saß hinter keiner. Er trat zurück, betäubt, ganz ratlos. Es war doch hart, sie hätte kommen sollen. Sie verließ ihn genau zu der Stunde, da alles ihn verließ. Jetzt heißt es, ganz allein mit deinem aufgeklärten Gewissen hinausfahren in das Leben, das noch soeben Reiz und Zauber gehabt hatte durch sie. Auf einmal war es fahl und leer, wie hinter dem wegfahrenden Zug die morgendliche Meeresfläche. Ziehe deinen Kahn vom Strand, steuere hinaus, kehre nie wieder! Du wirst vom Leben nur den Tod gekannt haben, aber vielleicht hat Mangolf recht, und er ist der bessere Teil ... Auch von der anderen Seite kam ein Zug, Terra stieg ein, ohne zu überlegen, Flüchtling, auch wenn er heimkehrte.

Am Bahnhof sah er, es war erst sieben. Er ging nach Hause, das Fenster im Zimmer seiner Schwester stand schon offen; es zog ihn zu ihr, er eilte hinauf, er riß die Tür auf – da fuhr er zurück.

Die Wut verzerrte sein Gesicht so ungeheuerlich, daß die Schwester, schon bereit, gegen ihn vorzugehen, ergriffen stillhielt. Der Freund, abwechselnd bleich und rot, rang mit der Scham, dem Hochmut, der Lust zu schaden. Das Paar suchte sich nicht, als der Bruder nun dastand; es trennte sich.

Terra, mit wildem Hohn: »Die Lage berechtigt mich, zu fragen, ob du Lea zu heiraten gedenkst.«

Worauf Mangolf: »Ich befinde mich in Übereinstimmung mit Lea, wenn ich nein sage.« Und die Schwester nickte dazu trotzig.

Terra zog erst jetzt die Tür zu. Er trat vor, als nähme er einen Anlauf; mit Blicken von ihm zu ihr schien er auszumachen, wen von beiden er anspringe. Da er sich nicht entschloß, sagte Mangolf ruhig, fast demütig: »Wäre es nicht vorzuziehen, daß ich gehe? Ich bin sicher, mit deiner Schwester verständigst du dich dann alsbald.«

Terra knirschte, noch immer in geduckter Haltung. »Meine Zustimmung zu deinem Abgang bekommst du nur gegen dein feierliches Ehrenwort, daß dies im ganzen Leben unsere letzte Begegnung gewesen sein soll.«

»Das dürfen wir nicht hoffen. Wir dürfen es auch nicht wünschen.«

»Ich erflehe es vom Schicksal.« Terra schlug sich auf die Brust. Mangolf, traurig und ironisch:

»Ich fühle, wie das Schicksal nein sagt. Lebt beide wohl!«

Die Schwester schloß das Fenster, sie blieb davor stehen. Da sie ihn aber keuchen hörte, als liege er und sterbe, erschrak sie und sah hin. Er stand, die Stirn am Kleiderschrank, und hielt sich die Schläfen. Als er ihre Stimme hörte, »Klaus«, fuhr er herum wie gestochen. »Achte wenigstens meine Erniedrigung!« Scharf schreiend: »Lauf ihm nach! Bezähme deinen namenlosen Drang nur nicht! Wirf dich ihm schnell noch einmal vor die Räder, bevor der Feigling dir durchgeht!«

Er hörte nicht, daß sie Einspruch erhob.

»Ich sah euch in der Hafenstraße. Gott gnade dir, er schlenderte nur so als Anhang mit, der Verrat stand ihm auf der Stirn.«

Mit verzweifeltem Gelächter und vor Augen die Frau von drüben: »Das kennt man! Laß deine Würde hier nicht verschimmeln, lauf ihm nach!«

Erschöpft fiel er auf einen Stuhl, sie kam zu Wort:

»Es handelt sich um meine Würde nicht. Ich bin keine Verlassene. Ich will zum Theater.«

Der Bruder, erschöpft: »War dies die Vorbereitung?«

»Höhne nicht, du weißt nicht, wie wahr du sprichst.

Ich habe letzthin so viel erfahren, daß selbst die vollsten Häuser von mir noch werden lernen können.«

Sie stand ausdrucksvoll gereckt; das weiße Gesicht, die roten Lippen verkündeten von oben ihren Schmerz und ihren Mut. Der Bruder sah von unten zu, der Mund blieb ihm offen. Dann begann er vertraulicher. »Wenn wir denn Ausnahmen wären – man ist es doch nur in gehobenen Stunden. Dazwischen aber liegt das Leben, mitsamt dem Theater, das ein einfacher Broterwerb ist.«

Hochmütiges Lachen, und sie sagte: »Ich fühle mich stark genug, um über die toten Stunden glücklich hinwegzukommen.«

»Du? Mit einem Gewissen wie das unsere?«

Mochte sie sich noch stolzer recken, er sagte: »Auch du wirst zu Kreuz kriechen. Noch vor einer Stunde glaubte ich mich gewappnet gegen das Leben der Mittelmäßigen. Es hat mich wieder gründlich in der Zange.«

Die Schwester sah seinen Mund zucken, sanft sagte sie: »Jemand hat dich enttäuscht. Gib nicht dir und mir die Schuld. Wollen wir zusammenhalten?« Sie näherte ihm ihre schöne und noch kindliche Hand.

»Nur keine übereilten Vertraulichkeiten!« sagte er scharf.

»Wir haben uns nicht sehr beeilt. Mußt du böse sein, weil du jetzt wieder als kleiner Junge dastehst?«

Seine Brust hob sich, Schluchzen wollte aufsteigen, er fühlte: »Es zog mich zu dir, drum bin ich noch da. Zu dir allein auf der Welt.« Aber er dachte: »Um Gottes willen, dezent bleiben!« Er nahm ihre Hand, um sie wohlwollend zu streicheln.

Sie beugte sich ihm in den Nacken, damit er sich nicht schämen sollte, ließ den Arm, um ihn zärtlicher zu stimmen, über seine Schulter hängen, und murmelte: »Wie? Du hast mit ihr abreisen wollen ... Jemand sagte es.«

Der Bruder war nicht im Zweifel, wer dieser zögernd

erwähnte Jemand sei. Und ihr Arm, ihre lockende Stimme! Sie benahm sich wie eine Frau, wie – jene. Er hielt still, und er schwieg.

»Ich wußte auch, du wartetest dort draußen vergebens.«

»Warum?«

»Weil sie drüben sitzen blieb, bis lange nach Abgang des Zuges, und erst spät das Haus verließ.«

Er wandte sich schnell um. »Ich sehe, wir sind beide bestimmt, manches Stückchen zu erleben … Ich gehe hinüber.«

»Sie ist doch ausgezogen«, rief die Schwester ihm nach. Er kehrte um. »Du weißt wohl, was du sagst?«

»Sie ist ins Hotel gezogen, ich weiß nicht, in welches. Wie siehst du aus. Tu mir nichts!«

Er stürmte die Straße hinan. Sie war steil, der Wind strich her, ihm stockte der Atem. Der Körper meinte zu erstarren, so weit voraus lief ihm die Seele. Am Markt dahinten ein Wagen, noch hält er, ihn einholen! Das Gepäck darauf – und als sie hervortrat und einstieg, war auch er da. Er schwang sich von drüben in den fahrenden Wagen, sogleich ergriff er ihre beiden Handgelenke, er bog sie. »Du wolltest abreisen, gestehe!«

»Was ist da zu gestehen.« Sie suchte ihr Gesicht dem Fenster zu nähern, sie hatte Furcht!

»Ich zerbreche dir die Hände.«

Sie schrie auf, unvermittelt aber sagte sie mit ihrer gewöhnlichen klaren Stimme: »Der Fürst hat geschrieben. Er versöhnt sich mit mir. Was kannst du danach noch wollen?«

»Dich«, sagte er, bog ihre Gelenke und küßte sie, in ihren Mund gewühlt, wie gestern nacht am Hafen.

»Zum Hafen!« rief er hinaus. Die Schenke von gestern! – und darüber im Hause ein Zimmer für die Verrichtungen der Hafendirnen, unter denen sie gestern sich verloren hatte, denen sie glich! Fühlst du, wer du nun bist? Dies tat dir not, um unter meinen Händen weich zu werden.

In das Zimmer ließ sie sich tragen, auf das Bett ließ sie sich werfen. Das Zimmer roch wie eine leere wattierte Schachtel, nach einem verbrauchten Inhalt. Das Bett hatte Vorhänge, und oben vereinigte sie ein Spiegel.

Der Zwanzigjährige sagte ihr rachsüchtig in den Mund: »Und jetzt? Kommst du jetzt mit mir?«

Glücklich seufzend sagte die Frau von drüben: »Dummer Mann, das hättest du früher haben können.«

»Ich will, daß du mit mir kommst.«

»Der Fürst hat aber geschrieben« – gähnend.

»Du wärest fähig, hinzugehen?«

»Selbstverständlich.«

Er hob die Fäuste. Sie sagte in der Abwehr: »Es ist nun so.«

»Daß du mich quälst? Daß du dich verkaufst? Das du uns um unser ganzes Glück bringst?«

»Daß wir vernünftig sind«, schloß sie und zog ihn zu sich herab.

Er hatte gewütet, hatte vor Schmerz gebrüllt, vor Trauer geweint – nun denke nicht mehr, genieße! Ihr Leib ist weiß, wie eine Ampel, geschmeidig, wie ein kämpfendes Tier. Er breitet aus der Armut dieses verdächtigen Gelasses sich hinaus und wächst dir in das All, du bist von ihm voll. Schweige, trink, gebannt an ihr dämmerndes Gesicht, fließende Ahnungen in dich hinein. »Sie ist eine fremde Frau, und hat das Haar meiner Schwester. Eine Dirne, und hat, gereifter, ihren Mund. Ich küsse ihren Mund, jetzt kenne ich erst meine Schwester. Verschwistert ist diese ihr und mir. Wir alle sind eins.«

Sie fragte: »Wovon ist dein Gesicht so schön?« denn es war schwärmend, war selig aufgelöst.

»Von dir ein Kind!« sagte er glühend; und wie sehr sie ihn auslachte, sich empörte und ihm ihren unversehrten Leib zeigte: »Von dir ein Kind!« – bis sie an ihm hing, bittend und ergeben.

Endlich nochmals: »So soll ich ohne dich hinausgehen.« Darauf sagte sie: es klinge schlimm und sei doch nur das Leben. Man gewöhne sich, allein zu sein und dennoch überall abzuhängen. Dieses beides sei es. »Mir kann es nichts anhaben.«

»Ist denn das Leben nur geschaffen, um uns nichts anzuhaben? Welchen Zweck hat es?«

»Diesen!« sagte sie im Kuß.

Zweites Kapitel

Die Ringer

Nach einigen Semestern an Universitäten, deren absichtsvoll erhaltene Romantik ihn in seiner modernen Geistesverfassung nur bestärkt hatte, ging Wolf Mangolf, um seine Studien abzuschließen, 1894 nach München. Dieser junge Doktor verkehrte bald bei mehreren Professoren und mit ihrer Hilfe noch weiter oben. Er glänzte nicht weniger auf Faschings- oder Sommerfesten, als bei den ernsteren Veranstaltungen der kunst- und bildungsbeflissenen Jugend.

Aber in seinen beiden elegant möblierten Parterrezimmern, wo der Lebenskämpfer unbeachtet nur die bescheidenste kalte Mahlzeit aß, streifte er sogleich seinen gutgeschnittenen Rock ab, und in alten, engen Schülerkleidern, die Stirn in Falten, rechnete er und zog die Bilanz. Die glühenden Wangen der Mädchen, die sich hatten küssen lassen, wurden genau so hoch veranschlagt, wie der Einfluß ihrer Väter reichte. Der kalte Händedruck eines jungen Adeligen wog schwerer. Der Beifall, nachdem wir »Tristan« gespielt hatten, ward auf seinen praktischen Gehalt untersucht. Wie viele Beziehungen hatte der Sommer uns eingetragen, wohin führte jene Einladung auf das Land, welche Aussichten auf offizielle Beachtung eröffnete solch eine rechtzeitige Heuchelei?

Graf Lannas, »mein Kollege Graf Lannas«, hatte wörtlich gesagt: »Jeder junge Mann, der unsere tatsächlichen Zustände heute richtig beurteilt, darf annehmen, daß irgendwo gewisse Personen, die hierzu in der Lage sind, ein Auge auf ihn haben.« Langsam und deutlich, vorigen Dienstag sieben Uhr, auf der Toilette. War es dennoch nur so hingesagt? »Am Mittwoch nahm er meine Einladung zum Frühstück an, am Donnerstag kam er. Er schien nicht verwundert, daß es Kaviar gab. Die Bürgschaft auf dem Wechsel verlangte er wahrhaftig von gleich zu gleich. Ich bin felsenfest überzeugt, daß er mich nicht mit ihr hängen läßt. Ein Graf Lannas, Sohn des Botschafters! Früher oder später erfährt es der Vater. Man hat ein Auge auf mich.«

Was nicht hinderte, daß die Bürgschaft den Hals kosten konnte! »Ich bin harmlos wie ein Kind. Was machen sich jene Leute noch aus dem Plebejer, der ihnen gedient hat.« Heiß emporsteigend der Haß gegen die Mächtigen – aber selbst den Haß übertäubte der durchbohrende Schmerz: Du bist klein, bist abhängig von Wesen, die nach dem Recht der Natur dir untergeben wären. Du mußt dich in ihre Art einfühlen, dein besseres Wissen hat sich auszugleichen mit ihrer Gesinnung, du verleugnest dich täglich. Wie lebst du!

Den Brechreiz aufhalten, sich hinstrecken und die Augen schließen. Da erschien hinter den Lidern der Freund, verloren, ausgemerzt seit Jahren, von fern wie sehr verachtet – aber träte er jetzt ein, du fielest auf die Knie. Er würde sein maskenloses Gesicht haben, das die wahren Gefühle furchten, und es würde Reinheit fordern, auch von dir. »Von mir! Was weiß er von mir. So einer fährt wie ein Tor durch die Welt, er will nichts, ihn brennt nichts, ihn reißt nichts hinab. Den Zwiespalt, worin Verzweiflung und Tod lauern, er sieht ihn gar nicht. Der hat es leicht, der ist kein Ehrgeiziger!«

Und der Ehrgeizige neigte sich gegen sein Spiegelbild, diese bestgekannten Züge. Zu solcher Stunde waren sie von Selbstqual vertieft und zurückgesunken unter der breiten gelben Stirn, einer erschlafften Greisenstirn. Die Augen begegneten sich selbst mit bangem Haß. So saß er, und sein Geist durchmaß, nun glühend, nun mit Schaudern, Erfolg, Macht und Tod – bis endlich von allem Irdischen das Beste kam, der Schlaf, so heißgeliebt von einem süchtigen Ich, das sich vergessen darf.

Am Morgen erinnerte er sich dann: »Ich war noch immer nicht bei Lea. Die Bahnfahrt ist kurz, und sie wartet.« Er brach ab. Liebte man denn eine erfolglose Schauspielerin?

Dann also hinaus unter Menschen, heiter und nützlich sein, und gefallen. Schön gelenkig, auf den Händen durch das Zimmer! Einem so gewandten jungen Mann sieht niemand das Gesicht an, das er gestern zur Nacht hatte. Fratzen vor dem Spiegel! Das stimmt gelassen. Ist der Anzug einwandfrei in den Augen des Gecken wie des Spießers?

Schon war er unterwegs und in Gang gesetzt, der unbefangene junge Mann namens Wolf Mangolf; – da kreuzte seinen beschwingten Weg der Gedanke an eine unpassend gewählte Krawatte, und nichts half, er mußte nochmals umkehren.

An solchem schönen Septembertag begegnete er einem gewissen Kurschmied, einem unbeträchtlichen Bekannten. Mangolf wußte zuerst nicht einmal, wo er den geringelten Blondkopf schon gesehen habe. In der Umgebung eines Stadttheaters offenbar. Ganz recht, bei Lea. Ein Kollege, der ihr seine Verse vorlas. Aussichtsloses Mittel, ihr die Besinnung zu rauben.

Dieser Kurschmied überbrachte Grüße von ihr, und zwar in einer betretenen und anzüglichen Art. Es sollte bedeuten: »Sie ruft nach dir, warum kommst du nicht. Ich, der ich sie ehrlicher liebe als du, habe von ihr den Auftrag, dich zu holen. Da bin ich mit meinem tragischen Weh, was sagst du.«

Mangolf nahm ihn einfach auf die Oktoberwiese mit,

zur Erheiterung im Glanz der Buden, Karussells und Bierhallen. Zwei launige Maler waren noch dabei, ein reicher Junge, und dann Graf Lannas. Frauen fehlten, der Reiche bemerkte es schmerzlich, indes er, um zwei Köpfe höher als andere, dort oben sein Monokel einklemmte. Da stürmte er langbeinig in das Gedränge. Die Musik, von allen Seiten zusammendröhnend, verschlang seinen Schlachtruf, aber es war klar, er hatte ein Weib gesichtet. Die übrigen folgten, Kurschmied immer bei Mangolf, immer beflissen für den Bevorzugten, als sei es ein Vorgesetzter.

Endlich zeigte es sich, was der Reiche vorhatte. An einem großen, wild flirrenden und brüllenden Karussell vorbei stürzte er sich hinter eine Budenreihe und auf ein nichts ahnendes Geschöpf. Es stand im kurzen Flitterröckchen, hielt frierend ein armes Tuch am Hals zusammen und erwartete irgendwen, zwischen Latten und flatterndem Sackleinen, an der Kehrseite des Festglanzes.

Die Freunde des Reichen ließen ihn gewähren, von drüben aber nahte schnell und sicher eine gedrungene Gestalt, befreite kurzerhand das Flitterröckchen und ging mit ihm ab. Unter einer Lampe waren sie zu sehen, sie hatte viel rotes Haar, er aber ein überaus entschlossenes Profil. Hierbei ließen die Herren es bewenden, nur Mangolf nicht. Er verlor absichtlich die anderen. Kurschmied freilich war unverlierbar, Mangolf mußte sich ihm halbwegs anvertrauen. Jener Mann – es beunruhigte ihn, ob es wirklich ein alter Bekannter sei. Nicht, daß er, unter solchen Umständen, die Bekanntschaft zu erneuern wünschte. Kurschmied werde es verstehen.

Kurschmied verstand noch mehr. Sein schonender Ton besagte, er ahne Hintergründe. So suchten sie gemeinsam rund um das große, wild flirrende Karussell und auf den dunklen Rückseiten nach Claudius Terra.

Aber einmal, in der Helligkeit der größten Budengasse, begegnete der Freund ihm, wirklich. Während Kurschmied in der Menge suchte, sah Mangolf den Freund dort hinten durch einen freien Kreis schreiten. Halstuch und helles Jäckchen, die Hand in der Tasche der schwarzen Hose, heruntergekommen, aber den Kopf im Nakken. Mangolf wußte, der ablehnende Blick des Freundes habe ihn schon gestreift, er werde nicht mehr hersehen, so konnte er ihn lange betrachten. Im Betrachten aber ward sein Ausdruck demütig – und als er dessen bewußt ward, war es zu spät; Kurschmied stand da und nickte, als wisse er alles.

Worauf Mangolf ihn kurz entließ und seiner Wege ging. Wer wollte sich zwischen ihn und Terra drängen! Er suchte den Rest des Tages nach ihm, wo er hinkam, gespannt, wie zum Zweikampf. Er lehnte es ab, Auskünfte einzuholen; von ihm selbst, aus eigenem Mund, wollte er wissen, auf welcher schiefen Bahn der Freund begriffen sei, wohin das ungebundene, ehrgeizlose Leben führte. Terra hatte ihn erblickt; er war nicht der Verräter, ihm dauernd auszuweichen.

Am Abend in der Kneipe ging die Tür auf – er stand da. Mangolf hatte gerade einen Witz gemacht. Aus seinem Erfolg heraus begrüßte er Terra wie einen Erwarteten, aber gönnerhaft. »Gottlob«, dachte er dabei, »er hat sich anständig angezogen.« Terra ließ sich mit Selbstbewußtsein und einer gewissen Strenge die Gesellschaft vorstellen, den Grafen Lannas, den reichen Pilz, die beiden Maler und Kurschmied. Zeremoniös, unter scharfem Mienenspiel erkundigte er sich bei dem Grafen Lannas nach dem Befinden seines Herrn Vaters. Ob er ihn kenne? – »Aus seinen Taten«, sagte er klangvoll durch die Nase – und wandte sich an den reichen Pilz, dessen Millionen er auch schon kannte. »Die Seifen Ihres Herrn Vaters werden teurer, was ist denn da geschehen«, bemerkte er, machte aber sogleich die beiden Maler darauf aufmerksam, daß ein Nachbartisch sich offenbar für ihre berühmten Gesichter interessiere. »Es geht vorwärts«, sagte er und zog die Brauen hinauf.

Den Schauspieler Kurschmied, der ihn unverwandt musterte, übersah er. »Nun zu uns beiden«, verhieß er und trank Mangolf zu. Das Trinken geschah ausführlich, mit kostenden Lippen und in besonders energischer Haltung. Wo hatte er es gelernt, mit Menschen so umzuspringen? Und sah er nicht, daß er auffiel? Mangolf stellte beunruhigt fest, daß die beiden Maler ihn schon karikierten; mit dem rötlichen, geteilten Bart, den er sich hatte wachsen lassen, seinen feurigen schwarzen Augen, dem Mund, dessen Winkel die Tatkraft förmlich ballte – und alles doch nur das Gesicht eines Halbzwergen, der sich angestrengt größer macht.

Nach beendigtem Trinkakt erhob Terra das Glas nochmals gegen den Mittrinker, setzte es liebevoll hin und fragte mit plötzlich betonter Wiedersehensfreude:

»Womit, mein lieber Wolf, hast du dir also die Zeit vertrieben?«

»Wenn dies das entsprechende Wort wäre, dann, scheint es, hättest du mehr zu berichten«, erwiderte Mangolf.

»Ich habe mir nicht die Zeit vertrieben«, sagte Terra; und hell trompetend: »Ich habe mich blamiert.«

»Du faßt die Blamage als Beruf auf?«

»Was könnte ein junger Hund, sofern er nicht schwachsinnig zur Welt gekommen ist, in ihr sonst tun, als sich blamieren.« Weiter, zu Kurschmied: »Wir sehen uns nicht das erste Mal, mein Herr.«

»Es wäre möglich.« Kurschmied wechselte mit Mangolf einen besorgten Blick. Terra fing ihn ab, worauf er sich, von der Vorfreude gehoben, an Pilz wandte. »Auch wir kennen uns. Die junge Dame, die Sie hinter einer Budenreihe des Volksfestes Ihrer Verehrung versicherten, verdient sie auf mein Wort. Sie hat eine Haut, so blendend, daß die Schlange, womit die Dame sich berufsmäßig umwickelt, im Schillern es mit ihr nicht aufnimmt. Schwarze Fingernägel stören Sie bei einer Frau nicht?«

Der Reiche verneinte es sachlich. Graf Lannas fragte nachlässig: »Sind Sie beim Varieté, Herr –?«

»Terra.« Und stotternd: »Herr Graf schmeicheln mir. Obwohl ich mancherlei Berufe –«

Sogar die Maler, die aufhörten sich anzustoßen, sahen mit Staunen, wie wehrlos jener Mensch war, sobald einer seinen Angriffen zuvorkam. Schon aber setzte Terra sich zurecht. Lannas begegnete seinem Blick nicht – obwohl es immer ungewiß war, wohin die Augen des jungen Edelmannes, undurchsichtige Augen vom Glanz der Halbedelsteine, zielten. So blickte Terra von Lannas zu Mangolf; er begann feierlich:

»Mein verehrter Herr Graf! Ihr verehrter Herr Vater –«

»Was wollen Sie nur immer mit meinem Vater.« Der Edelmann zog vor dem unzarten Menschen die Schultern zusammen, als ob es ihn fröre.

»Ist mir der unwiderlegbarste Bürge Ihrer großen staatsmännischen Zukunft.« Gedämpft, aber scharf: »Der Graf ist im Begriff, Minister zu werden.«

Der junge Lannas zuckte zusammen, bei der Nennung des streng behüteten Familiengeheimnisses. Er überzeugte sich, ob Mangolf gehört habe. Mangolf sah peinlich berührt aus. Terra, der nur darauflos behauptet hatte, ging sogleich daran, seine jetzt erworbene Vertrauenswürdigkeit auszunützen.

»Eben darum wagt meine obskure Wenigkeit es, Ihnen den Gedanken nahezulegen, daß Sie es nicht eilig haben. In Ihrem Wesen, Ihrer Erscheinung macht sich selbst dem Uneingeweihtesten jene besondere und, das Wort sei erlaubt, verhängnisvolle Glut bemerkbar, die auf Erden nun einmal nur beim Theater ihre geeignete Verwendung findet.«

Wobei er die korrekte Gestalt des jungen Edelmannes ehrfurchtsvoll erstaunt überblickte. Die anderen bekamen hierauf neugierige Mienen, sogar Mangolf. Terra beachtete dies nicht. Er zog sich, als habe er die gräfliche Aufmerksamkeit schon zu lange mißbraucht, mit Zartgefühl ein wenig vom Tisch zurück.

Unvermittelt überkam ihn nochmals die Wiedersehensfreude, er trank wieder dem Freunde zu. Der Freund suchte zu erraten, welches neue Unheil bevorstehe, da kam schon die Frage: »Wann warst du das letztemal bei meiner Schwester?« Und bevor Mangolf eine unanstößige Antwort geben konnte: »Meine Schwester befindet sich in einem öffentlichen Hause« – klar und zu allen. Mangolf griff ein. »Der Witz ist gut. Auch ein Stadttheater ist mehr oder weniger ein öffentliches Gebäude.« Worauf die Mienen Erleichterung ausdrückten. Graf Lannas zeigte sogar Teilnahme.

»Hat Ihr Fräulein Schwester Talent? Glauben Sie, Herr Pilz solle das Theater gründen, von dem er immer spricht? Ist ein Theater ein gutes Geschäft? Würden Sie die Leitung übernehmen und vielleicht auch Ihr Fräulein Schwester engagieren, falls sie Talent hat?« – wobei der junge Herr die Schultern zusammenzog.

Terra beantwortete diese hilflosen Fragen wie ein Vater. Er unterrichtete die Herren über die laufenden Gründungspläne, verriet ihnen einen erstrangigen, von niemand noch erkannten Bauplatz und stellte sich ihnen persönlich zur Verfügung. »Was meine Schwester betrifft, ein pompöses Weib, werde ich mir erlauben, sie den Herren bei der ersten Gelegenheit hierselbst vorzuführen.« – »Ah!« machte der reiche Pilz und lebte auf.

Unverzüglich wollten die beiden Maler nach den Angaben Terras die Pläne entwerfen für das künftige Theater. »Ich glaube doch, Herr Mangolf wollte Ihnen noch einen Witz erzählen«, sagte Terra teuflisch. Aber Mangolf und Kurschmied, an dem Zeitvertreib unbeteiligt, setzten sich weiterhin, im schon geleerten Lokal – Mangolf schweigsam und gelb. Er sah gramvoll vor sich hin, sein plötzlich gealtertes Gesicht bebte leise.

»Ich verstehe Sie«, begann Kurschmied; und auf einen fremd fragenden Blick: »Welche Enttäuschung erleben Sie an Ihrem Jugendfreunde.« Infolge einer Bewegung Mangolfs: »Sie wollen nicht, daß man es sieht, aber ich sehe alles. Ihr Freund macht seine Geschäfte auf Ihre Kosten.«

»Wer weiß«, sagte Mangolf, »ob im Grunde mehr vorgeht, als eine einmalige Fopperei.« Er runzelte die Stirn, weil er bereute, laut gedacht zu haben, und lenkte ab.

Als Mangolf dann aufbrach, erhob sich auch Terra. »Meine Herren, sosehr ich Ihre vielversprechende Leidenschaft noch weiter mit meinen schwachen Talenten zu unterhalten wünschte, hier ist mein Freund. Wir entbehren einander seit Jahren. Trennen Sie uns an diesem ersten Abend nicht!«

Und er nahm den Arm seines Freundes, um mit ihm fortzugehen.

Der Freund sagte: »Du bist mitteilsamer geworden. Ich wollte nicht sagen: zynischer.«

»Das meiste hab ich allerdings schon mitgemacht.«

»Mit der Frau von drüben? Ihr habt euch in der Welt umgesehen?«

»Sie hatte Besseres zu tun. Statt ihrer sahen sich zwei volle Dutzend jener Damen, deren Urtyp sie war, in meinem Hirn und meiner Tasche um. Ich hatte alle Hände voll zu tun. Und du, mein lieber Wolf?«

Da bekannte Mangolf, plötzlich vertraulich wie einst,

was ihm der Ehrgeiz sei. Kein Drang, sich zu versorgen und groß dazustehen. Eine Leidenschaft, dem Gelichter unbekannt, aber wirkend aus geheimer Tiefe, und darum in steter, geheimnisvoller Verbindung mit dunklen Kräften. »Man hat ein Auge auf mich.«

Terra blies durch die Nase und schwieg. Von der Seite stellte er fest, der Freund habe gerötete Backenknochen. »Darauf möchte ich dir vorschlagen, eine gute Flasche Wein zu trinken«, sagte er zeremoniös wie bei einer ersten Vorstellung.

Mangolf war nicht geneigt, länger aufzubleiben, immerhin begleitete er Terra noch ein Stück Weges nach seiner erstaunlich abgelegenen Wohnung. Terra fragte: »Sollte dir der Abenteurer Wiborg aus seinen Taten bekannt sein?«

»Wenn du mich als Juristen fragst.«

»Er war mein Lehrer. Ein teurer Lehrer, aber es hat sich gelohnt. Dank seinem praktischen Unterricht stehe ich den verschiedenartigsten Zumutungen des Lebens nicht mehr mit solcher gottverdammten Hilflosigkeit gegenüber. Ich finde mich in Palästen und Spelunken zurecht. Dabei fällt mir ein, daß du mich heute in einer Verkleidung gesehen hast.«

Indes Terra für seinen Aufzug von nachmittags eine verblüffende Erklärung gab, bedachte Mangolf, daß sie schon wieder nicht fern von dem Festplatz seien. »Todmüde, und weit und breit kein Wagen – nimm mich mit auf deine Bude!«

Hiergegen sträubte sich Terra, mit Gründen, die nicht überzeugten. Zum Schein machte Mangolf sich auf den langen Heimweg. Er wartete aber unter dem Hause gegenüber, bis bei Terra das Licht ausging, dann läutete er gegenüber, schlief in einer Pension, und am Morgen rief er Kurschmied herbei. »Lieber Kurschmied, hier stimmt etwas nicht, man hält mich zum besten. Ich würde schweigen; aber Ihre Teilnahme gestern abend schien ehrlich. Sie haben Ihren photographischen Apparat mit?«

Als Terra das Haus verließ, war er in dem Aufzug wie gestern. Sie folgten ihm – wahrhaftig, auf die Wiese ging er. Mangolf, dem erschütternde Zusammenhänge aufdämmerten, sprach kein Wort. Hinter dem großen, flirrenden und dröhnenden Karussell, wie ausgelöscht von der Übermacht seines Glanzes, drehte sich ein kleines. Sie waren immer daran vorbeigegangen, nicht einmal seine Musik war zu hören, in dem Gebrüll der anderen. Dorthinauf sprang Terra, während es sich drehte, sprang drinnen wieder ab, sprach mit dem zerlumpten Buben, der den Sammelteller hielt, und stellte sich statt seiner selbst hin.

Das Karussell lief ab, der Knabe ging, die zuschauenden Kinder anzulocken, Terra ermunterte die Mädchen. Als alle Mitreisenden bezahlt hatten, setzte er das bescheidene Musikwerk in Bewegung, und der hölzerne, grell bemalte Zauber nahm von neuem seinen Lauf. Die Kinder in einem heftig schaukelnden Postwagen machten eine bewegte Reise, der Junge auf dem Schimmel fühlte sich als General, und die Mädchen, die der goldene Schlitten trug, lebten, wenn auch die Hände ihrer Liebhaber ihnen um den Leib lagen, in einer Wirklichkeit, die nicht weniger trügerisch war. Dem allen sah Terra zu, stand in der Mitte und verteilte es sozusagen – flüchtiges Glück für arme Menschen, denen übrigens nicht zu trauen war; hier aber drehte er sie, teuflisch lächelnd, um seine eigene Person.

Er lächelte zeitweilig mit einem Hohn, der an Irrsinn erinnerte; Mangolf und Kurschmied traten unwillkürlich näher zueinander. Dann aber bekam er ein Vatergesicht, sah gutmütig dem Traum nach, der seine Kinder entführte, um schließlich, indes das Karussell schon langsamer ging, als der gewöhnliche Aufpasser an seinem Posten zu stehen, plump, schofel und mit Geschäftsmiene.

Das Karussell hielt ganz, keine Musik mehr, da hörte Mangolf neben sich das Knipsen. »Sie haben ihn auf der Platte?« – »Ihn und seinen Betrieb.« – »Dann gehen wir.«

Aber jetzt brach durch die Menge das Mädchen mit dem Flitterröckchen. Ein karierter Mantel verdeckte heute das Röckchen, und zu dem alten Mantel paßte nicht der gepuderte Kopf, mit dem reichen roten Haar. Sie sprang entschlossen auf das Karussell, drüben half Terra ihr ritterlich, abzusteigen. Er ließ den Jungen allein einsammeln und führte sie nach der Mitte, in den bunt bewimpelten Verschlag aus Holz und Segeltuch. Da er die Tür schloß, sagte Kurschmied: »Wir müssen durch das Fenster sehen, steigen wir auf den Elefanten!«

Sie saßen droben und drehten sich schon, da ging durch das Volk hinter ihnen ein hörbarer Ruck. Geschrei – und gegen das Karussell her wälzte sich etwas, zwei starke Männer, in Trikots aus ihrer Bude entwichen. Einer wollte den andern verhindern, aufzuspringen. Inzwischen erlangte das Karussell seine volle Geschwindigkeit, sie wurden fortgeschleudert und trollten sich, einander beschimpfend.

In dem Verschlag ward Geld hingezählt, man sah Hände auf dem Tisch. Nur Teile ihrer Bewegungen erfaßte man im Vorbeisausen; welche Hand gab, welche nahm? Kurschmied war dennoch seiner Sache sicher. »Er läßt sich von dem Mädchen bezahlen«, sagte er empört. »Das hätte ich denn doch nicht von ihm gedacht.« Hierzu schwieg Mangolf.

»Jetzt können Sie verschwinden«, bedeutete er kurzerhand dem Schauspieler, als sie standen; und Kurschmied, enttäuscht, aber gefaßt, verschwand.

Aus dem Verschlag trat das Mädchen, eine Hand hatte sie noch drinnen bei dem Mann, vielleicht an seinem Mund, vielleicht um seinen Hals. Sie sah schon von ihm weg, ihr Gesicht trug noch die Leidenschaft der Umarmung und schon die Angst des Abschiedes. Sie zog die soeben geliebkoste Hand an sich, an ihr Herz, und ging hinaus in das Leere. Aber schon an der nächsten Ecke ward sie erwartet von dem einen der starken Männer, einem gelben Menschen, der im Zustand der Ruhe, mit schlotterndem Trikot, nicht mehr stark, nur noch krank aussah. Er nahm sie sorgenvoll in Empfang, er zog, ängstlich verhandelnd, mit ihr ab.

Mangolf sagte eindringend: »Du bist entlarvt.«

»Wer sagt das!« rief ihm Terra, fast gleichzeitig, entgegen. Er war hochrot, er nahm eine Zigarette und paffte aus verzerrtem Munde. Ebenso plötzlich entspannte er sich wieder. »Nimm Platz, mein lieber Wolf!« und er wies auf eine Kiste.

Dann: »Dein bewährter Scharfsinn läßt dich natürlich nicht einen Augenblick im Zweifel über Wesen und Bedeutung meiner öffentlichen Stellung. Die Menschen richtig lenken, wie sie es gewohnt sind, nämlich im Kreise; sie in Bewegung setzen, berauschen, beschwindeln, ihnen ihr Geld abnehmen und sie zum Teufel schicken: – tu als Staatsmann mehr für sie, wenn du kannst! Oder bin ich ein Dichter?«

»Mit geringeren Kosten«, sagte Mangolf, die Mundwinkel gesenkt. »Wo willst du hinaus, mit deiner unheimlichen Spielerei?«

»Mich hat das Leben gleich bei meinen ersten Gehversuchen dafür bestraft, daß ich es ernst nahm. Gott in seiner Güte bewahre mich davor, daß ich dem Leben je noch einmal auf den Leim krieche.«

Um sie her klingelte das Karussell. Jauchzen kreiste zur Musikbegleitung.

»Du entgehst ihm nicht. Komm wieder in die Welt mit! Es ist feige, dem Leiden auszuweichen«, sagte der Freund von unten, auf seiner Kiste.

»Gott hat mir die unvergleichliche Gabe versagt, unter meiner eigenen Schlechtigkeit so leiden zu können, als sei sie der ganze Schmerz der Welt.« Mit eherner Stimme sprach Terra. Der Freund aber, von unten:

»Das Mädchen, das hier war, sah nicht aus, als dächte es wie du. Der ist es ernst.«

»Sie ist tausendmal wertvoller als ich«, sagte Terra durchdrungen. »Einzig mit Demütigen läßt es sich auskommen. Meine Verbindung mit dem Leben der Menschen sind die Töchter des Volkes, besonders die Rothaarigen.« Unvermittelt bekam er zornige Augen. »Kannst du den Haß verstehen, dessen Menschen fähig sind? Warum lastet er so furchtbar auf mir? Ich trage diese Maskerade«, er berührte seine Kleider, »weil ich vorübergehend ohne größere Barmittel bin. Sie sehen es mir an, daß ich für eine solche Verfassung nicht gedacht war; das ist Grund genug für ihre teuflische Bosheit, sich zu belustigen, wo immer sie meiner ansichtig werden.«

Mangolf stutzte. »Irrst du dich nicht?« Terra sah ihn scharf an. »Als wäre es bei euch in der Kneipe anders gewesen. Der ganze Theaterplan war eine Erfindung der Deinen, um mich im Atem zu halten und euch etwas zum Lachen zu geben.«

»Mich dünkt doch –.« Aber Mangolf stockte. Die Augen Terras waren gerötet, und sie flackerten. Das Gesicht hatte seine ganze Zucht verloren. In diesen Zügen wankte der Wille.

Da sagte Mangolf gesenkt, und nun selbst erhitzt: »In der Kneipe trugst du freilich bessere Kleider. Aber der Grund, weshalb sie uns hassen, sind nicht unsere ärmeren Kleider, es ist unser reicherer Geist.«

Terra, auch gesenkt: »Sie zwingen uns, da sie uns unterdrücken wollen, herrschsüchtig zu sein.«

»Wir haben den Trieb, zu herrschen«, blies der Freund ein. »Habe Erfolg!«

»Ich sträube mich noch«, gestand Terra ganz leise. »Ich will noch rein bleiben. Aber als ich unlängst von dem Bankrott meines Vaters erfuhr, den ich doch leidenschaftlich ersehnt hatte, da hat mich zu meiner ewigen Schande das Entsetzen gepackt, daß ich nun also ganz im Ernste ein Deklassierter sei.«

Der Freund nickte. Wo waren eherne Stimme und überlegene Vernunft, wo auch das Mißtrauen beider. Eine Wolke verdunkelte das Fenster, in dem engen Verlies sahen sie ihre Gesichter nicht mehr. Jeder für sich litt köstlich unter seiner tiefen Ähnlichkeit mit dem andern.

Draußen war es vorbei mit Jauchzen und Musik, ein Streit brach aus, Terra mußte dazwischentreten. Als er zurückkam, hatte er nur den einen Gedanken, sich zu rächen für den Augenblick der Selbstentblößung. Aber Mangolf kam ihm zuvor. »Hat das Mädchen dir nicht, als sie hier war, Geld gegeben?«

Terra wankte wie von einem Stoß. Er stotterte lange, verzerrte das Gesicht, brachte aber dann klar geformt hervor:

»Ich muß es bekennen, da ich nun doch einmal von dir durchschaut bin. Ja, dein Jugendfreund ist ein so tief gesunkenes Subjekt, daß er nur noch von dem Schandgeld einer Dirne sein bejammernswertes Dasein fristet.«

Mit stark übertriebenem Ausdruck. Der Freund fragte sich: Was will er. Terra aber beruhigte ihn: »Deine tiefe Seelenkenntnis kann an der Echtheit meiner Zerknirschung unmöglich zweifeln.« Worauf Mangolf gehen wollte. Jetzt aber kam Terra mit seiner Überraschung. »Gibt es hienieden einen mildernden Umstand für meine Verworfenheit, dann suche ihn bitte einzig in der feststehenden Vernunftwidrigkeit des Lebens, die grade einen Mann wie mich zum politischen Agenten ausersehen mußte.«

Da Mangolf ihn nur ansah:

»Das würdest du nicht denken, wenn du es um mich her klingeln und jauchzen hörst. Eben dies aber –« er flüsterte durchdringend – »wünschen die Herren, die hinter mir stehen. Es lenkt ab, es schläfert den Argwohn ein. Man kommt in vertrauter Begleitung, man fährt im Kreise, und ahnt nicht, daß an verborgener Stelle ein Bericht einläuft. Hier stellt das geheime Wesen unseres deutschen Staates mit seinen tiefen Beziehungen zu der Weltenunvernunft sich bildhaft dar. Jeder einzelne, so frei er seine Schritte zu lenken glaubt, gilt dem unsichtbaren Auge, das ihm folgt, nur gerade, insofern er brauchbar scheint.«

Mangolf, mit gefalteten Brauen und gesenkten Mundwinkeln, wandte sich schon ab, da brachte Terra ihn nochmals zum Stehen. »Mache die Probe! Ich verrate zu viel, ich tue es um deiner Achtung willen. Geh ins Hotel Karlsbad, sieh die Tafel beim Portier nach großen Herren durch. Du findest keinen, du wirst hören, auch angemeldet sei keiner. Morgen aber um fünf –«

Terra betonte alles.

»Punkt fünf kannst du durch die Halle den Höchsten deiner geheimen Gönner schreiten sehen.«

Terra sah ihm bezwingend in die Augen, ein Schauer überlief Mangolf.

»Daß du ihn nicht ansprichst!« flüsterte Terra. »Alles wäre verloren.«

Mangolf wartete noch, er hob die Schultern, wollte etwas hervorbringen – aber dann ging er wortlos, wie verzaubert, durch eine große Stille von dannen.

Terra, völlig aufgeheitert, setzte sich händereibend vor seinen Verschlag. Der Junge brachte ihm das Mittagessen und lief weiter. Der Festplatz stand für eine Stunde leer, das große Karussell sogar hatte sein Flirren und Dröhnen eingestellt. Aber die schwüle Luft roch weiter nach Menschen.

Terra stellte grade den Topf weg, da vernahm er ein Schnaufen, und hinter ihm ward der hölzerne Boden erschüttert. Er sah sich um. Verdammt, der Athlet! Der Stärkere der beiden, sein Feind! Terra gab sich eine eherne Maske, er wartete. Der starke Mann kam schaukelnd herbei, jeder Schritt ein schweres Ereignis. Er schnaufte nicht nur vor Hitze, auch von den Vorsätzen, die in seiner Miene standen. »Jetzt wird Schluß gemacht«, sprach er aus. »Du gibst Ruhe oder –«

»Nehmen Sie eine Zigarette?« fragte Terra kalt. »Übrigens wen meinen Sie? Ich bin mir nicht bewußt –«

Der starke Mann nahm plötzlich seinen Hut ab. Als Terra ihn eingeschüchtert sah, wies er leutselig auf einen Stuhl. Gehorsam setzte sich der starke Mann. »Herr Hähnle«, begann Terra. »Sie sehen, Sie sind mir nicht fremd. Ich kenne Sie durch Ihren Freund Schunk.«

»Schunk ist mein Freund nicht«, murrte Hähnle, mit verhaltener Kraft. »Ich kann ihn nur nicht loswerden.«

»Das ist eben Freundschaft, Herr Hähnle.«

»Fein reden kann ich nicht« – immer verhalten. »Ich rede gradezu. Sie sollen dem Schunk kein Geld mehr geben, Herr.«

»Ich gebe ihm keins.«

»Wem Sie es geben, ist gleich. Er kriegt es.«

»Er ist ein kranker Mann, er macht schlechte Geschäfte.«

»Wer krank ist, soll fort«, entschied Hähnle, »und mir das Brot nicht nehmen.«

»Sie sind Darwinist, wie ich sehe.«

»Witze mag ich nicht« – immer verhalten, aber mit rotem Kopf. »Der Schunk und ich haben früher das Geschäft zusammen gehabt. Ich hab ihn auch behalten, als er krank wurde, und ringen mußte er nicht mehr im

Ernst, wir taten nur so. Ist das ein Freund, der mir fortläuft mit einem Mädchen?«

»Das Mädchen ist der springende Punkt«, bemerkte Terra. Hähnle hielt es wohl für einen Witz. »Springen Sie selbst!« brüllte er entfesselt und trat Terra auf beide Füße. Terra sprang wirklich, dann brach er sogar in die Knie. »Hund!« brüllte Hähnle, »gibst du dem Mädchen kein Geld mehr?«

Terra schützte mit dem gebogenen Arm sein Gesicht; hinter dem Arm sagte er fest: »Es steht vollständig in meinem eigenen Belieben.«

»Das sollst du nicht noch einmal sagen« – womit Hähnle ihn auch schon bei den Schultern hatte. Er schickte sich an, sie gegeneinanderzudrücken, daß nichts übrigblieb. Terra fühlte seine Sinne schwinden, da rief eine weibliche Stimme »Achtung!« – und Hähnle mußte wohl unterbrochen sein, er ließ sein Opfer und machte einen Satz. Terra sah sich um nach der weiblichen Stimme. Ein junges Mädchen stand auf dem Karussell, zwischen dem Löwen und dem Kamel, ihr gestreckter Arm hielt einen kleinen schwarzen Revolver.

Hähnle zog sich ehrerbietig zurück. Bei dem Boden des Karussells angelangt, machte er noch einen Satz, war hinüber und verschwand laufend. Terra bemerkte auf einmal, daß er selbst, auf seine Hände gestützt, an der Erde sitze und den Mund offenhalte. Er schloß ihn, stand auf und säuberte sich, mit Bewegungen, die ihn verstecken sollten. »Verdammt, eine junge Dame hat meine Feigheit vor dem Feind mitangesehen!« Er beeilte sich nicht; vielleicht war sie jetzt schon fort? Ach nein, sie hatte noch eine zweite dabei, und beide lachten. Es blieb nichts übrig, er machte mitten in seiner runden Arena eine tiefe Verbeugung und sagte schon im Näherkommen, großartig und munter zugleich: »Gnädigste haben mir gradezu das Leben gerettet.«

Bei seiner Ansprache stutzte die Person, errötete und äußerte eine Art von Entschuldigung, wobei sie ihn aber prüfte. Er seinerseits hatte einen ungünstigen Eindruck: die Nase zu lang, und das anmaßende Lachen. »Sie brauchen sich nicht zu entschuldigen«, sagte er um so förmlicher. »Darf ich Sie bitten, anzunehmen, was meine Hütte bietet.«

»Was bietet sie denn?« – so spöttisch, daß es anzüglich klang. Er aber, ohne Übergang frech: »Eine Freifahrt.« Da bekam sie ein Gesicht, verlegen wie ein Kind. Er sah erst jetzt, wie jung sie war. Augenscheinlich hatte sie Lust und wagte nicht. »Kommst du mit?« fragte sie die andere, in deren Miene Bedenken standen. Terra mißbilligte die andere, weil sie störte, im übrigen verdiente sie keine Beachtung.

»Steigen wir ein!« rief seine Dame tapfer. »Meiner Freundin wird es schwindlig. Lisa, du holst mich dann ab.«

Sie saß schon in dem Schwanenschlitten, Terra setzte das Karussell in Gang und blieb, peinlich besorgt, sich nichts zu vergeben, in der Mitte stehen. »Nun?« rief sie, im Vorüberfahren. Da sprang er hinauf zu ihr, wie ein Wilder. Sie wich doch in die andere Ecke – wo seine Blicke sie verschlangen.

Denn sie hatte dunkle Augen zu dem hellen Haar, und noch die ersten frischen Farben, obwohl so geistreiche Augen. Da war es hinzunehmen, daß ihre Gestalt noch unreif wirkte. Die Nase, die Spott ausdrückte, ward ausgeglichen von den Augen. Merkwürdige Augen, was hatten sie? »Wie kommen Sie hierher?« fragte die junge Dame. Er bemerkte unruhig: sie hatten Strahlen in der Pupille, sie hatten schwarzgeränderte Lider. Jetzt schlossen sie sich halb und sahen aus wie ein glänzender Witz. Hatte die Dame etwas gefragt?

»Auf Umwegen«, antwortete er.

»Ich auch«, sagte sie, und von ihren Augen ward damit viel gesagt. Aber was konnte es schon heißen. Er vermutete:

»Wohl geradeswegs vom Elternhaus? Es steht etwa auf einem ländlichen Pfarrhof, sagen wir an der Elbe?«

Sie antwortete mit den Augen allein, aber er ward rot davon. Plötzlich sah er auch, daß ihr Haar gefärbt war. Er sagte anzüglich:

»Bürgerkinder, die etwas anderes vorstellen wollen, übertreffen manchmal ihr Ideal.«

Nun biß sie sich auf die Lippen. Dann versuchte auch sie es, anzüglich zu sein. »Ihr eigenes Ideal –« sie führte die Hand im Kreis umher – »hat Sie große Kämpfe gekostet? ... Das ist immer so«, antwortete sie selbst. »Damit ich mir die Haare färben konnte, mußte ich drohen, einen Liebhaber zu nehmen.«

»Und Sie lassen es bei der Drohung?«

»Ich denke nicht daran« – hochgemut wie ein Knabe.

Da spürten sie einen schwachen Stoß; jemand war aufgesprungen – ein Mädchen, rothaarig, im karierten Mantel. Dort saß sie, gerade ihnen gegenüber auf dem Brett hinter der Postkutsche, blickte her aus mehlweißem Gesicht, groß und stumm. Die junge Dame begriff wohl; sie sah auf Terra aus geistreichen Lidern. Er war ratlos, ob jetzt abzusteigen wäre. Statt dessen rückte er ihr näher, erklärte die Lage, wie es ging – und da sie den Kopf plötzlich bewegte, traf sein naher Mund ihren Hals, bei der Wange. War es vor Schreck, und um ihn fortzustoßen, daß sie sich gegen seine Lippen drängte?

Als beide die Augen wieder öffneten, war das Mädchen fort. Sie schwiegen betroffen. Dann sah die junge Dame sich hastig um. »Meine Freundin bleibt lange aus.«

»Es ist nicht Ihre Freundin«, sagte Terra. Seit drüben das arme Mädchen gesessen hatte, ward es ihm bewußt, diese hier sei gekleidet wie eine Reiche. Er bereute alles.

Sie sagte: »Finden nicht auch Sie es schwer, so – durchschnittlich zu werden, wie man möchte?« Ihre Augen sagten: so gemein, und widerriefen alles, was geschehen war.

Er sagte schneidend: »Ich bin Millionär. Es handelt sich um eine Wette. Eine Dame wie Sie, Gnädigste, sollte mir auf den Leim gehen.«

Statt einer Antwort nahm sie leichthin aus ihrer Tasche den kleinen schwarzen Revolver, spielte damit und – entfaltete ihn. Es war ein Fächer. Terra wich, bis er aus dem Schlitten war.

Das Karussell hielt an, die junge Dame winkte ihre Begleiterin herbei und auch die Kinder, die wieder umherstanden. Alle durften fahren, sie zahlte. Dreimalige Fahrt – dann erinnerte sie sich des Turmes nebenan, von dem man abrutschte. »Dorthin wollen wir. Man rutscht in zwei Sekunden ab, das ist gefährlicher als Ihr Karussell und lohnender.«

Fort war sie. Er hatte keine Zeit, ihr nachzusehen, das Karussell füllte sich schon wieder. Wie er Kinder in den Schwanenschlitten setzte, fand er darin ein Buch: Ariost, italienisch – ohne Namen.

Der größte Andrang war vorbei, er übergab das Geschäft dem Jungen und ging. In bürgerlicher Kleidung auf dem Sofa seines möblierten Zimmers dachte er, indes es dunkelte, an ihr Geständnis, es sei schwer, gemein zu werden. Dabei hatte sie den Kopf gehalten wie Lea. Schwer war es für ihn für sie und für Lea. Er fühlte: ich muß sie wiedersehen – und entschied nicht, ob jene Fremde oder seine Schwester.

Klopfte es? Da stand sie in der Tür: noch glaubte er, es sei die Fremde, da sagte sie aus dem Dunkel: »Klaus«.

Die Schwester war es. Sogleich sprang er auf, »ich habe einfach geschlafen« – machte Licht, nötigte sie beflissen auf seinen Platz, bot ihr Tee an: bei all dem immer schwankend, was zu sagen sei. Sie belächelte ein wenig seine Verlegenheit, indes sie ihm antwortete. Es gehe ihr gut, oh, recht gut. Das erste Jahr, er wisse es, sei sie zu einer Beliebtheit geworden. Dann kamen die Rückschläge, die Feindschaften. – »Also doch nicht gut?« – Nein, nicht gut. Sie kam jetzt von einem Gastspiel an einem Hoftheater. Starker Erfolg, aber nicht engagiert, denn ihre Stimme hatte gelitten. Sie machte »i« durch die Nase, um sich wieder einmal zu prüfen.

Der Bruder stand vor ihr, er fühlte: dies ist endlich die Ruhestunde, wir dürfen beichten, vielleicht weinen. Die Schwester fragte: »Warum bist du niemals gekommen, mich ansehen?« Da sagte er breit: »Liebes Kind, ich mute es auch dir nicht zu, die Verantwortung zu übernehmen für meine Leistungen oder gar für meinen Lebenswandel.«

Jetzt lächelte sie traurig. »Du stellst dich, als seiest du mit allem fertig. Wir sind es nicht.«

»Sonst würden wir bessere Ellenbogen haben – und Erfolg.«

»Nicht wahr?« – und sie schloß eine Sekunde lang die Augen. »Unsereiner mag entschlossen sein, für den Erfolg alles, rein alles zu tun.« Sie bewegte die Hand ein wenig theatralisch. »Es hilft nichts.«

»Du kannst Menschen umbringen«, sagte der Bruder mit rollender Stimme. »Du wirst davon nichts haben.«

»Einer wird etwas davon haben« – sie sprach nur vor sich hin.

»Seit wann hast du ihn nicht mehr gesehen?« fragte er verhalten. Er war überzeugt, sie komme gerade jetzt von Mangolf. Sie sagte aber: »Seit ich keinen Erfolg mehr habe.« Da schwieg er und schob die Zunge hin und her.

Ihr Gesicht war im Schatten des Lampenschirmes, hatte sie denn wirklich Tränen in den Augen? »Nicht um uns, sondern um jenen? ... Nun, sie ist ein Theatermädchen geworden und beweint ihre Jugendliebe ... Was aber aus ihr wird, sie ist Lea« – und schnell setzte er sich neben seine Schwester, er sagte schonend:

»Ihm nachtrauern? Eine so schöne Person wie du?«

Er musterte sie, pries ihr einzeln ihre »Mittel«, dann sagte er: »Ich bin kein Schulmeister. Du darfst also ruhig aus der Schule plaudern.« Mit einem Seitenblick: »Zum Beispiel, der Kurschmied?«

»Oh!« – voll Schrecken. »Ein wirklicher Freund!«

»Und solche, die mehr sind?« – Da sie vielsagend schwieg: »Nun, Gott sei Dank.« Er rieb sich die Hände. »Der liebe Wolf trägt Hörner! Ich wäre der letzte aller Dilettanten, wenn es mir nicht glücken sollte, ihm zu beweisen, daß er ein lächerlicher Narr ist.«

»Was hast du vor?« Mehr gespannt als besorgt.

»Einen heillosen Spaß« – wobei er aufstand, um sich Bewegung zu machen. »Jemanden, der an höhere Mächte glaubt, kann er den Verstand kosten.«

»Das ist grausam«, sagte sie, ohne große Erregung. »Rächst du dich an ihm?«

»Vielmehr dich«, rief er feurig. »Du sollst Erfolg haben – in demselben Augenblick, da er den schändlichsten Hereinfall seiner empfänglichsten Jugendjahre erlebt. Ich gründe ein Theater, du wirst die Primadonna.« Auch sie stand auf. »Ist das Ernst?«

Er nahm sie vertraulich beim Arm, er sprach ihr von dem, was vorging mit Pilz und Lannas, er malte es aus. Die Dinge wuchsen, ihm selbst leuchtete es plötzlich ein, sie seien weiterzuführen. »Du wirst es sehen heute abend, die Harmlosigkeit der braven Leute hat etwas Beschämendes, sie machen es uns zu leicht. Wozu ist man mit allen Wassern gewaschen.« Ihr am Ohr: »Der Parfümeur Pilz, dem der Mund nach dir wässert, ist völlig der Mann, sich jahrelang von dir an der Nase herumführen zu lassen. Inzwischen sind unsere Geschäfte besorgt« – böse auflachend, und sie lachte mit, ihr Bühnenlachen. Sie wechselte die Stellung und wartete, den Kopf im Nacken, auf ihr Stichwort.

Statt es ihr zu geben, setzte er sich in das Sofa. Er schwieg, bis sie wieder neben ihm saß.

»Haben wir dies alles nicht schon als Kinder erlebt?«

»Du meinst die Tanzstunde.«

»Ich verriet dem kleinen Wolf Mangolf, daß du mit ihm zu tanzen wünschtest. Darauf schämtest du dich furchtbar.«

Die Schwester schien sich noch heute zu schämen. Der Bruder sagte: »Unser Haus haben sie niedergerissen. Ob wenigstens im Garten noch die Bank steht?«

»Auf der Bank lasest du mir das Märchen von den roten Schuhen vor. Ich fürchtete mich vor ihnen. Noch jetzt, manchmal, wenn ich nicht weiß, wohin es kommen soll, denke ich, daß ich an den Füßen die roten Schuhe habe, die immer weiter tanzen.«

Da klopfte es. Ihre Hände, die ineinander lagen, trennten sich.

Kurschmied war es. Er begrüßte die Kollegin mit einer gewissen Abgeklärtheit, in die er Spuren des inzwischen Durchgekämpften hineinlegte, den Bruder aber mit fühlbarem Abstand. Er kam von ihrem gemeinsamen Freunde Mangolf, um sie zu einer kleinen Wiedersehensfeier abzuholen. Mangolf habe es sich nur schwer versagt, das erste Beisammensein der Geschwister zu stören.

»Er hält mit sich zurück«, erklärte Terra. »Er steht vor einer Wendung seines Schicksals.«

»Den Eindruck habe ich auch«, bestätigte Kurschmied. Dann brachen sie auf.

Im Restaurant war ein Zimmer bestellt. Kurschmied, der hineinging, ließ die Tür offen; Lea Terra sah draußen im Spiegel, wie aus dem Zimmer ein langer Mensch mit angstvollen und gefräßigen Vogelaugen nach ihr lugte. Sie blieb vor dem Spiegel, obwohl sie fertig war. »Der ist unmöglich!« sagte sie mit geschlossenen Lippen und legte ihre lange Perlenkette zurecht. Der Bruder half ihr, lächelte galant, und zwischen den Zähnen murmelte er: »Schulden hast du keine? Und deine Perlen sind echt?«

Drinnen sagte Graf Lannas: »Tatsächlich ein pompöses Weib« – während sie schon eintrat. Der reiche Pilz war wortlos, wie ein erwartungsvoller Freier, und die Hand, mit der er die ihre berührte, war feucht. Pilz, Lannas und ihnen gegenüber die beiden Maler standen Spalier, Mangolf führte die Schauspielerin hindurch.

»Lea, ich habe niemals vergessen«, flüsterte er, und hielt ihr am Kopf der Tafel den Sessel hin.

»Auch ich weiß noch manches«, sagte sie, ohne die Stimme zu senken. Und zu allen: »Lea heiße ich beim Theater. Ist das gut, kann man damit etwas werden?«

»Als ob Sie nur den Namen hätten – Fräulein Lea«, hauchte Pilz, rechts von ihr; und Mangolf, links, senkte die breite Stirn, wobei, wie zufällig, eine Locke darauffiel. Vor der Mitte des Tisches vollzog Terra umständlich den Trinkakt und nahm hierfür auch sein Gegenüber, den Grafen Lannas, in Anspruch. Neben ihnen die beiden Maler winkten von weitem mit den Gläsern nach Fräulein Lea. Kurschmied aber, am anderen Ende, sah über sie hinweg die Wand an – bis die Kollegin ihn aufrief. »Sie haben mich in Hosenrollen gesehen. Nun?« – Da lächelte er blaß zu den Herren hin. »Versäumen Sie es nicht!« – und neigte sich erglühend über seinen Teller.

Der Bruder trank der Schwester zu. »Auf deine Beine«, sagte er klar und deutlich. Sogleich bekamen die Herren beherrschte Mienen. Graf Lannas prüfte den Bruder unauffällig. Pilz erklärte: »Wir meinten es nur im Hinblick auf den Naturalismus.« – »Einverstanden«, sagte Terra, und zwang Mangolf, in dessen Augen Gram und Verachtung erschienen, mit ihm zu trinken.

Die Herren ließen es sich von dem Bruder gesagt sein. Graf Lannas erbat sich, über Mangolf hinweg, die Hand der Schwester, um, die Schultern fröstelnd zusammengezogen, ihre rosig polierten Nägel zu bewundern – nichts weiter. »Und meine Augen?« fragte sie und zog ihn an der Hand hinauf, da sah er ihr höflich und zerstreut in die Augen. »Komisch«, sagte sie, im Augenblick ganz ernst, »es gibt noch Zartgefühl …« Pilz, nicht fähig, dies aufzufassen, äußerte mit wankender Stimme seine Anerkennung für das Rot der Lippen, ihren ausdrucksvoll umränderten Blick. Die Schwester lachte singend und unberührt. Ein wenig verzerrt sah Mangolf dem zu. »Mangolf ist langweilig«, hörte er sagen, und schwur sich, es solle ein Ende nehmen.

Der Bruder klopfte auf den Tisch.

»Dies sind noch immer Präliminarien. Meine Herren, die Künstlerin steht vor dem Abschluß mit einer unserer ersten Hofbühnen. Haben Sie Besseres?«

Graf Lannas sah fragend aus, er hatte alles vergessen. Aber Pilz hatte Besseres. »Hier die Pläne. Die höchste Gage bezieht Lea Terra – von mir«, sagte Pilz und wollte gemein werden. Da er zurückgewiesen ward, wollte er mit seinem Direktor Terra Bruderschaft trinken. Terra sagte schneidend in die Ausgelassenheit hinein: »Dafür ist es noch Zeit, nachdem wir unterschrieben haben« – und er bestellte Sekt.

»Engagiert Ihr Kurschmied?« fragte die Schauspielerin. Denn Kurschmied starrte die Wand hinan. Er sagte erbleichend: »Das Ansinnen müßte ich ablehnen.«

Befremdete Gesichter; – aber Mangolf erhob zum ersten Mal die Stimme. »Ich bin in der Lage, das Verhalten des Herrn Kurschmied den Herren zu erklären.«

»Schieß los!« sagte Terra, und sah ihn an. Mangolf hielt den Blick aus. Dann beteuerte er ernst, geradezu schmerzlich, daß er die Mitverantwortung dessen, was geschehe, nicht länger tragen könne.

Große Spannung, alle Augen auf Mangolf. Terra, mitten am Tisch völlig einsam, trank ein Glas Sekt nach dem andern, wozu er Fratzen schnitt. Die Schwester lachte verstört.

»Mein Jugendfreund ist auf unbegreifliche Art gesellschaftlich verkommen«, sagte Mangolf gedämpft und mit Gramfalten. »Wie? das mag ich nicht aussprechen. Herr Kurschmied zeigt es Ihnen im Bilde.«

Schon hielten die beiden Maler die photographische Aufnahme des Karussells in Händen. Sie bekamen runde Augen und gaben das Bild weiter. Dann erst lachten sie hinter den Servietten, indes Pilz und Lannas nur ungern den Ernst der Lage erfaßten. Die Schwester lachte sie aus. »Und ich? Ich bin schon mit Volkssängern aufgetreten. Das ist ehrlich verdientes Geld.« Sie dehnte sich und hatte Augen, wie berauscht. Der reiche Pilz widerstand nicht, er gab zu, auch ein Karussellbesitzer verdiene ehrlich. »Leider nein«, sagte Mangolf.

Jetzt warteten sie unzufrieden. Er empfand es. »Ich wirke störend«, sagte er, »mit meiner unerwünschten Gewissenspflicht. Auch mich stört sie.«

Alle sahen seinen inneren Kampf. Zusammengepreßte Lippen, zuckende Schläfen, und die Augen schlossen sich; so saß Mangolf da, im Angesicht der Welt. Er wollte sprechen, vermochte es nicht, führte die Hand an die Stirn und sah noch einmal den Freund an, letzter, flehender, leidender, alles gestehender Blick – bevor er überwunden hatte und sprach.

»Mein Freund lebt von dem Geld einer Frau«, sagte er knapp. »Er selbst hat es mir zugegeben.«

Da rückten alle Stühle. Terra saß, geduckt und fletschend, in einer Runde des Entsetzens.

»Schluß«, sagte Graf Lannas, mit schüchternem Bedauern.

»Ich danke Ihnen« – Pilz streckte Mangolf die Hand hin.

In diesem Augenblick machte Kurschmied auf sich aufmerksam. Er stieg steil vom Stuhl auf, röchelnd, als würge ihn jemand. Seine geängsteten Augen irrten von Mangolf zu Terra. Plötzlich schlug er die Hände vor das Gesicht, und unförmlich aufheulend flüchtete er.

Die beiden Maler nahmen ihn komisch, die beiden anderen Herren wurden durch sein Betragen darauf hingewiesen, daß es nicht angemessen sei, viel Aufheben zu machen.

»Das soll uns nicht hindern«, sagte Pilz gefaßt und stieß mit der Schwester an. Sie wechselte trinkend einen Blick mit dem Bruder – worauf sie dem reichen Pilz um den Hals fiel. Er wollte zugreifen, aber sie riß sich los.

»Zerreißen Sie mir nur meine Perlenkette! Sie ist vom Prinzen Iffingen. Ich beziehe von der fürstlichen Güterverwaltung eine Rente auf Lebenszeit. Klaus, wieviel brauchst du?«

»Das ändert manches«, bemerkte Pilz.

»Meinetwegen«, sagte Graf Lannas – und schob beglückt seinen Stuhl auf den Platz Mangolfs, der jetzt hinter Lea im Schatten saß.

Mangolf sah toten Auges, als sei er selbst der Geschlagene, dem Geflirr ihres grell bestrahlten Haares und Nackens zu, dem Spiel ihrer Arme, die abwehrten und lockten. Sie ward noch unverblümter. »Ich ziehe Ihnen die Lebewelt in Ihr Theater!« Terra hörte von seiner Schwester die helle, leere Stimme der Frau von drüben.

»Mein Kind!« rief er schallend. »Hast du dein Trikot an, dann tanze!« Er klatschte in die Hände.

Sie stand wirklich auf. »Ans Klavier, Herr Doktor Mangolf!« Er gehorchte. »Tristan!« verlangte Terra. Während Mangolf ihr einen Walzer aufspielte, strich Lea, den Kopf im Nacken, durch die Luft über ihr Kleid hin, als streifte sie es ab. Die Männer jubelten, als stände sie nackt; nur Graf Lannas sah sie an, als wollte er es nicht glauben.

»Zuerst der Vertrag!« sagte sie zum Takt des Walzers.

»Gemacht«, sagte Pilz, ließ sich von Terra den Vertrag reichen und unterschrieb. Terra zog ihn dem Reichen unter der Hand fort, er faltete ihn sorgfältig, wobei er herausfordernde Blicke schoß. Dann zerriß er den Vertrag. »Wie, Lea? Der Erfolg genügt uns.« Er klingelte nach dem Kellner. Pilz wollte den Sekt übernehmen, er bat es sich aus, oder doch einen Teil! – aber Terra ließ nicht mit sich handeln. »Die Herren werden erlauben müssen, daß ich bezahle, was ich bestellt habe«, sagte er, streng und gediegen.

Seiner Schwester legte er selbst den Mantel um. Im Gang draußen sagte Mangolf nahe bei ihm und gepreßt: »Ich mußte es tun.«

»Das weiß ich«, sagte Terra. »Du hattest den Auftrag von Gott. Vergiß nicht, morgen fünf Uhr.«

Aus der Gasse beim Haus sprang Kurschmied hervor, er hielt Terra an, Mangolf gewann Zeit, mit Lea voranzugehen. »Ich weiß alles!« raunte Kurschmied inbrünstig. »Soll ich Ihnen zu Füßen fallen?«

»Ich hatte nicht den Eindruck, daß Sie übermäßig tranken.«

»Ich bin das Opfer eines tragischen Irrtums!«

»Sprechen Sie endlich wie in einer lebenswahren Rolle!«

»Ich komme durch die Hintertür. Pilz jammert, er sei von Ihnen gefoppt. Nein! niemals in Ihrem ganzen Leben haben Sie den Gedanken gehabt, Ihre Schwester zu verkuppeln. Nur der Verrat Ihres falschen Freundes war so teuflisch angelegt, daß ich wahnsinnig zu werden glaubte, als es mir klar ward, wozu ich mißbraucht sei. Sie, den ich für den verruchtesten Menschen unter Gottes Sonne gehalten hatte –«

»Sie schmeicheln mir.«

»– sind einer der edelsten. Sie gehen mit einem unstillbaren sittlichen Bedürfnis durch das Leben.«

»Woher wissen Sie –!« Terra sah sich den Blondkopf genauer an. Er hatte blaßblaue Halbkreise unter den Augen, und die Nasenwurzel glänzte weiß.

Mangolf dort vorn ging nahe an Lea, aber halb hinter ihr, wie Kurschmied an dem Bruder – und flehend geneigt unter ihren Hutrand. Sie warf über die Schulter: »Warum sind Sie nie mehr gekommen? Sagen Sie mir einen Grund, an den ich mich halten kann.«

»Überlegen Sie es sich noch«, sagte Terra zu Kurschmied. »Schließlich nehme ich von dem Jahrmarktsmädchen Geld, Sie selbst haben es gesehen.«

»Wer kann denn wissen, für wen Sie das Geld nehmen? Ich weiß es! Für Ihre Schwester – um ihr die falschen Perlen zu kaufen, damit sie das Engagement bekam.«

»Ihr Scharfblick ist erschreckend«, sagte Terra.

Und Mangolf zu Lea: »Wenn ich Sie wirklich für meine Zukunft fürchtete?«

»Ich werde Erfolg haben!«

»Dann um so mehr. Erfolge wie die Ihren und die Ihres Bruders sind verderblich, sie sind nicht ernst gemeint. Ihr kennt den Kampf nicht. Warum muß ich dich lieben!«

»Weil du ihn haßt«, sagte die Schwester.

Kurschmied, die beschwörenden Hände hinstreckend: »Ich bin nun Ihr Freund, von dieser Stunde ab Ihnen mit Haut und Haar ergeben. Sollte ich achtzig Jahre lang leben – Ihr Freund!«

Terra nahm die Hände, sah ihm in die Augen, ging schweigend weiter. »So kommt man zu Freunden«, dachte er.

Mangolf zu Lea, vor dem Hause, wo sie stehenblieb: »Du liebst keinen andern, ich weiß es.«

Sie lachte leichtsinnig, da drängte er sie gegen das Haustor; er kam ihr so nahe, daß er ihre Brust mit der seinen berührte und sie den Kopf zurückbiegen mußte. »Wirf dich nicht weg!« sagte er ihr in die Lippen. »Zwischen dir und mir ist es fürs Leben.«

Da stockte ihr Leichtsinn, in ihrer Miene vermischten sich Lachen und Qual, sie seufzte: »Ich weiß es.« Plötzlich stieß sie ihn fort. Er verlangte aber, daß sie hinter dem Haustor auf ihn warte, dann enteilte er, indes der Bruder schon nahte.

Der Bruder sagte zu Kurschmied: »Können Sie gut Maske machen? Dann kommen Sie morgen um vier Uhr zu mir und bringen Sie alles mit, um sich nach vorhandener Vorlage in einen vornehmen Fünfziger zu verwandeln, glatter Scheitel, bartlos, wohlbeleibt. Gute Nacht.«

Womit er ihn stehen ließ und zu der Schwester ging. Er sah das armselige Haus und davor sie, den Umriß des Reichtums und der Schönheit, der ihr Umriß war. Er sagte um so gehobener: »Du hast es gesehen, wir können alles, was wir wollen.«

»Ach, Lieber, es ist gekommen, wie es mußte«, murmelte sie, und sie trat, als versteckte sie sich, in den Winkel hinter der Tür. Der Bruder wollte sie hinaufführen, sie schüttelte den Kopf. Er fragte, worauf sie noch warte, sie schwieg. Da schwieg auch er, stand stumm noch da – und dann verließ er seine Schwester.

An einer entfernten Straßenecke machte jemand sich unsichtbar. Terra, dessen Weg dorthin geführt hätte, ging nach der anderen Seite. Er dachte: »Einander verraten und verlassen. Einander bekämpfen, finden und nicht kennen. Einander hassen, einander verfallen sein – und kaum fünfundzwanzig Jahre sind wir alle.«

Gegenüber dem Hotel Karlsbad, am Fenster einer kleinen Gastwirtschaft, wartete Terra auf Mangolf. Fünf Uhr, wahrhaftig, da kam er – aber in Gesellschaft. Lustige Damen und Herren, Mangolf brachte sie alle zum Lachen. Unter Lachen verabschiedete er sich einige Häuser weiter. Niemand hätte gedacht, er werde gleich darauf dieses unruhige Gesicht zeigen, werde mehrmals an dem Hotel vorbeigehen und endlich, qualvoll aufgerafft, es betreten, wie zu einer schweren Operation.

»Herrgott im Himmel, ob er es gut übersteht«, dachte Terra Fratzen schneidend, die stummes Hohngelächter waren, und folgte ihm auf dem Fuß bis in die Halle. Mangolf sah ihn nicht, er spielte den unbeteiligten Fremden und lagerte sich in einen Sessel. Terra verharrte angesichts der Treppe, hinter einer Palme. Den rechten Arm der Doppeltreppe herab stieg langsam und sicher ein Herr in reifen Jahren. Terra aus seinem Versteck nickte ihm zu, der Herr übersah es. Mangolf war aufgesprungen. Da kam links derselbe ältere Herr, viel schneller, von oben. Der Zweite erblickte drüben den Ersten, der ihn nicht sah. Er stockte, dann nahm er eilig Deckung neben dem Aufzug. Als der Erste sich in die Halle und zu den Tischen wandte, stürzte sein Doppelgänger fluchtartig dem Ausgang zu. Der Portier hinter seinem langen Tisch sah ihm aus aufgerissenen Augen nach. Da Terra sich zeigte, fragte der Portier: »Was war das? Zweimal derselbe?«

»Sehen Sie doppelt?« bemerkte Terra. »Das sagen Sie nur niemandem.«

Ein Ehepaar fragte erregt: »Wer ist der Herr dort?«

»Exzellenz Graf Lannas«, sagte der Portier.

»Und der andere, der genauso aussah?«

»Den gibt es bei uns nicht«, sagte der Portier.

Hinter Terra stand Mangolf, sehr bleich. Er raunte ihm zu: »Scharlatan! Und ich war drauf und dran, dir zu glauben!«

»Du wirst sogleich sehen«, behauptete Terra, aber auch er konnte kaum sprechen. Bei dem Herrn in reifen Jahren stand die junge Dame von der Festwiese! ... Er hatte sich gefaßt, er fragte den Portier: »Fräulein von Lannas?«

»Die Komtesse steht beim Herrn Papa«, sagte der Portier.

Nun zog Terra aus seinem Mantel ein Buch, schritt gediegen über den Teppich und überreichte es zeremoniös der Dame – die es zuerst sogar nehmen wollte. Dann hatte sie Terra erkannt und erstarrte. Graf Lannas stellte die Teetasse hin. »Der Kurier?« fragte er schnell.

»Leider nein, Herr Staatssekretär«, sagte Terra sorgfältig und verbeugte sich tief.

»Ich bin nicht Staatssekretär.« Graf Lannas runzelte die glatte Stirn. »Um Vergebung«, sagte Terra.

»Und das Buch?« Der Vater sah die Tochter an, dabei bekam er ein Grübchen. Sie hatte sich gefaßt. »Bei Mila. Wir lasen Ariost. Der Herr ist –«

»Terra, Student der Rechte.« Er setzte mit Ausdruck hinzu: »Ich habe die Ehre, Exzellenz, ein älterer Freund und Mentor Ihres Herrn Sohnes, des Grafen Erwin, zu sein.«

»Dann muß ich mit Ihnen sprechen. Mein Sohn macht dumme Streiche.«

»Er ist nicht immer in den besten Händen«, sagte Terra über die Achsel. Mangolf trat vor. »Ich bin in der Lage –«

»Der Kurier?« fragte der Botschafter schnell. Um sein doppeltes Mißverständnis zu entschuldigen, lud er zum Sitzen ein.

»Zweifle noch einmal an mir!« raunte Terra. Aber Mangolf sah ergriffen aus. Dies alles war vom Schicksal auf ihn gemünzt! Terra dachte sich aufzuspielen, und doch setzte er nur das Schicksal in Gang. »Hier sitze ich endlich im Angesicht der Macht. Sie hatte schon immer ein Auge auf mich, vielleicht war dies Auge Graf Erwin selbst?«

Graf Lannas verhörte, indem er einen Teller mit Kuchen aufaß, die jungen Leute wohlwollend über Familie, Studien, gesellschaftliche Verbindungen. Dazwischen fragte er alle Welt nach seinem Kurier. Mangolf stand auf. »Ich stelle mich zur Verfügung, wenn Eure Exzellenz einen sicheren Boten nach dem Ministerium des Äußeren brauchen. Der Minister ist jetzt nicht dort, ich kann den Kurier abfangen.«

Der Diplomat stutzte. Dann nickte er Mangolf zu. »Nicht übel. Sie haben sich vorbereitet.« Er bekam sein Grübchen. »Wenn die Herren mich aufsuchen wollten, sagen Sie es doch!«

Die junge Gräfin bemerkte: »Du wirst noch behaupten, Papa, daß ich meinen Ariost nur verloren habe, damit die Herren sich bei dir einführen können.«

»Tatsächlich, warum soll er nur dir vorlesen. Liest er gut? Dann will ich mit zuhören.«

Er gähnte, sah noch einmal nach der Uhr und nach dem Eingang, worauf er die Herren in sein Zimmer bat. Etwas kurzatmig infolge der vielen Kuchen, betrat er den Aufzug, mit ihm Mangolf. Die Gräfin war schon fast oben, Terra, den sie nicht ansah, sagte: »Jetzt haben Sie etwas angerichtet, ich kann nicht Italienisch.« – »Das sieht Ihnen ähnlich«, sagte sie, zwischen den Zähnen. Da trafen sie schon mit dem Vater zusammen.

Als der Botschafter Terras ansichtig wurde, erschien über seiner Nasenwurzel ein ernster Gedanke. Zwischen Tür und Angel hielt er den Studenten am Knopf fest.

»Warum nannten Sie mich Staatssekretär?« fragte er. Terra besah ihn sich, er hätte fast gesagt: »Weil ich kein Hornochs bin.« Er sagte: »Wollen Eure Exzellenz sich, bitte, keinem, wenn auch verschwindend kleinen Zweifel über die Diskretion des Grafen Erwin und meine eigene Zuverlässigkeit hingeben.« – Nach dieser Rede ließ der Graf ihn sogar vor sich eintreten.

Mangolf inzwischen hatte beschlossen, dem Sohn hier zu helfen, wie jener ihm. Die Bezahlung des Wechsels war hiermit gesichert. So strich er dem Vater den Sohn heraus, der, schwankend aber nicht leichtsinnig, nur eines ernsteren Führers bedurfte, um immer wieder den Weg in die gute Gesellschaft zu finden. Häuser und Namen zogen vorbei.

»Personalkenntnis«, sagte Graf Lannas mit Anerkennung. »Und unser Ariost?«

Die Gräfin sah umher. »Das Buch muß unten geblieben sein.«

»Hier ist es«, sagte Terra und zog es ungesehen aus ihrer Tasche. Er las so gut, daß Graf Lannas sich immer tiefer in seinen Sessel senkte. Endlich entriß er sich dem Genusse. »Lesen Sie ruhig weiter! Sie lesen zu dramatisch, es kommt auf die Melodie an.«

»Ich habe wenig Melodie«, sagte Terra und sah die Gräfin an. Sie hatte den Zeigefinger an ihrer hellen Wange und die Stirn in Falten.

Der Botschafter räumte ächzend die Papiere vom Tisch. »Ich habe meinen Privatsekretär bis morgen fortschicken müssen. Lesen Sie weiter, junger Mann! ... Wo hat er den Akt F H/6235?« Der Botschafter suchte im Schweiß seines Angesichts. Da trat aus dem Nebenzimmer Mangolf. Mit anmutiger Verbeugung überreichte er das Gewünschte. Er habe nebenan den Schreibtisch des Sekretärs bemerkt. Alles liege offen. Bevor ein Unberufener darüberkomme, habe er sich erlaubt –

»Alle Wetter«, sagte der Botschafter. – Zwischen dem Lesen des Schriftstückes schob er ein: »Mein Sekretär taugt nichts. Sie sind Referendar?«

Hier klopfte es. Mangolf ging zur Tür, als sei er schon im Dienst. »Der Kurier«, meldete er. Der Botschafter, so peinlich er gewartet hatte, schien nur ungern zu hören, daß es etwas zu tun gab. Er winkte, damit Mangolf den Kurier von außen in das Zimmer des Sekretärs führe, dann bequemte er selbst sich hinein.

Terra las noch eine Strophe – die Stirn gefaltet, denn er fühlte sich lächerlich. Als er aber aufsah, fand er keine Ironie bei ihr, sondern Unwillen.

»Sie sind taktlos. Nach manchem, das ich Ihnen gesagt hatte, durften Sie mir nie wieder begegnen.«

»Ich habe alles vergessen. Ich denke einzig an das, was Sie mir erlaubt haben.«

Hierfür bekam er einen schwarzen Blick. Dann wendete sie sich ab, und Terra fuhr laut zu lesen fort. Die Tür zum Nebenzimmer stand halb offen, man hörte Papier rascheln.

Terra sagte zwischen zwei Versen: »Sie beherrschen alle meine Gedanken.« Plötzlich sah er glühend auf. Sie fuhr merklich zurück, dann biß sie sich auf die Lippe. »Es war ein Zufall«, behauptete sie.

»Nein, Gräfin. Zufall allein würde mir die Kühnheit nicht verliehen haben, mich Ihrem Vater vorzustellen.«

Jetzt lächelten ihre Augen zum ersten Mal wieder und wurden geistreich. Darauf sagte er, in dem Ton, wie auf dem Karussell: »Übrigens haben Sie es erwartet.«

Sie, auch wieder herausfordernd: »Geschickt. Sie werden es weit bringen.« Und infolge seiner Miene: »Wenn Sie wollen.«

»Ich wüßte nur einen einzigen Grund zu wollen« – und er beugte sich weit vor. Sie blieb dreist lächelnd sitzen.

»Sagen Sie ihn nicht! Es wäre in unserer Bekanntschaft die erste gewöhnliche Wendung.«

»Was glücklich macht, ist gewöhnlich.« Worauf er sich erhob. Er stand achtungsvoll beiseite, als Graf Lannas wieder eintrat.

Der Botschafter trocknete die Stirn und sank erleichtert in seinen Sessel. Zu Mangolf, der ihm folgte: »Ist drinnen abgeschlossen? ... Übrigens, lieber Doktor, begraben Sie alles in Ihrem Herzen!«

Mangolf legte die Hand auf das Herz. Der Botschafter entspannte sich vollends, er ließ Likör einschenken und reichte Zigarren. Terra sah sich den beflissenen Mangolf an, der ihm auswich; dann nahm er Platz, dem Botschafter gegenüber, die Knie auseinander und die Hände darauf. So sagte er nasal und klangvoll:

»Wollen Eure Exzellenz einem niedrig Geborenen und durchaus Uneingeweihten, den aus der misera plebs vielleicht nichts anderes heraushebt, als nur seine besonders verehrungsvolle Bewunderung für die Person Eurer Exzellenz – wollen Sie mir eine kurze Frage gestatten, so wäre es diese: Wozu gibt es Diplomaten?«

Da der Botschafter nur mit dem Kopf zuckte:

»Ich fühle meine überwältigende Unwürdigkeit, mich irgend weiter zu erklären.«

Er sah tief zerknirscht aus. Graf Lannas ließ Nachsicht walten. »Sie gehören wahrscheinlich zu den jungen Leuten, die sogar die internationalen Geschäfte öffentlich in den Parlamenten verhandelt sehen möchten.«

Trotz der entrüsteten Verwahrung Terras behielt er seine milde Überlegenheit. »Das junge Geschlecht ist ungewöhnlich selbstbewußt – was ich persönlich zu schätzen weiß. Wir haben das Glück, in einem Staate zu leben, der kein Talent, ich sage kein irgend verwendbares Talent, unverwendet läßt.«

Mangolf, der nun wußte, woher der Sohn seine Redensarten bezog, drückte mitten im Ordnen verstreuter Papiere, durch eine seitliche Verbeugung seine Überzeugtheit aus. Graf Lannas ließ sich dennoch auf eine ausführliche Darlegung ein, eigens für den tief ergriffenen Terra, der, solcher hohen Belehrung rückhaltlos offen, den Mund aufhielt und bei der Anstrengung des Lernens die Zunge darin bewegte.

Die Öffentlichkeit der internationalen Geschäfte, so lehrte Graf Lannas, sei eine Forderung der Demokratie. Es sei ihre letzte Forderung, es würde sie restlos vollenden. Nun bedenke man ihren Charakter. »Ich schätze die Demokratie.« Wer sehe aber nicht ein, daß sie rücksichtsloser, begehrlicher, brutaler sei als die mehr oder weniger gesättigten Vertreter der zum Glück noch unerschütterten Kaisermacht.

Der Botschafter stand auf, er trat hinter den Tisch, seine rechte Hand warf beim Sprechen die daliegenden Gegenstände durcheinander, seine Stimme verlor ihre Gelassenheit, sie ward mißtönig. »Meine Herren! Sie werden es vielleicht erleben, wie die losgelassenen Instinkte der Völker vernichtend gegeneinander platzen. Von uns werden sie noch gezähmt. Das Kaiserreich ist der Friede.«

Terra fand es angezeigt, auf seinem Stuhl sich ganz still zu verhalten. Mangolf fragte geschäftsmäßig: »Die Besetzung von – gehört doch zu dem Akt F H/6235?«

»Ganz recht. Wir schicken Truppen hin.«

»Das Kaiserreich ist der Friede«, wiederholte Terra mit Überzeugung.

»Wir haben das Spiel in der Hand«, sagte der leitende Staatsmann von morgen und schien in der Luft seine Karten auszubreiten, mit Händen wie ein Taschenspieler. Vor Freude über seine Gewandtheit bekam er sogar sein Grübchen.

Plötzlich erinnerte er sich einer Verabredung. Es war

klar, er ward sich bewußt, an wie geringes Publikum er die Proben seiner Kunst hier verschwendete. Er gab laue, flüchtige Händedrücke und war schon draußen. »Alice, ich erwarte dich.« Mangolf ihm nach, er fühlte: ihm nach, durch dick und dünn, jetzt oder nie! Terra sah sich um, die Gräfin hatte den Rücken gekehrt. Er ging hin und flüsterte ihr dringend über die Schulter. Sie antwortete nicht, er fühlte sie beben. Aber die Tür stand offen. Er wagte sie nicht zu schließen und ging.

Mangolf trat gleichzeitig aus einem Zimmer gegenüber, argwöhnisch musterte er Terra, der ihn ironisch musterte.

»Die Karriere beginnt«, sagte Terra.

Die Gräfin dachte, als sie sich am Abend allein davonmachte: »Was wage ich viel. Das ist keiner, den man aus der Hand verliert. Viel gefährlicher war es damals mit –.« Sie ging Erinnerungen durch, mit ihren achtzehn Jahren. »Aber dieser ist sonderbarer ... Er ist, wie ich es will. Mit ihm werde ich gewiß etwas erleben, die Saison war so schlecht – und es wird im Grunde nichts kosten.« Da hielt der Einspänner vor der Wiese.

Die Gräfin drang sicheren, leichten Schrittes in die ausgestorbene Budenstadt. Einmal stieß sie im Dunkeln an einen Schlafenden oder Betrunkenen, sprang um eine Ecke und rührte sich minutenlang nicht. Unkenntliche Gerüste standen auf allen Seiten im Himmel: – wo nur der Turm, von dem man in zwei Sekunden abfuhr? »Ach! ich befinde mich gerade unter ihm, und dort –.« Sie machte sich steif, aus einem Schatten, der wohl das Karussell barg, löste sich eine Gestalt.

»Gräfin sind pünktlich« – Terra verbeugte sich, wie in einem Salon. »Somit werde ich die Ehre haben, Ihnen die Wiese bei Nacht zu zeigen.«

»Ich kenne sie schon, es hat sich nicht gelohnt.«

»Was unternehmen wir statt dessen. Eine Freifahrt?«

»Verbraucht.«

Ein Pfiff, dann Laufen irgendwo in der Nacht – und eine Frau, die langsam dahinten vom Erdboden aufstand, glitt bläulich durch einen Lichtkreis, den Laufenden nach. Die Gräfin drängte rückwärts, da traf sie auf den ausgestreckten Arm des Mannes. »Komm mit, mein Kind«, sagte Terra und schlug seinen Mantel auch um sie.

Unter einer Lampe hielten sie. »Nicht«, sagte sie – und streckte sich dennoch an ihm hinan, wie er an ihr. Auf der Zeltwand neben ihnen wuchs schlank ihr vereinigter Schatten. Gespannt blickten sie einander in die durch Lampenschein entblößten Gesichter. Er löste den Arm von ihrer Hüfte und faßte ihre hellen, schmalen Wangen in seine beiden Hände. Unter dem schwermütigen Feuer seines Blickes schmolzen ihre jungen, festen Züge, die geistreichen Strahlen in ihren Augen erloschen, und auseinander glitten die Lippen. Er neigte sich tiefer auf diese schimmernden und noch zusammengehaltenen Zähnchen – neigte sich so langsam, daß er endlich fast anhielt. In diesem irrsüßen und verklärten Gesicht berührte ihn grauenvoll die tiefe Ähnlichkeit mit seiner Schwester. Noch gestern, ihr verstörtes Warten hinter dem Haustor ... Dann senkte er sich um so stärker, um so schwärmerischer auf diesen Mund.

Ein Keuchen – das nicht seines, nicht ihres war. Es kam näher, ward Schnauben, und schon rollte ein wilder Körper ihnen vor die Füße. Eine Frau dann – sie sah sie nicht, sie breitete schützend die Arme vor den Zusammengebrochenen. Und jetzt der Verfolger, ein halbnacktes Ungeheuer, daherstampfend und eine dicke Eisenstange schwingend. Das Mädchen duckte sich, da stürzte das blinde Ungeheuer, die Stange flog klirrend dahin.

Die Gräfin hatte geschrien, das Mädchen sah auf, es

streckte die Hände vor, als bäte es: nicht dies! Nun wankte es her. Es mußte von Angesicht zu Angesicht sehen, was viel schrecklicher war, als daß Männer einander töteten. Erstarrtes Entsetzen; reglos auch jene beiden samt ihren vereinigten Schatten. Da schien das Mädchen aufzuflattern, drehte sich um sich selbst und lief, in die Flucht geschlagen.

Die beiden Herkulesse krochen am Erdboden aufeinander zu. Unerwartet schnellten sie auf und standen, die Fäuste in Bereitschaft, voreinander. »Das gibt ein Schauspiel!« sagte die Gräfin, leise jubelnd, sprang davon und war im Turm. Terra folgte, verlor sie in den Windungen, fand sie auch auf der Plattform nicht – aber drunten, von der blutigen Lampe beschienen, keuchte der Kampf, keuchte bis hier herauf, und jetzt ein Brüllen.

»Sie bringen sich um, nur schnell dazwischen!« Er setzte sich in eines der kleinen Fahrzeuge und sauste hinab, in Spiralen, schnell und unendlich wie Gedanken. Er dachte auf der Fahrt: »Sie töten sich. Das ist bei uns Menschen der Anfang, die ersten Beziehungen, die Spur.« Auflodernd haßte er Mangolf. Wo war jetzt Mangolf mit Lea – deren Tod er war. Schwester! Ihr Gesicht in den Gesichtern der anderen Frauen, der Gräfin, der Frau von drüben – und jene Nacht am Hafen, als eine andere, wie heute diese, an seiner Brust lag in der Nähe fließenden Blutes! So hing denn alles zusammen auf der schwindelnden Nachtfahrt, die wir machen; ging eins in das andere über, wie Spiralen, und führte in das Leere ... Da fuhr er unten auf.

Die Ringer lagen und zuckten nur noch in ihrem Blut. Terra umkreiste sie entsetzt. Der Stärkere war auf den Schwächeren gefallen, er hatte ihm mit der Eisenstange den Schädel zerschlagen. Aber wie er zuschlug, traf ihn selbst das Messer.

Von droben klang heller Jubel. Dort stand die Gräfin

und winkte. Jung, hochgemut, unangreifbar und ohne zu begreifen, sah sie herab auf das Sterben.

Hochatmend vom Rausch der Abfahrt war sie da und fragte: »Ist es alle Nächte so? Soll dies sein?«

»Verdammt«, sagte Terra und regte sich wieder. »Wir täten gut, Gräfin, von hier zu verduften.«

Er nahm sie beim Arm und machte Schritte, daß sie laufen mußte. Nach kurzem Laufen weigerte sie sich. Sie hatte ein beleidigtes Damengesicht und ging weiter, wie es ihr gefiel, in gemessenem Abstand von ihm, der sie ließ. Keiner sprach.

Vorbei an diesem gefahrdrohenden Lichtkreis, ihn fliehen – wie auf Verabredung. Aber beide zugleich auch stockten. In dem Lampenschein, weißbläulich wie von einem schlechten Mond, lag eine Gestalt – ach, beide klopfenden Herzen wußten schon, welche. Sie lag mit hart gestreckten Gliedern, die Augen starr offen – und über ihrem schwarz und schillernd umwundenen Hals stand still ein Schlangenkopf.

Die Gräfin langte nach seiner Hand, wie nach Verzeihung, wie um zu helfen, hielt ihn fest, der los wollte, zog ihn mit, der verharren wollte über der Toten. Im Gehen, ganz plötzlich, empörte er sich laut. »Wie konnte sie es tun!«

Die Gräfin fragte so sanft, als sei sie abwesend: »Haben Sie noch keiner Frau gesagt, Sie würden für sie sterben?«

»Ja, aber nur aus Galanterie«, sagte er, mit den Zähnen klappernd. Die Gräfin fühlte: »Der Wagen! Mein Bett! Wie komme ich hierher?«

Drittes Kapitel

Der Direktor

»Uns vor den Füßen haben zwei Menschen sich ins Jenseits befördert«, dachte Terra. »Wir haben dasselbe Blut auf den Schuhen, edelste Gräfin. Das der Schlangenbändigerin haben wir sogar auf dem Gewissen.« Er folgte ihr im Geist mit einer Art grausigen Frohlockens. »Die wird an mich denken.«

Nach dem Verbleib Mangolfs fragte er nicht mehr, so sicher war er, daß Mangolf seinem Minister nach, wenn nicht vorausgereist sei. Aber er selbst verkaufte sein Karussell und machte sich reisefertig. Wozu? fragte er, als es geschehen war.

Am gleichen Abend beim Wein, in einer abgelegenen Kneipe, erfolgte das Geständnis. »Auch ich werde an sie denken.« Er sah, daß er sein Zelt abgebrochen hatte, um dorthin zu fahren, wo sie weilte – ohne anderen Zweck als eben sie. Die Erkenntnis kam überraschend, Terra empfing sie geduckt, die Stirn verschwand unter Falten, in den Augen flackerte Hohn. Ein anderer einsamer Gast ward angesichts dessen unruhig.

Terra bemerkte ihn erst jetzt, obwohl sie an dem einzigen beleuchteten Tisch einander gegenüber saßen. Beim Rockschoß holte er den Flüchtling von der Tür zurück in den Lichtkegel und sagte klangvoll: »Erschrecken Sie nicht, mein Herr, Sie sind an keinen Irrsinnigen geraten.« – »Um Gottes willen«, sagte der andere. Eine selbst wohl noch unfertige Existenz, beruflich zwischen Dentist und Agent gelagert – Terra fragte nicht lange, stellte sich vor und setzte den neuen Vertrauten eigenhändig auf seinen Platz zurück. »Waren Sie schon einmal verliebt?« fragte er – worauf jener erleichtert »prost« sagte.

Terra vollzog gewissenhaft den Trinkakt, seine Augen aber irrten ab. »Dann werden Sie wissen«, äußerte er, »unversehens verschiebt sich das Bild des Herzens. Schon deckt es sich nicht mehr ohne Rest mit dem der Frau von drüben, der Dirnenfürstin Lili.« – »Ach so, Sie wollen heiraten«, warf der Vertraute ein. Terra lachte auf. »Haha, heiraten doch Sie, wenn Sie können, einen geistreichen Blick, einen unfaßbaren Hochmut und ein nicht vorhandenes Herz!«

»Es ist wohl eine Gräfin?« bemerkte der Vertraute und kicherte bedenklich. »Lassen Sie sich auf solche Mädchen nicht ein, wenn Sie vielleicht auch Künstler sind.«

»Sie sind ein erfahrener Mann.«

»Ich, wie Sie mich sehen, habe so einer geschrieben, auf ihr Heiratsgesuch in der Zeitung. Sie schickte mir sogar ihr Bild, es war aber das Bild der verstorbenen Königin von Serbien.«

»Und konnten Sie seither keinen Zusammenhang feststellen zwischen der ermordeten Königin und Ihrer eigenen Person?«

»Ich bin nicht verrückt.«

»Das gibt das Schicksal keinem schriftlich« – und Terra bohrte seinen glühenden Blick in das erschreckte Gesicht. Der Vertraute schielte begehrlich nach der Tür. Da er nicht hoffen durfte sie zu erreichen, machte er sich klein hinter dem Tisch.

»Ist es nicht vielmehr der Irrsinn in Person«, rief Terra ihm zu, »daß Sie das Gottesgeschenk Ihres Daseins auf ein und demselben Karussell verfahren, immer im Kreis und taub gegen alles, was nicht Ihr schlechter Leierkasten spielt?«

»Erlauben Sie – das meinen Sie bildlich.«

»Treiben Sie selbst das Karussell, da können Sie was erleben.«

»Aha, jetzt kommt es.«

»Sie wissen schon im voraus, was ich beschließe? Der Himmel wird noch so viel Einsehen haben, mich davor zu bewahren, daß ich unter Ihren Einfluß gerate!« Terra richtete sich drohend auf. Der Vertraute verschwand zur Hälfte unter dem Tisch.

»Am stärksten war euer Einfluß, wenn ich es mit dem Aufgebot übermenschlicher Kräfte darauf anlegte, euch zu entgehen. Bleibe rein und verzichte, sei ein Spieler, Lächler und halte die Armseligkeit zum besten« – wobei er dem Vertrauten zutrank. »Die aufopferndste Weisheit erreicht doch immer nur, was eure Dummheit von Natur hat, sie macht mich zum faulenden Aas.«

»Oh! oh!« wagte der Vertraute, bemüht, sich einzuschmeicheln. Terra aber verließ seinen Stuhl, nahm Abstand und pflanzte sich auf, gedrungen und mit eherner Miene, um zu sagen:

»Herrschen!« – knirschend und rollend: »Herrschen zum Ruhme Gottes! Geschäfte kann man nur mit der bestehenden Gesellschaftsordnung machen.«

Da erhob sich auch der Vertraute, mit ausgestreckter Hand nach Anschluß suchend. »Auch ich wähle nationalliberal!«

Terra hielt die Hände hinter sich auf der Wand, er ward leiser, ihm schien es zu schaudern. »Man will nicht zeitlebens ein Schatten bleiben, der die Leute erschreckt und den sie liegen lassen. Das Ungemeine eröffnet sich uns, damit wir um es kämpfen.«

»Jetzt meinen Sie wieder die Gräfin.«

Terra setzte sich in Bewegung. »Es wäre kein Witz dabei, wenn nicht im Leben das phantastischste Ziel den stärksten Atem lieferte. Da arbeitet es sich, wirkt es sich, erstrebt es sich Fernen, die alle näher liegen als die eine.«

Der Vertraute, immer hinterdrein, lachte aufgeregt. »Wie Sie das wissen! Woher haben Sie es, daß ich der Königin von Serbien mein Geschäft verdanke! Um ihretwillen hab ich mich endlich zusammengenommen, und wieso denn, auf einmal ging es.« Er sank auf seinen Stuhl zurück. »Ich will es Ihnen nur gestehen, ich liebe sie noch immer« – und küßte eine Photographie in Kabinettformat.

Terra zeigte die Zähne. »Die denkt an mich, wie ich an sie, dagegen wächst kein Kraut. Denn hier ist Blut geflossen.«

Der Vertraute hörte zu küssen auf, er sah entsetzt darein.

»Der Tropfen am Hals des Mädchens, das wir beide auf dem Gewissen haben, Euer Exzellenz, wiegt schwer. Schwerer als Ihr geistreicher Blick, Ihr unfaßbarer Hochmut und als sogar Ihr nicht vorhandenes Herz.«

Von dem Vertrauten sahen nur noch die Augen über die Tischplatte. Dann versank er ganz, kroch drunter durch und war aus der Tür.

Terra stellte sich kampfbereit auf, in Erwartung einer Antwort. Kein Vertrauter mehr? Da ging auch er.

Eine Stunde später fuhr der Nachtzug nach Berlin, und Terra saß darin. Kurschmied, sein Freund bis in den Tod, erwartete ihn dort am Morgen, bereit, ihn unverzüglich in die »Generalagentur für das gesamte Leben« einzuführen. Es lag in der Friedrichstraße, gegenüber dem Café National. Am Haus stand: »Generalagentur für das gesamte Leben, von Praß macht alles.« – »Und dies ist die lautere Wahrheit«, erklärte Kurschmied, indes sie hinaufgingen. »Das Leben, oder was von Praß so nennt, besteht aus Gelderwerb und Vergnügen. Infolgedessen unterhält er vor allem einen Ratgeber für Börsengeschäfte oder dieser ihn. Die Papiere, für die er in seinem Blatt sich einsetzt, erleben meistens eine Blüte und immer einen Zusammenbruch, an beiden aber war er interessiert. Ist es von da ein weiter Schritt bis zur Vermittlung reicher Liaisons?«

»Abteilung Vergnügen«, bemerkte Terra.

»Abteilung B stellt unter anderem Verbindungen mit dem Hof her, wenn nicht schon Abteilung A es täte.«

»Und ich?«

»Einen Augenblick. Wir versenden Ausstellungen, leiten Gastspiele, machen berühmte Namen. Auch hier, wie auf dem anderen Börsenmarkt, arbeiten wir mit den Mitteln des kleinen Mannes, es sind die größten. Die gesamte Künstlerschaft beteiligen wir.«

»Wir?«

»Ich bin der Reklamechef«, sagte Kurschmied bescheiden. »Wollen Sie es statt meiner werden?«

»Ich bin kein Enthusiast wie Sie, und darum kaum berufen.«

»Von Praß fragt nie nach Referenzen. Dagegen verlangt er, daß Sie sich ihm durch eine sofortige Ausnahmeleistung für die ersten fünf Jahre bezahlt machen.«

»Er zahlt?«

»Höchstens genug, daß Sie ihm nicht fortlaufen.«

»Es scheint, auch das nicht; denn Sie wollen fort.«

Kurschmied zögerte. »Mich treiben persönliche Gründe«, gestand er und ward rot. »Meine Schwester Lea«, sagte Terra, »soll in Frankfurt mit einer Rolle stark aufgefallen sein, in dem Stück eines gewissen Hummel, glaube ich.«

»Sie werden ihn kennenlernen«, rief Kurschmied freudig bewegt. »Ich bleibe noch mehrere Tage, bevor ich nach Frankfurt fahre.«

Schon standen sie in dem weit offenen Vorzimmer der Generalagentur für das gesamte Leben. Es hatte zwei kreisrunde Causeusen aus rotem Plüsch, ihre gefällig drapierte Mitte trug staubgraue Papiersträuße. Zu der frühen Stunde saßen darauf nur erst ein älterer Mann ohne Bart und zwei junge seiner Art, sie murrten. Gerade trat auch eine Dame ein, schön und elegant, nun vereinigten sich alle mit ihr, um laut zu schelten. »Der Raum stellt die festliche Seite des Lebens dar«, erklärte Kurschmied und lenkte die Aufmerksamkeit seines Begleiters auf die goldenen Kranzschleifen an den Wänden, alle die schwungvoll gerahmten Bilder von Höhenmenschen beiderlei Geschlechts in Stellungen, die volles Vertrauen zum Leben ausdrückten. Im besten Licht stand eine kleine Plakatsäule, verheißend bot sie vielstellige Zahlen riesenhaften Formates dar, und die blühenden Gestalten der tanzend abgebildeten Varietényummern verhießen eher noch mehr.

Links eine verhängte Glastür, aber drüben sah man in das nächste Gemach. Hinter einer hölzernen Schranke, die einen Kassenschrank schützte, bewegte jemand sich sprungweise hin und her, wie ein Tier des Waldes. »Herr Seifert?« fragte Kurschmied dort hinein. »Kommt der Herr Direktor?« – »Kommt nur, wenn Sie es nicht ahnen«, erscholl es zurück. Seifert fuhr sich mit der Hand wie der Blitz zwischen die Haarsträhnen, setzte über ein Papierbündel, blätterte auf dem Tisch, flink, flink wie ein Tier dürres Laub durchwühlt, in vielen kleinen Zetteln und war schon wieder bei der Kasse. Daneben stand aus der Wand die Öffnung eines Schallrohres. Kurschmied näherte sich ihm vorsichtig – da riß er den Hut vom Kopf, eine unförmliche Stimme drang aus dem Loch. »Sehr wohl, Herr Direktor, sofort bitte«, sagte Kurschmied mit Verbeugung. Dann zog er, leise und eilig, Terra mit fort – in das Innere. Die Bewohner des Vorzimmers sahen verstummt hinterdrein.

Seifert öffnete ihnen selbst die Schranke, er wollte dem Gast sogar mit einem Schoß seines Gehrockes einen

Stuhl abwischen; aus seinem gehetzten, schwitzenden Gesicht sprangen ohne Pause Nachrichten über den Herrn Direktor und Höflichkeitsfloskeln; aber Kurschmied strebte weiter. Hinter der Kasse trafen sie in einem großen kahlen Gelaß zwei lebende Wesen an. Beim Fenster stand von seinem Pult ein blonder, stulpnäsiger Mann in grüner Jacke auf. »Das Volk steht auf«, sagte er dabei. In der Mitte grüßte vor dem geräumigen Küchentisch, woran er Adressen schrieb, ein bescheidener Jude. »Elias«, fragte Kurschmied ihn, »ist jemand drinnen?« Aber Elias bekam nur ein noch müderes Gesicht, indes er die Schultern hinaufzog. Statt seiner gab »das Volk« frischweg die Auskunft. »Wenn nicht jemand aus der Versenkung gestiegen ist.« – »Los«, sagte Kurschmied.

Nun ging es in eine Dunkelkammer, dort regte sich bei ewigem Gaslicht, hinter einem Brettergestell, das einen Kleistertopf und eine »Weiße« trug, ein alter Mann mit Brille und blauer Schürze. »Vater Lange, Alma wird schon wieder gut tun«, warf Kurschmied im Vorübereilen hin. Der Vater rief ihm, tief durchdrungen, nach: »Das sagen Sie nur immerzu, Herr, dann wird es am Ende!«

Die Tür, vor der sie anlangten, ließ sich widerstandslos öffnen. Dahinter zwei Schritte leeren Raumes, Terra dachte vorzudringen; da stieß er im Dunkeln an eine gepolsterte Matratze. »Zum Teufel, öffnen Sie!« – »Sie werden auf dieser Seite keinen Griff finden«, erwiderte Kurschmied. Terra knurrte: »Der Mann verspricht zu viel. Nach allem Bisherigen müßte er eine eiserne Maske tragen.« – »Sie können laut sprechen«, sagte Kurschmied. »Abgesehen von der Polstertür, ist er auch taub.« Da drehte die Matratze sich geräuschlos.

Gegenüber ein dreigeteiltes Büchergestell, halb aufgeklappt wie ein Wandschirm. Links noch eine Polstertür, rechts eine Treppe nach unten: die Versenkung, sah Terra, aus der sie steigen. Kurschmied schloß die Tür. Abgewandt sagte er: »Jetzt reden Sie nicht, er sieht Sie.« Dann Husten aus tiefer Brust, und hinter den Bücherwänden wuchs der Direktor herauf. Er näherte sich lautlos auf dem Teppich, grau gekleidet, den breiten Kopf spähend vorgeschoben in den knochigen Schultern, und der Blick hing an den Händen des Eintretenden: was er brächte. Einmal hielt er an und sah auf, da erschrak Terra vor der Glut seiner schwarzen Augen: sie sagten Irrsinn vorher – und glichen sie nicht seinen eigenen? Der Direktor aber verzog den rasierten Mund und streckte die Hand hin, eine starke, langfingerige Hand. »Nun also«, sagte er, als sei die Ankunft Terras vom Schicksal längst beschlossen gewesen.

Sein Händedruck war klammernd, aber kalt, sein Gesicht braun mit gelben Furchen, wie rissiges Leder, ein für alle Male gegerbt auf wer weiß welchen Fahrten. Er setzte sich in einen tiefen Sessel, streckte die hageren Beine unglaublich weit aus und zeigte, eingesunken und auf sein Knochengerüst zurückgeführt, das breite Elfenbein in seinem Munde. So machte er den Eindruck größter Dauerhaftigkeit. »Alle Wetter«, dachte Terra. »Worauf habe ich mich da eingelassen.«

Der Direktor eröffnete ihm aber kurzweg, wie sein Reklamechef sich zu verhalten habe. »Er soll sie nicht nur machen, er soll sie auch sein.« Das Publikum hatte aus dem Verkehr mit Terra den untrüglichen Eindruck zu gewinnen, daß jedermann Gott danken müsse, geboren zu sein, weil er so die Gelegenheit erhalten habe, sein Geld in die Generalagentur für das gesamte Leben zu tragen. »Lassen Sie sich nie, und wenn es tote Katzen regnet, durch Sachlichkeit beirren. Gut ist, was Erfolg hat. Für den Erfolg werden Sie bezahlt.«

»Wie hoch?« fragte Terra. Der Direktor zuckte nicht. »Ihr Posten«, sagte er, »ist eine Neuerung, sogar die wichtigste in der Geschichte des reinen Geistes. Es ist erreicht, er wird dem gesamten Leben nutzbar gemacht.«

»Ihre Generalagentur, Herr von Praß, verlangt von sich das Höchste.«

»Sie haben nichts, stellen nichts vor und treten an die Dinge mit sittlichen Forderungen hinan. Sie sind genau das, was man jetzt anfängt, einen Intellektuellen zu nennen.«

»Sie haben ein zu gesundes Selbstbewußtsein, Herr Direktor, um sich zu verhehlen, daß auch der Schwindel eine geistige Leistung ist«, sagte Terra scharf. Der Direktor, ohne zu zucken: »Die besonderen Hemmungen des Intellektuellen, die Herrn Kurschmied belasten, stören Sie nicht, Sie werden weit kommen. Voraussetzung ist –«

»Voraussetzung sind wenigstens hundertfünfzig Mark monatlich«, sagte Terra so ausdrucksvoll, daß der Direktor nicht umhinkonnte, es zu verstehen. »Hat Herr Kurschmied etwas zu bemerken?« fragte er, dem Augenschein zum Trotz und mit einer Handbewegung, infolge deren Kurschmied sich schleunigst verneigte und hinter die Polstertür tauchte. »Eine Zigarre?« fragte hierauf der Direktor. Terra sah sich wütend um. Das dreigeteilte Büchergestell enthielt Zigarrenkisten, darunter eine offene, Terra wollte hineinfassen, da stieß er gegen gemalten Stoff. Auch die Bücherrücken saßen darin fest, Attrappe, so weit der Blick reichte. Terra schnellte herum – aber der Direktor saß da, als sei alles in bester Ordnung, es schien unmöglich, auch nur zu lachen.

In diesem Augenblick gab das Telephon sein Zeichen. Der Direktor neigte aus seinem Sessel das Ohr gegen die Wand. »Wer untersteht sich?« fragte er barsch. »Was? Wie? Sie sind schon wieder da? Lauter!« Die Person drüben verursachte in der Leitung ein verzweifeltes Getöse, jetzt hatte der Direktor verstanden. »Was ich mache? Alles.« – »Wie? Was?« begann er wieder. »Die Aktien sind nicht zu bekommen? Weiß ich, ist nicht zu machen. Ich natürlich mache es, ich mache alles. Mit Ihrem Geld, sagen Sie? Wieviel? Lauter! Sie können nicht mehr schreien? Wer mir Geld gibt, muß schreien. Siebzig? Weil Sie es sind, siebzigtausend nehme ich. Zahlen Sie an der Kasse!« Er füllte ein Papier aus und trug es hinter die Bücherattrappe. Dann stellte er sich vor Terra auf, er lächelte großartig, indes er mit einer Verbeugung die gesenkten Arme öffnete, als sagte er: »Geschwindigkeit ist keine Hexerei.« Hiernach faßte er Terra ins Auge, in das eine; das andere schloß er. »Wenn nun statt meiner Sie allein soeben hier gewesen wären?« Das weit offene Auge verhieß eine ganze Welt von Durchtriebenheit; wer so angesehen ward, mußte mitschmunzeln. »Und Sie reden von hundertfünfzig Mark«, schloß der Direktor herumwippend. Terra konnte nur den Kopf senken.

»Seien wir ernst!« verlangte der Direktor. Er versah sich mit einer Mappe, drehte seinen Sessel dem Kamin zu und legte die Füße auf das Gitter. »Ich gebe Ihnen knapp, kurz, bindend meine Direktiven. Sie haben schöpferisch danach vorzugehen. Aktuell sind heute zwei entscheidende Sachen: die Zulassung an der Börse für unser neuestes Papier – ein Papier, nehmt alles nur in allem, hier haben Sie die Unterlagen; und zweitens eine Oper.«

»Ich werde sie schreiben lassen«, versprach Terra. – »Eine noch unbekannte Oper von hoher Hand soll uns anvertraut werden«, berichtigte der Direktor und zog die Brauen hinauf. »Noch haben wir sie nicht, aber wir müssen sie haben. Sie ist von einer Hand, mit der verbündet wir Weltmacht werden.«

Terra verneigte sich, zum Zeichen, daß er zu verstehen beginne. Der Direktor machte eine Pause, des Eindrukkes wegen und um sich vorzubereiten. Inzwischen drehte sich hinter seinem Rücken die Polstertür links. Ein stattlicher Mann in feinem blauen Anzug, mit Bauch,

Glatze, blondem Spitzbart, ging sicher und beschwingt hinter die Bücherattrappe, knisterte dort eine Weile mit Papieren und kam wieder hervor, in der Hand, was er gefunden hatte. Der vom Direktor kürzlich ausgefüllte Zettel war es. Der stattliche Mann nahm keine Rücksicht auf Terra. Erst bei der Tür wandte er seine von fetten Wangen eingeengten Äuglein her und blinzelte witzig. Schon war er fort; und als habe der Hintergrund immer so leer gelegen wie jetzt, wiederholte der Direktor: »Weltmacht.« Er setzte neu an.

»Zu diesem Zweck bringen wir die Oper im Ausland heraus. Petersburg. Monte Carlo. Wir bearbeiten die Plätze, hier das Material. Ausstrahlen aber müssen wir mit unserer eigenen Presse. Die Schwierigkeit ist, daß offiziell nichts verlauten darf. Ihre Sache, Gerüchte zu verbreiten. Tauchen Sie die Menschheit in ein aufregendes Dunkel. Wer nichts weiß, kann alles wagen.«

»Mein gewohnter Zustand«, sagte Terra, in dem ein Plan entstand. »Ich mache mich hiermit anheischig, das hohe Meisterwerk an uns zu locken. Wenn in den nächsten vierundzwanzig Stunden nichts Neues geschieht, können Sie mich als hoffnungslos unbegabt zum Teufel schicken.«

»Das ist meine Absicht. Wer nicht als Sieger anfängt, kommt nie ans Ziel. Zuerst Erfolg – dann meinetwegen Arbeit.«

Plötzlich setzte der Direktor sich zurecht, er hörte etwas. In der Versenkung rechts entstand ein Rascheln – und der Direktor, der taub blieb, wenn Geld kam, und auch, wenn es davonlief, hier hörte er. Ein Schritt; ganz leicht und verschwiegen knarrte drunten die Treppe, aber der Direktor war schon auf den Füßen. »Fertig, gehen Sie!« Ein Hut mit Veilchen schwebte herauf. Der Direktor stampfte. Mit seiner Person verdeckte er dem Störer die Aussicht und drängte ihn zur Polstertür links.

Bevor sie sich schloß, erspähte Terra noch gelbes Haar und ein Stück Schleier.

Terra sah sich in einem gut ausgestatteten Schreibzimmer. Auf dem Teppich ging jemand umher, der freche Dickwanst von soeben. Hinter der Glastür drüben war ein Gesumm wie von einer beträchtlichen Anzahl Menschen. Terra hob die Gardine: das Vorzimmer. Er hatte also um die Generalagentur für das gesamte Leben die Runde gemacht. Das Vorzimmer hatte sich bevölkert, zur Qual des gehetzten Seifert. Er sprang von Augenblick zu Augenblick an sein Geländer, um gegen die Menge eine zurückdrängende Gebärde zu machen. Einer, der zu wild tat, durfte in die Öffnung des Schallrohrs brüllen – brüllte aber scheinbar umsonst. Rückwärts standen Wartende mit zuversichtlichen Mienen; in einem rotgesprenkelten Mann, der sich die Hände rieb, ahnte Terra den Glücklichen, der seine siebzigtausend Mark hatte abliefern dürfen.

Als Terra die Tür öffnete, hielt eine Hand auf seiner Schulter ihn fest. »Mein Name ist Mohrchen«, sagte der Dicke, mit seinen witzigen Äuglein. »Entschuldigen Sie, daß ich vorhanden bin. Dies ist nämlich Ihr Zimmer, darf ich Sie bekannt machen?«

»Ich danke, es wird mir nicht schwerfallen«, erwiderte Terra, und ohne Pause: »An der Polstertür zum Direktor ist ein Schloß, wer hat den Schnepper?«

»Ich«, sagte Mohrchen ertappt und zog ihn sogar hervor. Aber fortnehmen ließ er ihn sich nicht. »Spielen wir mit offenen Karten«, sagte er. »Sie glauben, daß ich klaue.«

Terra zündete sich wortlos eine Zigarette an.

»Nun, ich klaue nicht«, erklärte der Dicke und hielt den Zettel her. Darauf bescheinigte freilich Herr von Praß dem Herrn Mohrchen, daß er die siebzigtausend

Mark an der Kasse zu erheben habe. »Und was tun Sie damit?« fragte Terra.

»Geschäftsgeheimnis. Nie sollst du mich befragen.« Mohrchen blinzelte. »Im tiefsten Ernst, legen Sie gegen mich lieber keine Bombe, wer weiß, was sonst noch mit auffliegen könnte.«

»Ich habe Ihnen keinen Grund gegeben, mich für einen Spion zu halten.«

»Man wird es hier. Die siebzigtausend sind in guten Händen.« Noch vertraulicher: »Daß ich meine Bezüge davon habe, brauchen Sie nicht erst schriftlich zu sehen. Sie beziehen gewiß Ihre Gage fest und nicht zu knapp?« Da Terra nur Rauch ausstieß: »Leider nein? Dann können wir uns verstehen. Kommen Sie zufällig heute abend ins Café National?«

»Ich bin stark beschäftigt«, sagte Terra gemessen.

»Und ich?« fragte Mohrchen mitleidig. »Ich habe nämlich das Auswärtige. Ich laufe. Wo bliebe ich sonst mit meinem Fett.« Noch einmal durchtrieben gelächelt, und der Dicke öffnete schon die Hintertür. »Er tut Ihnen wohl leid?« fragte er unter der Tür, mit einem Kopfrükken nach der Seite des Direktors.

»Schurke«, sagte Terra hinter ihm drein.

Er prüfte die vom Direktor erhaltenen Schriftstücke und begann kurz entschlossen zu schreiben. Den Lärm im Vorzimmer hörte er schon nicht mehr. Die Zunge bewegte sich ihm zwischen den Lippen vor Vergnügen. »Bravo!« sagte er zu seinem jungen Talent. Was es hervorbrachte, war eine durch keinerlei Mitwisserschaft gehemmte Phantasie über die Oper des hohen Herrn, den er ein zivilisatorisches Genie von höchstem Rang nannte – aber die blühende Wiedergabe des Kunstwerkes diente zugleich als Lockung für das benachbarte und befreundete Land, das nicht nur die Oper spielen sollte, sondern wo auch das zur Zulassung an der Börse empfohlene Papier zu Hause war. »Sonderbar« – dies fiel ihm auf – »der Artikel umfaßt A und B, Geschäft und Vergnügen, somit das gesamte Leben, und doch ist alles Hirngespinst, Geistererscheinung oder Schwindel: kein Mensch könnte jetzt noch beschwören, was.« Er ging an die Polstertür. »Hinter diesen Matratzen sitzt mein Direktor, hält sich, bei seinen Attrappen und seinem Telephon, für einen ausgekochten Lebenskenner und ahnt nicht, daß er nur ein kümmerlicher Poet in der Dachkammer ist, dem es verdammt hineinregnen könnte.«

Er schlug das Telephonbuch auf. »Der Schurke hatte recht, er tut mir leid, ich will ihm helfen gegen den Schurken.« Und das Sympathische an dem Direktor? »Daß er erschrickt, wenn die Wirklichkeit heraufsteigt. Am Rande der Versenkung erschien ein Veilchenhut und ein wenig gelbes Haar, da fielen ihm die Schuppen von den Augen, es ward ernst, und er kam außer sich, der arme Narr.«

Terra rief an, mit dem Vorsatz: »Abgefeimter soll selbst mein Meister einem Geschäft nicht zu Leibe gehen.« – »Herr Doktor«, sagte er dem Redakteur, der sich meldete, »Sie sind der hervorragendste Börsenfachmann der Berliner Presse. Dies ist weltbekannt, ich will nicht der fünfhundertste sein, der Sie damit langweilt.« Hierauf sagte er in verschiedenen Wendungen und Tonlagen etwa zehnmal dasselbe, und der andere ließ es sich einträufeln. »Von Grund aus neu und einzig aber, Herr Doktor, wirken Sie auf den Untenstehenden erst vom Postament Ihrer Kultursendung herab.« – »Schluckt er es?« fragte Terra sich besorgt. Aber jener schien Beifall zu murmeln. »Von allen Börsenberichterstattern«, rief Terra gehoben, »haben Sie allein einer wirtschaftstechnischen Funktion das Mittel für völkerverbindende Zwecke abgelauscht und gönnen sich keine Ruhe, bis Sie nicht auch die Seele einer Nation uns nähergerückt haben, deren Lose wir kaufen sollen. Als heißer Bewunderer Ihrer wissenschaftlichen Ausflüge in die unserem Unternehmungsgeist zu erschließenden Länder – und sind es nicht, in ihrer stilistischen Farbigkeit, auch künstlerische Taten? –« Nach weiteren fünf Minuten war Terra bei dem besonderen Fall, an dem ihm lag, und es schlug gerade Mittag, als er die Erlaubnis erlangt hatte, sofort seinen Artikel hinzubringen.

Unter dem Haustor traf er auf Elias, der dem Stürmenden bescheiden Platz machte. Terra hielt plötzlich an. »Sie gehen wohl auch zu Mittag, soll ich Sie mitnehmen?« Er drängte ihn in eine vorbeifahrende Droschke. Elias atmete kaum, es war eine Droschke erster Klasse. Über seinem fadenscheinigen Röckchen fehlte der Mantel, im Winde schützte er die Brust mit den verschränkten Armen. Er trug eine gefaßte Miene, und in seiner Kopfhaltung lag Vorsicht. »Entschuldigen Sie«, sagte er, »ich esse nicht zu Mittag. Mein Brot habe ich schon verzehrt, jetzt wollte ich mir etwas Bewegung machen.«

»Sie sind eingeladen«, sagte Terra. »Die Generalagentur für das gesamte Leben macht Sie wohl nicht fett?«

»Mit fünfzig Mark im Monat –« bestätigte Elias und blickte freundlich aus braunen Augen. Auf eine Bewegung Terras erwiderte er: »Eigentlich fünfundsiebzig; aber den Rest trage ich auf die Bank.«

»Sie haben Charakter«, sagte Terra; und da sie anlangten: »Bestellen Sie nur, und entschuldigen Sie mich wenige Augenblicke, ich habe einen Auftrag vom Direktor.«

Bei der Tür holte Elias ihn wieder ein. »Sie machen doch keinen Witz und wollen mich hier nicht versetzen?« fragte er. »Ich habe kein Geld.« Terra sagte:

»Dafür interessiert mich unsere Generalagentur doch zu sehr.«

Der Angestellte der Generalagentur begegnete, sanft zudringlich, seinem Blick, klappte mit den Lidern – und dann fand er sich, unter dem Lächeln angeborenen Zweifels, in diese zwecklose Laune.

Terra war in der kürzesten Frist wieder da. »Die Redaktion der ›Lokalpresse‹ weiß nicht ein noch aus vor Begeisterung«, verkündete er. »Mein Einzug in die Generalagentur gestaltet sich triumphal.«

»Wenn Sie schreiben können«, meinte Elias und aß gierig, »legen Sie die Leute leichter hinein als unsereiner.« Terra äußerte Anerkennung. »Ein Mann wie Sie gedenkt nicht in alle Ewigkeit der Hereingefallene zu bleiben.«

Elias verschnaufte, die Wangen rot überflogen. »Nur erst tausend Mark beisammen haben, dann weiß ich ein Geschäft.«

»Aber der Generalagentur vertrauen Sie Ihre Ersparnisse doch wohl nicht an?«

Elias, den Kopf wiegend: »Bin ich verrückt?« Und Terra, scharf: »Aha.« Darauf sahen sie einander an.

Mit seinem angeborenen Lächeln nahm Elias die neue Wendung hin. »Wenn Sie von der Konkurrenz sind, was wollen Sie wissen und wieviel bieten Sie?«

»Mindestens zwanzig Mark Gehaltsaufbesserung, wenn Sie mir sagen, wer Mohrchen ist.«

»Herr Mohrchen«, den Kopf wiegend, »ist ein feiner Mann, er muß etwas wissen vom Herrn Direktor.«

»Zahlt der Direktor freiwillig?«

»Gott soll schützen. Sooft sie in seinem Zimmer zusammen reden, kracht es gegen die Polstertüren, als ob sie werfen, und im Schallrohr können wir sie hören brüllen.«

»Ich habe die Weisung, die Dinge aufzuklären«, sagte Terra und preßte die Lippen aufeinander. Elias erblaßte; er verließ seinen Stuhl, um einen Kratzfuß zu machen, worauf er sich artig wieder hinsetzte. »Zu Befehl, Herr Polizeirat«, sagte er sanft. Terra befahl:

»Sobald Mohrchen wieder auftaucht, gehen Sie ihm nach, ich entschuldige Sie im Geschäft. Achten Sie darauf, wohin er das Geld trägt.«

Hierauf verabschiedete er seinen Gehilfen, trank den Kaffee aus und kehrte in sein Büro zurück. Am Schreibtisch kramte jemand, eine grüne Jacke – »das Volk«. Beim Erscheinen Terras warf es die Papiere in die Schieblade zurück, sagte »Mahlzeit« und wollte gehen. »So haben wir nicht gewettet«, rief Terra. »Was treiben Sie hier?«

»Das Volk verlangt Sicherheiten«, sagte »das Volk«, blond und frisch, und wippte auf den Absätzen.

»Wofür?«

»Daß unser Geld nicht flötengeht. Sie sind auch wieder einer.«

»Einer, von welchen?«

»Von der Judenbande, die das Volk um sein Geld bringt.«

»Sie haben das Ihre wohl in der Generalagentur für das gesamte Leben angelegt? Ihnen kann geholfen werden.«

»Das Volk hat schon zu oft das Nachsehen gehabt«, stellte »das Volk« fest und marschierte ab.

Das Vorzimmer hatte sich seit mittags noch nicht wieder gefüllt, gleichwohl war Seifert zu hören, als beschwöre er eine unsichtbare Menge. Terra fand ihn, gehetzt wie je, hinter seiner Schranke, die ihn nur ungenügend schützte gegen die Angriffe eines weiblichen Wesens. »Um Gottes willen, Fräulein Alma!« flehte er. »Aus der Kasse kann ich die Alimente nicht nehmen. Woher also?«

»Aus der Kasse«, verlangte die Dame unerbittlich. »Und dalli, sonst weiß man, was man zu tun hat.« Ohne weiteren Aufschub schrie sie »Vater!« und wollte die Schranke durchbrechen, ihr verregnetes Pelzwerk flog ihr voran. Da trat Vater Lange schon auf, »das Volk« und

Elias stützten ihn, er war nahe am Versagen. »Alma, Kind«, jammerte er, »halte doch bloß den Rand, ich komme als alter Mann um meine Stelle.« Da sie aber nichts weniger als nachließ, erfaßte der Aufruhr auch ihn. »Haben Sie das nötig gehabt, Herr Seifert?« keifte er. »Nun sehen Sie sich Ihre Arbeit an, auf die Straße geht sie, nicht mal mehr ins Café!«

Seifert stand gebeugt und beide Hände ins Haar gekrallt, »das Volk« hatte seine Freude, Elias sah freundlich drein. Terra erhob die Stimme.

»Mein Fräulein, würden Sie sich entschließen können, den Betrag für diesmal von mir entgegenzunehmen?«

»Aber ja, Kleiner«, erwiderte sie und wollte ihm eine Karte winzigen Formates zustecken. Er machte ernst einen Schritt rückwärts. »Ich bin Ihnen nicht zu nahe getreten, mein Fräulein, darf ich Sie um dieselbe Rücksichtnahme ersuchen.«

»Aber ja«, wiederholte sie, erstaunt, und wollte gehen. Jetzt schritt aber der Vater, die Partei wechselnd, gegen sie ein, mit seinem Vaterfluch beförderte er sie hinaus. Als er gebrochen wiederkehrte, empfingen ihn die Herren: »Vater Lange, Alma wird schon wieder gut tun.« – »Das sagen Sie nur immerzu«, seufzte der Vater und zog schleppend in seine Dunkelkammer ab.

Terra, mit dem Kassierer allein geblieben, sagte: »Seifert, Sie sind auch ein Unglückswurm.«

»Ich brauche ein Mädchen nur anzusehen, schon hat es ein Kind«, sagte Seifert erschlagen. Terra beugte sich vertraulich über die Schranke. »In dieser unverschuldeten Notlage würde ich eine vorübergehende Inanspruchnahme der Kasse – ich will nicht sagen verstanden, aber fast verstanden haben.«

Seifert hatte schon wieder die Finger in den Haaren. »Wenn ich das auch noch täte!«

»Wo bliebe die Generalagentur für das gesamte Leben«, ergänzte Terra. »Denn Herr Mohrchen hat das Seine besorgt.«

Da hielt Seifert in seinen Sprüngen ein. »Das haben Sie auch schon heraus?« Aus dem Kassenschrank brachte er eine Handvoll Zettel. »Statt Geld habe ich nichts als seine Quittungen. Für sich holt er es zwanzigmarkweise, für den Direktor in Tausendern. Wo bleibt es alles?«

»Wir wollen hoffen, daß unser Direktor es in glänzenden Geschäften angelegt hat.«

»Das können wir nur hoffen.«

»Ich habe den untrüglichen Eindruck von ihm gewonnen«, sagte Terra. »Ich halte ihn für ein Genie der Spekulation.«

»Damit ist er fein heraus. Aber ich kann hier die Leute vertrösten.«

»Das ist freilich ein Hundeleben«, bestätigte Terra. Der Kassierer raunte bleich: »Heute hat Mohrchen siebzigtausend haben wollen.«

»Sie haben ihn zum Kuckuck geschickt.«

»Nachmittag kommt er wieder.«

»Dann zeigen Sie sich als Mann.«

»Dann meldet er dem Direktor, daß ich das Geld aus der Kasse nehme, das ich ihm leihe. Er macht mit dem Alten, was er will.«

»Wir werden mit ihm selbst etwas machen, was sich seine Schulweisheit nicht träumen läßt«, behauptete Terra mit einer so unbezweifelbaren Sicherheit, daß Seifert, ohne weiter zu fragen, nur nach seiner Hand griff. Im nächsten Augenblick nahm das wiedererschienene Publikum ihn stürmisch in Anspruch.

Das Vorzimmer war inzwischen stark besucht, und über die Stimmung konnte niemand sich täuschen, man kam, sein Geld zu holen, und fürchtete, vergebens zu kommen. Terra durfte sich sagen, daß es nur noch einen Anstoß brauchte, um alle diese Leute elementar aufzubringen gegen den, der ihr Kapital fortgesetzt aus dem Hause trug, und um den Direktor von seinem bösen Dämon zu befreien. Der Direktor erschien ihm vertrauenswerter mit jedem Augenblick.

Er ließ den Türgriff seines Arbeitszimmers wieder los und ging nochmals auf die Straße, denn das Erscheinen der »Lokalpresse« nahte. Der Börsenredakteur hatte das Sensationelle des Artikels sofort erkannt und wollte ihn schon im Abendblatt bringen. Gestrafften Schrittes durchmaß Terra die Friedrichstraße. Noch nicht einen Tag in Berlin, schon wußte er sich gestählt. Er sah in dem schnellen Durcheinander keinem ins Gesicht, aber er fühlte sie alle, wie das von ihren Tritten heiße Holzpflaster. Es galt zu handeln und den Erfolg im Sturm zu nehmen. Ringsum die Not, der Überfluß, die Hochstapelei waren im Recht, so eins wie das andere, denn sie waren im Kampf! Die Geschäftshäuser ließen Verkehr strömen, soviel sie irgend konnten, und verbrauchten die Kraft ihrer Angestellten, soviel die irgend hatten. Der Kampf geht weiter, trotz deinen Schmerzen. Reiß ihn an dich, mach dich zum Führer.

Als der erste Verkäufer ihm die Zeitung hinhielt, entfaltete er sie mit einer Art Rausch. Die Spalten überfliegend im Licht der Gaslaternen, ernüchterte er sich freilich schnell, der Handelsteil enthielt nichts. Erst später fand er seinen Beitrag im Feuilleton, unter dem Haustor der Generalagentur las er ihn durch. Hilf Gott, verpfuscht und verfahren! Der Redakteur mit seinem Scharfblick hatte alles aus dem Manuskript gestrichen, was irgend der Generalagentur nützen konnte: die Zulassung des Börsenpapieres samt der Tätigkeit der Generalagentur für das gesamte Leben, zugunsten der Oper von hoher Hand. Die übriggebliebene literarisch-musikalische Würdigung des Kunstwerkes war allerdings im Feuilleton am Platz.

Terra erstieg die Treppen mit der Gewißheit: »Erste

Abfuhr! Aber die zweite Tat stehe für beide, auf gegen Mohrchen!« Durch die Menge bis zu seiner Tür vorgedrungen, riß er sie auf – schloß sie ebenso schnell und sagte: »Um Vergebung.« Die Dame mit dem Veilchenhut befand sich in den Armen eines Herrn, der nicht der Direktor war. Stehend und von dem Arm des Herrn aufrecht erhalten, lehnte sie die Büste samt dem Kopf weit herüber und empfing auf ihrem Gesicht das seine. Die üppige Art es zu empfangen, ließ keine Zweifel, wer sie war. Noch blieb sie von dem Herrn halb zugedeckt und hatte geschlossene Augen, aber es war die Frau von drüben.

Die beiden trennten sich, ohne Übereilung. Die Frau von drüben winkte Terra zu, als habe sie ihn gestern herbestellt. »Wie war's denn inzwischen?« fragte sie kameradschaftlich. Er ging auf ihre Absichten ein.

»Großartig«, sagte er. »Anders kann es einem Reklamechef unmöglich ergehn.«

»Und unser Geschäft? Denn wir haben hier, scheint mir, alle drei das gleiche«, erklärte sie dem Herrn. »Ach!« machte Terra, ehrlich erstaunt. Der Herr blickte sogar peinlich befremdet darein. Er war noch größer als die Frau von drüben, ungeheuer breit, steifnackig anzusehen und von den Zügen einer Bulldogge, mit gewölbten Augäpfeln, kurzer Nase, ja, Backentaschen, trotz seiner Jugend. Der Riese sagte hoch und dünn: »Geschäft? Mir unbekannt.« Die Frau von drüben sagte mitleidig:

»Ersparen Sie sich alle diplomatischen Künste, Herr von Tolleben. Herr Terra vertritt unseren Direktor von Praß. Sie können ihn durch großartige Offenheit verblüffen, in der Art Ihres früheren Chefs. Herr von Tolleben ist aus dem Auswärtigen Amt«, womit sie sich wieder zu Terra wandte. Jetzt erst bemerkte Terra, daß der Herr, mit noch weniger Haaren und noch mehr Augenbrauen, dereinst genau wie Bismarck aussehen werde.

Bei dieser Entdeckung verbeugte er sich wie ein Reklamechef und stellte sich zur Verfügung. Nichts anderes könnte hier in Frage kommen als die hohe Oper. Von Tolleben blieb leider ablehnend, er glotzte auf Terra in eine solche Tiefe hinab, als habe er höchstens das besiegte Dänemark vor sich. In Terra begann es zu sieden.

»Meine Wenigkeit ist unbegrenzt auf dem laufenden«, versicherte er, die Hand am Herzen.

»Das will ich, im Interesse des Herrn von Praß, nicht hoffen«, äußerte von Tolleben unliebenswürdig. Viehisches Subjekt, fühlte Terra, in seinem siedenden Blut. Er neigte sich noch etwas tiefer, zuerst vor dem Herrn, dann vor der Dame. »Fürstin«, redete er, schwungvoll ergeben, die Frau von drüben an, »Eurer Durchlaucht habe ich die Ehre zu melden, daß ich den heutigen geschlagenen Tag lang meine gesamte Kraft bis zum völligen Versagen für das allerhöchste Opernwerk einzusetzen den Vorzug hatte« – schloß er wankend.

»Wie? Was ist los?« fragte die Fistelstimme Bismarcks.

»Den Vorzug hatte.«

»Allerhöchstes Opernwerk geht Sie nichts an, verstanden?«

»Ihr Vertrauen, Herr Baron, verpflichtet mich«, sagte Terra und überreichte dem Herrn die Zeitung mit der literarisch-musikalischen Würdigung. »Sie sind mir unangenehm«, sagte der Bismarck mit bekannter Offenherzigkeit. Die Feinde tauschten einen Blick, in dem sie einander verstanden.

Indes von Tolleben das Lampenlicht aufsuchte, um zu lesen, trat die Frau von drüben diskret zu Terra.

»Staatsgeheimnis, mein Freund«, flüsterte sie; und mit lautlos bewegten Lippen: »Die allerhöchste Oper ist hier im Hause erfunden, sie existiert nur für den –« mit halbem Lächeln nach dem Leser hin: »der's glaubt.«

Terra verrenkte, stumm und mit großer Gelenkigkeit,

den Mund und das ganze Gesicht. Hierüber lachte die Frau von drüben ihr klares, von Gefühlen ungefärbtes Lachen. Der Diplomat spähte argwöhnisch zu ihnen her, schon kam er.

»Gewandte Feder«, sagte er beinahe artig zu Terra. »Das musikalische Thema des Gottesgnadentums würde ich gern in der Partitur nachsehn, haben Sie sie zufällig da?«

»Ich muß ergebenst bedauern, sie liegt im Kabinett des Herrn von Praß.« Worauf der Herr von Terra verlangte, er solle sie holen, und Terra ihn höflichst aufforderte, es selbst zu versuchen. Der Diplomat bemühte sich wirklich, die Polstertür zu öffnen oder wenigstens hindurchzuschreien. Seine Stimme reichte nicht, die allerhöchste Oper blieb unzugänglich. Er ließ es Terra fühlen. »Herr! Sie sind ein unverschämter Intrigant«, sagte er ohne Maske. Terra erwiderte kühl und wohlerzogen:

»Ich besorge die Geschäfte meines Hauses. Hätte ich Ihnen die Partitur vorgelegt, Sie, Herr Baron, würden vielleicht auf den genialen Gedanken verfallen sein, sie mitzunehmen.«

»Frecher Bursche, Sie laufen mir schon noch in den Weg.«

»Zum Beispiel bei mir«, sagte die Fürstin vermittelnd. Sie wollte den Baron nicht begleiten, sie werde mit diesem Reklamechef ein Wörtchen reden. Noch in der Tür schickte von Tolleben über seine Augensäcke einen scharfen Blick her.

Terra hatte sich hinter den Schreibtisch zurückgezogen, er warf ein großes Papiermesser darauf umher. Die Frau von drüben setzte sich bequem vor den Tisch. »Da sind wir«, sagte sie und lächelte ruhig zu ihm hinauf. Er antwortete nicht, da entkleidete sie ihre Hand und ließ sie über den Tisch auf ihn zukommen. Er stieß hervor: »Ich konnte es auf meinen Eid nehmen damals, daß Sie am Morgen nicht mehr da sein würden. Ich schlief nicht, Sie entkamen trotzdem.«

»Noch böse?« fragte sie. Er lachte ingrimmig. »Ich wünsche einem ausgemachten Elternmörder die Lebensstimmung nicht, mit der ich Opferlamm diese ganzen Jahre Ihnen zu Ehren umherlaufen durfte.«

»Ich erhalte mir gern meine alten Freunde – wenn sie irgend wollen.«

»Hochstaplerin« – und er verzerrte das Gesicht.

»Was ihr euch darunter denkt, das gibt es gar nicht« – sie krümmte nur die Lippen. »Das bringt das Leben mit anderem mit, als Beruf hat man es nicht.«

Dabei stand sie auf. Sie war groß, sehr weiß mit dunklen Brauen, hatte den schaukelnden Gang wie je, und die Stimme, die er jetzt leer nannte. Aber sein Herz krampfte sich, wenn er sie hörte. »Sie machen wahrhaftig den allerberuhigendsten Eindruck«, sagte er höhnisch. »Als hätten Sie seit meiner Zeit kein Wässerchen getrübt.«

»Sie können unmöglich noch glauben, unsereins gehe umher und werde Gymnasiasten gefährlich.«

»Allerdings nicht, meine Gnädigste. Ihr Haar ist gelber geworden, Sie führen eine andere Nummer vor, Fürstin Lili auf dem ungesattelten Drahtseil. Die Dame, die ich kannte, existiert nicht mehr; daher geben Sie sich um Gottes willen keiner Sorge wegen meiner Verschwiegenheit hin!«

»Was geht mich der Bismarck an, er weiß vor Schulden nicht ein noch aus.«

»Also geht Sie der Direktor an.« Da fiel sie ein. »Der weiß alles, was er braucht. Meinen Sie, er würde mich zum Varieté zurückbringen und zur großen Attraktion machen, wenn ich nicht wäre, was ich bin? Der hängt keinen Sentiments nach, ihn muß ich nicht beschwindeln.« Über die Schulter leichthin: »Sonst würde ich ihn ganz gewiß nicht heiraten.«

Terra stand reglos. Plötzlich ging er, die Hand ausstreckend, auf sie zu. »Das hätte Ihr erstes Wort sein sollen.«

»Wir verstehen uns noch rechtzeitig.«

»Was wollen wir hier«, sagte er schneidend. »Erfolg. Durchlaucht werden Ihre guten Gründe haben, sich dieser Generalagentur für das gesamte Leben mit Haut und Haaren zu verschreiben.«

»Sie trägt uns beide«, sagte sie, und beide schoben sie die Brauen hinauf. Terra stellte ihr den Sessel zurecht, seinen Stuhl zog er vor sie hin. Die Hände auf den Knien, sagte er halblaut:

»Zuerst kam der Mann mir wie ein schlechter Zauberer vor, dann wie ein besserer. Es endete aber, Gott weiß warum, mit einer Art von Begeisterung. Wieviel ist er wirklich wert?«

»Er hat unabsehbare Mittel«, sagte sie, auch halblaut. »Erstens, er will mich heiraten. Dazu versteht sich entweder ein grüner Junge –« – »Danke«, sagte Terra. »Oder«, schloß sie, »ein Mann, an den nichts mehr hinanreicht.«

»Zweitens«, stellte Terra fest, »beschwingt er dermaßen die Seelen, die ihm zu nahe kommen, daß es ihm unmöglich jemals an größeren Geldmitteln fehlen kann. Für seine nicht vorhandene Oper habe ich mir die Nägel zerrissen, als hätte ich einen Fahrweg zur Seligkeit eigenhändig anlegen wollen.« – »Ich aber«, sie schlug ihn auf das Knie, »bringe es fertig, daß der Bismarck von der Wirklichkeit der allerhöchsten Oper überzeugter ist als von der ihres behaupteten Urhebers.« – »Daraufhin kann die Generalagentur für das gesamte Leben beruhigt das gesamte Leben als ihr ausschließliches Monopol ansehen, sollte selbst die Oper niemals geschrieben werden. Anzunehmen ist aber«, setzte er hinzu, »daß unsere Reklame sie aus ihrem Urheber herauslockt. Niemand läßt sich gern Genie nachsagen, ohne prompt damit aufzuwarten.«

Sie lachten tief beglückt einander an. »So froh zumut war es uns beileibe nicht in unserer einzigen Liebesnacht«, bemerkte Terra, und sie wandte nichts ein. Er brach sein Lachen ab. »Ein Schatten fällt auf diese unvergleichliche Welt: Mohrchen.« – »Ja«, sagte sie, »auch mir macht er Sorge.«

Terra raunte: »Was hat von Praß mit Mohrchen?«

»Nicht einmal ich bekomme es aus ihm heraus«, raunte sie. »Ich weiß nur, angewiesen zu sein auf den Menschen, das zehrt an ihm mehr als das Geld, das es kostet.«

Terra: »Vorkehrungen sind getroffen.« Sie, ihn abschätzend: »Da komme ich weiter.« Er schlug vor: »Verdrehen Sie dem Schurken den Kopf! Er ist Stammgast im Café National.« Sie sann. »Wer etwas gegen ihn in die Hände bekäme.« Hier klirrte die Glastür ein wenig; mit einem Blick sagten sie einander, daß sie belauscht seien. Plötzlich spielte das Gesicht der Frau von drüben die sichtbarste Herausforderung, wie auf der Bühne. Terra führte begreifend die Hand in die Herzgegend und stammelte. Aus dieser Stellung erhob er sich, als die Tür aufging und Mohrchen sichtbar ward.

Mohrchen blickte witziger darein als je. Im Vorübergehen deutete er nach der Seite der Fürstin eine Verbeugung an, drohte Terra leicht mit dem Finger und steckte schon den Schnepper in die Polstertür. »Herr Mohrchen!« rief wohllautend die Fürstin. »Solchen Tönen widersteht man nicht«, sagte er tatsächlich und kehrte zurück. Sie wies ihm den von Terra verlassenen Stuhl an. »Der Direktor hat Geschäfte«, äußerte sie; und den Kopf im Nacken, ihr weißes Gesicht hinbreitend wie ein Paradies: »Sie dürfen mir alles sagen.«

Mohrchen wieherte auf, nicht anders, als lachte er sie

aus. »Hier kommen komische Sachen vor«, brachte er heraus. »Sie glauben es nicht, die Kasse ist leer!«

Sie rümpfte die Nase. »Bester, wem wollen Sie das weismachen.« Aber er zeigte die Anweisung des Direktors vor und behauptete, die siebzigtausend Mark würden nicht ausbezahlt. Sie sagte, ohne sich zu besinnen: »Auch ich will mein Vermögen nicht verlieren. Es steckt bis auf den letzten Pfennig in der Generalagentur. Sie sollen mein Vertrauen sehen. Hier –« Sie zog die Perlen, die ihr am Hals schimmerten, unter ihrem Pelzmantel hervor, die Schnur ward immer länger. Sie warf sie in die schon hingehaltenen Hände Mohrchens. »Leisten Sie damit Zahlung!«

Mohrchen stand sofort auf, er war ernst geworden. Einen Diener, und er wollte fort. Sie ließ ihn bis zur Tür kommen. »Wieviel Uhr?« sagte sie hell in die Stille, und sah auf ihrem Armband nach. »Sechs ein Viertel. Sind Sie bis sieben nicht zurück, muß ich wohl annehmen, daß ich Sie in meinem ganzen Leben nicht wiedersehen werde.« – »Es würde Sie schmerzen«, sagte Mohrchen witzig. »Aber was kann ich tun«, schloß sie. »Meinen künftigen Gatten darf ich nicht in Ungelegenheiten bringen.« Glucksend verschwand Mohrchen.

»Ich habe es ihm nahe genug gelegt, endlich durchzugehen«, sagte sie zu Terra. »Das übrige ist an Ihnen.«

Er gab zu bedenken: »Wenn aber der Direktor es nicht aushalten sollte?« – »Kein Gedanke daran«, sagte sie, und auch Terra schwankte schon nicht mehr. Sie hatte ihn verlassen, er durchmaß das Zimmer mit seinem entschlossensten Schritt, stieß Rauch aus und sah das triumphale Ende des Tages nahen, die Erlösung des Direktors der Generalagentur für das gesamte Leben von seinem bösen Dämon, Terra Mitdirektor, die Macht erobert an einem Tage ... Es ging auf sieben, er betrat das Vorzimmer, das summte und scharrte. Seifert sprang wie aufgezogen durch seinen Käfig. Beim Anblick Terras wisperte er: »Sie sind nicht zu halten, die siebzigtausend werden bald ausgezahlt sein, sie reißen sie mir aus der Hand.« – »Geduld«, mahnte Terra, voll Zuversicht. In der Menge stieß er auf Kurschmied, der die allgemeine Unruhe teilte. Gerüchte gingen um, und sie kamen aus dem Hause selbst. »Sind etwa Sie es, der die Dinge hier aufrührt?« fragte er Terra, aber Terra begriff nicht. Ein noch junger, sehr bärtiger Mann, den Kurschmied bei sich hatte, zeigte gleichfalls tiefe Bewegung. »Herr Hummel und seine Freunde haben das Kapital der ›Weltwende‹ hier angelegt«, erklärte Kurschmied. »Die Weltwende mag kommen! Hier ist man bereit«, sagte Terra laut und sah sich um. Da bemerkte er Elias.

Elias stand in der Tür des Kassenzimmers, er folgte mit bescheiden zweifelnden Blicken den Schritten Terras. Sobald er sich bemerkt sah, kam er ihm entgegen. »Nun?« forschte Terra. »Wo ist er?«

»Ist er durchgegangen?« fragte Elias seinerseits. »Das hätte ich nicht von ihm gedacht« – und er sah ehrlich erstaunt aus.

»Sie sind also nicht auf seiner Spur geblieben«, sagte Terra drohend. Elias aber gelassen:

»Hab ich es nötig, Herr Polizeirat? Ich weiß auch so, was Mohrchen treibt. Er spielt.«

Es dauerte eine Weile, bis Terra dies erfaßt hatte. Mohrchen spielte, im Auftrag des Direktors, mit den Geldern der Generalagentur. Vom Gewinn hatte er Prozente, Verluste berührten ihn nicht. So einfach erklärte sich das Geheimnis. »Ich bin ihm daraufgekommen«, sagte Elias. »Da hat er mir manchmal zehn Mark geschenkt. Auch gut, ich hab den Mund gehalten.« – »Die Bank, wo Ihre Ersparnisse liegen, soll auffliegen«, schnarrte Terra. Elias machte einen Sprung.

Seifert, der nicht Hände genug hatte, winkte verzweifelt, Terra trat statt seiner an das Schallrohr. Die Stimme des Direktors erscholl darin: ob denn Mohrchen noch immer nicht zurück sei. »Herr Mohrchen war nicht da«, sagte Terra mit der nachgeahmten Stimme des Kassierers. »Und die Kasse ist leer.« Der Direktor, klar und sicher: »Dann kommt er sogleich. Gerade heute wird ein Riesengeschäft perfekt.« Terra, aufgeregt wie Seifert: »Herr Direktor, Herr Mohrchen ist da. Einen Augenblick.«

Dann schickte er ein fettes Kichern voran und sagte mit der nachgeahmten Stimme Mohrchens: »Herr Direktor, kein Glück.« – »Alles fort?« – »Fassen Sie sich, Herr Direktor. Für mich habe ich gewonnen.« – »Schurke, du hast mich ausgebeutet!« – »Das mir?« sagte die gekränkte Stimme Mohrchens. »Aber so sind Sie, Herr Direktor. Siebzigtausend verschmerzen Sie, aber meine fünfhundert sind Ihr Ende. Ich ziehe mich in das Privatleben zurück, Ihr Diener, Herr Direktor.«

Und Terra antwortete nicht mehr, sosehr der Direktor nach seinem Mohrchen schrie. »Was wünschen der Herr Direktor?« fragte er endlich mit seiner eigenen Stimme. »Ich kenne Sie«, rief der Direktor sogleich. »Sie haben sich bei mir eingeschlichen, um zu spionieren. Auch ich habe Sie beobachten lassen. Wo ist Mohrchen?« Er habe gute Gründe, sich nicht mehr blicken zu lassen, meinte Terra. Er setzte hinzu, es sei nicht schade um Mohrchen. Jetzt werde die Generalagentur für das gesamte Leben auf eine gesunde Grundlage gestellt werden können. Der Direktor aber blieb taub. »Sie wollen mir Mohrchen nicht wiedergeben?« schrie er nur immer. »Ohne Mohrchen geht es nicht. Sie wollen mir Mohrchen –« Die Stimme erstarb. Dann aber: ein Krachen. Terra fuhr zurück, er sah sich um.

Es stand bedenklich. Die Schranke, die den Kassenschrank schützte, hing gebrochen zu Boden, und in dem anwachsenden Lärm überwog der Ruf »Polizei!« Terra, umringt und um Auskünfte bestürmt, wollte alles auf die Untreue eines Angestellten beschränken, das Unternehmen laufe nicht die entfernteste Gefahr. Dabei sah er sich mit klopfendem Herzen nach einem Ausweg um. Wie stand es mit dem Direktor? ... »Das Volk« befreite ihn aus seiner Lage, denn es schrie dermaßen, daß es alle an sich zog. »Die verfluchte Judenbande!« schrie es. »Das Volk hat wieder mal das Nachsehen!« Was alle ihm bestätigten, Sparer wie Spekulanten, Schauspieler, Zuschauer und herverschlagene Träumer. Der Dichter Hummel sah, schwer erschüttert, eine Weltwende in Frage gestellt durch das Versagen der Generalagentur für das gesamte Leben. Einzig Elias bildete eine Insel der Sorglosigkeit. »Was will der Bocher«, äußerte er und wies mit dem Daumen hinter sich auf das strampelnde »Volk«. »Muß er alles glauben?«

Terra drang heftig in das Zimmer vor. Er selbst hatte an den Direktor geglaubt, und gerade seine Zuversicht, die auf jede Vorsichtsmaßregel verzichtet hatte, zeitigte jetzt die Katastrophe! ... Die Dunkelkammer füllten wildbewegte Eindringlinge, indes dort hinten Vater Lange, unter dumpfem Schmerzgeheul über die verlorenen, so sauer verdienten Groschen seiner Tochter Alma, eine Axt schwang. Der Rahmen der Polstertür splitterte, endlich drehte sie sich, der Haufe quoll ein. Aber er fand das gesprengte Geheimnis anders als erwartet, das Zimmer mit seiner Bücherattrappe, seiner Versenkung und den leeren Wänden statt aller Stahlkassen und gehäuften Raubes, brachte viele zum Lachen. Nach einem Blick hinter die falsche Bücherwand freilich lachten sie nicht mehr. Man sammelte sich schweigend, tauschte halblaut höchstens nur noch einige knappe Feststellungen aus und wich geschlossen zurück.

Terra zog die Tür an und sicherte sie mit den schwersten der Möbel. Dann erst trat er hinter die Wand. Der

Direktor saß in seinem Schreibsessel, hergewendet über die Seitenlehne, die ihn aufrecht erhielt. Die rechte Hand hing mit der Waffe herab, es war, als wollte sie den Revolver dezenterweise unter den Teppich schieben. Der Kopf hatte eine Drehung zur Schulter gemacht, sie stützte das Kinn; so blieb der vormals glühende, jetzt glasige Blick des Direktors ein Stück über den Boden erhoben, bis zur Höhe der Hände derer, die ihm nahten. Noch immer schien es sein erster Augenmerk, was sie brächten.

»Armer Schwindler«, sagte Terra ihm, »es kommt nichts mehr. Dies alles war einzig auf deinen schwindelnden Geist errichtet, auf unser aller schwindelnden Geist. Je fester meinesgleichen sich auf die bestehende Gesellschaftsordnung verließ, um so unerschütterlicher erschienest auch du. Da verfiel man auf Fehler im Betrieb und fragte nicht weiter nach, ob Luftspiegelungen Betrieb erfordern. Du bist das Opfer des allgemeinen Bedürfnisses nach dem Unwahrscheinlichen, seine Spender verschwinden unbedankt. Schlafe wohl!« schloß er, denn er hörte Schritte.

Die Frau von drüben entstieg der Versenkung. »Ich bin nicht neugierig«, erklärte sie, da Terra sie hinter die Wand geleiten wollte. »Es könnte auch wieder eine Enttäuschung sein.«

»Er sieht gut aus.«

»Er hatte endlich alles, was ich bei Männern suchte.«

»Doch nicht«, sagte Terra, in einer Regung von Eifersucht. »Er hatte keine Zukunft.«

»Sterben ist das einzige Unverzeihliche« – damit wandte sie sich ab. Bei der Treppe hielt sie an und stützte sich, die Knie zitterten ihr nun doch. »Ich würde ihn geheiratet haben« – Grausen überlief sie. »Und niemals konnte ich einen Hereinfall weniger gebrauchen als heute.«

»Mit einer Bewunderung, die von Fall zu Fall nur wächst, sehe ich Sie an einer neuen Lebenswende.«

Sie streckte plötzlich die Hand hin. »Ich habe Ihnen zu danken, Claudius.«

»Hierbei fällt mir besonders auf, daß Sie meinen Namen noch wissen«, sagte er unsicher.

»Man hat mir berichtet, was Sie heute alles getan haben, um hier die Rakete zum Platzen zu bringen.«

»Sie gaben mir darin nichts nach, Durchlaucht. Sie opferten sogar Ihr Perlenkollier.«

Sie sagte vornehm: »Geld spielt keine Rolle, wo es sich tatsächlich um mehr handelt.« Und gehoben, fast mit Hingebung: »Sie, lieber Freund, haben mich vor einem der Skandale bewahrt, die einer Frau nichts nützen. Das vergeß ich Ihnen nie. Sie können in jeder nur denkbaren Lebenslage auf mich zählen. Ich schwöre es Ihnen bei – bei dem Toten«, schloß sie und ging vor ihm her, die Stufen hinab.

»Ihre Wohnung bekundet einen erlesenen Geschmack«, stellte er drunten fest. Sie verzog den Mund. »Er hört Sie nicht mehr. Zum Glück ist alles auf mich überschrieben und schon bezahlt.«

In einem der Zimmer lief ein kleines Kind rastlos und unter Freudengeschrei von einer Ecke zur andern. Die Wärterin entfernte sich, als sie eintraten. »Mama!« rief das Kind entzückt, warf die Puppe fort, die es nachschleifte, und hing sich an die Mutter. »Es hat das Talent, sich zu freuen«, meinte Terra. »Auch ich soll es in einem seltenen Maß gehabt haben.«

»Es hängt noch immer mit mir zusammen«, sagte die Mutter. »Sooft ich mich aufrege, ist es außer sich.«

»Noch immer? Wie alt ist es?«

»Zweieinviertel Jahre ist es alt, mein Freund«, sagte sie und sah ihn an. Sein Blick, der den ihren aushielt, kam ins Zittern, ein Schrecken durchlief ihn, er wußte nicht, ob peinlich oder süß. Er lachte auf. »Und drei Jahre ist unsere nähere Bekanntschaft her. Sie haben die vorgeschriebene Zeit streng eingehalten, Lili.«

Sie sagte sachlich: »Es ist ein Knabe. Er heißt Klaus, wie es sich gehört. Gib dem Herrn die Hand, mein Klaus!«

Terra beugte sich hinab, um die kleine Hand zu fassen. Seine dunklen Augen forschten mit brennendem Ernst in den braunen des Kindes, auf seinem blonden Gesicht. Er hielt sich grade noch zurück, um nicht den Kopf zu schütteln. Schließlich konnte es sogar wahr sein. Eine Tatsache, nicht unglaubwürdiger als andere. Nicht schwerer zu befolgen diese als jede Konvention ... Das eingeschüchterte Kind entzog sich dem ausdauernden Herrn. Es weinte eine Minute lang, dann durcheilte es wieder mit Freudengeschrei das Zimmer.

»Ich habe Ihnen meinen aufrichtigen, tiefstgefühlten Dank abzustatten«, äußerte Terra, er küßte der Frau von drüben mit erlesener Höflichkeit die reich beringten Finger.

»Es ist gern geschehen«, sagte sie und goß ihm Likör ein.

»Wenn ich mir nur die einzige bescheidene Frage erlauben dürfte: warum trifft gerade mich dies unverdiente Glück?«

»Es war nicht so unverdient«, erwiderte sie achselzukkend. »Sie wollten das Kind durchaus.«

»Und vor mir –« begann er rachsüchtig.

»Vor Ihnen, wenn Sie dies denn erwähnt wünschen, hatte wohl noch keiner es durchaus gewollt.« Worauf er, stärker atmend, vor sich hinsah. Versöhnlich fragte sie:

»Was fangen wir jetzt miteinander an?« Er schlug munter vor: »Das einfachste wäre es, gute Freunde zu bleiben.«

»Wenn ich also Ihre gute Freundin bin: wie steht es mit Ihren Mitteln? Ich darf Sie nicht im Stich lassen. Sie waren Reklamechef in einer Generalagentur, die morgen schwerlich noch funktioniert.« Er wollte kurzerhand jede Besorgnis ablehnen. Aber sie: »Mir müssen Sie nicht erst beibringen, wie das Leben dreckig ist. Damals waren Sie es, der sein Geld für mich hergab.« Das sei etwas anderes, meinte er. »Sie sind auch der Vater meines Kindes.« Das lasse er sich grundsätzlich nicht bezahlen. »Aber Sie haben mich vor dem dummen Skandal bewahrt.« Hierauf lachte er, und sie mit ihm. Dies schien eine völlige Entspannung zu bewirken, weich brach sie in Tränen aus. Da sie aufstand, folgte er ihr. Sie gingen nochmals durch das Zimmer, das Kind stand und beobachtete mit spitzen Augen jeden ihrer Schritte. Er stützte sie im Gehen; die Hüfte der Frau von drüben glitt wieder über seine, ihre Wange neigte sich schmelzend seiner Schulter, ihr Atem traf ihn. Er sagte mit scharfer Stimme: »Ein so großes Unglück, scheint mir, ist eben nicht geschehen.«

»Ach! Lieber Freund, Sie begreifen noch nicht, was geschehen ist.« Schluchzend: »Herr von Tolleben geht mir durch die Lappen.«

»Der Bismarck? Lassen Sie ihn laufen! Er weiß vor Schulden nicht ein noch aus.«

»Aber seine Stellung! Die Reklame! Claudius, helfen Sie mir!«

»Der Mensch ist ein Unglück«, überlegte Terra. »Er hat keine Sinne. Was fesselte ihn an Sie, verehrte Freundin? Die allerhöchste Oper. Das Kunstwerk muß somit in Ihrer Gewalt sein. Mit dem Tode des Direktors ist es an Sie übergegangen. Vielmehr, der Verblichene hat es in die Ewigkeit mitnehmen wollen, er steckte es in Brand. Sie zogen es, mit Gefahr für Ihre schönen Hände, aus den Flammen.«

»So viel Phantasie!« sagte die Frau von drüben und umarmte ihn.

»Wenn er daraufhin nicht die lächerlichste Rolle bei Ihnen spielt, will ich es selbst tun.«

»Aber Sie müssen ihm einen Wink geben.«

»Die Gelegenheit würde sich finden«, sagte er – und schloß fest die Lippen. Denn er erinnerte sich der Gräfin und bemerkte auch, daß er ihrer, um derenwillen er durch diesen tatenreichen Tag gegangen war, kein einziges Mal heute gedacht hatte. Sie war ihm entrückt durch diesen Tag, als seien es hundert. Nahe an ihm stand die Frau von drüben und sah ihn erwartungsvoll an. In diesem Augenblick lief auch das Kind herbei und schmiegte sich zum ersten Mal an seine Knie. Dies war ein besonderes Gefühl. Er setzte sich, um das Kind zu streicheln und weil er sich plötzlich erschöpft fand. Die Mutter sagte:

»Ihr Studium haben Sie wohl unterbrochen, aber natürlich nicht aufgegeben, ein Mann wie Sie! Wer Sie unterstützt, bis Sie fertig sind, hat sein Geld gut angelegt, und nun gar ich ... Wer weiß«, schloß sie träumend, einer ihrer Arme hing von rückwärts über seine Schulter.

Er verstand: vielleicht heiraten Sie mich, ich werde bald reif dafür sein, und machen Ihre Karriere mit Hilfe meiner Ersparnisse und meiner Verbindungen. Ihm ward ein Pakt angeboten, der den bürgerlichen Anstand verletzte und eine Demütigung war. Nicht die entfernteste Möglichkeit bestand, ihn einzugehen – aber darum war er noch immer gewollt von seinem Dasein, denn es hatte hierher geführt. Demütige dich! Habe den Mut zu mir! sagte sein Dasein. Der Arm der Frau von drüben hing noch immer von seiner Schulter. Er griff nach der Hand, er näherte ihr ruckweise sein Gesicht; plötzlich drückte er, mit wilder Hingabe, zuerst die feuchte Stirn darauf, dann seine bitteren Lippen.

Kurschmied und der Dichter Hummel standen noch immer im Haustor. »Erschütternde Szenen haben sich abgespielt«, sagte der Dichter. »Die soziale Frage ist das dankbarste aller Probleme.«

»Wenigstens haben Sie sich schadlos gehalten«, stellte Terra fest. Dies galt freilich nur im Hinblick auf das Geistige. Sowohl Hummel wie Kurschmied sahen für die Sitzung der »Weltwende«, wohin sie sich begaben, eine wahre Katastrophenstimmung voraus. Terra ward aufgefordert, mitzukommen. Ihm war nicht wohl dabei, er war sich bewußt, zum Ausbruch der Katastrophe das Seine getan zu haben. Aber Kurschmied hatte Terra dem Dichter als wertvollen Bestandteil des Publikums genannt für das Drama, das Hummel den Ausschußmitgliedern der »Weltwende« heute Abend vorzulesen dachte. Im Menschengewühl gelang es Kurschmied, mit Terra einige Schritte hinter Hummel zurückzubleiben. »Sie haben heute furchtbar gehaust«, sagte er mit einer Art Andacht. »Der Direktor wird nicht der einzige Tote bleiben.« – »Ich bin selbst wie vor den Kopf geschlagen«, gestand Terra. Kurschmied aber: »Ich flehe Sie an, vor mir keine Maske! Ihr unstillbares sittliches Bedürfnis schafft Katastrophen, wohin Ihr Fuß tritt. Aber sollte es auch mich selbst hinstrecken, ich bleibe der Ihre!« – mit glühendem Händedruck.

Die Vereinigung Weltwende tagte im Askanischen Hof. Ein kahles Separatzimmer enthielt an einem langen Kneiptisch die vollzählige Gilde der Modernen, Männer bis zu vierzig Jahren. Die Älteren waren Rechtsanwälte, sie gaben den geistigen Verschwörungen abseits lebender Literaten den bürgerlichen Rückhalt. Leider hatten auch sie in die Generalagentur für das gesamte Leben ein Vertrauen gesetzt, das verhängnisvoll enttäuscht worden war. Jetzt freilich gestanden sie, dem Zauber nie getraut zu haben; sie hätten nur der Vorliebe ihrer naiveren Genossen für das sozial Angehauchte, so sagten sie, nachgegeben. »Grünfeld soll nicht mithauchen«, erwiderte jemand dem, der Terra gegenübersaß und merklich am Magen litt. Der Ton war hier so scharf wie die Geister. Es ging anspruchsvoll zu, erfordert wurden Witz, Entschlossenheit, die zeitgemäße Kunstdoktrin und eine soziale Gesinnung. Hinter der Spottsucht des Ausdrucks herrschte ein Glaube, bei dem einen echt, beim andern falsch, aber er herrschte, das Gespräch war durchtränkt mit ihm. Nichts Geringeres stand mit Sicherheit bevor, als die Lösung der sozialen Frage. Im Zusammenhang damit war ein Jahrtausend neuen Geistes soeben angebrochen. So konnte es der Vereinigung Weltwende nicht fehlen. Was sie aber veranstaltete, waren Aufführungen in entlegenen Vorstadttheatern, neue Mittel mußten dafür herbei, Mitwelt und Zukunft geboten es.

Zu seinem Gegenüber sagte Terra unschuldig: »Ich habe ein großartiges Gefühl. Hier werden revolutionäre Maßnahmen ergriffen.« – »Wie lange sind Sie schon in Berlin?« fragte Herr Grünfeld. – »Einen Tag«, gestand Terra. – »Ich schon zwanzig Jahre, aber Weltwende ist bloß mittwochs.« Nach dieser Zurechtweisung blieb es Terra nur noch übrig, beim Salamander nachzuklappen, und er war für die Nachbarschaft erledigt. Der Salamander ward kommandiert von einem Mitglied, das in einer goldbraunen Samtjacke an der oberen Schmalseite des Tisches saß. Terra unternahm es für sich, die herkömmlichen Formen der Tafelrunde mit ihren gewagten Zielen in Einklang zu bringen. Es gelang ihm nicht, er fand sich damit ab, als geduldeter Adept in unterer Stellung den Ereignissen beizuwohnen. Hummel las sein Stück vor.

Neben der goldbraunen Samtjacke saß er in seinem wollenen Gehrock nach Professor Jäger und las mit großem Aufwand von Dialekt und von Entrüstung. Den Dialekt sprachen in dem Stück die kleinen Leute, die Entrüstung des Dichters erregten die Reichen. Sie beuteten die Armen nicht nur von Ferne aus, sie saßen ihnen persönlich wie Tiger im Genick, töteten die Söhne durch Hunger und Arbeit, die Töchter durch ihre Lüste. Kein Zweifel, daß dies stark, düster und gerade kraft des Äußersten an Düsterkeit verheißungsvoll für den kommenden Tag war. Stellen gab es, an denen Terra rückhaltlos zu Hummel stand. So konnte man aussehen, so ungepflegt daherreden und dennoch stolzester Menschenwille sein! In solchen Augenblicken erschienen alle ringsum ihm neu beleuchtet, als hochherzige Wesen, die das Gute wollten: ein seltenes Geschlecht, schließ dich ihm an! Der lesende Dichter, der wüste Bart entstellte nur leider die fein und sicher arbeitenden Züge seines Gesichtes, verflachte sogar den scharfen Blick: aber welch eine Spannung der mageren Schultern unter seinem albernen Rock!

Zum Unglück erschienen nun wieder die kleinen Leute, und in dem Mitleid, das sie begleitete, ob es Natur oder Vorsatz war, verriet sich diese Art, die Welt von unten anzusehen, die Terra beleidigte und abstieß. Hier faßte er den Entschluß, seinen eigenen geteilten Kinnbart zu entfernen, damit keine Ähnlichkeit aufkomme. Er hörte weiter zu, um der weiblichen Hauptrolle willen. Anfangs war sie eine Lehrerin, was ihm nicht günstig schien, und verband das reiche Haus, wo sie geliebt wurde, mit dem armen, dem sie entstammte. Allmählich aber ward aus der Lehrerin eine Person mit Haaren auf den Zähnen, die eine fürstliche Villa bewohnte und das Haus der Reichen, samt ihnen selbst, so gut wie vollständig verschlang. »Nicht übel für Lea«, sagte er sich. »Nach ihrem Frankfurter Erfolg ist sie reif für Berlin. Aber hat diese ganze Gesellschaft Bedeutung genug, daß meine Schwester sich ihretwegen bemüht? Vielleicht war ihre sogenannte Bewegung nur ein Schwindel der Generalagentur für das gesamte Leben.«

Hummel war fertig, ihm zu Ehren wurde ein Salamander gerieben, und dann kam die Kritik. Scharfgeistig, wie alle hier waren, hatte jeder etwas auszusetzen. Grünfeld brachte juristische Einwände vor, die das Ganze untergruben, die Samtjacke erklärte glucksend, daß sie bei der im Stück bestehenden Promiskuität zwischen den Beziehungen der Geschlechter nicht mehr hindurchfinde. Eine unvorhergesehene Pause ward von Terra unterbrochen. »Ich möchte als blutiger Laie und außerdem erst seit heute in Berlin, mit aller gebotenen Bescheidenheit mir eine kurze Frage erlauben.« Die befremdende Einleitung bewirkte völlige Stille. Er sagte von unten, es konnte anzüglich oder schüchtern sein: »Werden solche Stücke geschrieben, weil es eine soziale Frage gibt, oder kommt die soziale Frage von solchen Stücken?« Wie er es gehofft hatte, fanden sich mehrere, die das zweite bejahten. Der Dichter, gereizt durch die sachverständigen Ausstellungen, setzte sich mit seinem Bierglas zu dem wohltuenden Laien, der ihn so ernst nahm. Terra äußerte, daß die Figur der Lehrerin ihn besonders interessiere. »Sie finden«, schob der Dichter ihm unter, »daß die Rache der Ausgebeuteten sich in ihr verkörpert.« Terra erwiderte, die Rache der Ausgebeuteten scheine ihm Nebensache, aber solchen Damen sei er schon begegnet und wenigstens darin nicht ganz Laie. »Wir müssen die Sache zu Ende besprechen. Gehen Sie mit?« schlug Hummel vor. Terra begriff, daß jener bis in alle Ewigkeit über sein Stück zu reden gedenke; nur die Rolle für seine Schwester bewog ihn, aufzustehen.

Zu dreien, mit dem unvermeidlichen Kurschmied, gingen sie, ohne sich über ein Ziel zu einigen, immer redend durch die Straßen. Ihre gestikulierenden Gestalten spiegelten sich im nassen Asphalt. Man sah ihnen nach. Kurschmied, angeregt bis zur Schwärmerei, schwur, das

Stück werde ein Welterfolg sein, aber nur mit einer einzigen Hauptdarstellerin! »Unmöglich!« rief Terra. »Meine Schwester kommt nicht in Frage, und wenn Sie Gold reden. Meine Schwester ist zu herb, zu sehr Natur und Volk, sie berauscht nicht.« Kurschmied, der aufsteigen wollte, bekam einen Stoß. Der Dichter frohlockte. »Das will ich gerade, und finde es nicht! Um Gottes willen keinen Rausch, keine ruchlose Schönheit! Was für Haare hat Ihre Schwester?« – »Sie ergraut schon«, sagte Terra.

Vor einem Bouillonkeller hielt Terra an. »Ich habe nur noch wenig Geld«, gestand er zynisch. »Wie steht es bei den Herren?« Aber Hummel, der von Rechts wegen hier zu Hause sein mußte, machte einen Bogen, er esse nichts. Den nächsten Versuch machte Terra vor dem glänzenden Eingang des Wintergartens, und Hummel war bereit. Die Vorstellung mußte noch eine Weile dauern; wie sie aber an der Kasse standen, kamen schon Fortgehende heraus. Terra riß sich herum, bot die Brust dar, und die Lippen krampfig geöffnet, zuckte er die Hand zum Hut. Er kam nicht so weit, ihn abzunehmen, die Gräfin war vorüber und hatte den Blick nicht hergewendet. Dennoch wußte er, daß sie ihn von weither betrachtet habe, noch bevor er sie erkannte. Da war sie blitzschnell zu ihrem Begleiter abgeglitten, und wer begleitete sie? Der Bismarck Tolleben. Ihr Bruder, schlank und schläfrig, folgte ihr neben einem blau und schwefelgelben Leutnant. Terra spähte, mit einer Bewegung des Halses wie ein Tier, nach seinen Freunden, ob sie etwas bemerkt hatten, aber sie verhandelten über die Plätze. Sein Blut nahm einen Anlauf: hinterdrein, und sie gestellt, das Pack, das ihn verachten wollte, samt ihr! Auf offener Straße sie an ihre nächtlichen Beziehungen erinnert, den Tolleben aber vor das Maul geschlagen mit dem bloßen Namen der Frau von drüben! Terra hatte Schaum auf den Lippen, er hielt sich an dem Schalter fest. Seine Freunde ließen ihm den Vortritt, damit er bezahle, da sah er, wer sie waren, seine rechtmäßigen Gefährten und er selbst, mit seinem Hohenzollernmantel. Er schluckte hinunter und sagte, bleich, aber überlegen munter: »Wir sollten uns hier die letzten faulen Plätze anhängen lassen? Was kostet Berlin?« Womit er, ihnen voran, aufbrach.

Dies sei auf andere Art in Ordnung zu bringen, erkannte Terra, indes er das laute Gespräch fortsetzte. Jener Hochmut sollte ihn kennenlernen. »Ich mache mich anheischig, ihm eines Tages so zu begegnen, daß kein Mensch mich noch einmal übersehen kann – und wär es in zehn Jahren!« Aber es mußte sogleich sein, ohne Verzug und sobald nur der Tag kam. Er fühlte, die Nacht werde schlaflos sein. Er hatte, da sein Zweck bei ihm erreicht war, diesen Stückeverfasser seinem Schicksal überlassen wollen. Jetzt mochte geschwatzt werden bis an den hellen Morgen.

Er führte die beiden in eine gut bürgerliche Wirtschaft, wo er Zigaretten verschlang, indes sie aßen. Hummel aß gierig, aber mit dem Anspruch auf gute Erziehung; drüben glaubte er Bekannte zu sehen. Erst als sie es nicht waren, ließ er sich gehen. »Sie halten mich frei und haben es wohl selbst nicht reichlich«, sagte er zu Terra stöhnend, die übereilte Mahlzeit beengte ihn. »Nun sehen Sie dort draußen die gewissenlosen Genießer!« stöhnte er; denn den Theatern entströmte ein gut gekleidetes Publikum. Terra erwiderte, ob die Leute ein Gewissen hätten, sei nur ihre eigene Sache. – »Wie? Sie fühlen nicht sozial?« – »Eine Gegenfrage wollen Sie auf keinen Fall wie unverschämte Zudringlichkeit, sondern einzig und allein als den Ausdruck meines lebhaften Wunsches nach einer sachlichen Aussprache auffassen. Wie lange schreiben Sie schon ohne nennenswerten Erfolg?« Sichtlich vor seinen überfüllten Magen gestoßen, klappte Hummel zusammen. »Ich bin nicht älter als Sie« – der Dichter hatte blaues Feuer in den Augen. »Nur habe ich mehr gehungert.«

»Dann werde ich lieber Jahrmarktskünstler. Oder ich mache, bis ich selbst Erfolg habe, Reklame für andere.«

»Ich«, sagte Hummel, »kämpfe Hand in Hand mit allen anderen Armen, der ganzen Proletarierklasse. Mich trägt die Bewegung, ihr werdet es erleben, daß ich oben bin!« rief er prophetenhaft; und ergeben, aber stolz: »Noch nenn ich kein Bett mein eigen. Die Bude Kurschmieds ist meine Herberge für Obdachlose.«

Kurschmied bemerkte trocken, daß er seine Bude aufgebe. »Dann«, sagte Hummel, »verlege ich mein Erdendasein noch weiter nach unten. Demütigungen, Mißerfolg und Hohn sind meine wahre Nahrung, ich wachse durch sie.«

Terra fragte, zum erstenmal vertraulich: »Haben auch Sie sich überzeugt, daß Sie mehr Haß erregen als üblich?«

»Und mehr Liebe!« – mit blauem Feuer. »Ich werde in den Höhlen der Armut wie ein Erlöser betreut.«

»Ich habe mit mir gerungen, aber ich kann Sie nicht länger dafür halten, Sie sind nicht stark genug«, entschied Kurschmied und rückte zu Terra hin.

»Sie werden schon noch um Rollen zu mir kommen, Kurschmied.«

Terra, dies hörend, summte laut durch die Nase, dann rief er lebhaft nach dem Kellner, zahlte und ließ aufbrechen. Plötzlich lud Hummel in das Café Bauer ein, er gebrauchte sogar das Wort »sich revanchieren«.

»Noch ist nichts verloren«, sagte Terra darauf. »Sie werden Ihren bürgerlichen Weg machen.«

Die Friedrichstraße zeigte das Bild ihrer Nacht, worin noch immer Geschäfte offenblieben, Lager billiger Krawatten, Zigarrenläden, Juxbasare. Pflasterarbeiter rissen den Fahrdamm auf, die Kette der Wagen umfuhr, ohne abzubrechen, das Hindernis. Ein Volk von Nachtwanderern, die einen zu satt, die anderen zu hungrig, um schlafen zu gehen, hielt die Fußsteige in Bewegung wie am Tage, und vom Gaslicht der öffentlichen Lokale fielen blutige Flecken zwischen dies Volk. Besondere Stätten, dem Tage unbekannt und begraben im Grau der Häuserreihe, blühten jetzt rot beleuchtet auf, und ein Schutzmann stand davor. Verließen wenige Herren in Pelzen irgendeine Tür des Genusses, waren auch schon Schwärme derer zur Stelle, die vom Pflaster lebten. Wagen fuhren vor, blasse Halbwüchsige öffneten sie, und Hausierer faßten daneben Fuß, um hinter ihren geöffneten Jacken den Herren die verbotenen Bildchen anzubieten. Diebe stießen jemand an und wurden beim Verschwinden von den Umstehenden begünstigt, alte Kuppler versprachen im Vorbeischleichen den Pelzen etwas Außergewöhnliches in ihre breiten Rücken, aber aus dem Schatten eines Haustores trat ohne Umschweife die ältere Dame, die an der Hand ein geschminktes kleines Mädchen mit offenen blonden Haaren führte. Hochlila war der Puder, den die Dirnen für ihre Gesichter liebten.

»Wir haben keine Nachtruhe«, sagte Hummel, zum zweitenmal umkehrend, weil er sich nicht trennen konnte. »Wir haben noch keine Sonntagsruhe, wie in England, und selbst des Nachts darf der Zahlungsfähige die Menge der Enterbten zu seinem Auswurf machen, wer denkt an Fürsorge, sei's nur für Frauen und Kinder. Sehen Sie hier den unumwundenen Kapitalismus im Rohzustand! Das kommt nie wieder, haben wir ihn erst in Arbeit genommen, sind wir erst hindurch.«

»Wenn Sie hindurch sind«, wandte Terra ein, »werden Sie nicht mehr im Ostendtheater gespielt, sondern wo es fein ist, und der Kapitalismus hat dann Sie in Arbeit.«

»Sie glauben nicht, daß ein Umschwung kommt?«

»Nicht vom Stückeschreiben«, sagte Terra; und da

Hummel seine Zuversicht in die Literatur umfassend begründete, forderte er ihn auf, statt des langweiligen Cafés, eine rötlich sich darbietende »Music-Hall« zu betreten, zehn Schritte von Unter den Linden. Durch den engen Gang und über eine schmutzige Treppe gelangten sie in eine Weinkneipe mit Bühne. Droben saßen im Halbkreis schön frisierte weibliche Gestalten, halbnackt wogend in meergrünen, ponceauroten oder paillettierten Kleidern, die straff die breiten Knie umspannten und die hohen goldenen Stiefeletten den Blicken freigaben. Die sechste, deren Stuhl zur Zeit leerstand, sang atemlos in das tolle Treiben des bleichen Klavierspielers hinein, zwei andere bedienten den Saal, ihretwegen schien sogar Streit zu herrschen zwischen den Tischen, obwohl der Saal nicht voll war. Weine für drei Mark und höher waren nicht vielen erlaubt, Hummel überließ jede Verantwortung seinen Begleitern. An ihrem leeren Seitentisch behielten sie die Bühne halb im Rücken.

Hummel unterbrach sich nur, um zu trinken, aber Terra ergriff die Gelegenheit. »Womit wollen Sie sich an die Welt, wie sie ist« – über den Saal und die Bühne hin beschrieb er eine Geste –, »heranmachen? Mit Ihrem Mitleid. Ich meinerseits bin felsenfest überzeugt, daß die Welt Ihnen Ihr Mitleid noch nicht einmal mit fünfzig Pfennigen gutschreibt.« Hummel lächelte still. »Ich will nichts dafür.« – »Man soll für alles etwas wollen«, behauptete Terra, »Sie beleidigen die göttliche Weltordnung« – da trank Hummel nur noch. Das Mädchen droben, dessen Gestalt breiter als lang war, ließ sich vernehmen: »Erna und ihr Theodor gehn energisch vor. Sie schmachten, sie schmachten, daß die Nähte krachten.« Nach jeder Strophe rollte sie nachlässig zweimal die Hüften und drohte, ohne ihre ablehnende Miene zu verziehen, wie ein Schelm mit dem Zeigefinger. Terra rief:

»Reden Sie doch zwischen Ihren Kulissen wie eine

ganze Legion Engel, im Parkett sitzt kein Börsenpirat, der nicht einflußreicher wäre als Sie. Bilden Sie immerzu Vereine zur Herbeiführung einer Weltwende, ein einzelner junger Mann, Wilhelm der Zweite, der ungehemmt nur seine Persönlichkeit ausschreit, dringt unvergleichlich weiter und tiefer als alle Ihre Werbungen für eine sittliche Gemeinschaft. Zwanzig Jahre nach dem einträglichsten Kriege möchtet ihr dies Volk vergessen machen, woher seine Wohlfahrt stammt; da ist die Erzwand, vor der ihr verhungern könnt.«

Hummel, am Boden der Flasche angelangt, schlug mit den Armen Rad. »Daß Sie es nicht sehen! Sie wie ich sind ein Geschöpf jenes Krieges, des letzten. Ein blutgetauftes Geschlecht wie unseres mußte kommen, um, wissend von jung auf, der Welt den Frieden zu bringen. Die Lösung der sozialen Frage ist der ewige Friede!«

»Ich bin kein Grünschnabel mehr«, erwiderte Terra. »Auch sagt mir meine gröbere Natur, daß Geist sich am durchschlagendsten im Handeln zeigt. Das Völkchen gefällt mir«, sprach er in den Lärm, denn der Streit, den die Tische um die bedienenden Damen führten, war in eine Prügelei übergegangen. Ein wahrer Igel aus wehrhaften Männern wälzte sich, hackend und beißend, in der Pfütze, die ein umgeworfener Sektkübel verbreitete. Kampfrichter stiegen auf Stühle und gaben wilde Zurufe von sich, die Damen des Hauses kreischten hingerissen, der Kapellmeister paukte den Hohenfriedberger Marsch. Terra, aufmerksam in dies kleine, aber bewegte Leben versenkt, dachte: »Blutgetauftes Geschlecht.« Ein gutes Wort. Alle mörderischen Beziehungen, deren er sich blitzhaft bewußt geworden war auf jener schwindelnden Nachtfahrt, vom Turm die Spiralen hinab bis vor die Blutlache, worin zwei Ringer verröchelten, alle wurden festgehalten und klargestellt. »Ich vertrete mit besonderem Vorrecht mein blutgetauftes Geschlecht.« Ein Tag in der Generalagentur für das gesamte Leben, und eine Leiche! Er mischte sich in die Angelegenheit der beiden Athleten und der Schlangenbändigerin, schon machten sie alle reinen Tisch und brachten sich um. Katastrophen keimten in ihm und seinesgleichen. Sofort zeigte sich ihm das Gesicht seinesgleichen, das feindlichste, nächste, das verachtungstarrende, der Sünde des Ehrgeizes verfallene Gesicht Mangolfs! »Der geht mit mir! Er sähe mich gar zu gern unten, ich tauche aber auf, und fahren wir einst in den Orkus ab, dann sicher zusammen!« Terra knirschte frohlockend, er blickte, entrückt, in die fernsten Flammen seines Lebens. Da zuckte er auf, nahe an seinem Ohr war ein inbrünstiges Flüstern, Kurschmied. Er flüsterte: »Helfen Sie mir, ich winde mich in den unerträglichsten Zweifeln! Sie, mit ihrem unstillbaren sittlichen Bedürfnis, sollten den Krieg wollen?« Terra, den Blick auf dem kämpfenden Igel: »Was ich muß, will ich.«

»Sie wollen nicht«, sagte der Wirt des Lokales, »aber sie müssen«; – und zusammen mit seinen männlichen Angestellten riß er den Igel in Stücke. Zur Besänftigung der Gemüter schlug der Kapellmeister eine mildere Weise an, und eine resedagrüne Dame sang: »Aus dem Himmel segnet uns die Mutterliebe, daß in unseren Herzen heil'ge Unschuld bliebe. Sag mir nur das eine, einzig holder Mann, ob man auch wie du im Himmel küssen kann.« Sie sang mit einer Stimme rauh vom Trinken, aber um so getragener. Als sie, um zu segnen wie die Mutterliebe, die Arme hob, erschienen darunter große feuchte Flecken, und nach dem küssenden Himmel schielte sie hinauf, als sei es doch nicht geheuer mit ihm. »Prost«, sagte Hummel, versöhnlich gestimmt. »Aber was wollen Sie nur? Gar nichts?«

Terra trennte sich gerade von dem Anblick der Sängerin, da fragte das bedienende Mädchen: »Gefällt Ihnen die?« Die Kellnerin war ein Baby, mit einer Schärpe, einem Häubchen, woran blonde Locken befestigt waren, und einem Korallenkettlein auf dem mächtigen Busen. Sie sagte sauer: »Die bildet sich ein, sie ist hier die einzige wirkliche Künstlerin, daß ich nicht lache!«

»Lachen Sie nach Herzenslust, mein Fräulein! Wollen Sie mir nur gestatten, daß ich meinem Freunde eine Frage beantworte, die schlechterdings keinen Aufschub leidet. Sie bringen inzwischen gütigst noch zwei Flaschen.«

Eingeschüchtert verzog sich das Baby. Terra kam dem Zutrinkenden gemessen nach. »Tatsächlich will ich nichts – fast nichts, oder doch nicht viel; nur einfache praktische Dinge, zum Beispiel, daß mir niemand auf die Hühneraugen tritt. Daß man nicht fortsieht, wenn ich dastehe – und nicht lacht, bei dem, was ich der Welt zu sagen habe.« Denn Hummel und auch Kurschmied lächelten. Das Baby brachte die Flaschen und füllte ungebeten auch für sich selbst ein Glas. Terra trank mit ihr, mit den Herren, und noch ein drittes Glas für sich allein, immer stumm wie ein Erbitterter. »Nun erzählen Sie nur weiter, Kleiner«, sagte das Baby.

»Ich gehe durch Demütigungen, wie durch einen Platzregen, und man ist erstaunt, daß ich kein warmer und trockener Gesellschafter bin.«

»Mir gefallen Sie«, rief das Baby. »Sie origineller Kunde!«

»Nur Demut überwindet die Welt«, stammelte Hummel, müde und unglücklich, er hatte seine Bettschwere. Terra straffte sich nur noch mehr, seine Stimme schwang. »Eure schlafmützige Menschenbeglückung imponiert keiner Seele, solange ihr nicht ernstliche Anstalten trefft, sie bei euch selbst vorzunehmen. Es gibt, genau besehen, nur eine einzige wirksame Idee; keiner, der an Geld und Gut zu viel besitzt, fürchtet sich vor einer anderen. Was ich von geistigem Dynamit in mir habe, hat jede Hure«, schmetterte Terra durch die Nase.

»Nanu?« machte das Baby. Die Musik war aus für heute, die Tische hörten auf Terra, die zweite Kellnerin, in der Tracht einer Spreewälder Amme, gesellte sich zu dem Baby, sie stützte sich auf seine Schulter. »Jede Hure«, schmetterte Terra, »hat ihre Geltung bei Gott, ihre Unverletzlichkeit, geistige Hoheit, ihr Recht auf Menschenwürde!«

»Bravo!« riefen das Baby und die Amme, sie machten Fäuste gegen die Tische, die wieherten. »Der Kampf um meine Menschenwürde«, schmetterte Terra, »ist ein für allemal mein ganzer Daseinsgrund auf Erden.« – »Und das Saufen«, rief jemand. – »Verschaff ich mir Achtung«, Terra hob das Glas, er grüßte ringsum, »prost Rest, dann hab ich sie auch euch verschafft!« Er trank im Stehen, und alle folgten. Das Baby fiel ihm schluchzend um den Hals, die Amme sagte: »Endlich ein feiner Mann in dem Lokal!«

Von dem einmütigen Hochgeschrei erwachte Hummel, er nahm den Kopf von den Armen und wünschte einen Morgentrunk, aber Terra hatte bezahlt und brach rüstig auf. »Nur keine Wehmut, mein Fräulein!« sagte er noch zu dem heulenden Baby. »Niemand auf der Welt dankt es Ihnen, wenn Sie zur Heilsarmee gehen. Machen Sie gute Geschäfte!«

Draußen in der naßkalten Vorfrühe krümmte Hummel die Schultern und begann, schwach wie ein Kind: »Es ist doch schrecklich, was tue ich jetzt.« – »Sie gehen nach Haus, mit Herrn Kurschmied.« – »Ist das eine Freude?« fragte der Ärmste; und Terra: »Hier gehen noch immer vereinzelte Damen umher. Ich bin gern bereit –« Da brach der Dichter in Tränen aus. »Sie sind nicht mein Freund«, sagte er, sich fassend. »Aber der erste sind Sie, der sich erbietet, mir eine Freude zu bezahlen, die anderen denken, es sei genug mit der Notdurft. Viele verehren mich, aber keinem fällt es ein, daß ich, mit oder ohne warmes Zimmer, ein schwer beladener Mensch bin. Einmal doch solltet ihr mir die Last herunternehmen, ganz kurz, nur wenige Stunden der Nacht. Darauf warte ich, warte und warte.« Er schüttelte die Arme zum regnerischen Himmel hinan. Niemand unterbrach ihn. »Ein Fest mit Blumen, Silberzeug und Musik, das ganze Haus voll herrlicher Frauen, und alles nur um meinetwillen!« Lachende Schwärmerei, seine Stimme ward Tenor. »Ein Wink von mir, sie sind berauscht, oder stehen in ihrer Schönheit da, wie Marmor. Sie lesen in meiner Seele, sie kennen mich endlich, ich bin nicht mehr allein, und mir ist leicht. O leichte Nacht!« – und Hummel, Flügel schlagend in seinem durchsichtigen Kragenmantel, tat schwebende Schritte, schwebte auf die rauchige Spur eines Sonnenaufganges zu, Aura genug für seine hingehaltene Stirn.

Vorbeigehende blieben stehen, ein Schutzmann, der drüben daherkam, machte beobachtend kehrt. »Lassen Sie ihn nicht allein«, sagte Terra, der zurückblieb, zu Kurschmied. »Nur ein Wort!« bat Kurschmied. Die Halbkreise um seine Augen schimmerten bläulich. »Ich sterbe vor Scham, ich habe an Ihnen gezweifelt!« – »Schon gut.« – »Legen Sie mir eine Buße auf, die in mehr als Worten besteht. Eine Tat für Sie! Jede Tat!« – »Wir werden sehen«, entschied Terra und ging seiner Wege.

Ich habe eine Verabredung, bedachte er, und betrat das Café National. Nur an einem Tisch war noch Leben, aber, wie vorhergesehen, unterhielt Mohrchen es. Er saß umschlungen mit zwei weiblichen Stammgästen; von der Leibesfülle der drei Personen umfaßt, ward das Marmortischchen klein wie eine Untertasse. Die drei Sektgläser klirrten aneinander, als Terra, seitwärts, sich auf eine Polsterbank setzte. Beim Trinken bemerkte Mohrchen ihn im Spiegel; das ganze Gesicht ein Zwinkern, trank er ihm zu. Terra sagte laut schnarrend: »Leichengeruch ist nicht jedermanns Sache.«

»Nehmen Sie bei uns Platz, hier ist keiner«, gluckste Mohrchen. Die eine der Damen äußerte erfahren: »Der Herr ist gewiß von der Anatomie? Macht uns alles nichts.« Aber Terra saß stumm und unverwandt, seine Augen brannten dort im Halbdunkel. Die Dame gestand: »Mir wird ganz anders.« Mohrchen fragte über die Schulter: »Sie ruhen wohl aus von Ihrem Tagewerk? Es hat sich gelohnt.« Terra, furchtbar: »Mörder! Sie haben die Generalagentur für das gesamte Leben am Spieltisch umgebracht.« Da lachte Mohrchen.

»Mit mir konnte der Selige noch hundert Jahre arbeiten, hätten Sie uns nicht gestört. Alles nur, weil ich mich nicht rechtzeitig bis sieben Uhr zurückbemüht hatte wegen einer Perlenkette –«

Er suchte in seinen Taschen.

»– die falsch war« – und über die Schulter warf er sie Terra zu.

Viertes Kapitel

Die Wiedergefundenen

Doktor Wolf Mangolf wirkte im Auswärtigen Amt als Privatsekretär des Staatssekretärs Grafen Lannas. Jung, gelehrig und gelenkig, jeder Repräsentation schauspielerisch gewachsen, zugleich leicht und feurig, schmeichelte er den Augen des reifen Diplomaten nicht weniger als seinem Geist. Er hatte zu gefallen, ehe er nützte und lange bevor man ihn ernst nahm. So warb er noch eifriger um die Mitglieder des Hauses als um amtliche Geltung. Der Genießer Lannas dankte dem launig beflissenen Neuling an seinem Tisch die gehobene Stimmung der Damen, seiner Freundin Altgott, des Fräuleins Knack, sogar seiner Tochter – obwohl der junge Mann hier sichtlich einem Vorurteil begegnete. Dafür verfügte sein Sohn Erwin in dem Privatsekretär über einen Gefährten von untergebener Stellung, der ihm geistig nützte, ihn aus seinem Halbschlaf rüttelte und in Bewegung setzte.

Ach! der Privatsekretär hatte nicht nur den Sohn Erwin auszuführen, in kostspieligen Lokalen ihm teure Frauen vorzustellen, nur damit der junge Graf am Ende ihre Handtasche oder ihren Schuh, ohne den Fuß, in sein Notizbuch zeichnete – und für dies alles das Geld zu beschaffen. Kein weibliches Wesen durfte im Haus sein, das von Mangolf nicht entzückt war: angefangen mit der Gräfin Altgott, dieser ehemaligen Opernsängerin und Reliquie aus dem Leben des Staatssekretärs, die unbegrenzten Zutritt zu seiner Tochter hatte. In ihrem Schwanken zwischen Lust nach einem Abenteuer und der Sorge um ihre Stellung war sie dem am gefährlichsten, der hier geradeso abhing wie sie. Die Tochter selbst, ein Widerstand aus Spott und Mißtrauen, war tagtäglich wieder zu entwaffnen und, ob sie wollte oder nicht, mit dunkler Verehrung zu umgeben. Bellona Knack, die Erbin des Schwerindustriellen, erleichterte ihm ihre Behandlung, kein Zweifel, sie war selbst in ihn verliebt, welche Hoffnung! – aber auch vor ihr stand ein Wächter, Herr von Tolleben, adelig und zur großen Karriere berufen ... Blieb es auch nur bei den Damen? Lisa, die Jungfer der Komtesse Alice, mußte nicht weniger gewonnen werden. Sogar ein Windspiel, das beim Eintritt des Privatsekretärs nicht freudig gewedelt hätte, wäre zur Gefahr geworden. Da galt es vor allem mit dem persönlichen Diener des Grafen Lannas gut zu stehen, ihm in gelegener Stunde die Zigarettentasche hinzuhalten und, bot jener eine Zigarre von noch so verdächtiger Herkunft dafür an, sie zu nehmen. Am Abend auf seinem stillen Zimmer beobachtete der Privatsekretär an sich die verurteilte und ausgebrannte Miene eines Sträflings, der seit dem Morgen Sand karrt in Unehren. Schon beim Auskleiden stöhnte er wie in bösen Träumen auf, neu erfüllt von Enttäuschung durch Bellona, Demütigung durch die Tochter des Hauses. Er erlebte es nochmals, wie der Tolleben ihn zu flüchtig grüßte, und fühlte sich wieder auf die Schulter geklopft von jenem Knack, der doch herkam, um Millionen zu holen, nicht ohne den Einfluß Mangolfs.

Sein von allen vorausgesetzter Einfluß auf den Chef war das einzige, das ihn hier zum Menschen erhob, bei jedem Wort, jeder Handlung ging es ihm um diesen Einfluß. Er schob dem Tolleben gute Gedanken unter; ein Feind, der auf seine Kosten vor dem Minister glänzen durfte, verzichtete vielleicht darauf, Mangolf bei ihm zu verlästern. Er befürwortete die Geschäfte Knacks, in der Hoffnung, daß Lannas von solch einer Kraft sein Lob hören werde ... Er befürwortete sie aus noch direkteren

Gründen. Die vor Jahresfrist abgelehnte Heeresvorlage alsbald durch ein neues Wehrgesetz abzulösen, wohl gar zugunsten der geplanten Flotte: es schien so kühn, was einem Staatsmann eingeflüstert wurde, daß es ihn mit der Person seines Sekretärs zum mindesten beschäftigte, ihn an sie gewöhnte. Nie war dies zu erreichen mit den zarten Mitteln der Gesittung. Mangolf hatte, in der Erinnerung an die erste Stunde seiner Bekanntschaft mit dem Gebieter, sich seiner Nächte beraubt, um Italienisch zu lernen, was ganz ohne Eindruck blieb. Es wäre daher ganz gegen den Vorteil des Sekretärs gewesen, hätte er die Argumente des Gebildeten, menschlich Gesinnten offen vorgebracht. Geboten schien es dagegen, sie auf unscheinbare Art dem Staatsmann nahezulegen, der sie gern einmal aufgriff und im Gespräch hin und her wendete, wie einen Bleistift oder sein Monokel. Dreißig Minuten Kulturvortrag des Ministers, dann war es Zeit für den Sekretär, an härter Gegebenes zu mahnen, worauf Graf Lannas, lieber als vorher, mit dem Kenner seiner Bedürfnisse übereinkam, es sei notwendig, weiterzurüsten. Für die verständnisvolle Behandlung, die er durch seinen Sekretär erfuhr, und damit das besondere Geschöpf seiner Gunst mit eigenem Gewicht vor die Welt trete, machte er ihn nach überstandener Probezeit zum Geheimrat.

Dies hatte zur Folge, daß nicht mehr der Diener Rettich, sondern nur noch Knack ihm Zigarren anbot. Auch wuchs das Staunen der fremden Unterhändler, wenn der den Staatssekretär vertretende Knabe seinen Titel nannte. Für Mangolf freilich bestand die bittere Gewißheit, daß jede seiner Erhöhungen an die Person seines Gönners gebunden blieb. Er galt, solange jener galt, und auch dies war mehr Schein als Gehalt. Denn Lannas liebte die Arbeit nicht, und geheime Kräfte gab es in den Hintergründen des Auswärtigen Amtes, die der Vordergrundsfigur des Staatssekretärs erst ihre Richtung wiesen, ja, gegebenenfalls auch gegen sie sich würden gehalten haben ... Dem Privatsekretär blieb nur übrig, aus seiner vorläufigen Ergebung eine Pose zu machen, die eine Eifersucht wie Tollebens zur Not besänftigte. Tolleben bekundete durch eine Art furchtbarer Gedämpftheit seiner mächtigen Person, daß er den grünen Jungen pflichtgemäß sich gleichstelle, aber Mangolf wehrte ab, wo es ging. »Wir begegnen uns nur ganz äußerlich auf derselben Rangstufe, verehrter Baron! Für Sie ist sie ein Übergang, ich bin schon am Ende.« Oder: »Meinesgleichen, mit begrenztem Fortkommen, hat leicht urteilen. Sie dagegen tragen, im Hinblick auf Ihre Zukunft, ein Stück Verantwortung mit.« Er ging so weit, in Bewunderung nach den Gesichtszügen des Riesen aufzuschauen. »Ihre Ähnlichkeit mit dem größten Staatsmann behält ihre Bedeutung.«

Hierbei ertappte ihn die Tochter des Hauses. Mit einem Lächeln ihrer schmalen Augen, das durch dunkle Wimpern blitzte und nichts Gutes verhieß, bemächtigte sie sich Mangolfs. Sie wartete, bis Tolleben den Salon verließ, jetzt hielt sie ihren Feind für sich allein. »Danke«, sagte sie. »Soeben sahen Sie den guten Tolleben gerade so schwärmerisch traurig an wie sonst mich.« Er zuckte die Achseln, er sagte sich, er müsse Tolleben fallenlassen. »Habe ich nicht die Wahrheit gesprochen? Der Herr, der dort abgeht, wird alles nur seinem Gesicht verdanken.«

Sie verzog die Lippe. »Man muß Sie nur verstehen.« Er fuhr fort, als hörte er nicht. »Ich komme von unten und muß Talent haben. Was reicht für einen Tolleben aus? Die Geste.« – »Die vielleicht seltener ist als Talent«, sagte die junge Dame.

»Bliebe er nur im Stil!« sagte Mangolf und sah sie an. »Aber er ist ein armes Aktengeschöpf, schon verzwergt in den Provinzämtern, aus denen Seine Exzellenz ihn hervorholte.«

»Als unseren Vetter«, ergänzte die Komtesse Lannas. Er gab zurück: »Damit Sie meine Aufrichtigkeit sehen. So einer schlägt mit der Faust auf den Tisch wie ein toller Junker, aber da fliegt der Staub seiner Mühsale auf. Seine Exzellenz kennt die Zweideutigkeit der Erscheinung und benutzt sie. Warum wollen Sie es mir vorwerfen, daß auch ich sie kenne?«

Sie unterbrach. »Hatten Sie nicht einen Freund? In München waren Sie doch zwei?«

»Komtesse meinen den auffallenden jungen Menschen –«

»Von dem Sie nie sprechen.«

»Ich sagte schon, daß ich von unten komme. Meiner alten Freunde rühme ich mich nicht.«

Unter seinem Blick fürchtete sie zu erröten. Sie lachte wie toll, jetzt durfte sie Farbe haben. Er faltete mißbilligend die Brauen, mit den Augen suchte er zu entkommen. Plötzlich begann er weich, ja leidend: »Ich habe ihn sehr geliebt. Einst war er mein Vorbild, mein Gewissen. Sein Geist ist steil, nicht biegsam wie meiner.«

»Er berechnet nicht?« fragte sie dazwischen.

»Und geht darum unter«, sagte Mangolf, schwermütig und bescheiden. »Es sind vielleicht die höchsten Menschen, die nicht anerkennen wollen, daß mit der Welt zu rechnen sei. Was ist aber die Folge? Sie verfallen der Halbwelt.«

»Das heißt?« fragte sie, so bleich, daß die Wimpern wie Speere drohten.

»Er hat sich, rätselhafterweise, in unehrenhafte Geschäfte eingemischt, sein Name steht im Zusammenhang mit dem Skandal einer Berliner Schwindelagentur.«

»Er ist hier!« Sie wandte sich heftig fort, der in die Wand gelassene Spiegel zeigte im klaren Profil dies aufgerissene dunkle Auge und an dem gestrafften mageren Arm eine kleine gespreizte Hand. Mangolf sagte leise und schonend:

»Was ihn nicht abhält, seine alten Abenteuer zu pflegen. Die vernünftelnden Naturen neigen zu einer ganz vernunftwidrigen Lüsternheit, ich erwähne es der Seltsamkeit wegen.«

»Klatsch ist immer spannend«, sagte sie schnell und trat vor. »Wie steht es mit Ihnen und meiner Freundin Bella Knack? Ich will sie Ihnen verraten, sie liebt Sie. Aber die ist weltklug. Ihr Gatte darf nur der führende Staatsmann von morgen sein. Sie verstehen, derselbe, der die Geschütze baut, muß auch die Macht haben, den Krieg zu erklären. Überlegen Sie sich den Fall«, rief sie triumphierend und sah nun ihn erbleichen.

Er zitterte, vor der jähen Enthüllung des Tiefsten, Geheimsten, wovon er träumte. Mit äußerster Anstrengung machte er seine Stimme müde und löschte seine Miene aus. »Wenn Sie den verbotenen Traum ahnen könnten«, er sah auf ihren Mund, um ihre Augen zu vermeiden, »dem ich mich in Stunden ohne Selbstachtung irren Herzens überlasse: ach, Komtesse, ein Wort wie Ehrgeiz rührt nicht einmal an die Tür meines letzten Geheimnisses«, und er hob, mit ungeheuchelter Befangenheit, die Augen zu den ihren auf. Die ihren waren schmal und blitzend, vielleicht lockten sie, aus dem nach oben gewendeten Gesicht. Das Fräulein sagte klar: »Sie sind zu stolz. Man kniet hin.«

Seine Knie zuckten, steiften sich wieder, zuckten – so schnell, wie seine Gedanken widerstanden und nachgaben. »Eine Falle? Nicht vielmehr Eifersucht? Aber sie haßt mich. Gleichwohl will sie zur Macht; wer fühlt das, wenn nicht ich. Sie fürchtet mich, wegen der Macht, die ich im Bunde mit Knack erobern könnte. Ich muß sie täuschen. Ein Kniefall, dann komme was will!« Da brachen die Knie schon ein, er lag am Boden. Sogleich sprang sie vom Spiegel fort. Den Finger hingereckt: »Nun sehen Sie sich an!« – und lief tanzend davon, wie ein Schulmädel. Ein Zimmer weiter noch lachte sie.

Mangolf kniete vor sich selbst. Mit der Maske kalter Verzückung und nüchtern wie je. Er prüfte: dort vor ihm, die breite, gelbliche Stirn, die rechnete und litt, die Augen, vertieft durch die Kränkung. Aufstehend sagte er sich, dies sei gesandt, ihn zu stärken. In seinem Zimmer freilich weinte er. Wie leidenschaftlich ergab sich das verwundete Haupt einem kühlen Kissen und dem immer bereiten Tröster Schlaf.

Kurz darauf, es war bald Weihnacht, saß Mangolf allein in seinem Büro, als mit einem Beamten, der die Tür öffnete, ungebeten ein Besucher eintrat. Mangolf fiel, totenbleich, in seinem Sessel rückwärts, er sah Terra. Der Beamte wollte den Fremden hinausdrängen, Terra aber trat dafür zu vertraut und klangvoll auf. »Mein armer Freund!« rief er. »Finde ich dich doch noch hier? Man wollte wissen, du seiest schon in Ungnade gefallen.«

Ein Blick des Privatsekretärs, und der Beamte verschwand, wenn auch zögernd. »Eine empörende Rücksichtslosigkeit!« Mangolf fuhr auf. Terra setzte sich, er betrachtete gelassen den Freund, bevor er äußerte: »Genau das Wort mußtest du sprechen.«

Mangolf stieß seinen Sessel mit dem Fuß fort. »Das ist Verfolgung! Schon in München hast du mich verfolgt.«

»Noch heute werfe ich es mir als unverzeihlichen Leichtsinn vor, daß ich dich bei deinem jetzigen Chef einführen durfte.« Terra sprach würdevoll. »Sämtliches Unheil, das du im Staate jemals anrichten solltest, kommt auf mein Haupt.« – »Laß deine schlechten Scherze! Man horcht an der Tür.« Mangolf trat nahe vor Terra hin, er verdeckte ihn. »Reden wir offen! Was willst du? Ich sage dir gleich, daß meine Stellung wohl auszeichnend, aber darum auch bedroht ist. Neue Erschwerungen verträgt sie nicht, und du wärest mehr als erschwerend, du bist vernichtend.«

»Du überschätzest mich.« Terra lehnte mit der Hand schlicht ab.

»Du würdest hier nicht weit kommen. Ich würde über dich fallen und dich nachziehen. Aber erscheinst du überhaupt mit Ambitionen? Wie ich dich kenne, weit eher, um mir in den Weg zu treten.«

»Du überschätzest jetzt dich«, welches höfliche Bedauern den Freund außer sich brachte. »Nochmals, was willst du? Soll ich dir einen Teil meines Gehaltes anbieten, wenn du mich verschonst? Dich wird es nicht beleidigen.« – »Nicht einmal berühren.« Darauf maßen sie einander.

Terra begann wieder. »Wir sind alte Freunde. Ich kenne deine Schwäche wie deine Stärke. Unsere Freundschaft wird ganz gewiß bis zu unserer letzten Stunde währen. Du selbst hast gegen mich recht behalten, als du es voraussagtest. Es war bei einer Gelegenheit, die wieder mir unerwünscht kam.«

Mangolf zeigte eine dunkel vertiefte Miene. Er sah die ewige Wiederkehr des Gewesenen und eine vorausbestimmte Spur bis an das Ende. »Dein Geld würde ich nehmen, wenn ich es brauchte«, hörte er den andern sagen. »Ich bin ein durchschnittlicher Student, wohlgesinnt und arbeitsam.«

»Leider bist du es nicht schon seit Beginn deines hiesigen Aufenthaltes«, wandte Mangolf ein, aber da wuchs Terra von seinem Sitz auf.

»Du scheinst falsch unterrichtet über die segensreiche Wirksamkeit, mit der ich mich in Berlin einführte. Ich habe den Weg zum schlichten Handeln wieder gefunden. Mein ganzes Selbstgefühl schöpfe ich seither aus der Arbeit.«

Der Privatsekretär fragte sich schon, ob er aufatmen dürfe. Nur noch die Frage: »Was führt dich her?«

»Außer unserer Freundschaft«, setzte Terra gehoben an, »nichts anderes als meine wahre Verehrung für Seine Exzellenz, deinen hohen Chef – wenn ich seine Tochter, die junge Gräfin, denn unerwähnt lassen soll«, schloß er beziehungsvoll.

Da ließ Mangolf sich als tote Masse in seinen Schreibsessel fallen. »Du bist also wahnsinnig genug, verliebt zu sein in –. Das ist die Katastrophe!« – wobei er sich in die Haare griff. »Aber ich weigere mich, zu deiner Einführung auch nur einen Schritt zu tun.« Er sprang auf, er lief durch das Zimmer. »Das einfache Gesetz der Selbsterhaltung gibt mir das Recht, dich zu verleugnen. Ich verleugne dich!« preßte er hervor, indes Terra, die Zunge im offenen Mund bewegend, ihm eifrig nachsah. Da ging eine Seitentür auf. Jemand kam rückwärts über die Schwelle, und drüben war deutlich Graf Lannas zu bemerken, sein durch die Mitte gezogener Scheitel, sein Grübchen. Die Blicke Lannas' und Terras begegneten sogar einander.

Der Eintretende wandte sich her: Tolleben. Beim Anblick Terras zuckte er schon zurück und verfinsterte sich – statt dessen plötzlich ausgestreckte Hand und »da sind Sie ja«, sozusagen kameradschaftlich. Eine Art verdächtigen Einverständnisses lag in dem Wort, Terra überlegte es sich, bevor er die Hand nahm. Aber schließlich wußten sie gleich viel voneinander – wenn nicht die Frau von drüben das Gleichgewicht verschoben und trotz allen Schwüren ihn vollends diesem Menschen verraten hatte, das Geld, das er nahm … Terra erschauerte.

Mangolf staunte über nichts mehr. »Die Herren kennen sich«, sagte er mit Ironie. »Ja wie denn nicht«, machte Tolleben. »Immer fidel seitdem?« Terra ließ es sich gesagt sein. »Wir waren aber beide sternhagelvoll« – mit burschikosem Gelächter, und versuchsweise schlug er den einflußreichen Mann auf den Arm. Tolleben rührte sich nicht.

Hier ging wieder die Tür auf. Graf Lannas selbst bewegte sich freundlich herein, warf ein Papier auf den Tisch seines Sekretärs, dann aber, als wäre das Papier nur ein Anlaß gewesen, wandte er sich Terra zu und sagte »lieber Terra«. Tolleben machte vor Schrecken Front, Mangolf tat beschäftigt.

»Lieber Herr Terra, Sie haben mir etwas zu sagen«, stellte der Staatssekretär fest, ohne erst zu fragen. »Kommen Sie mit hinein« – wobei er schon voranging. Hinter seinem ungeheuren Tisch, worauf jeder Stoß Akten von einem Band Goethe beschwert war, ließ der Staatssekretär sich nieder. »Ihnen biete ich keinen Sitz an«, sagte er, »weil ich Sie bitten will, mir wieder den Ariost vorzusprechen. Sie wissen sicher vieles auswendig. Fahren Sie fort, wo wir aufhörten!« Schon nahm er die weiche Haltung ein, in der er lauschen wollte. Die Lider sanken, der Scheitel glänzte mild und fett.

Als Terra aufhörte: »Wenn Sie wüßten, was für eine Wohltat Sie mir bringen! Seit zwei Stunden nehme ich Vorträge entgegen.« Er holte eigenhändig einen bequemen Stuhl für Terra herbei. »Übrigens sprechen Sie noch immer nicht musikalisch genug. Der Reiz des Erlebnisses ist le divin imprévu, mit dem Wort eines meiner Lieblingsschriftsteller.« Dann kamen Fragen nach dem Studium, und dann die Aufforderung, zum Frühstück zu bleiben. »Ich muß hier noch eine oder zwei Nummern über mich ergehen lassen. Gehen Sie einstweilen hinauf zu den Damen.« Er rieb sich die Hände vor Vergnügen über die eigene Vorurteilslosigkeit. Als auf sein Glockenzeichen ein Diener erschien, stand der Staatssekretär in vornehmer Haltung da. »Führen Sie Herrn Terra zu den Damen.«

Terra blieb in dem Garten, durch den er geführt wurde, ein Stück hinter seinem Führer zurück; als jener auf eine Villa zuging, dachte er daran, sich zu drücken. Ihm war es heiß und kalt, zu wem ging er? Das Mädchen, das er auf der Münchner Festwiese im Arm gehalten hatte, war vergangen mit dem nie mehr zu erweckenden Abenteuer einer Traumnacht. Er brachte Grauen mit, wenn er sie erinnerte, und hatte der fremden jungen Dame dort oben doch nichts zu sagen ... Da er stehenbleibend hinaufsah an der romantischen Villa in ihrem dünnen Umhang beschneiten letzten Laubes, glaubte der Diener, ihn unterrichten zu sollen. »Hier ist die Wohnung Seiner Exzellenz, des Herrn Staatssekretärs. Mit dem Auswärtigen Amt meinen die Herrschaften meistens diese Villa. Seine Majestät besuchten hier den Fürsten Bismarck.«

»Ich störe hoffentlich nicht?« fragte Terra, der schlecht zuhörte. Im Winkel neben dem Hause bemerkte er eine Pforte, dahinter war die Straße. Das Entkommen ganz nahe! Aber der Diener erklärte: »Sie kommen von der Wilhelmstraße, mein Herr; durch den Garten sind Sie bis nach der Königgrätzerstraße gelangt. Dort in der Mauer ist die Tür, wenn Sie nachher fortgehen.«

Nachher! Er trat festeren Schrittes in das Haus, er kam, weil sie ihn verleugnet hatte! Kam aus Pflichtgefühl gegen sich selbst! Wären nur nicht Monate vergangen seitdem, ein Zeitraum voll von Hindernissen, mit Arbeit unter Entbehrungen, denn das Geld der Frau von drüben ging ein und blieb aus, je nach ihrem eigenen Auftauchen und Verschwinden; mit erbärmlichem Broterwerb, einem Leben in Kellerkneipen und mit Arbeit. Jetzt war seine Gönnerin wieder bei Kasse, Terra trug gute Kleider und trat den Gang an, den er sich schuldete. Aber die nachwirkende Pflicht wog schwer.

Drinnen ward er einem zweiten Diener übergeben. Es

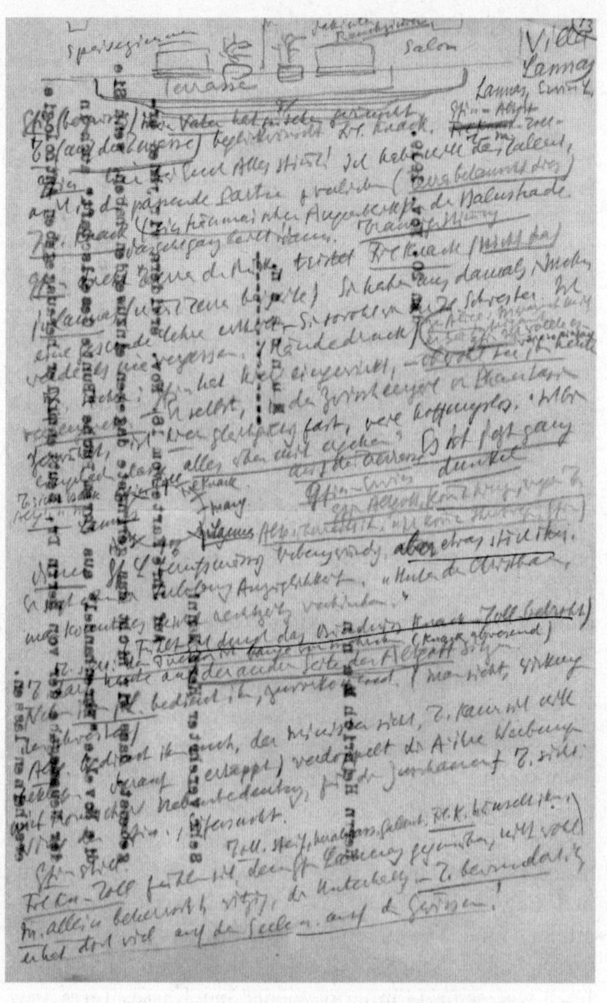

Skizze Heinrich Manns zur *Villa Lannas*
[vgl. S. 153 ff.]

war Zeit, daß er Atem schöpfte, sein Herz setzte aus. Zu ebener Erde in einem Zimmer mit Täfelung und Ledertapete saß sie müßig da, bewacht von einer Alten. Terra verharrte neben der Tür in tiefer Verbeugung. Er erwartete Aufspringen, Ohnmacht, Flucht. Statt dessen nur kurze Atempause und dann ein Ausruf, völlig heiter. »Ach! ein alter Bekannter. Gräfin Altgott, dies ist Herr Terra, ich erzählte Ihnen.« Die Aufseherin schien befangener als ihr Schützling, sie wechselte die Farbe und nickte, alles bewilligend. Terra wandte sich an sie. »Dann ist es gnädigster Frau Gräfin auch bekannt, daß ich von Seiner Exzellenz den ehrenvollen Auftrag habe, die allergnädigste Komtesse im Italienischen zu vervollkommnen.« Die Altgott stutzte, sie bediente sich ihres Lorgnons. Schließlich fand sie nichts einzuwenden.

»Beginnen wir!« sagte die junge Gräfin schon italienisch; und er: »Die erste hier, die von mir weiter kein Aufhebens macht, sind Sie. Dabei haben Sie mich eines Abends stehen gelassen wie einen Regenschirm.«

»Soll ich Sie unter die Traufe halten? Ich wußte recht gut, daß Sie dastanden und daß ich Sie nur zu übersehen brauchte, damit Sie bestimmt hierher kämen.«

»Falsch«, sagte Terra deutsch und in höflich belehrendem Ton. Die Altgott senkte beruhigt das Lorgnon, nahm es aber wieder auf, um insgeheim den jungen Mann zu mustern. Dieser, italienisch: »Sie sind nur kokett, nicht tapfer.«

Sie wiederholte, wie etwas Gelerntes: »Ich bin kokett, nicht tapfer.« – »Versteht jene Alte nun eigentlich?« fragte er darauf. »Kein Wort«, entschied sie. »Obwohl sie Sängerin war. Aber sie ist nicht alt, und Sie gefallen ihr. Sagen Sie ihr eine Aufmerksamkeit!«

Terra verneigte sich auf seinem Stuhl vor der Altgott. »Gräfin, das waren Zeiten, als Sie die Welt mit Ihrer Kunst beglückten!«

»Der Meister hielt doch von keiner Ortrud so viel wie von der meinen«, versetzte sie mit dunkler Stimme, nicht ohne Schwermut. Er starrte sie an. Sie hatte eine glanzlos weiße Haut ohne Falten und in dem braunen Haar Spuren von Kupferrot. Die Biegung der Nase und auch ihre Stimme wirkten süddeutsch. »Sehen Sie, daß sie jetzt auch Ihnen gefällt«, sagte seine Schülerin in der anderen Sprache. Die Sängerin lächelte erhaben. »Unser Wagner hat es mir erspart, Italienisch zu lernen.«

Plötzlich parlierte die Komtesse Lannas so fließend wie noch nie. »Sie ist eine alte Freundin meines Vaters – oh, nicht wie Sie denken. Längst harmlos. Aber sie hat Zutritt hier, und jede ihrer Regungen dient dem einzigen Zweck, ihn sich zu erhalten. Ja, auf eine sogenannte Frau von freien Sitten, die würdig altern will, kann ein Vater sich verlassen.«

»Man traut Ihnen nicht?« sagte er undurchdringlich. »Wüßte man, wie gut Sie sich auf gefährliche Situationen verstehen!«

»Eine Anspielung?« Sie behielt ihre klare Stirn. Die Nase drückte Spott aus, die Augen erstrahlten. Deutsch: »Manche Leute fordern leidenschaftlich gern eine Situation heraus, die sie dann nicht durchhalten können.« Und italienisch, fast wehmütig: »Darin verstehen wir uns. Ich werde es Ihnen nicht verdenken, sollten Sie heute das erste und letzte Mal zum Unterricht gekommen sein.«

»Birichina, kleiner Schelm«, sagte er trocken und suchte mit prüfenden Augen festzustellen, daß ihr blondes Haar tatsächlich, wie sie geprahlt hatte, damals auf dem Karussell, gefärbt sei. Nein, es war zu gleichmäßig warm, zu lebend; dies gab ihm süße Genugtuung, als müßte darum auch ihr Sinn echt sein.

Glücklicherweise ward die Altgott abgelenkt von der neuen Wendung des Unterrichts, Fräulein Knack trat auf.

Sie selbst rief es durch die offene Tür des großen Salons, von wo sie kam: »Bella Knack tritt auf!« – »Das gilt Ihnen«, erklärte Alice Lannas noch schnell ihrem Besucher, dann eilte sie der Freundin entgegen. Überrascht sah er ihr nach. Sie betrat den Teppich des Salons wie eine Bühne, und sie hob flugartig beide Arme, wobei die Ärmel weit und durchsichtig um ihre kindlich dünnen Arme hingen. Sie schien ihm größer als damals, auch schlanker, selbst melodischer; und dieser kühn gestreckte Hals, dies Federn der feinen Hüften, langen Schenkel, ihre Bewegungen, ihre Formen samt den hell blühenden Farben von Haut und Haaren, so nahe dem tiefen Schatten der Brauen: alles schloß sich erst jetzt wieder zum Bild, sprang ihm in die Augen, ergriff ihn derart heftig, daß er bis in den entgegengesetzten Winkel zurückwich. Es schoß ihm heiß in die Lider, erst jetzt sah er das Wesen wieder, das einst ihm den Wert des Lebens eröffnete, dem er bis hierher gefolgt war, um das sein Kampf ging. Wie denn, er hatte glauben können, er käme zu einer Dame, Gräfin und reich, die ihn hatte stehen lassen? Er kam zu dem Mädchen seines Herzens, einem hohen und gütigen Geschöpf, das nur Menschlichkeit im Sinn gehabt hatte alle die Zeit, in der er trachtete, sie zu strafen. Plötzlich erkannte er, daß sie ihm heute so vertraut begegnet war, als hätten sie sich erst gestern getrennt.

»Du hast einen Verehrer da«, bemerkte Fräulein Knack recht laut und näherte sich schlenkernd, da stürzte Terra hervor und beugte sich über die Hand des Fräuleins voll redlicher Ergebenheit.

»Wir plaudern«, sagte die Komtesse Alice schnell. »Herr Terra macht unserer Altgott ein wenig den Hof.« Italienisch: »Ihr darf man nicht sagen, daß Sie sich als Lehrer eingeführt haben. Bei ihr zu Hause wird man dann, glaube ich, nicht für voll genommen« – wobei sie ganz leicht die Hand erhob, genug, um ihm zu sagen: »Ich bin eifersüchtig, küsse auch die meine!« – »Bewundern Sie das Fräulein!« sagte sie dennoch. Fräulein Knack fragte soeben: »Ist es feierlich bei euch, heute mittag? Ich will nur gleich meine Strümpfe anziehen.« Dabei holte sie lange Handschuhe hervor und ließ den einen fallen. Terra hob ihn nicht nur auf, er wollte ihn dem Fräulein auch anlegen. »Jurist?« fragte sie – wohingegen er ihren festen Arm pries. Sie zählte sofort die Sports auf, die sie trieb, und begann, ihm einen neuen Tanz vorzuführen.

»Kennt Herr von Tolleben ihn?« unterbrach die Gräfin Altgott mit Betonung. Fräulein Knack dagegen: »Tolleben? Wo hat er seine Uniform?« – und sie schlug sich gebieterisch auf den Schenkel.

»Oh! er ist natürlich Reserveoffizier«, versicherte Alice Lannas. Fräulein Knack erwiderte: »Schon der Anfang vom Ende.«

»Aber die Künstler«, wandte die Altgott ein. »Putzige Kruke!« rief Fräulein Knack, hell wie Glas.

Sie hatte krause Stirnhaare und erwies sich auch sonst als ein Kraushaar, wippend und kitzelnd. Sobald sie still war, fiel ihr kleiner Mund ein wenig ein. Zweiter Eindruck: nicht nur ihre Stimme, sie selbst hatte etwas Gläsernes, heiß gemacht wäre sie zersprungen. »Macht Knack«, dachte Terra bei dem Lachen der frischen und wohlgestalteten Jungfrau.

Der Diener erschien, Seine Exzellenz habe sich angesagt. Die Tochter des Hauses ließ das dritte Zimmer öffnen und bat ihre Gäste hinein. Als die Gräfin Altgott mit Fräulein Knack schon drinnen war, hielt Terra seine Dame noch Aug in Auge fest, lange genug, um ihr zu sagen: »Wie je.« Sie hörte es und ging an seiner Seite weiter.

Im Speisezimmer warteten schon vier Personen. Tolleben stellte den Damen einen fremden Diplomaten vor, einen Vierziger mit langen Wangenflächen und schwarzem

Bärtchen. Der Vater des Fräuleins Knack wurde von ihr mit einem Schlag auf die Schulter begrüßt und äußerte seine Ehrfurcht noch mehr vor der Altgott als gegen die Komtesse Lannas. Terra seinesteils ging ohne Umstände und mit ausgestreckter Hand auf den jungen Lannas zu. Der Bruder seiner Dame, ein vorzüglicher Mensch, dem er abzubitten hatte! »Ich schulde Ihnen Genugtuung«, sagte er gehoben und zitternd. »Meine unglückliche Neigung zur Mystifikation! Aber mein Herz, ich kann es schwören, war rein.« Worauf der junge Lannas nur gerade seine Hand streifte. Er zog die Schultern nach vorn, als friere es ihn, seine Augen behielten den undurchsichtigen Glanz von Halbedelsteinen, er äußerte nur: »Schon gut«, unnahbar mehr noch aus Vergeßlichkeit als aus Hochmut.

Abgeblitzt stand Terra da und mußte sich darauf beschränken, dem Schwerindustriellen Knack zuzusehen, wie er sich bewegte, wie er sein Wesen auslebte und den Raum damit füllte. Denn Knack ergriff abwechselnd von allem Besitz, was hier atmete, und hinterließ, wo er nur gewesen, eine von ihm schwangere Luft, so daß er tatsächlich überall war. Dies viereckig abgehackte Gesicht mit roten Blüten, spitzem Giebel und rechtwinkligem Schnurrbart konnte ein Kommis haben. Rötliche, ergraute Borsten wuchsen planlos hier und dort in eine fettige Durchschnittsstirn. Lange Finger, lange Beine, der Bauch ein bescheidenes Kügelchen, aber so mächtig ausladend das Gesäß, daß der langgeschwänzte Rock leer um die Beine stand. Ungewöhnlich wirkte nur sein Treiben. Niemand veränderte Haltung und Ausdruck so pünktlich und sicher von einer Person zur anderen. Vor den Damen schien er, mit gebücktem Rücken, Waren auszubreiten und die Gräfin Altgott, hoffnungsvoll lächelnd, bis auf die Straße zu begleiten. Mit dem fremden Diplomaten hatte er, dem Aussehen nach, Geschäfte von Mann zu

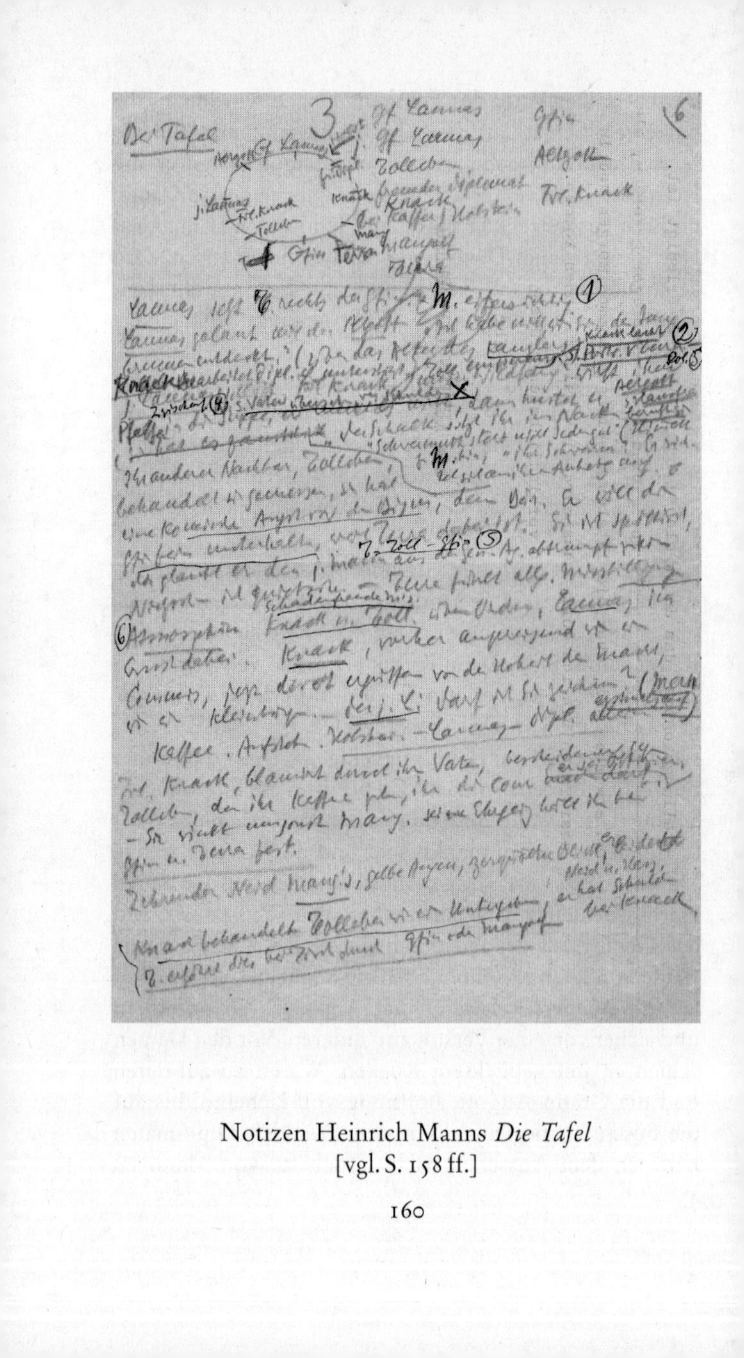

Notizen Heinrich Manns *Die Tafel*

[vgl. S. 158 ff.]

Mann, der andere durfte froh sein, wenn er sie machte. Eigentümlich süßlich begegnete er dem jungen Lannas, er bekam ein Stimmchen und unternahm es, über Kunst zu reden. Zu Terra sagte er, ein Auge zugekniffen, eine Hand auf der Hüfte: »Nun? geben hier Unterricht?« Auch dies hatte er schon herausgebracht! Während aber Terra sich noch diese Bildsäule eines Herrn ansah, verlor sie plötzlich alle ihre Größe, Knack ward klein, man konnte denken verwachsen, seine Miene zeigte schuftigen Diensteifer. Der Staatssekretär war eingetreten.

Graf Lannas nahm von der Schwelle her einen kurzen Überblick. Terra von seinem Standpunkt sah hinter ihm Mangolf und wie verbittert sein Ausdruck war. Kaum aber betrat er im Gefolge seines Chefs die Gesellschaft, erschien Mangolf nur noch ernst und gewinnend. Der Staatssekretär entledigte sich schnell und mit großem Formensinn der Begrüßung, schon führte er die Gräfin Altgott zu Tisch und bat an seine Linke den fremden Diplomaten. Knack beeilte sich, die andere Seite des Fremden zu besetzen. »Ein peinliches Schneelicht«, sagte Lannas, nach den Fenstern blinzelnd. Sofort zogen Diener die Vorhänge, sie entzündeten einen Gaslüster, der nur den runden Tisch erhellte. »Nicht alle besitzen wir wie Sie, Gräfin, das Geheimnis, in jeder Beleuchtung jung zu bleiben.« Von der Jugend der Altgott ging er schroff zu dem hohen Alter des Kanzlers über. Hohenlohe war so alt, daß der Alte im Sachsenwald neben ihm zum Jüngling ward. Um so rühmenswerter die geistige Frische des Greises. Seine Furcht vor Konflikten war vielleicht übertrieben. »Nicht immer wird das Deutsche Reich von pessimistischen Greisen geleitet werden«, sagte Lannas französisch zu dem Diplomaten, und Knack unterstützte ihn mit einer huldigenden Verneinung. »Unser Kaiser«, sagte Lannas, »ist jung und kein Philister, Sie werden gut tun, mon cher ministre, damit zu rechnen, daß er eines Tages den ihm von Natur und Geschichte bestimmten Kanzler findet. Dann werden weltpolitische Entscheidungen eintreten, zu denen Stellung zu nehmen schon heute sich jedem empfiehlt.« Der Schwerindustrielle äußerte entschlossen: »Ich sage es dem Kaiser, sooft ich ihn sehe, wer als Kanzler allein in Betracht kommt.« Der Staatssekretär trank ihm zu – nannte dann aber andere Namen, und dies war das Zeichen zu einer starken Belebung des Gespräches. Welchen Rang unter den auserwählten Familien behauptete die des Mitbewerbers? Gefiel er dem Kaiser, war er alter Herr seines Korps? Und sein Rang als Offizier? Tolleben wußte alles, die Gräfin Altgott, die sich erwärmte, kannte die Geschichte der Frauen und den Grad ihres Einflusses, Knack den Stand der Vermögen. Zum Erstaunen Terras sprach auch die Komtesse Alice mit. Lannas aber verlor bei diesem Gegenstand sowohl seine Grübchen wie seine galante Leichtigkeit. Dies mußte dem fremden Diplomaten wohl auffallen, vergeblich versuchte er, den entfesselten Geistern zu folgen. In einem gewissen Augenblick gab er es auf, und sein Blick begegnete dem Terras, der genauso verblüfft war. Einander unbekannt, verständigten beide sich stumm, daß dies eine verblüffende Welt sei.

Hatte die Altgott es bemerkt? Sie brachte ein schwärmerisches Wort für den Kaiser an, was den allgemeinen Ton sofort herabstimmte und Zärtlichkeit hineinlegte. Auch der Fremde versicherte lächelnd seine Bewunderung. »Um Seine Majestät beneidet ihr uns doch nur alle!« rief die Altgott, worauf der Fremde noch höflicher lächelte und den »Sang an Ägir« rühmte. Mangolf, links von Knack, betonte die leidenschaftlich moderne Erfindung der Komposition. »Das geht die Jugend an«, behauptete er. Von seinen Nachbarn nickte Knack energisch, indes Terra den Freund mit einem fassungslosen Blick streifte.

Der »Sang an Ägir« war kürzlich erschienen, Bellona Knack übte ihn noch. Da ihr Vater nach ihren Fortschritten fragte, mußte sie ihre Beschäftigung mit dem jungen Lannas unterbrechen. Er ward mit seiner Suppe nicht fertig, sie warf ihm Pfeffer hinein und jauchzte verhalten, wenn er hustete. Die Gräfin Altgott suchte ihn durch sanftes Handauflegen aus seiner Träumerei zu reißen. »Unser Wildfang«, sagte sie, bezüglich des Fräuleins Knack, zu Tolleben hinüber.

Der junge Lannas wurde von seinem Vater übersehen, was seinen Mentor Mangolf mit Sorge erfüllte. Was war geschehen? Seine Schwester sagte dem jungen Lannas, an Fräulein Knack vorbei: »Erwin, deinen neuesten Streich kannst du hier wohl nicht erzählen?« Sie sagte es mit herablassender Zärtlichkeit, wie zu einem Einfältigen, für den sie verantwortlich wäre. Fräulein Knack wollte durchaus erfahren, welch ein Streich; Mangolf scherzte, tief beunruhigt; aber die Geschwister Lannas schwiegen, der junge Erwin sah aus, als habe er alles vergessen. »Fragen Sie meine Schwester! Sie weiß in allem mehr als ich; was sie sagt, ist richtig, was sie will, ist gut, wen sie liebt, den liebe ich« – sagte er langsam, man wußte nicht, ob nur müde oder feierlich.

Fräulein Knack rief aus: »So sollte mein künftiger Mann sein!« – und ihren anderen Nachbarn, Tolleben, ließ sie es entgelten, daß er nicht so war. Obwohl er sich ihrer in bester Gardemanier annehmen wollte, antwortete »unser Wildfang« ihm nur mit »Buh! Buh!« Auch an der Dame zu seiner Rechten hatte Tolleben keine Stütze, denn die Komtesse Lannas ließ sich nichts von den Gesprächen ihres Vaters entgehen, und äußerte ihre Ansichten nur zu Terra gewendet. Sie belehrte ihn, unhörbar für die nächste Umgebung. »Was mein Vater jetzt spricht, soll in das Ausland. Jetzt gilt es der Industrie. Auch Sie kommen daran, warten Sie nur! Wir wollen wissen, wie wir auf die unabhängige Intelligenz wirken.« Mit ihren geistreichen Augen, zwei Räder aus Strahlen; – Terra fühlte: »Geschöpf, das ich liebe! Es wäre dringend angezeigt, dich deiner verhängnisvollen Welt beizeiten zu entziehen. Ich werde kämpfen! Zweifle eher am Tod, als an meinem Sieg!« – wobei er sich straffte und kühne schwarze Blicke auf die junge Dame schleuderte. Drüben die Gräfin Altgott verfolgte es mit eifersüchtigem Entzükken, dem fremden Diplomaten, der sich um sie bemühte, antwortete sie, ohne hinzuhören. Auf Anstiften seiner Nachbarin benutzte Terra einen unbewachten Augenblick, um der Altgott zuzutrinken.

Tolleben, von seinen Nachbarinnen vernachlässigt, mußte über den Tisch sprechen, noch dazu französisch, denn der Staatssekretär unterhielt den fremden Diplomaten französisch. Der Präsident Carnot war ermordet worden von einem jener aufgehetzten Arbeiter, die auch wir zu gut kannten; der Fremde durfte versichert sein, wir teilten den Abscheu. »Besonders die Kaiserin«, rief Tolleben aus, »surtout l'Empereuse« – wofür Knack, auf Grund seiner besseren Sprachkenntnisse, ihn schallend auslachte. Mangolf durfte hier mit seinem Chef einen Blick tauschen, der sowohl über Tolleben wie über Knack etwas aussagte, aber dies blieb vorerst seine einzige Genugtuung. Mangolf litt. Er, der sonst sich entschlossen damit abfand, zu dienen, zu lügen, gefällig zu sein, hielt es für ertötend schwer, nun Terra dasaß. Terra, der hier niemand unter noch über sich hatte, konnte ohne Folgen für sein Wohl sich aufführen, wie es ihm gut schien, konnte den Mund offen behalten, übertrieben zustimmen oder vor gemachter Demut stottern. Er konnte vor allem die Komtesse Lannas zum Lachen bringen. Über Mangolf, für den es Pflicht war, lachte sie nicht mehr – und Mangolf, dessen Augen gelb wurden, konnte sich einzig an Fräulein Knack rächen. Fräulein

Knack richtete, inmitten ihrer Schelmereien, plötzlich eine Miene scheuer Anbetung auf das dunkel angespannte Gesicht Mangolfs. Nur in Mangolf ersehnte der Wildfang die Tiefen des Lebens, seinen Schmerz. »Herr Privatsekretär«, scherzte sie schüchtern, »bereiten Sie eine Rede auf die Damen vor?« Er fragte dagegen: »Wenn den Damen mit Reden gedient ist?« – plump anzüglich, wie vielleicht Terra antworten konnte. Der arme Wildfang biß sich auf die Lippe. Terra aber sagte soeben zu der Altgott hinüber: »Gräfin, Sie sangen in Paris die Ortrud, da stand einst eine zweibeinige Verlegenheit vor Ihrer Tür und ist, mitsamt ihren Orchideen, wieder umgekehrt.« Worauf zu seiner Überraschung die Damen Altgott und Lannas einander ins Auge faßten. Er hätte der Geliebten gestehen wollen, daß sein Mitleid mit jener Alternden ihm von ihr selbst komme, daß sie ihn weich stimme – es ihr gestehen wollen, wie das Letzte.

Wie konnte Mangolf Abstand schaffen zwischen sich und Terra? Er war Knack zu Diensten, er unterstützte seine Ansichten. Knack rief aus: »Natürlich hat Bismarck ganz recht gehabt, als er die Kinder-, Frauen- und Sonntagsarbeit nicht einschränken lassen wollte, denn wo bliebe die Selbstbestimmung.« Da durfte Mangolf von seinem Besuch bei Bismarck sprechen. Er bezeugte, daß auch der Altreichskanzler das neue Sozialistengesetz empfahl, das Knack verlangte. Mangolf war in Friedrichsruhe empfangen worden, er kam aus eigenen Absichten, um sich noch besser einzufühlen in die von Bismarck erschaffene Welt, und auch statt seines Chefs; denn Lannas beanspruchte die Rolle eines bescheidenen, aber tiefblickenden Vermittlers zwischen den feindlichen Großmächten, Reichsgründer und Kaiser. Die Stirn in gewichtigen Falten und immer essend, erklärte Lannas, daß er, ohne Seine Majestät jemals im Stich zu lassen, an die Politik Bismarcks anzuknüpfen denke, keine Herausforderung von außen oder aus dem Innern werde ihn nachgiebig finden – und seine Drohung merkte er mit der Faust an, die das Messer hielt. Wilhelm der Zweite und sein großer erster Ratgeber, beide in einem machten, Lannas zufolge, erst den Deutschen aus. Der Deutsche war Realist und Romantiker, ebensosehr Gemeinsamkeitsmensch wie auf seine Persönlichkeit bedacht, staatsbewußt und im Verantwortungsgefühl doch locker: wozu der Staatssekretär Äußerungen mehrerer Parteiführer anführte, die die Partei über das Ganze stellten. Er war witzig auf Kosten des Reichstages, man lachte. »Die Welt kennt uns nicht«, schloß er um so ernster, zu dem Fremden gewandt. Der Fremde lächelte höflich. »Das gilt auch für uns«, bemerkte er leichthin. »Alle die Widersprüche, die Sie aufzählen, machen den Menschen aus.«

»Widersprüche«, Knack bemächtigte sich des Wortes, aus den Konflikten im Menschen folgerte er jene zwischen den Völkern. Der Panamaskandal führe bekanntlich die französische Republik in Versuchung, ihre schmutzige Wäsche mit Blut zu waschen; – und über den Unterhändler gebeugt, versenkte er sich in sein Rüstungsgeschäft. »Der Krieg war noch nie wahrscheinlicher«, sagte er vertraulich, mit einem Wink an den Staatssekretär, der nur hinwarf »Ein kritisches Jahr«, und, als sei damit für die deutsche Industrie genug geschehen, die Damen ins Gespräch zog. Er eröffnete ihnen, er habe sich dennoch frei machen können, Weihnacht werde er mit seinen Kindern in Liebwalde verbringen. »Und mit Ihnen, Gräfin, wie ich hoffe« – was von ihm galant betont, von der Altgott still entgegengenommen ward mit der Miene derer, die ausgekämpft hat. Aber gleich nachher suchte sie den Blick Terras. Fräulein Knack kannte Liebwalde noch nicht, auch sie war eingeladen – »mit den Herren Mangolf und von Tolleben«, scherzte Lannas. Das Landhaus lag am Fluß, vor einem Halbkreis von Wäldern. Der Staatssekretär nahm sich vor, zu jagen und, was er mehr liebte, zu angeln. Von den Geschäften aufatmen! Aus allen seinen Grübchen lachte er seine Tochter an. »Papa, du wirst weder angeln noch jagen. Du wirst mit mir im Park bummeln, wer uns sieht, hält uns für ein Brautpaar.« Heiter schmeichelnd – und doch auch hier ein Unterton von Nachsicht, als dächte sie bei ihren Worten: »Armer Papa, der Anstrengungen gern ausweicht und doch für sich und mich so ehrgeizig ist!« Der Vater hing an ihren strahlenden Augen, seinem Trost für die leblosen des Sohnes.

Aber Knack bearbeitete mit steigender Wucht das Ausland. »Das Ausland«, rief er dem Diplomaten zu, »möge den neuen Geist, der durch Deutschland weht, nicht zu spät erkennen.« Der Alldeutsche Verband war begründet! Nicht länger sollte England allein das Meer beherrschen, der Kaiser schuf die deutsche Flotte, wie seine Ahnen das Heer. »Und damit neue Feinde«, ergänzte das Ausland, und es nickte warnend. Knack, um so überzeugter und mit Augenrollen: der Alldeutsche Verband, den jeder leistungsfähige nationale Mann opferwilligst unterstütze – Schlag auf die Brust – werde ein Versagen des nationalen Gewissens, wie die vorjährige Ablehnung der Militärvorlage, künftig zu verhindern wissen. Die Sozialdemokratie habe lange genug triumphiert. Hier griff Tolleben ein. Kein Sozialistengesetz konnte mehr helfen, Tolleben ging weiter. Er sah das Heil einzig und allein noch in der Abschaffung des allgemeinen Wahlrechts, im Staatsstreich. Er bestand auf dem Staatsstreich so herausfordernd laut, daß der Wille einer ganzen Klasse, aus ihm hervorbrechend, sich aufdrängte. Lannas konnte nicht umhin, seinem Untergebenen Rede zu stehen. Er tat es, indem er scherzend Terra fragte, was man sagen würde.

»Auf Sie kommt es an«, sagte die Komtesse Alice, da er zögerte. Man horchte auf; der junge Lannas richtete seine undurchsichtigen Augen auf seine Schwester und ihren rätselhaften Nachbarn.

Terra würgte noch eine Weile an der vorlauten Kundgebung, die von ihm verlangt wurde; dann, die Brauen erhoben, mit Begeisterung: »Man würde seine helle Freude an der hohen Regierung haben. Ein schöner Sprung in den Abgrund befriedigt ästhetisch, wie wenig anderes auf der Welt.« Mit Begeisterung und Unterordnung zugleich, nichts weiter ließ sich dem Sprecher nachweisen; aber die Hörer stutzten und schwiegen, Tolleben gab seinem Stuhl einen Ruck des Grauens, von Terra fort. Zur Überraschung aller ließ der junge Lannas sich vernehmen. »Ganz Ihrer Meinung.« Er trank Terra zu, der kunstgerecht nachkam.

Der Staatssekretär übersah den Sohn, er setzte sich streng und entschlossen zurecht. Er hatte viel und hastig gegessen, die aufrechte Haltung tat ihm wohl. Fett sagte er: »Ich bin entschlossen, lieber alles hinzuwerfen« – und er warf den Dessertlöffel hin –, »als Seiner Majestät den Staatsstreich zu empfehlen.« Er mußte Atem schöpfen. »Im Gegenteil«, sagte er weiter. »Wer Europa kennt, und wir Diplomaten kennen es, gibt sich keiner Täuschung darüber hin, daß gewisse, hier noch unerfüllte Ansprüche des demokratischen Zeitgeistes nun einmal unumgänglich sind und daß auch wir ihnen nicht entgehen werden.«

Tolleben erstarrte. Die Gräfin Altgott winkte in der allgemeinen Stille den Dienern, mit dem Kaffee noch zu warten und sich zu verziehen. Die Komtesse Lannas sah, ein schwaches erfrorenes Lächeln um den Mund, ihrem Vater so fest in die Augen, als warnte sie ihn. Er jonglierte mit dem Obstmesser und überlegte. In diesem Augenblick enthüllte die knapp geöffnete Tür im halbdunkeln Hintergrund eine Gestalt. Es war ein schmaler Mann in Schwarz, mit großem, weißbehaartem Kopf, glattrasiert, scharfe Nase, gepreßter Mund, und die rechte Hand stak im Brustaufschlag, wobei die Schulter hinaufgezogen ward, oder war der Greis bucklig? Ganz langsam glitt der Türflügel fort, der Ankömmling beugte sich herein, zögernd, mißbilligend. Mit Augen wie bei Nachtvögeln, blinzelte er in den Lichtkreis des Tisches, neigte sich tiefer, klappte nochmals die Lider und trat zurück, über ihm schloß sich die Tür.

Hatte Graf Lannas seine Gegenwart gefühlt? Er änderte die Tonart. »Ich denke nicht daran«, sagte er mit voller Festigkeit, »das wohltätig Bestehende auch nur irgendwie einzuschränken.« Er beruhigte die Hörer vollends. »Ich weiß mich stark genug, die Dinge in der Hand zu behalten.«

»Nicht wahr, die Offiziere bleiben der erste Stand?« fragte Fräulein Knack, zur Sicherheit.

»Auch ich möchte ergebenst darum einkommen«, sagte ihr Vater.

»Das sind die Herren, auf die ich mich verlassen kann. Dies Wort Seiner Majestät entscheidet die Frage«, sagte der Staatssekretär ernst. »Andrerseits« – Übergang zur Plauderei: »Mein Gott, sollte es nicht möglich und erlaubt sein, unser starkes, aber rauhes Regime der modern denkenden Welt mundgerecht zu machen? Wir könnten es neuzeitlich handhaben lernen, es in humaner Form vor der Welt vertreten, sie würde es uns danken.«

»Eine Umwälzung des Geschmacks«, bemerkte der fremde Diplomat fein lächelnd. Auch Lannas zeigte sich gut gelaunt. »Doch nicht. Es handelt sich einfach um –«

»Um die Aufmachung«, ergänzte der Industrielle Knack. Lannas runzelte die Stirn, er kannte das Wort noch nicht, aber er merkte es sich. »Das wäre zu wenig«, erklärte er zu Terra hinüber. »Die Kulturmenschen unter uns dürfen mehr erwarten.«

»Die sogenannten Kulturmenschen«, setzte Tolleben an, und nach dem Ton war ein endgültiges Wort zu fürchten, aber Lannas brach es ab. »– zu denen ich mich zähle«, schloß er scharf. Wieder an Terra gewendet: »Wir plaudern noch über mein System, das Urteil der gebildeten Jugend ist mir immer wertvoll gewesen. Vielleicht in Liebwalde?« setzte er nach kurzem Bedenken hinzu. Terra verneigte sich.

»Sie sind eingeladen«, erklärte seine Nachbarin ihm noch ausdrücklich. Da fühlte Terra sich bewegt, nahe bis zu Tränen, weil hier Wohlwollen waltete und Arme sich zu öffnen schienen. Dem ungewohnten Ereignis gegenüber mußte er sich zusammennehmen, um scharf, formelhaft und doppelsinnig wie sonst zu antworten. Er sagte etwas über das ungeahnte Glück, das in Deutschland dem Geist zustoße, wenn er, dank Seiner Exzellenz, ausnahmsweise einmal mit den bestehenden Tatsachen in Einklang gebracht werden sollte. Der Geist werde sich erkenntlich zeigen und das Bestehende loben. »Ein Name sagt alles: Nietzsche.«

Der Name sagte nichts, niemand kannte ihn; aber Lannas merkte ihn sich. Abwartend wiederholte Terra: »Nietzsche.«

»Ich quietsche«, reimte Tolleben, und das war die Erlösung, man lachte. Fräulein Knack klatschte dabei in die Hände, warm lachte die Altgott, Tolleben mit hohem, bösem Stimmchen, Knack wiehernd, der Fremde nur aus Höflichkeit – aber mit Feuer, Kunst und Bravour erlustigte sich Mangolf. Er hielt seinen Magen, vergoß Tränen und blühte dergestalt empor, jung, liebenswert und zum Mittun aneifernd, daß kein Mensch auf den Gedanken verfallen wäre, ihm Verrat an seinem Freunde vorzuwerfen. Selbst Terra kam nicht darauf, er hörte nur dies ansteckende Jubeln, in das humorvoll auch Lannas und jetzt, warum denn nicht, sogar seine Tochter einstimmte. Terra schwamm in einem Meer von Gelächter; um nicht unterzugehen, schnappte er nach Luft; und plötzlich brüllte auch er, stärker als alle. »Nun also«, sagte Lannas, erstickt, aber befriedigt, und hob die Tafel auf.

Türen gingen auf, die launige Unterhaltung verlor sich gruppenweise in die Salons. Tolleben und Knack trafen zusammen. »Rauchen Sie das Kraut hier nicht«, sagte der Reiche gönnerhaft. »Meine ist besser. Wenn Sie nett zu mir sind, haben Sie sie alle Tage.« Der Beamte feixte. »Ich kann es mir erlauben, Ihre Zigarren zu nehmen.« – »Sogar mein Geld«, ergänzte Knack. »Sie bleiben immer ein Mann der alten Schule, gut konservativ bis in die Knochen. Was sagen Sie aber zu Ihrem Chef?« Tolleben bekam einen roten Kopf. »Die Anspielung auf geliehenes Geld –.« – »Pst!« machte Knack, mit einem Wink der Schulter nach Mangolf hin, der auftauchte; und Tolleben mußte den Hals einziehen.

»Ihr Chef macht Seitensprünge«, fing der Industrielle wieder an. »Ob sie ihm gut bekommen werden?«

»Seine Demokratie!« Tolleben verdrehte vielsagend die Augen.

»Er sieht weiter als ihr, die Demokratie hat ihre berechtigten Seiten«, behauptete Knack. »Leute wie ich müssen endlich hoffähig werden, da können die alten Familien sich auf den Kopf stellen.« Knack geriet in Feuer. »Und die Orden! Sollt ihr ewig höhere tragen als wir?«

Seine Tochter hörte ihn. Mangolf hatte es erreicht, sie hinter einen Wandschirm zu lenken, er nahm sie rücksichtslos in Angriff, er war zielsicherer vom Tisch aufgestanden, als er sich gesetzt hatte. Der innere Zug Fräulein Knacks kam ihm nur zu willig entgegen; sie fürchtete etwas Unwiderrufliches. Hals über Kopf stürzte sie hervor. »Das bitte ich mir aus, Papa. Meinem Zukünftigen muß der Piepmatz unbedingt zum Hals heraushängen!« Hopsend und dalbernd übergab sich der Wildfang dem väterlichen Schutz.

Mangolf mußte aus seinem Wandschirm zusehen, wie Knack sie, im väterlichen Arm, dem Tolleben entgegenhielt, als wollte er ihm Mut machen. Knack, der dem armen Privatsekretär so viel an geheimer Nachhilfe verdankte wie Lannas, verriet und verließ ihn, wie auch Lannas es immer tun würde, im entscheidenden Augenblick. Bella Knack entzog sich ihm, gleich Alice Lannas. Gegen den Eindringling, der nur sein Genie hatte, stand unerschütterlich die Mauer aller Mitverschworenen, Mitinhaber der Macht. Kein kühner Anlauf trägt dich hinüber, langfristiger Dienst schmuggelt unmerklich dich ein, du siegst nicht, du wirst geduldet! Mangolf hatte Galle im Mund, er sann einzig noch auf einen annehmbaren Abgang aus seinem Wandschirm, da bat ihn ein Diener zu Seiner Exzellenz.

Die Gräfin Altgott beherrschte den Winkel des Salons, der dem getäfelten Zimmer am nächsten lag. Sie hatte den fremden Diplomaten ein wenig zu nahe an ihren Knien, aber nicht deshalb war sie so peinlich überrascht, als der vorübergehende Mangolf hinter die Palmen sah, die sie schützten. Mangolf, dem es bitter zu Sinn war, begriff auch die Altgott. Sie gab sich den Anschein, als bewachte sie die Konferenz des Staatssekretärs und verhinderte den Fremden, einzutreten. Vor allem aber hatte sie durch die Palmen einen Ausblick auf Terra und die Komtesse Lannas. Sie litt, oh, Mangolf begriff sie, litt alles, was Berechnung, die nichts wagt, beim Anblick eines freien und halsbrecherischen Gefühles leiden kann. Das junge Wesen, das ihr Schützling und täglicher Vergleich war, hatte kühne und unwahrscheinliche Beziehungen zu einem Fremden, Weithergelockten. Sie aber bewachte eine Konferenz. Ganz so wie die Altgott zu ihrer jungen Freundin, stand Mangolf zu Terra, genau in dieser Verfassung drängte das Schicksal ihn an Terra. Selbst als den Älteren fühlte er sich, obwohl an Jahren nicht einmal ganz so alt wie jener; aber wäre seinesgleichen fähig gewesen, unbefangen wie der da, mit Gesichtern eines schwelgenden Kindes, dem unverdient hereingebrochenen Glück zu frönen? Terra wandte kein Auge fort, er ward sich der Vorgänge um ihn her so wenig bewußt wie der geöffneten Türen. Er bemerkte auch Mangolf nicht: nur seine Freundin sah scharf. Noch auf seinem Rücken, wie er in das Konferenzzimmer trat, empfand Mangolf ihren Blick, der einen Feind durchleuchtete. »Die Altgott muß mir helfen«, dachte er, und nahm mit Verbeugung seinen Platz abseits der Herren ein. »Wir sind Verbündete, sie ist nicht schlechtrassig, sie fühlt es. Hat sie nicht ihre Intrige schon fertig? Was ihr abgeht, ist Mut, ich werde ihn ihr machen. Diesmal darf sie ihren Passionen folgen, für ihren Platz im Hause muß sie nicht zittern, weit entfernt. Sie versichert sich bei dem Vater, wenn sie der Tochter ein gefährliches Abenteuer aus der Hand schlägt und den Liebhaber selbst nimmt. Sie kann nur gewinnen, wie ich, wir sind Verbündete.«

Die junge Gräfin ließ Terra noch mehr seiner glühenden Bekenntnisse hervorbringen, jene nicht verschmerzte Demütigung hatte ihn leidenschaftlich mit sich erfüllt; – gleichwohl fand sie ihn immer unmöglicher, wie er nichts sah und hörte, außer sich und ihr. Sie machte ablenkende Bewegungen nach allen offenen Türen; in der Diele ging Knack vorbei. Da es nichts nützte, ward sie plötzlich im Gegenteil sehr aufmerksam, ihr Lächeln verging, sie bemerkte, daß mancher mit ihr geflirtet hatte, aber noch keiner, der sich auf der ganzen Welt mit ihr allein glaubte. Wenn es nicht Flirt war, was dann? Sie sagte, tiefer ergriffen: »Meinen Sie denn, ich wisse über Sie nichts? Wozu wären Ihre Freunde da, einer hat mich unterrichtet.«

Nachdem sie in seinen Augen gesehen hatte, er kenne den Freund: »Wenn ich alle seine Umschweife beiseite lasse, sind Sie, ihm zufolge, ein verbummeltes Genie, in Geldsachen verdächtig und –« ihr Blick hielt ihn fest – »nehmen es auch mit den Frauen nicht genau.« Nachlässiger: »Jetzt sind Sie in einer Art Schwindelagentur engagiert.«

»Das ist aus« – er machte die sicherste Handbewegung, aber an sein Herz griff Kälte. Das Geld der Frau von drüben! »Hat der Schuft ihr auch das verraten? Kein Zweifel, warum risse sie mich sonst aus meinen Himmeln! Ich bin in ihrer Hand.« Er ließ die Augen wild umhergehen, er machte, die Wangen aufblasend und einziehend, mehrere scharfe Wendungen gegen Angreifer von vorn und von hinten. »Wollen Gräfin mir glauben«, sagte er wieder nasal und scharf, »daß ich von den Gefahren des Lebens überzeugt bin.«

»Gott sei Dank, Sie sehen wieder die offenen Türen.«

Er sah: sie nahmen die freie Mitte ein, nur auf sie fielen Augen von allen Seiten. Er staunte sogar, daß die Gräfin Alice sich wohl fühlen konnte auf dieser Bühne! Sie wechselte mit ihren schlanken Bewegungen unablässig den Platz, stützte die Arme rückwärts auf eine Tischplatte, was die Büste vordrängte; kauerte auf einer Lehne, die Füße in den Sitz gezogen, so daß die jungen Schenkel sich wölbten. Er konnte nur folgen, bewundern und sich hüten. Durch jene Tür funkelte Fräulein Knack und glotzte Tolleben. Die Gräfin Altgott hielt unweigerlich ein Ohr geneigt, der Diplomat mochte sich noch so sehr ausgeben. Heilige Not, aus jenem Vorhang drohte kein anderer als Mangolf! »Gräfin!« Er drehte sich um sich selbst. »Wir stören eine Staatsaktion. Ich möchte nicht vermessen scheinen.«

Sie zog die Füße vom Sitz, nahm eine ernste Haltung an. »Nun sind Sie einmal da. Ich muß es verantworten, wenn Sie zufällig die tiefsten Geheimnisse Europas mit anhören« – ernst nickend.

»Ich bin von meinem Unwert durchdrungen«, wiederholte er, und im Konferenzzimmer sah er Mangolf Notizen machen. Mangolf saß im Abstand des Untergebenen von den Konferierenden. Aber selbst dem Knack erging es nicht besser. Lannas, eine winzige Tasse auf dem Schenkel, rührte um und lauschte. Wer sprach, war der korrekte Intrigant von vorhin, jene kurze, aber vielsagende Erscheinung. Er hielt sich auch jetzt geheim, stellte die Tischlampe fort und zog sich derart ein, daß er es fertigbrachte, seinen weggewendeten Sessel nirgends zu überragen und mit dem Schatten eins zu sein. Nur in Augenblicken leidenschaftlichen Spieles griff eine verkrümmte Hand in das Licht, Schrecken ausdrückend, Mißtrauen, List. Einmal auch trat das Profil hervor, machte schneidend seinen Weg, mit Hakennase und Hakenkinn. Dann erst, ruckweise, drehte das ganze Gesicht sich in den Schein, ein Beamtengesicht im korrekten Scheitel, aber hinter dem Schatten des Nasenhöckers waren die wimperlosen Augen bleich wie von dünnen, scharfen Visionen – und welch eine Bodenlosigkeit der Gedanken hinterließ all diese gepreßten Falten?

Terra fühlte: »Alle Wetter, es gibt Mächte, wer wäre da nicht erkannt und abgetan«; – und er horchte. Der Greis zischte stark durch seine wenigen Zähne; je mehr er sich anstrengte, sein Flüstern zu dämpfen, um so weiter trug es. »Ich bin ihnen auf der Spur«, zischte er. »Ihr vergifteter Pfeil in der ›Lokalpresse‹ soll sie selbst treffen.« In seine Miene traten Eifersucht, äußerstes Mißtrauen und Triumph. »Die hinterhältigen Andeutungen von einer kaiserlichen Oper, womit man Petersburg beunruhigt, an ihnen erkenn ich unsere antirussische Partei. Zivilisatorisches Genie Seiner Majestät, auf solch ein Wort verfällt nur die Perfidie Englands!« Er zog den Kopf in die Schultern, kniff den Mund ein, und seine Blicke durchbohrten Lannas, der in der Tasse zu rühren aufhörte. Terra begegnete den Augen Mangolfs, was wußten sie? Gebannt, hörte er es noch zischen: »Drei Monate, daß ich mit dem Teufelswerkzeug zu Bett gehe und wieder aufstehe. Jedes Wort ist mir ins Hirn gebrannt, und ich will als Pfuscher in den Ruhestand abfahren, finde ich nicht doch noch das Entscheidende, den Schlüssel und letzten Sinn, die Handhabe für meine Gegenminen ... Schützen Sie mich einzig nur vor allerhöchsten Plötzlichkeiten!« schloß das Zischen.

»Und Tolleben«, sagte Lannas wägend, »möchte mir einreden, es handle sich um die Reklame einer inzwischen eingegangenen Agentur.«

Suchte nicht auch er mit den Augen Terra? Terra wich rückwärts bis in die Diele, dort machte er kehrt und wollte von dannen. Er stieß aber auf einen leeren Sessel und fiel, halb gegen seine Absicht, hinein.

Sein Gewissen sagte ihm, daß er im nächsten Augenblick als politischer Brunnenvergifter, eine Art Hochverräter, könne festgenommen werden. Die Einladung des Staatssekretärs war möglichenfalls eine Falle, den Gönner spielte er, um Terra sicherer zu verderben! Die junge Gräfin war ihm gefolgt, neugierig kauerte sie sich in den anderen Stuhl. »Was haben Sie?«

Ihre Haltung gab ihm Mißtrauen auch gegen sie ein. »Wer ist der Intrigant im Leibrock?« fragte er scharf.

»Der Wirkliche Geheime Legationsrat von Gubitz. Hat er Sie erschreckt?«

Er sah sie lächeln. Der schmale, kohlschwarze Blitz zwischen den zusammengezogenen Lidern machte ihn wehrlos durch seine Ironie, wie in der Minute, als er ihr zuerst begegnet war, und wie je. Er hätte sich verhaften lassen, wenn sie so lächelte. »Was haben Sie verbrochen?« fragte sie. Er wischte sich die Stirn.

»Vor einem übermenschlichen Scharfblick wie diesem,

darf wohl auch der harmloseste Sterbliche unangemeldet in den Boden versinken.«

»Er ist der Hüter unserer tiefsten Geheimnisse. Er weiß alles. Selbst Papa weiß vieles nicht« – sie warf beleidigt den Kopf in den Nacken. »Was sagen Sie zu der Enthüllung, die wir belauscht haben.«

»Ich sage, daß wir hier sicherer sitzen, falls wir zu viel sehen und hören sollten«, bemerkte er vorsichtig. Durch den Salon entfernte sich die Altgott allein. »Die gute Altgott geht sonst nicht ohne Abschied von mir. Sie muß mit irgend etwas unzufrieden sein«, murmelte die Kommtesse Lannas, Ironie zwischen den Lidern. Dann schnell: »Sehen Sie doch drinnen, die zwei!« Denn sie sahen von hier auch in das Speisezimmer. Knack hatte dort seine Tochter mit ihrem Bewerber allein gelassen. Sein eigenes Organ hörte man aus dem Konferenzzimmer, wo er auf den Diplomaten einredete.

Die Gräfin Alice sagte in der Richtung des Speisezimmers: »Der Bismarck gewinnt sichtlich die Oberhand« – was Terra nicht sogleich begriff. Dann lachte er auf. »Auch Sie nennen ihn den Bismarck?« – brach aber ab, denn sie sagte: »Wenn Sie Bella Knack gesehen hätten!« – so bitter, daß er erschrak. »Kein hübscher Leutnant, der nicht Aussichten bei ihr gehabt hätte, da war sie auf der Höhe.«

»Ein Reich an einen Prinzgemahl zu vergeben haben! Und sie heißt Bellona.«

»Scherzen Sie einmal nicht! Jetzt sehen Sie, was aus ihr wird.«

Die mächtige Männlichkeit Tollebens verbreitete sich, Schneid atmend, um den schon halb bezähmten Wildfang. Tolleben stand hier kraft väterlicher Vollmacht, das gesamte Spiel der sozialen Kräfte ergab sein Recht, er war unvermeidlich und gottgewollt. Fräulein Knack erkannte es nur zu gut, sie blinzelte zwischen Lachen und

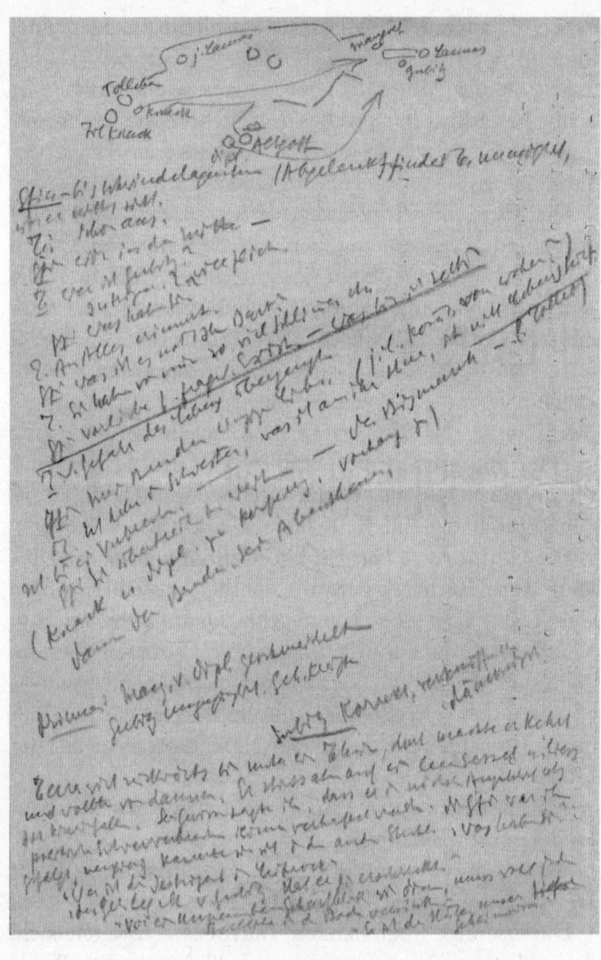

Skizze Heinrich Manns
zur Personenkonstellation im Salon Altgott
[vgl. S. 176 ff.]

Weinen. Plötzlich schob sie einen Tisch fort und wollte ausbrechen. Aber Tolleben vertrat ihr den Weg.

Aus dem Konferenzzimmer, in das Terra keinen Einblick mehr hatte, erscholl die Stimme Knacks. »Die internationale Lage läßt Ihnen keine Wahl, Herr Gesandter. Nur bei uns bekommen Sie Ihre Kanonen, und auch nur, wenn Sie den politischen Vertrag schließen, den Seine Exzellenz Ihnen vorlegt.«

Die junge Gräfin murmelte: »Sogleich wird die arme Bella ihren Bankrott ansagen.«

»Was können Gräfin für sich selbst fürchten«, fragte er aufmerksam. Sie faßte ihn ins Auge; er wollte es nicht glauben, wie bitter er sie sah.

»Haben Sie noch nicht bemerkt, daß ich ehrgeizig bin?« antwortete sie, eine Falte zwischen den Brauen.

»Das ist nicht wahr«, sagte er, aus dem Tiefsten. »Sie kommen rein aus Gottes Hand.«

Den Ernst der letzten Fragen in ihren beiden Gesichtern, hingen sie aneinander. Bald spottend, bald bewegt, war so lange jeder um den andern hergegangen, ohne ihm zu begegnen. Dies war die Begegnung.

»Es ist so«, sagte die Gräfin, immer in seine Augen. »Ich will, daß mein Vater an die Spitze gelangt, und will es auch für meinen Gatten.«

»Ich darf Sie in aller Demut daran erinnern, daß Sie auch dann noch nicht die erste Dame dieses Reiches wären. Wozu also?«

»Ich will nur abhängen, wo ich mich selbst noch achten kann.« Von oben herab. Mit Entsetzen verstand er eine Anspielung auf die Art, wie er und sie sich kennengelernt hatten. Dem Entsetzen folgte Empörung, er preßte zwischen seinen Knien die verschränkten Finger, daß sie plump und rot wurden, und brachte, die Stirn zum Stoß gesenkt, lauernd hervor: »Woher sahen sich Gräfin bemüßigt, mich zu empfangen?«

Da sie nun sehr bleich wurde, bewegte er erschreckt die Hand, als sei nichts gesagt. Vor ihr aber stand dennoch, plötzlich und unentrinnbar, die nächtliche Minute, als sie aneinandergedrängt wie flüchtige Verbrecher sich über die immer zunehmende Blutlache der Erschlagenen beugten. Sie hing von dem ab, der sie damals in den Armen hielt!

»Hassen Sie mich nicht!« flüsterte er, wie verscheucht. Sie sagte, starr und fremd: »Im Gegenteil. Ich bin wie mein Vater, ich habe eine gewisse Vorliebe für fragwürdige Existenzen.«

Er hörte es, ohne zu zucken. Erst als er die Pause fühlte, stand er auf und verbeugte sich. Sie rief ihn aber zurück. »Es ist zwecklos, daß Sie fortlaufen« – sie hatte schon wieder den Ton einer spottenden Freundin. »Sie würden wiederkommen.«

»Und Sie würden mich sehen wollen? Ohne Nebengedanken, einfach mich sehen wollen?«

Statt zu antworten, führte sie ihn die Treppe hinauf. Ein großes Arbeitszimmer öffnete sich droben; sie schloß es hinter ihnen beiden, als wären die Drohungen, die jeden in die Hand des anderen gaben, nun ausgeschlossen. Aus den weiten Gärten hinter den Fenstern kam das letzte Tageslicht. Bis an eines der Fenster führte sie ihn, dort standen sie allein vor den Gärten, so allein wie einst auf jener Wiese des Nachts. Dann sagte sie, leise und ganz eindringlich: »Gerade Sie sind es, der die Gefährlichkeit des Lebens nie vergißt.«

»Außer bei Ihnen«, flüsterte er hilflos. »Wie war mir soeben? Ich hatte doch hier ein hohes und gütiges Geschöpf gefunden, das nur Menschlichkeit im Sinn gehabt hat alle die Zeit.«

»Wenigstens sollte es so sein.« Weich wie dies, sagte sie noch: »Und doch werden wir uns hassen.«

»Sogar wir?«

»Wie soeben. Werden viel miteinander kämpfen.«

Er hörte nur, daß er sie also nicht verlieren werde. Beklommen vor Freude, bekannte er: »Ihnen leben helfen, ist alles, was ich mir wünsche.«

»Haben Sie nicht eine Schwester?« Ihre Augen waren so voll Teilnahme, daß er beschämt die seinen niederschlug. »Was war ich meiner Schwester?« fühlte er. »Habe ich denn ihr geholfen zu leben?« ... Aber es war genug der geheimen und leisen Bekenntnisse. Sie machte eine schnelle Wendung in das Zimmer hinein. »Ich habe einen Bruder«, sagte sie hell; und »hier ist er«, antwortete der Bruder ihr, aus dem Hintergrund tretend.

Er stand auf den Stufen, die in einen tiefer gelegenen Teil des Zimmers führten. Hinter ihm war Dunkelheit; er hatte dort unten auf seine Schwester gewartet und hatte niemand kommen gehört. Mit ihr sprach er ohne den Abstand, der ihn von allen sonst zu trennen schien. Seine Miene ward heller und erregte Teilnahme. Schleier fielen von dieser Figur. Seine Schwester legte ihm schützend die Hand auf die Schulter. »Wußtest du auch, ich würde mit Herrn Terra kommen?« Gehorsam wandte sich der Bruder an Terra. »Er ist mein Freund«, sagte sie noch; da streckte er rückhaltlos die Hand hin. »Herr Terra, verzeihen Sie mir! Ich hätte mich Ihrer besser erinnern sollen, ich habe Sie heute vielleicht gekränkt?«

Die Schwester zündete eine kleine Lampe an, sie sagte: »Ich wette, Herr Terra hält dich schon längst für seinen erklärten Feind. Er neigt dazu.«

»Verzeihen auch Sie es mir«, sagte Terra, durchdrungen. »Ich finde zumeist nur Gegner, und es stört mich nicht. Sie als Feind aber hätten mich gestört.«

»Warum?« fragte die Schwester. Terra sah den Bruder an.

»Weil Sie doch ein Mensch für sich sind. Gerade Sie nicht mein Freund, das hätte mich beschämt.« Da lachte die Schwester, ihre geistreichen Augen liebkosten das zögernde Gesicht des Bruders. »Ein Mensch für sich«, wiederholte sie, heiter nachsichtig. »Nur ohne Gedächtnis. Geht jeden Tag auf die Straße, als hätte die Stadt gestern noch nicht gestanden. Es muß schön sein. Ich bin gegen ihn alt.« Lachend, und leicht, leicht beide Arme hinanwerfend, als schwebte sie.

»Ich weiß aber«, sagte der junge Erwin bedächtig, »daß Herr Terra einen Bart hatte, einen geteilten, zur Seite gestrichenen Bart. Er hat ihn sich abnehmen lassen«, schloß er bestimmt.

»Er hat ihn sich abnehmen lassen, aber weißt du auch, für wen?« Die Schwester lachte in vollem Übermut, und Terra lachte mit, lachte sich selbst aus, lachte ihr zu Ehren, und weil er glücklich war. Der Bruder teilte lautlos ihre Freude, die Augen aller drei suchten sich voll Wohlwollen. Plötzlich ergriff die Gräfin Alice die Arme der beiden Männer und schwenkte sie um sich her.

Noch atemlos, sprachen alle gleichzeitig. »Das hat mir hier im Hause gefehlt!« rief Terra. »Wir sind jünger, als wir dachten!« die Gräfin. »Ich freue mich, daß wir beisammen sind«, sagte Graf Erwin.

Seine Schwester hob die kleine Lampe, so hoch sie konnte. »Und gerade hier«, rief sie, »wo der Kaiser zu Bismarck kam! Auch das letzte, verhängnisvolle Gespräch war hier!«

»War es denn hier?« fragte Erwin. »Es kann auch drunten im getäfelten Zimmer gewesen sein. Man weiß es schon nicht mehr.«

»Welch ein Trost für uns!« rief Alice. »Unser unbedeutendes Treiben ist nicht vergänglicher als das schicksalsschwerste.« Leicht flog sie auf die flachen Stufen, die das Zimmer teilten, sie kauerte sich hin. »Hierher! – und du erzählst deinen neuesten Streich, Erwin, den, wofür Papa dich heute andauernd übersieht.«

»Es ist kein Streich«, versicherte er. »Es ist ein Mißverständnis, jedem kann es zustoßen. Herr Terra wird urteilen.«

Die Schwester hielt sich die Wangen, schon als er begann. »Du gingest also auf die Straße und trafest jemanden, den du begleitetest«, begann sie selbst.

»Nicht auf der Straße, erst im Kaffeehaus. Ich war einer Dame nachgegangen, oder eigentlich ihrem Hündchen, das ich Lust hatte zu zeichnen.«

»Sie glauben es nicht, Herr Terra? Es ist aber wahr«, erklärte die Schwester. Terra meinte: »Die Dame hatte natürlich nichts Eiligeres zu tun, als sich für Malerei zu interessieren.«

»O nein. Sie wurde erwartet. Aber ein Herr setzte sich neben mich. Es war ein Herr wie alle, vielleicht taktvoller als der Durchschnitt, jedenfalls las er den ›Figaro‹.«

Terra war im Begriff, eine Bemerkung zu machen, die junge Gräfin hielt ihn durch Blick davon ab. Der junge Erwin drehte langsam eine Zigarette in den Fingern, seine Augen mit ihrem undurchsichtigen Glanz schienen blicklos, und er erzählte eintönig, mit Stockungen, wie aus der Ferne und wie von etwas Geträumtem.

»Meine Zeichnung fiel herab, ihm vor die Füße. Er nahm sie in die Hand und sagte etwas Treffendes. Ich schenkte ihm das Blatt, wofür er mich zum Abendessen einlud. Dann kam noch eine Dame, wir verabredeten etwas mit ihr. Später gingen wir aber lieber in ein Varieté, dort wartete ich längere Zeit auf ihn und die Dame, die er holen wollte. Es gefiel mir ganz gut, aber ich kehrte doch auf die Straße zurück, da kam er vorüber. Ich war im Grunde froh, daß er die Dame nicht mit hatte. Er sagte, jetzt habe er keine Zeit mehr. Bald verlor ich ihn wieder im Gedränge, aber wie ich vor dem Feenpalast ankam, stand er beim Eingang. Er entschuldigte sich höflich, daß er verabredet sei. Ich sagte ihm, ich wäre ohnedies nicht mitgegangen, weil nie ein freier Tisch da sei, nicht zum Sitzen, sondern zum Zeichnen, ein Tisch mit Flaschen und weggeworfenen Servietten, den ich zu zeichnen wünschte. Er sagte, er könne ihn mir verschaffen, so folgte ich ihm. Ich bekam einen Platz, und mir gegenüber war ein Tisch frei. Es war sehr voll, die Damen in der Mitte tanzten in großer Gala, auch die unsere aus dem Kaffeehause war wieder da. Mehrmals wollte eine Gesellschaft den freien Tisch nehmen, es hieß aber stets, er sei bestellt. Ich zeichnete die Flaschen und Servietten. Die Dame kam und lachte, ich weiß nicht warum, vielleicht weil ich nur Schnäpse trank. Ich sagte ihr, sie könne Sekt trinken, packte dann aber zusammen, weil ich fertig war, und rief nach dem Kellner. Er kam und rechnete mir sehr viel auf, alles, was an dem freien Tisch, wenn er besetzt gewesen wäre, hätte verzehrt werden müssen. Ich sah ihn an, es war der Herr, mein Bekannter. Ich hatte kein Geld bei mir, aber er hatte ja meine Karte. Heute früh war er bei Papa.«

Er war still, als hätte er nie angefangen. Seine Schwester hatte zwischen ihren weißen Händen rote Wangen bekommen, in ihren fast geschlossenen Lidern schimmerte ihr Lächeln feucht. »Jedem könne das zustoßen, sagtest du?« Der junge Erwin sah fragend auf Terra. »Mir – vielleicht«, sagte Terra und stand auf. »Wem noch, weiß ich nicht.«

»Auf Wiedersehen in Liebwalde«, sagte die Gräfin; und Graf Erwin: »Ich würde Sie begleiten.«

»Ich weiß selbst nicht, wohin ich gehe«, sagte Terra und verschwand schnell. Er fürchtete zu erwachen aus dieser unbeschwerten Stunde, mit einem Fluch auf den Lippen; darum floh er. Er hatte keinen Boden zum Daraufstampfen, er erkannte die Welt nicht wieder. In der vollen Gewißheit, dies Schweben sei ohne Ziel und könne nicht lang dauern, wollte er beim Fallen allein sein. Nie zuvor hatte er so geliebt. Was immer geschah, bestärkte sein Gefühl und erfüllte es. Sie mußte diesen Bruder haben, der am Leben hinträumte, über das sie herrschte. Terra liebte das Leben, um dieser Geschwister willen.

Aus dem getäfelten Zimmer kam die Stimme Knacks. Terra wollte ausweichen, aber Mangolf fing ihn ab. Er trennte sich von Knack und Tolleben, um Aufklärung zu suchen, woher das beseelte Antlitz seines Freundes stamme. Terra bestätigte ohne weiteres seinen Argwohn. »Ich komme aus dem Boudoir einer jugendlichen Gottheit: o Freund! das stand dir nie in Sehweite. Die Glieder meiner Galathea, ach, ihrer das kleinste, ihre Zehen versprechen mehr Himmelsglück, als ich bis an mein armes Lebensende verbrauchen kann. Sie hat einen Bruder, der mein Freund ist. Ermiß, was dies heißt!«

Mangolf ermaß es allerdings. Der Überschwang Terras brachte nur ihm selbst Gefahr, einzig sein Wort über den Bruder ging auch Mangolf an. »Achtung, hier ist vorzubauen, System Gubitz.« Er äußerte: »Graf Erwin wird immer unterschätzt. Er ist als Gegner so gefährlich, weil sogar die eigene Schwester ihn wie einen harmlosen Narren ansieht. Hat er dich nicht begleiten wollen?«

Da Terra stutzte, zeigte Mangolf ein bedeutsames Lächeln. Terra aber warf nur den Kopf und trug auf der Stirn gleich wieder den Glanz. Er wies auf Knack und Tolleben. »Der hohe Chef ist nicht mehr zu Hause, da tanzen die Mäuse. Soll ich tatsächlich das abgekartete Spiel der beiden Halunken noch länger ausspionieren?« fragte er um einiges zu laut, mit fremdartig heller Stimme. Mangolf wollte ihn fortziehen, erstarrte aber selbst. Knack verhandelte mit Tolleben, ohne sich auch nur die Mühe verdeckter Worte zu machen, ein eigenartiges Geschäft. Der Bruder Tollebens, Brigadegeneral, ward Direktor bei Knack, aber erst, nachdem das neue Geschütz der Firma Knack in die Armee eingeführt sein würde. Knack stellte sogar eine Frist: »Bis zum Frühjahr muß die Sache gemacht sein, sonst trete ich vom Vertrag zurück.« Auf einen Einwand entgegnete er spitznäsig: »Mit Lannas wird ein Kind fertig. Sein politischer Affe muß Zucker haben. Wenn er nur im Geiste Bismarcks handelt!«

»Er tut es in diesem Fall mehr als je«, sagte Tolleben, die Stimme erhebend. Knack bestätigte es aus voller Brust. »Auf das Wohl des kommenden Mannes!« rief er, und beide Herren reckten die Likörgläser.

Als Terra und Mangolf in das Zimmer traten, erzählte der Industrielle harmlos von seinem Betrieb, und daß er die Kosten der Lebensmittel, die er seinen Arbeitern lieferte, aufteile zwischen diesen und den Kunden. Hierbei bearbeitete er seine Fingernägel mit einem Taschenmesser. Da stand Terra vor ihm.

»Mein Herr«, sagte Terra, »ich höre und sehe von Ihrem Unternehmen nur das Allergünstigste. Sie verkaufen Ihre menschenfreundlichen Erzeugnisse mit gleicher Bereitwilligkeit an fremde Diplomaten wie an inländische Generäle, und wenn Sie dereinst die ganze Welt, ohne Unterschied von Religion und Geldwährung, gleich furchtbar ausgerüstet haben werden, dann, mein Herr, oder niemals ist der Welt ihr Friede sicher. Ich trinke auf den ersten werktätigen Pazifisten.« Womit auch er ein Likörglas ergriff.

Knack in seinem tiefen Sessel betrachtete mit offenem Munde dies Phänomen, gesonnen, das Weitere abzuwarten. Terra sagte, hingepflanzt: »Sie bereiten sich auf einen langen Frieden vor, darum verfertigen Sie neben Ihren Kriegswerkzeugen auch metallene Bratenschüsseln, sowohl für Hotels wie zum Gebrauch der Hausfrau. Ja, den Werken des Friedens gehört Ihr bestes Herz, und Sie holen aus Ihrer linken Westentasche keine Kanone, sondern ein gleichfalls selbsterzeugtes Taschenmesser. Wollen Sie mir die ernstgemeinte Frage gestatten, wieviel es kostet?«

»Drei Mark«, sagte Knack, »aber Ihnen schenke ich es.«

»Ich bin zu meiner Beschämung nicht in der Lage, Ihnen Lieferungen zu verschaffen, ich zahle bar«; – und Terra zog Silbergeld aus der Hose. In die gehorsam hingehaltene Hand Knacks zählte er hinein: »Eine, zwei, drei Mark – und fünfzig Pfennig, für die Mehrkosten des Detailgeschäftes.«

Der Industrielle rollte nun dennoch drohende Augen. Da sah er die Herren Mangolf und von Tolleben mit einem Schmunzeln kämpfen, als erfreute sie ein Auftritt, den sie doch nicht billigen konnten; ja, als verschaffte er ihnen eine persönliche Genugtuung. »So ist die Welt«, fühlte Knack, und er zog es vor, anstatt in Wut, in brüllendes Gelächter auszubrechen. Terra grüßte feierlich und ging ab mit seinem Taschenmesser.

Auf der Treppe in den Garten holte Mangolf, leichtbeschwingt, ihn ein. »Famos«, sagte er halblaut. »Ich gratuliere.« Terra sah ihn an; würde Mangolf ihm gratuliert haben, auch wenn Fräulein Knack sich befriedigender verhalten hätte? Mangolf sagte lustig: »Das Talent, mit solchen Schweinen fertig zu werden, gebe ich dir zu. Hast du aber auch die Gabe, deinerseits manches einzustecken?«

»Ich bin nur ein Dilettant«, erwiderte Terra, nicht weniger gut gelaunt. »Du weißt es.« Mangolf erinnerte sich plötzlich eines alten Verdachtes.

»Was weiß ich denn? Du kommst pünktlich darüber zu, wie Knack und Tolleben ihre Geschäfte machen. Ihnen spielst du den urkomischen Bendix vor, aber von Lannas bist du nach Liebwalde bestellt.«

»Ich bin durchschaut«, sagte Terra betroffen.

»Es könnte so sein. Von Lannas wär's ein Geniestreich. Ein Spion im engsten Kreise! Auch über seinen Privatsekretär, wie? Ich werde mich hüten müssen.« Durch die Lustigkeit drang Schärfe.

»Im Vertrauen, unter Brüdern bin ich tatsächlich gesonnen, deinem Chef meinen Schutz angedeihen zu lassen. Was ich sonst hier vorhabe, ist Vorwand.«

»Ah!«

»Er tut mir zu leid, wenn ich die Hände ansehe, in denen er ist. Ich meine nicht die deinen.«

»Wäre er in meinen!« rief Mangolf, tief aufrichtig.

»Ich habe einst Menschen verloren«, Terra lächelte geheimnisvoll, »die ich hier wiederfinde. Niemand weiß besser als du, daß ich Angestellter einer Art von Schwindelagentur war. Dort gab es einen Direktor, einen Mann von reinem Willen und herrlichen Gaben. Wäre es einzig auf ihn angekommen, er würde die Riesengewinne, um die er fortwährend mit aller Welt im Kampf lag, ganz gewiß dem Volk seiner Auftraggeber nutzbar gemacht haben, es war sein eigener Vorteil. Leider hatte er nicht allein zu bestimmen.«

»Er war in den Händen –«

»Er war, zufolge der Technik seines Betriebes, in den Händen eines gewissen Mohrchen, den ich mir, alles in allem, recht gut an der Spitze eines machtvollen Verbandes von Schwerindustriellen denken könnte. Mohrchen besaß die erforderliche Unbefangenheit, um das Gemeinwohl vollendet zu sehen, wenn es ihm selbst gut ging, und beherrschte die Kunst, es sich auf Kosten des Gemeinwohls gut ergehen zu lassen. Was immer der Direktor aufbieten mochte an Kraft und Geist, seine diplomatischen Zauberstücke, die gelungenen Griffe seiner Menschenbehandlung, seine Verführungen, Druckmittel und das Prestige, das er sich schuf, wer hatte von allem den greifbaren Nutzen? Das Geld für alle Rüstungen und Aktionen, das seine Wunderhand immer wieder aus dem undankbaren Fels schlug, wer fing es auf? Mohrchen, Mohrchen.«

»Das war eine Schwindelagentur.«

»Du sagst es. Lebe wohl.«

Mangolf sprang nach, er raunte ihm ins Ohr: »Und du glaubst nicht an den Krieg? Du hältst die Wirksamkeit Knack-Mohrchens für friedenbefördernd? Wo bleibt die Logik, auf die du stolz bist?«

»Wo an ihrer Unvernunft alle sterben müßten – bis dorthin mag ich nicht logisch sein.«

Mangolf sprang nochmals nach. Lustig um jeden Preis, sagte er: »Ich verrate dir ein Geheimnis. Du selbst – du selbst wirst, mit allem was du bist und kannst, dazu mitwirken, daß der Krieg kommt. Wie hat deine Fürsorge für den Direktor geendet?«

»Er hat Selbstmord begangen«, sagte Terra und blieb stehen, den Mund offen. Mangolf sprang lachend wieder hinauf.

Plötzlich rief Terra mit starker Stimme: »Halt!« und nahm alle Stufen auf einmal, um jenem zu folgen. »Lea kommt her«, sagte er und spähte hin, wie Mangolf sich verfärbte. »Sie spielt in dem Stück von Hummel, es wird erhebliches Aufsehen machen. Du hast natürlich auch das schon gewußt.«

Mangolf verschwand droben, ohne die Lippen geöffnet zu haben. Terra schloß hinter sich die Gartenpforte mit der Empfindung, ein schwerer Fehler sei begangen.

Fünftes Kapitel

Liebwalde

Dies alles aber machte, daß Terra es vor Sehnsucht nach Lea nicht aushielt. Schwester! nur du kannst fühlen, was ich fühle. Die, die ich liebe, ist eine fremde Frau; nur soweit sie dir nahekommt, können wir uns begegnen. Du gleichest allem, was mich ergreift. Die Augen, in die ich, länger als in alle anderen, zu blicken bestimmt bin, werden von anderer Farbe, anderer Art als deine, und doch deine sein. Ich werde mit der Frau, die ich liebe, um mein Dasein kämpfen, wie du mit dem Mann, der dich verrät. Wir werden uns noch oft die Hände reichen. Wo bist du, komm doch!

Er telegraphierte ihr nach Frankfurt und erfuhr erst auf diesem Wege, daß sie schon in Berlin sei. Was ging denn vor, daß sie sich nicht meldete? Auf dem Gang in ihr Hotel vergaß er die Besorgnisse und brannte einzig, von sich zu ihr zu sprechen. Im Hotel verboten es die ortsüblichen guten Sitten, daß er ihr Zimmer betrete. Sie ward geholt, und drunten, zwischen Portier und Hausdienern, sagte sie nur, zerstreut und unruhig, daß sie ins Theater müsse. – Ob es eilig sei, fragte er. »Oh! ich werde hier viel Zeit haben.«

»Eine solche Rolle!«

»Ich wollte dir etwas sagen.«

»Ich habe dir sogar viel zu sagen« – und keiner sah, wie sehr der andere mit sich allein beschäftigt war. Als Terra sich darauf besann, wer neben ihm gehe, sagte er, erschrocken stehenbleibend: »Ich bin unbedingt zu deiner Verfügung.«

Sie lächelte mit Wehmut und leiser Bitterkeit. Dies hieß »ganz dein« – und war eine der scheuen und nur darum theatralischen Wallungen ihres Bruders, die doch nie zu etwas geführt hatten. Flüchtig dachte sie: »Wenn er, wie ich, Komödie spielte, vielleicht würde er im Leben sich ernster nehmen!« Er fühlte im selben Augenblick, wie Schwester und Geliebte ineinander übergingen, als das gleiche, seine ganze Hingebung heischende Wesen. Hätte er zu ihr sprechen dürfen, wie er fühlte!

Sie betraten eine leere Konditorei, Lea sagte: »Weißt du nicht, daß das Stück verboten ist?« Da verfärbte er sich; er wollte nicht erraten, wer hinter dem Verbot stand. »Kein Wort weiß ich. Was erfährt man von dem Nomaden Hummel. Unbegreiflich, ein harmloses Stück im Grunde!« – sehr erregt.

»Es muß nicht dem Stück gelten«, sagte sie gleichgültig. Er vermutete eifrig: »Vielleicht ist der Verein Weltwende verdächtig, der Direktor des Theaters unbeliebt? Es gibt persönliche Gründe …«

»Die gibt es wohl.« Einen Augenblick schien sie mehr sagen zu wollen. Die Bedienerin, die zuhörte, verhinderte es. Er zahlte schnell, sie fuhren in das Theater. »Heute soll ich erfahren, ob es endgültig ist.« Er sagte zuversichtlich: »Im Verein Weltwende sitzen einflußreiche Leute. Man verbietet nicht ohne weiteres …« Sie schwieg, bis er verstummte.

Im Büro des Theaters, wo an dem Verbot kein Zweifel mehr bestand, vertrat Terra mit Nachdruck die vertraglichen Rechte seiner Schwester. Als außer Reisegeld nichts bewilligt wurde, schlug er Lärm, worauf man kühl bedauerte. »Die Herren unserer Damen haben keine kontraktlichen Befugnisse. Ihr Fräulein – Schwester wird selbst am besten wissen, woran sie ist.« Plötzlich beruhigt, sagte er: »Sie haben ganz recht. Es ist ein unglücklicher Zufall, nichts weiter«, und er folgte ihr. Sie führte ihn in ihre Garderobe. »Ich sage dir alles.« Strahlend elegant stand sie in dem trüben Hofzimmerchen mit den herabgerissenen Tapeten, zerbrochenen Spiegeln, den Resten von Schminken, dem Blechkübel voll Spülwasser. Das Licht, von einer gelben Mauer zurückgeworfen, machte ihre helle Hautfarbe fahl und künstlich, es vergröberte die Nachhilfe an Lippen und Lidern. So jung der Fluß der Arme und Hüften, so für den Erfolg geboren – und doch gemahnte sie ihn jetzt und hier an eine andere. Gesehen in der zweideutigen Werkstatt solcher Schönheit und die schöne Maske schon durchbrochen von der bitteren Enttäuschung, die das Herz füllte, ward sie zur Frau von drüben, ein Bild mit jener, ein Schicksal. Er zitterte um sie bis in das Herz – und merkte, er zittere nicht nur um sie, auch für die andere, die er liebte. Alice, Lea! Geliebte, Schwester, und die Dirne, welche Einheit schloß sich und ergriff ihn!

Jäh beugte er sich auf ihre Hand – die Hand, die schon das Mädchenhafte aufgab und erhabenes Fleisch ward. »Ich sage dir alles«, wiederholte sie, in sich verloren; und er, sehr zart: »Ich sag es statt deiner. Er hat das Stück verbieten lassen, damit du in Berlin nicht auftreten könnest, oder nicht so auffallend auftreten.«

»Du weißt es schon?«

»Wenn nicht ich selbst in meiner gewissenlosen Unbedachtheit ihn auf dein Gastspiel hingewiesen hätte: wer kommt denn, außer ihm, so leicht dafür in Frage, ein Stück verbieten zu lassen, aus Eifersucht auf eine Schauspielerin.«

»Eifersucht? Du verstehst noch nicht. Er schämt sich meiner. Er hat gesagt –«

»Dir ins Gesicht?«

»Er hat mir gesagt, er sei schon belastet genug in seiner Stellung, neue Gefahren ertrage er nicht.« Kleine, leidende Stimme, seltsam heiße Augen. Der Bruder lachte auf, wie toll. »Das kenne ich, aber er wird sie wohl oder übel ertragen müssen. Sollte es ihn den Kragen kosten, so werde ich ihm jedenfalls die furchtbare Reue erspart haben, die unausbleiblich ist, wenn er dich noch weiter auf langsamem Feuer zu Tode brät.«

»Sprich einmal nicht, tu es!« – fordernd aufgereckt. Er ging, Rauch ausstoßend, zwischen den Schminktischen umher, jedesmal fünf Schritte vom Fenster zur Tür. Mit einem Ruck hielt er an.

»Ich entführe nächstens die Tochter seines Chefs. Ich gehe mit ihr durch, er als mein Freund kommt in den Verdacht der Beihilfe und ist erledigt. Du bist gerächt, wie selten eine Frau.«

Sie stutzte. Noch zögernd fragte sie: »Liebst du die Komtesse Lannas?«

»Ich denke nicht daran«, rief er mit der prahlenden Stimme, die seiner Schwester bekannt war.

»Jetzt weiß ich Bescheid. Was wolltest du mir gestehen?« Da schloß er die Augen – öffnete sie und sah hilfesuchend auf seine Schwester. »Ich weiß es nicht. Sie gefällt mir kaum wie eine Frau, und läßt mich doch nicht los. Sie ist ein unausgewachsenes Kind, und überdies geistreich wie ein Mann, was tue ich mit ihr. Aber wenn ich denke, daß ich sie nicht mehr dawissen, sie niemals zu mir herzwingen und mein machen sollte, tut sich das Grab auf.«

Die Schwester umfaßte seinen Arm; erfahren und sachlich: »Geh nicht zu weit! Unsereins ist nie sicher, wie es endet ... Liebt sie dich?«

»Liebe denn ich sie? So unaufgeklärt wie mit mir, dürfte es mit ihr stehen.«

»Ihr seid Kinder! Du wirst sie nicht entführen. Du liebst sie zu sehr, um ihr zu schaden. So sind wir nicht«, sagte sie tröstend – und auch bittend. In einem Aufschluchzen: »Wir leiden lieber selbst.«

»So steht es also; und soll immer und ewig so stehen? Wie er dich wirft, so fällst du?«

»Tu nichts gegen Mangolf!«

Der Name entrang sich ihrer höchsten Not; ihm blieb nur übrig, den Kopf zu senken. Sie flüsterte: »Auch er muß Enttäuschungen erleben, so viele, so viele, bis ich seine Zuflucht bin. Ich warte.«

»Vor einer Weile würde ich über dies Wort getobt haben«, schloß er, und sie wandten einander den Rücken, um jeder für sich zu weinen.

Beim Wiederherstellen ihres Gesichtes sagte sie: »Ich habe nämlich eine Rache vor, die er mehr spüren soll als deine, Lieber.«

Er fuhr herum, er hörte die grelle, voraussetzungslose Stimme der Frau von drüben.

»Hier ist ein Herr von Tolleben …« Sie puderte sich die Nase, blies die Staubwolke fort; dann: »Durchaus Kavalier. Soll sogar sein Kollege sein, das könnte ich brauchen.«

»Er ist sein Kollege.«

»Nun gut, dann geh ich mit ihm auf eine kleine Reise, gleich nach Weihnacht.«

»Das wird nicht tunlich sein, mein Kind. Er heiratet.«

»Ist es wahr?« Sie legte alles fort, was sie in der Hand hielt. »Dann lohnt es sich erst. Ein Kavalier geht seiner frischgebackenen Ehefrau mit einer Künstlerin durch, kommt das in die Zeitung?«

»Man kann dafür sorgen.«

»Ich lege den größten Wert darauf. Mein Name darf ausgeschrieben werden.«

»Ich danke dir, es ist auch meiner.«

»Wer bist du? Wer sind wir? … Aber der richtige Privatsekretär eines richtigen Ministers wird sich blind daran lesen. Lieber würde er seinen eigenen Namen in der

Gerichtschronik sehen. Meinst du denn, er liebt mich nicht?«

»Auf seine Art.«

»Seine Art braucht Prügel, die kann er haben.« Sie lachte, es sollte gemein sein und klang überreizt. »Von ihm wird in der ganzen Geschichte nicht die Rede sein, aber er wird niemandem ins Gesicht sehen können – und wenn er zum Kaiser befohlen wird, er schließt sich ein und denkt an mich. Der denkt an mich.«

»Prachtvoll!« entschied er und bewunderte sie von oben bis unten. »Aber bringst du es fertig?«

Als Antwort stieß sie die Tür auf. Im Gang stand Tolleben. Sein Schreckensgesicht erfuhr beim Anblick Leas eine Verklärung, die niemand für möglich gehalten hätte; fast rührte es Terra. Als er endlich auch Terra gewahrte, ging sein Ausdruck in ein wahres Entsetzen über. »Schon wieder Sie?« murrte der fassungslose Bismarck. »Ich kann nichts dafür«, beteuerte Terra. »Mein Bruder«, stellte Lea vor. Da reichte Tolleben ihm die starke Rechte, wenn auch zögernd und betreten. »Ich führe nichts Böses im Schilde«, beteuerte Terra. »Wir haben die gleichen Damenbekanntschaften, nehmen wir es als Schicksal hin.«

Dieser philosophische Standpunkt des vorgeblichen Bruders gab dem Mann der Ehre und Tat seine volle Überlegenheit zurück. Nachlässig erklärte er: »Denken Sie – und ich kam ursprünglich wegen der anderen Dame her, die wir beide kennen. Sie soll in einem Ausstattungsstück auftreten.« Dann bemächtigte er sich der Begleitung der Schauspielerin durch die engen Gänge des Theaters und ließ den Bruder hinterhergehen. Beim Ausgang entschied sie sich dafür, sogleich in ihr Hotel zu fahren. »Mein Bruder wird mir packen helfen.« – »Auf alle Fälle werden wir frühstücken müssen«, sagte Tolleben und sah nebenbei den Bruder an. Terra dankte, worauf sofort auch Lea dankte. Sie winkte schon einem Wagen, der aber nicht anhielt. So ging sie an der Seite Tollebens weiter. Terra ließ sich durch Entgegenkommende von ihnen trennen, er hörte aus ihrem Gespräch: »Sie spielen mit mir.« – »Ich habe hier tatsächlich nichts mehr zu suchen.«

»Sie wissen nicht, wen Sie vor sich haben. Ich bin der Mann der rücksichtslosen Leidenschaft.« – »Haben Sie nicht einen Kollegen, der nächster Tage heiratet?«

»Ich bin und bleibe ein freier Mann. Geld kauft höchstens sozial. Die Rechte meines Herzens behalte ich mir vor.« – »Haben Sie zehn Pfennige bei sich, für den Leierkasten?«

»Für Ihren Besitz ist mir nichts zu verrückt.« – »Dann reden wir vernünftig!«

Worauf die Stimmen sich senkten, jetzt kam der Fluchtplan. Terra, in einigem Abstand, überlegte: »Der Gedanke könnte von mir sein. Sie ist meine Schwester, sie lernt vom Leben. Ich dürfte ihn nicht gehabt haben, wie würde man das nennen! Da aber sie selbst den Gedanken gehabt hat, läßt es sich am Ende verstehen, wenn ich ihn ausbauen helfe ...«

Am Droschkenstand reichte sie beiden Männern die Hand. Sie sahen ihr nach; als Terra den Hut zog, um zu gehen, sagte Tolleben, mit tückischem Auge: »Die sogenannte Fürstin hat ihre besten Tage schon gesehen, sie läßt nach, grüßen Sie sie.« Terra zog nochmals den Hut, indes Tolleben ihn nur berührte.

Der Bruder begegnete, zwei Tage später, der Schwester noch einmal. »Was gibt es Neues?« fragte sie ihn.

»Ich hatte eine Unterredung mit Kurschmied.«

»Er ist hier?«

»Schon wieder abgereist, deine eigene Reise fällt also auf den Silvesterabend, so passend wie möglich.«

»Ich werde Paris sehen, mein Lieber.«

»Die Neuvermählten hatten dieses Ziel. Ich würde es

pietätlos finden, wenn du dasselbe wähltest. Du wirst, bitte, den Kavalier bestimmen, dir Mailand zu zeigen.«

»Was führst du nur im Schilde?«

»Sei ohne Sorge – besonders im Falle, daß du dort auf Kurschmied stößt ... Und nun laß mich dir beichten, daß ich zum ersten Mal im Leben ein glücklicher Mensch bin. Ich stehe im Begriff, nach Liebwalde zu fahren. Sie hat mir geschrieben.«

»Wie das schon klingt, Liebwalde.«

»Spotte nicht!« Dieser Ton, dieser Blick sagten ihr, was alles er fühlte. »Geliebt!« fühlte er. »Auch ich! Endlich! Nach so vielen Demütigungen und bitterstem Versagen nun dennoch die Erfüllung, was wäre also unmöglich. Ich werde die Hindernisse des Lebens überfliegen, anstatt sie niederzukämpfen. Erfolge gehören dem Glücklichen. Zuerst glücklich sein!«

Sie sah ihn an, mit etwas Neugier, etwas Mitleid. »Laß dich nicht zu tief ein!« wiederholte sie. Er fragte: »Und du selbst?«

»Oh! ich ...«

Hieß es: »Ich bin gefeit« oder »Ich bin verloren«?

Er hatte nicht gewußt, wie tief sie in ihm festsaß, Alice Lannas, ein Mädchen aus anderen Welten, »von drüben« wie nur eine und schon in ihn verwachsen, schon halb sein Leben. Bevor ihr Brief kam, wußte er es nicht. Er ging noch umher, fast wie ein freier Mann, tat seine Arbeit, hing Plänen nach, ergab sich Leidenschaften, die nicht ihr galten. Sie schrieb; alles andere war aus, lag unausdenkbar weit zurück; wirklich blieb nur sie, nur sie. In dem Nahzug, der ihn zu ihr trug, klopfte das Herz ihm, bereit zu entfliegen, vor ihm her nach dem Glück. Er staunte vor der Klarheit des Mysteriums, das Leben hieß; im Hämmern der Räder, Klirren des Windes und in den eigenen Pulsen ihren Namen hören hieß alles verstehen, über alles Herr sein. Er handelte, da er zu ihr fuhr. Um zu handeln, war er ihr nach Berlin gefolgt.

Erst bei der Ankunft – ein Wagen stand da und neben ihm nur Mangolf, Terra stieg langsamer aus, als er noch soeben gedacht hätte, jetzt erst bemerkte er, daß er, anstatt zu handeln, fühlte, und nur noch strebte zu fühlen. »Was will ich hier. Was könnte ich denn wollen.« Sein Kommen war ein Rückfall in das Zwecklose, er verzieh ihn sich nicht. Noch immer Narr deiner Träume, noch immer nicht Mann – und dastehen im wässerigen Schneefall, mit dieser Episode von Liebe, zu spät für den Jüngling, zu früh für den Mann.

Betäubt von dem jähen Umschlag seiner Lage, ging er Mangolf entgegen. »Da bist du wirklich.« Mangolf schien die Lage noch fragwürdiger zu finden als er selbst; dies gab Terra seine Fassung wieder. »Wollen wir uns noch lange wundern, daß wir beide in dieser Privatequipage sitzen?« – und er schlug den Freund auf das Knie.

»Die Komtesse Lannas hast du wohl nicht darin erwartet?« fragte jener.

»Warum so schicksalsträchtig? Ich komme, mich als junger Mann zu unterhalten. Mir kann nichts von Belang hier zustoßen.«

»Das denkt jeder am Anfang. Aber dann verlierst du die innere Freiheit, um noch loszukommen. Deine Zwecke sind vor Gegenwirkungen nicht sicherer als die meinen.«

»Du läßt mich erlittene Fehlschläge ahnen.«

»Heute nacht fährt Tolleben in das Industriegebiet und morgen weiter, mit seiner Frau.«

»Noch dürfen wir auf unvorhergesehene Zwischenfälle rechnen«, sagte Terra. »Ist dir an Tolleben nichts aufgefallen? Ich halte ihn für eine Verbrechernatur, die über Leichen geht.«

»Man hat dazu nicht immer Gelegenheit.«

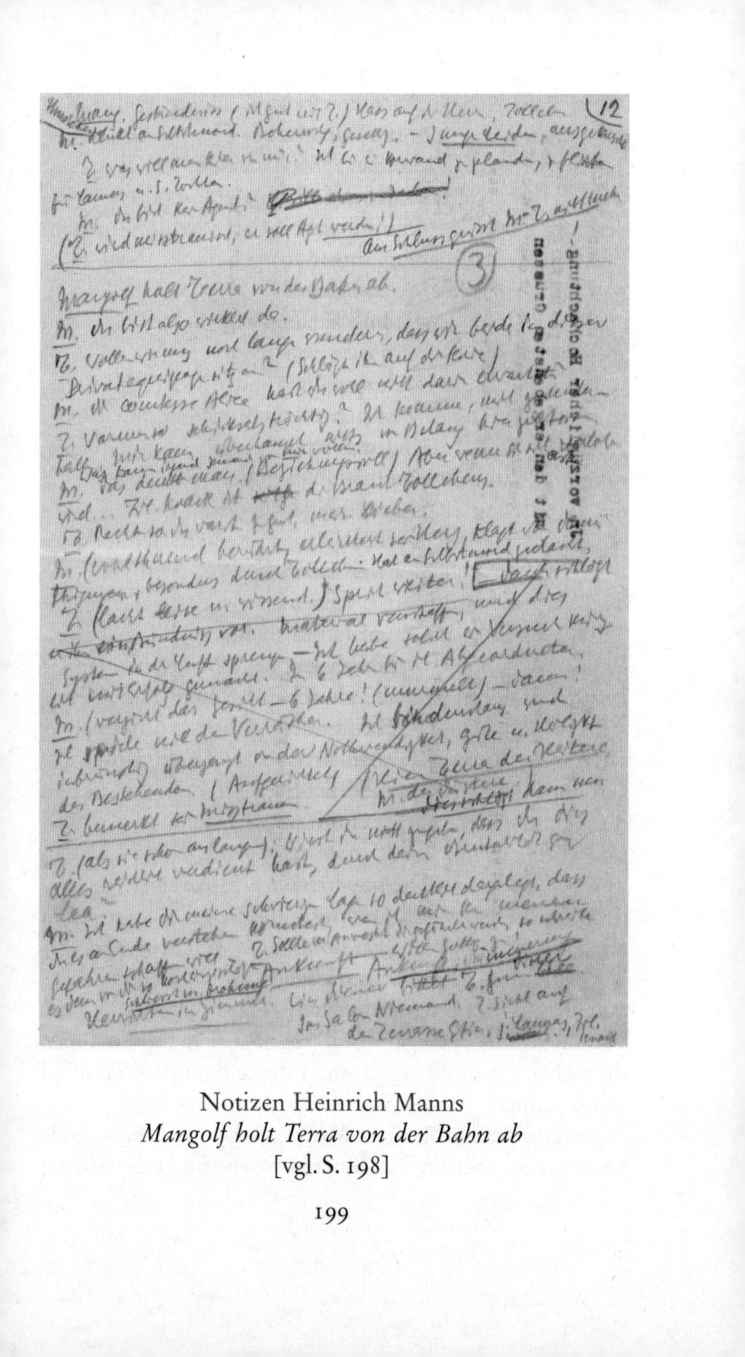

Notizen Heinrich Manns

Mangolf holt Terra von der Bahn ab

[vgl. S. 198]

»Er haßt Knack, der ihn durch die Heirat vollends in die Hand bekommt, er verachtet die Heirat. Ein ehrenhaftes Auskunftsmittel wird sich finden, um die Frau wieder loszuwerden und die Mitgift zu behalten. Würdest du eine Unzukömmlichkeit darin erblicken, dem Fräulein Knack deinen Namen zu geben, wenn sie Frau von Tolleben heißt?«

»Wie soll ich es wissen, es hängt von den Umständen ab.«

Terra, der diese Umstände im voraus beeinflußt hatte, empfand das Bedürfnis, sich zu rechtfertigen. »Ich habe Abschied von Lea genommen«, äußerte er mit Bedeutung; und auf das Schweigen Mangolfs: »Bewundern wir die Landschaft!« Worauf beide sich stumm damit beschäftigten, hinter dem Vorhang wässerigen Schneefalles dem Treiben grauen Eises zu folgen auf dem Fluß, an dem sie entlang fuhren.

Es dunkelte stärker, ein Hund schlug an. »Wir sind im Park«, verkündete Mangolf, und Terra bemerkte, daß sie jetzt, statt durch Kiefern, zwischen Buchen fuhren. Eine Allee voll welken Laubes endete dahinten unter einer weithin sichtbaren Terrasse. Terra hatte den Eindruck der Großartigkeit: bleicher Stein, herschimmernd aus den dunkelnden Tiefen des Gefühles für Abstand. Der Wagen bog aber ein und hielt seitwärts vom Haus, da erschien es sehr einfach, weißer Bewurf, oben Holz, ein Schindeldach, und Dielen und Treppen eingetreten, wie in einem alten Landwirtshaus. Das Obergeschoß, ein viereckiger Vorplatz, drei Türen, und zwischen ihnen, im Schein der aufgehängten Petroleumlämpchen, gutbürgerliche alte Familienbilder. »Gegenüber wohnt Tolleben, ich links, du rechts«, sagte Mangolf und öffnete dem Ankömmling sein Zimmer.

Er fand darin abgelegte Möbelstücke aus einem veralteten Heim, aber im Bett Spitzenwäsche und eine seidene

Steppdecke – was alles er sich ins Gedächtnis prägte, es waren Dinge aus ihrer Nähe, dies war sein eroberter Winkel unter ihrem Dach. Er stellte sich vor das kleine, dem First schräg eingefügte Fenster, zog die rote Gardine fort und sah in die Nacht, um ganz zu fühlen, wo er sei. Unvermutet traf ihn ein süßer Duft, eine Hyazinthe stand auf dem Fensterbrett. Er erschrak, dann schoß ihm das Blut nach der Stirn: sie war hier gewesen! Ihre Hand hatte den Topf mit dieser Blume getragen, und ihn, ihn empfing sie damit. Kein anderes als nur sein Zimmer enthielt von ihr dies Zeichen, sein innerstes Herz erriet: dies Versprechen.

Er schrak auf, ein Hausmädchen meldete, daß in einer halben Stunde zu Abend gegessen werde. Eilends angekleidet, ging er hinunter, öffnete auf gut Glück eine Tür und war in einem Wohnzimmer, wo eine einsame Wanduhr ihren Perpendikel schwang. Sonst kein Laut. Saß jemand hinter dem Schreibtisch? Für alle Fälle verbeugte er sich, aber es war nur ein Schatten, die Lampe hatte man sparsam heruntergeschraubt. Wie er stand und abwartete, schien dennoch ein Flüstern da zu sein – nicht vor dem Fenster. Die Stimme, die er kannte, flüsterte so nahe wie eine Beichte in sein Ohr, er mußte sie hören! Das Fenster ging auf, wie er es nur berührte; um das Haus her, von der Terrasse wohl, kam die Stimme. »Wie bei denen alles stimmt! Man möchte weinen, daß das Leben so leicht sein kann.« Eine andere: »Ich glaube nicht, daß es gut ausgeht, wenn so schnell alles stimmt. Man muß lange dem Zufall gehorchen, glaube ich, bis er uns endlich führt, wohin wir sollen.«

Ein Seufzer. »Du, Erwin, begleitest die andern. Wohin du sollst, ist dir gleich. Wie Bella Knack, wirst auch du dich mit dem meisten auf der Welt abfinden.«

»Nicht, wenn du unglücklich wärest!«

»Wie wir doch verwandt sind, Erwin! Wir haben gleich

viel Unruhe in uns; nur daß du dich treiben läßt, und ich dränge.«

»Kleine Alice, wer quält dich, daß du weinst?«

»Niemand. Werde nicht wild, an niemand hast du deine Schwester zu rächen. Es ist kein einzelner, es ist das Leben, wie ich es sehe – meistens nur zum Durchschautwerden gut, heute abend zufällig auch zum Beweinen.«

Pause. Zärtlich zitternde Bruderstimme: »Bei alldem hast du schwerlich das Talent, dich in die passende Partie zu verlieben.«

»Du kannst auch die Augen aufmachen? Wenn es dunkel und niemand dabei ist?«

»Alice, ein Wort. Die Gräfin Altgott hat mich vor Herrn Terra gewarnt. Herr Terra sei nicht, der er scheint. Er sei ein Intrigant.«

»Ich wollte, es läge so einfach« – konnte Terra noch hören, dann drückte er das Fenster zu, die Tür hinter ihm ward geöffnet.

»Ah! da sind Sie – wie ich dachte«, sagte die Gräfin Altgott. Pause. Lorgnon. »Sie gelangen geräuschlos in die Häuser, man trifft Sie plötzlich in einem dunklen Zimmer.«

»Ihre Erfolge, Gräfin, hat immer gleich ein ganzes Orchester begleitet.«

»Jeder hat sein Verfahren.«

»Und der Zufall ist das beste.«

»Sie wollen nur durch Zufall hier sein? Ich beglückwünsche Sie, nicht einmal beim Theater bin ich einer solchen Zielbewußtheit begegnet.«

»Gräfin überschätzen mich. Dieser jähe Angriff! – als lebte meine Wenigkeit hier auf dem gleichen Fuß mit Ihnen«, worauf die Altgott sich abwendete und die Lampe hinaufschraubte. Veränderten Tones:

»Sie haben recht. Ich bin länger hier als Sie, ich kann Ihnen raten. Die Komtesse Alice ist nicht, die sie scheint.«

»Ach! auch sie nicht? Wie ich also.«

»Ihnen zeigt sie sich natürlich vor allem vorurteilsfrei.«

»Sie zeigt sich mir freimütig, klug, ihrer selbst ganz sicher.«

»Das leugne ich nicht« – schnell einfallend. »Aber läßt erst die Welt sie fühlen, das alles genüge nicht, dann verdenkt sie Ihnen auf einmal ein Wort hinter dem Fächer, wo sie Ihnen früher erlaubte, zwischen vier offenen Türen mit ihr zu flirten, und Ihre Tage hier sind gezählt.«

Er sah, ein Entschluß drängte. »Ich kann Ihnen mein heiligstes Ehrenwort geben, daß ich in keinem Augenblick meiner Bekanntschaft mit ihr die Komtesse Lannas für etwas anderes gehalten habe als eine Komtesse Lannas.« Mit dem feurigen Schmerz seiner Augen: »Hinter ihr wetterleuchtet keine Magie von sechs- bis achthundert Wagneraufführungen, keine blutschänderischen Heldinnen wecken durch ein solches Medium das Herzklopfen wieder auf, das den Jüngling mit den Chrysanthemen vor Ihrer Garderobe, Gräfin, einst befiel.«

»Sie sagten: Orchideen« – wie geistesabwesend. Er sah, sein Entschluß war richtig. Die Augenlider der vergehenden Schönheit wurden schwer, ihre grobknochigen Glieder weich; er hielt halb die Arme hin, falls sie fiele. Sie hatte sich aber zurück. »Ich spreche nur als Ihre Freundin – Ihre ältere Freundin. Unsere Stellung hier hat vielleicht einige Verwandtschaft. Mein Titel ist in diesen Kreisen nur eine schwache Entschuldigung für meine Vergangenheit.«

»Ihre große Vergangenheit.«

»Ich habe mein Eindringen, ganz wie Sie, zu rechtfertigen durch ungewöhnliche Zurückhaltung.« Er brachte ihr die Arme noch näher. »Ich entbehre viel«, gestand sie, sich sinken lassend. Er setzte sie aber sogleich in einen Sessel ab, den er von dem Licht wegdrehte. Nur auf ihrem Haar funkelte es rötlich. »Wieviel Zartgefühl«, sagte sie bewundernd.

Er nahm seinen Platz nahe an ihren Knien, er erklärte rund und sachlich: »Wir wären schön dumm, wenn wir uns genierten.«

Hierüber erschrak sie, in einer Regung von Heuchelei entfuhr ihr die Wahrheit. »Man legte mir nahe, ein gutes Werk zu tun, indem ich die arme kleine Alice von ihrer Versuchung befreite.«

»Ah! Sie nehmen das Kreuz auf sich – und wer hat es Ihnen nahegelegt?« Er dachte: Derselbe, der Sie vorschob, um den jungen Erwin vor mir als Intriganten zu warnen.

»Ich habe sogleich gesehen, daß wir zusammengehören«, sagte sie, abermals erschrocken; und er: »Alles spricht dafür« – wobei er die Hände von seinen Knien auf die ihren schob. »Wir haben einander nichts vorzuwerfen und niemandem Rechenschaft abzulegen, der nichts merkt.«

Aus nächster Nähe kam eine Weisung, die Lannas gab. Die Altgott erhob sich fluchtartig. »Gehen Sie hinaus! Betreten Sie vom Gang her das Nebenzimmer!« – Er tat es und fand die Hausgenossen schon bei Tisch, Lannas, seine Kinder, Mangolf und Tolleben, nur leise redend. Mangolf musterte mißtrauisch den Sicheinstehlenden. Aber Lannas reichte ihm beide Hände, er atmete laut auf, mit ah und oh – als hätte er Bedrückung erlitten. Das Willkommen der jungen Gräfin war großäugig, ernst, noch geweiht von der Lebenswehmut, die aus dunkler Nacht, aufgefangener Hauch, seine irrende Seele berührt hatte. »Wo war ich seitdem, was ist soeben geschehen!« – und er schlug den Blick vor ihr nieder. Sogleich aber ward er sich bewußt, daß er schlechthin alles geschehen lassen werde, was ihn davor bewahren könne, nicht mehr unter diesen Augen zu leben.

Der junge Erwin verband mit seinem zerstreuten Lächeln einen Händedruck, gegenwärtig und bedeutungsvoll. »Wir verstehen uns«, sagte der Druck. »Gegen die gute Meinung, die meine Schwester von Ihnen hat, kommt keine Warnung auf.« Wohingegen Tolleben den Kopf kaum rührte, als Terra ihn grüßte. In um so ausgewählteren Floskeln stattete Terra ihm seinen Glückwunsch zu der bevorstehenden Vermählung ab. Der Junker zog nur die Lippen von den Zähnen, die geschlossen blieben. Da Stille eintrat, äußerte Lannas: »Hier unter dem Christbaum haben sie sich verlobt, man konnte es nicht rechtzeitig verhindern.« Aber auch dies fand kein Echo, zum Glück erschien gerade die Altgott. Sie war vergebens in ihrem Zimmer gesucht worden. »Ich schrieb nebenan einen Brief. Man hörte euch nicht.« Ein Blick, den sie mit Mangolf tauschte, nahm Terra jeden Zweifel.

Die sorgenvolle Stirn des Staatssekretärs, das Schweigen, das er verbreitete, seine Art, an Tolleben vorbeizusehen, alles bekundete, daß ihm etwas in die Quere kam. War es nicht diese Heirat? Das Bündnis seines Mitarbeiters mit Knack, das beide gegen ihn stärkte? Er konnte Drohungen fühlen für seine Unabhängigkeit, seine Zukunft. Lannas verstand es, sich dem Kaiser angenehm zu machen, während er ihn dämpfte, und dem Reichstag in beinahe gefälliger Form den Maulkorb anzulegen. Er war bisher auch mit dem Militär im reinen, sie hielten ihn für ihren Vertrauensmann. Hier erhob sich die erste weittragende Gefahr gegen den glücklich Geborenen. In demselben Augenblick aber war er glücklich genug, die Hand auf einen jungen Mann zu legen, der nach menschlichem Ermessen niemals in seinen Kreis hätte Eingang finden können, und eben dieser, zufällig mit Tolleben verfeindet, brach der Gefahr den Hals. Terra sah: »Ich will Tolleben stürzen, weil ich Familiensinn habe – aber nur deshalb? Würde ich so von Grund aus gegen ihn vorgehen, wenn ich ihn nicht auch auf Schleichwegen gegen seinen Chef ertappt hätte?« Er fragte weiter: »Und wie komme ich dazu, für diesen behäbigen Egoisten den Finger zu rühren? Er ist ihr Vater.«

Es wollte ihn beklommen machen. Er war hier, ging Verbindungen ein und handelte unvorhergesehen, weil er ihr gefolgt war. Sie sprach zu ihm; er antwortete ruhig, und unterhalb der ruhigen Stimmen verständigten sich ihr und sein Herzschlag. Er sprach nicht anders als nach links, zur Altgott, und nahm dabei noch den Raum in sich auf, das weite und niedrige alte Landzimmer, in dessen bequemster Ecke der runde Tisch den Schimmer der Wachskerzen sammelte. Eine Lampe mit tiefem Schirm beleuchtete in der Ferne eine plumpe Empirekonsole aus der schlechten Zeit. Von hier bis dorthin glänzten an den verstreuten Möbelstücken nur die bronzenen Beschläge in dem Halbdunkel. »Dies ist der Raum, durch den mein Schicksal schwebt. An mir ist es, zuzugreifen.«

Seine innere Gespanntheit verriet sich wohl dennoch, Graf Lannas unterbrach das erste Mal sein Schneiden und Kauen, um ihm zuzunicken. »Ich vergesse Sie nicht, mein junger Gast. Später, wenn es im Hause ruhiger geworden ist, erwarte ich Sie bei mir zu einer kleinen Aussprache.« Wobei er nach der Tür links wies. »Wo soll ein Staatsmann, der für die Nachwelt wirkt, irgend eine Bestätigung suchen, wenn nicht bei der geistig gerichteten Jugend.« Mit einem nicht ganz eindeutigen Lächeln ging er wieder an seinen Teller. Tolleben sagte ohne Umschweife:

»Wenn Sie mich fragen, sooft ich von der geistig gerichteten Jugend höre, bin ich für Unteroffizier Piefke.«

Pause. Mangolf und Terra sahen einander fremd an. Dann äußerte die Tochter des Hauses: »Und wenn niemand Sie fragt?« – Aber Terra, der ihr hätte danken sollen, fühlte vielmehr Erbitterung, weil sie ihn in Schutz nahm. »Ich, abhängig von ihr – die nicht standhalten wird.« Was die Altgott ihm über sie eingeträufelt hatte, wirkte plötzlich. Verletzt im Innersten, bäumte er sich auf, ballte seine Serviette zusammen und war im Begriff, sie seinem Feind an den Kopf zu werfen. Tolleben wartete es ab, unter seinen gesträubten Augenbrauen. Mangolf und Erwin sahen nichts oder stellten sich so, Graf Lannas aß mit einer Hast weiter, als sollte er selbst auf Reisen gehen. Terra fühlte aber, von links und von rechts, seine Handgelenke umklammert.

Endlich bat Tolleben, sich zurückziehen zu dürfen, die Stunde dränge. »Sieht man Sie nicht mehr?« fragte die Komtesse Alice über die Schulter und ging, ohne auf Antwort zu warten, in das Nebenzimmer, die Altgott hinterdrein. So verschwand Tolleben vorläufig. Terra sah ihm wie verwaist nach, als Mangolf zu ihm trat. »Der Direktor hat Angst vor seinem Mohrchen«, sagte Mangolf. »Dem Schwiegersohne Mohrchens schwillt der Kamm.«

»Gott wird richten zwischen mir und ihm«, beteuerte Terra wild und war draußen.

Mangolf sah sein berechtigtes Interesse darin, festzustellen, was die Damen einander zu sagen hatten. Er überfiel den jungen Erwin mit einer ästhetischen Frage und drängte ihn, eifrig redend, in den kleinen Salon. So laut er war, verlor er doch keines der Worte, die drüben bei der Lampe fielen. Die Damen senkten zuerst noch die Stimme.

»Auch Sie sind gastlich, liebe Altgott. Ich habe mich des Gastes angenommen, als er beleidigt werden sollte. Sie haben ihn die ganze Zeit nur gefüttert, ich dachte, sie würden ihn streicheln.«

»Ich wäre bereit, es zu tun, mein Kind, damit nicht Sie es tun. Ihr Vater versteht mich.«

»Die Behauptung ist kühn. Papa hat Sie neben mich

gesetzt, weil eine sogenannte freie Frau mehr sieht.« Bleich und mit unbeherrschter Stimme. Die Altgott berührte besänftigend den Arm ihres Schützlings.

»Ich nehme meine Sendung ernst. Nichts anderes brauche ich so sehr zum Leben wie meinen Ruf. Aber was ich jetzt sehe, Kind, nötigt mich zu einem Opfer.«

»Ich zittere geradezu für Sie.«

»Der Himmel verhüte, daß ich für Sie je zittern muß«, sagte die Altgott mit Würde, aber gleichfalls nicht mehr ruhig. Sie entfernte sich um einige Schritte, Bruder Erwin fand sich bei seiner Schwester ein. Mangolf begegnete wie zufällig der Altgott; sie zischte: »Durch Sie komme ich in das Unglück.« Er erwiderte: »Der Zeitpunkt kann nicht ausbleiben, da die Kleine Ihnen auf den Knien Ihre Treue dankt.«

Terra kam auf der oberen Treppe an, als Tolleben seine Tür zuschlug. Er wartete auf ihn, am Fuß der Treppe. Dann ging er vor das Haus und überzeugte sich, daß der Wagen bereitstehe, der Kutscher schon dasitze. Terra warf Blicke in den Wagen, er war versucht, einzusteigen, dort drinnen seinen Feind zu empfangen, zu der Auseinandersetzung in Atem- und Brustnähe, nach der er lechzte. Da er heftig paffend und mit vorgestrecktem Hals immer wieder vorüberging, ward der Kutscher besorgt, verließ seinen Sitz und paßte auf ihn auf, Terra mußte den Platz räumen. Ihm ward plötzlich die Gewißheit, daß Tolleben in den großen Salon zurückgerufen werde, er betrat von außen die Terrasse und drückte das Gesicht an die Scheiben. Drinnen leuchtete nur noch die Lampe auf der fernen Konsole. Sicher erschien sogleich der Feind, dann trat Terra die Tür ein und stand, der Nacht entwachsen, vor ihm. Da traf ihn ein Geräusch, als zögen schon die Pferde an. Er sprang im Schwung in den Garten, rannte um die Ecke – und in der Tür traf er Tolleben.

»Ein Wort!«

»Ich habe keine Zeit zu verlieren.«

»Ein Wort!« – drohend und mit Verachtung drohend.

Jenem blieb nichts übrig, als unter der brennenden Peitsche dieses Blickes mit halbgewendetem Kopf vor Terra herzugehen, wohin er ihn trieb. Im großen Salon angelangt, beschrieb Terra um den anderen einen Halbkreis, bevor er sich aufstellte. Noch nicht beginnen, zuerst sich weiden an dem Feind, der, abgefangen und eingeliefert, sein Schicksal erwartete. Da ist er, der Feind! Von fremder Sprache, anderen Körper- und Geistesformen, aus widerlichem Fleisch und einem Blut, das meinem Gift ist – mordäugiges Tier der Urnacht, dem ich im ganzen Leben nur das eine Wort zu sagen haben werde: Stirb!

»Nun?« fragte der Feind und warf sich in die Brust.

»Sie wissen es.«

»Haben Sie einen Auftrag für mich, von der Dame, die zwischen uns die einzige Beziehung herstellt?«

»Wenn es wahr wäre, daß ich meine Schwester verkupple, bliebe immer noch die Frage, ob zu meinem Vorteil, oder zu Ihrem bittersten Leidwesen.«

»Haha –« aber sogleich brach das Lachen ab. In der Mitte des weiten Halbdunkels belauerten sie einander, jeder im Nacken ein leises Rieseln und die Glieder gespannt zum Sprung.

»Kommt dies auf eine Erpressung heraus?« – »Ich will Sie zwingen, menschenwürdig mit mir umzugehen.« Beides verhalten, Stirn gegen Stirn geneigt in der tiefen Vertraulichkeit des Hasses.

»Mein Umgang erstreckt sich nicht auf die Brüder.«

»Genug. Was wissen Sie von mir. Wissen gegen Wissen, wer einen Rest behält, behauptet das Feld.«

»Ich weiß, daß Sie der Bruder sind.«

»Was noch?« Mit innerem Zittern, ob das Wort fiel: »Ihr Geld! Woher Ihr Geld!« Aufstampfend: »Was noch?«

»Ihre anderen Eigenschaften kann ich mir hinzudenken.«

»Da steh ich auf festerem Boden« – stark und frei, nach überwundener Gefahr. »Ich kenne Ihre faulen Affären, nicht nur die eine. Sie waren durch die Fürstin in Schwindelgeschäfte verwickelt.«

»Herr!«

»Sie haben sich für die Schwindelagentur eingesetzt wegen einer kaiserlichen Oper, die auch nur ein Schwindel war. Wie wollen Sie beweisen, daß Sie nicht Ihren Vorteil dabei fanden? Jemand, der mit Knack lichtscheue Abkommen schließt und dafür die Mitgift nimmt!«

»Was ahnen Sie vom Ehrenpunkt.«

»Nur die Mitgift, nicht auch die Frau! Soll ich die Tür dort öffnen und Ihrem Chef im voraus Ihre Hochzeitsreise schildern?«

Da wankte der Feind. In der Wunde graben!

»Dann wären Sie erledigt. Nach vollbrachter Reise könnten Sie sich durch Frechheit herausreißen, vorher wären Sie viel schlimmer als verbrecherisch, Sie wären blamiert.«

Was gab es da noch. Den Kopf senken. »Seien wir vernünftig«, murmelte der Feind, wehe Mordgier im Blick.

Sogleich fiel in Terra ein Erzturm ein. In dem Besiegten sah er wieder den Menschen, fühlte sein Betteln mit, schämte sich für ihn und für sich.

»Gut. Seien wir vernünftig. Sie hassen Knack, das haben wir gemein. Sie rächen sich und gehen seiner Tochter durch, die Sie reich machen würde. Ich bin Ihr Freund nicht, aber in Ihrer Art sind Sie stark.«

»Sie sind im Irrtum«, erwiderte Tolleben, und seine hohe Stimme drückte schon wieder den gelassensten Dünkel aus. »Mich holt man nachher erst recht.«

Er spekulierte bloß! Er verließ sich auf die soziale Rangleiter. Baronin Tolleben war selbst nach tiefster Demütigung mehr wert als Erbin Knack. Ein Industrieller mochte die Macht beeinflussen wie sonst niemand; er konnte es nur dank dem Adeligen, der sie in Pacht hatte. Dieser Tatsachen froh, erlaubte der Beamte Tolleben sich ein Privatvergnügen.

Terra verschränkte die Arme; der Art von Feind hatte er nichts mehr zu sagen. Jener äußerte um so höher zu Roß: »Mit einem Wort, Sie verzichten auf Ihre Tätigkeit, soweit sie meine Person betrifft – Herr Propagandachef?«

Terra sah ihn sich nur an und bedachte, dies da habe er vor die Damen hinzerren und abbitten lassen wollen. Da bemerkte er reichlich spät, daß das kleine Zimmer offenstand und dunkel war.

»Gute Reise«, warf er hin – worauf jener mit Feixen und Achselzucken abging. – So sahen Siege aus.

Terra suchte, um hiermit allein zu sein, den finstersten Winkel. Plötzlich stand er beleuchtet; die Tür links war geöffnet worden, Lannas trat darunter. »Sie sind pünktlich wie zu einer Verschwörung«, sagte er und ließ den Besucher, Auszeichnung in jeder Handbewegung, eintreten. Sein Zimmer hatte überall Vorhänge und Kissen; die Sessel, in die sie, den plüschbedeckten Tisch zwischen sich, einsanken, bestanden nur aus Kissen. Terra hatte die Aussicht auf einen Damenschreibtisch, der erhöht stand. Daneben erhob sich die Büste Goethes, und Terra dachte sich gerade die gepolsterten Körperformen des Staatssekretärs gekrönt von diesem Kopf, da sagte Lannas auch schon: »Ich habe im Goethe gelesen« – wobei er den Finger aus einem Band nahm, den er fortlegte. Tiefer Blick. »Und ich habe dabei an Sie gedacht.« Auf das in alles ergebene Schweigen seines Gastes: »Zu entschiedenen Gesetzen berechtigt uns am meisten, daß gerade das angeborene Talent sie am ersten begreift.« Langsam und eindringlich: »Nur das Halbvermögen möchte seine beschränkte Besonderheit an die Stelle des unbedingten Ganzen setzen und seine falschen Griffe – nebenbei, welche Sprache – unter Vorwand einer unbezwinglichen Originalität und Selbständigkeit beschönigen.«

Terra, nicht weniger ausdrucksvoll: »Eure Exzellenz sind viel zu gütig, wenn Sie meiner Wenigkeit ein angeborenes Talent zusprechen.«

»Ich wäre zu hart, wenn ich Sie für ein originalitätssüchtiges Halbvermögen hielte. Man ist auch als Talent nicht immer bescheiden.«

»Und als Halbvermögen nicht immer fleißig genug, um sich selbständig zu machen.«

Nach dieser Antwort des Gastes stutzte der Hausherr. Terra vermied es, den Blick mit ihm zu messen, dennoch gab Lannas plötzlich alles Lehrhafte auf. Von gleich zu gleich sagte er: »Ich genieße den Vorzug, Ihnen gegenüberzusitzen, weil Sie mir – selbständig – etwas zu sagen haben.« Da verbeugte Terra sich tief. »Ich bescheinige Eurer Exzellenz, wenn es dessen noch bedürfte, die weitherzigste Humanität. Aber vernünftigerweise kann kein Zweifel darüber bestehen, daß heute abend, von einigen Stichworten abgesehen, immer nur Eure Exzellenz das Wort haben wird.«

»Sie sind noch nicht fertig?«

Terra verstand: mit dem Studium. Er stotterte etwas von Familiengeschicken. Lannas lächelte leichthin. »Geben Sie sich keine Mühe. Ich habe viel im Ausland gelebt, ich kenne den Typ des intellektuellen Lebenskämpfers, der, durch alle erfindlichen wilden Berufe und Erfahrungen hindurch, endlich wie durch Fügung doch in eine regelmäßige Laufbahn gelangt – oder auch nicht, und der für das Wesen der Demokratien bezeichnend ist. Ich hatte selbst etwas davon. Ihr Freund Mangolf hat davon nichts.«

Spähend sah er herüber; von dem Verhältnis, das zwischen den Freunden bestand, hing der Gehalt des Gespräches ab. Terra legte daher Fremdheit in seinen Ton. »Ich weiß nicht, ob mein Schulkamerad es seinerseits als ein Glück ansieht, daß er mit dem Leben, oder das Leben mit ihm, bisher so korrekt und programmgemäß verfahren ist ...« Erleichtert fiel Lannas ein. »Genau dies ist mein Ausgangspunkt. Herr Mangolf leistet mir vermutlich nützlichere Dienste als etwa Sie es könnten. Ich habe ihn als Beweis vor Augen, daß in unserem Staatssystem doch jeder Taugliche an seine Stelle gelangt, sogar ohne Familie und Empfehlung. Aber –« Lannas warf sich in die Kissen zurück und blickte zur Decke hinan. »Wenn es zuletzt nur darauf hinausläuft, daß das neue Element aufgesogen wird und wieder alles beim alten bleibt?«

»Halt«, sah Terra. »Hier droht jemandem ein Unglück.« Er äußerte: »Eure Exzellenz dürften gerade mir Glauben schenken, wenn ich Sie versichere, daß Ihnen der Himmel in Ihrem Privatsekretär eine weit problematischere Natur beschieden hat, als meinesgleichen je bieten könnte.«

»Einverstanden, er widerspricht mir, er zeigt Ansichten von der Gegenseite. Bevor ich mir aber die Augen gerieben habe, macht er eine Drehung, und wir stehen, wo wir standen. Seine mühevollen Umwege führen doch nur zum Jasagen. Er ist normal – um die Ecke.«

»Verdammt«, sah Terra. »Der Feind ist im Lager.«

»Nein!« behauptete Lannas und kehrte von der Decke zurück. »Habe den Mut zu dir selbst!« Scharf faßte er seinen Partner ins Auge. »Sie waren Zeuge, wie ich den Staatsstreich ablehnte.«

Feierliche Verbeugung Terras.

»Denn ich bin Zivilist und gehe von bürgerlichen Auffassungen aus, nicht von militärischen. Mögen die Schwierigkeiten, mit denen wir uns herumschlagen, beinahe lebensgefährlich sein, ich bin als Beauftragter des Volksganzen verpflichtet, zu glauben, daß sie es nicht ganz sind.« Er klopfte sich auf die zur Verfettung geneigte Brust – indes Terra, in einer Haltung, die schrankenlose Aufmerksamkeit ausdrückte, der Frage nachhing, wo und wann das Volksganze diesen Herrn mit irgend etwas beauftragt habe ... »Darum«, entschied Lannas, »mich wird man nicht bereit finden, zu handeln wie irgendein ephemerer Wagehals von General. Nichts gegen die Armee! Sie hat Preußen-Deutschland geschaffen, ich bin stolz, ihr anzugehören, ein Minister setzt ohne den bunten Rock nicht die Hälfte durch. Aber wie dieser Einsicht Bismarcks, darf ich mich auch seiner Zivilcourage rühmen. Gegen das Gewissen des großen Kanzlers kamen Generalslaunen nicht auf.« Die Stimme des Staatsmannes klang immer gereizter, er warf auf der Plüschdecke mit dem Band Goethe umher – während Terra bedachte, ob nicht jener Bismarck nur darum mit den Generalen so gut ausgekommen sei, weil zwischen ihren und seinen Neigungen nicht genug Raum für Konflikte blieb? Lannas rief aber, heiser drohend, und stand plötzlich da wie ein Monument: »Ich abhängig, von Kriegsindustriellen und Offizieren, die miteinander Verträge schließen, unter Beeinflussung meiner nächsten Umgebung? Man überschätzt meine Geduld!« Dumpfer Schlag des Goethe.

Terra sah zweierlei: wo der Freisinn des Ministers die Quellen seiner Kraft hatte – und daß Lannas nicht so sehr der Betrogene war, wie die Betrüger glaubten. Auch er stand auf, er wartete ehrerbietig. Was geschah nun seitens dieses selbstbewußten Zivilisten behufs Zurückweisung der militärischen Vordringlichkeit? Lannas verlängerte die Spannung, er erstieg die Stufe, die zum Damenschreibtisch und der Goethebüste hinanführte, stellte sich zwischen beide und ergriff seinen riesenhaften Bleistift, vom selben Umfang wie die Bleistifte Bismarcks. Aufklopfen auf den Damenschreibtisch, wie für ein Orchester, und der Staatsmann stimmte an.

»Ich werde als leitender Staatsmann die Flotte bauen.« Taktschläge in die Luft; das ausgesprochene Wort zitterte nach. »Niemand soll sagen können, ich hätte kein Empfinden für die Vormachtstellung des Reiches zu Wasser wie zu Lande. Ich übertrumpfe die Militärs.« Großer Schwung des Riesenbleistiftes um das Haupt Goethes. Langsamer, inhaltschwerer: »Das hieße noch nichts, wenn es nicht Politik in einem tieferen Sinne wäre.«

Er verließ den erhöhten Standpunkt, wälzte sich entschlossen in seine Polster und winkte: »Kommen Sie!« Der Wink drückte Gunst und Befehl aus, war schmeichlerisch sowohl wie großartig und hatte die Gabe, Terra einzuschüchtern. Wer so winken konnte, verdiente am Ende wirklich seine Macht über Menschen? ... Mit einer Miene, die das Ehrenvolle seines Vertrauens deutlich zu verstehen gab, sagte Lannas: »Überlegen Sie mit mir, lieber Freund, was dies heißt: eine Flotte, erdacht und ausgeführt von bürgerlichen Ingenieuren, befehligt von bürgerlichen Offizieren und vergrößert immer im Hinblick auf die größte bürgerliche Macht der Welt, auf England. Es heißt, daß wir einen mächtigen Schritt zur Demokratisierung tun, und niemand weiß es. Man braucht es nicht zu wissen«, sagte er leicht und fein, mit Grübchen und Blinzeln.

Er wendete sich nach der Tür um, bevor er aussprach: »Der Kaiser und ich stehen sehr weit links.« Terra auf seinem Stuhlrand sah ohne weiteres, dies solle verbreitet werden, nicht durch die Presse, sondern unter der Hand, daher der »liebe Freund«, der ihm noch in den Gliedern saß. Bewundernswerte Fertigkeit, Menschen abzuschätzen! Soweit sein Interesse reichte, war dieser Praktiker tief und seelenkundig. »Ich bin ein Idealist, der gern den Leuten seltene Wahrheiten ins Gesicht sagt. Er hat mich auf meine Vorzüge und Gefahren hin erwogen, wie seine Mitbewerber um den Kanzlerposten: sogar mich in meinem Staub.« Lannas durchschaute wohl auch noch diese Überlegung, er sagte:

»Sie wundern sich über meine Offenheit, aber ich wage damit nichts. Denn wer versteht mich? Doch nicht Herr Knack – wenn er uns einmal das Bürgertum vertreten soll. Herr Knack gründet den Alldeutschen Verband. Daß mit solcher Waffe in der Hand ein halbwegs instinktsicheres Bürgertum die Demokratie erzwingen würde, noch bevor sie von selbst kommt, ahnt er nicht. Sein ganzes Streben ist, ein Kriegsmann in Zivil und so furchteinflößend wie ein Junker zu sein.« Zwinkern, Achselzucken. »Unser Bürgertum ist noch jung. Überdies fürchtet Herr Knack seine Arbeiter.« Dann ernst und fest: »Ein kaiserlicher Minister rechnet mit solchen Gegebenheiten als mit aktiven Posten. Er hat also die Hände im Auswärtigen frei.«

»Soweit seine auswärtige Politik gegen England gerichtet ist – wenn meine Wenigkeit sich erlauben darf, daran zu erinnern. Denn dies wünscht Herr Knack.«

»Ganz recht, wir bauen die Flotte. Das heißt nicht, daß wir Krieg mit England wollen, das Kaiserreich ist der Friede.«

»Dann«, sagte Terra und zog die Brauen hinauf, »revidieren Sie den Frankfurter Vertrag?«

Der Staatssekretär stutzte, eine Falte erschien. Er faßte es doch lieber wohlwollend auf. »Ich verstehe, wir sprechen voraussetzungslos. Aber Elsaß-Lothringen bleibt deutsch.«

»Und Frankreich unser Feind.«

Achselzucken. Der Staatssekretär zögerte, dann schnalzte er mit den Fingern. »Und dazu haben wir auch noch einen Geheimvertrag, der uns russische Hilfe sicherte, gekündigt. Es war nach Bismarck, aber er hat es in Erfahrung gebracht, und er sagt es jedem, Sie lesen es bald überall.«

Der Hörer beugte sich erschrocken vor, der Sprecher im Gegenteil überließ sich zuversichtlich seinen Kissen. »England ist es gelungen, uns aus dem russischen Vertrag zu locken. Jetzt spürt es die Folgen, wir bauen die Flotte nun grade.«

»Nun grade?« fragte Terra, schonend, wie zu einem Irrsinnigen.

»Es ist das Lebenswerk des Kaisers«, erklärte Lannas.

»Und Knacks«, schloß Terra.

»Wir helfen uns von Fall zu Fall«, begann Lannas wieder mit zunehmender guter Laune. »Das erhält uns frisch. Heute mit dem gegen jenen, morgen gegen beide, übermorgen mit ihnen gegen einen dritten. Es wird gut gehen, der geborene Staatsmann hat es in den Fingerspitzen.«

Terra verstand: »Es wird gut gehen, weil meine Natur es so will, mein leichtes Herz, meine glückliche Geburt – und auch die Nation hinter mir, die keine Zweifel kennt und sich bereichern will.« Er betrachtete die Erscheinung mit arbeitendem Munde und nicht ohne sie zu bewundern.

Lannas schlug unversehens ins Getragene um. »Wir dürfen beruhigt in die Zukunft blicken, denn die Deutschen haben drei Eigenschaften, die uns in dieser Stärke keiner nachmacht, Arbeitskraft, Organisation, Methode. Mit ihrer Hilfe begegnen wir den schwersten Konflikten.«

Pause der Ergriffenheit. Terra war nahe daran, einen Hinweis zu wagen auf die Gefahren einer Politik, die sich so sehr auf die Nation entlastete ... Lannas kam ihm zuvor: »Fassen wir zusammen!« Ganz erfüllt von seinem Gedanken: »Ich spreche, Sie schreiben.«

Terra folgte dem Wink; Papier lag auf dem Damenschreibtisch, zwei Kerzen brannten, er setzte die Feder an, Lannas sprach schon. Er wiederholte seine Ablehnung des Staatsstreiches und seine Beweise für die demokratische Richtung des Kaisers – gab aber auch der Nation recht, dem politisch reifen Bürgertum, das gelernt hatte aus den Fehlern der anderen Völker. Der Parlamentarismus hatte trotz allem seine großen Vorzüge, uns fehlten nur seine natürlichen Voraussetzungen. Das deutsche Volk, völlig anders geartet und entwickelt als alle anderen Völker, trug irrationale Elemtente in sich, die es zu einem unberechenbaren Faktor im Weltgefüge machten. Lannas wechselte den Platz, ließ seinen vom Geist bewegten Körper in einen zweiten, einen dritten Sessel fallen und sprach weiter, zwanzig Minuten lang ununterbrochen. Terra fühlte seine Hand erlahmen. Als die Huldigungen an das deutsche Volk sich in die Länge zogen, dachte er: »Also doch ein Zeitungsartikel.« Dann ging es aber aus wie ein Aide-mémoire für den Staatsmann selbst: hinausschauen wie Bismarck, in Welt und Geschichte, hineinblicken wie er, in die Seele des deutschen Volkes.

»Beides«, sagte Terra klangvoll, »können Eure Exzellenz sich selbst in hohem Maße zuerkennen.« Hiermit wollte er die Bekenntnisse des Staatssekretärs auf dem Sockel Goethes niederlegen, aber Lannas erhob sich, um sein Werk zu betrachten. Er sah erschöpft, aber beglückt aus, wie junge Mütter. Eigenhändig zog er aus dem Schrank ein großes Album und ordnete die Niederschrift unter andere ihresgleichen. Dabei ließ er seinen Gast bemerken, was das Album sonst noch enthielt: eingeklebte Zeitungsausschnitte, alle Lannas betreffend, von seiner Ernennung und Biographie bis zu den Kritiken seiner letzten Reichstagsrede – und dazwischen seine Bildnisse aus den illustrierten Blättern der vergangenen drei Monate, bald ermutigend heiter, bald mit allen Zeichen der schwersten Verantwortung, je nach der schnell wechselnden Stunde, die Deutschland durchmachte.

Der Staatssekretär wog zögernd seine Diktate in der Hand; endlich äußerte er, merkwürdig schüchtern: »Meinen Sie, daß ich Talent gehabt hätte?« Da Terra nicht sogleich verstand: »Es gab in meinem Leben einen Augenblick, als junger Attaché, der nicht schnell genug vorwärts kam, da ging ich ernsthaft mit dem Plan um, Journalist zu werden.«

Terra wehrte ab. »Um Gottes willen! Und das deutsche Volk? Es ist nicht auszudenken, was alles hätte anders kommen können.«

Er erschrak über seine Worte, aber Lannas faßte sie richtig auf. »Mag sein, daß es so besser für die anderen ist. Aber für mich? Das Wahre wollte ich doch vielleicht damals.« Verlorener Blick – aber die Wehmut ward unterbrochen durch den Tee, der gebracht ward.

Terra folgte der Einladung an den Teetisch in Gedanken versunken, er überhörte das Lob der Kuchen, die Lannas ihm anbot. Er fühlte die Last einer Gewissenspflicht. »Es muß gesagt sein, ob zwecklos oder selbst schädlich.« Die Stutzuhr zeigte zehn Uhr zehn. »Es muß gesagt sein.« Seine Stimme war verschleiert. »Eure Exzellenz mögen mir einen aus tiefster Bescheidenheit stammenden Hinweis vergönnen.« Er wartete, bis Lannas den Bissen verschluckt und seine Bitte genehmigt hatte. Terra hielt dringlich seinen Blick fest. »In Ihrer Nähe hat man mir versichert, daß wir auf einen Krieg lossteuern.« Da Lannas entrüstet zurückfuhr: »Nicht Sie, Graf Lannas! Ihre Menschlichkeit treibt Wurzeln sogar bis in das Unbewußte, Ihr Beruf als Staatsmann der Zivilisation drückt sich in all Ihrer Person aus.«

»Sie gehen zu weit«, murmelte Lannas geschmeichelt. »Und dann bin ich nicht allein auf der Welt.«

»Das ist es, was mich zu sprechen verpflichtet. Andere

als Sie drängen zu Handlungen und Grundsätzen, die, ob kriegerisch gemeint oder nicht, in sich den ungeheuersten Konflikt tragen. Leisten Sie Widerstand, Graf Lannas!«

Da legte der Minister alles nieder; mit Genugtuung trug er vor, was längst unter seinen Leitsätzen stand. »Die Völker haben ihre Leidenschaften, und es ist sogar Pflicht öffentlicher Persönlichkeiten, gelegentlich Gefühle zu adoptieren, mit denen sie nicht übereinstimmen.« Seine Miene forderte Beifall.

Terra verschränkte und löste seine plumpen Finger, aber sein Gesicht war wie von Opfermut verklärt, dem Minister fiel es auf. »Fahren Sie trotzdem fort«, sagte er entgegenkommend. Die Stimme Terras befreite sich. »Leidenschaften der Völker, Graf Lannas, kennen nur wenige Auswege, und der ihnen geläufigste ist der Krieg. Eure Exzellenz vertraut, um ihn zu bestehen, auf die unnachahmlichen Eigenschaften der Deutschen. Wissen Sie aber, daß es zuletzt gleich ist, welche Eigenschaften der gehabt hat, der in seinem Blut liegt? Haben Sie schon bedacht, nein, erschaut, daß am Ende der Politik wirkliches Blut fließt?«

Starke Sprache, furchtbares Geflüster – und als nun alles still war, erschaute Lannas. Es war ihm anzusehen; er bekam starre Augen und erbleichte ... Ein leiser Ruck, er lächelte wieder, wenn auch befangen: »Was wollen Sie gegen den Lauf der Welt?« sagte er matt. Er war in diesem Augenblick von sich so wenig überzeugt, daß er kritiklos zusah, wie sein Gegenüber seinen Platz verließ, Abstand nahm und die Arme verschränkte. »Schaffen Sie die Todesstrafe ab!« rief Terra, und unter den Armen, die sie preßten, hob sich ihm die Brust, als wollte sie aufspringen. Sein Herz stand auf, wie um laut zu zeugen, sein Leben und was er war, drängte in diese Minute, wuchs an, war überwach und zeugte.

Von seinem Sessel hing tot der Direktor. Erschlagen

umarmten einander die Ringer. Mordrufe heulten aus Gassen, und eine Straße mit den unauslöschlichen Spuren vergossenen Blutes führte rückwärts an den Rand eines Schlachtfeldes, wo einer seiner eigenen Väter Mörder oder Opfer des Freundes ward, führte vorwärts bis wohin? Zu neuen Schlachten, neuen Brudermorden? Er fühlte sich kämpfen mit Mangolf, wollte aufschreien und stöhnte nur: »Schaffen Sie die Todesstrafe ab!«

Der Minister – hatte er ihn verstanden? – sagte matt und mit zuckender Stirn: »Ich bin nicht Gott. Sie lehnen sich gegen Gott auf.«

»Nie war ich ihm gehorsamer«, sagte Terra fest. »Ich will ihm die Entscheidungen zurückgeben, die wir vorwegnehmen, wenn wir töten. Wir schneiden ihm das Wort ab, wenn wir töten. Was hatte er vor, mit dem Blut, das wir vergießen?«

Lannas glättete sich mit der Hand die Stirn. Dies war ein Schwärmer, die Art Mensch, die nicht von Tatsachen, nur von Ideen ausgeht. Entschlossen griff Lannas nach der Kuchenschüssel.

»Manche bringen sich selbst um«, sagte Terra, die Stirn gesenkt wie zum Sturm. »Andere wählen ein Opfer, aber beides ist der gleiche Wahnsinn, der wahnsinnige Gipfel jener Verachtung, die wir Menschen für uns und unser Blut haben. Ich weiß, was ich sage, ich habe sie bis zur Neige geschmeckt.«

Bei diesem Wort ließ Lannas einen halben Mohrenkopf an der Gabel stecken, er merkte es sich für die Behandlung solcher Art Mensch.

»Wer wird zuhöchst geehrt? Der euch am geringsten achtet. Welcher Stand geht allen anderen vor? Der euch töten darf. Dem Staatsmann empfiehlt es sich, Kriege anzufangen, nur so ist er sicher, in die Geschichte zu gelangen.«

»Nur zu wahr«, murmelte Lannas und betrachtete unentschlossen die zweite Hälfte des Mohrenkopfes. Auf einmal begriff er die ganze Undankbarkeit der ihm gestellten Aufgabe, den Frieden zu erhalten – immer wachsam, immer auf dem Posten gegen Benachteiligungen, empfindlich wie ein Duellant, raffig wie ein Spieler, in der Maske des für alles Gerüsteten, allen Folgen Gewachsenen, und dabei fühlt man genau, daß der Kaiser persönlich auf den Frieden angewiesen ist, sogar auf Frieden um jeden Preis, als der Genießer und glänzende Erbe, der er ist, der Regisseur seiner Macht, weltenweit entfernt, sie im Ernst zu gebrauchen ... »Ich selbst aber, der ihm den Frieden erhält, komme in dem Schaustück seines Reiches bei weitem nicht so sehr zur Geltung, wie irgendein kommandierender General. Der Kanzler sogar kann eine erste Rolle nur behaupten als Nachfolger des erfolgreichsten Militärkanzlers. Drei Kriege meisterhaft vorbereitet! Käme ich auch in die Lage, Deutschland vor der größten Katastrophe seiner Geschichte zu bewahren, dahinan würd ich nicht reichen.« Und Lannas seufzte schwer. »Die Art Mensch dort hat ihre Sorgen, was ahnt sie aber von meinen« – und er hörte artig auf Terra, er aß dazwischen nur wie aus Zerstreutheit.

Terra spreizte die Finger, als griffe er nach Erscheinungen. Was er sprach, erschien ihm. Er schlug sich durch Gesichte hindurch, die Gedanken trafen ihn wie geisterhafte Keulenschläge. Das Gesicht von tierischem Grauen zuckend, sagte er: »Ihr wollt töten! Die Strafe für einen Mord war niemals Strafe, sie war die heiß ersehnte Gelegenheit für den intellektuellen Blutdurst der führenden Stände. Auf den einen Auswürfling, der aus Trieb oder Not tötet, kommen die Hunderte der Gerichte, Polizei und Presse, die Tausende der Öffentlichkeit, die, abscheulicher als der Auswürfling, zum Töten eine Ideologie brauchen. Dieselbe sublimierte Blutgeilheit bietet Staatsgewalt und Vaterland auf, damit Krieg wird. Im Volk wollen den Krieg nicht einmal die Mörder – Sie aber, Graf Lannas?«

Lannas verneinte höflich. Er vermißte die Cremetörtchen mit Kirschen, die er besonders liebte. Die Frage unterbrach ihn in der Überlegung, wie sie ohne Verletzung des dem Gesprächsgegenstande geschuldeten Zartgefühles zu beschaffen seien.

»Dann verzichten Sie auf die Todesstrafe!« keuchte der Störenfried, als säße ihm selbst das Messer an der Gurgel. Lannas opferte innerlich seine Cremetörtchen. »Wäre ich Justizminister«, sagte er, »ich würde Ihnen vielleicht antworten, daß ich ohne die Todesstrafe entwaffnet dastände.«

»Sie nicht, Graf Lannas! Sie würden es nicht antworten, denn Ihnen ist bewußt, wer Blut fordert, will nicht Gerechtigkeit, sondern Macht, die Juristen wie die Militärs. Ohne Blut keine Macht, das zwinkern sie einander zu. Warum sind immer und überall die Gegenrevolutionen grausamer als die Revolutionen? Die Revolutionäre erstreben vor allem das allgemeine Glück, die Gegenrevolutionäre nur ihre verlorene Macht, die erwiesenermaßen außer ihnen niemanden beglückt hat. Zwingt den nicht«, keuchte Terra, »der nur zu denken und zu wissen da ist, vorzutreten, um euch unschädlich zu machen!« Wobei die geballten Fäuste ihm zitterten. Feurig rollende Blicke, das Gebiß war entblößt und knirschte. Lannas neigte sich zollweise seitwärts, um unauffällig nach der Klingel zu tasten – das Auge scharf auf dem Wildling. »Meine Menschenkenntnis wäre blamiert, wenn er Ernst machte« – der Einfall gab ihm allen Mut zurück. Er richtete den Rumpf auf und sagte stark:

»Was Sie sagen, ist falsch, und wäre zwecklos, wenn es richtig wäre.«

Dies versetzte dem Wildling einen Stoß, er entleerte sich sichtlich von seiner aufgerafften Kraft, ward schma-

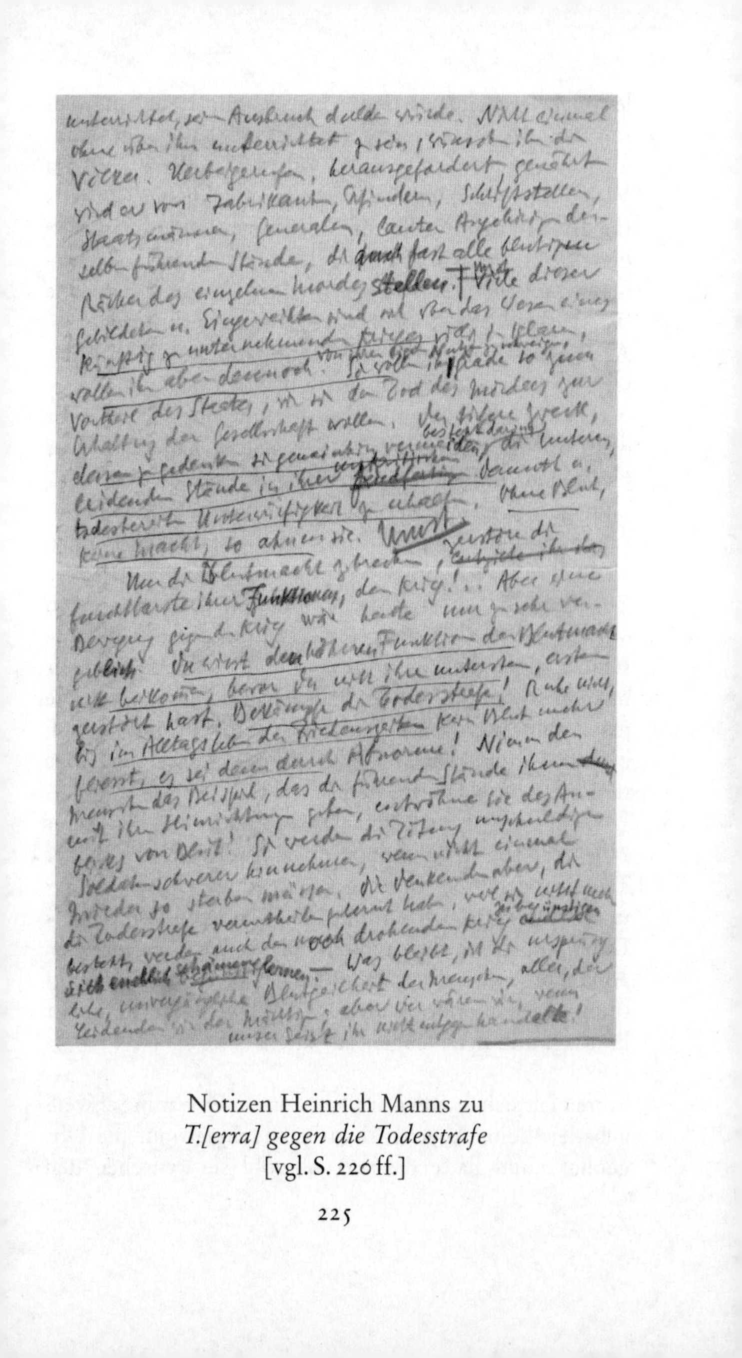

Notizen Heinrich Manns zu
T.[erra] gegen die Todesstrafe
[vgl. S. 226 ff.]

ler, viel bescheidener und erklärte ohne Keuchen, aber mit Stottern, diesen einzigen Glücksfall habe er geglaubt nicht versäumen zu dürfen. »Eure Exzellenz wird im Verlauf Ihres hoffentlich langen und glücklichen Wirkens für das Vaterland vielleicht Gelegenheit bekommen, sich der demütigen Worte eines Niedriggeborenen, Unberufenen zu erinnern. Solange im Frieden auf gesetzliche Weise Blut fließt, können Kriege keine Verbrechen sein. Aber Menschen werden die Tötung unschuldiger Soldaten schwerer hinnehmen, wenn nicht einmal mehr Mörder so sterben müssen. Selbst die führenden Stände, die dann die Todesstrafe verurteilen gelernt haben, weil sie nicht mehr besteht, werden den noch drohenden Krieg zu begünstigen sich endlich schämen lernen. Den höheren Funktionen der Blutmacht ist erst beizukommen, wenn ihre ersten, untersten gestört sind«, schloß Terra, Ehrfurcht in Ton und Miene, und zog sich unter tiefen Verbeugungen, die Fingerspitzen auf dem Hemdausschnitt, gegen die Tür zurück. »Eure Exzellenz«, sagte er mit einem letzten, unterwürfigsten Bückling, »die, wie jeder völlig Zivilisierte, ein Stück Anarchismus in sich birgt, wird die ganze Tragweite dieser Zusammenhänge unschwer bei sich ermessen.«

Womit er plötzlich hinaus war. Lannas in aller seiner Nüchternheit hatte dennoch den Eindruck, als sei der Teufel abgefahren. Seine erste Regung: »Nie wieder!« und »Wie schaff ich ihn mir gleich morgen vom Hals.« Dann zuckte er die Achseln, protestierte gegen jeden Aberglauben, ja, überließ sich einer verbotenen Genugtuung über die normwidrige Ausschweifung, die hinter ihm lag, und der Neugier auf die nächste.

Terra hielt sich draußen am Türpfosten. Er war in Schweiß gebadet. Beim Abgehen hatte er nochmals auf die Uhr geblickt und hatte diesmal, obwohl sie zwischen den brennenden Kerzen stand, die Stunde nicht ablesen können, sein Blick war verschleiert. Die Länge des soeben vergangenen Zeitraumes war ihm unbekannt, aber er meinte tief in der Nacht zu sein, der schwersten, in die er je geraten war. Ohne an ihr Ende zu glauben, durchmaß er unablässig sein kleines Zimmer, der Rauch der Zigaretten erfüllte es immer dichter, und er wiederholte zum hundertsten Male murmelnd wie Gebete, was er dort unten gesprochen hatte; fragte sich immer aufs neue, ob er es zurücknehmen oder fallenlassen dürfe, prüfte es mit allen seinen Sinnen, haßte, verwarf es, und kam nicht los davon: denn, furchtbar zu sagen, er hatte keine Macht darüber. Nicht sein waren jene Sätze: viel eher er der ihre. Er, sie erfunden? Viel eher war er da, weil eine Wahrheit ihn sich erschaffen hatte. Tu, was dir mitgegeben! Deine Zeit ist gemessen, deine Kraft dir nur geliehen. Wenn ein neuer Tag aufgeht, dir gehört er nicht, denn dein ist nicht mehr dein. Beuge dich! Verschmilz mit einem Gedanken!

Als er aber Trotz, Müdigkeit und stolze Demut durchgefühlt hatte bis zum Ekel, ging wirklich der Tag auf – und erwies sich heller, frischer, müheloser, als die schwere Nacht hatte ahnen können. Es schien ein Reisemorgen, klingend blau, der Wind über Goldgrund streichend, ein Morgen wie ein Aufbruch. Wohin? Wir wissen nur, ins Weite und – mit ihr. Groß auf das Fenster! Die Reise geht nach dem Land der Geistestaten und zu den Ufern des Glückes. Deine Gefährtin betritt mit dir deine Eroberungen, du folgst ihr in ihr Gebiet. »Geliebt!« fühlte er. »Ihr Herz, das meinem vorauseilt, weiß unser Geschick wohl schon längst. Wir werden fliehen, den Kampf bestehen, der uns rechtfertigt, den Sieg davontragen, der sogar hier wieder einzuziehen berechtigt.« Seine Gedanken machten angstvoll halt. Er erkannte, diese hier steige nicht anders in das Leben hinab als mit der Bürgschaft des Sieges. »Und welche geb ich ihr?« Er antwortete, eilig dem Zimmer entfliehend: »Geliebt! Da überfliegt man die Hindernisse des Lebens, anstatt sie niederzukämpfen.«

Im Salon waren noch die Fenster verhängt, dennoch stand jemand auf, als Terra eintrat. »Ja, ich erwarte dich schon.« Mangolf kam auf ihn zu. »Ich will wissen, was du gegen mich planst.«

»Auch ich habe schlecht geschlafen«, sagte Terra nur. Mangolf führte seinen düster leidenden Blick hin und her über das Gesicht des andern. Er hörte ihn noch immer sein gestriges Wort sprechen: »Ich habe Abschied von Lea genommen.« Was verbarg sich dahinter, welche Bekenntnisse der Schwester, welche Rache des Bruders? »Du hast mir gedroht«, sagte Mangolf, er hielt seinen Blick auf den Brauen Terras an. Terra sagte höflich: »Ich hatte gestern abend die gern benützte Gelegenheit, bei deinem hohen Chef ein Wort für dich einzulegen.« – »Auch das noch«, stieß Mangolf hervor.

Nach einer Pause berichtigte Terra: »Gerade das. – Du gibst dich hoffentlich keiner Selbsttäuschung hin über den wahren Grund, weshalb du in grauer Frühe und bevor ein Ofenheizer den Fuß aus dem Bett setzt, hier auf mich gewartet hast? Meine Unterredung unter vier Augen mit dem Herrn des Hauses macht dir unnütze Sorge, es war ein Gespräch ganz allgemeinen Charakters. Wenn ein Geheimrat horchen dürfte, würdest du gehört haben, daß nur er sprach.«

»Das weiß ich zu gut.« Mangolf lächelte verächtlich. »Du warst allenfalls sein Geburtshelfer. Hat er dir keinen Artikel diktiert?« Terra bestätigte eifrig. »Das war in der Tat alles, ich beuge mich vor deiner Einsicht. Du hast mich tatsächlich nur in der Angelegenheit meiner Schwester hier erwartet.« – »Du hast mir gedroht«, wiederholte Mangolf, schnell und heftig. »Was geht vor!« – Terra, von unten und um so gemessener: »Wer kann es sagen, außer ihr selbst? Vielleicht Tolleben.«

Da griff Mangolf sich an die Stirn. »Tolleben? Mein Gott, und er ist schon fort!« Er kreiste um das Zimmer wie gejagt. Als er zurückkam, war sein Ton nur noch beschwörend. »Sie rächt sich? Weil mein Ehrgeiz ihr im Wege ist? Sage mir, ob ich bedroht bin!« – »Als Geheimrat?« – »Du mußt mich wohl sehr verachten«, murmelte Mangolf, in sich verkrampft, gerötet auf den Backenknochen.

»Ich sagte dir schon, daß ich so rasch nicht bei der Hand bin mit meiner Verachtung. Ich hasse dich manchmal – unpersönlich. Wenn ich dich liebe, ist es persönlich.«

»Dann bemitleidest du mich!« – Da Terra zu dieser Folgerung schwieg: »Das ertrag ich nicht!«

»Ich«, sagte Terra, »muß wohl ertragen, daß du mich beneidest, der Geheimrat den alten Studenten.«

Mangolf stand in sich verkrampft. »Es könnte sein ... Aber über mich ist vieles zu sagen.« Die ständige Neugier seines Lebens schwelte in seinen Augen: Was ist es mit mir, mit mir. »Gehen wir ins Freie!« verlangte er.

Draußen bemerkte Terra: »Wie diese Terrasse sich verändert hat seit gestern nacht. Sie schimmerte wie Marmor, jetzt ist es gestrichenes Holz.«

»Hier verliert man alle Tage seine Illusionen, aber am Abend sind sie wieder da. Man würde gut tun, vorher abzureisen« – womit Mangolf den Freund durch die Buchenallee zum Fluß führte. Sie gingen ihn entlang bis an eine Brücke. Mangolf, hinübergelehnt, sah das Wasser gurgeln und blinken zwischen den Eisschollen. »Ich bin sofort hypnotisiert«, sagte er neugierig. »Ich kann keine unreine Natur sein, da ich so sehr zum Verzicht und Schlaf neige.« Auch Terra versuchte sich betäuben zu lassen. Es ging nicht; er hörte die Worte des andern fallen. »Wenn ich nicht den Schlaf hätte – und die Gewißheit, daß dies trübe Leben nur eine Wartestunde in der Nacht ist ...«

»Oh! Oh!« machte Terra, begütigend. Aber Mangolf sagte ungehemmt in die Tiefe: »Ich habe unlängst erfahren, daß ich unsterblich bin …«

Terra fühlte: »Schämt er sich nicht? Oder hat die Komödie wirklich nur den Zweck, mich zur schleunigen Abreise zu bewegen?« Er lachte frech: »Steht es so, dann kann dir freilich die Welt im Ernst nichts anhaben, beschämen kann dich einmal niemand.«

Da wandte Mangolf sich her. »Ich bin demütig«, sagte er. »Wäre ich sonst ehrgeizig?«

Und Terra senkte den Blick; wer hatte sich zu schämen? Es drängte ihn, ebenso hüllenlos dazustehen. »Ich kann mich nicht beugen«, brachte er hervor, »wie soll ich um Ehren werben. Asketische Tugend, also keine Tugend.«

»Aber du kennst Demütigungen?«

»Was kenne ich sonst«, sagte Terra.

»Du bist mehr als andere?«

»Ich kann nicht wissen, was die anderen sind.«

»Oh!« machte Mangolf, ganz Verachtung. Terra wartete, den Mund offen, auf die Enthüllung jenes brüderlichen Weltbildes, wie Mangolf darauf brannte, es zu enthüllen. Unversehens hatten beide so viel Geschmack aneinander wiedergefunden wie je, das unruhige Interesse am Geist des andern, das jedem von ihnen anhing.

»Ich bin, seit ich mich kenne, meiner Selbstachtung wert«, erklärte Mangolf, aufgerichtet mitten auf der Brücke. Der blaßblaue Himmel wand einen Schein um seinen unbedeckten Kopf. »Auch ihr würdet gut daran tun, mich zu achten!« schloß er drohend.

Plötzlich verließ er die Brücke. Erst am anderen Ufer, als die Büsche ihn deckten, sprach er wieder.

»Furchtbar!« – mit Aufstöhnen. »Furchtbar, sich großer Bestimmung bewußt, mehr als gemeinen Willens, der Kraft, die Menschen unterwirft, sich verzehrend bewußt zu sein – und am Anfang zu stehen, keinem bekannt, mir selbst im Wege! Sie widmen mir Nichtachtung und gleichwohl Mißtrauen, hörst du?«

»Hüte dich, in ihre eigene Schwäche zu fallen«, raunte der Beichtiger. »Du verachtest zu viel.«

»Ich!« – aufzischend. »Wer stark ist, sieht mit Recht nur sich. Als ich in Friedrichsruhe ankam, fand ich Bismarck mit Gesichtsschmerzen und mit Reue behaftet. Ihm waren seine Opfer eingefallen, die Opfer seiner drei Kriege. Er hatte sich darauf besonnen, daß im Grunde niemand durch ihn glücklicher geworden sei und viele unglücklicher. Nie machte es ihm Sorge, als er noch stark war. Nun saß er auf dem trockenen und hatte Sorgen, die keine sind. Was sind die Sorgen des Endes gegen die Qualen des Anfangs!«

»Jeder denke von vorneherein an das Sankt Helena, das ihn erwartet«, raunte der Beichtiger. Da lachte Mangolf wie ein Verdammter.

»Sankt Helena – mit tausend Freuden, denn dort ist alles überstanden, die Niederlagen und die Siege. Dort quält mich von meinem Ehrgeiz nur noch das entfernte Bild, nur in Erinnerungen bin ich enttäuscht und habe es schon vergessen, das tödliche Gefühl der immer wieder unterdrückten Sprungbereitschaft, einer Erschlaffung wie vor dem Sturz – indes noch nichts geschehen ist. Die Leistung ist furchtbar.«

»Verzichte! – Liebst du nicht den Schlaf und Verzicht?«

»Nein!«

»Du leidest.«

»Ich bringe jedes Opfer.«

»Du bist geistiger als alle, die dich nicht durchlassen wollen. Du bist adeliger als sie. Das Opfer des Denkens kannst du nicht bringen. Wir sind herrschsüchtig, Gott weiß es. Aber an ihr Reich, ihre Macht mit deinem Denken nicht rühren dürfen, nur um mitzuherrschen?«

»Ich werde mitherrschen und durchschauen. Werde

durchschauen und, darüber hinaus, begreifen, daß so das Leben ist. Der Tag entscheidet, an dem ich für eine zweite Naivität reif bin und handeln kann, als wüßte ich nichts. Dann haben große Dinge mich so gewollt.«

»Die großen Dinge, auf die du rechnest«, Terra hob die Stimme, »können nur Verfall oder Zusammenbruch eines Staates sein, der seine besten Kräfte erst dumm und heuchlerisch machen muß, bevor er sie brauchen kann.«

Mangolf, auch schon schärfer: »Eine Gesellschaft, die dir, nur dir noch immer keinen Halt gewährt hat, erscheint dir reif, zu fallen. Du fällst allein.«

Terra von unten mit bösem Triumph: »Mit dir – dereinst. Ist dein Staat, der dich nach seinem Bild geschaffen hat, glücklich, warum bist du selbst ein leidender Mensch? Warum hast du, je näher Erfolg, Ehren und Macht dir winken, ein Leben der Todessehnsucht vor dir, das keinen Hund verlocken würde? Und wirst dennoch vor dem Tode beben. So lebt niemand in glücklichen Staaten.«

»Ich hatte für meine Person das innere Erlebnis der Unsterblichkeit«, sagte Mangolf erbittert.

»Regen wir uns nicht auf! Ich will dir verraten, was gestern abend bei Lannas vorging. Ich suchte den Minister gegen die Todesstrafe einzunehmen.«

»Narr!«

»Jeder gewinnt auf seine eigene Art dem Tode Terrain ab: du, die Ewigkeit – für deine Person. Ich, ein paar Jahre, aber für andere. So ist meine Art von Herrschsucht. Hilf mir bei deinem Chef!«

Mangolf verließ das Versteck, hier durfte es keine Heimlichkeit mehr geben. »Ich bedaure aufrichtig, daß du als mein Freund es dir nicht versagen konntest, in solchem Maß den Ideologen herauszukehren. Der von dir hervorgerufene Eindruck wird unwillkürlich auch auf mich bezogen.«

»Ich kann dich beruhigen, Seine Exzellenz gibt sich über dich keinen Irrtümern hin.«

»Du hast mir geschadet, ich wußte es!«

»Wenn ich deiner doch bedarf? Denn du verfügst über die tägliche Einwirkung. Graf Lannas hat das Unglück, Wahrheiten nicht ganz widerstehen zu können.« – »Das wird ihn zu Fall bringen.«

Terra sagte, als sie über die Brücke zurückgingen: »Schade. Gern würde ich dir einen Gegenwert geboten haben.« Pause. »Ich könnte manches verhindern.«

Mangolf schwieg, er fragte sich immer wieder: »Verhindern, was er selbst anzettelt? Was ist es? Lea sogar tritt als Drohung zurück hinter Tolleben. Oder wären sie zwei Drohungen, die zusammenhängen? ...« Er stieß Luft durch die Nase und blieb stumm. »Ich bin nicht Gubitz, gegen Gespenster sichere ich mich nicht. Erpressung!« ... »Es tut mir weh«, äußerte er endlich, »daß auch das kommen mußte. Ich will kein kennzeichnendes Wort aussprechen, wir hatten seit langer Zeit doch wieder einen guten Augenblick vorhin.«

»Wir wollen von ihm zehren«, schloß Terra.

In der Buchenallee sagte Mangolf noch: »Merkwürdig. Deine ersten Enttäuschungen und Einblicke haben dich für dein eigenes Dasein zum Diogenes und Nihilisten aus Moral gemacht. Für das Menschengeschlecht aber glaubst du hartnäckig an eine hohe Zukunft.«

»Merkwürdig« – stimmte Terra ein. »Du glaubst auf Erden nur an immer erneutes Elend und Verbrechen, dich selbst aber soll das Leben belohnen für deine Verachtung, und sogar im Tod erhoffst du dir noch Karriere.«

Vor dem Hause wendeten sie die Gesichter einander zu. Beide gleichzeitig sagten sie:

»Wir können uns die Hände reichen.«

Am Frühstückstisch saßen schon die Geschwister Lannas, beide im Reitanzug. »Erwin begleitet mich«, erklärte die Gräfin Alice. »Herr Mangolf hat natürlich zu arbeiten, aber Herr Terra?« Komme was wolle, Terra sagte: »Ich schließe mich an, mit gnädiger Erlaubnis« – worauf die Gräfin errötend: »Die Straßen sind schrecklich naß.« Ihr Bruder klappte nach. »Aber wir haben kein drittes Pferd«, Terra überhörte es, die Komtesse Alice zog vor, zu lachen.

Die Gräfin Altgott erschien, für die Stadt gekleidet. Graf Lannas lasse um Entschuldigung bitten, er arbeite. »Seine Abwesenheit gilt mir«, fühlte Terra, indes die Altgott gerade ihn nicht ansah. Sie schloß: »Er erwartet Herrn Mangolf«, und Mangolf ging sofort. Er überflog Terra und die Komtesse Lannas mit einem Blick, gleichgültig wie ein Achselzucken. Terra sah, man halte ihn für erledigt, er machte sich zur Verteidigung fertig.

»Ich fahre um elf Uhr nach Berlin«, sagte die Altgott, zum ersten Mal sah sie ihn an. »Wer fort will, muß mit mir kommen. Der Wagen fährt bis hinein, wegen der Einkäufe, die ich mitbringe.« Sie wartete. »Vor morgen Abend kann niemand abreisen.« Da Terra nicht zuckte, beschloß sie kaltblütig, ihrem Auftrag von einer anderen Seite her gerecht zu werden. »Guter Gott, Alice, und deine Robe für den Empfang am Zehnten. Du mußt mich begleiten, wir treiben Katastrophen entgegen.«

»Schicke mir die Schneiderin heraus«, erwiderte die junge Gräfin. »Mußt du jetzt nicht Vorbereitungen treffen?« fragte sie herausfordernd, indes ihr vielleicht das Herz schlug, denn Terra fühlte das seine hoch aufschlagen.

Die Altgott blieb wohlgelaunt. »Auch gut«, sagte sie. »Ich finde schon noch meinen Begleiter« – und im Hinausgehen winkte sie dem zu, den sie meinte. Sie lachte sogar musikalisch, es hieß: »Mit der Komtesse Alice wärest du mitgefahren. Jetzt kommst du wohl oder übel mit mir allein: Du wirst sehen.«

Als der junge Erwin sich den beiden allein gegenüber sah, empfing sein Gesicht einen Schatten, sie wußten nicht, ob von einem Verdacht oder nur vom Gefühl des Alleinseins. Dann lächelte er wie vor einer Entschuldigung. Sie warteten die Pause ab. Er stand auf und sagte: »Du hattest recht, die Straßen sind zu naß. Ich hole mein Zeichenbuch.«

Sie waren allein, da öffneten sie wortlos die Terrassentür und gingen in den Park.

Die Komtesse Lannas richtete sich auf so hoch wie möglich, sie fühlte sich auf Abwegen. Sie bekam einen hohlen, ganz schmalen Rücken, die Schultern spannten sich gebrechlich in dem engen schwarzen Tuchkleid, die Schleppe um die Knie geschlagen, stieß sie mit ihren Lackstiefeln das trockene Laub aus dem Wege. Terra erinnerte sich: »Mit einer Dame vom Zirkus muß ich unter ähnlichen Umständen schon so spaziert sein. Das Kostüm ist das gleiche, aber welch ein Abgrund hier, da läßt sich nichts anderes denken als ein Gewaltstreich, und offenkundig wartet sie darauf.« Sie dachte, die Augen schmal und schwarz, als machte sie sich lustig: »Mich entführen lassen? Alles ist darauf angelegt, es aufgeben wäre Blamage, er hätte bei mir verspielt.« Die Angst machte, daß sie fast ins Laufen kam, der Ausgang des Parkes war nahe.

Vor dem Gitter hielt sie jäh an, sie konnte kaum sprechen. »Wir haben noch nichts gesagt, und wir sind rot vor Aufregung, es ist wie beim Reitlehrer.« Aber er sah vielmehr, daß sie todblaß war, und bildete sich ein, er höre ihr Herz klopfen. Um so feuriger riß er die Augen auf, der Mund spannte sich und bildete Knoten in den Winkeln. Er streckte den Arm nach ihr aus, da erkannte er, daß sie ihm nicht widerstehen werde: aber nur aus

Stolz nicht, weil sie die Verantwortung für das Geschehene auf sich nahm; und seine Bewegung veränderte, bevor sie vollführt war, den Sinn. »Wollen Gräfin sich stützen?« sagte er. »Sie sind erregt, Sie könnten umsinken.« Das todblasse Gesicht erwiderte: »Ob gerade Sie meine Stütze wären? Sie schwanken selbst.«

Stumme Verabredung, dann kehrten sie um, zurück nach Liebwalde. Am Flußufer liefen Pfade durch das dürre Gebüsch. Sie streiften an Dornen, so schmal war der Weg. Einer hinter dem andern arbeiteten sie sich durch zähen Lehm; aber hier sah man sie vom Haus nicht.

Terra, hinter Alice, wartete auf ihr erstes Wort. Nun kam es, es lautete: »Sie sagen mir nicht mehr, daß Sie mich lieben?«

Er öffnete den Mund mehrmals, bevor er ausdrücken konnte: »Jede Frau, die ich liebte, habe ich auch gehaßt. Nur Sie nicht.« Da zuckte ihr Nacken, als werde er von Lippen berührt; sie fühlte, dies sei mehr als die einzelne Erklärung einer Begierde; er eröffne sich ihr ganz. »Sagen Sie mehr«, murmelte sie. Er, ihr in den Nacken:

»Bei Ihnen zuerst kenne ich keine Furcht – obwohl ich soeben versäumt habe, Sie zu entführen.«

»Wir überzeugten uns noch rechtzeitig, daß es nicht sein müsse«, sagte sie ergeben. Er vielmehr mit Zuversicht: »Weil wir uns, komme was will, doch niemals lassen werden!«

»Wenn das Schicksal es so vorhat«, ergänzte sie, und sie wendete sich ihm zu. Ihre Augen strahlten schon wieder die gütigste Ironie, nur der Mund lag noch schmerzlich.

An der Hand führte sie ihn auf einen Weg, den sie nebeneinander gehen konnten. »Daß wir uns lieben!« sagte sie staunend. »Heißt es denn kämpfen?« – Der andere Lebensschüler erklärte ihr: »Kämpfen umeinander, miteinander, und zusammen gegen die Welt.« Er hielt an, und er sann, in ihr Gesicht verloren:

»So müssen wir uns schon einmal gegenübergestanden haben, in irgendeiner alten Tracht vor hundert Jahren, umdroht wie heute von den Gewalten der Welt, genau so aufrührerisch und so vorsichtig. Das sind und bleiben wir.«

»Was waren Sie damals?« fragte sie, um abzulenken.

»Geistlicher«, sagte er bestimmt.

Sie starrte ihn an und wollte fort. »Nein!« rief er entsetzt – und riß schon ihre Hand an seine Lippen, riß mit den Zähnen den Handschuh fort ... »Es ist dennoch so«, sagte sie. »Ich ahne von Ihnen so vieles, und Sie nichts über mich? Auch ich bin nicht so ganz auf der Höhe des Lebens, wie es den Leuten scheint. Sie aber müssen es ahnen, woher sonst Ihre Geständnisse.«

Er ging betroffen mit. Was hatte sie? Welche Sorgen konnte die Frau, die er liebte und nur auf der Höhe seines Gefühles lebendig glaubte, im Leben dort unten haben, welches Verhältnis zu der Welt außer ihm! ... Sie bekannte:

»Die Lannas sind halb bürgerlich; das ist heute, 1894, in gewissen, nicht sehr ausgedehnten Bezirken unseres Weltteiles noch tragisch für meinesgleichen.«

»Die Lannas sind ein großes Geschlecht«, sagte er verständnislos.

»Manche haben auch Geld. Mein Vater war so arm, daß er in seiner Jugend an jeder wirklichen Karriere verzweifelte.«

»Er wollte Journalist werden!« rief Terra, erleuchtet.

»Sehen Sie! ... Er ging so weit, eine Französin zu heiraten.«

»Ihre Augen!« rief er, erleuchtet.

»Auch sein Vater hatte schon bürgerlich geheiratet, wir würden sonst nicht einmal dieses anständige Patrizierhaus in unsere Familie bekommen haben.«

Sofort sah er sein Zimmer vor sich, mit den Gegenständen aus ihrer Sphäre, dem Hyazinthentopf, von ihren Händen hineingetragen. Sie hatte sich ihm versprochen! Kochende Reue befiel ihn. Er fand die alten, vererbten Bürgerstuben, so ähnlich denen, worin er aufgewachsen war, voll unerhoffter Zeugnisse, wie nahe verwandt dieses märchenhafte Geschöpf ihm war. Einen Atemzug lang trug sie das Gesicht seiner Schwester ... Kochende Reue, und ein Zorn, daß er mit Anstrengung nicht niederschrie, was sie vorbrachte.

»Der arme Papa stützt sich nur auf eine Liebhaberei des Kaisers, der ihn gern hört. Aber das einzige Mittel, beim Kaiser dauernd beliebt zu sein, ist großer Reichtum. Sagen Sie mir aufrichtig, ob Sie glauben, daß wir Reichskanzler werden!« verlangte sie zum Schluß.

»Unbesehen«, sagte er schroff.

»Sie müssen mich ernst nehmen.« Ihr Ton zwang ihn, hinzusehen: da hatte sie wieder jene Brauenfalte, die ihn abstieß. Der geistreich strahlende Blick war verwandelt in einen kurzsichtigen, besorgten, und dies Menschenherz in eine Ehrgeizige. Entmutigt ließ er sie weiter sprechen.

»Ich will mich oben halten, ich will aus der Wilhelmstraße nicht ausziehen müssen. Glauben Sie, mein weiblicher Verkehr sollen eine Theatergräfin und eine Kanonenprinzessin bleiben? Ich laufe den großen Damen nicht nach, mögen sie mich nur zu großen Empfängen bitten. Aber an dem Tage, wo sie in meinem Salon sitzen –«

»Haben Sie die Weltordnung umgestürzt.«

»Kann ich auch meinen Freunden endlich nützen« – ihre Überlegenheit kehrte wieder. »Ihnen zum Beispiel bei meinem Vater. Denn ich bilde mir nicht ein, daß Sie ausschließlich nur meinetwegen hier sind. Sie wollen mir nicht sagen, was Sie bei ihm betreiben? Tut nichts, wir sind Verbündete, Hand darauf.«

Aber Terra übersah die ihre, die sie hinstreckte. Er

fühlte, von kaltem Schauder überlaufen: »Dies bleibt übrig von allem? Neu das Leben begriffen, Mann geworden, das Ziel gefunden für deine Tat und deinen Glauben – damit dies Wort kam?« Kalter Schauder: »Und ich habe mich hingegeben, was ist mir noch geblieben aus der Zeit, als ich sie nicht kannte!« Zu Lea, die ihn fragte: »Liebt sie dich«, hatte er gesagt: »Liebe denn ich sie« – weil das Wesen, das dein Leben selbst ist, mehr von dir mitbekommen hat als nur Liebe! Er begriff sich im Augenblick, da alles aufhörte. Von hier gab es einzig noch Abgang in den Tod ... Da lachte er auf: und sie wollte ihm beistehen im Kampf gegen die Todesstrafe!

Sie hatte einen raschen Schritt von ihm fort gemacht und schützte sich mit vorgestrecktem Arm. Sein Gelächter hatte ihr wohl unheilvoll geklungen? Erst jetzt bemerkte er, daß seine Hände krampfhaft geballt waren und daß seine Muskeln sich spannten für den Sprung, den er vorhatte. Überwältigende Wut verhinderte die Drohungen und Flüche, sein knirschendes Gebiß zu durchdringen. Irr sah er umher, wie nach Errettung, und doch auch, ob nichts ihn stören werde. Die kahlen Büsche ließen einen engen Platz frei, genug, um dich zu rächen, bevor du selbst stirbst. Gebückt, mit knotig geöffneten Armen stand der tierartige Umriß eines Baumes im weißlichen Himmel, als Sinnbild des Mordes, und hinter den Büschen das überall gurgelnde Wasser schwoll an und rief, gleich zu vergießendem Blut.

Sie aber: die Angst verließ, wie durch Zauber, ihr Gesicht, ihre Augen strahlten hochgemut wie je, die Gebärde, mit der sie sich geschützt hatte, ward befehlend. »Auch das tun Sie nicht!« rief sie hell – und wahrhaftig sanken ihm die Arme. Entwaffnet sah er an sich hinunter und stieß geduckt nur aus, um nicht zu verschwinden wie ein Knabe: »Aber ich halte Sie in der Hand!« – worauf sie lachte, ein wenig erschreckt, wie ihm schien, aber so tapfer. Ihm kam Mitleid mit ihr, alles was sie war und verhieß, kehrte zurück, das Leben hatte ihn wieder. Er schämte sich aber, vor ihr hinzufallen, er raffte vielmehr seinen ganzen Stolz zusammen, aus geschwellter Brust schmetterte er ihr in das Gesicht: »Ich gehe meiner Wege! – und bedauere Sie, daß es nicht Ihre sind. Nun ich Sie kenne, kann ich Sie so wenig lieben, wie Sie mir befehlen können. Meine Zukunft trage ich in mir selbst; um neidisch zu sein, habe ich zu viel Phantasie, um ehrgeizig zu sein, zu viel Selbstachtung, und sollten wir uns jemals wiedersehen, werde ich vielleicht einflußlos geblieben sein wie heute, aber mir erkämpft haben, was Sie verlachen, meine Menschenwürde!« Noch maß sein Blick sich feurig mit ihrem; jetzt schroff kehrtum, die Büsche durchbrochen mit Ungestüm und davongestürmt im herben Trotz deiner Jugend.

»Terra!« rief eine neue Stimme, überrascht hielt er an. Bruder Erwin trat drüben hervor. »Die Gräfin Altgott«, sagte er in aller Ruhe, »behauptet, daß Sie sie nach Berlin begleiten. Aber so eilig?«

»Hier ist meines Bleibens nicht.« Noch schroffer: »Ersparen Sie mir die Gründe – Herr Graf!«

»Schade. Wir haben Sie gern, meine Schwester und ich. Auch ich. Sie haben nichts Böses vor. Ich habe mir Ihr Gesicht angesehen, vorhin, bei Ihrer großen Tirade. Wenn ich genug könnte, ich hätte Sie gezeichnet.« Womit er Terra nur die Wahl ließ, ihm an den Hals zu springen oder in den Erdboden zu versinken. Als Kuriosität betrachtet und nicht ernst genommen, diese auserlesene Demütigung krönte seine Erlebnisse hier!

»Ihr Vertrauen ehrt mich«, sagte er, in sich zusammengezogen, den Blick am Boden. Der junge Graf sprach weiter mit Wohlwollen, nahezu vertraulich. »Sie haben selbst eine Schwester, Fräulein Lea.« – »Sogar den Namen!« knirschte Terra. – Erwin zu Alice:

»Und er verteidigte sie gegen jeden Versuch der Herabsetzung, auf eine merkwürdige und unnachahmliche Art übrigens.«

»Auch Sie haben die Ihre«, knirschte Terra. Erwin sagte aufrichtig: »Ich weiß doch nicht, ob ich mich so hingeben und mit solcher Leidenschaft für einen anderen eintreten könnte, wie damals Sie ...«

Er wollte den Hergang berichten, nur die Komtesse Alice verhinderte ihn. Sie sah, daß Terra an allen Gliedern zitterte. Er würde sich zweifellos in das Gebüsch verkrochen haben, wenn seine Füße ihm gehorcht hätten. Als Ritter seiner Schwester sich bewundern hören, und sie war, eben in dieser Stunde, unterwegs zu einem skandalösen Abenteuer, dem er nachhalf! Was ward aus ihm? Was machte aus ihm sein zynischer Spieltrieb, seine Art, voraussetzungslos abzurechnen mit dem Leben, das ihn erniedrigte? Schon war er dahin gelangt, seine Schwester zu entehren ... In seinem bösen Traum hörte er sagen:

»Du glaubst nicht, welch ein Wesen! Ich habe so viel Schönheit nie gesehen, und kann schon nicht mehr glauben, daß ich sie wirklich gesehen habe. Eine unbestimmbare Verwandtschaft hatte sie mit dir, Alice.«

Hilfesuchend sah er nach dem Sprecher auf, da stand nur noch das junge Mädchen. »Ich habe eingesehen, daß wir um einen zu viel waren« – und sie winkte beschwichtigend. Er stimmte ihr bei. »Für unseren Abschied müssen wir allein sein.«

»Nicht bitter!« Damit kam sie auf ihn zu. »Wir haben einander nahegestanden, schonen wir uns doch!«

Er verbeugte sich, und sie gingen Seite an Seite zurück durch die Dornen.

Wie lange schon dies Schweigen ratloser Gefühle – da brach es unter Schluchzen aus ihm: »Wo wirst du meine Begeisterung wiederfinden?«

»Nie und nirgends«, sagte sie, mit einem Blick der Reue. »Bedauere mich, daß ich dich gehen lasse!«

»Und ich? Dies war nun mein Teil. Ich habe dich unerhört geliebt.«

»Ich liebe dich noch immer«, sagte sie sanft. Er ertrug es nicht länger, er beugte sich über ihre Hände, er küßte sie, schmerzgeborene Küsse. Sie hielt ihr bleiches Gesicht, über das Tränen rannen, in das Ungewisse gerichtet. »Es ist vielleicht ganz einfach?« murmelte sie. »Wir sind nur zu jung?«

Er richtete sich auf, er behielt ihre Hände. »Aber ich werde warten«, sagte sie schnell. – »Auf mich warten, bis ich dich holen kann?« fragte er ebenso schnell, und fühlte ihre Hände die Antwort geben. Aus den Augen freilich lasen sie einander ab, daß dies die mehr oder weniger konventionellen Fragen und Antworten der Jugend seien, die sich nicht geschlagen geben will. Gewiß, alles konnte eintreffen; aber diese Herzen zweifelten selbst noch im Brechen.

Diskret trennten sich ihre Augen, sie brachen nochmals auf, sie eilten jetzt, schon lag vor ihnen das Haus, sie sahen den Wagen bereitstehen. In der Sekunde, bevor sie die Deckung des letzten Gebüsches verließen, erbebte Terra noch einmal unter dem elementaren Drang, sie an sich zu reißen, in den Wagen zu werfen, dahinzunehmen. Sie hatte mitgebebt. Dann war es vorüber.

Der Kutscher trug ein Gepäckstück herbei, Terra erkannte mit Staunen sein eigenes. Gleich nachher erschien die Gräfin Altgott und winkte ihm einzusteigen. Er sah sich hastig um; Alice war fort. »Adieu. Ich habe zu eilig leben wollen. Phantasie, mein Glück, meine Qual. Goldener Reisemorgen, ich wartete auf meine Gefährtin – wie schon einmal, kann ich mich entsinnen; nur nicht mehr ganz so zuversichtlich wie einst, als ich auf die Frau von drüben wartete. Andere Zeiten, aber derselbe Aufbruch –« dachte er in dem Augenblick, da er zu der Altgott stieg und ihr Lächeln ihm sagte: »Wer hat recht behalten.« Er dachte: »Sie, meine Beste. Sie ganz allein, Sie sollen sogar mehr recht haben, als Ihnen lieb ist.« Er sah sie Unheil verheißend aus den Augenwinkeln an; sie aber mißverstand ihn, ihr Lächeln ward gewährend. »Alte Hexe«, dachte er, »welche Niedertracht sinnst du noch.« Da aber ihre Lockung, nun sie das Parktor verließen, immer deutlicher ward, erinnerte er sich, daß sie nicht nur als Aufsichtsperson über das junge Mädchen sich alle diese Mühe gab, auch für eigene Rechnung. Der Humor der Lage ließ ihn auffahren wie gestochen. Den Mund voll Bitterkeit, stürzte er sich auf die Dame. »Schlimmer!« murmelte sie vergehend, »du küßt wie ein Gott.«

Freilich besann sie sich bald auf die Sicherungen, deren sie benötigte. Wie stand er mit der Komtesse Alice? War irgendeine Aussicht übrig, daß er jemals in das Haus Lannas zurückkehrte? Sie horchte auf. Die Spur eines Zweifels, und sie opferte auch dieses letzte, schwer erkämpfte Glück den Geboten ihrer Stellung. Er beruhigte sie, da überließ sie sich der Schwärmerei. Sie hatte eine Wohnung, voll der Trophäen ihrer großen Vergangenheit, ihr Heiligtum, niemanden empfing sie dort. Heute aber, gleich nach ihrer Ankunft in der Stadt, wollte sie den Wagen fortschicken, eine Droschke nehmen und mit ihm heimfahren, er und sie. »Wir werden unser Glück vor der Welt verstecken«, würde sie gesagt haben, aber Terra nahm es ihr aus dem Mund. Hierauf gestand sie an seiner Schulter, daß sie noch lieber mit ihm in die Welt hinaus gereist wäre. »Du verkörpertest mir, gleich als ich dich sah, den Fliegenden Holländer«, sagte sie, errötend in zweiter Mädchenhaftigkeit. Er fürchtete, sie zu bemitleiden, daher lachte er plötzlich hart auf. »Wie Tolleben und die geborene Knack!« – »Nein«, sagte sie gekränkt.

»So etwas verläuft bürgerlich normal, wir sind anders.« Er widersprach: »Unterschätzen Sie, meine Gnädigste, nur den Bürger nicht! Nirgends hat die Norm so viele Hindernisse zu nehmen.« Und er legte los: »Ich kannte einst einen Kavalier und eine Erbin, die zusammen auf die Hochzeitsreise gingen ...«

Die Altgott erstarrte, ihre Erwartungen wurden übertroffen, sie hatte neben sich den leibhaftigen Teufel: ein Gesicht, das sich verrenkte vor Hohn und Haß, Augen wie brennende Abgründe, und plumpe Hände formten um die gesprochenen Dinge ihre Griffe grauenerregend sicher ... »Ihr – Kavalier«, fragte sie ahnungsvoll, »wäre dazu imstande?« – »Er ist es«, sagte Terra. »Nun er das Frauchen im Speisewagen verstaut hat, schützt er die Gepäckrevision vor und verschwindet. Noch einmal hält der Zug, dann rollt er mit dem unschuldig sich nährenden Frauchen der Grenze Frankreichs zu – indes der Herr Gemahl den Zug nach Italien besteigt, zu seiner Seite eine Schauspielerin.«

»Das muß sich furchtbar rächen«, sah die Altgott schaudernd voraus.

»Sehr richtig, meine Gnädigste. Es ist sogar ursprünglich nichts weiter als ein doppelter Racheakt. Die Schauspielerin hat einen Liebhaber, der Bruder der Schauspielerin hat eine Schwester.«

»Um Gottes willen!« flehte die Altgott vor dieser Miene. »Sie sitzen doch hier. Sie sehen aus, als vernichteten Sie in diesem Augenblick Ihren Feind. Sie sitzen doch hier!«

»Anstatt des Bruders geht ein harmloser, blond gelockter Deutscher in Mailand umher und versichert sich mehrerer der internationalen Artisten, die ihm von seiner Tätigkeit an einer Berliner Agentur her bekannt sind. Die Nacht sieht einen kostümierten Überfall, dem Kavalier bleibt gerade noch Zeit, der Dame Mut zuzusprechen, dann trennen die Räuber das Paar, in ihrer Höhle findet er sich wieder. Schwerenot, sie nehmen kein Lösegeld. Verdammt, sie wollen etwas Schriftliches. Im Besitz eines vom Kavalier beglaubigten Protokolls über das lächerliche Abenteuer macht der mehr als blonde Impresario sich Maske und Rolle des Kavaliers zu eigen, beschäftigt die Behörden, läßt sich interviewen, erfüllt das halbe Europa mit einem Berliner Skandal ersten Ranges.«

Erstickter Schmerzenslaut, und die Altgott sank in sich zusammen. »Was haben Sie davon«, stammelte sie. »Uneigennützige Freude am Lauf der Welt«, versicherte Terra. »Der Kavalier steht an hoher diplomatischer Stelle. Seinen Kollegen, den glücklicheren Liebhaber der Schauspielerin, trifft der Schlag nicht weniger, die Schauspielerin wollte im Grund nur ihn treffen. Ihr Bruder tut alles um des sittlichen Problems willen.«

»Sie sind ein Teufel«, ächzte die Altgott.

»Nein. Ein Komödienschreiber«, sagte Terra.

Sie wimmerte versunken; plötzlich fuhr sie auf. »Steigen Sie sofort aus!«

»Ich verstehe nicht. Wir sind auf weiter Heide.«

»Steigen Sie aus, ich darf nicht mit Ihnen in Berlin einfahren. Wie lange kann es dauern, und das unerhörte Gerücht kommt auf. Es nimmt Gestalt an, bestätigt sich, der Mittelpunkt ist das Haus Lannas, auf jeden von uns zeigt man mit den Fingern« – sie selbst erhob wankend den Finger. In ihren Augen der blasse Schrecken malte ihr den Zusammenbruch. »Wer mich heute mit Ihnen sieht, hält mich für die Anstifterin, ich bin verloren, kein Salon öffnet sich mir wieder. Steigen Sie aus!« verlangte sie dramatisch. Terra, kalt: »Fahren Sie mich bis zur Haltestelle des Omnibus!«

Dort angelangt, stieg er aus.

Zweiter Teil

Erstes Kapitel

Aufstieg

Mangolf erkrankte an dem Skandal; Lea Terra, die ihn eben darum mitgemacht hatte, behielt recht. Einen ganzen Morgen fieberte er über den Zeitungen, ihrer ersten, die Phantastik der Geschichte noch nicht erschöpfenden Darstellung. Ein Herr der höchsten Gesellschaft war ihr Held. »Wir wollen vorläufig nur verraten, daß er den Sphären der Reichsregierung nicht fern steht.« Die unfreiwillige Heldin entstammte der Schwerindustrie. Ihr Vater, einer unserer großen Industriekapitäne, war schwerlich der Mann, den Affront hinzunehmen. Seit wann verließ man reiche Erbinnen auf der Hochzeitsreise. Die Fortsetzung der Affäre lag vorerst im Dunkel. Der durchgegangene Bräutigam sollte mit einer Dame, die der Bühne oder der Halbwelt angehörte, in Italien noch Abenteuer zu bestehen gehabt haben, die der Aufklärung bedurften. »Unser Mailänder Korrespondent ist der im Mittelpunkt des Skandals stehenden Dame hart auf der Spur.«

Mangolf sah: dies konnte das Ende von allem sein. Seine eigenen Beziehungen zu der Schauspielerin, die der Mittelpunkt war, konnten ihm den Hals brechen. Sie mußten es, Terra hatte unfehlbar gerechnet! Denn man würde nicht versäumen, ihn der Anstiftung zu beschuldigen. Wer hatte den ersten Nutzen, wenn Tolleben sich erledigte? Ein Tolleben, märkischer Uradel, Bonner Borusse, Halberstädter Kürassier! Knack, die Macht und die Blüte des kaiserlichen Neudeutschlands! Solcher Koalition fühlte Mangolf sich nicht gewachsen, sein Fieber stieg. Es würde ihn niedergeworfen haben, aber er war stark genug, das Bild dieses Terra zu verscheuchen, so oft es auch wiederkam. Der wirkliche Anstifter, erfolgreich, diesmal in seinem Element! Der Mensch, dem Zynismus Verdienst schien, der an den höheren Mächten des Lebens die Rache seiner zersetzenden Komik übte! Der Elende, der nicht einmal vor der eigenen Schwester –. Ach, fort damit, still, halte dich still! Umsonst, dies Bild kam wieder, dies scharfe Gesicht der Qual, die Geliebte in aller Wollust ihres Betruges, ihrer Rache! Mangolf ließ, in einer Ecke des Zimmers hockend, die heißen Tränen fließen – lautlos; aber Lea Terra, dahinten irgendwo, hörte es wohl und war glücklich.

Am Nachmittag hatte er den Anfall unterdrückt und erschien beim Tee des Staatssekretärs. Seine krankhafte Blässe lag unter ein wenig Schminke, den verdächtigen Glanz seiner Augen dämpfte er mit gehaltenen Mienen voll würdigen Bedauerns. Sie gefielen, Lannas sah sie ihm geradezu ab. Die Komtesse Alice bedauerte vor Fremden ihre Freundin Bella bis zum Schluchzen; aber kaum allein mit Mangolf und der Altgott, gewann sie dem Vorfall heitere Seiten ab. Sie gestand sogar: »Dem langweiligen Tolleben hätte ich es nicht einmal zugetraut.« Eine Anerkennung! – und auch die Altgott, die vor Angst stumm geblieben war, schloß sich hier an; sie hatte die Anerkennung des Tollebenschen Geniestreiches nun schon öfter gehört. Einen Augenblick blieb sie mit Mangolf ohne Zeugen, da sagten beide gleichzeitig: »Von Terra spricht niemand.«

Große Erleichterung, in den bewegten Tagen, die folgten, war es immer wieder Tolleben, den jede neue Einzelheit ins Licht stellte. Die Entrüstung über die peinliche Lage seiner jungen Frau überschritt nicht das Gebotene, sein eigener Hineinfall war ein Ausgleich des Schicksals. Die Rolle Terras blieb im Dunkeln, die der unbekannten Schauspielerin schien begreiflich, weil ihrem Stand und

Beruf entsprechend – und ward Mangolf nach ihr gefragt, war die Frage weit eher schmeichelhaft gemeint. Einer fragte ihn nach ihr in einem ganz besonderen Ton: Lannas. Nicht umsonst hatte Lannas sich gefürchtet vor der gefahrdrohenden Verbindung Tollebens mit dem Hause Knack. Er sah es als sein persönliches Glück an, daß die Verbindung unterbrochen war. Eine Dame, die seinem Privatsekretär nahestehen sollte, hatte beigetragen? Dies war dem Privatsekretär anzurechnen. Und er behandelte ihn gut ... »Falsch angefangen!« sagte Mangolf im Geiste zu Terra. Wer stand verächtlicher da als der Boshafte, dem es fehlging, als der Schamlose, auf den niemand achtgab. Blieb nur, daß Mangolf selbst sich zweifellos getroffen fühlte und daß er hassen mußte von früh bis spät, hassen mit dem Gefühl des Verzehrtwerdens und des Hungerns. Er hörte, sooft er allein war, das unsichtbare Frohlocken Terras. »Nun sieh dich an. Der Schmerz um deine treulose Geliebte kreuzt sich in deiner Brust mit der Angst um deine Laufbahn, und ist nur die Laufbahn gerettet, das andere verschluckst du.« Die Stimme Terras ward teuflisch. »Anstatt hervorzutreten und an dem Tolleben Rache zu nehmen, sei froh, wenn die Sache ihm gut ausschlägt!« Mangolf ward gelb zu dieser Zeit bis in die Augen. Was ist das Unerträgliche schlechthin? Ein Witz, der deine ganze Existenz vor dir aufdeckt, wie einen operierten Bauch, der offensteht und schlecht riecht. Einmal begegneten sich die Freunde auf der Straße. Von weitem schien es, daß Terra schmunzle, etwas näher, daß er neugierig werde. Als sie aneinander waren, hob seine Hand sich gegen den Hutrand, blieb aber erschreckt in der Luft stehen, und sein Gesicht ward bedauernd. So leidensschwer war der Haß, der, gelb bis in die Augen, ohne Gruß an ihm vorbeiging.

Aus der Bahn geworfen von seinen entnervenden Gefühlen, geriet der strenge Mangolf zum ersten Mal in ein zuchtloses Bummeln. Mißbrauchte seinen Auftrag bei dem jungen Erwin. Dies war nicht mehr der weltmännische Führer eines verträumten Jünglings, es war das Laster, verzerrtes Laster, eine Flucht und ein Zähneklappern von Laster, dem alsbald Atem und Steigerung ausgingen. Was gab es noch, was erfand man noch? Die Frau von drüben! Das eigene Nest des andern, sein Jugendtraum ... In einem Nachtlokal ward Bekanntschaft geschlossen, Mangolf erläuterte der Fürstin die Eigenheiten seines Schützlings und erbat ihr Entgegenkommen. Er sah in das weiße Gesicht, die Weide des andern, und haßte ihn. Haßte und merkte zugleich, er begehre die Frau. Nie vorher würde er etwas anderes als Ekel bei ihr empfunden haben, er, den nur Reinheit reizte! Machte denn Haß dem Verhaßten ähnlich? Besuch bei ihr. Der junge Erwin wartete nichtachtend im Vorzimmer, indes Mangolf verschwunden war mit der Frau.

Aber noch ein Besuch: da war das Kind; Mangolf erriet, wessen Kind. Sogleich ließ er den jungen Lannas bei der Frau und sah nur noch das Kind. Ob sein Vater es oft küsse, ob es – große Spannung – ihn liebe. Das Kind wußte nicht. Da wollte Mangolf mit ihm ausgehn und es bald, bald wiederhaben. Welch eine Verwirrung! Unaufmerksam hörte er die Mutter sagen, mit dem Grafen brauche sie Zeit.

Sie brauchte Zeit und Geld. Die beiden kehrten wieder. Erwin brachte ihr das Geld, das der Wucherer Kappus dem Sohn des Staatssekretärs lieh. Mangolf hatte es vermittelt, einzig um noch hier zu sein und bei dem Kinde den Vater auszustechen. Einst ward auf besondere Art geläutet, das Kind rief »Papa!« und wollte hin. Da schob Mangolf es, trotz seines Geschreies, in den Winkel und hielt sich bereit, dem Eintretenden den Weg zu versperren. »Die Frau ist beschäftigt, das Kind hat mich; deine Familie, wenn du sie so nennst, gehört jedem mehr als dir. Laß dir nur den Anspruch nicht einfallen, als habe hier irgendein menschliches Wesen mehr Sinn für dich als die ganze Welt, in der du nichts ausrichtest!« Es war sehr still. Das Kind schrie nicht mehr, es hatte in dem Winkel ein Spiel erfunden; entfernt lachte die Frau. Einer sollte fortgedrängt werden bis an den Rand der letzten menschlichen Zusammenhänge, wo Leere den Ausgestoßenen hinnimmt. Mangolf wartete, aber der andere kam nicht. Statt seiner erschien Tolleben.

Tolleben war, ohne daß irgend jemand darum wußte, in Berlin. Er wollte unbemerkt in Erfahrung bringen, wie man sein Erlebnis auffasse, was ihn erwarte. »Der schmeichelhafteste Empfang«, versicherte Mangolf. »Sie haben Eindruck gemacht.« – »Sogar mir imponieren Sie«, sagte die Dame des Hauses. Tolleben behielt trotzdem die Gewitterstirn. »Wenn Ihr Freund Terra mir je in die Hände fällt –.«

Mangolf schwieg; aber die Frau von drüben sagte: »Was wollen Sie? Er hat Ihnen Reklame gemacht. Nur seine Schwester kann ich nicht fair finden. So etwas will bei besseren Theatern sein?« fragte sie und prüfte gelassen die beiden Rivalen, der eine betrogen, der andere genarrt. Plötzlich lachten beide schallend, wie aus demselben Halse. Der junge Erwin legte seine Zigarette fort und sagte: »Ich will nicht hoffen, Fürstin, daß Sie von Fräulein Terra sprechen.« Sie gab ihm eine leichte Ohrfeige. »Hoffen Sie ruhig!« sagte sie – worauf er sein Zeichenbuch einpackte und ging. Mangolf mußte folgen. Tolleben, der zurückblieb, erklärte, das Ganze sei ein Mißgriff. »Hätte ich damals auf der Probe das Glück gehabt, die schönere der Damen vorzufinden –.« Dabei hatte er ein streng geschäftliches Gesicht. Sie verstand ihn sofort.

»Wir können nachholen«, sagte sie klar und zog die Füße auf den Diwan. »Ich meine wiederanfangen. Aber diesmal nur in aller Öffentlichkeit. Auch ich will Reklame haben.«

»Das meine ich eben«, bestätigte Tolleben.

»Sie sind mit mir Ihrer Frau durchgegangen, gut, mit keiner anderen als mir waren Sie auf Reisen; und ich bin nicht die Frau, die sich mit Apachen verabredet, ihrem Kavalier den Kreditbrief abzunehmen, und ihn in weiter Ferne seinem Schicksal überläßt. Es sind nicht meine Methoden. Man sieht Sie noch weiterhin in meiner Begleitung, Sie sind also nicht hineingefallen, es war Verleumdung, wer will es noch behaupten. Aber schon heute abend muß man uns sehen.«

»Ganz meine Ansicht«, bestätigte Tolleben.

»Müssen Sie aber wie ein Eisberg sein?«

»Ich bin geschäftlich hier. Sie haben die gewünschte Reklame.«

»Allein genügt sie mir nicht«, sagte sie schläfrig und ließ ihre nackte Hand über das Kissen auf ihn zuschleichen. »Geschäfte haben mich noch niemals ganz ausgefüllt.«

»Aber Sie haben auch noch keins versäumt.«

»Sie vergessen mir nicht die allerhöchste Oper. Aber was kann ich für die perverse Phantasie eines Selbstmordkandidaten. Die allerhöchste Oper hat alle möglichen Leute bloßgestellt, nur Sie nicht, dafür sorgte ich.«

»Das weiß ich, Lili.« Endlich war er erweicht. Schon lehnte sie den Kopf ins Kissen zurück und breitete das Gesicht hin. Tolleben langte, sich vorwagend, über ihrem Mund an, mit seinem Gebiß, den Augensäcken, der Glatze. Sie blinzelte und wartete, da sagte die hohe, feine Stimme:

»Ihnen, Lili, kann ich es verraten, mein Bedarf an Weibern ist durch die doppelte Hochzeitsreise mehr als gedeckt. Ich habe die Neese plein«, sagte der Bismarck noch deutlicher und ganz Staatsmann. Die Fürstin sprang leicht auf, sie stieß ihn fort.

»Wenigstens sind Sie aus den Schulden? Natürlich, als Sie durchgingen, hatten Sie die Mitgift bei sich!«

Es war von Einfluß auf das Schicksal Tollebens, daß alle dies glaubten. Zum mindesten war es klar, daß er sich in seinem Scheidungsprozeß eine riesenhafte Abfindung würde zusprechen lassen. Man beglückwünschte ihn, wohin er kam. Das entlegene Abenteuer mit der Schauspielerin verlor bald jede Glaubwürdigkeit; sie wurden zusammen gesehen, und zwar im besten Einvernehmen. Tolleben durfte sich als erfolgreicher Diplomat fühlen. Nichts blieb übrig von allem, was ihn anging, als der Ruhm, das reichste Mädchen des gesamten Bürgertumes rundweg sitzengelassen zu haben wie ein verführtes Dienstmädchen. Das war noch ein Junkerstreich. »In der Bahn, meine Liebe – und sie hatten ein reserviertes Kupee, die Vorhänge blieben den ganzen Tag geschlossen, was kann sie leugnen. Und an der Grenze, hast du nicht gesehen –.« Hof- und Agraradel, Offizierskorps wie hohe Beamtenschaft waren für Augenblicke gerächt an dem drohend heraufsteigenden bürgerlichen Reichtum. Tolleben ward umhergereicht, Held der Saison, Liebling der Mütter, zage Hoffnung der Töchter. Seine Ähnlichkeit mit dem großen Kanzler sprang plötzlich in die Augen, die Eingeweihten wußten, ihm sei eine einzigartige Laufbahn vorbehalten. Sogar Lannas trug der allgemeinen Auffassung Rechnung; er ließ durchblicken, daß er den Tollebenschen Streich im Grunde für das Manöver eines begabten Diplomaten halte.

Dennoch hatte er ein wachsames Auge auf seine Tochter, sie machte die Tolleben-Mode gar zu gutgläubig mit. Der erfahrene Vater sprach: »Mein kluges Kind kann unmöglich glauben, daß ein grauer Esel wie unser Freund den Ruhm, ein Löwe zu sein, heil und gesund übersteht. Am Schluß ist er ein für allemal erledigt.« Aber die Tochter mit ihren geistreichen Augen: »Wer kann das wissen.

Bei der Maske! Und wer ist denn da, wer kommt in Frage?«

Als was? Gatte der Komtesse Lannas? Oder Nachfolger Lannas' im Auswärtigen, wenn er selbst zu der Stellung des Reichskanzlers aufrückte? Dem Vater ward es ungemütlich, er sah schon sein eigenes Kind einen Verfolger ihm auf die Spur setzen. Daher umarmte er das Kind, er küßte es lächelnd unter echten Tränen. »Wir sind noch lange aufeinander angewiesen, du mein Liebling!« – Ihr Blick schien zu sagen, daß dieser Zustand möglichst abgekürzt werden sollte. Der Vater küßte sie noch zärtlicher. »Ich habe nur dich. Nur die großartigste Verbindung wird mir für dich gut genug sein.«

Worauf er mit dem Herzog von Drachenfels anrückte. Ein zeitgemäßer Typ, mit Interesse nahm Alice ihn auf. Widerschein von Paris, Ästhet vom Ende des Jahrhunderts, ganz Haar und schwarze Krawatte, ganz schöne Reizsamkeit. Ehrgeiz? Sinnlose Zusammensetzung zweier plumper Begriffe. Ein Grandseigneur im höchsten Sinn konnte vielleicht noch Botschafter sein, einer europäischen Hauptstadt die Botschaft gepflegtester Klasse bringen. Sonst nichts.

Komtesse Lannas ließ ihn lange im Zweifel, daß er auch ihr sonst nichts zu geben habe. Sie flirtete mit dem Herzog. Den Tolleben ließ sie von anderen feiern, sie aber sah wachsam zu.

Tragisch empfand es der Gefeierte, daß grade sein Glück ihn hinderte, für sein Fortkommen etwas wirklich Nützliches zu tun. Tolleben fand nicht den Mut, sich den Rosenketten zu entwinden. Er sagte sich: »Ich bin ein gefangener Riese. Schluß!« Aber irgendeine Schwäche machte, daß er sich versäumte. So kam Mangolf voran.

Mangolf war von seinen ungesunden Abwegen eiligst zurückgeholt worden durch den Anblick des Tollebenschen Glückes. Über Nacht ward sein Auge klar, seine

Hand sicher. »Dies ist der Augenblick!« fühlte er. »Nimm zusammen, was du hast!« Und Mangolf schrieb an Knack.

Der Großindustrielle hatte sich, geschlagen wie er war und voll Groll, mit seiner verschmähten Tochter in seine rheinisch-westfälischen Herrschaftsgebiete verbannt, von beiden sah und hörte man nichts. Wie lange konnte der Zustand dauern. Wenn alle es zeitweilig vergaßen, daß die Flotte vermehrt, die Artillerie rastlos erneuert und die Macht eines Knack allen Wechselfällen immer weiter enthoben ward, Mangolf bedachte es. Er unterrichtete den Abwesenden von der Lage der Dinge, ohne gefühlsmäßige Abschweifungen, aber mit sachlicher Sympathie, und erklärte eine innerpolitische Ablenkung gerade im Interesse des Staates für durchaus geboten. Die unmittelbare Folge war eine freigebige Handbewegung Knacks und, so gut wie gleichzeitig, eine ungeahnte Zunahme der noch langsamen alldeutschen Bewegung.

Mangolf trat entschlossen in sie ein. Erst, als nichts mehr daran zu ändern war, befragte er seinen Chef.

»Sie sind nicht ungeschickt«, sagte Lannas. »Zuerst sprechen Sie in einer öffentlichen Versammlung, dann kommen Sie zu mir, als ob ich noch etwas verhindern könnte.« Mangolf beteuerte, daß es selbstverständlich keine Sachlage gebe, in der er sich nicht dem Winke Seiner Exzellenz unterwerfen würde.

»Reden Sie nur! Mein Privatsekretär ist kein Beamter wie die anderen; diesen Vorteil nützen Sie aus und treiben Ihre eigene Politik …«

Er wäre untröstlich, beteuerte Mangolf, wenn sie dem verehrten Staatsmann auch nur eine Minute unbequem wäre.

»Vielleicht kann ich Ihre Politik als Ergänzung meiner eigenen nicht übel brauchen«, sagte Lannas darauf. »Eins schickt sich nicht für alle.«

Er habe sich erlaubt, dies gleich mit zu berechnen, gestand Mangolf. Lannas ging von ihm fort und schmollte. »Wenn ich Sie aber auch maßregeln wollte, dann fragen Sie mich: was kannst du machen. Sehr richtig. Einen Privatsekretär, der den Schutz des Alldeutschen Verbandes und seines Vorsitzenden, des Generals von Heckerott, genießt, kann ich nicht anders loswerden, als wenn ich ihn befördere.«

Er sah aus dem Augenwinkel, wie Mangolf errötete. »Nur die eine Chance habe ich: daß Sie weiter oben Anstoß erregen«, schloß Lannas.

Dieser Gefahr, der einzigen, aber entscheidenden, war Mangolf sich bewußt gewesen, bevor er Stellung nahm. Eine Regung dort auf dem Gipfel, und er war abgetan oder beglaubigt. Die Stunde kommt, du entgehst ihr nicht. Besser noch, allen Einflüssen vorzugreifen und den Gipfel im Sturm zu nehmen, bevor er sich recht besann.

Kaltblütig faßte Mangolf auf der Tribüne Fuß, in jener Versammlung der Alldeutschen, die zum ersten Mal das unbeschönigte Programm vernehmen sollte. Er sprach gegen eine zivile Politik, die sich von der Bismarckschen Tradition entfernt hatte. Das Gegengewicht waren Knack und der Admiral von Fischer. Die Flotte mußte stärker werden als die englische, und das englische Weltreich im Entscheidungskampf uns zufallen: dies war deutschnationales Pflichtgebot ... Mangolf führte eine ungeahnt jugendliche Stimme hin und her zwischen besonnener Festigkeit und einer Art Jauchzen, das die Hörer zu Ausrufen hinriß. Dunkel, schmal, gelblich bleich, kein anerkannt deutscher Umriß stand dort oben, und um so überzeugender wirkte das deutsche Bekenntnis. Keiner der ihren würde die rot- oder weißgesichtigen, verdickten oder grobknochigen Gestalten im Saal so weit verführt haben. Mangolf hielt sie im Auge, während er zu jauchzen schien, und blieb sich von Stufe zu Stufe bewußt, wieviel sie ertrugen. Die Stadt Lille nannte er Ryssel und niederdeutsch, Toul hieß Leuk, und hier wie dort hatte die französische Trikolore sich vor die Füße des deutschen Aars zu senken. Ehe nicht volle sieben französische Departements von der französischen Fremdherrschaft befreit wären, sei das Reich nicht gesättigt und die alte Schuld nicht beglichen.

Sogleich nach beendeter Leistung, im Künstlerzimmer, indes er die kraftvollen Händedrücke zurückgab, mußte Mangolf hinter der entschlossensten Maske seine schweren Zweifel verbergen. Hatte er sich nicht dennoch übernommen? Aus einem Wagnis wie diesem ging man abgestempelt hervor, war offiziell nicht mehr verwendbar und hatte schließlich nur denen genützt, die sich klug zurückhielten. Schlimme Nacht; – aber am Morgen lag alles wieder im klaren. Abwarten! Er suchte Lannas nicht auf, und Lannas ließ ihn nicht rufen. Nachmittags erfuhr er, der Kaiser sei unangesagt bei seinem Staatssekretär erschienen, um sich Vortrag halten zu lassen. Der Privatsekretär trat ein, mit den Unterlagen. Lannas, ohne sich bitten zu lassen, nannte seinen Namen: da blitzte der Kaiser ihm in die Augen, bis Mangolf sie geblendet senkte. »Na, Sie haben ja gestern den Vogel abgeschossen«, sagte der Kaiser schnell, und die kaiserliche Hand erledigte die Sache günstig, mit einem Schlag auf den Schenkel und einem Wink abzutreten. Mangolf verlor keinen Augenblick, er ging, solange noch die Sonne auf ihm lag, rückwärts und unter glatten Verbeugungen pünktlich ab.

Noch am gleichen Abend bat Lannas ihn zu sich. Er lehnte am Schreibtisch und spielte nachdenklich mit seiner Uhrkette. »Also doch«, sagte er. »Ich muß Sie befördern.«

Was gegen den Willen Seiner Exzellenz geschehe, könne ihn nicht freuen, erklärte Mangolf betrübt. Lannas lehnte die Annäherung ab.

»Sie sind in Ihrem Recht. Denn Sie haben alles auf einmal riskiert, und haben gewonnen.«

»Nicht gegen Eure Exzellenz!«

»Gegen die zivile Politik, die sich von der Bismarckschen Tradition entfernt hat.«

Mangolf bemerkte, wie talentlos, ja, gottverlassen Lannas aussehe, sobald er unglücklich war. Nur die Geschwelltheit des Erfolges kleidete sein dickes Gesicht, nur Grübchen und zweiflerische Schelmerei. Er suchte nach etwas wirklich Beruhigendem, das er seinem Opfer sagen könne.

»Jetzt bin ich Beamter wie jeder andere. Auch ich vertrete nur noch die Politik Eurer Exzellenz, ganz gleich, ob aus Überzeugung, Disziplin oder um eines wohlverstandenen Vorteils willen.«

Lannas überprüfte, den Kopf wiegend, das Gesprochene. Es konnte für den Augenblick ehrlich gemeint sein – aber dieser Ton, seine falsche Ehrerbietung und wirkliche Überhebung? Hier keimte eine Gefahr – eine unter vielen und vielleicht die entfernteste, aber eine besondere. »Ein wirkliches Talent, das meine Nachfolge prätendiert«, so fühlte Lannas, »darf ich nicht aus dem Auge lassen.« Plötzlich hatte er das Grübchen zurück.

»Wir werden weiter zusammen arbeiten und uns hoffentlich immer besser verstehen«, sagte er schlicht und streckte die Hand hin.

»Ich gratuliere«, sagte Tolleben, »obwohl ich lieber wüßte, wie ich dazu komme, Ihnen gratulieren zu müssen.«

Wahrscheinlich hatte er das Arbeitszimmer Mangolfs nur darum so früh am Morgen betreten.

»Hier stimmt etwas nicht«, sagte er, »das wissen wir beide. Ich hielt es für das Einfachste, mich an Sie selbst zu wenden.«

»Loyal wie immer«, bestätigte Mangolf. »Aber, Herr Baron, wann hätte es schon gestimmt. Das Regime, dem wir dienen, ist so verwickelt, daß mit einiger Sicherheit nur auf den Zufall zu rechnen ist; – und auch auf ihn nicht, denn Begabung kann ihn durchkreuzen.«

»Gehirnfatzke«, war in den Zügen Tollebens zu lesen. Mangolf um so artiger:

»Ein Mann wie Sie hat alle Trümpfe in der Hand. Sie waren bislang zu vornehm, vielleicht zu vergeßlich, sie gegen mich auszuspielen. Einen, Sie wissen wohl noch welchen, haben Sie kürzlich unter den Tisch geworfen. Herr Baron, ich hatte Sie noch nie so sehr bewundert.«

Die Stimme bebte ihm.

»Das eben fehlt mir, die Fähigkeit, Zeit zu versäumen, mal auszuspannen. Geniestreiche sind meinesgleichen versagt, ich habe keine Flügel mitbekommen. Was ich mir in Jahren mühselig errackere, überspringen Sie Begnadeter auf einmal und gehen durchs Ziel. Wo bin dann ich!«

Mangolf redete, bis die Tollebenschen Züge nichts anderes mehr ausdrückten als ruhiges Vertrauen in die eigene Unvergleichlichkeit. Als Tolleben dann fort war – er hatte ihm die Tür geöffnet, ihn bis zur Treppe begleitet –, bedurfte Mangolf einer Viertelstunde der Sammlung, einer Art Gebet zu sich selbst. Am Sonntag darauf aber ward er belohnt: ein anderer demütigte sich, Terra.

An der Wohnungstür Mangolfs klopfte es stark, aber dumpf, wie ein bedrücktes Herz, und Terra erschien, Anzug und Ausdruck die Korrektheit selbst, einen großen Zylinderhut in der dunkel bekleideten Rechten.

»Mein lieber Wolf!« versetzte er feierlich und blieb, den Zylinderhut vor sich hinhaltend, auf seinen Füßen stehen. Auch Mangolf erhob sich wieder, um den in dramatischer Sprache vorgetragenen Glückwunsch anzuhören. Dann erst erlaubte Terra ihm und sich selbst, Platz zu nehmen. Mangolf gestand, daß er ihn nicht erwartet habe; und Terra, zerknirscht:

»Ich bin mir bewußt, mein lieber Wolf, wieviel ich deinen Nerven wieder einmal zugemutet habe. Es ist gottlob nicht das erste Mal, das erleichtert mir diesen Schritt, den mein Gewissen nun einmal ohne Widerrede von mir fordert.«

»Wir kennen uns«, sagte Mangolf trocken. Terra griff es auf.

»Wir kennen uns! Würde ich denn wagen, dir unter die Augen zu treten, wenn ich nicht wüßte, daß der Erfolg dich großherziger macht, anstatt hochmütiger! Du hast vor Gott und den Menschen das volle, unveräußerliche Recht, mich mit Fußtritten ins Gesäß aus deiner Tür zu befördern, und selbst dies wäre noch eine Aufmerksamkeit, die zu meinen Taten in einem gradezu schreienden Mißverhältnis stände.«

»Es ist nicht so schlimm«, sagte Mangolf. »Die von dir inszenierte Komödie hat für mich ihr Gutes gehabt. Daß du das Gute nicht in deine Berechnung einbezogen hattest, will ich dir nicht nachtragen.«

»Gott sei Dank, Gott sei Dank« – Terra preßte die Hand auf das Herz, das noch nachträglich stockte. »Meine Sünde ist von mir genommen.«

Mangolf setzte sich zurecht. »Ich finde, daß du dich viel unverzeihlicher an dir selbst versündigst. Wenn in ein menschliches Dasein so gute Gelegenheiten fallen wie in deins, hat niemand es nötig, sich zum Narren zu machen.«

»Hart, aber wahr«, murmelte Terra.

»Überdenke einmal, wie du deine Beziehungen zum Hause Lannas im Lauf der Zeit ausgenützt hast. Das erste war, daß du dich in die Tochter verliebtest, das zweite, daß du dem Vater einen Menschlichkeitsapostel vorspieltest, und zu guter Letzt erfindest du einen Witz, der die nächste Umgebung in die Luft sprengt, sonst nichts. Ich frage nicht, wo die natürlichste Dankbarkeit bleibt«, sagte Mangolf mit wachsender Erbitterung, indes Terra gradweise zusammensank. »Ich stelle nur fest, daß deine schon mehr krankhafte Unverantwortlichkeit dich unfähig gemacht hat, dir im Leben auch nur die bescheidenste Stellung zu sichern.«

Zusammengesunken murmelte Terra:

»Du hast nur zu recht, mein lieber Wolf, mein Dasein ist verfehlt. Ich bin Gott und den Menschen ein Ärgernis, jeder leidlich Wohlgeratene wendet sich von mir mit Abscheu. Ich werde mich hüten, auch nur einen einzigen meiner namenlosen Hineinfälle abzuleugnen. Aber –.« Aus tiefster Zerknirschung zuckte ein Blick, »deinen alldeutschen Bockmist in der Hasenheide habe ich denn doch nicht von mir gegeben.«

Der überrumpelte Mangolf fand nur: »Es war nicht in der Hasenheide.«

»Dann verzeihe mir auch noch den Irrtum! Du hast mir schon so viel zu verzeihen. Überdies bin ich leider genötigt, dich anzupumpen.«

»Das wundert mich nicht. Mich wundert vielmehr, wovon du bis heute gelebt hast.«

»Von meiner Arbeit«, sagte Terra mit Würde. »Ich gab Unterrichtsstunden. Jetzt habe ich dazu keine Zeit mehr, muß aber dennoch für meine Anwaltskanzlei einige Möbel anschaffen.«

»Du bist Anwalt?«

»Seit zwei Monaten. Ich habe in größter Zurückgezogenheit mein Studium vollendet und kann dir versichern, daß ich nicht für das Examen arbeitete, sondern um rein menschlichen Gewinn. Die Arbeit um ihrer selbst willen getan, beschert nämlich Kampf, Idee, Erfolg, Leiden und Glück. Auch Macht, wenn du willst.«

»Einen Augenblick!« sagte Mangolf, der nicht zuhörte. »Du bist tatsächlich Anwalt?« – und er sah den Freund durchdringend an. Etwas in seiner Haltung überzeugte Mangolf. »Und dann läßt du mich noch nachträglich eine halbe Stunde predigen! Dein Examen ist gemacht, mehr wird nicht von dir verlangt. Endlich, mein lieber Klaus, darf ich dich meinerseits beglückwünschen.«

Händeschütteln. Mangolf war aufrichtig froh, er schenkte Wein ein. Terra schien wenigstens das Kompromittierendste seiner sozialen Erscheinung nun doch verlieren zu wollen. »So kann man endlich wieder unbefangen verkehren. Prost!«

Terra vollzog den Trinkakt. Dann: »Mein lieber Wolf, eine Enttäuschung muß ich dir leider bereiten. Ich habe nur Armenpraxis.«

»Du hast noch keine andere gefunden?«

»Ich habe noch keine andere gesucht.«

Mangolf stutzte nur kurz. »Ich pumpe dir das Geld«, sagte er. »Von den Möbeln hängt es ab, wer sich hineinsetzt.«

»Ich darf keine zu eleganten kaufen«, Terra war in sichtlicher Verlegenheit. »Eine Person, die mir über die schlimmste Zeit hinweggeholfen hat, würde mit Recht fragen, warum ich nicht zuerst ihr das Ihre zurückgebe.«

Mangolf schwieg. Er ahnte längst, von welchem fragwürdigen Geld sein Freund lebte; in diesem Augenblick konnte Mangolf es aus seinem Mund erfahren. Terra war bewegt und wahr, das Bedürfnis, sich anzuvertrauen, stand ihm im Gesicht. Darum schwieg Mangolf. In alter Bruderschaft schonte er sich selbst, wenn er den Bruder schonte. Er wandte sich ab und holte das Geld. Gleich darauf nahm Terra Abschied, mit feierlicher Umarmung und der ganzen Zeremonie eines Punkt für Punkt geordneten Rückzuges.

Während er hinunterstieg, verharrte Mangolf auf dem Fleck, tief innen bewegt von den Zügen und Gegenzügen ihres Geschickes, das ihm wieder einmal ein und dasselbe schien. Verwirrt regten Glück und Unheil sich in seinem Herzen zugleich. Zwilling eines Menschen, dem nicht zu trauen ist, dein Feind und dein Spiegel. Ein

Wunderlicher, und ihm durch Haß und Liebe verfallen, mußt du normale Menschen führen.

Terra trat aus dem Haus, da betrachtete Mangolf ihn durch ein Opernglas. Terra ging über den Wilhelmsplatz. Unversehens warf er sich herum und zog vor Mangolf, der so schnell nicht verschwinden konnte, tief den Zylinderhut.

Aus dem Geld machte Terra zwei Teile und brachte den größeren der Frau von drüben. Er wußte, daß sie darauf gewartet hatte, sie legte es aber unachtsam weg, sie schien unfroh und reizbar. Terra hatte Gedanken nur für das Kind. »Guten Tag, Claudius«, sagte er, und ging mit ausgestreckter Hand, brennenden Ernst in seinen dunklen Augen, auf es zu. Es wartete still ab, bei seinem letzten Schritt aber sprang es ihm mit einem wohlüberlegten Satz an den Hals. Der Vater hielt es vor sich hin, und indes es zappelte, sah er es an. Es hatte Stirn und Augen der Mutter, gewöhnliche Stirn von richtigen Maßen, Abbild des Lebensverstandes und Lebenswillens, über klaren grauen Augen, die vielleicht niemals tiefes Sehnen ausdrücken, sicherlich es aber in anderen erwecken sollten. Und dazu der Mund von ihm – ja, dem Gesicht des Weibessohnes einverleibt sein eigener, noch unbefestigter Mund, dem vieles bevorstand, Worte machen, schlürfen, küssen, sich krampfen, schlaff offen stehen, lügen, lästern und klagen, bevor er die ganze Komödie erlernt hatte, in der er mitspielte, und vom Wissen und Schweigen Knoten in den Winkeln der Lippen bekam.

Terra setzte das Kind auf den Boden und steckte ihm etwas Süßes in den Mund. »Man dankt nicht«, sagte er streng. »Je mehr du dankst, desto weniger bekommst du. Frage deine Mutter, ob es so ist.«

»Kinder merken es, wenn man sich lustig macht«, sagte die Mutter von der Wand her.

Das Kind jedenfalls gab sich keiner Täuschung hin. Es prüfte den strengen Vater und erklärte seiner Mutter: »Er tut mir nichts, er hat mich viel zu lieb.«

»Spiele, wie es für dein Alter paßt!« befahl sie.

»Spielen wir, wie es für unser Alter paßt«, befahl es seinerseits dem Vater. Terra war gleich dabei. Er hängte das Taschentuch vor sein Gesicht, zog langsam den Vorhang weg – und es erschien eine Art schalkhaften Lustmörders, keine Stirn, ein Auge zugekniffen, der Mund schmatzend vor Urtrieb. »Das Antlitz Gottes«, verkündete der Vater, indes das Kind begierig schauderte. Diesmal empörte sich die Mutter. Da zeigte sich aber die Pflegerin, und sofort ordnete die Mutter an, das Kind auszuführen.

»Ich halte es nicht mehr aus«, sagte sie, als es schon fort war. Er zog die Brauen hoch. »Sie, verehrteste Freundin, die Sie in Ihrem ganzen gottseligen Dasein keinem noch so verworfenen Geschöpf begegnet sind, das Sie nicht anstandslos ausgehalten hätten!«

»Laß den Unsinn!« sagte sie so mutlos, daß er aufmerksamer hinsah. Sie saß auf einem Stuhl an der Wand, hatte die Knie gespreizt, die Hände darauf gestützt und ließ ihre erschlafften Formen im losen Kleid sich legen, wie es kam. Das Haar war um einiges dunkler, das Gesicht blendete weniger, an Hals und Armen erschienen Töne der Ermüdung. Sie sagte mürrisch: »Das Leben kann dreckig sein.«

»Ohne sich merklich anzustrengen«, bestätigte Terra. »Aber wie kommt das Leben zu der Ehre, mein Kind, daß du seinem Talent, dreckig zu sein, eine ungewöhnliche Beachtung schenkst? Ich vermute: Tolleben. Er hat versagt. Als Reklameplakat lockt er keinen Hund vom Ofen weg. Ich würde dich gewarnt haben. Hat nur Unkosten verursacht, wenn mich nicht alles täuscht.«

Ihr Blick begleitete den seinen und gab ihm recht. Das

maurische Kabinett, in das man hineinsah, war neu und hatte sich bisher nicht bezahlt gemacht. »Wenn es sonst nichts wäre!« klagte sie. »Ich hatte sogar Wagen und Pferde angeschafft. Noch nicht bezahlt und schon wieder verkauft.«

»Aber Fürstin!«

»Jetzt wollen sie das Schlafzimmer wieder abholen. Du kannst es dir gerade noch ansehen.« Auflachend: »Ansehen kostet nichts.« Und sie ging vor ihm hinein, mit gleichgültigem Wiegen. Plötzlich wankte sie. »Ach Gott, was habe ich. Alles mit Elfenbein eingelegt«, murmelte sie noch, wie er sie auffing.

Sie schien sich schwer zu machen, als handelte es sich zwischen ihnen um eine Kraftprobe. Das monumentale Bett, das ihr schlaff hingebogener Arm ihm zeigte, war nahe, der Diwan des maurischen Kabinetts noch weit, und die Last wand sich dem Träger schwellend um alle Glieder. Er hob sie hoch empor, trug sie auf steifen Armen vor sich her und senkte die Last, koste es was es wolle, leicht auf das Polster. »Wie stark du bist! Was will ich weiter«, sagte sie schläfrig und zog ihn mit. Er glitt aber, das Haar zerzaust, unter ihren entblößten schönen Armen hervor. »Sie erlauben, daß ich mich setze.«

»Wie Sie wollen«, sagte sie, nicht enttäuscht, nicht böse. Er, kurz und stark atmend, aus gemessenem Abstand: »Noch immer der alte Zauber, Lili. Aber, nichts für ungut, was beabsichtigen Sie damit?«

Den Kopf im Arm sah sie herauf. Ihr Blick war wieder sachlich, die Haut gleißte durch das schmeichelnde Halbdunkel. »Mit dir vergessen, daß ich gepfändet werden soll«, klar und eindeutig wie je. Nur er, er glaubte ihr nicht.

»Wir sind Kameraden«, sagte sie daher prüfend. »Du pfeifst auf alles, wie ich; wir müssen zusammenhalten, dann kriegen wir sie« – mit einer Bewegung in die Welt hinaus. Geschäft und Liebe, eine Bundesgenossenschaft voll dunkler Folgen, und jenseits von Herkommen und Gesetz die Sinnenfreude vervielfacht durch stündliche Gefahr für Freiheit und für Leben. Dies war ein Angebot, das sich hören ließ. Vor vier, fünf Jahren war es der Wunsch der Wünsche; ein Griff, und gleich der Vollbesitz. Das schöne Raubtier sein eigen, Fleisch und Atem seiner selbst, und das Leben ihr Raub. So stand es nicht mehr, er fühlte mit Angst: »Ich habe nachgelassen, oder sie ist heruntergekommen, wahrscheinlich beides. Ich bin ein schon ergrauter Esel, man nennt es Mann werden. Noch übler, sie hat einen Anfall von Alter, es ist natürlich nur ein Anfall; aber fast bettelt sie.« Ein Stück von ihm starrt den Niedergang an, in ihr. Es war das erste Mal, und ihn schauderte. Um so tönender sprach er.

»Ihnen, Fürstin, spielt nur Ihr schöner Leib einen Streich. Ich bin der Mann, es mir zu Nutz zu machen. Ob selbst mit Elfenbein eingelegt, Sie haben mich!« – noch mehr Abstand nehmend. »Sollten Sie aber tatsächlich zweifeln: zweifeln an Ihrer göttlichen Sendung, lebendige Männer in der Luft zu tranchieren, dann bewahre der Allgütige mich vor dem hirnlosen Verbrechen, Ihnen noch behilflich zu sein, daß Sie sich zugrunde richten. Glauben Sie mir, wir waren auf dem rechten Wege, als Sie damals mich grünen Jungen glatt sitzenließen.«

»Ach so. Daran denken Sie noch. Ich will doch gerade alles tun, was Sie damals wollten: sogar mehr, ich will dich heiraten«, sagte sie klar. Sie sah ihn im offenen Munde die Zunge bewegen und verlangte: »Nun rede einmal ausnahmsweise in vernünftiger Sprache.«

Er betrachtete sie lange. Das Raubtier wollte bürgerlich werden! »Das hast du davon, daß du kein Korsett trägst. Da kommt eine Frau wie du aus der Form, auch geistig.«

»Meine Beine sind geblieben, wie du sie liebtest« – und sie machte eine enthüllende Bewegung. »Aber es gibt noch andere Gründe.«

»Wir haben gemeinsame Geldangelegenheiten.«

»Wir haben auch ein Kind.«

Da sie ihn endlich ergriffen sah: »Nun hast du einen Beruf, du mußt es versorgen. Niemand kann dir besser dabei helfen als ich mit meinen reichen Bekanntschaften. Meine Kolleginnen prozessieren noch öfter als die Herren, und zahlen, was du ihnen abnimmst ... Nun?«

»Das will ernsthaft überlegt werden« – womit er aufstand. »Eine bürgerliche Versorgung bietet sich nicht alle Tage. Du hast mit sicherem Takt den Augenblick abgepaßt, wo ich sie brauchen könnte.«

»Nun also.« Sie begleitete ihn in das Vorzimmer, dort zeigte sie auf ihre ermüdeten Formen und sagte erbittert, aber auch mit sonderbarer Zuversicht:

»Du kannst dich darauf verlassen, daß sie nicht so bleiben.«

Und er kehrte zu seiner Praxis zurück. Er lernte, schlecht bezahlt, aber für tieferen Nutzen, den täglichen Kampf der Menschen miteinander kennen. Eltern gegen die gefährlich werdenden Kinder, Junge gegen ausgediente Alte; die Selbstzerfleischung elender Mütter, die ihre Säuglinge quälen, und alternder Männer, die den Rest der Kraft lieber gleich vertrinken; lumpige Übervorteilungen, um derenwillen ganze Familien selbst sich ausrotten wollen, Verwandte, die haßerfüllt allesamt herfallen über einen der ihren, der anders denkt, anders lebt; Körperverletzungen unter Leidensgenossen wegen einiger Pfennige; arme verwirrte Kindesmorde der verführten Mägde und die Grausamkeit der Wucherer, kalt und ordnungsmäßig wie das Gesetz, die Schwachen aber immer und überall ohne Mitleid füreinander – ihm begegneten alle Wirrsale der Unvernunft, der ganze menschliche Ausverkauf, die vollständige soziale Zoologie.

Er selbst hatte viele Tage des namenlosen Kleinkampfes, und größere Tage, an denen seine Logik triumphierte: unausweichliche Logik, die vom Richter das gewollte Urteil erzwingt. Als tüchtiger Mann mit Leistungen vor dir selbst dastehen, auch dies kann einen halben Tag erfüllen. Er hatte aber Tage des Erbarmens: da erstirbt die eigene Leistung; was hilft sie, wie kann sie an gegen Gebirge von Not und von Unvermögen. Warum ist dies? Warum seid ihr? Fiebernde Erbitterung, Verfall der Hoffnungen, alles Glaubens. Auch so muß zwischen euch ausgehalten, für euch gewirkt werden. Sieh, nun gibt die Summe von allem zum Schluß nur Demut. Du kannst nichts tun, den Durchschnitt zu erhöhen: tue für wenige, was du mußt.

»Was schulde ich meinem Allernächsten? Meinem Freunde Mangolf die allerhöchste Hochachtung vor seinen Erfolgen, Nichtachtung von mir brächte ihn dem Selbstmord nahe. Meiner Schwester Lea das Engagement in Berlin, das ihr, Gott sei Dank, nun sicher ist. Man kann nicht mehr tun, als den Leuten Gelegenheit geben, ihr Können zu zeigen. Was aber meiner ältesten Freundin? Meiner Beraterin und Beschützerin, der Mutter meines Kindes und treuen Begleiterin meines Lebens? Ich muß sie heiraten. Es ist meine gottverdammte Pflicht und darum, ohne Garantie, auch mein Bestes.«

Sie war zu Verwandten gefahren, in irgendeine kleine Stadt, wo sie nun wohl genötigt war, aus den Tiefen ihrer Vergangenheit ihre bürgerlichen Begriffe hervorzuholen. Ihrem gewohnten Leben entrissen, wartete sie zweifellos auf seinen entscheidenden Schritt. Inzwischen sorgte sie noch aus der Ferne für ihn. Ein Erfinder stellte sich in seiner Kanzlei ein, hübscher junger Mann, dem es so oder so nicht fehlen konnte. Er hatte sich aber brav nützlich gemacht, bis eine Freundin der Fürstin Lili dazwischentrat. Auf einmal flog seine ängstlich behütete Habe, den Ersparnissen folgten die Aussichten, und es war der Wucherer Kappus, der sie ihm abgekauft hatte. Das Interesse des größten Wucherers beglaubigte wohl den Wert der Erfindung, über die ein Vertrag mit ihm vorlag. Aber der Vertrag war der Art, daß nach menschlichem Ermessen dem jungen Mann von seiner Erfindung nichts übrig blieb als die Erinnerung. Terra sollte eine Lücke in dem Vertrag finden, einen schwachen Punkt, eine Handhabe. »Dann werden Sie selbst wissen, was Sie zu tun haben«, schrieb ihm die Fürstin Lili.

So klug wie anständig! Machten Erfindung und Erfinder ihren Weg, dann hatte Terra, ihr Befreier, gleich bei seinem ersten Auftreten die Öffentlichkeit auf eine auffallend günstige Art mit sich beschäftigt. »Kein Mensch in der ganzen Welt kann die Sorge für mein Wohl weiter treiben, oder auch die Lebenskenntnis. Ein dummer Junge würde sich etwas darauf einbilden, daß er sie heiratet. Ich weiß, was ich tue. Ich schließe eine Vernunftehe.«

Drei Monate lang ging er mit dem Vertrag schlafen und stand mit ihm auf. Er wußte ihn auswendig, die Sätze erschienen in Traum und Wachen nach Belieben vor seinen Augen, und unversehens sprang feurig eines der Worte vor, ein einziges, das vielleicht das Sesam war, der geheime Spalt, durch den das Licht der Märchenschätze blinkt. Umsonst, der Vertrag stand wie gewachsen, das eigene Werk Kappus', von ihm in allen Wassern gewaschen. Angefochten aber mußte er werden, zwingend angefochten: Terra hatte es sich vorgesetzt als Zeichen. Es galt noch mehr als die entscheidende Probe seines Könnens, es galt den abergläubischen Versuch, ob gegen die finsteren Mächte durchzudringen sei mit dem Wort, mit nichts als einem ganz entblößten Wort.

Er überließ seine Kanzlei einem Vertreter und zeigte sich dort nur selten. Viel Zeit verging ihm bei seiner Schwester.

Die Schauspielerin hatte ihre Wohnung in einer kleinbürgerlichen Stadtgegend. Meist öffnete sie selbst, das Mädchen kam nur für Stunden; und Haar und Anzug verwirrt von der Arbeit, mit noch berauschten Augen, ging sie ihm in das Zimmer voran. Er setzte sich abseits, sie hielt die freie Mitte und sprach ihre Rolle. Ihm bewegten sich alsbald vor dem Geist die Schicksalsworte, die er mitgebracht hatte. »Bravo! Es geht vorwärts«, sagte er dazwischen aus Höflichkeit und unter dem Einfluß dieser förderlichen Luft.

Seine Schwester hatte den gemieteten Möbeln zwanglos ihr Wesen beigebracht mit ihren bunten, leichten Sachen, den Tüchern, Schachteln, künstlichen Sträußen und Packen zerlesener Textbücher. Noch verstaubte irgendwo im Winkel, gegen die Wand gekehrt, der Totenkopf, den die Anfängerin einst auf ihre kühne Lebensfahrt mitgenommen hatte. Die Kerzen waren aufgesteckt für den Fall, daß die Vorhänge geschlossen würden und junge Schmerzen sich ausatmeten im nächtlichen Schein. Auch blickte aus dem Schlafzimmer jenes schwarz und leichenfarbene Bild eines Jünglings von Velasquez, das so sehr dem fernen, ewig beweinten Schatten Mangolfs glich. Wer aber weinte hier? Lea neigte sich in die Tür, beschwingte Neigung; die verjüngte Hand, so zart und fest wie einst, griff an den Pfosten hinauf, schwebte über ihr wie die Hand des Glückes; und sie jubelte herein: »Ihr glaubt doch nicht, es ginge ohne mich?«

Ihr Auftritt, festgehalten, so lange bis der Ton saß. »Ihr glaubt doch nicht –« Das volle Licht der Fenster traf sie, ihr Haar flirrte, ihr Fleisch leuchtete, sie warf den Kopf wie eine besonnte Blume im Wind. »Bravo! Es geht vorwärts«, wiederholte der Bruder mit Überzeugung. »Ihr glaubt doch nicht, es ginge ohne mich?« jubelte die Schwester.

Wieder ließ Terra, zu dieser Begleitmusik, eines Tages das Wort, das er stundenlang um sich selbst gejagt hatte, verschnaufen und verschwinden: ein neues sprang ihm aus den Wortreihen des Vertrages entgegen, und eine Art beglückten Erschreckens wollte es ihm ankündigen als das gesuchte. Er wendete es um, tastete es ab, öffnete es bis in sein Herz. Ganz reglos saß er zuletzt, sogar der Atem stockte. Da, ein Aufatmen, stark wie Simson. Es war geschehen. Die Waffe war geschmiedet, erfunden das Sesam. Sieg! Er sprang vom Sitz auf, er würde Lea umarmt haben; – und jetzt erst bemerkte er, daß es völlig Nacht geworden und seine Schwester längst fort war. Das Theater mußte soeben aus sein. Aus der Küche kam Geräusch; Terra ging hin. Jemand kochte, es war Kurschmied.

»Sieg, mein Lieber«, rief Terra dem Schauspieler entgegen. »Die Mächte der Finsternis haben einen schlechten Tag. Es gibt in Berlin einen Lohgerber, dem in diesem Augenblick seine Felle wegschwimmen.«

Kurschmied begrüßte dies, völlig durchdrungen von dem Ereignis. Sofort bekam er seine bläulichen Halbkreise um die flackernden Augen. »Ich wußte es!« Weite Bewegung des Kochlöffels: »Sie werden fertig mit der Gesellschaft!« Dann bat er schwärmerisch: »Verschaffen Sie mir Eintritt zu der Gerichtssitzung! Gern will ich auf Kainz und Mitterwurzer mein ganzes Leben lang verzichten, nicht aber auf Ihren großen Tag, ich muß dabeisein. Ich will Sie mit im Triumph tragen.«

Terra mußte ihn darüber belehren, daß dieser Sieg keine weithin sichtbare Maske trage. Ein Schriftsatz, eine mürrische Entscheidung, der nächste Fall. Aber eine Beute war doch dem Geier entrissen, ein Werk des Geistes den Krallen des Geldes, ein Mensch dem Abgrund.

»Und obendrein«, sagte Terra und verließ die Küche, »wird meine Zukünftige sehen, wen sie vor sich hat!«

An der Flurtür klopfte und läutete es gleichzeitig: Lea. Sie drang ein wie ein Windstoß. »Schnell, das Essen! Ich war heute gut. Die Leute gehen nur noch meinetwegen hinein. Was habt ihr zu essen, ich falle vor Hunger um. Dreiviertel Haus. Sechs Vorhänge.«

»Nicht übel für eine zwanzigste Vorstellung«, sagte der Bruder.

»Zweiundzwanzigste!«

»Aber deine neue Rolle wird noch besser.«

»Ich«, hastete Kurschmied, indes er den Tisch deckte, »wenn ich im zweiten Akt meine paar Sätze gebracht habe und gehen kann, jedesmal möchte ich lieber dableiben, um dich anzusehen, aber es ist besser, daß ich koche.«

»Nur zu wahr«, sagte Lea und aß schon.

»Auch dein Bruder hat einen Riesenerfolg gehabt«, versuchte Kurschmied.

»Ach nein?« machte sie übertrieben erstaunt.

»Er gewinnt sicher seinen Prozeß.«

»Nun dann«, sagte sie flüchtig. Gleich darauf erinnerte sie sich. »Verzeihe, Lieber! Es ist natürlich eine sehr wichtige Sache, für dich und überhaupt. Aber da sitzest du, nicht wahr? Hast dir etwas ausgedacht und wartest nun ab, was die Leute damit anfangen. Ich will selbst dabeisein. Nicht nur der Kopf, mein ganzer Körper macht ihnen klar, was ich will und bin. Sieh her, heute Abend haben sie angefangen zu applaudieren, als ich dies machte.«

Sie neigte nur den Kopf in den Nacken, ließ die Hände ausdrucksvoll an den Hüften hingleiten und hatte so sehr das Lächeln beseelter Erwartung, daß Pause und Beifall unvermeidlich schienen. Kurschmied und Terra wollten wirklich klatschen, da hörte man aber jemand an der Tür, jemand, der den Schlüssel haben mußte. Er trat ein: Mangolf. Lea saß noch da, wartende Seele, wartende Glieder. Er ging auf sie zu, zuerst ganz langsam, dann hingerissen, nahm ihre Hand von der Hüfte, um sie zu küssen, und sagte herzlich: »Komödiantin, aber eine gute.«

Terra kam ihm entgegen, sie schüttelten sich die Hände, wie zwei befreundete Großmächte. Kurschmied besorgte den Tee.

»Also in meiner neuen Rolle werde ich gut?« fragte Lea nochmals, und bevor ihr jemand antworten konnte: »Wenn ich schlecht wäre, würde noch gerade rechtzeitig vor der Premiere die Welt untergehen, damit ich mich nicht blamieren kann. Ich habe zu viel Glück.«

»Einmal kommt es«, bestätigte Kurschmied. »Du bist jetzt daran. Ich habe es immer gewußt« – mit bläulichen Halbkreisen. Lea, die Hände im Nacken verschränkt, den Blick auf Mangolf: »Gottlob, daß wir wieder Kitsch spielen. Mit Literatur war für mich nichts zu machen, verlorene Jahre.«

»Um des Himmels willen keinen Rausch, keine ruchlose Schönheit!« bemerkte Terra, mit der Stimme des Dichters Hummel. Lea erkannte sie und lachte. »Ich muß mir die Haare nicht mehr glatt kämmen und nicht mehr herb sein. Ich darf ihnen eine unverschämte Komödie vormachen.«

»Du darfst strahlen«, sagte Mangolf stolz.

»Solange wie es dauert, warum nicht« – die Augen in seinen. Und er, aus tiefer Brust: »Es dauert.«

Worauf er einen heftigen Gang durch das Zimmer antrat. »Wir sind im Aufstieg«, stieß er hervor. Auflachend wie ein Junge: »Das Ende wird sein, daß ich eines Tages Reichskanzler bin.« Er machte einen Satz, stand auf dem Tisch und schwenkte eine Teetasse. »Aber Herr Geheimer Legationsrat«, sagte Kurschmied, »wir haben auch Wein.«

»Ihr glaubt doch nicht, es ginge ohne mich?« jubelte

Lea in die Ansprache Mangolfs hinein – indes Terra bedachte: »Zweifellos ist es Aufstieg, man lernt den Erfolg schätzen.« – »Großartig«, sagte er, »wir sprechen uns wieder, wenn ich mit Kappus fertig bin.«

»Schenkst du mir dann etwas?« fragte die Schwester. »Du mußt doch Geld verdienen wie dein Kappus.«

Er erklärte: »Sollte ich auch, wie du es mir freundlich zu verstehen gibst, ein Bürgersmann werden, so bleibt mir doch immer die heroische Aussicht, mich durch Anständigkeit zu ruinieren – vielleicht sogar, mit ihr groß zu werden:«

»Auf dein Gastspiel als heroischer Bürger!« rief die Schwester und trank. Terra folgte gemessen, Mangolf ausgelassen. »Aber Sie, Kurschmied?« rief er. »Um Sie her ist lauter Vollgefühl, Sie aber äußern sich nicht.«

»Ich diene«, sagte Kurschmied.

Die drei von sich Besessenen sahen ihn einen Augenblick starr an. Terra schloß: »Das ist der sicherste Standpunkt. Wenn wir erst wieder im Dreck sind, hat er um so mehr alle Hände voll zu tun.«

Mangolf zeigte ein verdunkeltes, tiefes Gesicht, er setzte sich vor das Klavier und spielte den »Liebestod« in einer dermaßen hingegebenen Haltung, als spielte der »Liebestod« sich selbst. »Derselbe Rücken wie einst« – sah Terra. Seine Schwester schien bei dem Anblick, den Klängen zu vergehen und hinzusinken. Heimlich verließ Terra das Zimmer, solange auch Kurschmied noch darin war.

Er hatte sich von dem Haus erst wenige Schritte entfernt, da holte Kurschmied ihn ein. »Ich dachte, Sie würden so lange wie möglich oben bleiben«, sagte Terra. »Sind Sie denn nicht eifersüchtig?«

»Ich eifersüchtig?« sagte Kurschmied schlicht. »Nur auf das Unglück. Sie darf nicht unglücklich sein, sie war es zu lange.«

Der Bruder sagte schmerzlich: »Ist sie überhaupt berufen, glücklich zu sein? Man kann mehr sein als das.«

Kurschmied, verständnislos: »Es ist ganz einfach. Er mußte zuerst eine sichere Anstellung haben. Jetzt darf er mit ihr verlobt sein. Noch dazu hat sie Erfolg, da darf er sie sogar –« Kurschmied raunte: »heiraten.«

Der Bruder zog die Brauen hoch. »Sie haben es von ihr?«

Kurschmied nickte, auch er hatte die Brauen hinaufgezogen. Plötzlich hörte er: »Daraus wird nichts« – mit schneidender Stimme. Tödlich erschrocken, stammelte er: »Dann entstände eine namenlose Katastrophe.«

Terra sagte schon wieder in seiner herkömmlichen Art, es konnte tragisch oder nur verblüffend sein: »Gehen Sie zu Bett und verschlafen Sie die Katastrophe. Sie werden nicht so lange schlafen müssen, als Sie denken.«

Kurschmied blieb gehorsam stehen und ließ Terra weiterziehen. Dann lief er ihm aber nochmals nach. »Nicht Sie!« sagte er gesteigert. »Ich selbst nehme es auf mich.«

»Wovon reden Sie?« fragte Terra, aber der Schauspieler war von dannen.

Je näher die große Entscheidung rückte, um so zweifelhafter ward sie für Terra. Sein Beweis blieb zwingend, vor Gott und dem Wort würde er gewonnen haben. Erfolge aber hängen überall und immer von Menschen ab, nicht vom Gedanken. Richter, sagte sich der Rechtsanwalt, sind oftmals verpflichtet, gegen die unausweichlichste Logik zu richten, denn hinter ihnen steht fordernd eine andere, die Logik der bestehenden Gesellschaftsordnung. Diese allgegenwärtige Herrscherin erkennt durch den Mund ihres Richters, daß die Erzeugnisse dessen, der geistig arbeitet, mit vollem, unveräußerlichem Recht dem gehören, der das Geld hat. Jede Einschränkung dieses

Rechtes trägt den Charakter einer Abfindung, wenn nicht eines Almosens. »Kappus ist stärker als ich.« – »Nur mit der bestehenden Gesellschaftsordnung lassen sich gute Geschäfte machen.« Die furchtbaren Wahrheiten begleiteten ihn in seine schlaflose Nacht. Am Morgen stand der Bau seines Beweises in neuer Klarheit vor ihm auf; unmöglich, zu argwöhnen, daß ein urteilender Geist sich selbst würde schänden, die Klarheit würde leugnen wollen.

Der Tag der Entscheidung. Terra ging nicht selbst, sein Vertreter sollte ihn aus dem Gerichtsgebäude anrufen, gleich nach der Entscheidung. Hin- und hergewandert vor dem Telephon, Rauchwolken ausgestoßen, das Pochen in den Schläfen gefühlt und bei jedem Anläuten eine Schwäche in den Knien. Schwer und schleichend ward es Abend, nebenan die Angestellten packten endlich zusammen. Die Wirrsal des Für und Wider in seinem Gehirn, der Kampf ins Leere, Kampf, den andere entschieden, alles zusammen ergab nachgerade soviel Ekel wie Angst. Fliehen wollen – und nicht loskommen von der selbstersonnenen Folter! Da kam der Anruf.

Der Prozeß war gewonnen. Freue dich! Du freust dich nicht? Terra lachte kurz und hart in den Apparat, bestätigte die Meldung und hängte ein. Er dachte sich endlich zu setzen, statt dessen fiel er hin, ohne Besinnung. So fand ihn Mangolf.

»Was ist das?« sagte Mangolf. »Die Türen offen, hier sieht es aus! Bist du überfallen worden?«

»Vom Glück, wenn ich mich recht erinnere« – und Terra stand auf. »Ich habe den Prozeß Kappus gewonnen.«

Mangolf gratulierte, es hatte einen Beigeschmack von Geringschätzung. Terra verstand ihn. »Fahre so fort«, hieß dies. »Wende deine äußerste Leidenschaft an läppische Privatsachen. Eine Gefahr weniger.«

Sie setzten sich am Schreibtisch einander gegenüber und warteten. Terra fing an. »Eine läppische Privatsache, ich hing unglücklicherweise mit meinem Selbstgefühl darin fest. In diesem Augenblick kann mir das Urteil gestohlen werden.«

»Dann darf ich dir von meinen eigenen Dingen sprechen.« Mangolf hing an seinen Augen. »Was würdest du sagen, wenn ich heirate?«

Aber Terra schloß die Augen. Er ließ den Mund offen, in seinem Gesicht arbeitete es angestrengt und lautlos.

Mangolf sagte schließlich ungefragt: »Es ist nicht Lea.«

Da öffnete Terra die Augen: sie waren gehetzt, wie die eines Hundes, der, bis in den letzten Winkel geprügelt, zuschnappt. »Ich würde mich auch beeilt haben«, sagte er, »meine volle brüderliche Autorität dafür einzusetzen, daß sie keinen Glücksritter heiratet.«

Mangolf blieb ruhig. »Schon lange wünsche ich eine offene Aussprache herbei.« – Terra, Schlag auf Schlag: »Am Abend in ihrer Wohnung war es dir nicht anzusehen.«

Mangolf atmete schwer auf. »Ich will, daß sie, solange irgend möglich, glücklich bleibt. Könnte sie es für immer sein! Gerade du mußt mir raten. Wir sind Freunde.«

»Wenn wir es heute bleiben«, sagte Terra, »sind wir es.«

»Wem wäre gedient, wenn ich Lea heiratete? Gewiß nicht mir – und ich habe das Recht, bei mir anzufangen. Meine Karriere wäre zu Ende; als Konsul nach Übersee, mehr gäbe es nicht. Und ihr? Sie würde sich geradesogut opfern müssen. Bleibst nur du. Sollen wir beide daran glauben, bloß damit dein Gefühl für bürgerlichen Anstand gut wegkommt? Entscheide! Ich richte mich danach.«

»Du beschämst mich«, sagte Terra. »Ich hatte meine fünf Sinne noch nicht wieder beisammen. Es soll nicht mehr vorkommen.« Er gab sich feierliche Haltung. »Fahren wir fort! Verdient die Braut ihr Glück?«

»Das eben möchte ich mit deiner Hilfe feststellen«, begann Mangolf düster und zog ein Papier hervor. »Die Braut ist Frau Bellona von Tolleben-Knack – im Fall, daß wir beide heute abend zu einem positiven Ergebnis kommen.«

»Abgemacht«, sagte Terra – und empfand Erbarmen mit dem gequälten Ehrgeizigen. Wen bemühte er selbst, um zu heiraten.

»Eine beiläufige Frage. Liegt die Entscheidung bei dir allein? Deine Auserwählte redet dir nicht hinein? Ihr Vater auch nicht?«

»Sie liebt mich«, sagte Mangolf, die Brauen zusammengezogen. »Sie ist Herrn von Tolleben geopfert worden. Den Versuch kann der Alte nicht wiederholen. Übrigens hat er den Junkern Rache geschworen. Ich mit meinem Einfluß auf Lannas bin für ihn der gegebene Schwiegersohn, geradezu der Mann des Schicksals. Nimm hinzu, daß Lannas im Begriff steht, Reichskanzler zu werden.«

»Wie das arbeitet!« bemerkte Terra, als bewunderte er eine Maschine.

»Zu gut«, sagte Mangolf mit einem Blick in sein Papier. »Man wirkt auf mich ein. Ich könnte festgelegt werden, bevor ich es gewollt habe. Da ist besonders Gräfin Altgott.«

»Mit ihrem politischen Salon.«

»Sie steht im Briefwechsel mit Bella Knack. Sie ist eine der wenigen klugen Personen, die die Rückkehr der Knacks schon frühzeitig in ihre Rechnung einstellen.«

»Ich kenne meine Altgott«, bestätigte Terra. Mangolf erklärte:

»Sie hat ihren Salon von dem Lannasschen abgezweigt, dabei gewinnt Lannas eine inoffizielle Zentrale, die für ihn arbeitet.«

»Ihr aber können, juchhe, keine Liebhaber mehr nachgesagt werden. Die Politik ist ein Alibi. Erfinderische Altgott!«

Mangolf wiegte den Kopf, nicht ohne Mißbilligung. »Sie ist durchaus ernst zu nehmen.«

»Dann folge ihr!«

»Nein, dann frage ich: was will sie für sich? Knack besticht sie vielleicht. Ich wäre der Geneppte.«

Terra war versucht, schallend aufzulachen, trotz der Miene Mangolfs. Denn Terra hatte im Geist ein Bild von einst erblickt, die Tür des Mangolfschen Vaterhauses, die Inschrift: Mangolf, Agent. Daran vorüber knarrte die brüchige Treppe, aufging hochoben das kleine Zimmer, ein Kasten, Raum für einen einzigen Schritt – und wer wendete die dunkel umwitterte Stirn her? Derselbe, der sie ihm auch jetzt entgegenneigte – zweifelnd, ob es nicht Übervorteilung sei, wenn die reichste bürgerliche Erbin Deutschlands ihm angeboten ward.

Terra lachte nicht. »Alle Achtung«, sagte er. Mangolf schien ihn nicht zu verstehen; er fuhr fort: »Ich habe nur meine guten Augen und allenfalls deine.«

»Wir wollen sie gebrauchen«, entschied Terra. »Äußere, bitte, deine Verdachtsgründe.«

»Verdachtsgründe liegen nicht vor: nur eine Bilanz.« Womit er das Blatt Papier hinüberreichte. Während Terra es ratlos prüfte:

»Du siehst, daß alles aufgeht, weder Gewinn noch Verlust.«

In der Tat sah Terra auf zwei Spalten Posten einander gegenüberstehen, die im Sinne des Rechners sich aufzuheben schienen, denn jede Zeile schloß mit einer Null. »Ich erkläre dir meine Bilanz«, sagte übrigens Mangolf; und da Terra sie ihm zurückgeben wollte: »Laß! Ich weiß sie auswendig.«

Er wußte seine Bilanz so gut auswendig, wie Terra

seinen Vertrag; und nun er sie durchging, durchgrub, durchfieberte, war er versunken in innere Gluten, die auch Terra kannte.

»Sie ist reich, aber kompromittiert.« Er zeichnete in die Luft eine Waagrechte: »Ich bin arm, aber korrekt.«

»Es wäre freilich schwer zu entscheiden, wer besser wegkommt«, murmelte Terra. Mangolf fuhr fort.

»Sie liebt mich, ich sie nicht.«

»Da liegt dein Vorteil!« rief Terra.

»Warte ab! Rechte Spalte: Mir eignet eine innerliche Demut vor dem Reichtum. Sie aber weiß es nicht nur, sie setzt es voraus.«

»Bruch«, sagte Terra.

»Ich bin bürgerlich und ohne Verwandte. Darum gerade bin ich kein grober Tolleben. Sie hat keine Mutter, aber einen peinlichen Vater.«

»Rest Null«, sagte Terra.

»Ich bin weder Offizier noch Korpsier, aber dafür eleganter als solche Leute im Durchschnitt, von fremdländischem Typ, und ich schlage mich.«

»Du schlägst dich?« fragte Terra schnell. Mangolf warf hin: »Du traust mir wohl genug Geschicklichkeit zu, daß die Frage niemals aktuell wird.«

Waagerechte, andere Spalte: »Sie ist obenauf moderne Dame, darunter Gans mit Doppelbetrieb.«

»Wieder nichts«, sagte Terra. »Noch ein Posten.«

»Meine Zukunft ist ungewiß. Als Protektor freilich habe ich Lannas. Drüben steht: Sie, mit ihrem Geld, ist irgendeines Erfolges im Leben sicher, es kann aber ein zweischneidiger sein.«

»Fazit«, schloß Terra, »daß du von unten kommst und sie auch, und daß sie dich gebrauchen kann, wie du sie.«

»Und dies sagt nichts«, preßte Mangolf hervor. »Dies ist quälend unentschieden, die glatte Rechnung des Spießbürgers.« Er flammte auf: »Wie ich ihr das Geld vor die

Füße werfen wollte, wenn die Bilanz auf ihrer Seite schwächer wäre. Oder sie könnte stärker sein, dann gnade ihr Gott vor mir und meinem Talent!«

»Dein Talent, du hast es nicht gebucht«, bemerkte Terra.

»Weil es selbstverständlich ist wie das Dasein und außerdem, weil es von Ereignissen abhängt. Wie talentlos stehe ich mit meiner Kanonenprinzessin da, wenn am Tage meiner Hochzeit ganz Europa ein ewiges Friedensbündnis schließt.«

»Deine Sache, es zu verhindern«, sagte Terra; und mit Schärfe: »Meine dagegen, es herbeizuführen.«

»Da könnte die Entscheidung liegen!« Mangolf sprang feurig auf. »Wir wollen das Unsere tun. Zwei Jahre muß das Mädchen noch fasten und beten, dann hat sich entschieden, wer stärker ist, du oder ich. Davon hängt ihr Glück ab.«

»Du sitzest im Nest, du müßtest schon heute wissen, wohin die Reise geht.«

»Unsere Politik? Keine Ahnung. Ihr Kurs wird immer planloser, je näher man steht. Ihr Geheimnis ist aber, daß sie kein Ziel hat. Wer dies heraus hat, den befördert mein Chef« – auflachend wie ein junger Teufel.

»Und deine Alldeutschen?« Auch Terra verließ seinen Platz. Mangolf eilte ihm durch das Zimmer nach, er ergriff ihn dringend beim Arm.

»Sage mir eins, aber im vollen Ernst, von dir zu mir: mache ich mich mit ihnen lächerlich?« Da Terra die Lippen aufeinanderpreßte: »Sprich, mir sagst du nichts Neues. Sie sind in allem, Auftreten und Programm, in einer Weise grotesk übertrieben, daß keine noch lebensfähige Nation sich von ihnen in den Krieg hetzen läßt. Dem Dümmsten müssen sie auffallen.«

»Auffallen«, wiederholte Terra. »Das ist der halbe Erfolg. Für Komik haben hier nicht viele Sinn, alle aber für das Aufgetragene. Das Leben ein Plakat, sagt der Monarch seinem Volk, und täglich versteht es ihn besser.«

Mangolf irrte an den Wänden umher. »Wenn ich wüßte, ob wir dem Chef und selbst dem Allerhöchsten schon Angst genug in die Glieder gejagt haben, daß sie sich kalt stellen bei der Annäherung Englands.«

»Wie? Es liegt eine vor?« Terra trat in die Mitte. Mangolf, aus dem dunkeln Winkel: »Dir hätte ich es nicht sagen dürfen.«

»Beruhige dich«, sagte Terra. »Ich werde nicht in den Zeitungen für ein Bündnis mit England schreiben. Das Bündnis mit England würde an mehreren anderen Stellen Europas peinlich auffallen und bei uns selbst nur die Versuchung eines leichten Sieges verstärken. Nein, deinem Alldeutschen Verband setze ich einen anderen Bund entgegen.«

»Welchen?«

»Den Bund der Todesgegner.«

»Leb wohl«, sagte Mangolf. Er steckte seine Bilanz wieder ein. »Ich fuße auf Gegebenheiten. Unser Gegenstand, ob ich die geborene Knack heirate oder nicht, ist hiermit schon fast entschieden.«

Flüchtiger Händedruck, aber in der Tür wendete Mangolf sich um.

»Eine Neuigkeit, Tolleben bewirbt sich um Alice Lannas.«

Terra schlug eine Lache auf.

»Sie macht noch ihre Bilanz«, rief Mangolf in sein Gelächter hinein und war fort.

Dies alles hatte Zeit genug gekostet, Terra setzte sich hin, die Nacht hindurch wollte er arbeiten. Der Einfall, die Frau von drüben zu heiraten, mußte noch besser sein, als er sich hätte träumen lassen, denn zur gleichen Zeit überlegte Alice sich den Tolleben. »Meine Alice«, fühlte er – arbeitete aber darauf los. Die Fürstin Lili hätte nachgerade zurück sein dürfen, wo versauerte sie, man hörte nichts mehr. »Die Tochter des neuen Herrn Reichskanzlers wartet nun vergebens auf meine Wenigkeit. Sie wird von ihren Ansprüchen nachlassen müssen, auch ich lasse nach« – über seinen Akten gebückt und heftig grimassierend, aus Unzufriedenheit mit den eigenen Gedanken. Plötzlich warf er den Akt fort, er fühlte sich erbleichen, sein gehetztes Gesicht zur Ruhe kommen. »Ich liebe Alice und sie mich – in dieser selben Stunde. Genug, es zu wissen. Glück, mehr als der Alltag bringt, wollen wir uns nicht wünschen. Wer fliegt, kann nicht ackern. Ich bin der Mann des schrittweisen Vormarsches.«

Zweifelnde Augen, »wer bin ich?« – und der Fragende trat vor das Fenster. Von tief unten kam das Heranrollen und Abfließen, die ruhelose Wiederkunft des nächtlichen Verkehrs. »Nur einer bin ich unter hunderttausend. Das wäre ein schlechter Spießbürger, der nicht auf Jugendeseleien zurückblicken könnte: Weltverbesserung, eine Prinzessin. Unbewußt habe ich den sichersten Weg gewählt zum Spießbürger.«

Die kühnere Stimme rief dennoch nein! »Nein! Du sollst im Namen vieler leben. Dies unterscheidet dich.« Er öffnete das Fenster dem elementhaften Lärmen, alsbald ward auch sein stilles Innere durchbraust und erzitterte. Alle Muskeln seines untersetzten Körpers härteten sich, er spreizte die Beine und stemmte die ausgereckten Hände gegen beide Wände der Fensternische, als hielte er mit seiner Kraft das Tor aufrecht und offen, durch das hindurch die Straße sollte, durch das hindurch alle Straßen sollten.

»Abgemacht«, sagte Terra und setzte sich wieder vor seinen Tisch. »Ich habe eine Aufgabe, sagen wir es unter uns: eine Sendung und Führerschaft. Die Lage der Dinge verlangt, daß alles unfeierlich und als ein übliches Geschäft vonstatten gehe. Viel wird daher gelogen werden.

Meine Sendung heißt: Ihr sollt euch nicht mehr umbringen müssen. Abgemacht. Und jetzt arbeiten wir uns aus dem Dunkel!« Damit griff er zu dem Akt.

Da seine Braut verschwunden schien, fragte er bei ihr. Sie war da – erst kürzlich? »Nein, schon länger«, sagte sie. »Aber unsere Aussprache hatte keine Eile.«

»Verjüngt, wenn es überhaupt möglich war, noch jünger zu werden. Wie hast du das gemacht?«

»Gefalle ich dir wieder?«

»Wann heiraten wir?«

»Denkst du daran noch? Dann sage ich es dir lieber gleich. Du kannst nicht verlangen, daß ich mich deinetwegen ruiniere. Jeder ist sich selbst der Nächste.«

Auf diese Weise erfuhr Terra, daß er sich in der Sache Kappus eine geradezu unverständliche Dummheit geleistet habe. Jeder andere würde den Fall nicht vor den Richter gebracht, sondern sich mit Kappus verständigt haben. Dem Erfinder seine Abfindung, Terra aber mußte sich von Kappus natürlich beteiligen lassen, wozu sonst das Ganze. Er hatte nicht gewußt, was er zu tun hatte, seiner Braut war dies furchtbar in die Glieder gefahren. Gerade noch rechtzeitig sah sie sich gewarnt vor einem so gefährlichen Versager. »Freundchen, dich heiraten wäre Selbstmord.«

Terra gab dies, wenn auch bedauernd, zu. »Eine Frau wie du hat, ich sage es blutenden Herzens, das volle, unveräußerliche Recht auf einen normalen Mann mitten aus der normalen bürgerlichen Gesellschaft. In deinem ganzen gesegneten Dasein hast du für dein Fortkommen nichts weiter getan, als was die bürgerliche Gesellschaft den Ihren unbedingt zur Pflicht macht. Du hattest nur die schönere Geste bei deinen Gemeinheiten, das sollte sie dir allmählich verzeihen.«

Sie mußte lachen. »Komisch bist du nun mal. Also

komme bald wieder! Ich muß dich darauf vorbereiten, daß du hier einen Riesenbetrieb findest. Das Schlafzimmer behalte ich, nur das arabische Kabinett wird verkauft. Halbdunkel brauche ich nicht mehr.«

»Gott ist dein Zeuge«, sagte er feierlich; er sah sie im vollen Licht die Arme recken über ihr hoch aufleuchtendes Haar und sich auf die Fußspitzen heben. Die Formen wieder weich gewellt, kraftvoll gespannt wie je, und Farben, neu getönt, als schüfe ein neues Blut sie noch einmal: unvergänglich stand sie, die Fußspitzen beisammen wie auf einer Kugel, und drehte sich langsam um sich selbst.

»Dein Meisterstück«, sagte er. »Wie hast du das gemacht?« – worauf sie rätselhaft lächelte und hell und farblos nach der Amme rief. – Eine Amme? Allerdings. Dies war das Ganze. Daher ihr Zustand damals, ihre Entmutigung, ihr Einfall, ihn zu heiraten ... Und die Amme kam, das Neugeborene auf dem Arm. Das ältere Kind hielt sich an ihrem Rock. »Es ist ein Mädchen«, sagte die Mutter.

»Ich habe mich wie ein ausgemachter Esel benommen«, stellte Terra fest. Sie zuckte nur die Achseln. Sie machte nicht viel aus der Dummheit der Männer, ihre Dummheit war Voraussetzung. »Den Vater kennst du«, sagte sie, für den Fall, daß er auch diese Erklärung noch brauchte. Tatsächlich fiel ihm erst jetzt der Name ein, er errötete jäh. »Mein Sohn und die Tochter des Herrn von Tolleben sind Geschwister? Das war nicht vorgesehen.« Da schien sie ihrerseits erstaunt. »Was willst du dabei tun«, murmelte sie zögernd. Er sagte stark: »Es ist nicht mein Wunsch, daß die Kinder zusammen aufwachsen. Komm, mein Sohn, wir gehen« – und er streckte die Hand hin.

Die Mutter ward unruhig. »Laß das gefälligst! Übrigens ist das andere nicht von Tolleben. Es ist von Mangolf.« Da er sie anstarrte, als würde er zuspringen: »Nun ja, von deinem Freund. Aber du hast mich auf einen Gedanken gebracht. Ich rede dem Tolleben ein, es sei von ihm. Es wird ihm schmeicheln, er stellt das Kind sicher, dein Freund ist aus der Sache. So stimmt es für alle Teile.« Sie ging trällernd beiseite – womit sie ein wenig Furcht verbarg; sein Aussehen war immer noch drohend. Unvermutet machte er aber eine scharfe Wendung. »Komm, mein Sohn!« wiederholte er.

Erwartung. Die Mutter beruhigte sich, sie wechselte Blicke mit der Amme. »Nun? Kommt er?« fragte sie, nicht einmal spöttisch. Vergebens beugte Terra, die Hand hingestreckt, sich nieder, vor seinem brennend ernsten Blick machte der Knabe, von Falte zu Falte, die Runde um den ganzen Rock der Amme. Der Sechsjährige preßte, wenn er hervorsah, den Mund, wie Terra.

»Dein Vater nimmt dich mit«, wiederholte Terra.

»Wenn du nicht lieber bei deiner Mutter bleibst.« Sie öffnete die Arme. »Zu wem kommst du?« Und der Knabe lief hinein. »Er ist dir viel zu ähnlich«, sagte die Mutter, siegreich und versöhnlich. »Drum hängt er an mir.«

Terra bemerkte höflich: »Die Eindrücke deines Hauses wären für manchen das Lohnendste, das er sich irgend wünschen könnte, vielleicht nur gerade nicht für einen heranwachsenden Knaben.«

Sie fragte dagegen: »Dein hochvornehmes Elternhaus hat dich aber blendend auf das Leben vorbereitet?« Da er den Mund offen behielt: »Du, der noch heute nicht erfaßt hat, was das Leben ist!«

Sie hielt den Fall für geklärt und ging an eine unterbrochene Beschäftigung. Terra sagte »Nichts für ungut« zu seinem Sohn, und er schlug ihm ein Spiel vor.

Worauf er beschloß: »Die heutigen Lehren will ich mir hinter die Ohren schreiben. Es wird Zeit. Denn ich habe noch überall zuletzt etwas geliefert, das mich unmöglich machte.«

Er arbeitete erfolgreich weiter, ließ sich die Zeit, die

ohne Gewinn höherer Art verging, nicht verdrießen und war es, wenn er am Wochenende seine geistige Inventur aufnahm, zufrieden, Demütigungen vermieden und der Mitwelt sich ohne Schande angepaßt zu haben. Grundsatz: »Nur eine gesunde Lebenspraxis kann mich instand setzen, meine von ihr abweichenden Absichten mit Erfolg auf die Mitwelt anzuwenden.«

Nach bald zweijähriger Geduld erschien eines Morgens Kappus. »Herr Rechtsanwalt«, sagte der berühmte Wucherer, »Sie sind mein Mann, denn Sie sind ein selten ehrlicher Mann.« Einwendungen ließ er nicht zu und sprach weiter: »Aber auch ein fleißiger Mann, ein Frühaufsteher, auf dem Posten vor allen Ihren Beamten. Und das ist gut, Herr Rechtsanwalt, denn uns darf niemand stören oder gar behorchen. Wir kämen in Teufels Küche, Herr Rechtsanwalt.« Er sprach eindringlich und warm, so war sichtlich seine Natur. Sein Rock war hoch geschlossen, seine Haut ganz weiß und mild. Nun er den Kopf warf und mit dem Zylinderhut einen langsamen Halbkreis beschrieb. glich er einem leutseligen höheren Geistlichen. »Nehmen wir Platz!« sagte er, stellte den Zylinderhut unter seinen Stuhl und zog dafür ein Käppchen über.

Er war alt, aber gefärbt. Warme, blaue Augen glänzten unter den gefärbten Brauen. Ein Wucherer, und korpulent! Dem Betrachter sagte seine Miene: »Auch du hast mich verkannt.« Plötzlich ward er ganz schmerzliches Bedauern.

»Hätten Sie sich gedacht, daß ein Graf Lannas den alten Kappus neppen würde?«

Terra sah ihn starr an, dann stand er auf und schloß die Polstertür fest. Zurückkehrend: »Jetzt los, und drükken Sie sich aus, als sprächen Sie mit dem Vertreter Ihres Gegners!« Kappus, erbaulich: »Spreche ich mit mir selbst je anders, als verträte ich meinen Gegner?«

Sogleich ward er wieder schmerzliches Bedauern, mit

schonender Stimme und frommem Flüstern weihte er Terra ein. Der junge Graf Erwin hatte ihm ein Brillantenkollier als Pfand gelassen, und die Brillanten stellten sich nachträglich als falsch heraus.

»Sie haben sie vorher nicht prüfen lassen?«

»Zum ersten Mal in meinem Leben nicht. Was sagen Sie, aus Hochachtung vor dem neuernannten Reichskanzler, im Vertrauen auf den Mann und weil ich dachte: Der Sohn des höchsten Mannes nach dem Kaiser hat es nicht nötig.«

»Sie wußten am besten, daß Graf Erwin Schulden hat, denn er hat sie vorwiegend bei Ihnen.«

Kappus sah sich beargwöhnt, daß er die Unechtheit der Steine sogleich erkannt und eine Erpressung darauf begründet habe. Um so eindringlicher und wärmer verwahrte er sich dagegen, als könnte es ihm jemals einfallen, einen Lannas in einen Skandal zu verwickeln. »Ist erst einer drin, dann sind sie alle drin, und es kostet einen Reichskanzler. Aber wen kostet es den Reichskanzler? Unser geliebtes Deutschland. Nein, Herr Rechtsanwalt, das muten Sie mir nicht zu! Lieber verlöre ich mein ganzes Geld.«

»Wieviel ist es?« fragte Terra, aber er brachte es nicht heraus. Kappus sagte: »Eine bedeutende Summe, wir wollen noch nicht in Zahlen reden«, und er verbreitete sich weiter über die moralisch-politischen Folgen. Terra schnitt ab. Er werde die Gegenseite befragen. Nur wenn seine Vermittlung auch drüben gewünscht werde, könne er eingreifen.

»Sie wird gewünscht werden«, sagte Kappus herzlich. »Sie, Herr Rechtsanwalt, sind bei Lannas wie das Kind im Haus, Sie haben Einfluß auf den Alten. Wozu komme ich sonst ausgerechnet zu Ihnen.«

Mit dieser Schlußwirkung verschwand er hinter der Polstertür.

Terra wollte an Erwin Lannas schreiben, da kam Erwin schon selbst. »Ein peinliches Mißverständnis ist vorgekommen«, sagte er, die Schultern nach vorn bewegend, als ob es ihn fröre. »Besonders peinlich für meine Schwester.«

Plötzlich fühlte Terra sein Herz bis in den Hals schlagen. Er hätte es selbst nicht gedacht. Kein Wort brachte er hervor, Erwin erklärte unaufgefordert: »Weil sich dabei herausgestellt hat, daß das Kollier falsch war. Ihr einziges größeres Erbstück von unserer Mutter!«

»Sie wußten es vorher nicht? Natürlich nicht. Aber Kappus glaubt es – oder tut, als glaubte er es, was ebenso schlimm ist. Berichten Sie mir jetzt alles, und, wenn ich mir die Bitte ergebenst erlauben darf –«

Jetzt sprach er, um zu sprechen und Herr seiner Aufregung zu werden. Wie sehr der junge Lannas derselbe war! Man wußte noch immer nicht, wohin sein Blick zielte, ein Blick wie von zwei Halbedelsteinen. Rote Lippen wie ein ganz junger Mensch, in dem blassen reinen Gesicht: unberührt und um keine Stunde gealtert.

»Wir brauchten Geld«, begann er. »Alice braucht immer Geld für nützliche Dinge, ich für ganz unnütze. So ist es. Wir hätten lieber die Erbschaft erwartet: Sie wissen, die große Erbschaft unseres Vaters von seinen bürgerlichen Verwandten. Leider war unsere Lage unhaltbar. Alice hat sich den Schritt sicher gut überlegt. Wenn sie mir von einer Sache erst spricht, ist sie abgemacht. Wir verkaufen das Kollier, sagte sie mir.«

»Verschweigen Sie nichts!« verlangte Terra schroff.

»Sie hatte es Unter den Linden bei Bärwald schätzen lassen.«

»Oh!« machte Terra unbewußt.

»Sie hat es mir damals nicht sagen gemocht. Sie sagt mir natürlich nur, soviel sie will. Ihre Absicht war, daß ich das unechte Kollier irgendwem für den Betrag verkaufte, den es wert war. Das Platin daran war echt.«

»Dies war ihre Absicht«, beteuerte Terra, ohne es zu wissen.

»Meine Dummheit ganz allein hat das Unglück verschuldet. Ich ließ das Kollier nochmals schätzen und ging ebenfalls zu Bärwald. Er war höchst verwundert. Wahrscheinlich nahm er an, daß ich Bescheid wisse, und sagte mir nichts. Er riet mir nur ab, an diesem Zeitpunkt zu verkaufen, er sei ungünstig. Ich verstand ihn nicht und ging leider zu Kappus. Der gab mir, wie gewöhnlich, nicht viel. Aber –«

Erwin überreichte Terra ein Papier.

»– er lieh es mir ausdrücklich auf ein echtes Kollier.«

»Dies ist die Falle«, stellte Terra fest. »Jetzt will er sicher die Erbschaft Ihres Herrn Vaters mit einer Riesensumme belasten.«

Der junge Erwin sagte ja. »Daher komme ich zu Ihnen«, so schloß er den Bericht seiner träumerischen Wanderungen und hielt die Schultern, als fröre ihn.

»Ich hoffe einen für Sie und die Ihren günstigen Vergleich zustande zu bringen«, sagte Terra sofort. »Ich weiß viel über Kappus. Er fürchtet mich. Er war schon vor Ihnen hier.«

»Wird er schweigen?«

»Nur solange er nicht redet, kann er hoffen, etwas herauszuschlagen.«

»Er muß schweigen wegen meiner Schwester«, sagte der Bruder schneller als sonst; und als fürchtete er, sie verraten zu haben: »Kein Mensch weiß, wie sie um ihre Stellung kämpft. Sie ist ehrgeizig. Wir hatten kein Geld, Papa durfte es nicht wissen. Was blieb ihr übrig.«

Terra, gehoben: »Ich bin felsenfest davon überzeugt, daß der Gräfin Alice die größten Geschicke bestimmt sind. Die glänzendste überhaupt denkbare Partie wird nur den Anfang machen.«

»Das sagen Sie«, meinte Erwin, »aber wir sitzen dafür,

wie es scheint, noch nicht fest genug im Sattel. Denken Sie, wir dürfen es noch nicht einmal mit dem Tolleben verderben. Er will Alice heiraten; Sie verstehen, wieviel Lust sie hat. Aber einfach nein sagen, ist unmöglich. Sie hält ihn hin. Sie wartet, ich weiß selbst nicht, worauf.«

Terra fühlte nochmals sein Herz, er antwortete nicht. Sie schwiegen, bis der junge Lannas aufstand.

»Damit Sie unterrichtet sind«, sagte er noch, »ich nehme vor unserem Vater alles auf mich allein. Ich habe meiner Schwester das Kollier entwendet und den Wucherer damit betrogen. Wird auf diese Weise, wenn es zum Äußersten käme, Alice geschützt sein?«

»Gewiß. Aber Sie selbst?«

»Oh, ich kann aus der Welt gehen«, sagte der träumerische Wanderer und hielt zwei Finger, gerundet wie eine kleine Mündung, an die Schläfe.

Terra beeilte sich, ihm klarzumachen, wie unzweckmäßig dies wäre. Es handelte sich vielmehr darum, mit Kappus fertig zu werden, ohne daß Graf Lannas über die Halsbandgeschichte die Wahrheit erfuhr.

Demgemäß handelte er. Lannas löste das Kollier für echt aus, viel billiger, als Kappus es sich erträumt hatte, legte aber den Kronenorden vierter Klasse noch darauf. Alle Beteiligten konnten zufrieden sein, keiner aber war es wie Kappus. Der alte Mann hatte Tränen in den Augen. »Es ist nicht der schöne Orden«, schluchzte er. »Es ist, weil unser liebes Deutschland vor einem grauenhaften Skandal bewahrt geblieben ist.«

Lannas, glücklich wie immer und unbewußt über einen Abgrund gelangt, beehrte Terra mit einigen freundlichen Zeilen. Der Besuch Terras wurde erwartet; aber er ging nicht hin.

Da traf mit der Post die Verlobungsanzeige Mangolfs ein. Er schrieb dazu, daß er sich seinen ältesten, um nicht zu sagen: einzigen Freund als Trauzeugen erbitte. Zweiter Zeuge sei der Herr Reichskanzler. Knappe und stolze Worte; zu fühlen war, wie sehr es gewollte Selbstbehauptung hieß, daß Mangolf an seinem bisher größten Tage sich neben einem Rechtsanwalt Terra zu zeigen beschloß. Über seinem Stolz hatte er augenscheinlich vergessen, daß sein Trauzeuge der Bruder seiner verlassenen Geliebten war.

Wie vor den Kopf geschlagen, ging Terra zu Lea. Er hatte ihr Unglück doch lange vorausgewußt; jetzt schien es ihm eine Katastrophe ohne Ausweg und ohne Trost.

Er fand sie nicht zu Hause. Die Aufwärterin, die im Fortgehen war, öffnete ihm, er wartete auf seine Schwester in dem Zimmer, das wenn sie es verlassen hatte, noch bewohnt war von ihren Arbeiten und Träumen. Was tat sie jetzt? Wo, in welchen Ängsten, welchen grauenvollen Versuchungen irrte sie umher? »Dich in den Armen halten, Schwester! Du würdest weinen in der Zuflucht, so schwach sie ist. Wir wären auch diesmal noch über den Berg.« Ach! Statt dessen war sie bei einem anderen, er wußte es zu gut; bei dem einzigen, zu dem er ihr nicht folgen durfte. Als er vor dem Telephon stand und sich die Hände hielt, um nicht anzurufen, läutete es, sie sprach. »Ich bin bei ihm, er kommt noch immer nicht. Warte auf mich!« Er rief hinein: »Komm her zu mir!« Da war sie schon fort.

So liefen sie denn beide, sie dort wie er hier, durch ein Zimmer, das ihre Angst wie mit Wolken füllte, liefen auf das Schicksal zu und würden doch zurückprallen, wenn es eintrat. Ein Schrei! Durch Ferne und Lärm der Stadt hatte ihr Bruder sie schreien gehört. Ihr Geliebter stand hinter ihr, sie fuhr herum. »Ich habe dich erschreckt«, sagte der Geliebte beherrscht.

Sie aber zornig: »Ich nehme an, daß alles Geschwätz ist.«

Worauf er mit Achselzucken: »Das nimmst du nicht an. Du bist im Bilde.«

Mit ihrer schönsten Bewegung, verachtungsvoll über die Schulter sagte sie: »Das alles ist uns schon einmal passiert. Weißt du, Lieber, in Frankfurt, als ich heiraten wollte? Du kamst herbeigereist und warst nicht loszuwerden.«

»Sei froh, jetzt wirst du mich los.«

»Und dann die anderen Male? Die Geschichte mit Tolleben? Du hast mir alles verziehen – wie ich dir. Wären wir die langen Jahre beisammen, wenn es nicht sein müßte? Oh! die Demütigungen. Sie kamen von dir, es mußte sein. Und plötzlich aus? Geht nicht, Lieber. Du weißt doch, Lieber, es geht nicht. Ich will dein Unglück nicht, aber verläßt du mich, ist es dir sicher. Eine andere kannst du nicht lieben. Deine eigenen Worte, du sagtest sie einst mir. Wir haben alles gemeinsam, auch die Worte. Weißt du noch, was du sagtest? Zwischen dir und mir ist es fürs Leben!«

Wo waren Verachtung und Zorn. Bald drängte sie in den armen Satz all ihre Kraft, bald bot sie das offene Herz an. Ihr Gesicht, ihr ganzer Körper stellte wechselnd Kampf und Hingabe dar, die schönen und geübten Hände trugen hin, was sie sprach, beschworen, zitterten danach, zuzugreifen. Er aber wich zurück.

Da ließ sie sich fallen. »Was habe ich dir getan?«

Nun trat er hinter ihren Sessel. Er streichelte das helle Haar, seine Hand war verführerisch wie je. »Ich liebe nur dich, Lea. Mir fehlte bis jetzt der Mut, ganz offen zu dir zu sprechen. Du gibst ihn mir. Ich bin abhängig und ehrgeizig, darum tue ich den peinlichen Schritt. Nur darum. Ich wollte, ich könnte zurück.«

Sie sahen einander im Spiegel, ihr Gesicht leuchtete auf. »Komme zurück!« – schmerzvoll aufjubelnd und schon hingelehnt, damit er sie wieder küsse. Er küßte sie und sagte: »Was ändert sich denn. Wir bleiben die alten.« Da riß sie sich los und sprang auf.

Sie starrte ihm wie blind ins Gesicht. »Was wolltest du? Heiraten und mich behalten?«

Er sah Unheil kommen, er streckte die Hand aus, aber sie war schon geflohen bis in den Winkel, schon hatte sie aus ihrer Handtasche einen Gegenstand gezogen und ihn an die Lippen gesetzt. Gerade fing der Geliebte noch ihre Hand auf. »Laß das!«, sagte er rauh.

»Es könnte dir schaden!« Sie lachte schrill auf. »Aber es ist bloß Lippenschminke, Lieber.« Darauf ließ er sie los, sie war frei, zusammenzubrechen und am Boden zu weinen. Er war es jetzt, der hin- und herging, die Stirn in Falten, tief aufgewühlt. Unvermutet hörte er sie sprechen, eine Stimme wie ein Kind. »Ich will dein Unglück nicht«, sagte sie, ach, so demütig vom Boden her. »Wenn denn ich dein Unglück wäre. Ich gebe dich frei. Hättest du mich nicht gerade zuletzt so glücklich gemacht!« Das verlassene Kind, das dort lag, weinte.

»Aufgepaßt!« sagte der Mann sich. »Die Tränenszene dritter Akt. Wer sich fangen läßt, verliert.« Er verschränkte die Arme.

Als nichts von ihm kam, stand sie geduldig auf. Indes sie sich glattstrich: »Ich habe einen schlechten Scherz gemacht. Du kannst es mir glauben.« Gar zu eindringlich; er stutzte. »Denn hätte ich Gift, wäre ich bestimmt nicht taktlos genug, es hier bei dir zu nehmen. Eine bekannte Schauspielerin, auf deinem Teppich tot: es hätte dir wirklich geschadet. Verzeih!« Ironie, trotz leise lockendem Blick. Er ward noch unzufriedener anzusehn. Sie war zum Gehen fertig.

»Es wäre mir nirgends angenehm, meine Liebe. Weder auf meinem Teppich noch sonstwo«, sagte er noch, wie sie in der Tür stand.

»Das kann ich verstehn«, sagte sie, und die Ironie erklärte sich offen; hochdramatische Ironie. »Aber ich weiß doch nicht, ob du um den Polizeibericht herumkommen wirst.«

Fort war sie – und er mit ihrer Drohung allein, an Händen und Füßen gebunden und ihrer Drohung ausgeliefert.

Es dunkelte, als sie heimkam, aber sie erkannte auf dem Sofa ihren Bruder, der sie erwartete. Er hatte, über sich gebeugt, die Stirn in den Händen und hörte nichts, wie zu der Zeit, als er mit verschärftem Gesicht jenen Vertrag zu durchdringen pflegte. Plötzlich stand er auf, er sagte: »Gib das Gift her!«

Die Schwester: »Ich habe keines.«

»Du hast ihm nur bange gemacht? Sage die Wahrheit!«

Die Schwester, ohne sich zu wundern: »Dir kann ich sie sagen. Ich hätte welches haben wollen – und den Mut hätte ich haben wollen.«

Er zog sie auf das Sofa. »Mein Kind, versündige dich an Gott nicht! Auf Grund unverbrüchlicher Tatsachen kann ich dir mitteilen, daß die Liebe zu Gott durchaus gleichbedeutend mit der Liebe zu dir selbst ist. Wir wären naiv, uns umzubringen; Gott und das Leben nehmen uns bereitwilligst die Verantwortung ab.«

Aber er fühlte, ihre Hand liege teilnahmslos in der seinen. Da schüttelte es ihn, sie wandte sich her, sie suchte im Dunkeln seine Augen. Große Tränen rannen schwer heraus. Seine Stimme war getrübt, die Sprache formlos. »Wer sind wir denn. Weisheiten – als ob uns damit gedient wäre! Wir sind nicht mehr grün genug, uns abgebrühte Flausen vorzumachen. Schwester! Ich will dir Märchen erzählen, wie einst von den roten Schuhen.«

Ihre Hand war nicht mehr ohne Teilnahme. Ihr Arm stützte sich an seinen, und er zitterte. Der Bruder flüsterte stark: »Du wirst so glücklich werden wie zuvor.«

Auch sie flüsternd: »Ich will nicht mehr. Glaube mir,

ich bin froh, daß es aus ist.« Pause. »Wie ist eigentlich die Frau?«

Er atmete laut auf, das Leben hatte sie wieder!

Gegen das erhellte Fenster gerichtet, mit Augen, die ins Leere gruben, hörte sie ihn an über Bellona Knack. Hoheitsvolles Lächeln: »Ich glaube wirklich, ich muß mich nicht aufregen.«

Der Bruder, bereitwillig: »Eine Vernunftheirat in der vollsten Bedeutung des Wortes. Ich bürge dir dafür, er wird todunglücklich.« In Gedanken aber: »Nicht ganz. Denn du nimmst ihn zurück als Ehemann.«

Sie fragte, es klang unbefangen: »Er hat dir nicht geschrieben? Keine Anzeige?« Kaum aber hatte sie den Brief, lief sie Licht zu machen, warf sich am Tisch über das Papier, photographierte es mit ihren unbewegten Augen, verging darin. Der Bruder rief sie laut an. »Du spielst heute nicht?« Er erinnerte sich: »Um diese Zeit kommt sonst Kurschmied.« Sie sagte wie verschlafen: »Kurschmied ist fortgeblieben.«

»Seit wann?«

»Ich weiß nicht. Er war immer da. Auf einmal war er nicht mehr da. Ach ja, den Abend, als ich ihm sagte, Mangolf werde sich verloben.«

»Denselben Abend?«

»Er klapperte noch in der Küche, dann war er fort, wie durch den Schlot.«

»Du hast sein Gesicht nicht gesehen?«

»Warum sein Gesicht?«

»Ich werde ihn aufsuchen«, sagte Terra, und er ging unverzüglich. Im Theater erfuhr er die Wohnung des Schauspielers. Dort war er ausgezogen, unbekannt wohin. Er sollte zur Bahn gefahren sein, vielleicht auf ein Gastspiel im Lande? Terra suchte vergebens sogar die Agenten auf, die es hätten wissen können.

Zur festgesetzten Stunde fand er sich bei Mangolf ein. Mangolf kam ihm atemlos mit einer Frage entgegen, unterdrückte sie aber, und von der Anstrengung erbleichte er. Um so mehr bemühte er sich dann um weltmännische Leichtigkeit. Nur als der Freund ihn drängte: »Die geborene Knack wartet«, beschattete sich seine Stirn. »Ich muß dich bitten, mich bei Wahrung der gebotenen Form zu unterstützen«, sagte er im amtlichen Ton. »Übrigens liebe ich Frau von Tolleben.« Er brachte es noch fertig, sich in die, die seinen Erfolg verkörperte, sogar zu verlieben!

Auf der Straße fragte er plötzlich, und sein Schritt stockte: »Was macht Lea?«

»Sie ist prächtig gelaunt und wünscht dir Glück – aus Zeitmangel nur durch – mich.« Aufgeräumt, im Tone dessen, der von keinen Zusammenhängen weiß; und mit Genugtuung sah Terra den Freund noch bleicher als vorhin.

Sie holten die Braut und ihre Familie aus ihrem Hotel ab. Der Reichskanzler als zweiter Trauzeuge ward erst am Standesamt erwartet. Er betrat den Saal in dem wirksamsten Augenblick, den der Bräutigam sich hätte wünschen können. Alle waren versammelt, und eine Pause war entstanden.

In aufsehenerregender Wagenreihe zur Kirche. Der Eingang zur Sakristei war von dem wohlgeordneten Spalier der Zuschauer bis an den Fahrdamm verlängert. Zuerst kam ein Korridor, den Topfgewächse schmückten. Die Tür hinten blieb störenderweise geschlossen, der Reichskanzler selbst öffnete sie den Damen der Familie. Indes er ihnen folgte und am anderen Ende des Korridors die ersten Insassen der noch anfahrenden Wagen erschienen, stand das Brautpaar unbeachtet und allein, mit dem Rücken nach einer Palmengruppe. Nur Terra, der dem Reichskanzler die Tür aus der Hand nahm, sah die Palmenblätter heftig schwanken und einen Arm hervordringen. Der Arm schwang einen Dolch. Gegen den Rücken Mangolfs stieß er ihn schon, da hatte Terra ihn gefaßt und abgewürgt, der Hand entfiel die Waffe. Gleichzeitig stürzten die Palmen, und Kurschmied erschien, verzweifelt ringend.

»Mensch, kommen Sie zur Vernunft!« keuchte Terra. Mangolf hatte sich noch nachträglich geduckt, zur Vermeidung des Dolchstoßes, der nicht mehr drohte. Seine junge Gattin vergaß ihn im ersten Schreck, sie brachte durch einen Sprung sich selbst in Sicherheit. Dann erfaßte sie ihren Fehler und sank um, gerade als der zurückkehrende Reichskanzler sie auffangen konnte. Er übergab sie ihrem Vater, und Knack, kopflos erbittert durch das Verhängnis, das die Heiraten seiner Tochter verfolgte, schleifte die Bewußtlose unnachsichtig, mit größter Eile in die Sakristei. Der Reichskanzler seinerseits ging knapp und entschlossen gegen die Individuen vor, die, alle gleichzeitig, aus dem Hintergrund schnellten. Wenige leise, aber bestimmte Worte, schon war er der Herr. Die Vorgeschnellten flogen zurück, wie von Seilen gerissen. Ja, dahinter besänftigten sie noch die Ankommenden, nichts sei geschehen. Mangolf wandte sich nach Terra um, er hatte etwas zu sagen; aber Terra mit Kurschmied war schon draußen.

Er hatte rechtzeitig einen Ausgang nach dem Garten entdeckt. Festen Schrittes erreichte er das Gitter und die Straße. Kurschmied neben ihm flatterte nur noch. Der Griff, in dem Terra ihn hielt, war zwecklos geworden, Kurschmied hatte sich ergeben. »Bei Ihnen haperte es schon immer im Taktgefühl«, sagte Terra und sah sich nach einem Beförderungsmittel für Kurschmied um. Die Seitenstraße war einsam.

»Ich war so begeistert«, sagte Kurschmied reumütig. Aber stolz trotz allem: »Lea wäre gerächt gewesen!«

»Blamiert«, verbesserte Terra und winkte; denn eine Droschke erschien. Kurschmied ward hineingestoßen. »Verschwinden Sie!« raunte Terra ihm furchtbar in das durchgefallene Gesicht. »Verschwinden! Verstanden?«

»Meister, der Ihre bin ich, solange ich atme!« Um seine Augen schimmerten die bläulichen Halbkreise, so fuhr er ab.

Als Terra die Sakristei betrat, stand es so, daß das Opfer Bellona, auf Chorgestühl ruhend, verschwand hinter Damen, die ihm zusprachen. Die Herren Lannas und Knack verteidigten den Zutritt gegen die Hochzeitsgäste, die in der Kirche lärmten. Die Trauung sollte vertagt sein, eine Sensation kündigte sich an. Der Reichskanzler ließ dementieren, Knack bat die Leute, einem Mann wie ihm doch zu glauben.

Der junge Ehemann Mangolf hielt sich, ohne Verwendung, wie er war, in Deckung hinter dem geöffneten Türflügel. Die Brauen gesträubt, winkte er Terra herbei. »Ich wollte dir gleich vorhin sagen: Dein Eingreifen war überflüssig ... Nun also, ich danke dir; aber ist er fort?« fragte er, und ohne warten zu können: »Weiß man es schon?«

Terra wischte sich die Stirn, er war empört, im Namen des Freundes wie der Schwester. »Der Mensch hat uns allen einen dicken Strich durch die Rechnung gemacht.«

Mangolf: »Gott sei gedankt, daß er sich wenigstens nicht den Augenblick vor der standesamtlichen Trauung ausgesucht hat!« Worauf Terra wie der Versucher: »Lea kann sich aufhängen. Selbst ein Schwachsinniger muß begreifen, daß ihr beide nach dem heutigen skandalösen Vorfall euch meiden müßt wie die Pest, sonst macht wahrhaftig einer den anderen unmöglich.« Die Augen in denen Mangolfs. Aber Mangolf widersprach nicht.

Nach der Pause fragte er nochmals: »Ist er fort?« Terra bejahte mit Handbewegung. Gleich weiter Auge in Auge:

»Der Mensch ist als Verlegenheit zur Welt gekommen. Er hat noch jede Situation in der raffiniertesten Weise mißverstanden. Unsereiner wendet so viel Blick und Schonung für menschliche Taten auf, damit zuletzt ein begeisterter Lümmel den Dolch zückt.«

»Ausgerechnet den Dolch, eine Lächerlichkeit«, murmelte Mangolf – aber er ward bleich und bleicher, der Blick Terras brannte. »Die Lächerlichkeit wäre zu tragen, wenn sie vollendet wäre«, sagte Terra, finster wie der Tod. Er zeigte, daß er den Dolch in der Brusttasche verwahre. »Auch würde Lea dann nicht mehr von den Zufällen deiner Karriere abhängen.« Knirschend.

Mangolf stieß die Hand vor – aber faßte sich schnell. »Wenn nicht du es wärest«, warf er hin und lachte gewinnend. »Ich rechne auf deine Freundschaft mehr als je. Man darf nichts erfahren, die Zeitungen dürfen höchstens Falsches bringen.« Er ergriff den Freund mit beiden Händen vorn am Rock, eine ganz ungewohnte Geste. »Denke daran, daß ich dank meiner Heirat der nächste bin, der Unterstaatssekretär wird!«

Terra, entwaffnet, behielt den Mund offen. »Bravo«, sagte er dann. Beide atmeten auf, sie lösten sich voneinander.

»Aber rette mich!« wiederholte Mangolf noch. Die Tür, die sie deckte, ward geschlossen. Der Reichskanzler sah Terra und nahm ihn beiseite. Sein Gesicht, noch gnädig strahlend, solange er die Tür schloß, ward unvermittelt beleidigt und tief verärgert. »Dazu komme ich her«, äußerte er, im Ton einer Dame, die die gewohnte Rücksicht vermißt.

»Eine äußerst peinliche Rücksichtslosigkeit gegen Eure Exzellenz«, sagte Terra demgemäß.

»Ein anderer als ich mit meinem bekannten Wohlwollen begibt sich eines Nachgeordneten wegen nicht erst in die Lage«, grollte Lannas noch, mit einem gehässigen

Seitenblick nach Mangolf, der sich abwesend stellte. Der Reichskanzler drehte ihm schroff den Rücken, da bewegte Mangolf inständig die Lippen, es hieß nochmals: »Rette mich!« Terra tat es.

»Darf ich Eurer Exzellenz in Kürze meinen allergehorsamsten Bericht erstatten. Der Attentäter ist unter meinen Augen in einer Droschke abgefahren.«

»Ohne Zuhilfenahme der Polizei hoffentlich?«

»Niemand wurde bemüht. Der Attentäter verschwindet glatt, ich bürge dafür Eurer Exzellenz mit meiner Person.«

»Danke, Herr Rechtsanwalt. Dann bin ich über den Punkt beruhigt. Ich kenne Sie.«

»Der andere Punkt!« sagte Terra, ohne sich bitten zu lassen. »Mehreren Berichterstattern habe ich den Fall schon in der harmlosesten Weise erklärt.«

»Sie sind mein Freund«, schloß Lannas aus beinahe unüberlegtem Antrieb. »Warum sieht man gerade seine Freunde nie? Schon einmal wollte ich mich mündlich bei Ihnen bedanken, und Sie kamen nicht. Nach Ihrer heutigen Leistung müßte ich Ihr Fortbleiben als unfreundlichen Akt deuten.«

Indes Terra sich tief verneigte: »Ich glaube, ich habe etwas für Sie.«

Er hatte seine Grübchen zurück. So führte er persönlich die frisch gestärkte junge Frau dem Gatten wieder zu, ja, Lannas klopfte Mangolf ermutigend auf den Arm.

Die Trauung ging günstig vorüber, das Frühstück im Hotel nahm den glänzendsten Anlauf; da verließ Terra es.

Er verbrachte den Tag mit den ihm bekannten Berichterstattern und trug Sorge, jedem einen anderen Hergang zu erzählen. Er erfuhr, was umging, und bog die Gerüchte vor allem derart zurecht, daß keines hinwies auf Lea. Seine letzte Fassung war, ein Zahnarzt in mittleren

Jahren, vor längerer Zeit dem Irrsinn verfallen infolge Untreue seiner Braut, erblickte seither krankhafterweise unter jedem Brautschleier seine Gewesene. Zufällig gerade heute sei er aus der Anstalt entwichen. Daher, kurz vor der kirchlichen Trauung eines Herrn vom Auswärtigen Amt, die unbedeutende Störung, die nur wenige bemerkt hatten.

Am Abend aber saß Terra im Theater, und Lea spielte. Ihr altes Erfolgsstück war nach einer Pause wieder angesetzt; sie sollte wieder jubeln: »Ihr glaubt doch nicht, es ginge ohne mich?« – »Wie wird sie jubeln?« fragte drunten der Bruder.

Das elegante Dirnenstück entwickelte sich wie gewöhnlich, frivol und etwas melancholisch war der Auftakt, und sogleich hatte die Heldin ihren stürmischen Abschied von dem Liebhaber Nummer eins. Er hatte sie geliebt, gequält, betrogen und wieder von vorn. Sie hatte gelitten, sich gerächt, ihn zurückgeholt und nochmals abgestoßen. Nun war es zu Ende. Sie blieb allein, zerbrochen, verzweifelt, mit Bitternis getränkt bis in den Tod. Schritte. Sie wollte fort, ihr winkte nur der Tod.

Statt seiner erschien der Liebhaber zwei, ein sanfter, junger Kavalier, der sie zu lieben gedachte. Er kam mit Seelentiefen und suchte etwas Besonderes an diesem Treffpunkt der Lebewelt. Nach einigen begreiflichen Nieten fand er es nun. Sie war immerhin bereit, noch ein wenig sich aufhalten zu lassen vor ihrem letzten Gang: bereit aus Müdigkeit und weil es eins war, so sah der Bruder. Das Stück begann sich zu verändern.

Wie begegnete sie denn heute seiner Werbung, das abgebrühte, aber schwerelose Geschöpf? Am Rande des Diwans sagte er ihr, indes hinten die Kameraden soupierten, seine besonderen Wünsche, und sie lag. Geschwungene Linie, lang und schmal im buntschimmernden Futteral der Robe, leicht erhöht die Knie, den Kopf über das Polster gesenkt, sie war ganz Liegen, das ungenützte Daliegen. Die nackte Schulter glänzte ins Leere, vergebens hing der nackte starke Arm herab. Warum nicht? Sie konnte durchaus eingehen auf die Marotte des Herrn, der Treue suchte und Sanftmut versprach.

Entschluß, sie küßte. Das allzu goldene Lockengebäude an ihrem rückwärts gesenkten Kopf ward erschüttert, die Reiherfedern wippten, zu seinen Lippen hob sie das Gesicht. Allzu weiß, mit groben Bühnenzügen und dem schwarzen Strich der geschlossenen Wimpern, malte es den Kuß. Diese Lippen wollten Verlobung vortäuschen? Versprechungen des Lebens küssen? Eine Totenmaske sog sich wild an, knapp vor dem Sterben.

Feiern den Eintritt in die neue Liebe! Dahinten brachen sie auf. Vom Diwan geschnellt – und der große bewegte Körper wollte mit vorangestreckten Armen über alle fortfliegen, die Zuversicht selbst. »Ihr glaubt doch nicht, es ginge ohne mich?« Es gellte, und der Vorhang fiel.

Dies, das Jauchzen, das man kannte? Es hatte gegellt; lag die große Frau jetzt nicht, zusammengebrochen und allein gelassen, über dem verwüsteten Tisch, dort hinter dem Vorhang? Er ging wieder hinauf, sie und ihr Mitspieler verneigten sich. Da zuckte sie heftig zusammen; wem war ihr Blick, der die Runde machte, in jener Loge begegnet? Der Bruder sah hin, die Loge war leer. Er auf seinem Parkettplatz sprach zu ihr durch den Vorhang. »Nun, nun, mein Kind, wir sind älter geworden, das ist das Ganze. Wie lange spielen wir schon Komödie? Acht Jahre – so vergeht die Zeit. Jetzt kommt erst das Beste, du wirst dein blaues Wunder sehen. Bestehe um Gottes willen nur die diesjährige Prüfung, verehrte Künstlerin!«

Das Stück verschob sich weiter. Sie spielte Glück. Niemand hatte sie so glücklich gesehen wie heute abend, mit dem Liebhaber zwei. Er hatte das beste Leben, nur sie selbst war ihrer Sache nicht sicher. Auch dies konnte enden, so aufreibend schrecklich wie das vorige – wenn sie auch hier wieder liebte. Sie fürchtete, zu lieben und dann verlassen zu werden. Sie eilte, daß sie ihm zuvorkomme: nur darum betrog sie ihn, mit dem Liebhaber eins – und ließ sich erwischen. Die Szene. Zwei merkt erst jetzt, er liebe sie, und hat seinen Ausbruch. Eins hat ihm Genugtuung angeboten und ist gegangen. Sie selbst besteht darauf, sie liebe noch immer jenen, nie habe sie diesen geliebt; wird kalt und stumm. Dieser glaubt ihr nicht, zu gut weiß er das Gegenteil, weiß es durch sich selbst. Für ihn ward es ernst, auch sie soll endlich gestehen.

So gesteht sie denn; nein, sie liebt keinen: auch den nicht, mit dem sie ihn zielbewußt betrogen hat. Auch der hat nur wissen sollen, daß sie nun kalt sei – nun kalt sei und bleibe! »Der eine kann mich zu haben glauben, der zweite, sogar ein dritter: wer aber hat mich noch? Das war einmal!« schwört sie. Schaudert es ihn? Es ergreift ihn, er möchte verzeihen. »Damit du mich später um so sicherer davonjagst? Später, wenn ich wehrlos bin.« Da er leugnet: »Doch. Der, den ich liebe, jagt mich davon.«

Wo ist das glatte Stück der schwachen Gefühle hin? Frech und schrankenlos agiert sie vor dem Menschen, hat die Selbstachtung abgetan, möchte nacktes Grauen sein: alles, damit es ihr erspart bleibe, noch einmal leiden zu müssen. Er will ihr nichts ersparen, sie entreißt sich ihm, flieht nach hinten und steht, wie gefangen, in einem Vorhang.

Dort nun zeigt sie, wie man leidet: was sie schon erlitten hat, was sie noch erleiden würde – zeigt, was je Leiden war. Ihre schlaffen Arme tasten aufwärts, um zu flehen, aber was hilft Flehen, sie sinken wieder. Das Gesicht sieht niemanden, einsam plant es, verzückt. Die ganze Frau aber, dieser kostbare Körper im reichen Kleid, wird arm, wird offen jedem Blick, ja, durchscheinend, ihr seht die Flamme. Ihr hört nicht hin, welche Sätze sie klagt, seht nur in ihr die Flamme zehren: zehren und sie durchleuchten.

»Alle Wetter«, sagte der Bruder. »Es geht vorwärts.« Er stellte fest: »Wir haben unsere beste Zeit und sind samt und sonders im Aufstieg, ich komme von einer Hochzeit. Dieser Aufstieg hier aber ist bestimmt der solideste. Auf diesen kann man sich verlassen, wie auf den Schmerz.«

Die Schauspielerin inzwischen bereitete ihren Abgang vor. Der Mann war fertig, sie hatte ihn endlich niedergerungen. Er saß, war ganz krank von ungewohntem Erleben und wünschte sie innerlich zu allen Teufeln. Sie aber hatte Hoheit bekommen; Abschied in Hoheit und müdem Nachwehen ihrer großen Szene. Ein letzter Händedruck? Er schlug ihn aus, rückte verwundet die Schultern. Da hatte sie, über ihn fort, ein Nicken, eine Wendung: »Dann nicht.« All ihr Wissen in dem Nicken, das ganze Ende in der Wendung. Sie hatte nicht glaubwürdig gejauchzt heute, aber ihr stummes »Dann nicht« war restlos gekommen.

Geklatscht ward mit vereinzelter Heftigkeit, im ganzen aber mäßig. Diesen letzten Enthüllungen widerstrebte der gesunde Sinn. Was für das Herz war, schien vorüber, der erste Akt hatte beinahe im Bordell gespielt. Die Damen fühlten sich tief getroffen von den Toiletten der Heldin.

Wie Terra aufstand, fand er sich neben Erwin Lannas. »Auch ich bin hergekommen«, erklärte der Spaziergänger; er hatte dabei ganz ungewohnte, starre und aufgerissene Augen. Der Bruder hielt selbst, solange sie sich ansahen, die Lider mit Anstrengung fest, um nur keine der Tränen, die noch kamen, zu zerdrücken. Aus Befangenheit und weil Terra schwieg, sprach Erwin.

»Ich saß bei dem Hochzeitsfrühstück und sah Sie fortgehen. Dann ward auch ich hinausgerufen. Ein Bekannter von der Presse wollte die Wahrheit über das Attentat wissen. Was ich wußte, hatte ich erraten und sagte es ihm nicht. Er behauptete selbst eine Menge Unsinn. So gingen wir durch mehrere Cafés.«

»Glauben Sie nicht, wir sollten dorthin zurückkehren? Das Stück spielt weiter, für uns aber fehlt, glaube ich, nichts mehr.«

»Nein. Noch schöner kann sie nicht werden.« Erwin Lannas schloß einfach: »Ich liebe sie.«

Mangolf aber verließ seine heimliche Loge, er ließ sich die Tür zur Bühne öffnen.

Die ganze Zeit nach dem Bruch mit Lea hatte er sie beobachten lassen, ob sie an Selbstmord denke. Eine Detektivin, die ihre Aufwärterin zu vertreten vorgab, hatte die ganze Wohnung nach Gift durchsucht. Sie fand keines – was ihn nicht beruhigte. Dann trug sie es am Körper! Bei der ersten Begegnung mit ihm konnte sie es nehmen, auf offener Straße oder, wer weiß, an seinem Hochzeitstage. Er wagte sich öffentlich nicht mehr zu zeigen; es war ihr geglückt, sie hielt ihn unter ihrer Drohung. In diesen Wochen haßte er sie – und hatte sie nie so heftig begehrt. Er mußte sich befreien, und sei es mit Gewalt. Er sann auf ein Mittel, sie aus Berlin polizeilich zu entfernen; mochte sie weit fort in aller Stille ihre Drohung wahrmachen. Nein! Davor sei Gott! Und Reue, Sehnsucht, Angst trieben ihn vor ihr Haus. Sie aber stand droben. Sie sah durch den Vorhang hinunter, den Schatten durchspähend, in den er sich drückte, Augen suchend, die sie nur ahnte, nicht fand – wie er die ihren nicht.

An seinem Hochzeitstag blieb sie zu Hause, keine Seele ließ sie ein, seine Spionin hinterbrachte es ihm. Die Entscheidung! Sie fiel. Nun war sie gefallen, tot und entstellt bedeckte seine Geliebte das Lager, das sie beide und ihre Freuden getragen hatte! »Ist sie tot?« – die ungesprochene Frage Mangolfs an ihren Bruder. Der Mordversuch jenes Kurschmied zeugte, in allen Schrecken, doch auch die bange Hoffnung, hiermit sei die Rächerin nun abgefunden, sie werde von ihm ablassen, ihre eigene Vernichtung ihm nun ersparen. Aber sobald er sich selbst in Sicherheit fühlte, gleich an der Hochzeitstafel, hatten Furcht und Leidenschaft ihn wieder. Er erfand Vorwände, um die Abreise mit seiner Neuvermählten bis abends zu verzögern, und am Abend rief der von ihm bestellte Bote ihn dringend ins Amt. Er eilte ins Theater, er stahl sich in die Loge.

Mein Gott, welche Frau! Solche Schönheit in Selbstaufgabe! So viel Reiz gerade beim Untergang! Er faßte ihren Verlust nicht, Mangolf kannte zum erstenmal im Leben sich selbst nicht mehr. Er sagte sich wohl, was sogar ihr Bruder gesagt hatte: »Ihr müßt euch meiden wie die Pest!« Ja, Mangolf begriff alle Folgen seiner Schwäche. Die zum zweitenmal verlassene Knack schnitt seine Laufbahn ab, er war nicht Tolleben. Dennoch, die äußersten Vorgänge des zweiten Aktes erlaubten keine Gegenwehr. Die selige Selbstzerfleischung jenes Herzens befreite den Ungetreuen von jedem Zweifel. Glanz des Leidens, das es völlig durchleuchtete, gab ihm auf einmal Kraft für das Opfer, das er bei ihrem Glückesglänzen nie auch nur erwogen hatte. Er gehörte ihr, sie ihm.

So stand er auf, tiefernst, und ging zu ihr.

Sie hatte ihre Garderobe gerade betreten, sie hielt den Stuhl in der Hand, um erschöpft darauf hinzusinken. Als er dastand, wartete sie. Ihr Gesicht zeigte Genugtuung und Müdigkeit. Sie hörte:

»Ich komme, dir zu sagen, Lea, daß ich unwiderruflich entschlossen bin, mich von meiner Frau, die ich niemals wiedersehen werde, scheiden zu lassen und dich zu heiraten.«

Da erst setzte sie sich. Aber es blieben sowohl Genugtuung wie Müdigkeit. »Bist du soweit, Lieber?« sagte sie sanft. »Ja, ich war gut heute abend. Es ist nett von dir, daß du mich angesehn hast. Was das andere betrifft –« Schmerzlich, aber nicht zu sehr: »Das ist nun weg. Ich habe es weggespielt heute abend. Es war nicht leicht; du darfst es nicht noch einmal verlangen.« Zuletzt mit Strenge und auch mit Klagen. Sie stand auf, sie zog sich nach der Wand zurück. »Noch einmal würde ich vielleicht nicht durchkommen, Lieber. Und könnte es denn ausbleiben, daß du mich doch noch verläßt? Ich weiß etwas Besseres, seit heute abend weiß ich, daß es das Bessere ist. Du behältst deine Frau, sie wird mein bester Schutz sein, du wirst mir nicht mehr untreu werden.«

Eine Sekunde der Starrheit, dann stürzte er sich über ihre Hand, tief über ihrer Hand verharrte er in Zerknirschung und in Dank – Dank für Rettung aus höchster Gefahr. Sie aber berührte seinen Scheitel voll Mitleid, ungesehene Tränen ließ sie auf ihn fallen, vergeblicher Trost für so viel dargebrachte Selbstachtung und einen so großen Verzicht.

Zweites Kapitel

Salon Altgott

Terra brauchte den Besuch bei Lannas nicht erst zu überlegen, schon ward er dringend hingebeten.

Seine Absicht war, eine amtliche Berührung mit der Reichskanzlei zu vermeiden; er trat nicht von der Wilhelmstraße ein. Wie früher durchschritt er die kleine Pforte neben dem Brandenburger Tor, ging aber vorbei an der romantischen Villa, die Auswärtiges Amt hieß, ging durch den Garten nach jenem größeren Baudenkmal der Macht, dem neuen Sitze Lannas'. Stolz und zierlich stand es im Grünen, von hier weit eher Gartenschloß als Amtsgebäude; hatte Ranken zwischen den hochgewölbten Fenstertüren, den Schatten alter Bäume auf seinen langen Flügeln; aber hell hervor stieg die Hauptfront, gereckte Pfeiler und schlanke Fenster. Aus runden Luken unter geschweiftem Dach blickte ein anderes Jahrhundert.

Festen Schrittes ging Terra auf die Mitte zu, entschlossen, sich durch Feierlichkeit nicht schrecken zu lassen. »Der Herr Reichskanzler erwartet mich«, rief er schon von fern, als eine Fenstertür aufging. – »Wenn auch nicht von dieser Seite«, sagte ein beliebiger Herr, der nicht ohne Wohlwollen den Gast hineinließ. »Geheimrat von –« verstand Terra. Er erklärte: »Da ich aus durchaus persönlichen Gründen herzitiert bin, hielt ich es für angezeigt, ohne Umwege das Kabinett des Grafen zu betreten.« Denn er sah einen Schreibtisch.

»Das Arbeitszimmer des Reichskanzlers ist nicht mehr hier«, berichtete der Geheimrat. »Hier war es unter Bismarck, wegen der bequemen Nähe der Büros, die alle in dieser Front liegen. Bismarck konnte Tyras hineinschicken, Zucht mußte sein, dann kamen die Beamten gelaufen.«

Der Geheimrat gab sich offen und beflissen, wahrscheinlich hatte er den Auftrag, den Gast zu unterhalten. Da dieser nur ein um so anspruchsvolleres Gesicht machte, bemühte er sich weiter. »Nach Bismarck arbeitete nur noch der nächste Kanzler hier. Der ließ nun aber vor den Fenstern die schönsten Bäume abschlagen. Für Bismarck war er damit gerichtet: ein Slawe!«

»Hoch merkwürdig«, sagte Terra und senkte die Mundwinkel.

»Sie interessieren sich mehr für alte Bilder?« fragte der Geheimrat. »Der jetzige Chef hat einige aus den königlichen Museen entliehen.« Mit Hilfe der Bilder lotste er den anspruchsvollen Gast durch ein Zimmer mit papageienbunten Möbeln und hinauf in die Eingangshalle. Dort übergab er ihn, aufatmend, einem Amtsdiener. Mit dieser schweigsamen Person gelangte Terra, gleichfalls aufatmend, nach dem ersten Stock.

In einem Vorraum stand ein anderer Diener, dieser mit Schnüren auf der Brust. »Herr Söchting«, sagte der Begleiter Terras, »ist wer drinnen?« Söchting antwortete: »Bei Exzellenz ist niemand drinnen, Exzellenz ist selbst nicht drinnen.« – »Wo ist er denn?« – »Er ist im Erinnerungszimmer«, sagte Söchting.

Vor der Tür auch dieses Arbeitszimmers kehrte Terra um. Es ging durch einen ungeheuren Saal von der Höhe zweier Stockwerke, der Breite des ganzen Hauses und reichlich vergoldet. »Der Kongreßsaal«, sagte der alte Diener mit Nachdruck, indes er sich plötzlich umwandte. Terra verbeugte sich anerkennend.

»Ob er nun will, daß Sie reingehen –« meinte der Mann und zögerte vor der Tür, die jetzt kam. Zu seiner

Überraschung klopfte der Gast einfach selbst und trat auch gleich ein.

Es war um einen Augenblick zu früh, der Reichskanzler war mit der Haltung, die er wünschte, noch nicht ganz fertig. Altpreußisch schlicht und steif saß er zwischen dem Fenster und einer Art von Badeofen in einem großen Lehnstuhl mit Ohrenklappen, Depeschen lesend. Hinter einer Hornbrille, die Lippen zusammengekniffen, sah er langsam auf. Ein Zeichen, sich zu setzen – der Nachfolger Bismarcks las weiter. Endlich, knapp und allwissend:

»Herr Rechtsanwalt, ich muß Sie warnen. Sie werden sich selbst gefährlich. Arbeiter, die andere Arbeiter zum Streik aufgereizt haben, vor dem Zuchthaus zu retten, sollten Sie Ihren Kollegen, soweit sie sozialistisch sind, überlassen.«

»Eure Exzellenz bitte ich gehorsamst, bemerken zu dürfen –.« Aber Lannas fiel ihm in die altpreußische Rede. »Bemerken Sie zuerst, daß wir das Gesetz einer allerpersönlichsten Anregung Seiner Majestät verdanken.«

»Eure Exzellenz bitte ich gehorsamst, bemerken zu dürfen«, wiederholte Terra unverdrossen, »ich habe die mir angetragene Verteidigung der Arbeiter einzig und allein in dem Pflichtbewußtsein des königstreuen Mannes übernommen. Mein Gewissen versichert mir, daß diese schlichten Arbeiter, die jederzeit für ihren König und Kaiser sterben würden, das Gesetz nicht verletzt haben.«

»Ob sie sterben würden? Nun, man würde ihnen helfen« – Lannas nahm die Brille ab, da konnte er seinem Gesicht die verbohrte Altersweisheit, die er seinem Besucher und sich selbst vorgeführt hatte, nicht ganz bewahren. Ein wenig vom Grübchen erschien, die Art zu sein ward leichter, auch die Sprache. »Was Sie sich auch immer dabei gedacht haben, lieber Freund, daß Sie die Genossen verteidigen, vielleicht übrigens haben Sie sich gar nichts gedacht: wir können der Sache eine geschickte Wendung geben. Es kommt nur auf Sie an ... Herrgott!« rief er in der Fistel. Er sprang, alles vergessend, auf seinen Ohrensessel und langte gierig nach der Wanduhr. Sie gehörte freilich eher in eine Küche, sie tickte so laut wie ein Wekker. Der Reichskanzler bemühte sich, sie zu öffnen. »Jedesmal dasselbe«, murrte er. »Aus Pietät für die großen Tage Bismarcks, die sie gesehen hat, lasse ich sie immer wieder gehen, und dann halte ich es doch nicht aus.«

Mit der Uhr beschäftigt, erklärte er weiter. »Ich habe den großen Mann hier mumifiziert. Sein Schreibtisch, schauerlich geschnitzt, man sieht die ganzen Siebzigerjahre. Aber Sie spüren elektrische Schläge, wenn Sie ihn berühren.«

»Tatsächlich«, bestätigte Terra.

»Mit der Ehrfurcht des Herzens alles zusammengetragen aus den bescheidenen Stätten seines titanischen Wirkens, sowohl Akten- wie Streichholzständer! Noch echtes Schreibpapier des Gewaltigen!« Da war es ihm gelungen, die Uhr abzustellen; er kehrte auf den Boden zurück. »Lieber Freund!« Er bewegte sich wieder um vieles leichter durch das Zimmer. Jemandem, der anklopfte, nahm er selbst in der Tür das Schriftstück ab. »Da haben wir's«, sagte er außerhalb des Zusammenhanges, »das Geschäft stimmt, Sie können sofort in den Wahlkreis reisen.«

»Wahlkreis?« wiederholte Terra.

»Ich habe Ihnen ein frei gewordenes Mandat für den Reichstag zugedacht. Sie müssen für jetzt weder widersprechen noch zustimmen.«

»Welche Partei wählt mich?«

»Die Reichspartei, auch freikonservative Partei genannt. Die Fraktion war in Verlegenheit um eine geistige Potenz. Gewisse Personen erinnerten sich Ihrer.« Da er Terra sich tief verbeugen sah: »Nicht ich.« Er faßte Fuß hinter dem Schreibtisch, unter dem Bismarckbild in ganzer Figur, von Lenbach. Mit staatsmännischer Stirn: »Ein Reichskanzler geht auf die Personalien der Parlamente nicht ein, er steht über den Parteien.« Da Terra sich hiervon in übertriebener Weise durchdrungen zeigte: »Jetzt denken Sie: darum redet er hier und schanzt seiner Lieblingspartei die Leute zu, die ihm passen. So steht es aber nicht, ich sorge einzig und allein für Ihr Bestes.«

»Eure Exzellenz«, sagte Terra, die Hand auf der Brust, »haben mich, solange ich denke, mit unverdienten Wohltaten überhäuft. Kein menschliches Herz kann so übervoll des Dankes seinem hochgestellten Freund und Gönner entgegenschlagen.«

Lannas blieb sachlich. »Es wird Sie kein Opfer kosten, sich in gleicher Dosierung frei und konservativ zu zeigen.«

»Und wenn es ein Opfer wäre!« – hingebungsvoll.

»Innere Reservate billige ich Ihnen zu. Je häufiger wir zusammenarbeiten, desto mehr werden sie schwinden.« Lannas kam um den Tisch, er setzte sich mit Terra auf das Sofa, Knie an Knie.

»Verstehen Sie mich, lieber Freund, in den einzelnen Fraktionen muß ich meine Freunde sitzen haben, sonst verliere ich den Boden.«

»Eure Exzellenz befinden sich über den Parteien und über dem Boden, der sie trägt«, bemerkte Terra mit kühler Achtung.

»Aber sie sollen für mich stimmen. Niemand stimmt gern für einen Minister, den er nicht kennt, der seinesgleichen nicht sein will und ihm noch nicht einmal imponiert.« Tief verärgert und mit der häßlichen Stimme, die er im Ärger bekam, sagte der Reichskanzler: »Nicht jeder kann in Uniform mit schwefelgelbem Kragen der Opposition in den Weg treten und gegen sie von seinen Wasserstiefeln Gebrauch machen.« Den Blick auf das lebensgroße Bild hinter dem Schreibtisch.

Pause. Dann Terra mit Vorsicht: »Ganz ohne Zweifel

liegt es an meinem beschränkten Fassungsvermögen, wenn ich aus den Darlegungen Eurer Exzellenz den Eindruck gewinne, daß unter solchen Umständen der Minister den schrankenlosesten Parlamentarismus begrüßen müßte wie eine Gnade von Gott.«

»Wem sagen Sie das.« Lannas seufzte – aber weder lange noch tief. Sogleich hielt er sich wieder an die Tatsachen. »Ich brauche Freunde, denn Gegner habe ich sowieso: selbst in der Reichspartei!« Dieser Seufzer war tiefer. Dann: »Sie, Herr Rechtsanwalt Terra, sind ein Intellektueller von besonders moderner Prägung. Die Ziele des Geistes sind Ihre Sache nicht weniger als das Wesen der Dinge. Ich plaudere mit Ihnen schon seit Ihren empfänglichsten Jugendjahren, ich schmeichle mir, daß Ihrer erfreulichen Entwicklung mein Einfluß nicht fremd geblieben ist.«

Blick. Terra verbeugte sich.

»Damals in Liebwalde warfen Sie sich unbedenklich auf die Seite des idealistischen Anarchismus. Heute wissen Sie, daß gerade der Idealist es besonders notwendig hat, auch Geschäftsmann zu sein.«

»So ist es«, sagte Terra überrascht. Er öffnete die Augen, er wartete im Ernst, was noch käme. Es kam: »Sehen Sie, Ihre Streikhetzer! Ein Sozialist bespricht im Reichstag den Fall, schon aus. Nun Sie! ... Sie haben am Tage vorher eine große Rede zur vorurteilslosen, uneingeschränkten Würdigung meiner gesamten Politik gehalten. Sie sind, wie ich, im Sozialen äußerst vorsichtig. Im Kulturellen denken Sie frei. Daß wir uns verständigt haben, wird vermutet. Wenn ein Mann wie Sie sich der Streikhetzer annimmt, wie wird es wirken?«

Blick. Terra behielt den Mund offen.

»Die Wirkung ist, daß die in Ihrer Fraktion sitzenden Großindustriellen«, betonte Lannas, »an die Wand gedrückt werden. Auf Ihre Rede hin könnte sogar das ganze edle Zuchthausgesetz ernstlich ins Wackeln kommen, wenn es nicht zufällig die persönliche Leistung Seiner Majestät wäre«, schloß Lannas beruhigt. Terra sah mit Entzücken: er wurde gegen Knack geschickt.

»Teufel. Der Einfall könnte von mir sein.« Im offenen Munde rollte Terra die Zunge, sein ganzes Gesicht zuckte verteufelt. »So begaunert man ehrliche Leute, die der Zuversicht lebten, sie verständen das Betrügen allein.«

»Hören Sie sich an! Sie schmettern dies durch die Nase.« Lannas fragte milde: »Darf ich Sie auf einige Äußerlichkeiten aufmerksam machen? Was Sie da sagten, könnte noch weit gewagter sein: schlimm wird es erst durch Ihr ausdrucksvolles Schmettern, Ihre überdeutliche Mimik. Werden Sie farbloser, werden Sie Geschäftsmann auch in Ihrem Stil!«

Dies im Ton eines beiläufigen Nachtrages zum beendeten Gespräch. Terra begriff, er erhob sich. Die Finger verschränkend und lösend in seiner Betroffenheit:

»Selbst in Ihrem allerweltschmerzlichsten Augenblick werden Eure Exzellenz noch barmherzig genug sein, mich nicht für den hoffnungslosen Esel zu halten, der hier irgend etwas mißversteht. Ich habe nichts weiter gehört und behalten, als daß Sie mir die hohe Ehre erweisen, mich der parlamentarischen Vertretung des deutschen Volkes, das Ihrer unvergleichlichen Obhut anvertraut ist, für würdig zu erachten.«

»Unter vier Augen weiß ich Ihren Kurialstil zu schätzen«, sagte Lannas versöhnlich. Er gab die Hand zum Abschied. »Der Vorstand Ihrer Fraktion erwartet Sie.«

Er rief den Abgehenden noch wieder zurück.

»Sie sind gar nicht neugierig, wer mich so rechtzeitig an Sie erinnert hat?«

Welch ein auffallendes Lächeln! Verschmitzt, verlegen, ein wenig vorwurfsvoll und von oben, aber im Grunde dennoch erfreut. Terra stutzte. Darauf Lannas:

»Nun, es war im Salon Altgott. Übrigens ein politischer Kindergarten; versäumen Sie nicht, sich darin umzusehen. Kommen Sie aber außerdem zu uns. Meine Tochter erwähnte kürzlich, wie lange wir Sie nicht gesehen haben.«

»Sollte Mangolf es sein?« sagte Terra, ohne zu wissen, daß er es sagte. Die Miene Lannas' sagte, daß er eine andere Frage erwartet hatte. Dann ward sie mitleidig. »Ihr Freund Mangolf hat in letzter Zeit ausnahmsweise an sich selbst gedacht. Die Heirat, dann der Unterstaatssekretär. Ich werde ihn wohl ernennen müssen, sein Schwiegervater tut es nicht anders.« Sehr nachdenklich.

»Ich kenne meinen Freund Mangolf«, behauptete Terra mit Nachdruck. »Seine Streberei entspringt der wirklichsten, tiefsten Bescheidenheit.«

»Ganz schön, aber er zwingt mich schon wieder.« Verärgert: »Zu allem, was ich für ihn tue, zwingt er mich. Passen Sie auf, das rächt sich.« Da Terra besänftigend die Hand aufrichtete: »O Sie! Sie bilden sich die Demokratie ein. Aber gerade Sie sind der Edelmann, sitzen in Ihrer Burg und melden sich nicht. Wer Sie haben will, muß Sie holen, wie Posa. So geben Sie mir ein Gefühl, als machte ich mich wer weiß wie sehr verdient, daß ich Sie hole. Ihr Freund Mangolf dagegen: wollen Sie wissen, was ich ihm für ein Ding drehe?«

»Eure Exzellenz spenden aus der Fülle Ihres Geistes niemals ohne Nutzen für mich.«

»Ich muß ihn zum Unterstaatssekretär machen, gut, einverstanden. Aber wen mache ich zum Personalreferenten? Das ist, ohne besonderen Titel, eine viel mächtigere Stellung, und wem gebe ich sie? Seinem Feind Tolleben. Da hat er es.« Der Reichskanzler erfaßte den künftigen Abgeordneten an der Schulter. »Einer erledigt immer den andern: das ist Staatsweisheit«; – und unter munterem Lachen schob er ihn endlich aus der Tür des Erinnerungszimmers.

In seinem Wahlkreis hatte Terra mit Reden, die ein jeder hätte halten können, den Erfolg, der feststand.

Den Reichstag machte der Abgeordnete Terra vorerst nur in der mildesten Form auf sich aufmerksam, durch technische Anmerkungen. Sie waren klug, vor allem kurz, sie überschritten in nichts die Schranken einer staatserhaltenden Partei. Seine hauptsächliche Wirksamkeit verlegte er in den Schoß der Fraktion; sein Zweck war einzig, zu beruhigen über seine Natur. Zum Redner bestimmt aus einem mehr grundsätzlichen Anlaß, ging Terra mit sich selbst die Wette ein, er werde kein eigenes Wort sagen. Er zitierte Bismarck; den Abgeordneten Schwertmeyer, jeden Redner, der jemals das Ohr des Hauses gehabt hatte. Er zitierte auch Knack, der niemals sprach. Sein eigentlicher Gegenstand war die Widerlegung des wesenlosen, verwirrenden und schwächenden Begriffes der Freiheit, der politischen Freiheit. Er sagte darüber mit Goethe: »Nur das Halbvermögen möchte seine beschränkte Besonderheit –«, alles, wie Lannas, einst in Liebwalde, es ihm unvergeßlich eingeprägt hatte, und er schrieb es Lannas zu, nicht Goethe.

Lannas, auf seinem Platz am Bundesratstisch, war ganz Schmunzeln. Er ließ den Abgeordneten zu sich bitten, er beglückwünschte ihn, wie ein einfacher Kollege. Auch erinnerte er ihn an den nächsten parlamentarischen Abend in seiner Wohnung, Terra dürfe nicht wieder ausbleiben.

Terra blieb aus, weil sein Leben, alles was er tat, sprach, vorstellte und selbst die eigene Person ihn noch niemals auch nur annähernd so grauenhaft geekelt hatten wie jetzt. Von Achtung, ja Auszeichnung umgeben, gedachte er der schlimmsten Demütigungen seiner dunklen Jugend als himmlischsten Taues. Damals begegnetest du in jedem beliebigen Gedränge Blicken der Abneigung und des Hohnes. An Menschen der Masse, die auf deiner Stirn ein Zeichen lasen, gebrach es dir nie. Heute sind sie nicht ganz betrogen, aber gebändigt. Du genießest Ruf und Schutz. Deiner Stellung, deiner Gunst bei dem Reichskanzler müssen wohl Leistung und Kraft entsprechen – denken die, die überhaupt fragen, warum sie einen Mann tiefer grüßen. Für solche Wesen kleidest du dich korrekt, machst dir ein glattes Gesicht. Dennoch erschrickt manchmal einer: Deine Maske hat sich verschoben. Sieh dich vor! Auf der Tribüne vorhin warst du versucht, die Zähne zu fletschen und Ungeheuerlichkeiten hinauszuschmettern.

Sie würden sie schlucken, dies ist das übelste, solange du der Macht näher zu sein scheinst als die meisten von ihnen. Dein Sturz wäre zweifellos eine besondere Erleichterung, ihr Instinkt berät sie noch immer richtig. Solange du aber dich hältst, ist es Übereinkunft, daß du vorgibst, einer der Ihren zu sein, und daß sie es glauben. Das wenigste wäre noch ihre Korruption. Du läßt sie einfach gelten, ja, tust, als seiest du beteiligt. Der Abgeordnete Schwertmeyer hat niemals von seiner liberalpatriotischen Beredsamkeit leben können, wohl aber von den Trinkgeldern der großen Industriellen, denen er das Kleinbürgertum einfing. Auf ihren Plätzen finden die Abgeordneten Prospekte – einen Prospekt über eine neue Art Masten für Kriegsschiffe. Sie sind, nach der ausdrücklichen Verheißung des Anbietenden, teurer als die bis jetzt verwendeten, auch werden sie schneller ersetzt werden müssen. Wer beteiligt ist, verdient öfter, Kindereien! Nicht ihretwegen bist du verzweifelt. Verdienenlassen gehört zum System selbst. Lannas erwägt einen Plan, der aus den Diäten der Abgeordneten etwas wie Bestechungsgelder macht. Niemand wird es auch nur bemerken. Alle hier getätigten Geschäfte sind vertraulich; verboten sind sie nicht. Es wäre falsch, anzunehmen, daß gesellschaftlich bestimmte Personen, die ihre gegenseitige Achtung haben, sich nicht auch selbst achten.

Der einzige hier, der seine Rolle fragwürdig findet, bist du. Denn du bist gekommen, die anderen zu betrügen. Ideen auf lange Sicht gedenkst du den harmlos in den Tag Lebenden heimtückisch anzuhängen. Dafür heuchelst du, lügst, schmeichelst, trägst Maske, versagst dir nach Kräften den letzten Rest von Selbstbehauptung. Als man dich anspie, warst du deiner sicherer. Du hast eine Niederlage erlitten in deinem Lebenskampf um die Menschenwürde. Erhebe wenigstens unverzüglich den Preis deines Selbstverrates!

Terra nährte in einigen Mitgliedern seiner Fraktion das Gefühl, man könne ein übriges tun und dem alltäglichen Betrieb einen Abglanz höherer Welten beibringen, einen Funken, der zündete unter den Menschen, und zwar zugunsten gerade unserer Partei. Er überlegte mit ihnen. Am meisten war bei den Massen, dies lehrte die geschichtliche Erfahrung, mit den Ideen der Menschlichkeit zu machen – wenn wir absahen von ihrem genauen Gegenteil, den nationalistischen Ideen, mit denen dasselbe zu machen war.

Entschieden wir uns für die Ideen der Menschlichkeit, so nur, weil der Fall Dreyfus sie gerade zeitgemäß machte. Die Gründe der allgemeinen Begeisterung für den französischen Unschuldigen waren verwickelter und dunkler Art. Sogar Gerechtigkeitssinn spielte mit, wenn er auch, gottlob, in eigener Sache niemals weitergegangen wäre, als er ohne Schaden der Autorität gehen konnte. »So entartet sind wir Deutschen noch nicht!« behauptete Terra unter Beifall.

Um nun eine vorhandene öffentliche Gemütsstimmung praktisch auszuwerten, brauchte man eine größere Gesamtheit lebender Wesen, die, ohne daß es uns selbst an die Tasche ging, von irgendeinem Druck befreit werden konnten. Wer war geeigneter? Die Landarbeiter? fragte Terra seine Kollegen, die Industrielle waren. Er antwortete selbst: die Sozialdemokratie hatte ihre Rechte in Pacht. Die Rekruten, die Unteroffiziere? Nicht daran rühren, schloß er sofort. Aber die Menschen schlechthin? Wo sitzt der Druck, den sie entbehren können? Als fände er es endlich: die Todesstrafe!

»Ihre Abschaffung wäre erreichbar – gerade darum, weil niemand daran denkt. Die Sozialdemokratie natürlich hat auch diese Nummer in ihrem Programm, welche hätte sie nicht; aber doch nur für alle Fälle und mehr platonisch. Von uns ausgehend, wäre die Forderung weniger billig. Sie würde wirken, als schleuderten wir laut eine Milliardenziffer unter die jauchzende Menge. Hohe Zahlen wirken begeisternd, wie die Herren schon selbst bemerkt haben.«

Die Herren schwiegen erstaunt; undeutliche Kundgebungen erlaubten sich nur die von Terra entfernt sitzenden. Nahe und abwartend saß Knack. Vielleicht steckte der Reichskanzler dahinter? Mit Absichten, die noch unerkennbar waren? Vorsicht! dachten Knack und die anderen. Der Kollege Terra hatte ein Gesicht aufgesetzt, als wüßte er allerhand. Es zuckte darin mehr als gerissen. Tatsächlich sagte er:

»Die Herren können natürlich nicht auf einmal überblicken, was die Abschaffung der Todesstrafe für ein Ding ist. Meine Herren! Sie ist eine Goldgrube bei den Wahlen, eine Attrappe, wenn sie käme. Wir hätten die Stimmen umsonst. Die Todesstrafe kann nämlich nicht abgeschafft werden – zuerst, weil wir alle sterben müssen. Außerdem hoffe ich zu unserer Ehre, daß wir sämtlich auf das innigste überzeugt sind von der Unvermeidbarkeit des kommenden Krieges, der das herrlichste Erlebnis unseres Volkes werden muß«, schmetterte Terra, aufsteigend von seinem Sitz. Die Zuhörer, samt Knack, wurden hierdurch zu beifälligem Gemurmel verpflichtet.

Unversehens hatte der Kollege wieder seine übertrieben abgefeimte Fresse. »Nun sehen Sie mal nach, Verehrteste, was von der Abschaffung der Todesstrafe praktisch übrigbleibt. Daß eine Handvoll Mörder in den Zuchthäusern verschwindet, anstatt geköpft zu werden. Schön. Geht keinen Menschen etwas an. Dafür aber, meine Herren, stehen wir in dem weithin spürbaren Geruch der Humanität, infolgedessen kann noch auf hundert Jahre niemand uns zumuten, daß wir für Abrüstung, Schiedsgericht, Völkerfrieden auch nur eine Träne haben.«

»Stimmt«, war zu hören.

»Der Hineingelegte aber ist die Sozialdemokratie, die es, wie gewöhnlich, nicht merken wird. Sie hat nicht viel Sinn für politisch-ideelle Taten, unsere brave Sozialdemokratie. Man kann nicht an alles denken. Wer immer vollauf damit beschäftigt ist, den Arbeitern Lohnzulagen zu verschaffen, vergißt leicht, daß ein Krieg im Handumdrehen mit den Löhnen auch die Arbeiter frißt. Über den Krieg aber entscheiden, Gott sei Dank, noch immer wir.«

»Bravo!«

Terra ließ das Gespräch in Sarkasmen über die Sozialdemokratie auslaufen, er selbst ging bald. Er hatte unverkennbar gewirkt, mußte freilich sehen, wie die, denen er die Hand gereicht hatte, sie verstohlen in der Tasche abwischten. Er war naß und erschöpft, als hätte er stundenlang Holz gehackt. Das Furchtbarste: die Trugschlüsse, die er vorgebracht hatte, erschütterten seinen eigenen Glauben. So und nicht anders verlief es wohl gar, gemäß der Unlogik des gemeinen Lebens?

Drinnen hörte er sie noch lachen; er wußte beiläufig, was sie einander sagten. »Verfluchter Jesuit, der Kollege! Was hilft es ihm aber, wenn jeder es auf hundert Schritte sehen kann? Das sind meistens die Naivsten. Woher hat er es also? Wirklich von Lannas?«

Ihm war grundsätzlich alles zuzutrauen. Vielseitig und

geschäftig genug war er, um auch noch die Todesstrafe abzuschaffen, in dem Augenblick, da er alle Hände voll zu tun hatte, sich der englischen Bündnisangebote zu erwehren. Es war so weit gekommen, daß der Reichskanzler, die bewährte Übung der geheimen Verhandlungen durchbrechend, sich genötigt fand, vor aller Welt, im Reichstag, die Zettelungen Englands zu enthüllen. Hätte er es nicht gewollt, die Presse der Alldeutschen hielt gute Wacht, sie wußte alles. So bekannte der Reichskanzler, daß seit bald drei Jahren die Gefahr einer Annäherung ständig gewachsen und heute ein ernstes Problem sei. Er nannte nicht alle die furchtbaren Folgen, denen die Freundschaft Englands uns ausgesetzt haben würde, bei Namen: wie begreiflich von dem leitenden Staatsmann. Genug zu wissen, daß nach den Absichten Englands auf ein deutsches Kriegsschiff künftig fünf englische kommen sollten. Dies war das Verhältnis freilich schon jetzt; gestanden wir ihm aber Dauer zu, dann lebe wohl freie Machtentfaltung, lebe wohl Flotte, gemeinsame Lieblingsschöpfung des Kaisers mit dem Bürger!

So lag es, da hatten wir das Glück, daß ein englischer Minister öffentlich und abfällig einige geschichtliche Tatsachen, unser Heer angehend, aussprach. Fertig, Schluß, wir waren aus dem Dicksten. Die Rücksichten durften enden, Kälte und Hohn unserer Öffentlichkeit hinsichtlich des werbenden Englands wurden auf einmal ersetzt durch erlösende Ausbrüche. Wut brach aus gegen den Heuchler, der sich vergaß und frech ward; Erbitterung über einen nichtsnutzigen Schlucker, dessen tückische Versöhnlichkeit uns lahmlegen wollte – uns, die wir bestimmt waren, ihn abzulösen in seiner überalterten Weltherrschaft!

Als ganz Deutschland wochenlang getobt und jedermann im Reich seine Meinung wie aus Gußeisen im Kopf hatte, ward endlich auch der Reichstag berufen, die

Dinge zur Kenntnis zu nehmen. Ein großer Tag stand bevor, man sah es, gleich beim Betreten des Sitzungssaales, an der ungemeinen Gehaltenheit jedes einzelnen: als ob alle voreinander Angst hätten. Beobachte jeder, dem sein politisches Leben lieb ist, noch mehr sich selbst als den Nachbarn! Heute bringt es Gefahr, ein eigenes Wort zu verlieren, ein eigenes Gesicht zu verraten. Dies ist der Tag des bewußtlosen Aufgehens im nationalen Empfinden. Dem Redner dort oben zwingt es seine unpersönlichen Sätze gebieterisch in den Mund. Atme im Takt oder ersticke! Der Redner spricht aus hunderttausend Lungen, er redet den Tritt der Regimenter.

Reihenweise nach vorn geworfen Leiber, Arme, offene Gebisse: »Hört! hört!« – »Unerhört!« – und Gegenbewegung ist einzig der eigensinnige Haufen der Sozialisten, der rückwärts strebt, nach irgendeinem rettenden Strand. Jetzt besteigt einer der ihren die Tribüne. Sie erkühnen sich, sie reizen das Haus. Aufzischen, Vorrollen der gepeitschten Masse, Schaumköpfe schlagen bis an die Tribüne.

Der Sprechende, ein greisender Mann, ist national Erregten sogleich verdächtig, er hat einen beträchtlichen Teil seines Lebens im Ausland verbracht, er sieht nicht mehr alles nur deutsch. Politischer Anglist, Freundschaft mit England ist sein Spezialfach. Alle fühlen: wäre die Falle, in die wir gelockt werden sollen, nicht von England schon gestellt, er selbst würde ihre Aufstellung betreiben. Hochverrat ist nicht fern; das Haus wittert, zum Sprung bereit. Ein gewagtes Wort, der Mann würde fortgerissen ... Aber er arbeitet mit Zahlen, mit volkswirtschaftlichen Tatsachen; wenn sie nichts entscheiden können, sind sie doch eine Verlegenheit. Man will nicht hören, man bekundet geräuschvolle Ungeduld. Seine Zahlen, die niemand mitrechnet, enttäuschen am Ende den Redner selbst. Er will sich steigern, er nötigt sich

Pathos ab. Es klingt nicht zuversichtlich, es klingt wie ermüdende Rufe aus Angst und Not. Erbittertes Geheul verschlingt sie. Vorgeschleuderte Arme befehlen »Stirb!« Da tritt er ab, den schweren, schweren Mißerfolg auf der Stirn und den gebeugten Schultern, tritt ab unter Hohn und Gelächter.

»Dies war ein Leben«, sieht Terra. »Es ist falsch angewendet worden, denn es war begründet auf eine Rechnung mit der menschlichen Vernunft. Mit ihr ist nicht zu rechnen. Wer das seine besser anwenden will als dieser Sozialist, stellt in seinen Plan den menschlichen Drang nach dem Chaos ein, das menschliche Gesetz der Katastrophe. Nur mit List und Tücke kann ich sie vielleicht noch um ihre ersehnte Metzelei betrügen.« An dem Abtretenden vorbei, steigt er selbst nun hinauf – entschlossen, hunderttausend Lungen zu haben. Im Anblick der Entscheidung aber bemerkt er, daß sie ihm fehlen. Das Beispiel des Abgetretenen beschämt und lähmt ihn. Er will mit der Lungenkraft aller die Sätze zum Anschwellen bringen, in die alle schon hineingeblasen haben, ihm aber zerplatzen sie. England sucht den Frieden aus Furcht! ... Wir aber versagen ihn aus Übermut? denkt er. England fühlt sich als Stärkeren! Und einem Stärkeren mögen wir nicht Freund sein? denkt er. Verzweifelter Stand des Patrioten, den Logik aufhält!

Terra sah seitwärts auf Lannas, der, die Arme verschränkt, seinem Kampf mit der Logik folgte. Lannas trug Mienen voll Festigkeit und Hoheit, sie sagten: der Weltkreis empfängt seine Geschicke von diesem Tisch und Stuhl der Gewalt, man rede übrigens logisch oder nicht ... Sein Scheitel spiegelte, er hielt ihn hoch.

Terra pries Lannas glücklich um seiner Klarheit willen, ihm selbst stiegen Dunst und Dampf der nationalen Erregung bis weit über den Kopf, sie erreichten die Tribünen der Zuschauer samt den vornehmen Logen. Da fand er in einer der Logen ein Gesicht, das lächelte. Es war weiß, länglich, es hatte unter dem großen Federhut ganz schmale Augen, woraus dunkle Strahlen drangen, diese waren Lächeln. Terra sah hinein. Das Gesicht der strahlenden Augen sagte ihm: »So neu bist du noch? Läßt dir den Sturm der Elemente vormachen und siehst die Regie nicht?«

Darauf erkannte er wirklich, wie es gemacht war. Die Wellen, die aufzischten, hingen an Fäden, und jede einzelne blieb darauf bedacht, es richtig zu befingern. »Nun wollen wir mal!« sagte der unbezwingliche Drang vorwärts. Auf entfesselten Leibern schäumende Köpfe, und dennoch, wenn man es nur überraschte, ein ganz nüchternes Auge, das gleichgültige Gesicht längst enttäuschter Parlamentarier, einer Nation von Wählern ihre Hochgefühle vorführend. Triste Komparsen, die guten Rollen haben andere, euch ist heute nicht einmal die gewohnte Ablenkung durch häusliche Sorgen erlaubt, ihr dürft keine Briefe schreiben. Eure Drahtzieher wachen, sie sind die Aufgewecktesten hier, es sind Leute, die Geld zu verlieren und zu gewinnen haben. Inmitten seiner Fraktion, die Kälte selbst, befehligt die Handlung Knack.

Unter soviel Betrug würde selbst die Wahrheit zum Schwindel. Entweihe sie nicht! Sogleich bekam Terra seine beste Stimme, unbedenklich wiederholte er, durch die Nase schmetternd, alles, was gegen England heute schon geleistet war. Nichts schreckte ihn. »England braucht uns wegen der Buren!« Aber im gleichen Atemzug: »Es denkt, wir seien die Buren!« Jemand in der Diplomatenloge, ein Herr mit überhängendem Schnurrbart, stieß zuletzt einen Fluch aus, hier endete Terra, auf seinem Höhepunkt.

Der Reichskanzler winkte ihn auch diesmal zu sich. Nach einigen schmeichelhaften Worten verlangte er dringend den Besuch Terras für nachher. »Ich habe Ihnen etwas Peinliches zu sagen«, wobei er zwinkerte.

Der Präsident sagte: »Der Herr Reichskanzler hat das Wort«, Lannas stand auf inmitten seines großen Stabes von Regierungsvertretern. Unterstaatssekretär Mangolf schüttelte noch schnell dem Abgeordneten Terra die Hand. »Du beurteilst die Lage durchaus wie wir«, bemerkte er geschäftsmäßig, indes er eilfertig seinem Chef ein letztes Papier hinlegte.

Der Reichskanzler sprach, im Gegensatz zu den Abgeordneten, die es versäumt hatten, von der deutschen Friedensliebe. Er holte es ausdrücklich und eingehend nach. Das Verhalten Deutschlands auf der vorjährigen Friedenskonferenz im Haag habe keine richtige, mit weniger Höflichkeit würde er gesagt haben: keine ehrliche Beurteilung gefunden. Die Beschränkungen der Rüstungen zu Lande waren gleichfalls an unserem Widerstand gescheitert, gewiß – wie jetzt die zur See; aber hatte nicht England seitdem den Angriff auf die Buren vollführt? Noch mehrere der im Haag vertretenen Mächte befanden sich heute im Krieg, nur Deutschland nicht! Nur Deutschland nicht! ... Um ein Wort stärker zu betonen, stieß der Reichskanzler mit Kraft seinen Bleistift auf den Tisch, einen Bleistift Bismarckschen Formates. Seine behagliche Art zu sein, ward beim Rechthaben unnatürlich schroff, die fette Stimme krächzte, er sah verärgert aus. Warum waren wir gegen jede Beschränkung unserer Rüstungen? Aus Friedensliebe. Nur Rüstungen erhielten ihn. Si vis pacem, para bellum. Sogar der Bleistift mußte aus Eisen sein, er wäre sonst zerbrochen. Terra sah zu jener Loge hinauf. Das vereinzelte Gesicht unter seinem großen Federhut war verschleiert jetzt, ein ungewisser Schimmer, planend hinter den Dingen.

Der Reichskanzler inzwischen bekam es mit seinem wahren Gegner zu tun, dem englischen Minister. Er reckte die verdickte Gestalt wie auf einem Sockel. Die Hand an der ausladenden Hüfte, dramatisch blickend hielt er den Gegner, der so und nicht anders auf seinem Londoner Sockel stand, im Auge. O einzige Genugtuung, von gleich zu gleich mit einer alten Weltmacht zu sprechen! O Wollust der hervorgekehrten Wahrheiten! Rausch, zu drohen! Der ganze Reichstag atmete höhere Luftschichten.

Kaum ahnte Terra dort oben das ganz in Schatten zurückgezogene Gesicht. Er selbst suchte den Ausgang.

Diesmal ging Terra amtlich und von vorn hin. Aber Söchting, der ihn dem Reichskanzler in seinem Arbeitszimmer gemeldet hatte, kam sogleich zurück. Seine Exzellenz bitte um den Vorzug, den Herrn Reichstagsabgeordneten in seiner Wohnung empfangen zu dürfen. Ein Diener in heller, bestickter Livree stand schon bereit, ihn hinzuführen – jenseits des Kongreßsaales durch Zimmer in verschiedenen Farben.

Wieder gingen Türen vor ihm auf, wieder fiel in die Zimmer, die er durchschritt, das Licht aus herbstlichen Gärten: aus denselben wie einst. Gärten, deren Weite und Unbegangenheit sie ausschied aus der Stadt, sosehr sie in bewegter Mitte lagen; und verstreut durch Gärten, wohlbedacht auf romantische Vornehmheit, die Ämter. Terra, der den Spuren einer Frau vormals in das eine der Ämter gefolgt war, durchschritt heute ein anderes, auf ebenden Spuren. Andere Räume, er selbst ein anderer: dennoch wiederholte sich ein längst versunkener Augenblick. Denselben Gang hatte er vor Jahren gemacht – und hatte zurückgeblickt auf Arbeit unter Entbehrungen. Das Fräulein dahinten in dem letzten der zu öffnenden Zimmer wußte auch damals nicht, daß er nahte. Sein Nahen war Rache und dennoch Hingabe. Es war der glückdurchbrauste Augenblick nach stockenden Jahren. So kam es wieder nun, kam alles wieder so. Das Leben bringt das uns Gemäße nach der Reihe noch einmal, solange als wir es tragen.

Nur sein Herz setzte aus, die letzte Tür aber wich ohne Zögern, dahinter saß das Fräulein. Sie sah ihm entgegen, ihre Augen schlossen sich fast, jenes Strahlen, das Lächeln war, verbarg sich fast. Das Licht aus den Vorhängen blühte in ihren Haaren, es löste den Umriß ihres Nackens auf.

Er nahm die Hand, die sie wollte, daß er nehme; er berührte sie, wie gewünscht, mit den Lippen. Den Stuhl, den sie bezeichnet hatte, zog er für sich herbei. Kaum saß er aber, stand sie selbst auf. Sie öffnete die Vorhänge ganz, alle Vorhänge, es ward hell wie im Garten. Er hielt es für eine Verteidigung, eine Absage; sein Herz ward traurig. Da wendete sie sich her, er sah: sie war nahe dem Weinen, und es war Freude.

Auch er stand auf, sie betrachteten sich stumm und reglos, alles Leben in den Augen. Sie suchten einer in des anderen Zügen nach den Spuren von Erlebtem, den unbekannten Jahren, nach dem Gewesenen auch, dem Wissen umeinander, dem Gefühl von einst. Sie bebte, ob sie sähe, daß sie ihm Ziel und Zeichen geblieben war in allem, die lange Zeit. Er rief ihr Herz auf, ob es gewartet habe. Auf einmal senkten beide die Stirnen, es sei gewährend oder weil sie nicht wußten – und begannen zu sprechen.

Sie sagten einander ihre Eindrücke aus der heutigen Reichstagssitzung, aber sie sprachen leise, unaufmerksam, mit einem halben Lächeln: damit jeder wisse, nicht dies sei gemeint.

»Ihr Vater hatte einen seiner besten Tage.«

»Er übernimmt sich als Redner leicht – wie beim Essen«, sagte sie unaufmerksam ... Da sahen sie beide zugleich den, von dem sie sprachen, sich durch den Garten entfernen, er ging zur Linken eines Herrn in Uniform: – des Kaisers.

»Der ganz große Erfolg!« bemerkte Terra, mit dem halben Lächeln. Sie erwiderte nur das Lächeln, so ging auch er über die Sache hin, sprach wieder von sich. »Ich bringe aus dem Herd der nationalen Begeisterung eine unendliche Traurigkeit mit. Aber es ist fruchtbare Traurigkeit.«

Sie träumte, die Brauen still gewölbt, seinen Worten nach – vielleicht nur seinem Ton: lässiges Träumen. Er inzwischen versank im Anschauen ihres Ebenmaßes, ihrer federnden Schmalheit, reinen Farben: mädchenhaft alles wie je – und, schwebend auf der Melodie des Körpers, der unberührte Geist der Augen. Namenlose Dankbarkeit hob sein Herz, weil sie so geblieben war.

»Ich sah Sie auf jener Hochzeit von fern. Dachten denn Sie daran, daß ich da sein konnte?« Gepreßt, aus versagender Kehle. Dann sie, und ihre Stimme flog unsicher auf, als sollte sie alsbald hinsinken, ersterben. »Im Salon Altgott war die Rede von Ihnen.«

Da wußte er, wer seinen Namen aufgebracht, für ihn geworben hatte.

Sie sagte noch: »Sie haben auf sich aufmerksam gemacht. Jetzt wäre der Zeitpunkt für Sie, in den Reichsdienst einzutreten.«

Als Antwort hierauf er: »Schon längst wollte man wissen, Sie würden sich bald verloben. Ich habe es nie geglaubt.«

Nun stockten beide, auf einem Weg zu Ende. Drunten sahen sie Lannas mit dem Kaiser zurückkehren auf dem Gartenweg. Der Kanzler umgab seinen Herrn mit Arabesken der Zartheit und Heiterkeit, wie ein werbender Mann die Dame, die unentwegt durch blauen Himmel schreiten soll. Der Kaiser nahm angeregt und fröhlich alles hin … Sie war es, die wieder anfing, mit bestimmterer Miene und dem Ton der Erwachten. »Einmal wird es dennoch geschehen müssen.«

»Warum?« fragte er aufgeschreckt. »Ich finde Sie wieder, wie Sie nur immer waren, kein Haar liegt anders.«

»Sie meinen die Maske. Dahinter, ich versichere es Ihnen, ist viel geschehen. Ich habe mich nicht ganz so stolz erhalten können, wie Sie mich kannten. Ich habe mit Menschen zu tun bekommen.« Weite Augen, sie hielten seine fest. »Man lernt an Zugeständnisse denken«, sagte sie noch; – und unvermittelt: »Ein Vetter Tollebens ist persönlicher Adjutant des Kaisers geworden.«

Er erschrak heftig – plötzlich begriff er, er war in letzter Stunde gekommen. Vor Schrecken ward er nur stark, anstatt warm. »Befehlen Sie!« Er stand auf, der größeren Eindringlichkeit wegen. »Ich trete in den Reichsdienst. Ich werfe alles hin, was mein war. Ich trete über und bin nur noch der Ihre.« Sie prüfte sein arbeitendes Gesicht, er aber verschränkte und löste die Finger. »Bei dem heiligen Namen Gottes flehe ich Sie an, bezweifeln Sie nicht meinen tödlichsten Ernst! Ich bin ohne jede Frage kapabel, es zu etwas zu bringen, ich kann eines Tages eine genauso vielversprechende Hochzeit feiern, wie die war, auf der wir uns das letztemal erblickten.«

Merkwürdig schroff sagte sie: »Hüten Sie sich, Sie könnten beim Wort genommen werden. Sie glauben, Sie bekämen mich unter keinen Umständen. Sie irren. Mein Vater nimmt lieber Sie als Herrn von Tolleben. Viel lieber – sobald Sie nur Geheimrat sind. Aber die Geschäfte meines Vaters besorge ich nicht. Hören Sie?«

»Nur zu gut.« Sofort erwiderte er ihre Herausforderung. »Sie wollen herrschen. So kenne ich Sie. Als Gatte kommt für Sie nur in Frage, wer nach Ihrem Herrn Vater Reichskanzler werden kann. Mich fürchtet er nicht, ich komme für Sie nicht in Frage. Mein Kompliment, Gräfin, ich stehe nach einer Lehrzeit, die sich gewaschen hat, noch heute als ein so ausgemachter dummer Junge vor Ihnen wie je.«

Er schnob vor Zorn, bei dem jähen Begreifen. Der wohlwollende Vater mit seinen Anträgen! »Erst kürzlich erwähnte meine Tochter –.« Und die Tochter! Anstatt ihn zu heiraten, drohte sie wahrscheinlich, mit ihm durchzugehen. Diesmal war die Entführung kein Jugendstreich, es hatte Hand und Fuß. Nach der Rückkehr bekam sie ihren Tolleben. Er schnob: »Die Großen der Erde scheinen mich in ihre Ränke verstrickt zu haben. Ich werde verdammt die Fäuste rühren müssen, um meine Haut in Sicherheit zu bringen.«

Sie sah in seinem Zorn die Angst, diesen Kampf um die Seele. Sie neigte sich vor, sie drückte ihn an der Hand in den Sessel nieder. »Quälen Sie sich nicht! Ich weiß, daß Sie nichts für mich tun dürfen. Daher war ich ganz aufrichtig. Seien auch Sie es. Unter Ihren öffentlichen Erfolgen verbergen Sie eine geheime Wirksamkeit, sie ist die eigentliche. Sie haben nur die eine wahre Leidenschaft.«

Er überhörte ihre Eifersucht. »Nur die eine Leidenschaft«, wiederholte er. »Es ist mein Verzweiflungskampf gegen die Todesstrafe. Ich bin kein Politiker, mein Leitstern ist einzig die lebenfördernde Vernunft, ich will dem Tod, der überall lauert, ein Bein stellen.«

»Ich weiß, was Sie wollen«, sagte sie, immer mit weiten Augen, im Ton einer ihr fremden Kindlichkeit. »Sie sind gegen uns.«

Er tat erschreckt. »Mit keinem Wort hat Ihr verehrter Vater meine Agitation gemißbilligt.« Und er sah hinaus. Noch immer kreiste der Vater um den Monarchen. Sie folgte seinem Blick. »Aber er kennt ihren Zweck« – mit einer Bewegung, daß es gleich sei. Sie biß sich auf die Lippe, stumm sagte sie ihm gleichwohl das Letzte, ihr Fremdeste: sie gebe sich auf; sie sei es, die übergehe – zu ihm. Er möge nur gegen ihre Klasse arbeiten, gegen ihren Vater, gegen sie selbst: sie wolle ihn dennoch. »Und Sie haben mir mißtraut!« – ganz ohne Ironie im Auge.

Er ward jäh ergriffen, er stürzte vor sie hin. »Nun gut!« gestand er und faßte an seine Brust, als risse er sie auf. »Ich habe gegen die Ihren etwas vor. Sie sind die einzige, die ich nicht täuschen kann. Jetzt muß es zwischen uns aussein.«

Die Stirn in ihrer Hand, wartete er – aber nichts kam. Als er aufsah, trug sie den Ausdruck der Verzweiflung. Es war entschieden, sie brachte das Opfer sowenig wie er. Aus dem Garten waren Kaiser und Kanzler verschwunden. Sogleich mußte ihr Vater eintreten. Da stellte er sich breit auf, zog auch sie zu sich heran, und beide Hände hingegeben, atmeten sie hörbar, jeder in das geliebte Gesicht. »Wir sind Feinde: so wird es immer wieder sein. Umsonst! Umsonst!« sagten ihr Atem, ihre fassungslosen Augen. Schon erhoben sich Arme, die umschlingen sollten; Unwiderrufliches stand bevor, da ging eine Tür. Sie hörten Stimmen, lautlos wichen sie auseinander.

Es ward geöffnet, indes sie stumm dastanden und hinsahen. Der Reichskanzler ließ Frau Bella Mangolf hinein, er brachte einen Arm voll Zeitungen mit.

»Ich mußte dir unbedingt heute noch sagen, daß die Rede deines Vaters ein ganz großes Erlebnis für mich war, etwas Einmaliges«, sagte Bella und küßte Alice. Dann war es an dem Vater. Er ging auf die Tochter zu, beide Arme geöffnet, mit einem Lächeln, das das Herz brach. Es sagte: »Liebling, noch ist mein Erfolg der deine, verzeih ihn mir also!« Um sie zu küssen, beugte er sie in seinem Arm nach hinten und richtete sie leichter Hand wieder auf. Kraft und Güte, »vertrau mir, hüte dich!« – und so verstand sie es. Aus ihrem geschlossenen Lid rann eine Träne. Sie öffnete es und sagte: »Du bist ein so großer Mann. Ich bin so stolz auf dich.« Verweintes Lächeln, wie Abschied. Seines herzbrechend …

»Ich wurde dringend aufgehalten«, sagte Lannas, die Brauen erhoben, und Terra verneigte sich ehrfurchtsvoll.

»Der Kaiser ist so bedeutend!« rief darauf Lannas; er konnte augenscheinlich nicht an sich halten. »Genial und klar, er trägt mich hoch über alle Kleinigkeiten und bleibt selbst nüchtern. Mein Herz hängt an ihm.« Gleich weiter: »Haben Sie die Zeitungen schon gelesen? ... Seien Sie froh! Es ist ein Tiefstand.«

Hier sah Terra, wie Alice Lannas die Brauenfalte bekam, die ihrer offenen Stirn Beschränktheit aufdrückte. Der Blick ward kurzsichtig, so ließ sie sich von Bella huldigen und hörte ihren Vater über die Presse klagen. Die Presse hatte die Großartigkeit, die weltgeschichtliche Bedeutung seines Duells mit dem englischen Minister nicht voll begriffen, er fand sich unzulänglich gewürdigt. Terra dachte an das Album mit Ausschnitten, ungebeten sprach er den Artikel, den er selbst geschrieben haben würde. »Schreiben Sie ihn, es ist noch Zeit!« rief Lannas, völlig entzückt. »Das Beste wird sein, Sie lassen die guten Sachen mich selbst sagen.«

Auf einer Tischecke schrieb Terra demgemäß. Bella Knack-Mangolf störte ihn mehrfach, sie behauptete, für die Kultur der Form in den Reden Terras ein entwickeltes Organ zu haben. Ihr Unglück hatte sie zu einer von Grund aus neuen Haltung bewogen. Kraushaar und Springinsfeld lagen dahinten, sie zeigte sich abgeklärt, vornehm, in allem auf ästhetische Werte bedacht. Ihre Arme bewegten sich rechtwinklig nach oben, sie sprach ausschließlich aus einer gewissen Höhe und mit einem Schnäuzchen, das sie zu schonen schien.

»Wie meinen Sie das eigentlich?« fragte sie Terra. »Sie haben Arbeiter verteidigt, die zum Streik aufgehetzt hatten, wie meinen Sie das eigentlich«, wiederholte sie gereizt.

»Die Leute sind freigesprochen.«

»Nun ja. Aber sie hassen uns nun mal« – Armbewegung nach oben – »einfach, weil wir schönere, besser gepflegte Menschen sind. Es ist ein unvermeidliches Unglück für sie, daß sie so armselig häßlich sind und uns hassen müssen.« Schnäuzchen.

Terra schrieb in sein Protokoll: Gans mit Doppelbetrieb. Die geborene Knack, die daneben stand, las es, sie verschwand empört.

Er war fertig, die Einleitung verfaßte der Reichskanzler mit eigener Hand: »Dem Reichstagsabgeordneten Terra ward die besondere Auszeichnung zuteil, von dem Herrn Reichskanzler in mehr als einstündiger Unterredung die persönliche Auffassung des leitenden Staatsmannes über die durch seine heutige hochbedeutsame Reichstagsrede geschaffene Lage zu erfahren.« Dies mußte Terra unterschreiben. Lannas behielt das Schriftstück da, um es selbst in die Öffentlichkeit zu leiten.

Hierauf verabschiedete sich Terra. Die Komtesse Lannas las das Protokoll, sie hatte das ganze Gesicht ihres Ehrgeizes. Beide grüßten ohne Nebensinn, als hätten sie niemals anderes als Geschäfte des Ehrgeizes, Masken weltlichen Treibens voneinander gesehen.

Frau Bella Mangolf hob gnädig den gebogenen Handrücken bis unter seinen Mund. Beleidigungen offen nachzutragen, verbot ihr der Geschmack für ausgeglichene Form.

Bei der Tür fragte Terra noch: »Eure Exzellenz hatten heute vormittag die Güte, mir eine peinliche Eröffnung in Aussicht zu stellen.«

»Jawohl. Ich muß Sie auf die Ordensliste setzen.« Lannas legte die Hand in seinen Arm. »Lieber Freund, ich kenne Sie, und ich neige auch hierin zu der gleichen Meinung wie Sie. Aber legen Sie den Orden an! Tun Sie es für mich! Bei meiner Freundin Altgott ist die beste Gelegenheit. Für Ihre Einladung sorge ich.«

Und Terra schloß die Tür – zornig versichert, er schließe sie über Gestalten des Unvermögens. Eine davon hatte seine Geliebte nicht sein können. Er hatte sie auch diesmal nicht an sich gerissen. So sollte es hundertmal noch verlaufen, und die Schuld war bei ihr, die sich schon zurücknahm, wenn sie sich erst noch versprach. Hingabe vermochte sie nicht; sie versäumte damit zu viel im Kampf der Eitelkeiten.

Welche Entlarvung, diese Freundin! »Erst die Freundin klärt vollends auf über sie. Für nichts in der Welt hätte ich es versäumen wollen, sie neben der Freundin zu sehen.« Zugleich bemerkte er die Möbel der Zimmer, durch die er ging. Großer Prunkspiegel im Grünen Zimmer, großer Prunkspiegel im Gelben – nicht anders als in dem Roten, aus dem er kam. Sofas, Konsolen, Tische in alten, übergroßen Formen, immer wiederholt; Format, Menge und Wiederholung erzwangen den Glauben an Glanz und Größe des Hauses. Sein Alter ward beglaubigt von den historischen Formen, den großen silbernen Schilden an der Wand, die Wachskerzen hielten; von den Wappen fernliegender Familien an den Prunkkaminen. Der rote Salon, worin sie ihn empfangen hatte, enthielt eine Art Altar, mit Kostbarkeiten überhäuft; und die Sessel, zwischen denen ihre Liebe gespielt hatte, waren wie für alte Kardinäle bestimmt. Ach ja, die besagte Millionenerbschaft war gemacht, in historischer Vermummung glänzte ein frischer Reichtum. Auch hier der deutsche Aufschwung, samt entsprechender Denkart, samt Gehabe und Getue.

Um so besser! Das Mädchen, um dessenwillen ihm das Leben hinging, hatte nicht mehr nötig, Wucherer mit falschen Kolliers anzuschmieren – ganz so, wie einstmals die Frau von drüben den gewissen Mohrchen anschmierte. »Mir geht das Leben schon um eine Sorte Frauen hin!«

Er war draußen, rauchte, und stieß mit dem Rauch seine Wut aus. Sich ernüchternd, fragte er, was denn geschehen sei. Hatte er in irgendeinem Winkel denn geglaubt, heute werde Verlobung sein? Ach! Verlobung sollte wohl niemals sein, und gleichwohl waren sie einander bestimmt für das Leben: für alles Verlangen und Versagen, für die Begierde, den Haß und das Liebenmüssen eines Lebens ... Er sah im Gehen zu Boden, er fühlte ihre Arme, die sich nicht um ihn geschlossen hatten, sich schließen. Aber selbst in seinem Traum trennten sie sich sogleich, er erblickte die Geliebte wieder, wie sie beim Abschied dastand, von ihrem Ehrgeiz wie von einer Krankheit befallen, in einer Haltung, als friere es sie, der Haltung ihres armen Bruders: erblickte sie wieder so und liebte sie auch dafür.

Er war nicht überrascht, nach den nationalen Hochgefühlen der Reichstagssitzung bei seiner Fraktion einem leichten Rückschlag zu begegnen. Man entsann sich halbwegs der vergessenen Tatsachen; der an die Wand gemalte Krieg mit England war nicht sogleich wieder wegzuwischen und erregte den Ernüchterten Unbehagen.

Kein grundloses; denn was geschah? Dieses England verriet alsbald, daß es das Bündnis uns keineswegs aus wahrer Liebe angetragen hatte. Es war so wenig deutschfreundlich, daß es nunmehr Verabredungen mit Frankreich traf. Was hieß dies? Man suchte noch die Erklärung. Inzwischen schien es rätlich, der Stimmung im Lande, die von der Weisheit des Geschehenen nicht voll überzeugt war, eine Ablenkung zu gewähren.

Was tun. Ausdrücklich handelte es sich um ein Entgegenkommen für den Teil der Nation, der weder von schwerindustriellen Interessen noch von alldeutscher Begeisterung lebte. Es war bis jetzt der größere Teil, wenn auch keineswegs der beträchtlichere. Vorübergehende Bedeutung verlieh ihm der bevorstehende Sieg der Unschuld Dreyfus'; ihr Sieg ward immer wahrscheinlicher.

So ging die Fraktion zu vertraulichen Besprechungen mit den benachbarten Fraktionen über, wegen einer Vorlage zur Abschaffung der Todesstrafe. Vertraulichkeit schien geboten durch die Furcht der Fraktionen voreinander. Das tollkühne Unterfangen konnte jede der anderen verdächtig machen. Jede sah ihre Entschuldigung einzig in der vorläufig schweigenden Zustimmung des Reichskanzlers. Wann war der Zeitpunkt da, an ihn heranzutreten? Offenbar erst dann, wenn er selbst einen Wink gab.

Terra in seiner Ungeduld suchte den Wink herbeizuführen. Er kannte wohl Lannas: es hätte nur außerhalb seines Wirkungsfeldes, nicht außerhalb seiner Natur gelegen, sich zu verlieben in die Sache eines unschuldig Verurteilten. Er hätte sie zu der seinen machen können, wenn auch frühestens in dem Augenblick, als Erfolg so gut zu erwarten war wie Mißerfolg. Von wem in seinem Wirkungsfeld konnte auch nur so viel gesagt werden? Freilich, den Entschluß zu etwas Gutem, das er wohl gewollt hätte, entrang nicht die Sache selbst ihm leicht, und auch kein einzelner. Aber das Drängen vieler, in aller Öffentlichkeit? Stimmen aus jener Schicht maßvoller, wohlbehüteter Geisteskultur, der seine Neigungen den Reichskanzler zuwiesen? ... Der Abgeordnete der Reichspartei Terra überzeugte mehrere hochstehende Gelehrte, daß es dem Volksganzen und seiner sittlichen Entwicklung wie andererseits auch ihnen persönlich und ihrer Laufbahn nur förderlich sein könne, wenn sie sich äußerten. In den vornehmen Zeitschriften, die ihrer Natur entsprachen, äußerten sich die Gelehrten. Vorsichtig erwogen sie das Für und Wider der Abschaffung, mit vorsichtiger, immerhin fühlbarer Hinneigung zum Für.

Andere Gelehrte antworteten ihnen im Sinn des Wider – und diese viel lauter. Auch das Für bekam hierauf seine Streiter: um so entschiedenere, je mehr sie ohne amtliche und bürgerliche Geltung waren. Schon berührte der Kampf die Tagespresse, wenn auch nur im Feuilleton, da sagte der Abgeordnete Schwertmeyer, und sein Fuchsgesicht lächelte blaß: »Verehrter Kollege Terra, Sie sind abgekämpft, nehmen Sie Erholungsurlaub!«

Da Terra nicht verstand, machte Schwertmeyer noch spitzere Augen. »Jeder praktische Vorschlag, der auf das Geleise der Kulturdebatte gerät, läuft sich tot. Man hat Auffassungen geklärt, da muß nichts mehr geschehen. So ist es hierzuland, hatten Sie es noch nicht bemerkt?«

»Herr Doktor Schwertmeyer, ich glaube an mein Volk!« sagte Terra herausfordernd. Der Liberalpatriot versicherte schleunig: »Und ich erst!«

Hier hielten die Dinge, da las Terra in dem einflußreichsten Blatt des Regimes, im »Lokalanzeiger«: »Was verbirgt sich denn eigentlich hinter einer so leidenschaftlichen Hochschätzung des menschlichen Einzellebens? Die Furcht, zu sterben, Herr Terra! Und, sollten Sie auch dies noch nicht wissen: die Abneigung, mit der Waffe zu kämpfen, die ungermanische Furcht! Aber sie wird erfolglos bleiben – trotz aller Augenblickserfolge des Abgeordneten Terra.« Bei dieser persönlichen Note horchte Terra auf, er las alles noch einmal. Wer hatte die Todesstrafe wirklich abgeschafft? Ein romanisches Land; und in dem zweiten kam die Frage nie zur Ruhe. Nur eine fremde Geistesart konnte den Deutschen ausreden wollen, was sie vor aller Welt adelte: ihre germanische Geringschätzung des bloßen Lebens, ihren germanischen Stolz, das Leben heldenhaft fortzuwerfen. Alarmruf: »Hier überredet jemand euch zur Entartung. Für wen?« Die zwei Worte gesperrt. »Dies soll sich auch der Herr Reichskanzler schon fragen.«

Wie kundig, eingeweiht und merkwürdig tiefblickend! Wie intim im geistigen Haß! Die Ungenannte sprach noch von Affen und anderen Südländern, die freilich niemanden hinrichteten, dafür aber auch die vorausbestimmten Unterlieger seien in dem bevorstehenden Krieg der germanischen Herrenrasse gegen eine unkriegerische Zivilisation. Längere Verherrlichung dieses Krieges – obwohl es nicht darauf, sah Terra, seinem feindlichen Vertrauten ankam. Nur er selbst war hier zu treffen, bloßzustellen, zu entwurzeln. Sein Erfolg ward im voraus untergraben, seine Person verdächtigt als fremd im Wesen und, wollte man so lesen, als bestochen.

Terra sah: das war das öffentliche Leben. Auch der vertrauteste Feind im Geist, einstmals so feinnervig durch seinen Haß, nie feinnervig genug für sein Gewissen, mußte nun vergröbern und drauflügen, es hätte für greifbare Zwecke sonst nicht gereicht. Erfolg, nichts weiter! wollte das öffentliche Leben. Du oder ich!

Er machte sich, seinem Versprechen gemäß, eines Abends auf den Weg nach dem Salon Altgott – aber gesenkten Kopfes. Die Gefahren von morgen schienen unvergleichlich mächtiger als die von gestern – und drohten sie nicht schon heute? Diesen selben Abend, in dem Hause, auf das er zuging, konnte es geschehen. Alice war dort; sie blieb nicht fort heute, denn jemand ward erwartet, ein beliebiger Herr, der sich neben ihr festsetzen und nie wieder fortgehn sollte. Der Geängstigte sah jenen sich vorneigen mit seinen dünnen Haaren, seinem riesenhaften Oberkörper. Ein beliebiger Herr, den hielt nichts ab, zuzugreifen, wenn Alice Lannas ihm die Hand bot, nicht weil sie ihn liebte, sondern damit er und sie durch einander Karriere machten. Den hielt nichts ab.

Terra schnitt Grimassen auf der Mitte des Fahrdammes. Erst als jemand ihn anrief, bemerkte er, daß er am Ziel schon vorbei war. Lannas rief. »Jetzt nehme ich Sie aber gleich mit«, sagte er schmunzelnd. Er kam die wenigen Schritte bis in die Voßstraße zu Fuß. Den Mantel trug er offen bei der Kälte, eine freudige Erregung schien ihn zu erwärmen. Sein Gesicht war wie von ernster Sonne durchleuchtet. Auch hier war Erfolg, ein sichtbarer, sorgenfreier.

»Nun, lieber Freund, was sagen Sie?« fragte der Reichskanzler nachdrücklich, noch bevor sie eintraten. Aufs Geratewohl sagte Terra: »Erlauben Eure Exzellenz mir, Sie auf das allerinnigste zu beglückwünschen.« Im Zweifel, was vorging, beglückwünschte man Lannas.

»Allen Anlaß« – die Hand auf der Schulter Terras. Sein Glück stimmte Lannas teilnahmsvoll. »Sie sehen nicht gut aus, mein Lieber. Unter uns, ich glaube nicht, daß Sie sich noch viel den Kopf zerbrechen müssen; nach menschlichem Ermessen steht Ihre Sache günstig.« Das erste Wort, mit dem er Kenntnis nahm von der Sache, sie anerkannte!

»Dies vom leitenden Staatsmann zu hören –« sagte Terra schnell; und Lannas: »Wenn alle Hindernisse fort sind, leite ich.«

Er wiegte den Kopf. »Vor der öffentlichen Meinung haben Sie noch eine letzte Probe zu bestehen. Wer weiß, heute abend? ... Bleibt Seine Majestät. Wie der Kaiser entscheidet, ist immer die rollende Glückskugel.« Plötzlich hatte er Sorgenfalten. »Man sagt, durch meine Kunst und Gewandtheit falle sie meistens ins richtige Loch.« Er seufzte auf und ließ sich von entgegeneilenden Dienern den Mantel abnehmen.

Die Diener waren in Goldbraun; die doppelte Treppe führte neben verblaßten Gobelins hin. Ihr gegenüber öffneten sich Salons, so weit das Auge reichte. Hindurchwandelnd bestaunte Terra nach Gebühr ihre Höhe und Einsamkeit, spiegelnde weiße Türen, zartseidene alte Wandbezüge. Einmal stand statt aller Möbel eine Vase inmitten, aber am Rande des leeren Parketts die hohen schmalen Fenster hatten Vorhänge, die aussahen, als hingen sie seit hundert Jahren unbewegt. Gedämpfter

Prunk – im Gegensatz zu dem ungedämpften in den Salons der Reichskanzlei. Terra äußerte in starken Worten seine Bewunderung der historischen Dekoration; schmunzelnd nahm Lannas es hin. Der reich gewordene Reichskanzler hatte die Theatergräfin mit vieler Mühe so eingerichtet, wie es zu Hause in dem Saal, bei den Eltern Terras, von selbst gewesen war.

»Seien Sie mir wegen Ihres Ordens nicht böse«, bat Lannas nochmals. »Hier haben wir es ausschließlich mit kultivierten Leuten zu tun.«

Dennoch sah Terra, wie sie den vierten und letzten der Räume betraten, mehrere Blicke unverzüglich auf sein Knopfloch fallen – nur nicht den Blick der Komtesse Lannas. Sie verfolgte genau, was zwischen ihrem Vater und Tolleben vorging. Tolleben hatte neben ihr gesessen, ihr zugeneigt in der Haltung des anerkannten Bewerbers. Er erhob sich beim Nahen seines Chefs. Ein Blick des Vaters bewog ihn sogar, den Platz zu wechseln. Alice Lannas erfaßte ihre Lippe mit den Zähnen und sah nieder – blickte nicht einmal auf, als ihr Vater eigenhändig ihren Freund Terra vor sie hinstellte. Er sagte: »Dein Freund.« Sie gewährte Terra die Hand, zog aber sogleich auch die Hand weg, als sei ein Irrtum geschehen. Nachträglich hob sie nun doch die Augen: ironische Augen. Niemandem entging dies alles. Die Altgott verriet angstvolle Besorgnis – wodurch wieder die alte Frau von Jerichow aufmerksam ward, die soeben eintraf. Sie verständigte sich sofort mit der Gräfin Beuthin, ihrer Freundin. Da die tauben Alten nicht schreien durften, verständigten sie sich mit den Lippen.

Um so lauter war die Altgott; auch sie beglückwünschte Lannas, wozu nur? Terra bewunderte sie, laienhaft begrenzt wie sie sich ehemals gegeben hatte – und jetzt plauderte sie in ihrem politischen Salon dem Reichskanzler vom King vor, der im Hotel Ritz mit Clemenceau –. Lannas rückte näher, er konnte nicht genug davon hören, vielleicht war er nur deshalb so früh hergekommen. Sooft der King und Clemenceau wiederkehrten, bekam er das Gesicht, mit dem er sich beglückwünschen ließ. Eine Ahnung ergriff Terra.

Bellona Knack-Mangolf indessen ruhte in sich selbst. Kein lebendes Bild bei Hofe noch irgendeine Bühnenhoheit hatte jemals den Begriff eines gepflegten Zustandes gegeben, den sie gab. Der restaurierte Empiresessel, der sie trug, ward zum Thron ihrer gewählten Gesten und gesättigt schwebenden Mienen. Die Göttin der persönlichen Kultur thronte in Gestalt Bellonas – und dies drei Schritte von Tolleben, der in sich hineingluckste. Die geborene Knack hatte er auf der Hochzeitsreise sitzenlassen, dem Gehirnfatzken spannte er die Braut aus; der alte Lannas, der sich für schlauer als schlau hielt, sollte sich wundern. Reiterstückchen!

Bellona mit ihrem Geld war erhaben über den Reiter, nur Terra war es keineswegs. Er fühlte das Glucksen wie Hiebe mit der Reitpeitsche – und die Ironie der Gräfin Alice als Salz in seine blutigen Striemen. Er stand am Fleck in panischem Entsetzen – innerlich flüchtend, aber immer noch am Fleck, nackt vor allen Blicken und geschändet. »Verdammt, jetzt kommt die Hinrichtung. Mich ritt der Satan, daß ich mit einer jungen Dame der besten Gesellschaft anband, um ihr zu Ehren den sittlichen Zustand des Menschengeschlechtes zu heben!«

Er drückte die Faust vor das Hemd, er raunte, die Zähne fletschend, zu Bellona Knack-Mangolf, die über ihn hinwegsah: »Meine gnädige Frau, Ihr Herr Gemahl hat mich gebrandmarkt, ich bin ein vom Ausland bestochener Schurke.« Die geborene Knack verlor darum noch längst nicht ihren gewählten Ton. »Kaum glaublich. Sie nähmen das Geld doch lieber von uns« – sagte sie, wie eine Sprechübung. Unversehens trat Mangolf selbst dazwischen. »Er macht sich über dich lustig«, sagte Mangolf, leidend und gereizt. Plötzlich streckte er die Hand hin, angstvoll gespannt, ob jener sie nahm … Er sah nach schlechten Nächten aus, nach innerem Widerstreit und Reue. Die Brauen sträubten sich über die eingesunkenen Schläfen hinweg. Der Haß in den Augen war scheu, Mangolf traf sogar Anstalten, zu lächeln – ein Lächeln der Anerkennung! »Alle Achtung«, sagte er. »Gegen dich ist heute kaum noch aufzukommen.«

»Lieber Wolf«, sagte Terra stark und herzlich, »ich habe mich unseres ehrlichen Männerkampfes aufrichtig gefreut. Das waren einmal wieder wir!«

Mangolf zuckte mit den Augen, auch seine Lippen zuckten nur, wie gelähmt. Bellona war es, die, schon wieder im Besitz ihrer Erhabenheit, ihn auf den Weg brachte. »Wenn Sie aber kein Geld haben?« fragte sie Terra. »Dann bilden Sie sich nur nicht ein, jetzt könnten Sie Erfolg haben! Ohne Geld hat niemand Erfolg«, erklärte die geborene Knack. Mangolf sagte gepreßt: »Du scheinst erstaunt, mein Lieber. Mußt du die Anfangsgründe von einer Dame hören? Deine Gegner haben vielleicht nicht deine geistige Leidenschaft« – schon gab er sich ironisch. Er wies nach dem Eingang. »Aber sie haben Geld.«

Ihren Auftritt vollführten der Oberadmiral von Fischer, grobschlächtig vom Schädel bis zu den gewichsten Stiefeln, am Arm sein weißhaariges Frauchen; in der vordersten Front mit ihm von Heckerott, Generalmajor und Vorsitzender des Alldeutschen Verbandes, aber diesen auf dem Fuß zwei Zivilisten, der eine glatt, der andere wildbewachsen.

Lannas war aufgestanden, er erwartete den Zug in der Mitte. Kopf hoch, beglänzter Scheitel, kraft höchster Berufung in der Mitte, und doch die Hand gewinnend hingestreckt, so erwartete er jene Andersgearteten, die nicht lächelten wie er. Sie drangen vielmehr ein, als sei das Gelände vom Feind zu säubern. Höchstens das Frauchen bewirkte eine Entspannung, es ging unter den Titeln Gemüt und Familie mit hin. Die vier Männer täuschten niemand im Augenblick ihres Auftretens. Überdies ging ein noch unbestimmter, aber warnender Geruch ihnen voraus.

Der Oberadmiral fühlte wohl, daß er zu stark gewirkt habe. »Heute mußte ich ihn mir doch ansehen«, sagte er, gebückt vor der Altgott wie ein gezähmter Bär, und hielt bieder den Reichskanzler in der Pranke.

»Nun, lieber Freund, was sagen Sie!« rief Lannas, von innen durchsonnt, wie Terra ihn heute schon kannte.

Der General von Heckerott knirschte, bevor sein Gebiß aufging. »Gratuliere, Exzellenz haben uns vorgearbeitet« – Blutzudrang nach der Stirn und nochmals Knirschen.

»Wie ständen wir nun da«, brüllte Fischer und nahm die Damen zu Zeugen, »wenn er – und nicht Frankreich – den Engländern in die Falle gegangen wäre!«

Die Ahnung Terras verstärkte sich – während Heckerott knirschte. »Unsere Warnung ist nicht umsonst gewesen. Na also.«

Da sagte Lannas tatsächlich: »England hat sich an Frankreich angenähert; wir sehen daraus, wie aufrichtig seine Freundschaft für uns war. Aber, meine Herren, wissen Sie auch, was alles von uns geleistet werden mußte, um die Brüder aus dem Versteck zu locken?« – breiter als sonst, fast vulgär.

Terra erstarrte. Dies war der Erfolg, zu dem Lannas sich beglückwünschen ließ! Freilich, Terra lernte zweifeln an der inneren Besonntheit; die Augen des Reichskanzlers waren abgeschweift, sein gemeiner Ton wollte die hier einfangen. Es gelang nicht einmal ganz; die beiden Zivilisten taten nicht mit im Chor der Bewunderer. Dem Reichskanzler entging es nicht, er führte das behaarte Exemplar in die Mitte, es sollte sich produzieren dürfen. »Mein werter Professor Tasse«, redete er das Exemplar an, »Sie als zweiter Vorsitzender des Alldeutschen Verbandes gehen natürlich konform mit Ihrem General.«

»Ich gähe nie gonform«, erklärte Tasse, und urplötzlich schwenkte er seinen großen weichen Bauch herum, Lannas mußte sich in Sicherheit bringen. »Ich gähe nämlich bloß einig«, schloß Tasse, ein tückisches Schmunzeln in all seinem Gestrüpp.

»Ihr Kollege, Herr General, ist Dialektiker«, sagte Lannas, mußte aber sogleich erkennen, daß seine Doppelsinnigkeit verfehlt war. Von Heckerott zog vor Tasse eindeutig die Absätze zusammen, er wartete, was von Tasse noch käme. Es kam ohne Federlesen.

»Mit dem Herrn General an der Spitze unseres Verbandes möchten wir unsere tadellose Gesinnung gefälligst ausgedrückt haben. Aber was wir zu tun haben, wissen wir alleene.« Dasselbe unvorhergesehene Schwenken; diesmal ward Tolleben fortgeschleudert, er hatte sich der Erscheinung genähert.

»Na ob«, sagte der zweite Zivilist, indes Heckerott strammstand. Nur der Oberadmiral wagte einen Vorbehalt. »Mein Flottenverein ist auch noch da«, sagte er bieder. Tasse erklärte bündig: »Das sind auch wieder wir.«

Er allein hielt die Mitte. Die Herren samt und sonders hatten sich nach den Wänden verzogen. Der Halbkreis der Damen in Mauve, Blaßgrün, Gelb oder Weiß schimmerte einzig um Tasse und seinen ungebügelten Frack. Jodoformgeruch entströmte ihm, jetzt war es klar.

»Was wollen Sie also, Herr Professor?« fragte Lannas aus gemessener Entfernung.

»Daß wir uns nicht einwiechen lassen!« verlangte Tasse.

»Von den Juden!« krähte der zweite Zivilist herüber. »England ist verjudet, Frankreich ist auch verjudet. Daher finden sie sich gegen uns zusammen.«

»Kollege Pillnitz ist auch nicht dumm«, gab Tasse zu.

»Unser berühmter Orientalist«, erklärte Lannas zuvorkommend. Sofort bekam der Glattrasierte sein berühmtes Gesicht. Tasse strengte sein gequetschtes Organ an, um gegen die Ablenkung durchzudringen. »England ist ä dummes Luder!« rief er. »Es denkt sich: nun hab ich mein Fett, und macht sich heran an das zu Lande stillstehende, zur See zurückgehende Frankreich. Da lebt sich's denn nun freilich wohl bequemer, als mit dem in jeder Richtung wachsenden Deutschland.« Tasse erhob belehrend den Finger. »Aber was vergißt das treulose Albion? Daß wir noch da sind.«

»Daß unser Tasse noch da ist!« rief Pillnitz begeistert, Fischer und Heckerott nickten.

»Wenn wir nämlich dereinst mit unserem Erbfeind blutige Abrechnung halten«, belehrte Tasse, »dann machen wir auch gleich Schluß mit England. Da hat es keine Ausrede mehr, ran ans Messer! Nur nicht uns einwiechen lassen! Die Flotte müssen wir haben!« Ausfallend auf dem einen seiner Stiefel, stand Tasse in seinem vollen Ausmaß da und blitzte mit der Brille.

»Heil!« rief Pillnitz. »Stimmt auffallend«, sagten Heckerott und Fischer. Dann blieb es still. Die Lorgnons der Damen waren auf Tasse gerichtet. Tasse schob unbefangen sein Vorhemd, das während der Vorführung gerutscht war, in der Frackweste zurecht und suchte einen Sitz im Nebenzimmer auf – augenscheinlich hatte er sein letztes Wort gesprochen.

Seine Verbandsgenossen folgten ihm. Kurz nachher trat auch Mangolf hinzu. Tolleben sah zerstreut aus. »Machen Sie der neuen Großmacht den Hof!« riet Alice Lannas ihm, da ging er. Der Reichskanzler erhob sich unentschlossen. »Eure Exzellenz«, bemerkte Terra, »werden sich wohl oder übel abfinden müssen mit dem Phänomen.«

»Früher oder später kommt es«, gab Lannas zu und verfügte sich lieber sogleich hin.

Die vereinsamten Damen rückten enger zueinander.

»Meine liebe gnädige Frau«, sagte die Altgott zu Frau von Fischer, »ich wünsche mir schon ewig lange, mich mit Ihnen einmal auszusprechen. Endlich! Was sagen Sie, mit Ihrer vornehm abwägenden Objektivität, nun zu der Geschichte von dem King, der bei Ritz mit Clemenceau –«

Das weißhaarige Frauchen unterbrach, freundlich, aber streng. »Meine liebe Frau Gräfin, ich weiß auch etwas: in der Markthalle verlangte heute die Person für ein Paar Tauben –« Die Altgott schnappte nach Luft. Ihr Blick verwirrte sich, sie stieß ein blödes Lachen aus. Dann begriff sie: es war eine Belehrung, und setzte an, sie sich zu verbitten. Dann sah sie nebenan Lannas bei Tasse aushalten und Belehrungen empfangen. Und dann hielt auch sie aus.

Bellona Knack-Mangolf ließ die beiden reden, ob Haushalt oder Politik. Sie folgte, scheinbar unberührt, den Manövern ihrer Freundin Alice Lannas und dieses Terra. Alice war aufgestanden, Terra ihr begegnet. Sie setzten sich nirgends, sie wandelten. Die Entfernung zwischen den beiden Gruppen der Damen und der Herren erlaubte ihnen, wandelnder Weise sich ihre Geheimnisse mitzuteilen: Niemand hörte mehr als, wenn sie vorbeistreiften, ein abgerissenes Wort. Bellona mißtraute ihnen, obwohl sie korrekte Gesichter behielten.

Terra sagte: »Sind Sie zufrieden? Sie haben mich gepeitscht.«

»Gepeitscht«, hörte Bellona, und ihre Phantasie arbeitete im Rücken der Fortgehenden.

»Ich beschwöre Sie, tun Sie nichts Unwiderrufliches! Ich schweige davon, daß Sie mit gesenkter Stirn in Ihr eigenes unausdenkbares Unglück rennen. Ich flehe nur mit aller Kraft, die Sie in Ihrer unerbittlichen Rachsucht mir noch gelassen haben, um mein verfehltes Dasein, das unter mir kracht. Verschließen Sie Ihr reizendes Ohr nicht, ich habe noch niemandem mit Selbstmord gedroht.«

»Heute sind Sie galant. Darum verzeihe ich Ihnen, daß alles, was Sie mir sagten, ein Skandal ist.«

Da waren sie bei den Herren. Tolleben sah ihnen schon entgegen. Er suchte den Blick Terras, um sich an ihm zu messen. Es gelang ihm sowenig wie eine Begegnung mit den Augen der jungen Dame. Die beiden folgten, abgesondert und unzugänglich, ihrem Weg. Gereizt, aber entmutigt hörte Tolleben zu, was sein Chef sagte. Lannas, endlich zu Wort gekommen, erzählte eine Anekdote von Eduard dem Siebenten. Der Schluß war, daß der König von England Lannas mit seinem besonderen Haß beehrte. Der Reichskanzler hob dies hervor; er hatte seinen dramatischen Blick, wie im Reichstag, wenn er von Sockel zu Sockel mit England sprach. Seine Tochter freilich ließ sich nicht täuschen. »Papa empfiehlt sich den alldeutschen Spießbürgern«, stellte sie fest. »Da sehen Sie es – und ich sollte nicht meine Maßnahmen für die Zukunft treffen? Ich habe keine Lust, herabzusteigen. Sie wissen es.«

Sie betraten das Gesichtsfeld der Damen, Bella Knack-Mangolf sah schnell weg; die Hofdamen Jerichow und Beuthin gaben sich nicht erst die Mühe. Sie verständigten sich mit den Lippen: hier ward gemogelt. Die kleine Lannas betrog den armen Tolleben noch vor der Ehe. Auch der Vater war blind. Die alten Damen verdrehten die Augen. »Gott ich sage!« dies schrie die alte Jerichow verzweifelt heraus. Die alte Beuthin schrie: »Quel Spektakel!«

Terra seinerseits nahm eine Miene an, als sei ein harmloser Scherz gefallen. »Was wir zusammen erlebten, mein Fräulein, war vom ersten Tage an ein Skandal. Heute bereue ich einzig und allein, daß ich nicht schon damals die gesunde Rücksichtslosigkeit besaß, Sie glatt zu kompromittieren. Dann würde die Frage des Herab- oder Hinaufsteigens in diesem Augenblick weder Ihnen noch mir irgend Kopfschmerz machen können. Der Vetter des Herrn von Tolleben wäre dann ganz vergebens persönlicher Adjutant bei Seiner Majestät.«

»Sie zu kompromittieren«, hörte Bellona so angeregt, daß sie nur mit Mühe ihre kunstgemäße Stellung aufrechterhielt.

Alice sagte, zu den Herren zurückkehrend: »Es ist wohl wahr, mir wurde es nicht an der Wiege gesungen, daß ich an meinem Verlobungstag solche Dinge würde anhören müssen.«

»Sie verhöhnen mein Ende.«

Beide gaben sich den gesellschaftlichsten Ausdruck, denn Tolleben sah her – wenn auch nur unterderhand und mit dem fühlbaren Entschluß, es sich nicht anfechten zu lassen. Er wußte, was er wollte. Zuerst die Hochzeit, dann der Herr sein und befehlen. Bei den Herren sah Lannas sich geradezu einer Nebenregierung gegenüber, die in den Ämtern Ohren und Hände hatte. Mangolf, auf den sein argwöhnisches Auge fiel, wandte sich eilig fort, er ging seinem Schwiegervater entgegen. Knack kam mit zwei jungen Leuten, er trat wie ein Oberbefehlshaber vor seine Garde hin. »Ihr eßt mein Brot, ihr arbeitet für mich«, sagte sein Schritt. Lannas verkannte es nicht, er hatte nicht einen wahren Freund hier. »Lieber Freund«, begann er, glatt und heiter wie je.

»Wenn Sie es denn nicht lassen können, Alice: warum nur gerade dies getünchte Grab?« fragte Terra flehentlich.

»Sie sind mein Freund«, sagte sie versöhnlich, »Sie dürfen fragen. Ich habe mich unter den Großen des Landes umgesehen. Bei jedem anderen wäre meine Sache noch schlechter aufgehoben als bei dem getünchten Grab. Richten wir uns häuslich darin ein!«

»Ich soll mitkommen?« fragte er frech.

»Sie sagten es schon: was wir taten, war von je nur Skandal. Fordern Sie, ich bin wehrlos.«

Da brach er lautlos in Weinen aus; Bellona sah es.

»Um des barmherzigen Gottes willen, wohin kommt es mit uns!«

Sie beherrschte sich um einen Augenblick länger. »Nehmen wir es, wie es ist«, sagte sie sanft. »Wir leben einer von des anderen Gnade.«

Jetzt aber mußte sie sich setzen. Sie setzten sich eine Strecke voneinander, sahen jeder geradeaus und schwiegen.

Für Lannas stand es so, daß diesmal zum Sieg über England nicht er selbst beglückwünscht wurde, sondern Knack. Tasse und Knack verbrüderten sich. »Na? Frankreich und England zusammen in der Falle! Ein schöner Erfolg!« Und Lannas blieb abseits. Er widmete sich der Begrüßung der zahlreich Erscheinenden. Hinter seinem Rücken wisperte Knack: »Hat er nichts verraten wegen Abschaffung der Todesstrafe? ... Grinsen Sie nicht, Tasse, gegrinst habe ich auch. Aber mein Schwiegersohn, Unterstaatssekretär Mangolf, warnt vor der Abschaffung als Mittel der Menschenbehandlung.« Worauf Tasse denn doch laut lachen mußte. »Heckerott, hören Sie das? Pillnitz, Fischer, hören Sie das? Gewisse Leute bilden sich Menschenbehandlung ein. Ausgerechnet Menschenbehandlung, was niemand raus hat wie wir! Wie heißt noch der Herr Abgeordnete? Ein deutscher Name war es nicht.« – »Terra«, sagte Knack, er wiegte zweifelnd den Kopf.

Die beiden jungen Leute aus der Begleitung Knacks hatten sich auf Frau Doktor Schwertmeyer geworfen, sie trennten den Abgeordneten von der interessanten Frau. Die schlanke Rotgefärbte kitzelte beide mit den Augen. Auf ihre Unverschämtheiten erwiderte sie gelassen: »Kinder, ihr bildet euch Schwachheiten ein. Woraufhin? Geheimrat Knack schickt Sie, Herr Doktor Mörser, manchmal zu meinem Mann. Nun und? Sie sind der Neffe des Geheimrats, und mein Mann ist ein einflußreicher Politiker. Preußen fängt eben an, interessant zu werden.« Wobei sie dem kleinen Duckmäuser mit den Wimpern die frühe Glatze fächelte, so nahe kam sie ihm. Er feixte sie schmierig an. Der gutgewachsene Sohn des Zeitungskönigs Schellen lachte offen. »Goldene Worte, Gnädigste. Werden beherzigt.« Noch schneidiger: »Ehrenwort als Offßier, morgen hat Gatte bei uns Hymne.« Dies überlegte sich die Schwertmeyer, nach allen Seiten augenspielend. Da sah sie den Schwiegersohn Knacks, Unterstaatssekretär Mangolf, auf ihren Mann hinsteuern, Schwertmeyer schickte ihr sogar einen Seitenblick; und entschlossen wandte sie sich dem Duckmäuser zu, der Reserveleutnant war für heute entlassen.

Nichts hiervon entging den älteren Damen im dritten Salon. Da es voll und laut ward, konnten sie endlich schreien. »Du siehst es und glaubst es nicht«, schrie die alte Frau von Jerichow ihrer Freundin Beuthin in das Ohr. Die alte Gräfin schrie zurück: »C'est la Kanallje.« Dies rief das weißhaarige Frauchen des Oberadmirals auf den Plan. »Wir Bürgerlichen sind gefälligst der Hort von Zucht und Sitte«, schrie sie der Beuthin in das andere Ohr, das sich aber als völlig taub erwies. Gleich darauf triumphierte Frau von Fischer; Rittmeister Graf Haunfest trat auf, verfolgt wie immer von seiner Geschiedenen, der Blachfelder. Er sah aus und bewegte sich wie eine ungesunde Puppe, kein Mann war vor seinem schwärmerischen Augenaufschlag sicher. Dies hielt die Frau des Oberadmirals den alten Hofdamen mit lauter Stimme vor. Sie dagegen legten mehr Nachdruck auf das Treiben der geborenen Blachfelder. Fusselig und mit zerlaufendem Rot fuhrwerkte die reiche Person durchs Gedränge, die Perlen schwappten nur so, sie hatte sich auch schon wieder was abgetreten. Die Altgott tat noch das Beste, was sie als Hausfrau für die Tochter des Kalimagnaten tun konnte, sie brachte sie zum Büfett, in die Seitengalerie, nach der in allen Salons die Türen weit offen standen. »Nun zecht sie glücklich wieder«, bemerkten die älteren Damen und wandten sich vorläufig »ihm« zu.

Graf Haunfest ward sichtlich betört vom Anblick des jungen Schellen, der seinerseits Aug und Ohr nur für die gesonderte Gruppe Lannas-Mangolf-Schwertmeyer hatte. Fiel nicht das Wort »Todesstrafe«? »Bald gibt es Neues«, verhieß der Sohn des Zeitungsringes allen und ließ es sich weitersprechen. Den armen Gardeoffizier und seine zarte Schwärmerei übersah der kräftige Jüngling. Nur der Knacksche Neffe beachtete ihn – so auffällig, daß seine Dame es übelnahm. »Herr Doktor Mörser!« bemerkte die Schwertmeyer, »Sie haben die Ehre, mit mir zu plaudern. Ich bin die Frau, von der man spricht.«

»Was sagt man denn?« fragte er zerstreut und kokettierte heftiger nach Haunfest. Sein schmutzfarbenes Gesicht bedeckte sich bis auf die Glatze mit dünnen Fältchen der Habgier, die Augen wurden trüb vor Angst, auch zuckte eine Schulter, die höhere. Die schöne Schwertmeyer brach aus. »Sie sind eine Mißgeburt, Doktor Mörser! Ich als Frau könnte Sie glatt niederschlagen, und Sie wollen auch noch Besonderes? Weil es schick ist! Weil es aristokratisch ist, Sie Snob! Mißgeburt und Snob!«

Womit sie ihm, aufs äußerste beleidigt, den Rücken zukehrte. Graf Haunfest andererseits war entrückt, all seine Seele umhauchte, von seinem verlassen dastehenden Körper getrennt, den kräftigen Jüngling. Der Reichskanzler, der dem jungen Schellen eigenhändig gewinkt hatte, fragte mit unwillkürlicher Ehrfurcht im Ton nach dem alten Verleger. »Welchen Orden muß ich Ihrem Vater denn noch geben, damit er aus seiner Unsichtbarkeit hervortritt? Kein lebender Mensch hat ihn erblickt, Sie, Herr Schellen, wohl auch nicht. Existiert er? Ist er ein Mythus? Eine Erfindung seiner Blätter?«

»Der Sohn ist um so sichtbarer ... Es soll sich etwas Neues vorbereiten, Exzellenz«, bemerkte bei der Gelegenheit der Sohn der Zeitungen. Sofort bekam der Reichskanzler das witzige Grübchen. »Dies Gerücht ist sogar bis zu mir gedrungen« – womit er sich schon fortschlängelte. Vor Schellen erschien Graf Haunfest, konnte aber noch nicht sprechen aus Ergriffenheit. Nachdem die Herren sich vorgestellt hatten:

»Sahen Sie nicht den Reichskanzler, Herr Schellen?«

»Bis zu dieser Minute stand er doch bei mir, Graf Haunfest.«

»O Gott! Ich sah nur Sie.« Errötend unter der leichten Kunstfarbe. Der Jüngling lachte kräftig.

»Verzeihen Sie, daß ich Uniform trage!« lispelte der Betörte, wer weiß welchem Zartgefühl zufolge. »Ich bin im Begriff, zur Diplomatie überzugehen, man ist draußen auch freier.« Alles bei der Begleitung des Gelächters, und doch welches unverdiente Glück, sprechen zu dürfen zu dem Schönen! Dieser aber machte Schluß. »Wenn Sie den Reichskanzler suchen, müssen Sie einem Jodoformgeruch nachgehn ... Nein, ihm fehlt nichts; aber wo Politik gemacht wird, riecht es so. Preußen fängt an, interessant zu werden«, setzte er frech hinzu.

Graf Haunfest wagte es, nach der Hand des Erwählten zu tasten, ja, sie zu drücken ... Die Hacken zusammengeschlagen und fort, verschlungen jeder von einer anderen Welle kalter, gleichgültiger Menschen.

Im nächsten Augenblick lief Alice Lannas quer durch den Salon, es fiel auf, sie hatte Herrn von Tolleben glatt stehenlassen. Ein Streit, das fing gut an, oder war es das Ende? Die arme Altgott ward weiß und rot. Welch ein Aufsehn! So stand es nicht mehr für Alice, daß sie Tolleben laufenlassen konnte. Lannas mit seinem guten Herzen beging einen schweren Fehler. Er war gegen Tolleben, weil er fühlte, daß Alice ihn im Grunde nicht liebte. Aber dies Spiel mit dem fragwürdigen Jugendfreund? Es war nicht so harmlos, er hätte es nicht begünstigen sollen! Die fassungslose Altgott kam zu nichts. Sollte sie Tolleben, der preisgegeben dasaß, mit ihrer Person dekken? Oder mußte sie, im Sinne Lannas', allem zusehn?

Alice Lannas begann zu tollen. »Nu tollt sie«, schrie die alte Jerichow. »Und mit wem tollt sie? Mit der betrunkenen Blachfelder!« – »C'est le fin de la monde!« schrie die alte Beuthin. Alice Lannas aber durchbrach die drängenden Herren, plötzlich sah sie aus, als kennte sie keine Blachfelder. Ohne alle Tollheit, mit der hochmütigsten Miene trat sie zu Frau Mangolf, die absichtlich an ihrem Gatten vorbeiging und ihm ein Wort hinwarf.

»Ich weiß jetzt einwandfrei, daß Alice und Terra –«

»Weniger als je, Bellona«, sagte Alice und hielt sie einen Augenblick an. »Ich bin sogar vernünftiger als du. Wenn ich jemand liebte, würde ich ihn mitten in seiner schönsten Karriere nicht heiraten, denn eins würde man einander vorwerfen, die Karriere oder die Liebe. Viel eher, wenn er gar nichts wäre.«

»Das hast du versäumt«, sagte die Freundin.

Die Salons inzwischen leerten sich in die Galerie, auch die dauerhaftesten Gruppen mächtiger und reicher Herren, die einander für etwas zu benützen suchten, verfielen der Auflösung und ließen gewichstes Parkett zurück.

Trotzig verharrten nur die um Tasse. Sie versperrten eine der Türen zum Büfett; sie fingen die Diener mit Gläsern und Flaschen ab. Knack stieß das Knie einem Diener ins Gesäß. Er leistete es sich, es war ein Lakai des Geburtsadels! »An der Quelle saß der Knabe«, bemerkte Tasse hierzu. In gute Laune versetzt, gab der Oberadmiral laut etwas zum besten, eine Begegnung mit seinem englischen Kollegen.

»Pizzter sagte zu mir: ›Fischer, alter Bursche, ich freue mich auf nichts in der Welt so doll, als wenn es zwischen uns und zwischen euch mal losgeht!‹ – ›Tu ich ebenso!‹ sag ich. – ›Werd dir aber in die Segel spucken!‹ schreit nun Pizzter ...« Fischer schrie noch mehr als damals Pizzter. »Alter Bursche! schrei ich, ich bin Feuerfresser. Ich freß dir deine Maschinen leer!«

Die vom Büfett Herbeigeströmten lachten, Gläser in der Hand, Beifall. Wohltuende Naivität eines alten Seebären! Inzwischen überzeugte Fischer sich, daß auch Lannas dabei war und daß er sich Witze erlaubte zu seinem Nebenmann, einem gewissen Terra, dem mit der Todesstrafe. Die unter Alkohol gesetzten Augen des falschen Seebären sahen alles mit größter Kälte. »Darum unser allverehrter Reichskanzler hurra!« schrie er unvermutet; worauf Lannas wohl danken und sich einlassen mußte. Er tat es freilich nur mit Stirnrunzeln und ernstem Nikken bei jedem der Schlagworte, die aus der Bande fielen. Handelsneid Englands, Verständigung macht uns zu Landsknechten, wir sind Sklaven, wenn wir Schiffe nicht bauen, wie wir wollen, slawische Gefahr, Erbfeind, gelbe Gefahr ...

»Und die Maul- und Klauenseuche?« sagte das Herrenhausmitglied von Jerichow trocken, mit den Händen in den Hosentaschen. Lannas nickte nur noch ernster, indes Tasse und der Oberadmiral mit ihren Freunden anstießen auf den endgültigen Sieg über alle Gefahren.

Knack hatte Zweifel, er sagte hinter der Hand zu dem mächtigen Bankier Berberitz: »Ist das geschäftlich nun eigentlich zu wünschen?« Berberitz antwortete durch Wiegen des Kopfes.

Außer ihnen protestierte jemand hinter Lannas, wenn auch nur mit Zischen, das nicht durchdrang. Gubitz drang nie durch; Lannas neigte das Ohr, der Intrigant des Auswärtigen Amtes zischte hinein: »Keine saubere Arbeit denkbar bei Einmischung solcher Banausen!« – »Unsere saubere Arbeit?« fragte Lannas, tief müde im Ton. Aber der Wirkliche Geheime Legationsrat zischte, eine gekrallte Hand in der Luft: »Vorbauen, Aufspüren, wieder Vorbauen!« Und Lannas: »Ihre indischen Geistesübungen, Gubitz. Vielleicht sind Sie der letzte.«

Da schnitt eine scharfe Stimme überdeutlich durch den lagernden Rauch der Schlagworte. »Meine Herren, da es nun einmal unerschütterlich feststeht, daß wir gar nicht genug Feinde haben können, gestatte ich mir mit aller gebotenen Entschiedenheit auf eine Lücke hinzuweisen. Rußland hat noch kein Bündnis mit Großbritannien. Die Lücke kann uns verhängnisvoll werden. Ich habe gewarnt.«

Dramatische Überdeutlichkeit, manche lachten, als kämen sie zur Vernunft. Der Abgeordnete Schwertmeyer entfernte sich im Bogen. Die um Tasse blickten auf ihn, bevor sie zugaben, sie hätten verstanden. Tasse warf den Bauch herum, jemand brachte sich in Sicherheit; und er sagte mit ganzer Wucht:

»Sie! Herr Abgeordneter Terra! Wir sind schon mit anderen Leuten fertig geworden. Aber sehr!« schrie er, gesträubt und tückisch. Auf einmal war der Abgeordnete es nicht gewesen. Stumm, aber den Mund vor Schrecken rund geöffnet, suchte er nach allen Seiten zu bezeugen, daß er, Hand aufs Herz, es nicht gewesen sei. Jemand sagte gedämpft: »Gelungener Kollege – und er sticht Tolleben aus, im letzten Augenblick vor der Verlobung.« War es Knack? Lannas sah sich um. Dabei fand er, daß seine Tochter schon wieder Sitzung mit Tolleben hatte. Es gab keinen Frieden, auf keinem Gebiet! Draußen beim Büfett saßen sie an einem der Tische; der gehetzte Staatsmann nahm sein munterstes Lächeln zu Hilfe, um dazwischenzutreten. Aber Tasse wachte. Beim ersten Schritt, den Lannas tat, schritt Tasse ein, hinfunkelnd aus den schiefen Wülsten seiner Augen.

»Unser Reichskanzler macht seine Sache soweit ganz gut. Leider ist sein Verkehr nicht immer ein gut deutscher.«

»Juden!« krähte der berühmte Pillnitz. Der General von Heckerott knirschte dazu. Tasse schloß:

»Wir passen nun eben Achtung auf die völkischen Belange.«

Lannas, den alle ansahen, entschloß sich zu launiger Überlegenheit. »Völkische – wie sagten Sie? Sind das Wurstwaren? Haben Sie sie in Ihrer Speisekammer?«

Allseitige Heiterkeit – aber das Funkeln in den schiefen Wülsten sagte: »Jetzt hast du dich verraten. Dies wird dir nie vergessen. Eines Tages bricht dies dir den Hals.« Lannas begriff; er ward früher ernst als die anderen. Wollte strafend aussehen und behauptete doch nur gerade den Platz. Sein Freund, der alte Jerichow, half ihm, lang und hager trat er vor den dicken Oberadmiral hin.

Terra wartete den neuen Zwischenfall nicht ab, dort vorn beim Eingang erblickte er eine Erscheinung aus alten Tagen. Bevor er sich aber losgelöst hatte, lag ihm eine Hand auf der Schulter: Knack, der sagte: »Ihr Weizen blüht. Freut mich, Kollege, daß Sie es doch noch zu was gebracht haben.« Terra wandte sich halb um, er musterte Knack höchst aufmerksam: dies endgültige Vergessen der dreisten Späße, die ein noch Namenloser sich einst erlaubt hatte mit dem mächtigen Industriellen, diesen Beschluß, sich vorsichtig anzunähern ... Terra sagte: »Ich war von jeher Ihr besonderer Verehrer. Nur im Hinblick auf Sie, Herr Geheimrat, ist es mir gelungen, doch noch ein brauchbarer und glücklicher Mensch zu werden.«

Der Oberadmiral hatte »Ertüchtigung zur See« gesagt, was dem alten Jerichow mißfiel. »Bei mir sitzt Preußen zu Pferde«, äußerte er durch seine Hakennase. »Reiten, Herr Fischer, erhält Figur. Kahnfahren macht Bauch.« Er betrachtete mit scharfen Schlitzaugen den Bauch des »Herrn Fischer«, und nicht nur seinen, auch Tasse sah sich angezweifelt. Sogleich faßte er Fuß, ganz Wotan. »Herr Kammerherr!« Revolutionär betont. »Herr Kammerherr, ich als Medizinmann sag Ihnen glatt vorher, an was Sie mal draufgehn.«

Erschrocken wich der Reiter, hierauf war er denn doch nicht gefaßt. Lannas seinerseits verfügte sich näher an den Wotan, in seinen Dunstkreis von Jodoform. Lannas fand es höchst geboten, auszugleichen, Verbindungen zu sichern. »Verehrter Professor, Sie sollten in den Reichstag eintreten«, versuchte er. Tasse blieb ungerührt. »Das möchten Sie wohl. Mein Alldeutscher Verband hilft besser – gegen schlappe Diplomaten.«

Lannas ließ es sich gesagt sein, aufgereckt erstrebte er die Höhe der Tasseschen Energie. »Trotzdem sind wir Kollegen, Professor. Diplomatie ist Arbeit in Menschenfl – fleisch«, bemerkte er entschlossen. Es war von Bismarck. Würde Tasse ihm glauben, es sei von Lannas? Tasse glaubte es. Für den Augenblick war er besänftigt, er gab die rauhe Hand. Den Augenblick benutzte Lannas, zu entkommen. Er wandte sich dem Büfett zu. Unterwegs fiel ihm ein, nun gerade den Abgeordneten Terra mitzunehmen, er winkte ihm.

Terra vollzog einen Händedruck mit Knack, der ihr Gespräch zusammenfaßte: »Wir sollten uns nähertreten,

Kollege.« Von fern sah Mangolf dem zu; er hütete sich, zwischen die Mächte Lannas und Tasse zu geraten. Er steuerte sein zerbrechliches Glück auf seine Art ... Dahinten ragte noch immer die Erscheinung aus alten Tagen, Terra wollte hin, da winkte Lannas, er folgte ihm.

Sie nahmen an dem Tisch Platz, den Alice und Tolleben verlassen hatten. Man sah sie noch fortgehn. Lannas sagte: »Ja, die Kinder! Sie haben heraus, was weh tut.« Kein Wort über Tasse. Lannas fürchtete vielleicht die Sorte, aber sicher war, daß er sie verachtete. Er sah der Tochter nach und unterdrückte einen Seufzer, denn die anderen Tische, soeben noch lärmend, dämpften ihre Gespräche, um zu horchen. In zerstreuter Haltung aß er reichlich Rehrücken mit Sauce Cumberland. Da er sich belauscht wußte, verband er politische Gedanken mit der Sauce. Sie war scharf und süß, genau die Mischung, die den deutschen Politikern zu häufig fehlte. Sie wurden unliebenswürdig, sobald sie durchdringen wollten. Kraft ward aber durch Geschmack erst beglaubigt! Nun, dies galt dennoch der Bande. Inzwischen wurden die Gespräche wieder lärmend. Plötzlich begann Lannas:

»Es hat keinen Zweck, lieber Freund, daß ich schweige. Sie sind der Freund meiner Kinder, Sie kennen die Tragödie meines Hauses.« Viele schräge Stirnfalten und die gereizte Stimme, die so häßlich ward.

»Eure Exzellenz dürfen nicht unglücklich sein«, sagte Terra. »Wer es ausbaden müßte, sind wir Deutsche.«

»Es wäre verhängnisvoll. Aber ich bin auch Vater. Ist es nicht natürlich, vor allem Vater zu sein? Wenn Alice ihn wenigstens liebte! Ich habe den Eindruck, sie liebt ihn nicht. Mein Kind – nicht ich, mein Kind wird unglücklich. Wieso ich? Der Abstand zwischen mir und ihrem Auserwählten erregt Gelächter.« Er versuchte zu lachen.

»Dann wäre es eine politische Heirat?«

Lannas sah Terra an, was er wisse. Da er nichts als eine dramatisch bewegte Frage fand, aß er hastig den Krabbensalat zu Ende und befahl nochmals den Rehrükken. Bitteres Auflachen. »Heiratet man in politischer Absicht einen Dummen? Der Mann ist dumm. Die Art Dummer beherrscht man nicht, sie bocken.«

»Mithin eine überwundene Gefahr«, sagte Terra von unten. Wieder die Musterung, aber unaufhaltsam brach es aus dem Staatsmann. »Die Maske! Er hat nun einmal die Maske. Das wäre nichts, aber es wirkt auf den Kaiser. Der Kaiser ist historisch beeinflußbar, am meisten durch Geschichte in Form von Maskeraden.«

Das Gesicht seines Gegenüber sah aus, als hörte er nichts; er hörte aber heimlich von derselben Stimme: »Der Kaiser ist so bedeutend.« Um so ungehemmter sprach der Reichskanzler. »Der Mann mit der Maske kann an meine Stelle treten: das Verhängnis ist nicht auszudenken. Das Verhängnis für Deutschland, für die Welt! Von mir selbst spreche ich nicht. Ich bin gesättigt.«

In der Tat schickte er den Rehrücken endgültig fort, ließ aber Kuchen bringen. »Ich tue meine Pflicht, meine harte Pflicht –« mit einem Mohrenkopf an der Gabel. »Was liegt einem Kulturbestrebten an der Macht, ich bin ihr erstes Opfer. Ich möchte alles hinwerfen, leider bin ich unentbehrlich.«

Zweiter Mohrenkopf, erstes Cremetörtchen, ihm kamen Tränen der Rührung, über sich, über sein Kind. »Es ist mein Kind, das mir Knüppel zwischen die Beine wirft. Was kann ich gegen mein Kind, es entwaffnet mich.«

Terra, zu sich selbst: »Herr General von der Platze ist Flügeladjutant bei Seiner Majestät geworden. Ist Herr General von der Platze nicht der Vetter des Herrn von Tolleben?«

Die Rührung war dem Reichskanzler vergangen. »Das hilft ihm nichts«, sagte er schnell. »Ich war früher da, ich habe beim Kaiser gegen Platze gearbeitet, er hält sich nicht lange.« Und einmal in der Fahrt: »Was wollen meine Feinde tun. Ich bleibe, das ist die Forderung der Stunde, sagt Goethe. Mir hilft alles. Die Alldeutschen, wenn sie mich hassen; denn der Kaiser mag sie nicht. Sie selbst, mein Lieber: wenn es durchaus sein müßte, würden Sie mir helfen.«

Hier senkte Terra die Augen, er glaubte verstanden zu haben. Er hätte die Tochter entführen können: der Gedanke war ihr und auch dem Vater gekommen. Sie hoffte auf dem Wege ihren Kopf durchzusetzen. Der Vater aber machte den Entführer der Tochter zum Geheimrat und gab sie ihm, fertig. Keine Bedrohung seiner Stellung mehr auf der schwächsten Seite, was tat man nicht für die Macht ... Terra zögerte doch, zu glauben, daß man auch dies für sie tue; mit Vorsicht sah er auf. Lannas war sehr rot. Übrigens hatte er alle Kuchen gegessen.

Der Reichskanzler stand auf; Terra bat, ihn verlassen zu dürfen, er sehe einen alten Bekannten, Herrn Hummel. »Der Dichter? Mein Freund?« sagte der Reichskanzler. »Gehen Sie voran! Ich frage nur Jerichow, was die alldeutsche Räuberbande sich inzwischen geleistet hat.«

Ohne Frage war es Hummel, der Mann der Weltwende, er stand, vom Fluß der Menschen stehengelassen, noch immer allein bei der Vase, inmitten des ersten Salons. Nach seinen Erinnerungen würde Terra ihn nicht erkannt haben, aber das jetzige Gesicht Hummels war oft in illustrierten Blättern zu sehen. Er hatte sich inzwischen rasiert, und seine Stirn war gewachsen, auch saß sein Frack vollendet. Näher kommend bemerkte Terra, daß er trotz Falten jünger aussah als der Hummel von einst, der gehungert hatte. Vor ihm angelangt freilich sah er Kniffe um den Mund, dem Zigeuner waren sie so fremd gewesen wie die feierliche Schüchternheit, womit der Berühmte dastand. Terra bezog alles auf sich, er begann mit Verwahrungen. »Sie kennen mich nicht, Herr Hummel, und ich Sie nur als den Meister, den jeder kennt. Als wir vor langer Zeit einige Worte wechselten, waren Sie noch in Wolken gehüllt und ich ein belangloser Wildling. Fürchten Sie keineswegs, daß ich mir Bekanntschaft anmaße! Ich habe für Sie die Verehrung, als seien Sie unmittelbar vom Olymp gestiegen.«

Er wiederholte einige Male mit anderen Worten dasselbe. Hummel lächelte aus falschen Zähnen, die echten waren dem Elend seiner Jugend zum Opfer gefallen. Die Floskeln Terras mißfielen sowenig ihm wie Lannas. »Ich kenne Sie«, sagte er gnädig. Dann: »Welches meiner Stükke lieben Sie am meisten?« Worauf Terra zu stammeln begann. »Wer bin ich, daß ich wählen dürfte? Überall Ihr tiefes Mitleid mit uns Menschen ... Und wir sind doch wahrhaftig vom Galgen geschnitten –« auf einmal klar und scharf, Hummel erschrak. Indes kam Lannas.

Er ging heiter gebläht durch den vollen Salon, aber in dem leeren sah er enttäuscht und verfallen aus. »Die Leitung eines politischen Kindergartens strengt weit mehr an, als die Herren glauben«, er seufzte fett. »Die Geister der Nation liegen mir im Grunde besser als ihre Geschäftsleute.« Zu Terra besonders: »Mit meinem Freund Hummel verbringe ich meine seltenen freien Stunden in meiner Bibliothek.« Aber es ward noch von anderen gehört; eine Staffel Schmeichler begann sich bis in die Nähe des Reichskanzlers zu erstrecken. Man sagte, laut genug für ihn: »Die Gruppe der Persönlichkeiten!« – »Der leitende Staatsmann mit dem ersten Dichter!« – »Solche Freunde hatte Bismarck nicht!« – »Mit dem dritten schaff er die Todesstrafe ab.« – »Der Kanzler der Kultur!« Lannas sagte gleichfalls laut genug: »Der Kaiser ist gegen die moderne Richtung, wie Sie wissen. Ich nicht – und ich wahre meine Unabhängigkeit. Gerade das gefällt dem Kaiser, er ist kein Philister.« Und leise: »Die Leute bekommen Beschäftigung, gleich wird Musik gemacht.«

Wirklich sammelte die Altgott persönlich ihre Gäste in dem zweiten Salon um den Flügel. Aus der Galerie trat ein blutjunges Mädchen mit allen Zeichen starken Selbstbewußtseins und gefolgt von ihrem schönen und gewandten Pianisten. Für den Beifall, der sie empfing, dankte sie wie für etwas Geschuldetes und stimmte ein Lied an. Unter dem Schutze der Musik verriet Lannas seinen beiden Vertrauten Geheimnisse.

»Meinem Freunde Hummel kann ich die größte Sensation nach einer halben Stunde noch einmal erzählen, er hat sie vergessen. Sie aber, Terra, suchen in der Politik etwas anderes, wir verstehen uns. Was ich dem Reichstag verschweigen muß und den hier vereinigten Tiergattungen lieber vorenthalte, zu Ihnen, zwei Menschen, kann ich mich davon erleichtern.« Kleine feierliche Pause.

»Wir sollten gemeinsam mit Frankreich und Rußland in London Vorstellungen erheben wegen der Buren. Wir haben Bedingungen gestellt, die den Schritt vereiteln mußten, und haben England davon in Kenntnis gesetzt. Es weiß, welchen unvergleichlichen Dienst wir ihm erwiesen haben. Wollen Sie, zwei Menschen, unter diesen Umständen England für unseren Feind halten? Die Flottenvereinler werden es nicht fertigbringen, uns mit ihm zu verfeinden. Es gibt in der Politik menschliche Faktoren, die den machtpolitischen die Waage halten. Ein menschlicher Faktor ist die Dankbarkeit.«

Lannas sprach in einem Zuge, es mußte ein gewohnter Gedankengang sein. Terra war erschrocken; Dankbarkeit? Weil man hier einmal die andern an England verraten hatte und nicht England an die andern, wie in Marokko? Er suchte das Gesicht Hummels, aber Hummel hatte einzig Sinn für den reichen Beifall, den die junge Sängerin empfing. Die Kniffe um seinen Mund verschärften sich.

Auch Lannas ward abgelenkt; das Zusammensein der Abgeordneten Schwertmeyer und Berberitz zog ihn sichtlich an. Sie standen jenseits des Konzertpublikums, unter der Tür nach dem dritten Salon.

»Ich treibe Machtpolitik«, sagte Lannas doch noch, »und ich treibe sie mit Überzeugung. Aber auch die Humanität hat ihre Politik: die Humanität, denn es gibt nicht nur eine falsche.« Hierüber noch drei oder vier Sätze, Terra war auf dem Sprung, die Abschaffung der Todesstrafe hier einzuschalten; aber Lannas, der es ihm möglichenfalls ansah, nahm eine andere Wendung. »Bismarck konnte nicht schlafen aus Furcht vor feindlichen Koalitionen. Da bin ich anders. Im Grunde glaube ich an die Friedfertigkeit der Völker. Es handelt sich darum, ihnen den Frieden so glänzend, ruhmreich und seelisch bewegt zu gestalten, wie sonst nur der Krieg ist ...« Hier hielt er den Anblick der konferierenden Abgeordneten nicht mehr aus, plötzlich ließ er die Freunde seines Geistes stehen und schlängelte sich im Halbkreis um das Konzertpublikum. Terra, der ihm offenen Mundes nachsah, besann diese gewagte Geistesart. Die Sätze über Menschlichkeit hätten er selbst und sein Freund Mangolf einstmals sprechen können, in der Kammer Mangolfs, mit achtzehn Jahren. Sie freilich hatten sie aus Schamgefühl unterdrückt. Lannas, der eine Flotte bauen ließ und mit der Bande Tasses und Fischers auf den Fersen abwechselnd jede der fremden Mächte gegen sich aufbrachte, erhielt eine Falte seines Herzens so gutgläubig, daß sie von selbst zu sprechen begann. Zum erstenmal rührte er Terra.

Hummel hatte eigene Schmerzen. Die junge Sängerin, der an Erfolg nichts mehr zu wünschen übrigblieb, holte aus der Galerie einen grauhaarigen Mann hervor und führte ihn dem Publikum zu. Seine schweren Schuhe waren zu laut auf dem Parkett. Wie er nun dastand in seinem abgetragenen schwarzen Rock, das Geräusch des Beifalls trinkend, zeigte sein leidengewöhntes Gesicht mehr Angst als Glück. Die Stunde des Erfolges, ein Menschenalter erhofft, war da. Endlich waren seine Lieder gesungen. Ein Kind, das schon den Ruhm kannte, machte gnädig auch den Greis mit ihm bekannt. Er verbeugte sich, dabei fielen aus seinen Augen die Tropfen ... Hummel aber, der schon auf allen Bühnen Deutschlands die Sympathie der Welt entgegengenommen hatte, ward entstellt von der Qual dieses Anblicks. Terra meinte: sein berühmtes Mitleid. Da sagte Hummel: »Und wer bin ich? Wenn ein einziges Mal eine glänzende Gesellschaft, reiche Herren, schöne Frauen, zusammenkämen, einzig und allein, um mich glücklich zu machen für eine Nacht!«

»Das muß ich unter ganz anderen Umständen schon einmal von Ihnen gehört haben. Ist nichts verändert seither?«

»Nein! Nichts!« sagte Hummel, als verwahrte er sich.

Frau Bellona Knack-Mangolf trat dazwischen. Sie mußte unbedingt Hummel zur Rede stellen. »Ich verehre Sie, Herr Hummel.« Arme rechtwinklig nach oben, die Handfläche offen hingelegt. »Gerade darum darf ich Sie fragen, wie meinen Sie das. Bei Ihnen haben immer nur die armen Leute alles für sich, wir Reichen aber kommen schlecht weg. Wie meinen Sie das eigentlich?« Von ganz oben mit beleidigtem Schnäuzchen.

Plötzlich stand vor Terra der junge Schellen und sagte, die Absätze zusammennehmend: »Gratuliere. Bin ich der erste?« Da der Beglückwünschte nur die Zunge rollte: »Nun, die Konferenz des Reichskanzlers mit den Abgeordneten –« Er unterbrach sich. »Was schneiden Sie für Gesichter, Herr Abgeordneter. Es ist ein glatter Erfolg. Sie sind der Held des Abends. Schicken Sie mir Ihr Bild für die Zeitung! Erinnern Sie sich gefälligst, daß ich der erste war.« Schon kamen andere.

Hatte Lannas sich zu der Politik der Humanität entschlossen? Terra ward es heiß und kalt. Die Entscheidung! – und sie kam im verblüffendsten Augenblick, inmitten des größten Durcheinanders der Eitelkeiten, der Bosheiten, der Kämpfe um das Falsche, der Kämpfe um nichts. Sie kam zur schlechten Stunde; aber wann je schlug die bessere? Angesichts der Entscheidung bereute Terra, gekämpft, und auch, gesiegt zu haben ... Die Konferenz, um mehrere Abgeordnete vermehrt, hatte sich bis in den dritten Salon ausgedehnt. Wer hinhorchte, brachte ein Wort zurück: »Abschaffung der Todesstrafe«, und sprach es aus wie das lang erwartete Schicksalswort. So wirkte es auch. Terra, von Händen, die die seinen schüttelten, in die Mitte gezogen, sah manche Gesichter erbleichen und traf gewisse Augen, die vom Mißerfolg erstarrten. Von fern starr hergerichtet, die Augen Alice Lannas', in dieser Stunde seine Feindin.

Einigen weniger starken Politikern ward es unwohl vor Neid. Knack hingegen informierte sich bei Schellen, ob es wahr sei. »Preußen fängt an, interessant zu werden«, antwortete der Sohn der Zeitungen und zeigte auf Terra, den Damen umringten, die Schwertmeyer, die Blachfelder, »nur das Interessanteste.« Da winkte Knack von fern wie der nächste Freund, der mit dem Helden längst ein Herz ist. Auch Graf Haunfest ging mit dem Erfolg, er machte Terra Augen. Einzig Bankier Berberitz maß ihn mit einem abschätzenden Blick von unendlicher Melancholie. Soviel war geschehen, als Mangolf erschien. Er sagte warm: »Wie fühlst du dich im Erfolg?« Ein Blick zur Seite, unmerklich verzogener Mund, sie hatten sich verständigt. Der Erfolg war nichts, war entwertet durch alle diese Wesen, die nichts bewegte als eben nur er. Kein Gedanke, kein Mensch, der Erfolg. Nie gestillte Jagd, man ward in sie hineingerissen ... »Einen Augenblick!« bat Mangolf; und als es ihm gelungen war, den

Freund abzusondern: »Jetzt fasse Mut, mein lieber Klaus, dein Erfolg ist ein falsches Gerücht.«

Terra fuhr furchtbar zusammen. »Hart, nicht wahr?« sagte der Freund immer wärmer. »Huldigungen, man kann sie verachten; aber wenn sie, kaum geschmeckt, sich verkehren in – du wirst sehen, in was ... Wozu der Witz? fragst du. Ja, so sehen die Witze Lannas' aus. Du bist sein Vertrauter, daher kennst du ihn nicht ... Wie sollte er an die Abschaffung der Todesstrafe denken, er weiß zu gut, daß in einem Staat wie diesem überhaupt nichts abgeschafft wird. Aber für den Fall einer allerhöchsten Laune setzt er ein unverbindliches Gerücht in Umlauf.«

»Ich verstehe, mein lieber Wolf. In Wirklichkeit erzählt er meinen Kollegen Jagdgeschichten.« – Den Freund focht dies nicht an. »Nein. Er ist kein Jäger. In Wirklichkeit macht er mit deinen Kollegen ein Geschäft. War das nicht das Nächstliegende? Die Abgeordneten sollen die vollen Diäten beziehen, auch wenn der Reichstag die halbe Zeit Ferien macht. Nenne es nicht Bestechung, es ist ein urbanes Mittel gegen die Opposition, eigenste Erfindung Lannas.‹«

»Preußen fängt an, interessant zu werden«, sagte Schellen, der lange Ohren machte.

»Keinen Augenblick, mein lieber Wolf, zweifle ich an deiner herzlichen Genugtuung, mich auf die rechte Fährte zu bringen«, schloß Terra. Mangolf zuckte die Achseln und ging weiter. Lannas hatte seine Besprechung beendet, ihm war eingefallen, die Altgott müsse singen, seine Freundin durfte nicht zurückstehen hinter dem Erfolg des jungen Mädchens. Alles sah die Altgott plötzlich herdrängen, sie wehrte sich erschreckt; aber ihr inniger Blick suchte Lannas. Nur er fühlte so zart! Sie sang eine Ballade. »Gut erhaltene Stimme, aber sie spricht schlecht aus«, sagte jemand, worauf Schellen den Text angab: »Der King saß bei Ritz mit Clemenceau ...« Terra stand verlassen, auch von Hummel, und nicht einmal mehr Graf Haunfest machte ihm Augen. Die Politiker, denen bei seinem Erfolg unwohl geworden war, sahen ihn neuerdings mit Mißtrauen an, wie einen Hochstapler. Dabei hielten sie schon wieder ihre verdächtigen Zwiegespräche mit dem glatzköpfigen Neffen Knacks. Dieser selbst, ganz Verehrer der Sängerin, wandte den Rücken her. Tolleben würdigte Terra so wenig seiner Schadenfreude, wie er ihm seinen Glückwunsch gegönnt hatte. Ironie in den geistreichen Augen der Komtesse Lannas; und sogar die tauben Hofdamen hatten etwas gehört, sie schrien einander in die Ohren von einem Scharlatan, der das Leben hatte über Gebühr verlängern wollen und natürlich versagt hatte.

Jemand sprach Terra doch an. Ohne sein Erstaunen zu beachten, sagte Erwin Lannas: »Ich bin nur zufällig heute abend im Frack. Wäre nicht hergekommen, wenn ich gewußt hätte, was hier los ist. Wollte mit meiner Schwester allein sprechen, über eine Idee von ihr, die ich falsch finde. Statt dessen sagen mir hier schon mehrere Leute, die mich nicht kennen, daß die Idee noch heute zur Ausführung kommt, und meine Schwester weicht mir aus. Ich gehe daher. Auch Sie sind unzufrieden, kommen Sie mit? Glauben Sie nur nicht, daß Alice zufriedener ist als wir. Sie aber kann wohl nicht mehr fort.«

»Auch ich will bleiben«, sagte Terra – und während des Augenblickes, den er an sein Gegenüber nicht dachte, war es entglitten wie das Gegenüber in einem inneren Dialog. Terra war auf einmal entschlossen zu tragen, was noch soeben schwer schien, Unglück, Verlassenheit und den ungewissen Kampf. Er atmete auf. Feinde, die nicht mehr Glück wünschten, wirkten natürlicher, er selbst im Zustand der Erfolglosigkeit war sich vertrauter. Der Kampf, der ihm schon Reue hinterlassen wollte, lohnte wieder. Den Mund so fest verschlossen, daß Knoten aus den Winkeln wurden, wer weiß welche Anzüglichkeiten im melancholisch brennenden Auge, sah man ihn dastehen und war versucht zu glauben, ihm bleibe noch ein Trumpf ... Da brach die Sängerin mittendrin ab, Stühle wurden gerückt.

Auftritt von der Platze, Generaladjutant, Lannas ihm schnell entgegen, die Altgott winkt den Dienern schon, wegzuräumen. Alle haben erfaßt: Auftritt von der Platze, Majestät schon im Haus. Damen überstürzt noch vor die Spiegel. »Erlauben Sie, lassen Sie doch mich ran, gnädige Frau!« Kennen wir, folgt Generaladjutanten auf dem Fuß, Herren Brust mit Orden raus, dalli ins erste Glied. »Bedaure, Exzellenz. Sehe jeder, wo er bleibe!«

Letzte Minute, bleiche Erwartung, Schnaufen der jäh erregten Herzen, eine Dame lacht wild auf. Lannas befördert schnell noch Dichter Hummel. »Lieber Freund, so leid es mir tut –« Hummel trab trab ab, linken Treppenarm. Lannas kopfüber rechten, zu spät, Majestät steigt links. Augen links. Aufmarsch Majestät.

Seine Herren mußten sich in Schwung setzen, so lief er. Dem Reichskanzler ging er durch, an der Altgott war er vorbei, noch saß sie knicksend am Boden. Wer früh genug aufkam aus dem Hofknicks und der großen Rumpfbeuge, sah ihn die Lippe kauen, der Schnurrbart, Spitzen in die Höh, schaukelte bedrohlich. Mit Falten um die Augen stürzte der rote Husar durch die zusammenbrechenden Reihen, nicht anders, als sei im letzten Zimmer der Feind auszuheben. Flüstern und Raten, wo er vorbei war. »Majestät nicht in Form. Pech, hat Hummel gesehen. Rücken hinhalten. Wie Gott will ... Ich? Gehe.« Aber alle blieben, erwarteten die Rückkehr des Herrn, scharrten am Fleck – und nun er kam, schoben sie sich nach, wohin er seine schroffen Wendungen machte.

Er sprach nun doch die Hausfrau an. »Habe Sie sehr

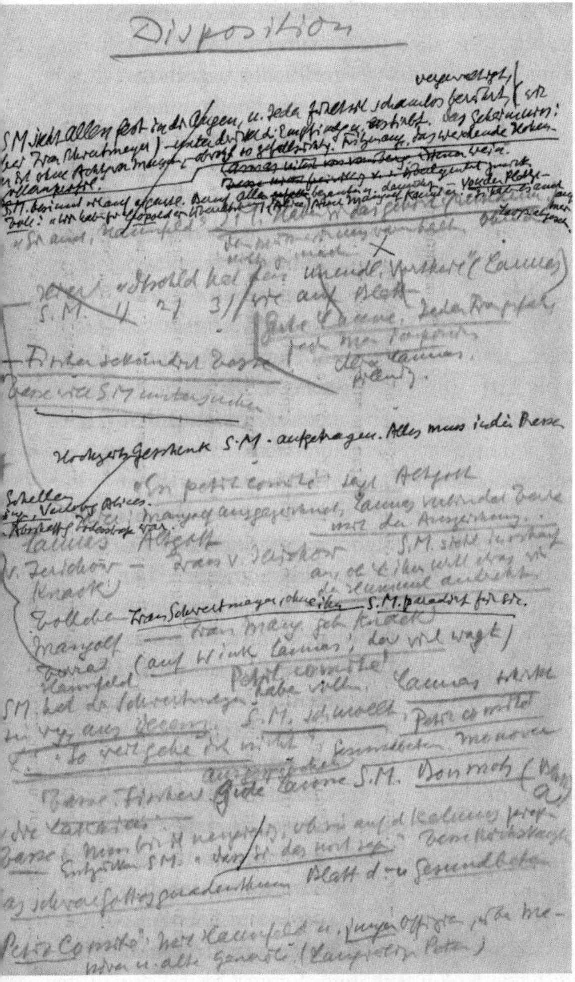

Notizen Heinrich Manns
Auftritt S[einer] M[ajestät]/Disposition
[vgl. S. 371 ff.]

gut noch heulen gehört. Sie heulen. Schlechte Schule.« Die Altgott, unter allen Blicken, die sie restlos verleugneten, stammelte etwas von begreiflicher Bestürzung durch unvorhergesehene allerhöchste Ehrung. Lannas lächelte unbeirrt. Einzig das weißhaarige Frauchen des Oberadmirals griff ein. »Gräfin Altgott hat sich wieder einmal in unser aller Herzen gesungen«, sagte es mit Festigkeit, unangreifbar wie das bürgerliche Sittengesetz. Majestät machte schroff kehrt. Vor sich fand er irgend jemand, es war Knack.

»Die Musik muß andere Wege gehen, nicht so lyrisch, mehr patriotisch.« Knack wußte nicht, wie ihm geschah. »Auch die Literatur!« verlangte Majestät. »Sie tut nichts weiter, als das Elend noch scheußlicher hinstellen, wie es schon ist.« Hiergegen war auch Knack, er stimmte zu. Majestät, noch gereizter: »Versündigt sich am deutschen Volk. Rinnstein. Front machen. Folgen solcher schlappen Gesinnung? Freispruch für Streikende.«

Dies traf den Industriellen ins Schwarze. Die Arme ausgebreitet, verbeugte er sich, ganz Hingabe. Majestät warf den Kopf nur noch höher, Kehlstimme, Augenblitzen über den Gebückten hin. »Habe meinen Staatsanwalt wissen lassen, daß das Urteil Hochverrat ist.« Knack hatte Triefaugen der Dankbarkeit, Majestät bemerkte ihn. »Sie sind mein Freund, der Schild des deutschen Kaisers ist über Ihrem Hause.« Immer noch gereizter. Die Lippen vom Gebiß gezerrt wie bei Katern, nach Beute umblikkend, vernichtender Blick ins Auge des nächsten Wehrlosen, der sich krümmte. Man zitterte für den Kaiser wie für den Wehrlosen.

Man sah den Kaiser schwach und überreizt, aber aufgepulvert wie Kokainsüchtige. Er war brutal nur in der Art von Kranken, einige treue Herzen krampften sich. Lannas allein behielt sein Lächeln, gefaßt und seiner Kraft bewußt. Hinter seinem Herrn gab er Winke, ein leerer Kreis entstand um den Herrn, Lannas drehte sich heran. Er hatte Bewegungen, als erbäte er von einer reichen Erbin den Kotillon. Mit einer Gewandtheit, die an Unbefangenheit grenzte, sagte er etwas, das nur der Kaiser hörte. Darauf veränderte sich der Kaiser, er rüstete sichtlich ab. Lannas, wieder ganz Grübchen, hatte plötzlich die schöne Schwertmeyer zur Hand. Leichte Hand, er trat schon ab, nach gelungenem Streich.

Aufatmen allerseits. Die Schwertmeyer wie immer zu frech und direkt, da kam eine wirkliche Dame nicht mit; aber dafür der Kaiser auf einmal ganz Scharm, entzückend geradezu, noch immer unser herrlicher junger Kaiser! Von dieser sprühenden Laune erhoffte jeder sich heute abend den Erfolg: eine Anrede, einen Platz im Gedächtnis des Herrn. Auch Terra hoffte.

Sie wechselten die Plätze, taten laut und geschäftig – indes sie im Ernst nur Schliche suchten, um als nächste dazustehen, wenn der Herr vorbeikam. Terra, der nicht vom Fleck wich, folgte mit brennenden Blicken jeder Wendung des Kaisers. Terra schwor sich: »Ich bin Monarchist! Erstens schon darum, weil ein Mann, den ehrbarste Damen und Herren achtungsvoll umgeben, im Angesicht aller unentwegt schon seit fünf Minuten Aug in Auge mit einer Hure steht. Sodann, weil ich lieber seiner Laune die Abschaffung der Todesstrafe verdanken will als den Ränken der Welt. Jetzt verstehe ich meinen Gönner Lannas. Er war weit entfernt, sich Witze mit mir zu erlauben. Ich sollte es am eigenen Leibe erfahren, daß für die Welt nur Erfolg und Mißerfolg zählen, und keine Idee im geringsten anders als wegen der Erfolgswahrscheinlichkeiten, die sie jedem bietet. Ich glaubte es zu wissen. Ich weiß es erst jetzt. Und damit habe ich zugleich die Lehre bekommen, daß mehr Sinn in einer Laune des Monarchen liegt als im Streit von Gelehrten, Zeitungen und Parteien.«

Er traf auf einen Blick des Reichskanzlers, ein ernster Hinweis lag darin. Die Miene Terras entgegnete, daß er sich entschlossen habe, die Entscheidung dort zu suchen, wo sie sei; entschlossen, den Zufall zu meistern oder ihm zu erliegen.

Lannas nahm es zur Kenntnis – und ging mit heiterer Stirn daran, das allerhöchste Zwiegespräch zu stören. Er bat die Majestät um gnädige Erlaubnis, ihr noch einige Personen vorstellen zu dürfen; und so viele Münder wie Fische nach ihm schnappten, so viele leidende Mienen ihm folgten, Lannas holte Tasse vor. Die Bande kam von selbst mit.

Majestät erwartete keineswegs gnädig den Alldeutschen Verband und seinen Zweiten Vorsitzenden, der das Unglück hatte, die schöne Schwertmeyer abzulösen. Was Tasse nicht anfocht. Kaum daß er dem Reichskanzler Zeit ließ, seinen Namen zu nennen, Tasse hielt ihn ohnedies für bekannt; dann stellte er selbst vor. »Herrn General von Heckerott haben wir uns als Ersten Vorsitzenden geleistet, und der da, Majestät, ist Kolleche Pillnitz.«

Der Kaiser sagte scharf: »Wollen Sie mir nicht auch noch meinen Oberadmiral vorstellen? Meine Generäle, bester Heckerott, pfuschen mir gefälligst nicht in meine Politik, dieweil sie das nichts angeht.«

»Nu da, die Herren kennen sich«, bemerkte Tasse – worauf der Kaiser sich nach Lannas umsah. Lannas erwiderte das beleidigte Gesicht seines Herrn mit einem Blick zum Himmel. Aber nicht einmal der Himmel half gegen Tasse.

General von Heckerott knirschte lange, bevor sein Gebiß aufging, Er erklärte, daß er nur »Dampf hinter« mache, was unzulänglich schien. Blutandrang nach der Stirn und wieder Knirschen. Jetzt legte Tasse los, völlig ungefragt, »Handelsneid Englands, Verständigung macht uns zu Landsknechten« – er hielt seine Flottenrede und war nicht aufzuhalten. Der Kaiser schnupperte; er würde wohl einfach den Rücken gedreht haben, aber der Geruch! Mit einem Ruck unterbrach er die Rede. »Haben Sie schon einmal ein Schiff gesehen? Wissen Sie, wo Backbord ist?«

Schweigen Tasses, wild und stier, vergebens soufflierte der Oberadmiral. Da lachte der Kaiser verächtlich auf, roch wieder Jodoform und sagte: »Na gute Besserung« – womit er wirklich schwenkte. Alle, die unter Tasse geseufzt hatten, lachten weiter, am herzlichsten Lannas. Dafür bekam er von Tasse einen Blick, der sagte: jetzt wir beide! – und der unbedingt zum Schweigen brachte. Die Pause nahm Tasse wahr, schnitt dem Kaiser den Weg ab und sagte vertraulich, nur für ihn und die nächsten: »Wenn ich auch nicht weiß, wo Backbord ist, weiß ich doch, daß Eure Majestät heimlich so ä bißchen techtelmechteln mit 'n Zaren.«

Erstarren. Sogar dem Kaiser blieb das Wort aus, er suchte es bei dem Reichskanzler. Der hatte, bleich und maskenhaft, nach einer Stütze gegriffen, bekam aber nur ein Glas Wein. Die Bande wußte von dem geheimen Briefwechsel! Was wußte sie nicht? Und diesen teuflischen Tasse hatte Lannas selbst dem Kaiser zugeführt, damit er sich erledige! »Den hast du weg«, sagte ihm die Miene Tasses, solange der Kaiser fortsah. Als er wieder hinsah, schmunzelte Tasse und tat schelmisch: »Sie, Majestät, wenn das die Engländer hören, bin ich neugierig, wie sie auf den Kalmus piepen.«

»Was haben Sie gesagt?« Der Kaiser lachte, aber diesmal erfreut. »Wie war es?«

»Nu, piepen werden sie doch auf den Kalmus« – Tasse war die Gutmütigkeit selbst. Er ließ den Kaiser lachen, bis er brüllte, und die Gesellschaft auf seine Kosten in Krämpfe fallen. Lannas, der nicht lachte, erkannte den Gegner in seiner ganzen Größe; der Gegner nahm freiwillig von seiner Überlegenheit zurück, was zuviel war!

Der Kaiser klopfte Tasse auf die Schulter. »Sie sind mein Mann.« Und zu Lannas: »Na Leopold, wie wär's. Soll er Ihnen die Last der Verantwortung abnehmen? Ihre Geheimnisse hat er schon raus.« Lannas erklärte mit heiterer Würde, er trage die Last, solange Seine Majestät ihn nicht von ihr entbinde – indes Tasse, die allerhöchste Hand auf seiner Schulter, blutunterlaufene Demut zur Schau trug.

Wolkenlos gelaunt, würdigte der Kaiser irgendwen einer Anrede. »Na Berberitz, jüdischer Mitbürger? Schwertmeyer, haben Sie wieder was gestohlen? Haunfest, mich kriegen Sie nicht rum.« In demselben Atem mit den Scherzen die Gnaden. »Erinnern Sie mich, Platze, Herr Schwertmeyer kriegt 'n Orden. Oder lieber ein Armband für Frau Schwertmeyer.« Das Gedächtnis! Er sagte dem jungen Schellen einen Artikel aus der Zeitung auf. Alle staunten. Alle waren unter der Wirkung, die Frauen bezaubert, die Männer verblüfft. Jedem sah er fest in die Augen; »ohne Achtung vor meinem inneren Recht«, wie jeder fühlte. Jeder unterdrückte das Gefühl und erstarb. Murmelte ihm nach: »Persönlichkeit!« Da wurden schon andere dem Fritzenauge ausgesetzt, und wieder andere bekamen die Ansicht des Hohenzollernprofils, das zurückwich und nach dem Halbkreis strebte.

»Persönlichkeit!« – süßestes Beben. Der Kaiser wendete sich hin. »Ha, Haunfest, Tenor, wie? Nehme Sie auf nächste Nordlandreise mit, sollen Abendstern besingen.«

»Des Nordsterns Majestät, die niemals untergeht«, mit hingebendem Lidersenken.

»Dichten auch, Haunfest? Machen Platze Konkurrenz. Was habt ihr denn?« – da auch Platze keusch die Augen schloß. »Seht beide aus, als ob ihr euch verlobt habt.«

Der General und der Rittmeister schwiegen durchdrungen, solange der Kaiser lachte. Er lachte mit Sympathie. Dann Haunfest, durchdrungen: »Wir Freunde haben alle dasselbe Gelöbnis abgelegt –«, die Stimme zärtlich dämpfend, magischer Kreis um die Freunde und den Kaiser. »Für unsern süßen Herrn.«

»Der auch?« fragte der Kaiser, denn neben Platze erschien Tolleben. »Mein Vetter«, sagte der Generaladjutant, »bittet Eure Majestät um Gnade und Schutz in seiner Herzenssache.«

Von unten, den Kopf schief, besah die Majestät den langen Bismarck, sie machte pfiffige Augen. »Weiß schon, mein Leopold will Ihnen seine Tochter nicht geben. Wird gemacht. Wo ich Leopold uzen kann.«

Gewährende Hand, gleich kehrt und auf die kleine Lannas zu. »Komtesse, wir haben Geheimnisse, ein richtiges Komplott. Wollen Sie sich tatsächlich mit Tolleben begnügen? Na ja, mein Platze ist sein Vetter.« Ein langer Blitz aus ihren geistreichen Lidern bestätigte dem Kaiser, sie sei durchschaut. Er gab sich selbst um so offener. »Wenn ihr heiratet, habe ich an euch beiden eine Rückversicherung gegen Leopold. Denn Sie, Komtesse, werden Politik gegen den Papa machen. Für den Fall, daß er sich abnutzt. Lachen Sie nur, Sie lachen hübsch. Also heute abend ich und Sie gegen Leopold. Er will noch nicht ran an die Chose, aber er soll.«

Sie lachten zusammen, Alice nicht weniger kokett als er, und er nicht weniger falsch. Man sah: intrigierende Damen. Majestät streckte die Wade, machte die pralle Hüfte rund; Kopf gewiegt von einer Schulter zur andern, und während die rechte Hand sich ausdrucksvoll bewegte, verschwand die verkümmerte Linke, wie sie konnte, in der roten Uniform.

Schon kam ihm ein neuer Gedanke – oder auch nur die Unruhe, als erwartete man ringsum den neuen Gedanken. Eine Wendung, gleich schnappten beglückte Angstmienen, ihm ward übel. Aber er hatte die Stimmung hochzuhalten und für Spannung zu sorgen. Er erriet die Seinen: nichts durfte vorgehn ohne ihn, und wo er war, mußte etwas vorgehn ... Zwei dunkel brennende Augen waren unbewegt auf ihm wie das Gewissen, er traf sie jedesmal, wenn er Abwechslung suchte, sie hielten ihn auf, sie wagten fest zu bleiben statt Ersterbens, was verdachten sie ihm? Eingeschüchtert und gereizt überschlug der Kaiser den Menschen: »Langweiliger Peter, dir versalze ich es noch«; – und griff Pillnitz auf. »Na, Professor, Sie wollte ich mir schon lange kaufen. Haben sich in polemischer Weise an die Offenbarungslehre herangemacht.«

Pillnitz war nicht der Mann, die Gelegenheit zu versäumen, er verbreitete sich wissenschaftlich, der Kaiser mußte zuhören. Er tat es aktiv wie alles, sein Zuhören war ernste Berichtigung oder wirksame Nachhilfe. Der Gelehrte staunte schließlich selbst am meisten, wohin er gelangt war: es gab dennoch Offenbarung! »Sehen Sie wohl?« sagte der Kaiser; und der erschöpfte Pillnitz strich sich nur noch die weiße Mähne aus der feuchten Stirn. Der Kaiser, um so verantwortungsvoller und fester: »Ich muß den geoffenbarten Gott hinter mir haben, sonst kann ich die Sache nicht machen.« Er sah in den Spiegel an der Wand, die auserwählte Miene sagte, er erblicke im Spiegel nicht nur sich, sondern hinter sich den, den er genannt hatte. Die verstummte Umgebung arbeitete angestrengt, um gläubig und verzückt zu erscheinen. Nur Bankdirektor Berberitz ließ fett vernehmen: »Das ist noch ein Christ. Genial, soll man sagen!«

Die Belohnung kam augenblicklich. »Berberitz, hören Sie zu, was Pillnitz über Jericho sagt! Nein, nicht über Sie, Jerichow, aber Sie können auch zuhören, es ist ulkig.« Worauf noch mehr Herren sich heranmachten, Majestät wünschte Zwanglosigkeit. Der Gelehrte wiederholte bereitwillig, was er auf streng wissenschaftliche Art herausgebracht hatte. Die Mauern waren nicht etwa vom Trompetenblasen eingefallen, wie die Juden behaupteten. Diese hatten die Stadt vielmehr mit Hilfe ihrer Freudenmädchen erobert. »Wird wohl was dran sein«, meinte der Kaiser. »Militärisch schlapp, aber anschlä'je Köppe.« Der Gelehrte bat um die Erlaubnis, die allerhöchste Äußerung der wissenschaftlich interessierten Öffentlichkeit zu übermitteln. »Um Gottes willen! Dann erzählt Berberitz mir keine Witze mehr.«

Das Zeichen für Berberitz. Fleischig und mit Würde stellte er sich vor dem Kaiser auf, der saß. Nach jedem Witz warf Majestät sich krachend gegen die Rückenlehne und schlug klatschend zweimal auf den allerhöchsten Schenkel. Er lachte aus weit geöffnetem Munde, stoßweises Gebell, das gierig klang, aber zum erstenmal heute abend sah man ihn selbstvergessen. Man atmete auf und war dem Bankier dankbar. Übrigens machte er sich nichts daraus. Auch seine Witze erheiterten nur ihn nicht. Auf seinem schweren Körper der schmale Kopf blieb, wenn alle brüllten, unheilbar melancholisch. Er trug ihn hoch, man sah, daß am Hals der wollige Bart so dicht wie im Gesicht war. Die blassen Augen drohten auszufließen, so weit traten sie vor.

Noch glücklicher als Berberitz war Lannas, der ihn ablöste. Es hatte Lannas keine Ruhe gelassen, niemand erzählte jüdische Witze wie er. Der Kaiser hielt sich die Seiten und verlangte Sekt. »Ober! Sekt!« – mit einem Schlag nach dem Oberadmiral, der schon lief. Serviette unter dem Arm, Sektkübel präsentiert, kehrte der langbärtige Seebär zurück, schmunzelte und tat gezähmt. Als Majestät bedient war, bekam Tasse; Lannas sah es wohl, die Bundesbrüder verständigten sich.

Lannas war nicht ohne Voraussicht des Kommenden. Soviel wie möglich entfernte er Zudringliche aus der Nähe des kaiserlichen Ecksofas. Er bat, Damen in die entlegenen Räume zu führen, er lächelte besorgt. Majestät inzwischen trank ein Glas und wippte den Rest auf den Oberadmiral, der dankte. Zweites Glas und gewippt – aber Lannas, dem es galt, wich glatt aus, es traf den Generaladjutanten von der Platze. »Platze mitten auf Glatze«, reimte der Kaiser. »Leopold ist mir zu gut geölt. Tasse mag ihn auch nicht. Tasse, die Flotte baue ich.«

Hierbei rückten Tasse und die Bande ganz nahe. Auch Schellen war zur Stelle, Lannas entfernte ihn fast mit Gewalt. Zu dem Kreis, der übrigblieb, sagte der Kaiser, die Hand am Mund: »Wißt ihr auch, warum ich die Flotte baue?« Nach dem Reichskanzler schielend: »Ich darf es nicht sagen, Leopold erlaubt es mir nicht. Aber wenn ich die Flotte erst habe, fahre ich hin – ich sage nicht wohin, keine Bange, Leopold – und frage die Leute, ob sie wollen oder nicht.«

»Um Gottes willen!« sagte Terra zu Lannas.

»Bravo!« rief Oberadmiral von Fischer. »Pizzter, der alte Bursche, soll sich freuen.« – »Einfach wie das Genie!« rief Pillnitz. Die Worte Genie und Persönlichkeit gingen um; einzig Tasse verhielt sich streng und kritisch. Er verlangte schleuniges Handeln, »sonst können Sie was erleben, Majestät, die falschen Luder kommen uns zuvor!«

Lannas, ein Stück entfernt vom kaiserlichen Ecksofa, bewachte die Zugänge. Er antwortete dem Abgeordneten: »Wenn Sie wüßten, was ich noch alles verhindere.«

»Verhindern Sie es denn?« fragte Terra, indes auf Tasse eine neue Stimme folgte. »Ein französischer Abgeordneter hat ein Bündnis zwischen Frankreich, England und Rußland für das diplomatische Ideal erklärt. Der Mann sieht bewundernswert klar in die Zukunft«, sagte die geübte, klingende Stimme in sorgfältiger Aussprache. Der Kaiser sah zu dem Sprecher auf. »Sie wohl auch, Herr Unterstaatssekretär Mangolf?« fragte er überrascht, ohne den gewohnten Ton des Angriffs. Der Unterstaatssekretär verneigte sich leicht. »Ich bitte um gnädigste Erlaubnis, erwähnen zu dürfen, daß auch schon ein englischer Minister für die Annäherung an Rußland wirbt … Von seinem Standpunkt begreiflich«, setzte er hinzu, während der Kaiser aufstand.

»Darauf stoße ich das nächste Mal mit Pizzter an«, verhieß der Oberadmiral. »Daraufhin kriegen wir alle beide mehr Schiffe, als wir wollen.«

Auch die andern konnten sichtlich durch nichts eher erfreut werden als durch vorausgesetzte böse Absichten gegen Deutschland. Ernst war nur der Kaiser. Er bewegte sich unbehaglich, wollte schon den Kreis durchbrechen, blieb unentschlossen stehen und fing an: »Das kann aber Krieg geben. Dafür bin ich nicht zu haben. Gar keine Meinung dafür … Miese Meiße, sagt Berberitz« – was ein schüchterner Versuch war, scherzhaft über die Sache fortzukommen.

»Mein Stichwort!« raunte Terra, zitternd vor Erregung. »Exzellenz, das war mein Stichwort, ich darf es nicht versäumen. Stellen Sie mich vor!« Da der Reichskanzler nicht Miene machte: »Ich habe Sie verstanden, als Sie mir Prüfungen auferlegten. Sie waren fürsorglich genug, mich mit den Lehrmitteln der Welt zu erziehen für den letzten Kampf, der jetzt bevorsteht. Geben Sie mir jetzt Gelegenheit, ihn zu bestehen! Sehen Sie in meiner unbedeutenden Gestalt, ich beschwöre Sie darum, die Menschen mit dem furchtbarsten Schicksal ringen. Reichskanzler Graf Lannas, geben Sie mir Gelegenheit!«

Der Kaiser hatte seinen Versuch zu scherzen gleich wieder aufgegeben, niemand lächelte in dem bedrückenden Kreis von Generälen, Verbandsbrüdern und Zivilisten, die anmutlos geartet es bei der Spielerei nicht ließen: nein, sie waren tatsächlich für den Ernstfall! Der Kaiser machte schmollende Lippen, rückte mit den Schultern –

dann beendete er selbst das peinliche Schweigen. »Was wollt ihr denn von mir. Mehr als das olle Siegen gibt's nicht, und hab ich das nötig? Ich bin mir schön genug.« Schweigen – da straffte er sich zu feierlichem Ernst. »Überhaupt bin ich meinem Gotte verantwortlich.« Damit hatte er sie. Sie konnten nur seufzen.

Der Reichskanzler stellte fest, daß eine Ablenkung seinem Herrn erwünscht sein würde, er packte Terra bei der Schulter, er schob ihn vor. »Eure Majestät begegnen dem tiefsten Verständnis und der feurigsten Verehrung gerade bei den Jungen«, sagte er ebenso erbaulich wie fein. »Eure Majestät werden dies schwerlich bedauern. Im ›Faust‹ unseres Goethe steht: Am meisten lieb ich mir die vollen frischen Wangen, für einen Leichnam bin ich nicht zu Haus.« Anzüglich nach den unbequemen älteren Herren hin. Von keinem hatte Lannas zu fürchten, daß er ihm auf den Kopf zusage: Mephistopheles!

Der Kaiser lachte befreit, dafür nahm er sogar den langweiligen Peter hin, der ihn den ganzen Abend angestarrt hatte wie das Gewissen. Bevor Terra, die Hand auf dem Herzen, aus seiner tiefen Verbeugung aufkam, hatte Lannas den Kaiser noch wissen lassen, daß der Abgeordnete und der Unterstaatssekretär Schulfreunde seien. »Eure Majestät haben hier die leibhaftigen Zeugen, daß unter Ihrer Regierung und in unserem wohlerwogenen System jedes Talent hinaufgelangen kann. Unter den Vorläufern Eurer Majestät war vielleicht nur Ludwig der Vierzehnte König genug, so voraussetzungslos seine Diener zu wählen.«

Die Haltung der beiden Herren, des Monarchen und des leitenden Staatsmannes, trug das Gepräge eines historischen Vorganges. Man mußte ihn gesehen haben; die von Lannas letzthin Beseitigten machten sich wieder heran. Bei allen herrschte angestrengte Feierlichkeit. Auch die Herren der näheren Umgebung, die vorhin die jüdischen Witze belacht hatten, wurden einer nach dem andern zu Gestalten aus amtlichen Gemälden.

Der Reichskanzler sprach Worte für die Nachwelt, die Majestät ward gnädiger anzusehn bei jedem Wort. Nach dem letzten senkte sie den Blick auf den gebeugt verharrenden Abgeordneten. »Von Ihnen weiß ich allerlei« – schroff, aber nicht ohne Nachsicht. Terra, die Hand auf dem Herzen: »Eure Majestät wollen gnädigst geruhen mich anzuhören. Niemals, Gott ist mein Zeuge, unterfing ich mich irgendeiner Meinung oder Tat, die nicht den einzigen, unentwegten Sinn und Zweck gehabt hätten, an Ruhm und Größe Eurer Kaiserlichen Majestät für meinen geringfügigen Teil mitzuwirken.« Die Stimme anschwellend von unaufhaltsamem Herzensdrang und in tiefste Demut zurücksinkend. Der Kaiser schien immerhin betroffen von Technik und Worten. Er wartete auf mehr.

»Schuldbewußt gestehe ich Eurer Majestät, daß ich mich einst verleiten ließ, streikende Arbeiter zu verteidigen. Mein Herz war rein. Mich verleiteten meine Jugend und der geistige Hochmut, der nur zu oft dort auftritt, wo dem Wissen nicht auch Besitz und Rang entsprechen. Eure Majestät sehen in mir den unwürdigsten Ihrer Jünger: kein streikender Arbeiter hat auch nur die allergeringste Aussicht, von mir jemals wieder verteidigt zu werden.«

Hier folgte ein kaiserliches Nicken. Der Weg war frei, Terra griff aus. »Dank dem unbeirrbaren Weitblick der Politik Eurer Majestät hat Deutschland heute den unermeßlichen Vorteil, durch kein englisches Bündnis am Ausbau seiner Flotte gehindert zu sein.«

»Bewilligen Sie mir die Mittel, Herr Abgeordneter!«

»Dafür lebe und webe ich. Eure Majestät brauchen aber nicht allein Geldmittel. Eure Majestät bedürfen für den Bau Ihrer Flotte der erhabensten sittlichen Kräfte.«

Der Kaiser straffte sich, er sah in den Spiegel. Hinter ihm und seiner roten Uniform stand Gott. »Genie! Persönlichkeit!« murmelte man. Das angesammelte Publikum verbrauchte übermenschliche Seelenkräfte, von der Majestät bemerkt zu werden. In diesem Augenblick kam Knack. Sein kahlköpfiger Neffe hatte ihn aus weittragenden Geschäften mit Abgeordneten gerissen, er atmete beschleunigt, vom Laufen und weil dies Geschäft hier noch weittragender war. Leise auftretend, vom verhaltenen Keuchen stark gerötet, drängelte Knack, bis er beide richtig im Sehfeld hatte, den Kaiser halb seitlich, den Abgeordneten Terra ganz von vorn.

Der Abgeordnete faßte die äußersten Mittel ins Auge, um die allerhöchste Aufmerksamkeit an sich zu raffen; man sah es seiner Miene an, die ehern ward. »Eure Majestät!« rief er. »Der Deutsche Kaiser ist berufen, Sieger zu bleiben über die höllischsten Gewalten dieser wie jener Welt – und ohne Kampf!«

»Wieso?« fragte der Kaiser. Jähe Wendung, er sah dem Abgeordneten in die Augen. »Wie meinen Sie das. Erklären Sie mal schnell, was los ist!«

»Schaffen Sie die Todesstrafe ab!«

»Nanu?«

»Das ist neu, das ist schlagkräftig und modern, das sichert den Erfolg. Soll noch irgend jemand behaupten, Eure Majestät planten Angriff! Selbst der teuflischste Lügner macht der Welt nicht mundgerecht, daß Sie Lust auf allgemeines Völkermorden haben, der Sie nicht einmal Verbrecher hinrichten lassen!«

Erstes Befremden – dann hatte der Kaiser begriffen. Er sah sich um: überall Verblüffung. Er hatte früher begriffen; die Sache gefiel ihm.

»Die Sache hat was für sich«, sagte der Kaiser. »Aber machen Sie sie mal den Leuten klar!«

»Sie ist in aller Mund. Den tiefsten Sinn freilich erfassen nur Auserwählte –« Verbeugung, Hand am Herzen: »Wahrscheinlich nur der Auserwählte.«

Der Kaiser, lebhafter Einfall: »Ach ja, stand drin, Sie kriegten Geld von England. Unsinn, glaub ich nicht.«

Terra, von Grund aus erbebend in der letzten Anspannung vor dem Ziel: »Ich arbeite für Gotteslohn. Ich will in der gesamten Menschheitsgeschichte Eure Majestät als das erhabenste, unvergleichlichste Werkzeug Gottes verehren dürfen. Wo bleiben noch Hammurabi, Moses und sogar –« Der letzte Name fallen gelassen. Neuer Aufschwung, die Hand gereckt: »Eure Majestät sind im Handumdrehn der humanste Fürst. Eine zeitgemäße Propaganda, Sie werden zum Erlöser! Das ist neu, das ist schlagkräftig und modern, das sichert den Erfolg!«

Brauenrunzeln der Majestät. »Wieso human?«

»Wirkliche Humanität, politisch rentable!«

»Ich dachte schon, falsche.«

Der Kaiser sah umher, ob jemand Einwände habe. »Die Sache läuft merkwürdig glatt« – zwischen den Zähnen. »Keinem fällt was ein. Euch kann ich brauchen.« Der Oberadmiral von Fischer hatte dennoch einen Gedanken. »Das Volk hängt nun mal an seiner Todesstrafe.« – »Wir hängen es ab«, entschied der Kaiser. »Ich bin ein moderner Mensch ... Wie sehen denn Sie mich an, Lannas. Soll ich vielleicht kein Mensch sein? Bin ich doch aber, auch mir kann was passieren. – Ach so.«

Er war erschrocken, was hatte er? Nochmals jedem in die Augen, Bewegungen wie aufgezogen, dann schroff zu Terra. »Sagen Sie mal, hinrichten gibt es dann nicht mehr – auch Mörder nicht? Ganz gleich, wen einer um die Ecke bringt? Mich zum Beispiel? ... Aha! Da springen Sie. Haben mich fangen wollen.« Drohend.

Aber Terra hatte sich zurückgeworfen wie von jäh gespaltenem Abgrund, woraus Flammen ihn anfauchten. Seine Mienen waren Grauen, seine plumpen Hände preßten einander flehend. Unter unerhörten Qualen schien er sein Stammeln hervorzubringen. »Ich war mit Blindheit geschlagen! Ich bin ein Ungeheuer an Gottverlassenheit!«

»Stimmt«, sagte der Kaiser. »Na, beruhigen Sie sich, mir ist es gerade noch eingefallen.« Zu der Umgebung: »Kam mir gleich komisch vor, wie die Sache klappte.« Wieder zu Terra, da mußte er lachen, »der Kunde macht's immer doller«, und die Nächsten lachen mit. »Wollte Todesstrafe abschaffen! Mordskerl – aber dämlich.« Schlag auf den Schenkel, das Zeichen für die weiteren Kreise, mitzulachen. Der Kaiser, zwischen dem Gelächter: »Todesstrafe abschaffen! Attentäter hätten gedacht, ich bin meschugge. Und wenn ich nun mal von dir 'ne Backfeife kriege, Platze? Wat denn, machste nicht Harakikeriki?« Der Generaladjutant beruhigte die Majestät über den Punkt, sie lachten zusammen weiter.

Terra, am Boden verwurzelt, fühlte, er fliehe, aber eine Springflut von Gelächter überhole ihn, sie werfe ihn hin. Ein dünnes Stimmchen, alles durchdringend: Tolleben. Er hatte die Vorsicht aufgegeben und lachte. Was hatte er noch zu fürchten von diesem Gegner. Alice war nicht zu sehen. »Sie hat nicht einmal lachen wollen. Das ist das Ende.« Da trafen seine, um den Rest der Menschenwürde ringenden Blicke in ein Gesicht, das ernst war wie der Tod, somit erwünscht wie er. Das Gesicht gehörte Knack. Der Industrielle verständigte ihn wortlos, beide lösten sich aus dem Schwarm. Niemand hinderte Terra; ihm ward klar, daß sie nicht ihn meinten, wenn sie lachten. Sie meinten den Kaiser. Der Kaiser sollte sie lachen sehen, wie er sie »Genie!« sollte sagen hören. Sie lachten im Schweiße ihres Angesichts.

Knack und Terra verfügten sich einzeln und im Zickzack nach hinten, wo es leer war. Deckung suchend auf dem leeren Parkett, drückte Terra sich an den Pfeilern hin, beim Eingang zum letzten Salon. Schon war er vorbei, da zwang etwas ihn, umzusehn. Er traf geradezu in zwei Augen, sie standen voll Qual des Abschieds, voll unvergänglichen Herverlangens. Die Gestalt suchte, die Finger gekrümmt, Halt an glatter Wand. Es gab keinen; der vorbeiging, konnte sie nehmen und fortziehen, in dieser Minute wäre sie geflohen mit ihm! Eben in der Minute seiner Niederlage! Als er dann vorbeiging, schluchzte sie auf. Er sah sie wehrlos, allen Irrtümern ihres Ehrgeizes entrückt und fluchtbereit sein eigen – solange das Schluchzen währte. Schnell ging er.

Auch Knack war angelangt. Kein Mensch hier, dies genügte noch nicht, Knack öffnete eine Tapetentür. Nach ihrem Eintritt ließ er sie halb offen, aus Furcht, überrascht zu werden. Es ergab sich, daß sie im Teezimmer der Hausfrau waren. Teppiche und die vielen Kissen dämpften. Zu Boden starrend sagte Terra:

»Die Rechnung war falsch.«

»Ssst«, machte Knack. »Ich will Sie nicht trösten, aber sprechen Sie sich leise aus!«

Terra: »Mich stieß die menschliche Gesellschaft einst als unbrauchbar aus ihren Kreisen aus. Ich ging nicht zugrunde, kam zurück und bot ihr wieder meine Dienste an. Mehr als einmal.« Augen der Verzweiflung aufschlagend.

»Aber diesmal nicht umsonst. Gleich werden Sie es sehen.«

Womit der Industrielle ihm ein Glas Wasser reichte. »Trinken Sie! Dann setzen Sie sich! Sie haben etwas geleistet.«

Terra, in Kissen sinkend: »Ich verhehle mir nicht, daß ich ein erledigter Faktor bin, in aller Welt nichts anderes mehr als eine überwundene Gefahr. Hätte nicht die Lächerlichkeit mich getötet, ich müßte an dem Bewußtsein meiner eigenen abgrundtiefen ideologischen Tölpelei verrecken. Ich habe dem Kaiser gesagt, was ich dachte. Ich bin dem frevelhaften Wahn erlegen, auf den alleräußersten Fall passe die Wahrheit. Das verzeiht das Leben mir nie.«

»Es gibt Entschuldigungen für Ihren Irrtum. Und die falsche Rechnung einmal anerkannt, war Ihr Auftreten meisterhaft.« Eine Handbewegung des Industriellen schlug jeden Einwand nieder. »Ich sage nicht zuviel: meisterhaft. Seine Majestät schöpft Verdacht, Sie aber biegen die Spitze ab und erregen Gelächter. Das soll Ihnen einer nachmachen! Der kaiserliche Verdacht konnte glatt Ihr Ende sein. Was tun Sie? Sie lassen sich auslachen, Sie wirken erheiternd – was Tag für Tag unser aller einziges Ziel ist. Eine Glanzleistung! Ruhen Sie sich aus!«

Terra im Gegenteil sprang auf. »Sie setzen die Verhöhnung fort. Mein Herr Geheimrat! So tief bin ich vor mir selbst noch nicht gesunken, daß ich Spott und Schande grade dessen einzustecken gedenke, dem ich in meiner nie wieder gutzumachenden Unschuld seine Geschäfte besorgt habe.«

»Das ist es gerade. Ich biete Ihnen eine Stellung als Syndikus und Direktionsmitglied meiner Gesellschaft an.« Der Geheimrat setzte sich.

Terra war wieder in Kissen versunken; er hatte es diesmal nicht gewollt, nur seine Knie versagten. Erst dies war die Katastrophe! Ihre Vollständigkeit und ihre Unabänderlichkeit machten, daß ohne weiteres sein Geist sich abkühlte. Er überwand auch den Widerstand des Körpers, richtete sich auf, sagte kaltblütig: »Ich bitte um Ihre Motive.«

»Die liegen auf der Hand. Ihrer Tüchtigkeit konnte ich beiwohnen. Daß Sie meine Geschäfte besorgt haben, ist Ihnen bewußt. Aber weder Sie noch ich können wissen, ob es beim nächsten Anlaß genauso verläuft. Sie sind nicht erledigt. Jedesmal, wenn die menschliche Gesellschaft Sie als unbrauchbar aus ihren Kreisen ausstieß, haben Sie sich für erledigt gehalten, kamen aber zurück. Ich muß daher erwarten, daß Sie eines schönen Tages wieder da sind und mich bedrohen. So wahrscheinlich es nun auch ist, daß Sie auch dann unfreiwillig wieder nur meine Geschäfte besorgen: ich will die Gefahr, die Sie bilden, in Rechnung stellen und mache Ihnen den erwähnten Vorschlag, in meine Gesellschaft zur Erzeugung von Kriegsmaterial einzutreten. Ihre pazifistische Gesinnung stört mich sowenig, wie Sie selbst sich daran stoßen dürfen.«

Der Industrielle zögerte leicht, die Miene Terras forderte ihn auf, zu beenden.

»Um so mehr als der Eintritt bei mir in leitender Stellung doch wohl der eigentliche Zweck Ihres ganzen Unternehmens war. So viel Sinn für Tatsachen muß ich einer Intelligenz wie der Ihren unbedingt einräumen.« Dies war alles, Knack lehnte sich zurück. Das Schlimmste: er sah keineswegs wie der Sieger aus, er machte nicht mehr aus dem Geschäft, als es wert war. Die Beteiligung, die er bewilligte, war nicht niedrig, er hatte nur gerade seinen anständigen Nutzen. »Ich bin der größere Gauner«, sah Terra. »Dies das Ende meiner Geisteskämpfe!« – »Haben Sie nichts gehört?« raunte er. »Man horcht.«

»Das ist unerwünscht.« Knack entfernte den Vorhang von dem nächsten der Altgottschen Privaträume. »Ich weiß den Ausgang, bleiben Sie hier, Vertrag geht Ihnen zu.« Er war fort.

Terra blieb stehen, wo Knack abgefahren war, er ließ die Zugschnur des Vorhanges durch die Hand gleiten, er fragte laut: »Wird sie halten? Wie macht man es, geschmackvoll dazuhängen?« Nur technische Erwägungen lohnten sich noch ... Da faßte jemand ihn an: Mangolf.

»Du bist wieder einmal pünktlich. Wie bestellt.«

Mangolf beantwortete den hochfahrenden Ton gedämpft und mit unbezwingbarem Zittern der Stimme: »Klaus! Nur das nicht!«

»Lieber Syndikus bei deinem Herrn Schwiegervater?«

Auch den Hohn ließ Mangolf unerwidert. »Ich finde mich damit ab.«

»Aber ich nicht!«

Auf diese gesteigerte Gereiztheit ward Mangolf noch stiller in seinem Drängen. »Was ist geschehen? Nichts, was dich im Innern abgefertigt hätte. Mißerfolg!« Achselzucken. Mangolf, und Achselzucken bei »Mißerfolg«. Terra hörte nur noch den Freund. »Du wirst bleiben, was du warst«, sagte der Freund, »und denen, die dich lieben, eine Verlegenheit sein. Wenn du nur lebst, werden sie es tragen.«

»Muß ich denn leben?« fragte Terra unsicher.

»Es ist die Bedingung dafür, daß ich selbst noch mittue.« Welch unbekannter Klang! Das Herz, ganz freigelegt, klang drängend herauf, und so zart. Terra war ergriffen. Furchtbare Reue, er erkannte: »Du bist mitblamiert von mir. Lannas hat im Geiste der Majestät uns beide unauflöslich miteinander verkettet.«

»Sind wir es nicht in unseren eigenen Geistern?«

»Das sagt dein unverwüstliches Herz, mein lieber Wolf. Ich aber in meinem blinden Eigennutz sah nicht, daß Lannas mich durchgehen ließ, damit ich dich umwürfe!«

»Du fängst zu lernen an. Aber glaube mir, Klaus, ich leide mehr um dich als meinetwegen.«

»Ich sehe es«, sagte Terra, »und ich Schurke bleibe gerade darum am Leben.«

»Wir sind keine Schurken, Klaus. Ich war der unglücklichste Mensch, sooft du Erfolg zu haben schienst. Aber während der Minuten, die jetzt hinter uns liegen, war ich noch viel unglücklicher.« Er faßte die beiden Hände des Freundes; »Laß dich ansehn, ob du dich wenigstens nicht lustig machst. In schwarzen Stunden halte ich dich für ein sogenanntes Original, dem die Befriedigung eigener Eitelkeit höchstes Ziel ist. Bekehre mich, du machst mich glücklich.«

Terra, die Hände in den Händen. »Geständnis gegen Geständnis, Wolf. Meine schwachen Augenblicke verleiten mich, dir deine sogenannte zweite Naivität, vermittelst deren du dich der Dummheit der bestehenden Gesellschaft gewachsen zeigen möchtest, kurzweg zu glauben und dich für genauso dumm zu halten wie die Mitwelt. Belehre mich eines Besseren!«

Jeder zog den andern weiter, aus dem Halbdunkel des Zimmers nach dem Eingang und seinem grellen Licht. Nur Reue, nur Vertrauen fand jeder bei dem andern, fand sie durch Tränen, die das befreundete und das eigene Auge trübten ... Hier aber fuhr ein Kommando dazwischen.

»Alle rankommen!« rief draußen die Kommandostimme. »Zuhören! Freudige Nachricht!«

Sie hörten zu. Es war der Kaiser, er verkündete die Verlobung. »Habe es selbst übernommen, auf daß allen vor Augen geführt wird, wie nahe die Familienereignisse im Hause meines Reichskanzlers mich angehn.« Dem Vater nahm er durch Überfall die Sache aus der Hand und machte sich noch Reklame daraus!

»Er versteht sein Geschäft«, bemerkte Mangolf; sogleich aber: »Um Gottes willen!« Denn Terra hatte sich losgerissen von seinen Händen, wich rückwärts wie gehetzt: dasselbe Gesicht, mit dem der Freund ihn betroffen hatte. »Ich weiß«, sagte Mangolf. »Aber sei froh, daß alles auf einmal kommt.« Er trat ganz nahe neben ihn, wartete still, daß der Krampf seiner Brust sich löse und sah nur immer auf seine Hände. Sie suchten an seinem Körper, sie ballten sich – nun blieben sie hilflos offen.

Sie standen im Dunkeln hinter der Tür, der glänzende Festakt draußen vollzog sich unsichtbar. Aber das Anschwellen eines Wirrsals von Stimmen ließ vieles ahnen:

die Beflissenheit aller vor dem Erfolg, ihre Huldigungen an die Macht, gegebene und künftige; die Eifersucht jedes auf jeden, der ihm zuvorkam im Angesicht des Kaisers; die wilde Angst, ihr gekrümmtes Bild könnte fehlen im Auge derer, die gewährten, verliehen, beförderten. Welches Gesicht machte Lannas – indes er Hände drückte? Die Kommandostimme: »Jugendlicher Liebreiz der Braut! Hünengestalt meines Halberstädters!« Und angeregt durch so viele Bekundungen des Entzückens: »Den habt ihr euch gemerkt, falls ihr ihn mal unter meinen Paladinen in der Weltgeschichte wiederseht!« Ah! und Hallo! Die Bismarck-Maske! Aber welches Gesicht machte Lannas? Sie klatschten sogar in die Hände. Und Lannas?

»Er ist der Mann, dem falschen Bismarck um den Hals zu fallen«, sprach Terra vor sich hin. »Hört sein Urteil und hat das ganze Gesicht voll Grübchen. Wir sind zur gleichen Zeit besiegt. Wie denkt nun er über Sein und Nichtsein?« Murmelnd: »Und die Tochter, unser beider geliebter Henker? Abgründe, Exzellenz!« Terra im Dunkeln sah sie. Gerufen von seinem Verlangen und seiner tiefen Angst, tritt sie vor, todbleiche Erscheinung, allen Irrtümern ihres Ehrgeizes entrückt, mit Augen voll unvergänglichen Herverlangens. Keine Zweifel mehr! Ihr entgegen! Da stößt er an, fort ist die Erscheinung ... Sein Arm ward umspannt: der Freund. Die Freunde waren allein.

Ächzen und ungleiche Schritte, es kam von dort hinten, aus den Privatzimmern. Terra sah fragend auf Mangolf: auch wieder Täuschung? Aber Mangolf bestätigte mit Nicken, dies sei Wirklichkeit. Der, den sie beide erkannten, war angelangt hinter dem verhängnisvollen Vorhang, er riß daran. Er ächzte stärker, den Vorhang fortzuschieben gelang ihm nicht. Plötzlich fiel er hindurch, fiel hin wie aus einem Stück, es plumpste. Da lag er auf seinem dicken Arm, die Brust hatte im Fall den Hemdknopf gesprengt, erschlafft hingen die Wangen. »Exzellenz!« murmelten die Erschreckten. Aber seine Augen blieben geschlossen.

Terra legte den Finger an die Lippen. »Die Ohnmacht hat er sich redlich verdient. Einen Tasse hatte er schon hinter sich, als sein Lieblingskind mit dem untrüglichen Instinkt des Herzens den rechten Augenblick abpaßte, um ihm den Rest zu geben.«

Mangolf aber, gespannt spähend: »Er lebt doch? Er darf mir nicht sterben, ich brauche ihn. Er und der Tolleben, der ihm auf den Fersen ist, müssen sich aneinander abnutzen. Dann habe ich sie beide gleichzeitig überwunden.«

»Leopold!« rief die Kommandostimme.

Da erst bemerkten sie, daß eine ganze Gesellschaft im Gefolge des Kaisers vorne den letzten Salon betreten hatte, sie bewegte sich gleich vor der halboffenen Tapetentür. Ja, der Kaiser selbst machte Miene, hereinzukommen, mit seinem Generaladjutanten, er gab Befehle, denen jener nicht gehorchte!

»Wo ist Leopold? Leopold soll mir beistehen.«

»Majestät halten zu Gnaden.« Der Generaladjutant wand sich in tiefer Not. »Der Wille Eurer Majestät ist mein einziges Gesetz.«

»Das wollen wir hoffen«, grollte die Majestät.

»Aber die Schwertmeyer? Es geht zu weit, Majestät halten zu Gnaden.«

»Platze, hüte deine Glatze!«

»Ich kann die Verantwortung nicht tragen, bitte untertänigst, sie dem Reichskanzler übertragen zu wollen. Eine Dame vom Ruf der Schwertmeyer, hierbleiben im kleinen Kreis, wenn das Publikum den Platz räumt! Als treuer Diener meines Herrn müßte ich die Konsequenzen ziehen.«

»Deine Konsequenzen kenn ich, Platze. Dich werd ich

nie wieder los. Tu mir nichts, ich tu dir auch nichts.« Der Herr hielt die Hand hin. Der Diener knickte rechtwinkelig ein und küßte sie.

Sie gaben die Tür frei. Mangolf und Terra einigten sich wortlos dahin, daß denen, die dies mitangehört hatten, nur schleunige Flucht erübrige. Um den Daliegenden herum wichen sie bis hinter den Vorhang. Vorn erschien grade die Altgott. Sie zog heftig die Luft ein, der Schrekken stieß sie vor die Brust. Geistesgegenwärtig trotz allem wollte sie die Tür schließen, aber bevor es gelang, schob noch die alte Jerichow sich hindurch. »Liebste, das lassen Sie man niemand sehen!« sagte sie und sah es sich an. »Besonders Majestät nicht! Majestät ist man bloß für das Rotbackige. Zustände nimmt er ungnädig auf ... Was ist es denn?«

Die Altgott kniete bei dem Verunglückten. »Er hat nur wieder zu viel gegessen«, beteuerte sie. »Jerichow, schreien Sie nicht so, halten Sie die Tür zu, daß die Fischer nicht hereinkommt! Sowieso spioniert sie. Helfen Sie mir doch, Jerichow, er muß in mein Schlafzimmer.« Aber die alte Hofdame gab nur Ratschläge.

»Da ist nun bloß eins gut, Liebste. Das ist, wenn die Kiepke betet. Wohnt ja 'n bißchen weit, Papestraße, aber hinschicken sollten Sie. Alraunwurzel tut es manchmal auch. Kriegen Sie bei Tietz, fünfzig Pfennig mit Glassturz.«

Auf sich allein angewiesen, fand die Altgott die ganze Kraft der Liebe. Sie hob, Edith Schwanenhals auf dem Schlachtfeld von Hastings, den Liebsten vom Teppich, ohne Wanken trug sie ihn hinter den Vorhang. Terra und Mangolf wichen, wie sie nahte, in ein nächstes Zimmer, dann noch durch mehrere, bis zu Ausgang und Treppe.

Noch immer zögerten viele Gäste, den Platz zu räumen. Was versäumte man alles! Majestät blieb im kleinen Kreise, nichts zu machen. Aber die Schwertmeyer? Zerflossene Gesichter, die wahnsinnige Überanstrengung der letzten Stunden in Blicken, die zusammenbrachen – aber angeklammert wie Verzweifelte. »Herr Schellen!« Graf Haunfest holte ihn, Aufnahmen machen. »Kann man nicht mit draufkommen? Majestät hat mich heute ausgezeichnet. Wie? Nur Majestät und das Brautpaar? Mit Familie? Und die Schwertmeyer! Ist Familie?«

Durch den Sklavenaufstand brachen die Freunde sich getrennte Bahnen. Die Mäntel und fort, jeder für sich, ohne nur mit den Augen zu winken: Mitwisser vieler Dinge.

Drittes Kapitel

System Lannas

Neue schwere Krise Mangolfs: Tolleben war ihm voran. Noch schlimmer, es war endgültig. Tolleben nahm jetzt Hindernisse, über die ein Mangolf stürzen mußte. Schwiegersohn Lannas', damit schlug der Dummkopf den Fähigsten. Wofür so viele erarbeitete Aussichten, der Sieg über Menschen, die ihn lieber mißachtet hätten? Wozu ward Mangolf gefürchtet sogar von Lannas? Ja, aufmerksam betrachtet vom Kaiser? Alles umsonst, ein breiter Rücken schob sich vor ihn hin, ab trat Mangolf zur zweiten Klasse, in alle Ewigkeit kein Mitbewerber mehr um die höchste Stellung. Je mehr Erfolge vorher, desto lieber sahen alle ihn abtreten.

Er gab sich glatt, lebensfroh, nur selten von unausgesprochenen Drohungen beschattet: seine Art, dem Schicksal beizukommen. Allein mit sich, hatte er die gewohnten Anfälle von Überdruß, Selbsthaß, Sehnsucht nach dem Ende. Das ganze Leben ein Opfer des Intellekts – und nun am Boden! »Ich hätte als Denker meinen Namen berühmt gemacht, was heißt regieren, dem Handelnden schreibt der Denker zuletzt es vor. Das kann ich noch immer. Ich gehe ab. Ich, mit dem, was ich von ihnen weiß, sage öffentlich Dinge, daß sie mich zurückholen möchten mit sofortigem Avancement. Ich werde doch noch Staatssekretär vor dem Schwiegersohn.« Als Rückschlag hierauf der unerträglichste Jammer, ja, planloses Suchen nach einem alten Revolver.

Im Leben draußen war es anders, sein Vorgehen ergab sich von selbst. Wie stand Tolleben zu der Flotte? Man-

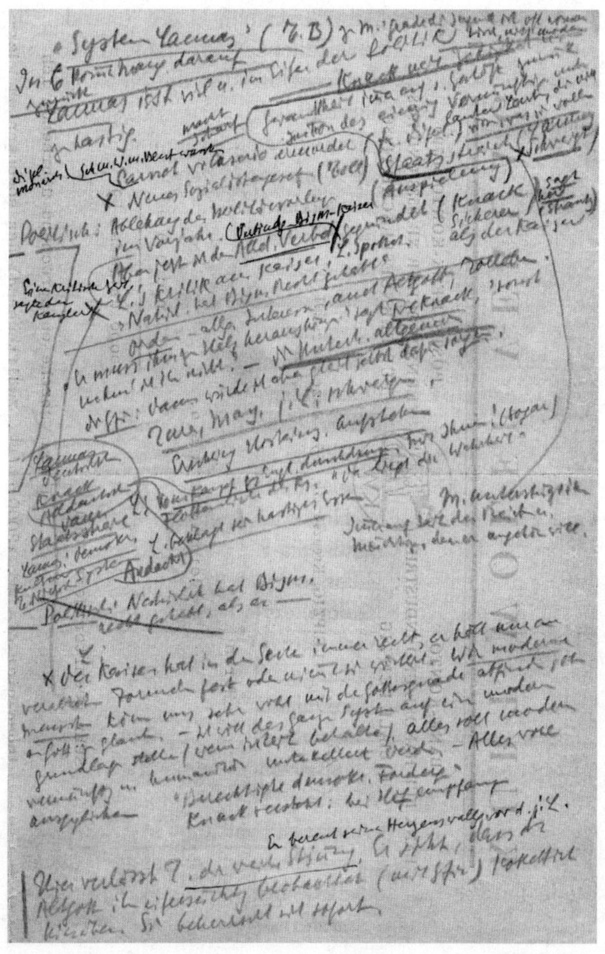

Notizen Heinrich Manns *System Lannas*
[vgl. S. 398 ff.]

golf brauchte die Fragen Tasses und seiner Freunde nur richtig zu beantworten. Tolleben? Ein Landjunker. Sie hatten den Landrat von Jerichow über die Flotte gehört. Wenn sie übrigens glaubten, daß Lannas selbst mit dem Herzen –. Nein, Mangolf brach ab, er gab zu, daß Herz Lannas' sei unkennbar; – was ihnen gerade verhaßt war.

Mit seinen Kollegen aus den hohen Rangklassen verständigte der Unterstaatssekretär sich ohne Umschweife. Sie begriffen, wie er, die Gefahr eines Schwiegersohnes. Wieder eine Dynastie Bismarck? Die kannte man noch. Aber sagt das den Parlamentariern! Dort fand Mangolf Unempfänglichkeit, wie hätte sie ihn überraschen können. Die Gruppen der Interessenten machten ihren Einfluß außerhalb der Parlamente geltend. Der Kaiser wählte seine Ratgeber, der Erfolg eines Reichskanzlers aber hing davon ab, wie weit er den Kaiser für die Pläne der Interessenten gewann. Der Kaiser wieder sah die Sache wahrscheinlich so an, daß sein Reichskanzler die Herren hineinzulegen hatte. Dies war das System, kein Grund, es zu ändern. Abgeordnete, deren Programm das parlamentarische Regime verlangte, mußten von Mangolf erst daran erinnert werden. Sie wandten ein, inmitten glücklichsten Aufschwunges sei nicht an Hochgehn, gar Bruch zu denken. Was das System allenfalls mit sich bringe an unzeitgemäßen Entgleisungen, werde begütigt, meistens sogar abgewendet von Lannas. Dank Lannas wirkten wir geradezu modern! Er brachte Leichtigkeit, Beweglichkeit, selbst Nachlassen veralteter Sittenstrenge in das System. Es war nun seins, System Lannas. So ging es, so mochte es fortgehen. Der Anwärter sein Schwiegersohn? Auch gut.

Dabei kam schon der Hochzeitstag. Er war vorbei, das Ehepaar Mangolf saß allein, »Du bist blaß, mein Freund«, sagte Bellona. Obwohl ihre Teilnahme echt war, gab sie ihr Töne vornehmer Konvention. Sie legte den Arm um seinen leidenden Kopf, nicht ohne das Bestreben, stilvolle Ranken zu bilden mit ihrer Person. Sie fragte mit heiterem Gleichmut: »Bist du denn nicht glücklich?« Aber da er ihr geheimes Zittern spürte, reizte sie ihn. »Das Möllendorfsche Palais ist kein Trost für alles« – scharf ausgesprochen.

»Unser Vater hat uns das großartigste Stilpalais gekauft und eingerichtet, wir sitzen drin: ist dies der Augenblick, uns nach den paar niedrigen Domestikenzimmern in der Reichskanzlei zurückzusehnen – mein Freund?« Den Arm rechtwinklig nach oben bewegt. Sprach aus der Höhe mit Schnäuzchen. So verstand sie seinen Gram! In regloser Erbitterung verharrte Mangolf vor seinem Prunkkamin.

Plötzlich sagte sie, fast wie eine gewöhnliche Frau: »Übrigens wird sie ihn betrügen.«

Er fand es richtig, Zweifel zu äußern; die geborene Knack aber wußte, was sie wußte. Sie hatte Alice Lannas bei der Trauung beobachtet. »Ihr alle seht nichts. Hört auch nichts. Wenn sie ›Der Bismarck‹ sagte und meinte ihren Künftigen, von wem hatte sie den Ton?«

Er, unverhohlen: »Mit Terra ist es doch wohl aus.«

»Soll erst kommen«, eröffnete sie ihm. »Du warst im Irrtum, guter Junge, wenn du manchmal glaubtest, daß eine Lannas vor der Ehe –. Und gerade diese, mit ihrem berechnenden Verstand!«

»Du, Bellona, hast einen Frauenverstand.«

»Gott sei Dank. Darum kann ich dir prophezeien: nun kommt es.« Er widersprach – womit er bewirkte, daß sie ihm für die nächste Zukunft Beweise in Aussicht stellte.

Aber was sie Beweise nannte, war schwer zu benutzen. Alice Lannas hatte keine Hochzeitsreise machen wollen mit ihrem Tolleben. Sehr begreifliche Furcht vor Langeweile, meinte Mangolf, aber seine Frau argwöhnte ein Zugeständnis an Terra. Denn sie sah die beiden Komödie spielen, Fremdheit und Gegnerschaft heucheln.

Bellona ging zu jedem Tee ihrer Freundin, nie traf sie Terra. Man empfing ihn also allein. Bellona auf einer ihrer Abendgesellschaften in ihrem neuen Möllendorfschen Palais setzte sich absichtlich von allen Leuten fort mit Terra. Sie gab ihm reichlichste Gelegenheit, von Alice anzufangen. Kein Wort. Sie ward vertraulich. »Unsere arme Alice ist nicht glücklich.« Erschrecken – überdeutlich, wie alles bei dem Menschen. Er zog die Hände gekrampft an den Leib, er fletschte die Zähne. Dazu der scheuglühende Blick von unten: klar, daß er sich ertappt fühlte. Er sah sogar aus, als wäre er imstande, sich an einer Dame zu vergreifen, Bellona rief Leute herbei.

Beim Zubettgehen berichtete sie ihrem Mann. Während der Toilette wog das Ehepaar nochmals alles ab, was für vollendete Tatsachen sprach. Wie es lag, seufzte es und erbarmte sich. »Meine arme Freundin!« seufzte Bellona. »Welch ein Unglück für unsere Kreise! Was wird die Kaiserin sagen? Und die Wirkung nach außen?«

»Sie darf nicht eintreten«, sagte Mangolf beklommen. Bellona stimmte durchdrungen bei. Hierüber verloren sie eine Stunde Schlaf, ohne vorwärts zu kommen. Jeder hielt dem andern ein Wort wie eine Angel hin. »Erfährt man es, ist Tolleben unmöglich«, sagte die Frau. Der Mann wagte nicht zu verstehn. »Das Schlimmste wäre der Sturz Lannas'«, sagte er. Auch diesem Gedanken opferten sie eine halbe Stunde Schlaf. Endlich rückte Bellona bis auf sein Kopfkissen, sie hauchte ihm ins Gesicht: »Die Sache muß aus der Welt, bevor Tolleben Staatssekretär wird.«

Dies war nicht mißzuverstehen, besonders nicht in der Lage, wie es gesagt ward. Lange Pause, Mangolf atmete nicht. Dann: »Wie denkst du es dir?« Bella, schnell und leicht: »Mein Gott, man sagt es dem Mann. Natürlich sagt man es nicht, man schreibt es. Nicht, daß ich mich exponieren möchte.«

»Also anonym?« fragte Mangolf, denn was war noch zu verlieren. Sie lachte etwas zu schrill. »Mein Gott, ist die Handlung gut und geboten? Dann kann kein Wort sie herabsetzen. Ein anonymer Brief – was weiter? Mir ist er nicht an der Wiege gesungen. Eine Frau wie ich schreibt anonyme Briefe sozusagen mit der Feuerzange, mit der sie sie anfassen würde.«

Sogar im Bett ihr gezierter Snobismus, ihr Schnäuzchen, und der Sinn so zynisch! Er hatte sie so reizvoll nie gekannt, plötzlich ergriff er sie. Schon in halber Entrücktheit murmelte sie: »Höchstens schlägt der dumme Kerl Lärm und fliegt erst recht. Was kann ich dafür.«

Als Tolleben den Brief bekam, ließ er alles stehn und liegen, durch den Garten, barhäuptig, den Brief offen in der Hand, eilte er nach der Reichskanzlei. Suchte vergebens seine Frau zu Hause, in dem Flügel an der Wilhelmstraße; verlor Zeit, gelangte schwitzend und stimmlos zum Portier; erfuhr, sie sei droben; setzte die Treppe hinan. Umherirren bis vor das Arbeitszimmer Lannas'. Tolleben war nachgerade in einem Zustand, daß er mit dem Brief wohl eingetreten wäre. Zum Glück kam der Diener Söchting heraus, Exzellenz der Herr Graf seien im Botschafterzimmer. Empfang. Tolleben hatte es vergessen. »Meine Frau? Meine Frau?« Frau Gräfin Alice sei im Wintergarten. Ohne zu zucken, hielt der geschulte Mann den furchtbaren Blick des unglücklichen Gatten aus.

Endlich der Rote Salon: da hatte Tolleben den Gang der Verzweiflung hinter sich. Jeder Prunkraum, den er durchschritt, versicherte ihm, der schurkische Brief rede wahr. Die Erfinderin solcher Pracht war ihm nichts, er ihr nichts; schwerer Mißgriff, eine Heirat wie diese. Er kannte in seinem Herzen keine Hoffart; er verachtete Hoffart – mit Faustschlag auf irgendeine Vergoldung. Er war ein treuer Protestant. Fußtritte dem Gerümpel und seinen Bewohnern, ein ehrlicher Junker zog erleichtert ab, auf das Gut, das als Mitgift gottlob mit seinem Namen zu Buch stand!

Die letzte Tür bekam den Fußtritt, der Lakai war faul. »Meine Frau?« – »Im Wintergarten.« Zwischen den beiden Säulen, die dahinten den Garten rahmten, erblickte er sie. Seine Frau erschien ihm jenseits einer Art von Altar, der letzten Kulisse vor dem Prospekt des Wintergartens. Hier vorn rote Seide, gehäufte Möbelgruppen und ihr Widerschein, Kardinalrot golden, aus Pfeilerspiegeln; dann der Altar, darauf spitz ein Schrein; nun Pflanzen, hoch zueinander geneigt, herüberatmend, friedevoll, kühl.

Seine Frau sah flüchtig um, wie er stampfte. »Einen Augenblick« – friedevoll, kühl. Sie ließ den Gärtner einen Topf aufheben, sie ging voran ins Grüne. Tolleben stampfte im Kardinalrot, weiter kam er nicht, trotz der großen Öffnung des Wintergartens. »Ich bin kein Komödiant«, fühlte er. »Wie komme ich auf diese italienische Opernszene. In was für eine Familie bin ich geraten. Internationales Gesindel!« – vom Zorne schwellend. Er versuchte hinzurufen »wird's bald?« – pfiff aber nur, indes sie mit dem Gärtner klangvoll im Alt sprach. Da faßte der Gatte den Lakaien. Der faule Bursche von vorhin, er drückte sich noch herum, er spionierte. Auf ihn, Knie ins Gesäß, Faust an den Kragen. Aufheulen, ein Tisch mit Kupfer fiel rasselnd um, Tür zu, uff.

»Um Gottes willen«, sagte Alice Lannas. Sie ließ den Gärtner den Tisch aufrichten, sie winkte, er möge gehn. Ihr Schreck war überwunden. »Passiert dir das öfter?« – auf der Höhe wie immer. »Setze dich doch!« Er aber gehorchte.

Der riesenhafte Oberkörper schaukelte in der Aufregung vor und zurück, die Augäpfel quollen heraus. »Bismarck mehr als je«, sagte sie bewundernd. Ach! Bewunderung, gegen die es höchstens einen Wutanfall gab, und er hatte ihn hinter sich. Über die Armlehne des römischen Wiegensessels hing seine Hand mit dem Brief. Er wartete furchtbar, daß sie den Brief sähe. Sie sagte aber verändert: »Jetzt zu etwas Wichtigem. Wenn Papa doch noch Fürst werden soll – wir haben Feinde. Willst du nachsehn, ob man ungestört ist?«

Er versicherte sich, im Grünen Zimmer sei niemand, und ließ die Tür weit offen. Trotzdem sprach Alice die feindlichen Namen nur flüsternd. »Herrenhaus?« fragte Tolleben, er ward aufmerksam.

»Neid der Standesgenossen«, erklärte sie. »Allen andern ist höchstens gedient, wenn der Reichskanzler Fürst wird. Am meisten dem Kaiser.«

»Leuchtet mir nicht ein. Er will sein eigener Reichskanzler sein.«

»Gerade darum. In seinem Leopold bescheinigt er sich seinen eigenen Erfolg. Er ist der Verständigung mit England glücklich entgangen. Die englisch-französische Entente ist Tatsache. Er kann rücksichtslos Schiffe bauen. Sein Leopold muß Fürst werden, er sinnt darauf. Arbeite dafür! Des Dankes wegen brauchst du nicht auf Papa zu warten; das wäre zweifelhaft«, wobei ihre Augenfalte tiefer ward. »Dank kommt von höher oben.«

Er ließ sie ganz ausreden, er lauschte sogar noch nachher. Zu sich gekommen, sagte er wie ein aufgerufener Schüler beflissen her, was er für die Sache getan hatte, die Gespräche, um zu werben, die Beeinflussungen. Jeder einzelne Fall war verlaufen, wie von ihr berechnet. Nun beriet sie ihn über Personen, die noch schwierig blieben. Lange, genau, alles doppelt und dreifach – aber immer zum Schluß: »Ich habe das alles doch nur von dir, kluger Mann. Gerade den Menschen kenne ich erst richtig durch ein Wort von dir. Du selbst hast es vergessen. In mir sitzt es.«

Wobei sie nur fürchtete, er könnte noch nicht einmal die wirkliche Bedeutung der Sache erfaßt haben. Sie ward überdeutlich. »Offenheit ist die beste Diplomatie, du fragst natürlich, was du davon hast, daß du meinen Vater zum Fürsten machst, wenn du dabei nicht Staatssekretär wirst. Sage ich auch. Papa schöbe uns lieber auf eine Botschaft ab, aber so haben wir nicht gewettet. Kein Staatssekretär, kein Fürst, ich habe Papa in der Hand, verlaß dich auf mich.«

Er wollte sagen: »Kann ich dir darin nun trauen?« aber es war ohnedies klar. Sie sprach schon weiter.

»Und dann Majestät! Du hast einen geheimen Wunsch unterstützt, einer Eitelkeit geschmeichelt, das wird dir nie vergessen. Die nächsten Jahre sitzt Leopold fest, sein Erfolg ist der des Kaisers. Aber seine Nachfolge muß von langer Hand doch vorbereitet werden, wer kann das, wer ist so gestellt? Gesellschaftlich hat er den Feind im Haus. Ob politisch, findet sich«, wobei sie litt. Gegen ihren Vater, für diesen Dummkopf! So war das Leben. »Du wirst mir Direktiven geben«, schloß sie – und fing mit anderen Worten dasselbe noch einmal an.

Sie hörte erst auf, als er durchaus sicher im Text sein mußte, denn sein Geist schweifte ab – zu dem Brief, den er hin- und herbewegte. Alice hatte ihm das Wesen des Briefes schon längst von der Stirn gelesen, jetzt sah sie ihm an, er habe die Ehe eines geborenen Herrn sich anders gedacht. Trotz allen ihren Vorsichtsmaßregeln blieb ihre Überlegenheit ihm noch fühlbar genug, er fragte sich immerfort: »Kann sie so klug und mir treu sein?«

Bevor seine Wut neu aufwallte, sagte Alice: »Jetzt zu dem, was meine Freundin Bella dir schreibt. Laß sehn!«

Tolleben gab den Brief hin wie ein Kind, er fragte nichts, er war baff. Sie sagte sachlich: »Zusammengesetzte Buchstaben aus der Zeitung. Nein! Das muß ein ganzes Stück aus dem Zeitungsroman sein, so klingt es. Mein

Geliebter soll die Nachmittage, an denen ich nicht empfange, mit mir Tee trinken.« Sie sah auf. »Höre, das wäre nicht heute. Ich empfange heute. Das einfachste ist nun, ich sage den Empfang ab, lasse es aber einzig das Ehepaar Mangolf nicht wissen. Sie werden kommen, schon um nicht Verdacht zu erregen. Was meinst du dazu?«

Tolleben versuchte sein gefährliches Feixen, etwas zwischen Ablehnen und Drohen. »Wenn du meine Mitarbeit wünschest, mußt du dich genauer erklären.«

»Errate doch selbst, wer dein Feind ist!« sagte sie ruhig. »Es ist deiner, nicht meiner. Man handelt zweckmäßig in unseren Kreisen, niemand gibt sich die Mühe, das da Buchstaben für Buchstaben aus der Zeitung auszuschneiden, nur um einer Frau zu schaden. Du bist gemeint«, wiederholte sie.

»Er stellt mir ein Bein, bevor ich Staatssekretär werde«, erkannte Tolleben. »Gut«, sagte Alice. Dann: »Hier steht, du mögest selbst im richtigen Augenblick eintreten. Ich rate dir das gleiche. Du wirst zwar nicht meinen Geliebten finden, ich kann dir keinen vorsetzen: aber deinen Feind.« Dies mit Festigkeit, und sie stand auf. Auch Tolleben verließ seinen Sitz und verbeugte sich als Ritter. Seine Mitarbeit war gewonnen.

Sie wußte, sie wage alles. Terra konnte von dem abgesagten Tee erfahren und herkommen. Wen sollte sie zu ihm schicken? Sie hatte kein unbelauschtes Telephon. Als sie dennoch anrief, antwortete seins nicht. In letzter Stunde, sie verlor fast schon den Kopf, fiel ihr Vater ihr ein. Graf Lannas wollte grade in den Reichstag fahren, sie bat ihn, Herrn Terra zu sagen, daß sie nicht empfange. Kaum war sie zurück im Roten Salon, kamen Mangolfs.

»Sonderbar, daß wir allein bleiben«, sagte Alice ihnen. Sie zeigte den Teetisch. »Ich erwartete alle meine Freunde. Jetzt haben wir in der kleinen Ecke Platz« – womit sie die beiden gleich neben der Öffnung des Wintergartens in die tiefsten Sessel setzte. »Je intimer, je besser. Hauptsache, unsere wahren Freunde zu kennen.« Traurig heiter. Bellona umarmte ihre Freundin, dekorativ in der Bewegung, aber sie weinte doch Tränen der Reue. Mangolf sah stumm vor sich hin. Unvermittelt begann er Gutes von Terra zu sprechen. »Seine Verbindung mit Ihrem Schwiegervater gefällt mir nicht«, wandte Alice ein. »Bei seiner Richtung ist es keine aufrichtige Handlung, wenn man Syndikus einer Kriegsindustrie wird.«

Mangolf lachte auf. »Das scheint Ihnen so unerhört?«

»Bei Herrn Terra, gewiß. Er ging noch immer seinen eigenen Weg.«

»Dann seien Sie überzeugt, daß das Opfer des Intellekts nachgerade unausweislich war. Das bringen nur leichte Herzen vor der Zeit.«

Sie sah den Gequälten, unter der breiten gelben Stirn sträubten die Brauen sich über die ausgehöhlten Schläfen hinweg. Sie war versucht, ein offenes Wort zu sprechen. Gerade aber verständigte das Ehepaar sich mit Blicken, leichte Unterhaltung begann.

In eine Stille hinein schlug die Uhr, die Gäste brachen auf. Mangolf hatte der Hausfrau schon die Hand geküßt, Alice stand noch mit Bella. Als Bella ging: »Dein Gatte ist vorangegangen.« – »Schon wieder unartig«, sagte Bella. Alice sah ihr nach, sie nickten sich nochmals zu. Dann trat Alice vor den Spiegel, in dem sie vorhin Mangolf erblickt hatte, wie er um die Ecke geglitten, gebückt in den Garten getaucht war. Hinter einer Gruppe von Pflanzen wartete er, daß Terra einträte.

Das Schlimmste war: er konnte eintreten. Sie hatte während des ganzen Tees sich bis zur Unerträglichkeit beherrscht, das Maß war überschritten. Als hinten eine Tür ging, fuhr sie herum, die Hände vorgestreckt. Halblaut ein Name, ihr Schrei war nebenan im Garten zu hören gewesen, jene Blätter schwankten.

Der Eintretende war Tolleben, Alice konnte es früher als Mangolf sehen. Sogleich spielte sie Komödie. Er sollte bis zuletzt hoffen, es sei Terra. Er sollte nicht hervorkommen, solange es ihn noch retten konnte.

Nie hatte Tolleben diese zärtliche Gestalt herbeischweben, ein Gesicht verklärt wie dieses gesehn. Betroffen hielt er an, noch bevor er von nebenan sichtbar war. Alice flog zu ihm, flüsternd klärte sie ihn auf, fort war sie.

Tolleben stampfte geradenwegs auf die Pflanzen los, Mangolf fand noch eben Zeit, ihm entgegenzutreten, bevor er am Ärmel herausgeholt ward. Den Augenblick benutzte er, sich große Haltung zu geben. »Kein überflüssiges Wort«, sagte er stark. »Auch das nicht!« Ohne auszuweichen, obwohl er die Hand des andern zucken sah. Mangolf behielt ihn im Auge und ward der Herr, einzig mit diesem Blick, der nicht herausfordernd, nur zergliedernd war, mit diesem dunklen Gesicht, das alles wußte über sich und die andern, das jede Sekunde es satt haben konnte zu schweigen. Tolleben wich – vor etwas Unbegreiflichem wich er.

»Komödiant«, sagte sein böses Stimmchen, aber bei aller Verachtung: innerlich schlotterte er.

»Ich erwarte Ihre Zeugen«, sagte der da und ging ab durch die Mitte.

Wie aber Mangolf durch das Grüne Zimmer ging, hörte er seitwärts im Empfangsraum die Stimme Alices. Unbedenklich trat er ein. Sie sah nicht her, sie telephonierte. »Er ist nicht zu erreichen?« Noch erregter: »Geben Sie sich doch Mühe, er muß erreicht werden … Wie? Nicht in Berlin? Er ist nicht in Berlin? Dann danke ich Ihnen. Sagen Sie auch meinem Vater, daß ich ihm danke.« Der Hörer fiel ihr aus der Hand, sie glitt am Tisch nieder.

Mangolf eilte herzu, er half ihr. Sie wandte sich nur weg.

Darauf er: das tiefste Bedauern, das wahrste Gefühl für den Grundirrtum seiner Rolle. »Man sollte nicht kämpfen.« Aber: »Wir sind verwickelt in Kampf. Da hängt es nicht mehr von uns ab, wohin er führt.«

»Was wollen Sie?« fragte Alice.

»Dasselbe wie Sie. Das Duell darf nicht sein.«

»Sie irren. Ich will, daß es ist.« Sie sah ihm voll ins Gesicht. »Sie sollen fallen.«

Er kam leicht ins Wanken. »Das wäre kein Ausweg«, sagte er sogleich. »Doch«, behauptete sie. »Denn Sie wollten, daß mein Mann fiele – oder der, auf den Sie ihn hetzten«, unheilvoll abklingend.

Mangolf ward eindringlich. »Gnädigste Gräfin! Die Logik des Gefühls ehrt Sie, aber sie täuscht Sie auch. Das Duell ist unmöglich. Wir sind nicht dazu da, unserem Herzen zu folgen. Der Schwiegersohn des Reichskanzlers ist genauso unabkömmlich wie der Schwiegersohn des Geheimrates von Knack. Tiefgehende Gegensätze zwischen den beiden Machtfaktoren Knack und Lannas sind für unsere Politik untragbar.«

»Sie trägt noch mehr«, sagte Alice. Er fing von vorn an, mit noch mehr Schärfe des Gedankens.

»Feigling!« sagte Alice.

Bedauern, kluge Nachsicht, er ging. Sie lief zurück in den Roten Salon, lief, damit nur Tolleben noch da sei. Ja, er stampfte umher. »Warum habe ich den Burschen nicht auf der Stelle niedergeschlagen? Wenn auch du es nicht weißt, platze ich!« Er war übertrieben gerötet.

»Statt dessen weiß ich, daß er heillose Angst hat. Er stirbt vor Angst, noch ehe du ihn vor deine Pistole bekommst.«

»Danach sah er nicht aus«, meinte Tolleben verwundert.

»Wenn ich bedenke, was er vorhatte, bin ich überglücklich!« Die Zunge kam dem Herzen nicht nach. Vergeltung für die Angst all dieser Stunden. Gefahren abgewendet von ihr nicht nur: von einem anderen Haupt, das nicht einmal drum wissen durfte. Welch eine Lehre! Und jener träumte noch immer, sie würden einander gehören. Nie, nie, und doch nicht aufgeben, uns zu lieben – womit ihr Ernst und Festigkeit kamen. Zu Tolleben zurück:

»Ich will etwas sagen, wozu es wirklich diese große Gelegenheit brauchte, sonst sagt man es nicht. Ich werde dir treu sein.«

Er antwortete nichts. Gewisse Dinge läßt man gut sein, denn Worte kommen und gehn. Worte fände der Feigling. Zwar hatte sie jetzt wirklich ein Gesicht, fühlte Tolleben, das Frauen sonst nicht hatten, ein ehrliches Gesicht.

»Ich habe unaufschiebbar zu tun«, sagte er und ging, sich Zeugen zu suchen.

Mangolf faßte sich nicht vor Erstaunen; ganz früh, man lag noch im Bett, kamen zwei Offiziere. Er erklärte seiner Frau, es handle sich bestimmt um Formalitäten, das Duell sei und bleibe unmöglich. »Alice muß inzwischen eingegriffen haben.« Zur Beilegung der Sache bedurfte es wohl auch seiner Zeugen, er rief sogleich den General von Heckerott an, der bereitwillig zusagte. Hinaus zu den Herren, eleganter Hausanzug.

Korrektes Gespräch, dermaßen einstudiert und festgelegt, daß es schwerlich voller Ernst war. Man würde irgendwann einmal gespürt haben, daß es um das Leben ging. Die Herren verabschiedeten sich, die Szene hatte geklappt.

Beim Frühstück beschäftigten ihn Zeitungen und Briefe, er bat nur Bella, ihn ins Amt zu benachrichtigen, wenn Heckerott mitteilte, die Sache sei ausgetragen. Dann bestieg er sein Auto.

Wichtiger Tag, die Beantwortung einer sozialdemokratischen Interpellation war vorzubereiten, Lannas glänzte dabei gern. Erst bei einem zufälligen Blick auf die Uhr dachte er wieder an Heckerott. Jetzt hätte die Nachricht schon da sein sollen. Also nicht. Aber er wußte jetzt doch, daß er wartete. Noch eine Weile, er rief zu Hause an: nichts; bei Heckerott: fortgegangen. Was geschah eigentlich? Geschah denn Unvorhergesehenes? Mangolf bekämpfte die sich meldende Unruhe mit den geläufigen Gründen. Die Zeugen Tollebens waren selbstverständlich verpflichtet, Entgegenkommen zu zeigen. Mangolf hatte die seinen sogar angewiesen, sich abwartend zu verhalten. Denn wem drohte in Wirklichkeit der Skandal? Wer war betrogener Gatte und erledigt?

Aus diesem Wort aber brach die Wahrheit. Nein. Ein Tolleben war selbst dann nicht erledigt. Erledigt war nur der, der fiel. Furchtbare Wahrheit! Auf einmal gab Mangolf sich ganz ihr hin, den Kopf in den Händen. Er fiel, und alles ward vergessen, der Tollebensche Fleck, der Tod Mangolfs, die ganze Gegnerschaft. Knack, Gegner Lannas', wegen eines toten Schwiegersohnes? Der Schwiegersohn, Vertreter des Hauses im Schoß der Regierung, verunglückte tödlich, Neubesetzung des Postens, was weiter? Knack vergaß zuerst, später Bella. Zuletzt erwähnte auch Tolleben den Beseitigten mit Wohlwollen. Er konnte es sich erlauben, der Dummkopf. Wer stirbt, ist der einzige Dumme.

Mein Gott, welch unsäglicher Mißgriff war geschehn! Seine Sache, seine ganze selbst erbaute, gespannte, strenge und sinnvolle Existenz vor eine nichtssagende Schußwaffe! Ein tödlich albernes Spiel, kein Gewinn, aber der Einsatz ich. »Ich! Ich!« Laut, mit Schlägen auf die Brust, mitten im Zimmer. So überraschte sich Mangolf.

Er ward gewahr, daß er seit einer vollen Stunde die entsetzlichste Angst litt. Ende machen! Ans Telephon. »Herr General?« Ja, Heckerott selbst, er atmete hörbar. »Komme gerade nach Haus. Schöne Bescherung, das muß uns passieren. Fällt natürlich wieder auf die Armee zurück, müßte vaterlandslose Gesellen nicht kennen.« Wie betrunken. Mangolf bekam seine ganze Kälte zurück.

»Wovon reden Sie?«

»Ach, Sie wissen nicht? Sie wissen wirklich nicht? Ja stimmt, woher sollen Sie? Ihr Duell kann nicht sein, Zeuge ist tot.«

»Was? Welcher Zeuge?« So scharf, daß Heckerott zu erschrecken schien. »Entschuldigen Sie vielmals, lieber Mangolf, ich hätte gleich angerufen, aber wenn Sie wüßten, Zustand, in dem man ist. Keine Sorge, Ihr Duell kommt richtig dran, bloß mit Aufschub, aber Ehre wird gewahrt, keine Sorge! Hören Sie bloß zu! Alles war schönstens geordnet, dreimaliger Kugelwechsel. Idee von Graf Finkenburg, bestand darauf, für Ihren Herrn Gegner. Ich natürlich zurückhaltend in Ihrem Sinne, verlangte bis zur Kampfunfähigkeit. Drang nicht durch, tut mir leid, also dreimaliger. Sind Sie noch da?«

»Ich höre.«

»Nun hätte ich Sie natürlich aufsuchen sollen. Wollte ich auch. Aber Graf Finkenburg ließ nicht locker, ich mußte auf Reitschule mit, Stute besehn. Da ist es denn passiert.«

»Graf Finkenburg ist gestürzt?«

»Nee, erschossen.«

»Er?« fragte Mangolf. »Und nicht ich?« Er wußte nicht, was er sagte, ward aber überschrien.

»Rückenschuß!« schrie der General. »Von hinten! Feige und tückisch! Fällt auf die Armee zurück, denken Sie an mich! Eigener Bursche Finkenburgs schwer verdächtig, aber nichts nachzuweisen, habe persönlich ihn zwei Stunden in Arbeit gehabt. Leute halten zusammen wie die Faust. Na, Seliger war Leuteschinder. Können uns freuen auf Berichte der Schweinepresse!«

»Ich danke, Herr General.«

Mangolf wollte einhängen, Heckerott rief noch: »Jetzt kann Ihre Sache natürlich heute nicht mehr steigen, haben Sie eine Ahnung, was alles über mich kommt. Morgen fangen wir von vorn an. Übermorgen früh, wenn alles klappt, kommen Sie zum Schuß.«

Mangolf setzte sich, um nicht an die Decke zu springen. Gerettet! Durch ein Gottesgericht! Das Duell war also dennoch dergleichen. Ein Mensch, ihm gestern unbekannt, seit heute in sein Schicksal verfangen, war gestorben statt seiner. Mangolf erschauerte unter der Hand des Höchsten. Dann freute er sich wieder und rauchte Zigaretten. Hinaus ins freie Leben! Auf der Straße bemerkte er die Frühlingssonne und alle Frauen. Noch jung zu sein! ... Hier ward ihm bewußt, er werde nicht alt werden, noch immer gehe er als Verurteilter umher.

Zeit gewonnen, alles gewonnen! Er setzte sich in ein Café hinter die große Glasscheibe. Das wagehalsige, besonnte Gewühl auf dem Platz ermutigte ihn, es zeigte, wie das Leben seinen Weg fand. »Auch ich habe Auswege, zehn statt eines!« Aber jeder, den er ins Auge faßte, verschwand. Am Ende saß er allein, dunkel nach innen gerichtet. Fort das besonnte Gewühl, Mangolf sah einzig ein ungeheures Grab, groß genug für seine ganze Welt.

Auf, fliehen! Flucht vor der Angst. Wohin? Du hast einen Menschen, einen einzigen. Ihm allein ist dein Leben so teuer, daß er statt deiner sogar sich entehren würde. Oh! der findet ein Mittel, dich zu behalten, denn ihm ist jedes recht. Dies ist die Stunde, klar zu sehn ... Da stand er schon vor der Tür Terras.

Terra war nicht in Berlin. Wo war er? Ach! Im Rheinland? So weit fort? »Ich muß ihn anrufen. Gleich hier.« Er ward eingelassen.

Er saß da, wartend auf die Stimme des Freundes. Saß lange da, als sei er schon geborgen – da traf ihn der Schreck. Terra – doch! Terra hätte statt seiner –. Wie jetzt

Graf Finkenburg. So hätte es kommen können, »nicht mein Verdienst, daß es anders steht. Ich habe ihn verraten.« Hier rasselte das Telephon.

Mangolf wollte hineinrufen, man solle Terra nicht mehr herbeiholen; aber der Freund war schon selbst da.

»Du kannst kaum sprechen, mein lieber Wolf«, sagte er. »Es muß etwas geschehen sein. Wir sehen uns unbedingt morgen früh, denn natürlich setze ich mich heute abend in meinem eigensten Interesse auf den Zug nach Berlin.«

»So lange kann ich nicht warten«, brachte Mangolf hervor. Der Freund, unverzüglich: »Wozu auch. Es gibt das Automobil. Es ist eigens für uns erfunden. Ich besteige sofort das stärkste Auto deines Herrn Schwiegervaters und bin, wenn ich nicht geradezu den Hals breche, schon in der zweiten Morgenstunde bei dir.«

»Ich fahre dir entgegen!« Aufschrei, er drang zu dem Freund, wie vorher die Tränen.

Sie verabredeten eiligst den Ort mittwegs, wo sie zusammentreffen wollten. Ein Wort an Bellona, Mangolf bestieg sein eigenes Auto – gleichzeitig mit Terra, der dort hinten abfuhr. Fahrt durch Frühlingsdörfer, im leichten Rausch der Luft, der Bewegung. Keine Angst; auch Verlassenheit war nicht mehr zu fühlen; dahinten legte der Freund den Weg zurück statt Mangolfs. Teilte mit ihm den Weg, die Angst, die Gefahr. Wußte gewiß schon alles, noch bevor er das Ohr neigte. Der Abend fiel, sie kamen sich näher im Dunkeln. Der Wagen nahm eine Wendung schlecht, Mangolf ward nach vorn geworfen. Erschrecken, war nicht der Freund verunglückt eben jetzt?

Ankunft in der kleinen Stadt, das Gasthaus. Niemand da. Mangolf wollte nicht essen ohne den andern, aß dennoch, damit die Zeit vergehe, aber statt der vergangenen kam nur noch schwerere. Er ging aus dem Haus, warum? Betrat einen Platz, welch ein Druck! Es war der Dom; gedrängt, halb in der Erde, wuchtete er, allein und nachtgrau. Im Abstand die leeren alten Gassen wurden nach den ersten Schritten die Nacht selbst. Zurück zum Dom, die Fledermäuse strichen. Ach! beim wagehalsigen Gedränge des besonnten Platzes heute mittag ließ sich der Tag noch leben, selbst wenn es der letzte war. Hier nicht.

Schritte hinter jenem Pfeiler: sie standen voreinander. »Mein lieber Wolf, ich suchte dich«, sagte Terra. Mangolf schwieg, und Terra verlangte noch nicht, daß er spreche. »Wir sind offenbar an verschiedenen Punkten dieses Nestes gelandet, mein lieber Wolf. Ich bin nicht müde, aber hier steht eine Bank. Sie steht unter blühenden Fliederbüschen, beschattet vom tiefen Winkel der Kirche, und auch einige verwitterte Gräber lassen es sich nicht nehmen. Es zeugt einzig und allein für die hoffnungslose Versumpftheit des Nestes, daß auf der Bank kein Liebespaar sitzt. Bei Gräbern, den bekannten Vertrauten! Sogar ein Wasser murmelt wer weiß wo. Wir ersetzen das Liebespaar, wir übernehmen es, zu murmeln mit dem Wässerchen.«

Und Mangolf beichtete. Terra ermutigte die halblaute Stimme mit Neigen des Kopfes, einem sanften Umfassen des Armes. Als Mangolf im Fluß war, wild flüsternd hinsprang auf jede böse Stelle und weiter, sprach Terra scharf hinein: »Weiter!« und »Vorzüglich!« Am Ende lachte er, es schallte grausam, Mangolf sank über sich selbst. Aufstehend sagte Terra. »Mein lieber Wolf, ich hatte es nicht anders von dir erwartet« – und ging.

Die zornigen Schritte hallten; sie stockten; kehrten um. Mangolf saß über sich gebeugt. Terra stieß hervor: »Du bist kein Mann von Ehre!«

»Ist das wirklich dein Standpunkt?« fragte Mangolf.

»In der durch nichts berechtigten Annahme, ich könnte mich zu einem Schäferstündchen bei Frau von Tolleben einfinden, hast du ihren Herrn Gemahl wie einen tollen Hund auf mich gehetzt. Es soll dir erlassen sein, aber du kompromittierst auch die Dame!« – »Was für Worte«, sagte Mangolf. »Brauchen wir doch Worte, die zu uns passen. Ich habe dich verraten, dafür werde ich bestraft.«

»Wenn Frau von Tolleben sich an dir zu rächen wünscht, kann ich es ihr bei Gott nicht verdenken« – womit Terra sich nochmals zum Gehen wandte. Er machte aber nur die Drehung um sich selbst, dann saß er wieder. »Erkläre mir gefälligst das eine«, sagte er viel weniger entschlossen. »Wie kommt ein Mensch unseresgleichen mir nichts dir nichts zu einer solchen riesenhaften Produktion kindischer Niedertracht. Du bist mir ein Rätsel, mein lieber Wolf.«

Aber sein Ton war nichts weniger als verwundert. Mangolf hob den Kopf, sie sahen sich an, jeder verstand durchaus den geschehenen Mißgriff. Einfacheren als sie lief das nicht unter: keinem Einfacheren, der handelte. Terra sagte, selbst die Stirn in Falten der Schuld: »Und ich? Noch im Winter bei der Altgott hattest du die schönste Gelegenheit, mich direkt vom Galgen herunterzuschneiden, so hatte ich gewirtschaftet. Und wenn dein sauberer Plan, mich abzufassen mit Alice, mißlingen mußte, Gott ist mein Zeuge, daß es nicht an mir lag. Ich habe deshalb noch kein Recht, moralisch auf dich herabzusehen. Du bist einfach an der Reihe, dich aufzuhängen, und ich, dich abzuschneiden.«

»Ich kenne deine Ausdrucksweise«, murmelte Mangolf, indes sie Arm in Arm von dannen gingen.

»Unverzeihlich ist einzig und allein deine gottverlassene Dummheit«, behauptete Terra. »Gut, einen Mann, dem sonst nicht beizukommen wäre, beseitigt man herkömmlicherweise vermittelst der Geschlechtsmoral. Aber ist dir denn keinen Augenblick der simple Gedanke gekommen, dich an deinen Gegner selbst zu halten, anstatt an die unschuldige Frau? Wozu lebt eine Fürstin Lili?«

»An Lili dachte ich nicht« – Mangolf spähte erstaunt in die Nacht. »Tatsächlich«, fand er, »das Mittel war unfehlbar, wenn auch vielleicht nicht tödlich für den Patienten. Er soll noch immer bei Lili hängen, wohl wegen des Kindes.«

»Das deins ist«, sagte Terra.

»Er konnte aus der Sache lächerlich genug hervorgehen, um wenigstens dieses Jahr noch nicht Staatssekretär zu werden. Was wollte ich mehr? Aber –«

Mangolf blieb stehen.

»Jetzt siehst du selbst die Hauptsache nicht. Deine Alice wäre in ihrem Ehrgeiz getroffen. Glaubst du, daß irgendeine andere Art, sie zu treffen, ihr schmerzlicher sein könnte?«

»Nein«, sagte Terra, stand da und sah vor seine Füße hin. Mangolf atmete nicht. Endlich rührte sich Terra. »Abgemacht. Wir fahren geradeswegs zu Lili. Du mußt leben.«

Worauf Mangolf schnell, ganz schnell nach seinem Arm griff. Schweigend gelangten sie aus der Stadt. Dort sagte Terra. »Hier draußen habe ich das Automobil deines Herrn Schwiegervaters stehengelassen. Es schien mir richtig, die Stadt ohne auffallendes Geräusch zu betreten. Wir besprechen so zarte Dinge.«

Um ihr Vorgehen gleich zu entwerfen, kehrten sie um, verließen aber auch den Domplatz nochmals. Wieder zurück ins Freie gelangt, sahen sie den Tag dämmern. »Ich bin nicht müde«, sagten sie, »es war so anregend. Aber ich habe Hunger.«

Sie frühstückten ausgiebig, gleich darauf bestiegen sie das Auto Mangolfs; vor der Stadt schickte Terra das seine fort. Zuerst noch langsam rollten sie durch das neu erhellte Blühen, durch ein Land von zwitschernden Gärten. Solche Frische, solche Nähe der Erde war unbekannt noch kürzlich, als nur die Bahn fuhr. Das Duell war abgetan, sie atmeten, sie lobten die Unabhängigkeit ihrer Reise, die unerhörte Bewegungsfreiheit des Reichen in seinem Auto, dieser neuen Erfindung zugunsten der einträglichen Berufe. »Ich mag ein Schurke sein«, sagte Terra, »daß ich mich verkauft habe an deinen Herrn Schwiegervater. Aber das Autofahren lohnt es« – indes er gemessen grüßte in die anderen Autos, die vorbeijagten. »Alles Industrie«, erklärte Terra, laut und angeregt. »Wir sind jetzt immer unterwegs. Die Straßen beherrschen nur wir. Unsere Autos, die aneinander vorbeijagen, bringen uns unwiderleglich zur Anschauung, daß wir eines Tages auch das Land beherrschen könnten. Erledigt die Ritterschaft. Die bürgerliche Macht der Industrie überrennt sie im Auto – und mit der Flotte.«

Mangolf, Aufschrei des Stolzes: »Tolleben kein Problem mehr, wo ende ich dann?«

Hier mußten sie stoppen. Wildbewegtes Durcheinander von Menschen und Geräten: ein Auto, ein Mistwagen ineinander gefahren, herzugelaufenes Bauernvolk unterstützte den wütenden Mistfahrer, zwei bedrohte Reisende drangen gegen so viel Geschrei nicht durch. Da riesige, von Mist bedeckte Gabeln zugriffen, sprangen sie auf ihren Sitz, machten Schwimmbewegungen in ihren großen Brillen und Mänteln, heulend nach ihrem Chauffeur. Der war fort. Kritische Minute, zuletzt blitzte in einem Herrn die Rettung. »Prinz Heinrich!« rief er. »Wir sagen es Prinz Heinrich! Hier ist überhaupt eine bekannte Autofalle. Das bekommt euch schlecht. Unser Präsident ist Prinz Heinrich.«

Das Bauernvolk stutzte. Schwerlich kannten sie den Prinzen, aber je dunkler die Drohung, um so wirksamer, die Gabeln senkten sich. Auto und Mistwagen wurden getrennt, Mangolf schickte seinen Chauffeur zu Hilfe, jetzt kam auch der andere zum Vorschein. Die Herren demaskierten sich, welche Überraschung: Doktor Mörser! Graf Haunfest! Das schmutzfarbene Gesicht und das geschminkte.

Man plauderte, man rauchte Zigaretten, indes, durch Geld bezähmt, das Bauernvolk hilfreich den Mist vom Auto putzte. Hackenschlagen, Händedruck, zwischen bewundernden Spalieren startete man nach zwei Richtungen.

»Du siehst«, sagte Terra, »Graf Haunfest fährt sogar mit nach Knackstadt.« Das sei Freundschaft, erklärte Mangolf. Worauf Terra: »Der Knacksche Neffe hat vornehme Passionen. Gestehen wir es unumwunden ein! Unsereiner muß wohl von Klasse sein, wenn Knacks Neffe sich Grafen hält. Die Industrie folgt ihren Zwekken. Das alleinige, unverbrüchliche Recht, zu beurteilen, ob von den Herzensbeziehungen des Herrn Doktor Mörser die Firma ihren Vorteil hat, liegt bei Herrn Geheimrat Knack.« – »Von Knack«, betonte Mangolf.

»So ist es erreicht?« Terra rieb eifrig die Hände. »Eine große, aber nach meiner unmaßgeblichen Meinung mit wer weiß wie folgenreicher Tätigkeit redlich verdiente Auszeichnung.« Übertrieben im Ausdruck, sofort faßte Mangolf Mißtrauen. »Du bekundetest schon vorhin für die bürgerliche Macht der Industrie ein Interesse, das an Begeisterung grenzt.«

»Was willst du«, Terra gab sich beruhigend, »ich bin ohne Widerstand gegen Erscheinungen, die ihre Vollendung in sich tragen. Knackstadt, Burg der tausend Essen, wie einstmals Städte ihre Kirchen zählten! Die ganze tätige Intelligenz eines großen Landes, sein Wille zusammengezogen in Knackstadt. Rauchender Wille, dröhnender Wille. Nur ihn bedient das Kapital. Das Rüstungskapital, von Knackstadt drängt es, der Grenzen und Meere spottend, zu den Ländern der Erde; begegnet dem anderen Rüstungskapital, das von dorther drängt, und befreundet sich mit ihm, trotz Feindschaften der Länder.«

»Kannst du das beweisen?« fragte Mangolf dazwischen. Terra, ernüchtert: »Ich bin Syndikus der Firma. Als reiner Jurist vertrete ich blindlings ihre Interessen, verlaß dich darauf. Ich sitze in Berlin, ich fahre nach Knackstadt nur zum Vortrag.« Wieder stärker: »Aber ich müßte ohne einen Funken wahren Gottesbewußtseins geboren sein, wenn die geschaffene Welt in ihrem höchstmöglichen Ausdruck mir verschlossen bliebe.«

»Der liegt in Knackstadt?«

»Knackstadt und sein Betrieb tragen das göttliche Mal, sie sind einzig und allein um ihrer selbst willen da.«

Mangolf, verletzt: »Ich dachte, auch die Rüstungsindustrie sei Werkzeug der Politik.«

»Wir alle sind Werkzeuge, aber wessen?« sagte Terra, es klang zu geheimnisvoll. Mangolf zuckte die Achseln. Aber Mißtrauen blieb. Was meinte Terra. Wieviel hatte er erfahren – und drohte er denn? Knack warnen vor diesem Windungsreichen, Niegefaßten: ganz zwecklos. Mangolf prüfte – indes Terra unbeirrt weiter in zweideutiger Weise aufschnitt. Er sprach von der Dämonie der Gewöhnlichkeit in Knack und von dem grotesken Grausen, das seine ungeheure Seele bildete, belebte sie die Form seines Geschöpfes Doktor Mörser.

Unheimlich berührt schloß Mangolf die Decke fester um sich, bestrebt, sich zu scheiden von Terra. Wem hatte er sich anvertraut! Bei wem stand nun sein Leben. Stumm versank Mangolf, erbitterte Furcht hatte ihn wieder. Terra erhob die Stimme noch mehr, auch seine Gedanken stiegen zusehends. So kamen sie in Berlin an.

Mangolf hatte beschlossen, sich im Auswärtigen Amt blicken zu lassen. »Es ist Mittag«, stellte Terra fest. »Um zwei Uhr sind die Dinge geregelt, du hörst von mir.« Und er ging zu der Frau von drüben.

»Mein Sohn ist noch nicht aus der Schule zurück?« fragte er dort. Man sagte ihm, daß die gnädige Frau sich ankleide, er wartete. Überaus helles Zimmer in Rosa und Gelb, abgeschafft das Halbdunkel jenes maurischen Kabinetts. Dann ließ sie ihn ein. Sie drehte sich vor dem freistehenden Spiegel, auffallend schlank und in Trauerkleidung. Terra begann, wie immer:

»Ich kann dir versichern, daß nach meiner heiligsten Überzeugung deine beste Zeit erst anfängt. Du wirkst jeden Tag mädchenhafter.« Sie sah ihn an, keineswegs dankbar. »Als Frau von Klasse ist man jetzt schlank«, sagte sie, sich weiter drehend über hohen Beinen. Er bestätigte:

»Wir wachsen in ein neues Jahrhundert hinein. Man braucht nur dich anzusehen und weiß alles.«

»Wem willst du damit eins geben, dem Jahrhundert oder mir?« Nicht ohne Gereiztheit.

»Habe ich mir schon jemals einfallen lassen, an dir etwas auszusetzen?«

»Versuch es mal! Ich spiele Tennis, Polo, Golf, ich chauffiere, ich boxe.«

»Im vorigen Jahrhundert hieltest du Siesta in verdunkelten Gemächern.«

»Mache mich nicht älter, als ich bin!«

»Wie könnte ich? Du bist das unzerstörbare Geschlecht ... Trauer ist das Neueste?« fragte er. »Das trifft sich. Gerade du wirst in Trauer die ungeahntesten Erfolge haben.«

Hier verließ sie den Spiegel, sie trat vor Terra hin, sie brach aus. »Tu doch nicht, als wüßtest du nicht, daß Finkenburg tot ist!« – »Gerade deshalb komme ich«, sagte er aus Überraschung. – »Und gratulierst mir die ganze Zeit!« Tränenerstickt.

»Soll ich dir denn –? Um Gottes willen, schade deinen schönen Augen nicht! Jetzt weiß ich, wo ich seinen Namen schon gehört hatte. Er war dir teuer. Du hast einen fühlbaren Verlust erlitten.«

»Wer bezahlt nun meine neuen Möbel!« seufzte sie, und sie gab sich an Terra wie an den Schmerz, er mochte sie streicheln, ihr heller gewordenes Haar, ihr verjüngtes Gesicht, dies Gesicht des Lebens, das nicht trauert, selbst nicht mit geschlossenen Lidern, erlöschenden Farben und geknickt auf engem schwarzen Stiel. Er fand sie in ihrer neuen Fassung verwandt ihren noch unbezahlten Möbeln, flach, gestreckt, viel Metall, matte Töne – aber hart, die gewagten Ornamente im Grunde exakt wie Maschinen.

»Sprechen wir geschäftlich!« sagte er und zog Stühle her. Sie war sofort bei der Sache. »Mein Kommen«, erklärte Terra, »soll einen neuen Unglücksfall verhindern. Du hast den Grafen Finkenburg eingebüßt, es möge dir erspart bleiben, auch noch die beiden Väter deines jüngsten Kindes zu verlieren.« Er setzte ihr das Notwendige auseinander. Ihre schriftliche Erklärung, das Kind sei von Tolleben, und alle Beteiligten konnten ruhig schlafen. Niemand schlägt sich gern, sie tat allen den größten Gefallen, zuerst Tolleben. Ihre schriftliche Erklärung kam natürlich niemals ernstlich zur Verwendung. Tolleben wartete nur, daß irgend jemand diesen leichten Druck auf ihn ausübte, damit er aus der Sache kam.

»Das glaubst du selbst nicht«, wandte sie ein. »Über Kavaliere sind wir uns klar. Ich will dir nicht zu nahe treten, du bist nie einer gewesen.«

»Deine gesamten Möbelrechnungen würden selbstverständlich auf Heller und Pfennig beglichen werden.«

»Ich bin in den Kreisen, wie du weißt, intim. Zu Gemeinheiten gegen Herrn von Tolleben kriegst du mich nicht.«

»Das macht deinem Charakter nur Ehre. Ich darf dich freilich daran erinnern, daß du ihm ein falsches Kind aufbindest.«

»Das hat nichts damit zu tun«, behauptete sie, und ohne erkennbaren Zusammenhang: »Dein Mangolf zahlt doch auch nichts.«

Als er dringlicher ward, kleidete sie ihre Weigerung in Spott und Hohn. »Du kommst von deinem Freund. Was du mir vorerzählst, kann nicht stimmen, der Raffinierte ist in der Sache dein Freund, und jetzt möchte er kneifen. Das kann ich verstehn, Herr von Tolleben schießt blendend.«

»Aber unser Freund Mangolf hat Glück«, sagte Terra mit Bedeutung. »Schon mußte ein unbeteiligter Herr, nur weil er Zeuge war, daran glauben.«

Sie zeigte Unwillen. »Willst du mich dumm machen? Graf Finkenburg wäre sowieso von seinem Burschen erschossen worden.«

Was blieb noch übrig. Terra stand auf, er sagte, die Worte scharf auseinander haltend: »Du willst nicht? Gut. Dann handle ich selbst. Ich bestelle Tolleben zu dir, und so wahr der Himmel mich hört, von mir kriegt er die Kugel.«

»Hier bei mir?«

»Hier bei dir.«

Sie sah ihn lange an, ob es ernst sei. »Gewissermaßen imponierst du mir« – worauf sie vorschlug, sie wolle Tolleben zum Verhandeln bringen. »Schließlich hat er wohl auch nichts dagegen, man tut ein gutes Werk. Ich hole ihn gleich her, du kannst mit deinem Freund kommen. Aber ohne Revolver.« Als dies zugesichert war: »Und die Möbel?«

Wenn alles gut gehe, würden sie bezahlt werden, versprach Terra. Seinerseits begab er sich zu Heckerott. Kurzweg und mit der Miene eines hohen Vorgesetzten erklärte er dem General, das Duell sei unerwünscht. Es störe geschäftlich, es greife störend in die Beziehungen des Hauses Knack zur Reichsregierung ein, das sei im nationalen Sinne unerwünscht. Der Alldeutsche Verband werde unfehlbar die Folgen spüren.

Die Knackschen Zahlungen drohten auszubleiben? Das wirkte augenblicklich auf den Ersten Vorsitzenden des Verbandes. Auch ihm, sagte er, seien inzwischen Bedenken gekommen. Er hatte sogar die Vertreter Tollebens ihnen nicht unzugänglich gefunden, besonders im Hinblick auf das rasche Ende seines ersten Sekundanten. Ein Glück, Tolleben war abergläubischer als die Frau von drüben! Terra vermutete überdies, daß Alice die Sache richtig zu sehen anfange, sie bildete scheinbar kein Hindernis mehr. Heckerott sah überhaupt keins. Er dankte ausdrücklich Herrn Terra für einen Schritt, der vom privaten wie vom öffentlichen Standpunkt fraglos geboten gewesen war. Gerade die Ehre verlangte, daß zwei deutsche Männer wie Doktor Mangolf und Herr von Tolleben Arm in Arm gingen. Eine persönliche Zusammenkunft der beiden Gegner, wie Herr Terra sie vorschlug, war der geradeste, daher der deutsche Weg. Der General übernahm es, Tolleben durch seine Zeugen ohne Zeitverlust zur Fürstin Lili zu schaffen.

Terra ging selbst hin, als die Verhandlung begonnen haben mußte. Die Dame des Hauses war mit drinnen. Zwei Zimmer entfernt fand Terra seinen Sohn Claudius über einer Briefmarkensammlung. »Dein Freund macht glänzende Geschäfte mit dir«, sagte der Vater nach Prüfung der Tauschobjekte. »Aus deinem Aufsatzhefte entnehme ich, daß auch dein Klassenlehrer dich für einen ausgemachten Esel hält. Das läßt sich vermeiden, der Dümmste kann es. Lerne, dich einfach so auszudrücken, daß nicht du, sondern er seine Freude daran hat. Bleibe das eine für dich, sei das andere für ihn, so ist das Leben.

Du kannst nicht einer Welt, die auf alles andere eher gefaßt ist, dauernd dein besseres Selbst an den Kopf werfen, das führt zu Bankrott und Selbstmord … Von dem Gesicht, das du jetzt machst, liest jeder schlankweg ab, wieviel an dir zu verdienen ist! Du bist elf Jahre alt, und du trägst meinen Namen. Ich muß anfangen, dich einzuführen.«

Wobei er mit brennendem Ernst die klaren grauen Augen, die fliehen wollten, festhielt. Zwei Zimmer weiter erhoben sich Stimmen. »Bei deiner Mutter«, erklärte Terra, »sind zwei Herren, um einander etwas abzuhandeln, nämlich das Leben. Kriegt jeder das Seine vom anderen heraus, verdient deine Mutter. Du mußt wissen, daß es die anständigste und seltenste Art des Verdienens ist, Leben zu vermitteln. Die meisten sind Makler des Todes.«

Noch sprechend, ahnte der Vater: »Was tue ich. Immer nur Mißtrauen lehren, Einblicke verschaffen, immer nur Bekämpfung weicher Gefühle: so meine ich's nicht, hier geschieht ein Irrtum. Man sollte sich näherkommen.« Der Knabe aber begriff. Er preßte den Mund wie der Vater, da wurde ihm klar, der Vater sei weich und liebe ihn. Sofort erschloß er sich. Augenblick des Vertrauens; an diesen ernsten, rätselhaften Vater wagte man doch in solchen Augenblicken Fragen, die bei der soviel umgänglicheren Mutter sich verbaten. Gerade ward, zwei Zimmer entfernt, die Stimme der Mutter laut wie im Zorn. Der Knabe sagte schmeichlerisch: »Bitte, Papa, warum heißt Mama Fürstin?« – »Weil sie das Recht hat, so zu heißen«, sagte Terra mit Nachdruck. »Sie trägt einen vollgültigen Namen, ich habe sie nie anders gekannt.«

Der Knabe dachte hierüber nach. Er dachte mit äußerster Kraft, der Körper litt darunter und stand schwächlich da. Dann nahm er die Brauen auseinander, da entdeckte er seinen Vater erst wieder. Sah zu ihm auf, die Unschuld selbst:

»War meine Mutter noch bei dem Fürsten, als ich zur Welt kam?« fragte er. Helle Stimme, klare graue Augen; vielleicht steckte nichts hinter der Frage, außer kindlicher Gedankenlosigkeit. Oder aber sie hätte vielversprechende Aussichten eröffnet. Terra versuchte ihren Sinn herauszubekommen. »Deine Mutter«, sagte er, »ist aus einer höheren Welt nur zeitweilig ausgeschieden. Sie macht Prüfungen durch. Da sie aber, wie du weißt, sich unentwegt als schöne und großartige Dame erhält, kann es nicht ausbleiben, daß ihr hoher Gatte, der Fürst, sie eines schönen Tages wieder in den gewohnten Glanz zurückholt. Möchtest du mit?«

Dies kam plötzlich, der junge Claudius zuckte leicht, schluckte auch erst hinunter. »Nein, Papa.«

Inzwischen umfaßte Terra seine Schulter, eine schwächliche Schulter, die unter seiner Berührung ein wenig nach vorn wich ... Der Knabe senkte den Kopf, sein Vater hatte nur die Stirn vor sich, gewöhnliche Stirn von richtigen Maßen, so undurchdringlich wie jede fremde. Dies Kind ward einst gezeugt mit so stürmischem Sehnsuchtsdrang, daß es selbst vielleicht keinen mehr übrig hatte, oder nur falschen? Wieviel Widerstreitendes in dem Anfänger, worauf kam es später hinaus? Der Vater küßte ihn in die Haare. Zwischen den Strähnen von verschiedenem Blond senkte er das Gesicht tief ins Dunkle.

Hier schlug eine Tür, gleich darauf drang die Mutter ein. Sie hielt kurz an. »Was erzählst du ihm wieder? Mir ist es immer verdächtig, wenn ihr munkelt. Siehst du, er schämt sich, er läuft.« Denn der Knabe machte, daß er hinauskam.

»Übrigens kannst jetzt du selbst den beiden Irrsinnigen das Leben retten, ich rühre keinen Finger mehr, man platzt vor Wut.« Tatsächlich sah sie erhitzt aus. »Noch ein kleiner Ruck!« verlangte Terra. Aber sie schalt lauter. »Die beiden haben ihre Ehre in die falsche Kehle gekriegt. Rate, wer jetzt der Verrückteste ist! Dein Freund, er will durchaus Blut sehen, er läßt den anderen Idioten nicht aus dem Vertrag!«

Worüber auch Terra sich geräuschvoll erzürnte. Man solle sich hüten. Wenn die beiden darauf beständen, einander totzuschießen, werde es unabsehbare Folgen für sie haben. Mit seinem Geräusch erreichte er, daß sie kalt wurde. Sie brachte einen Gedanken vor. »Alle beide sollten sich ihre Gemeinheiten schriftlich geben, dann hat die liebe Seele Ruh.«

Wie sie das meine? Sie ward deutlicher. Auch Tolleben hatte es schließlich nicht nötig, sich über den Mangolfschen Angriff auf seine Gattenehre übermäßig aufzuregen. Schließlich kam er immer noch her, an ihm lag es nicht, wenn kein Kind da war – Hand vor den Mund und auf den Stuhl fallend, denn hatte sie jetzt sich nicht ausgeliefert? Er beruhigte sie.

»Nach dieser neuen Wendung der Dinge«, äußerte er gelassen, »hinge es wohl nur noch von mir ab, dem Protokoll die Fassung zu geben, die ich im Interesse meines Klienten vorzuschlagen die Ehre hatte. Bei reiflicher Überlegung halte ich es indes für zweckmäßiger, wenn jeder der beiden Gegner dem andern etwas gegen sich selbst in die Hand gibt. Mein Klient legt schriftlich nieder, daß er vermittelst abgefeimter Briefe eine nicht vorhandene Eheirrung im Hause Tolleben vorzutäuschen bestrebt war. Herr von Tolleben bezeugt ausdrücklich, daß er, nicht zufrieden, von der rühmlichst bekannten Fürstin Lili eine Tochter zu haben, den Verkehr mit der Dame auch während seiner Ehe und bis zum heutigen Tage fortgesetzt hat. Nun, mein Kind, die Welt erwartet, daß du deine Pflicht tust. Geh!« Dies in einem gewissen Ton. Sie ging augenblicklich.

Terra, allein geblieben, horchte auf. Nichts rührte sich – plötzlich alle Stimmen durcheinander. »Das glaube ich«, sagte Terra laut. »Die Scham ist noch mehr verletzt, wenn beide gestehen müssen, als wenn nur einer sich in der Lage sieht. Der eine findet doch seinen Trost an der Intaktheit des andern. Die Übereinkunft, wir seien anständige Menschen, bleibt halb gewahrt, solange nur ich selbst der Schuft bin.«

Das Stimmengewirr verzagte, es gab klein bei. Stille; nur Terra für sich allein: »Schreibt, meine Freunde! Schreibt euren Lebenslauf, widmet ihn einander! Es ist das einzige Mittel, den Ehrgeiz solcher Personen, wie ihr seid, in Schranken zu halten. Ihr beide wenigstens werdet Gründe haben, einander zu schonen – und damit uns alle. Hätte jeder den Lebenslauf des andern im Safe, vielleicht käme kein Krieg!«

Er sprach tönend, er durchschritt das Zimmer mit geschüttelten Fäusten, in seinem Gesicht arbeiteten Leidenschaft und Hohn. Schritte kamen, er hörte nicht. Wie schon die Tür sich bewegte, erkannte er, wessen Schritt. Terra konnte nur noch zum Fenster treten und den Rükken wenden. War Tolleben vom Gehabten mitgenommen genug, daß er die Begegnung übersah, indes er hindurch und abging? Es war nicht zart, ihm zu begegnen – »obwohl wir beide nun schon gewohnt sein könnten, uns jedesmal gerade im peinlichsten Augenblick zu begegnen«.

Dann kam auch Mangolf, der Freund ging mit ihm. Im halbdunklen Flur lief das kleine Mädchen herbei: »Papa!« rief es – hielt aber an und schwieg. Es erkannte seinen Vater in keinem von beiden.

»Ich bringe dich nach Hause«, sagte Terra, kaum daß er draußen das Gesicht des Freundes sah. Aber Mangolf bat, mitkommen zu dürfen, sie fuhren zu Terra. Da saß er, totenbleich mit gelben Schläfen; die Brauen sträubten sich schwarz über dies verfallene Gesicht hinaus. »Wir sollten auf zwei, drei Tage fortgehen«, schlug Terra vor.

»Ich kann viel länger fortgehen«, sagte Mangolf. »Ich bin fertig«; – und dies Gesicht war das Leiden und die Tiefe; Augen, worin die Bosheit des Lebens mutlos niederbrach, ein Mund, der sich schloß, begierig, nicht mehr zu wissen.

»Dann wäre auch Tolleben fertig«, sagte Terra. »Er ist von dir abhängig, wie du von ihm.«

»Ihn entehrt es nicht«, sagte Mangolf, übermenschlich stolz.

Pause. Dann Terra, die Augen gesenkt: »Ich habe für dich getan, was ich konnte.«

»Niemand beschuldigt dich. Alles liegt wieder normal wie nur je. Ich muß mich nicht erschießen lassen. Tolleben als Schwiegersohn wird Staatssekretär, dann Kanzler. Das hätte ich haben können ohne dies Abenteuer.« Mangolf kam in Erregung, er arbeitete sich ab auf seinem Stuhl. »Der Unterschied, nach dem Abenteuer, ist nur, daß jetzt kein Ausbrechen mehr erlaubt ist, ich bin nun ohnmächtig gegen die glatte Mittelmäßigkeit. Was denn! Stützen muß ich sie! Aus Furcht, aus Furcht werde ich immer mit Tolleben gehen müssen!«

»Wie er mit dir«, wollte Terra einwenden, aber es war kein Einwand. Er sah dem Unglücklichen zu, wie er aufsprang, wie er tobte. »Schieß mich nieder! Wozu hast du mir das Leben gerettet, schieß mich nieder! Einem Feigling soll man die einzige Gelegenheit, gut abzugehen, nicht nehmen. Ich bin feige, du hast es heraus. Fast hätte ich das Duell zuletzt noch erzwungen, aus Furcht vor meiner Feigheit. Ich habe mich satt.«

Er warf sich auf den Diwan, Gesicht ins Kissen, er stöhnte: »Lüge, Lüge, ich gehöre nicht dorthin, wo ich stehe, es ist der mir feindlichste Geist. Ich darf nicht Erfolg haben, mein Erfolg wäre das Ende von allem. Ich, der ich mich verkauft habe an den Erfolg! Ich muß weiter, muß weiterleben für den Erfolg. Auch jetzt noch, begreifst du das?«

Zehnmal dasselbe, allmählich stiller im Schmerz: »Begreifst du das? Du hast es heraus, mein sträflichster Stolz ist meine äußerste Selbstverleugnung. Kann ich mich an die Spitze nicht mehr kämpfen, werd ich hinaufkriechen. Werde mich prostituieren. Werde die Schande laut eingestehen. Werde enden in Schimpf und Schande.«

Er lag ohne Regung, er wimmerte nur noch manchmal. »Ich habe mich satt. Warum mußtest du mir das Leben retten. Du wirst es bereuen.« Dann war er eingeschlafen.

Terra, der davorsaß, erkannte, daß vor allem diese Stunde bereut werden würde vom einen wie vom andern. Sie würde nie erwähnt, aber auch nie vergessen werden. »Eines Tages läßt er mich redlich büßen für diesen seinen Nervenzusammenbruch, bis dahin wird er selbst ihn büßen. Unsere Freundschaft ist seit heute noch unerbittlicher.«

»Und Alice?« sagte er sich auch. »Wie kann ich ihr noch unter die Augen treten.« Er sah wohl, daß er bei einem Namen die Fassung verlor, wie als Knabe, konnte es aber nicht ändern. Er hatte sie noch nie verraten. Man werde sich auch hieran gewöhnen müssen, sagte er sich. »Vier Fünftel meiner Bekannten sind Leute, gegen deren Interessen ich tue, was ich kann. Im Grunde gehört zu ihnen auch Alice Lannas. Nur daß ich sie gerade noch persönlich schonte. Aber sie kam auf den Gedanken, den ältesten Widersacher meiner ganzen Existenz aus der Welt zu schaffen. Ihn brauche ich, da mußte ich einschreiten.«

Er hatte zynisch zu sein als Geschäftsmann gelernt, noch nicht als Liebender. Wochen, dann Monate vergingen bei Entwürfen zu Erklärungen, bei Plänen, wie alles vor ihr abzutun wäre mit ungeahnt leichter Hand. Aber da das Herz immer schwerer ward, versprach es ihm auch keine leichte Hand mehr. Von Alice nichts, kein Zeichen, er dürfe wiederkommen. Schon drohte das endgültige Gesicht der Dinge, Entfremdung, Vergessen ... Als ob es sein könnte! Mitten in geschäftlichen Verhandlungen lehnte er sich auf gegen den unsinnigen Verlust. Menschliche Zusammenhänge, die so weit her kamen! Unentbehrlichste Prüfungen, an denen er wuchs!

Er ward dann zusehends schärfer gegen Vertragsgegner, die ihn mehr fürchteten und weniger leicht aufgaben, als jene Frau. Schlimm genug, daß dies wohltat. Sich einfühlen in solche Menschen, lenkte nur zu wirksam ab von dem nie ganz erkannten Wesen, das inzwischen verlorenging. Sie schien ihm rätselhafter aus der Ferne, vom Sinn des Schicksals, das mit uns schaltet. Zu werden wie die Vertragsgegner, brauchte es nur Willenskraft. Vielleicht half auch, daß eben sie nicht zusah. Vertragsgegner wie Vertragsfreunde gewöhnten sich sichtlich, ihn für voll zu nehmen. Dahin die ironische Hochachtung für den Intellektuellen und seine verdächtigen Ansprüche. Terra redete nichts Schwieriges mehr, er verklausulierte nicht. Fast war ihm zu trauen. Massig, klotzig und unbeirrt aufs Geld los, er gehörte dazu.

Schon kam ein neues Jahr. An einem Morgen des Mai sah er im Tiergarten eine Reiterin. Vor sechs Uhr, erste Straßenbahnen, nur Arbeiter – aber die Dame trabte munter dahin. Aus Schreck blieb er stehen, klopfend wartete sein Herz. Ja, schon kehrte sie um.

Sie hielt bei ihm an, sie sagte: »Auch Sie so früh? Warum nicht zu Pferd? Waren Sie denn immer in Berlin?«

»Eins nach dem andern, meine gnädigste Gräfin« – wobei er staunte, denn gleich hatte er wieder den Ton von früher, die ausdrucksvolle Sprechart, die seinesgleichen nicht zustand. Er schloß daher: »Ich lebe in einer ganz besonderen Welt ... Sie waren den Sommer in Norderney?« begann er wieder. »Den Winter in Italien?«

»Ich habe weniger Zeit, als Sie denken«, sagte sie sachlich. »Sie konnten wohl das ganze Jahr nicht fortgehn aus Ihrer besonderen Welt. Bewegung können Sie sich wohl nur um fünf Uhr morgens machen.«

»Tag und Nacht Auto«, sagte er genauso knapp. Dann mit aufzuckendem Gesicht: »Niemand weiß so bestimmt wie Sie, meine gnädigste Gräfin, daß es Zeiten gegeben hat, da ich einzig und allein Karussell fuhr.«

»Adieu«, sagte sie in die Luft, grüßte und ritt weiter. Noch über die Schulter: »Mein Vater fragt, warum Sie fortbleiben.«

Er ging beschleunigt nach, um sie vom Pferd steigen zu sehen vor der kleinen Tür in der Mauer, neben dem Brandenburger Tor. Durch die kleine Tür war er, wie lange, lange schon, zu jener Frau geschlichen, wie zu einer geheimen Geliebten. Man hätte es glauben können, er selbst hätte es glauben können. Vorbei, er machte kehrt, sein Fuß stieß an welkes Laub, indes es droben neu grünte. Da fühlte er, immer sei, in entscheidenden Stunden mit ihr, welkes Laub an seinen und ihren Füßen hängengeblieben.

Er eilte; sein Geschäftshaus stand, neu erbaut, im neuen Westen. Aus. Nach dieser Begegnung sah die Reichskanzlei ihn nicht wieder, erst jetzt ganz sicher nicht. Wie? Sie trafen sich, die Herzen voll von Vorwürfen, von Scham und Rachsucht – aber kein Wort, und gleich den Ton wie je. Dies war unheimlich. Wie mußten ihre Seelen mittlerweile einander verderbt haben, daß Verstellung prompt kam wie Natur!

Er eilte stärker ... Dabei war er drauf und dran gewesen, zu glauben, endlich würden sie beide tapferer und wahrer. Nur der Fall Mangolf habe sie unterbrochen auf Wegen, die möglichenfalls zu höchsten Dingen führten.

Sie empfing ihn nach ihrer Verheiratung so oft allein zum Tee aus bloßem Freiheitsdrang. Er kam, weil er nun auch ihren Mut lieben konnte. Sie behauptete offen vor ihrem Gatten das Recht, den zu kennen, den er haßte, mochte folgen was immer.

»Aber was konnte schon folgen«, sah erst jetzt der Läufer im Tiergarten, »wenn eine Ehrgeizige sich durchsetzte gegen den ungeliebten Mann. Scheidung war ausgeschlossen, solange die Interessen noch gleichliefen. Ich? Ich –« sprach Terra laut aus, »trennte sie nicht. Ich schloß sie enger. Natürlich hat sie den Mann um so besser beraten; er mußte ihr glauben, ich sei nicht ihr Geliebter.« In sich hinein: »Sie hat ihn überzeugt, er glaubt es nicht.«

Was den Liebhaber demütigte. Er merkte nachträglich: alles seit ihrer Heirat zielte auf seine Demütigung ab. Ihre Sinne, durch die Ehe gereizt und nicht befriedigt, verlangten von ihm Entschädigungen, die nichts kosteten … Bei dem Gedanken nahm er ein Auto, noch schneller fortzukommen.

Dennoch traf gleich nach ihm ein Diener mit Blumen ein. Hätte Terra die Livree nicht gekannt, er wußte doch, aus welchem Garten die Blumen kamen. Wie sicher mußte sie sein, die dankbarere Rolle zu haben! Sie verzieh, sie gewährte. Er durfte zurückkehren, zwecks neuer Prüfungen. Hatte er es sich gewünscht? War er toll genug gewesen?

Er änderte die Richtung seines frühen Spazierganges, aber schon am übernächsten Morgen war sie wieder da. Diesmal hatte sie hinter sich einen Lakaien, bemerkenswerte Abstufung. Sie hielt nicht, sie ließ ihr Pferd nur Schritt gehn; der Mann hinter ihr blieb, gut gezogen, noch etwas weiter zurück. Zu Terra, der neben ihr fußgehn mußte: »Sie sind nicht gekommen, trotzdem bin ich nett, ich sage Ihnen: Papa wird Fürst. Die andern erfahren es noch nicht.« Nicken, trab trab, Terra stand und sank in den lockern Boden.

Meldung an Knack war unvermeidlich, seine Stellung bei der Firma beruhte auf seinen Geheimkräften noch mehr als auf den sichtbaren. Darauf im Telephon die Stimme aus Knackstadt: »Blendend, wir sind erster am Ziel. Morgen bin ich selbst da. Sie aber verlieren keine Minute!«

Terra freilich verlor den ganzen Vormittag, er glaubte, aus Widerstreben. Erst, als er um zwei Uhr hinging, ward ihm klar, er habe so lange gezögert, einzig um Lannas allein zu finden mit seiner Tochter. Er kannte den Tag des Reichskanzlers. Zwei bis drei war darin die Insel. Er gab Unterschriften in der Bibliothek, Alice versah ihn mit Kaffee.

»Herr Abgeordneter, wenn nicht Sie es wären –« sagte der Amtsdiener Söchting. »Heute darf ich in die Bibliothek niemand reinlassen. Heute ist ein Tag.« Sonderbar betont, Söchting wußte! »Na gehn Sie man solange in sein Arbeitszimmer, ich frage ihn. Bei Ihnen kann ich es ja machen.«

»Was Sie aus dem Menschen hier machen, Herr Söchting, das ist er. Sie dienten schon unter Bismarck.«

»Nee. Erst unter dem nächsten.« Söchting öffnete die Tür zur Bibliothek, er ließ Terra im Arbeitszimmer, zwischen Gruppen gedämpfter Prunkmöbel und dem reichen Ofen. Goldbrauner Schimmer, worin Kaiserbilder an alte Meister stießen. Die Büste des Herrn mit Adlerhelm hielt den Schreibtisch im Auge. War er darum so wohlgeordnet? Je sechs gespitzte dicke Bleistifte lagen in gleichen Abständen rechts und links vom Tintenfaß. Vor der Zeichnung des Kaisers »Völker Europas, wahret eure heiligsten Güter!« ein Kinderbildnis, Alice Lannas, gemalt und gewidmet von der Kaiserin Friedrich. Wieder blickten Augen ihn an, die einst in seinem lebensflüchtigsten Zeitpunkt ihm zuerst erschienen, ihn herausforderten, retteten, verurteilten zu dieser Welt. Noch Kinderaugen, und sprachen schon sein Geschick aus ... Da trat sie ein.

»Kommen Sie nur«, sagte sie. Er machte gleich hinter der Tür eine tiefe Verbeugung. »Durchlaucht –.« Keine Antwort, erstaunt ging er näher. Ach so, der Fürst schlief. »Söchting wollte ihn schon aufwecken. Wozu. Er hat einen harten Abend vor sich. Nennen Sie ihn übrigens nicht Fürst, er ist es noch nicht ganz. Aber anders bekam ich Sie nicht her.« Dann erst ließ sie den Erstaunten ihre Hand küssen. Sie schüttelte den Kopf. »Meinetwegen wären Sie nicht gekommen. Ihre Neigung für Papa ist viel ernster. Er macht mir Sorge«, sagte sie, bevor Terra antworten konnte. »Dieser Fürstentitel ist Überspannung, ich würde ihn nicht gewollt haben.« Aufstampfend, um über die Lüge hinwegzukommen.

Sie setzten sich beim Kamin, die Wärme drang durch schmiedeeiserne Ranken. Alice hing besorgt am Vater. Er lag recht eingesunken in seinem hohen Sessel, beim Tisch voll Akten unter der Bücherwand. Terra verglich ihn mit der Figur des jungen Ritters auf dem großen Mitteltisch, zwischen den Prachtbänden. Das Ideal des Systems war jener junge Ritter, aber zu vertreten hatte es der zusammengefallene Zweifler dort.

»Schließlich –« der Blick der Tochter war starr, »hätte er den Fürsten ganz und gar nur auf Grund von Mißerfolgen.« Verwahrungen Terras lehnte sie ab. »Natürlich nennen wir es nicht Mißerfolge. Weder die Entente cordiale noch das spanisch-französische Marokko-Abkommen. Auch nicht den afrikanischen Aufstand, wovon dem Kaiser nicht gesprochen werden darf; und erst recht nicht die Niederlage Rußlands durch Japan. Aber wenn es keine Mißerfolge wären, warum hätte der Kaiser ein so unabweisbares Bedürfnis, sie aus der Welt zu schaffen dadurch, daß er seinen Kanzler zum Fürsten macht?«

»Die Eigenart des Kaisers«, meinte Terra, »die kaiserliche Eigenart.«

»Der Kaiser hat die Ernennung vollzogen, zu ihrer Veröffentlichung fehlt ihm einzig der offizielle Anlaß. Der fände sich doch sonst alle Tage, und grade jetzt muß er fehlen! Der Kaiser ist gereizt und mit Recht, man könnte an unserer Geschicklichkeit zweifeln. Wie? Kein Anlaß, Fürst zu werden?« sagte Alice Lannas, selbst erbittert – worauf beide dem Atem des Fürsten lauschten. Er wurde hörbarer.

»Gräfin! Ich vertraue dem Genie Ihres durchlauchtigsten Vaters«, sagte Terra mit Nachdruck.

»Unterstützen Sie nur seinen gesunden Menschenverstand! Von wem hängt er ab?« Pause. Dann plötzlich mit Falte der Brauen: »Von einem schwachen und furchtsamen Monarchen, der Ruhm will. Sollte er seinen Kanzler jetzt auch für nichts fürsten, früher oder später muß wirklich etwas geschehen. Zum Beispiel in Marokko. Wir müssen von uns reden machen.«

»Wenn nicht am Ende des Redens Krieg wäre.«

»Sie denken doch nicht! Man spielt schon so lange, man wird nur weiter spielen. Überlegen Sie auch, daß diese Affäre, für die wir längst arbeiten, Herrn von Tolleben zum Staatssekretär machen wird. Ich spreche offen; schulden Sie mir nicht Genugtuung?« Der Gläubiger trug das lockendste Lächeln. »Wohin kommen wir?« fühlte Terra. Den Tod im Herzen, sagte er: »Die haben Sie. Mein Freund Mangolf ist in die Unmöglichkeit versetzt, jemals wieder den Interessen Ihres Gemahls entgegenzuwirken.«

»Wie schön«, sagte der Gläubiger. »Alle wären wir einig. Haben schließlich nicht auch Sie darauf verzichtet, sich Kriegsgefahren in den Weg zu stellen? Sie sind bei der Schwerindustrie.« Ganz verändert. Dies war Rache, erklärte Rache für seinen Verrat. Um dieses Wortes willen hatte sie ihn hergezogen! Es saß; er war bei der Schwerindustrie ... Aufspringend stieß er seinen Stuhl gegen das schmiedeeiserne Kamingitter, das rasselte. Lannas erwachte.

Lächeln des Genusses war das erste. Er hatte sich erinnert, er sei Fürst. Dann Sorgenfalte, bei dem Gedanken an den Vorwand. Die Tochter reichte ihm schon die Kaffeetasse. Er befahl, die Stimme noch schleimig, den Hofrat zu sich, wegen der Akten.

»Durchlaucht, es ist nur meine Wenigkeit.« Terra zeigte sich, er sagte das Seine her. »Sind Sie schon länger da?« fragte der Fürst. »Ich war so beschäftigt.« Die Stirn in erzwungenen Wolken: »Nun wollen Sie, daß ich mich freuen soll. Ach! wenn Sie wüßten. Ich darf mit Bismarck sagen: Nie konnte ich mich eines Erfolges richtig freuen. Immer kam gleich die nächste Sorge.« Bekümmert, aber aus den Grübchen brach unaufhaltsam das Glück.

»Durchlaucht werden auch noch Herzog«, sagte Terra überzeugt. Lannas murmelte.

»Der Herzog hat meinem großen Vorgänger kein Glück gebracht« – mit fragendem Blick nach dem Kamin. Dort herrschte ein Wappen: wahrhaftig das Wappen Bismarcks. Nicht sein eigenes hatte der Reichskanzler angebracht in seinem innersten Zimmer; er lebte unter den Augen eines andern.

»Wir sprachen gerade von deinen Sorgen«, sagte Alice, sie bediente auch Terra. Auf eine Frage des Vaters: »Natürlich von Marokko. Dein bewährter Freund Terra ist meiner Meinung. Papa, dies Marokko mußt du einem Staatssekretär übergeben, den der Kaiser vorläßt. Deiner hat kein persönliches Verhältnis zum Kaiser, du schiebst ihn viel besser in eine Botschaft. Der neue Staatssekretär setzt hinter deinem Rücken den Kaiser in Gang. Du bremst. Steigt die Sache doch und mißlingt sie, fällt einfach der Staatssekretär.«

»Der dein Mann ist.« Lannas schmunzelte, aber der Blick war scharf. »Du rechnest also kaum damit, daß er fällt, sondern daß er Erfolg hat.« – »Worauf deine Standeserhöhung sofort amtlich bekanntgegeben wird«, warf sie schnell dazwischen. Lannas aber, unbeirrt: »Meine Pflicht ist, weiter zu blicken. Der Kaiser ist kein Philister; wenn ihr Glück habt, erklärt er gleich den Krieg ... Im Ernst –« Strenge Miene sogar. »Ihr könntet etwas zuviel Erfolg haben – für das Wohl des Reiches«, schloß er. Aber es hieß so deutlich »für mich, für mich«, daß die Tochter, wie ertappt, die Stirn senkte. Die Miene des Vaters blieb streng bis in die Augenfalten; aber aus den Augen, die matter blickten, stahl sich Verlegenheit, ja Schmerz.

Unterbrechung durch den Hofrat. Der Unterbeamte mit dem wichtigen Titel, von Söchting eingelassen, blieb auf der Schwelle stehen; der Raum, obwohl dämmernd goldgrün, schien ihn zu blenden. Auf Anruf des Reichskanzlers marschierte er vor, in seinem schwarzen Rock mit weißer Krawatte. Sein Blick ging starr geradaus, auf die Dantebüste über den Büchern. Der Reichskanzler sagte: »Lieber Polzow, Sie kennen doch meine Tochter. Hier ist Herr Abgeordneter Terra« – worauf der Unterbeamte erst zu sehen wagte. Sogleich war er die Geschmeidigkeit selbst, nahm auch Kaffee an. Er mußte nur wissen, wie er dran war. Man trat doch hier wie in einen glänzenden Familienkreis, und dabei war es Amt. Keine streng geschiedenen Bereiche; hier versah die Geschäfte noch ein großer Herr, voll Wohlwollen für die von ihm noch erhaltene Welt.

»Warum lächen Sie?« fragte Lannas. Der Hofrat, der absichtlich, nur um gefragt zu werden, lächelte, sagte:

»Ich kann nichts dafür. Wenn ich so das alte Bild sehe und dann gegenüber das andere alte Bild, na, sollen Madonnen sein: dann muß ich allemal dran denken, was wir Beamten über die beiden Kinder sagen.« Was sie denn sagten, fragte Lannas, der Unterschriften gab. »Das eine Kind hat Windeln, das andere nicht. Da nennen wir nun das mit den Windeln das irdische und das ohne, das himmlische Kind.« Am Schluß des Scherzes ward er verlegen aussehen, aus Furcht, der Scherz könnte nicht einschlagen. Aber Lannas unterstützte das bescheidene Gemüt.

Terra inzwischen folgte der Tochter zum Mitteltisch. »Gräfin verjüngen sich zusehends, ich weiß nicht, wo das enden soll. In diesem schönen Pariser Kleid, das ich schon einmal geträumt haben muß, sind Sie nur der Hauch einer Frau, man fürchtet, stark aufzutreten.« Er sagte es, weil der Gedanke ihm gekommen war, sie könne schwanger sein, so ungewohnt langsam war sie im Augenblick, so verzogen war ihr Gesicht. Sie erwiderte aber: »Ich hab es mit Papa falsch angefangen. Wie widerwärtig dies alles! Sind wir einander zur Strafe hier?«

Sie nahm nicht den Sessel, den er hinschob. »Fangen Sie es richtiger mit ihm an! Ich warte auf Sie im Garten, bei meiner Pergola.« Sie ging, der Blick des Vaters folgte ihr lächelnd, bis sie fort war; dann lächelte er durchdringend auch noch Terra an. War es wirklich der armselige Beamte, der Lannas erheiterte? Lannas hatte bei seinem Anblick Hintergedanken, er dachte an die Zukunft seines Schwiegersohnes. Wenn die noch jugendliche Bulldogge einst alterte, wahrscheinlich verfiel sie in der Art dieses abgenutzten Beamten, verkümmerte, ward papieren, wie dieser kleine Mann. Gleichheit des Typus war unverkennbar; der Charakter stimmte, nur verdienstlose Unbesiegtheit hielt einen Bismarck noch aufrecht, wo ein Polzow schon vordrängte. »Er muß doch auch mal Mißerfolge haben«, dachte Lannas. Hofrat Polzow stand in Gunst bei Lannas, denn er eröffnete ihm willkommene Ausblicke. »Was sagen also Ihre Kollegen von mir und Bismarck?« fragte der Reichskanzler.

»Daß Sie, Exzellenz, einen leiseren Schritt haben.« Der Hofrat zögerte. Erst auf nachdrücklichen Blick: »Wer genug Forsche hat, sagt, Sie können seiltanzen. Ich werde mich hüten.«

»Warum wollen Sie sich hüten? Bismarck hieß Jongleur. Erzählen Sie das weiter. Auf Wiedersehn, lieber Polzow« – was dienstlich klang. Der Mann, sich zusammenreißen und abmarschieren. Lannas stand auf; in dem Augenblick hatte er seine echt besorgte Stirn, ihre Falten verwirrten sich angestrengt. Die Hände auf dem Rücken, kam er an Terra vorbei. »Sagen Sie, was Sie denken«, bat er. »Woher soll ich in meiner Stellung die Wahrheit über mich wissen.«

Terra, an seiner Seite das Zimmer durchmessend: »Im Jahre 1902 erklärte Eure Durchlaucht einem Pariser Journalisten, die Marokkofragen berührten Deutschland weniger, es freue sich der Einigung der andern. Die andern ließen es sich nicht zweimal sagen; zwei Jahre nach Ihrer Erklärung unterzeichneten Frankreich und England ein Abkommen über Marokko. Es war im April dieses Jahres. Darauf eröffneten Eure Durchlaucht ohne langes Besinnen dem Reichstag, unsere merkantilen Interessen müßten und würden wir schützen. Wozu bemerkt werden darf, daß wir merkantile Interessen in Marokko nicht hatten. Sie werden seitdem erst geschaffen – von der Industrie.«

»Es liegt im Zuge der Zeit, daß die Industrie uns zu führen versucht.« Seufzen des Staatsmannes. Aus Drang nach Erleichterung: »Ich sprach im Reichstag sogar gewisse Worte, die Sie nicht erwähnen und die als leise Warnung an die vertragschließenden Mächte aufgefaßt werden konnten. Sie wollen mir mit diesen scheinbar widerspruchsvollen Erinnerungen zu verstehen geben, ich wisse nicht, was ich wolle, sei lenkbar und schwankend, Seiltänzer und kein guter.«

»Davor sei Gott!« beteuerte Terra. »Ich bin tief erschüttert, Zweifeln beiwohnen zu sollen, die Eure Durchlaucht hoffentlich doch nur zu meiner Irreführung verlauten läßt. Ich halte ganz im Gegenteil Eure Durchlaucht für den Mann der unverwüstlichsten Nervenkraft, wie kämen Sie sonst noch immer heil hindurch zwischen dem Wahnsinn, der Sie von allen Seiten bedrängt.«

Lannas blieb stehen, er nickte. »Deutschland will Erfolg sehen. Es ist heute das Land, dessen einziger Maßstab Erfolg ist. In einer Sache nicht dabei zu sein, ist Mißerfolg. Soll ich ihn zugeben? Ich muß drohen, dann bin ich doch mit dabei. Auf den Tisch schlagen ist, in Anbetracht dieses Landes, noch die kleinere Gefahr für den Frieden. Nicht dabei sein ist die größere. Man weiß nicht, was ich alles verhindere. Wir brauchen Frieden.«

Sie sahen sich an; Frieden, sie beide brauchten ihn, einer wie der andere. Wer aber brauchte ihn noch? Jeder von ihnen dachte an seine Welt, Terra an Knacksche Niederlassungen in Marokko und ihre Zwecke, Lannas an munter herausfordernde Worte, die der Oberadmiral von Fischer und sein englischer Kollege Pizzter einander über das Wasser zuriefen. »Während wir Krieg zur See doch die ganzen nächsten zehn Jahre noch nicht führen können«, sagte er aus seinen Gedanken.

»Während Ihr System, das einzige, das unter den nun einmal waltenden Umständen recht hat, niemals Krieg, auch in zehn Jahren nicht Krieg verträgt.« Terra sprach mahnend; er war überzeugt, er drücke das wirkliche Wissen Lannas' aus; sah aber, wie Lannas erstaunte. »Mein System ist das schöne Gleichmaß«, sagte er schnell bedacht.

Im Gefühl, dies sei kein ausreichender Gegengrund, trat er stumm vor das Fenster. Terra ließ ihn, er hörte ihn murmeln: »Gehetz und Nichtigkeit von halb acht morgens bis in die Nacht, nur zwei bis drei ist Insel. Wie hat Bismarck es gemacht, groß zu denken, indes er fast immer klein reden mußte? Weltgeschichte machen, Polizeibericht leben!«

Wenig lauter: »Ich stärke künstlich die Landwirtschaft gegen die Industrie, denn von Industrieprodukten könnten wir im Kriegsfall nicht leben. Ich bilde mir nicht, wie die Freihändler, den ewigen Frieden ein. Denke ich darum ernsthaft an den Kriegsfall?« Pause, strenge Selbstschau. »Er könnte eintreten gegen alle meine Voraussicht. Wäre ich altpreußisch nur für Landwirtschaft, hätte ich ihn vorbereitet. Ginge ich neudeutsch mit der Industrie, hätte ich ihn sicher. Allein das Gleichmaß kann ihn aufhalten. Ich bin der, der immer rüstet, aber nie kämpfen wird. Mein Feld ist das Ergebnislose.«

Wobei er die Schultern fallen ließ. Terra trat an seine Seite. »Ihr System, Durchlaucht, spricht für sich selbst. Die Nachwelt wird es geradezu verehren.« Wobei er sich zweimal versprach.

Hier sah aber Lannas seine Tochter hinter ihrer neu angelegten Pergola hervorkommen und wartend heraufspähen. Sogleich war er erheitert. »Sie werden erwartet, lieber Freund.« Mit Seitenblick, Terra erbebte darunter, sagte Lannas Wort für Wort: »Warum nicht. Ich bin für das Ergebnislose.«

Damit schienen die Minuten der Selbstschau, zu denen er genötigt worden war, ihm hinlänglich vergolten, er trat fort. Terra erbebte noch immer von dem Seitenblick. Der Seitenblick hatte mitwissend ihn wahrscheinlich von jeher begleitet. Lannas, der einst von Terra verlangt hatte, er solle ihn vor dem Schwiegersohn Tolleben bewahren! Bewahren, wie? ... Dieser Lannas, auch jetzt noch hatte er nichts einzuwenden, wenn der Liebhaber dazwischenkam gegen die gefährliche Tochter. Welche Tiefe, welch ein Vater! Minister des sechzehnten Jahrhunderts konnten nicht abgründiger handeln, und dieser hieß flach.

Lannas ließ sich beim Kamin nieder. Handbewegung; und als Terra, die Faust auf einer Stuhllehne, vor ihm stand: »Natürlich sind wir nicht à la merci d'une défaite, wie Napoleon der Dritte. Wir wurzeln tiefer. Es hinge einzig von unserer Auffassung staatlicher Größe ab, Krieg zu wollen. Aber wir wissen, daß Eroberungen uns nicht mehr wirklich größer machen können. Das glaubt nur die Industrie.«

»Wie wahr«, sagte Terra; er fragte sich ausschließlich, ob der Mitwisser in seinem ungläubigen Wohlwollen ihn vielleicht festhalte, weil die Tochter wartete.

»Es ist eine junge Schicht. Von unserer Skepsis hat sie noch nichts.« Der Fürst verzog den Mund. »Sie glaubt unbedingt an ihr Geld – während wir schon nicht mehr ganz an unsere Macht glauben.« – »Mein Gott –« fühlte Terra, der von einem Fuß auf den andern trat.

»Für den Wettkampf der Völker der Erde«, so lehrte der Staatsmann, »ist die wirtschaftliche Stärke von hervorragender Bedeutung, die letzten Entscheidungen aber bringt sie nicht. Welche Ideen vertritt die Industrie?« fragte er. »Die im Alldeutschen Verband organisierten?« Noch tiefer sinkende Mundwinkel. Terra sagte: »Erlauben Eure Durchlaucht mir, Sie daran zu erinnern, daß die Zeit Eurer Durchlaucht –«

Handbewegung, Lannas ging weiter. »Ich verdenke es den Leuten, daß sie so viel Geld ausgeben, damit wir eine Mehrheit für die Flotte haben. Ich liebe kein bezahltes Nationalgefühl. Wie steht es? Wir wollen die Flotte für unsere Geltung. Sie bauen sie sich für ihr Geschäft.«

»Gut formuliert« – Terra horchte auf. Lannas, durch

Anerkennung befeuert: »Sie reizen England nicht nur durch ihre laute Agitation. Sie verfeinden uns die englische Industrie, die sie unterbieten im eigenen Land. Hier dagegen, für deutsche Mitbürger, sind sie teurer. Welch eine Moral! Lassen Sie diese Leute nur erst zur offenen Herrschaft kommen, und Sie werden ein Weltbild erleben. Nur noch Magen. Man wird an uns zurückdenken, wie an gütigste Weise. Industrieabsolutismus, Demokratie genannt, ist Krieg in Permanenz.«

Er sah die Ungeduld seines Zuhörers fast besiegt, er lächelte mit allen Grübchen. »Ich vergesse nur, zu wem ich spreche. Sie vertreten Herrn von Knack. Sie wollen mich zweifellos nötigen, in Marokko loszugehen wie ein Schrapnell.«

»Richtig«, sagte Terra, »soweit ich Vertreter Knacks bin.« Einen Augenblick zögerte er noch, sich aufzuschließen. Lannas konnte morgen ein Herz mit Knack sein – je genauer er ihn kannte. Gefährlich, zwei Gegner einander kennen zu lehren. »Mich aufschließen dem abgründigen Vater – und Alice wartet?« Aber er begann.

»Und ich vertrete Herrn von Knack nicht ohne Eifer, darf ich sagen.« Laut und klar: »Ich leite sein Spionage- und Bestechungsbüro.« Das Zucken Lannas' sah er nicht. »Eine Tätigkeit, anregend wie wenige. Man sieht in die Eingeweide der Welt. Ich verteile Geschenke an die Mitglieder der militärischen Abnahmekommissionen.«

»Der ausländischen«, ergänzte Lannas streng. Terra, eifrig: »Der ausländischen. Natürlich der ausländischen. Der ausländischen selbstverständlich. Sagte ich es nicht? In Deutschland ist das Bestechen noch so billig, daß es nicht in mein Ressort fällt. Übrigens kennen Eure Durchlaucht das übliche Hinüberwechseln von Staatsbeamten in die Privatindustrie. Kann der Scharfsinn Eurer Durchlaucht es für etwas anderes halten als das Ergebnis schon geleisteter Dienste?«

Der Blick des Reichskanzlers verschleierte sich. Dies waren die unvermeidlichen Zugeständnisse an eine sich langsam verschiebende Ordnung der Dinge. »Auch die Arbeiter gewinnen tatsächlich Einfluß«, sagte er, die Schultern hebend.

Augenblicklich Terra: »Auf internationalem Wege sogar, durch schöne Reden auf Kongressen. Wer könnte etwas einwenden, wenn auch die Schwerindustrie in ihrer Art international vorginge? Auf dem Umweg über die Rüstungsindustrie unserer Verbündeten ist die Firma Knack beteiligt an der feindlichen.« Laut und klar. Pause. Dem Reichskanzler waren die Arme von den Lehnen gefallen. Ein Auge ward kleiner, wie bei plötzlichem Nervenschmerz; sonst regungslose Miene. Terra wiederholte ausdrücklich: »Wir sind beteiligt an Putois-Lalouche. An unseren auswärtigen Unternehmungen wieder ist Putois-Lalouche beteiligt.«

»Unmöglich«, sagte der Reichskanzler, er stand auf. »Was hieße dann Krieg?« Ausschreitend machte er Entdeckungen. »Krieg hieße, daß diese Leute gemeinsam auf alle Fälle verdienen. Sie sind beieinander rückversichert. Beide Völker können untergehen, beide Firmen werden blühen.« Er wandte eine schweißbedeckte Stirn her. »Wie haben Sie's herausgebracht?«

»Ich habe anderes herausgebracht, worüber ich noch schweige – selbst bei Eurer Durchlaucht. Tatsachen aber, die die ganze Börse kennt, und nur der Staat nicht?«

Gramvoll, daher mit häßlicher Stimme fragte Lannas: »Was wollen Sie dagegen tun?«

Terra setzte sich, indes der Reichskanzler stand. Er setzte sich, weil der große Augenblick da war; weil es um ungeheuren Nutzen ging und jetzt verhandelt ward. Verhandelt aber ward üblicherweise in Sesseln. Lannas mit seinem furchtbaren Gram wunderte sich nicht.

»Errichten Sie das Kohlenmonopol!« verlangte Terra

ruhig und gelassen. »Das Monopol des Staates auf Erz- und Kohlenförderung – was Kontrolle über die Industrie heißt.« Er war jetzt breiter als der erschreckte Lannas; er war im Vorteil. »Sie müssen sich entscheiden, ob Sie der Industrie die Macht nehmen; das ist Kohle und Erz; oder ob Sie abdanken. Kein Staat hat heute noch die Macht, der nicht die Kohle hat. Die Wirtschaft beherrscht, wer die Kohle hat. Krieg entscheidet, wer die Kohle hat. Die Idee Ihres Staates, Fürst Lannas, lebt von der Gnade der Kohlenbesitzer – ja, auch Ihre Klasse.«

Er sah scharf hin, aber Lannas ward von der Aussicht auf den Sturz seiner Klasse nicht merklich stärker berührt. Wärmer sagte Terra: »Sie sind Staatsmann. Ihr Volk ist Ihnen das, was leben soll. Räumen Sie mit denen auf, die nur ganz allein leben wollen! Tun Sie es, solange Zeit ist, Sie haben hierfür nicht mehr lange. Errichten Sie das Kohlenmonopol!«

Lannas rührte sich, er war ganz schwer vom Stillstehen und Lauschen. »Jetzt habe ich aber doch Ihre alte Stimme wiedererkannt«, äußerte er. »Damals, lieber Freund, als Sie das erste Mal von mir die Abschaffung der Todesstrafe verlangten.« Womit er in den Sessel fiel. »Sie sind ideenreich«, murmelte er. Versuch, die Oberhand zu gewinnen. »Dies ist schon Ihre zweite Idee. Werden Sie auch an diese wieder ein Jahrzehnt wenden?«

»So lange haben *wir* nicht«, sagte Terra. Auf diesen Ton verstummte Lannas und schloß die Augen.

Als er sich gesammelt hatte: »Diesmal ist es das Ei des Kolumbus. Das Kohlenmonopol; aber selbstverständlich, es muß kommen.«

»Es muß sogleich kommen, sonst kommt es in Menschenaltern nicht«, sagte Terra.

»Gewiß, lieber Freund.« Lannas begütigte. »Unser Gespräch führt weiter als vorgesehen. Aber bei dem alten Vertrauensverhältnis, das zwischen uns nun einmal besteht –. Lieber Freund, mir konnten Sie Ihre Idee tatsächlich ohne Gefahr enthüllen« – nicht ohne freundlichen Spott für den, der sich ihm ausgeliefert hatte.

Dann ernst und beflissen: »Überlegen wir! Der Boden, die Bodenschätze: eine tief im Volksempfinden verankerte Anschauung hält sie eigentlich von jeher für rechtmäßiges Gemeingut ... Dies wären freilich nicht nur die Gruben, es wäre die bebaute Fläche« – mit Stirnrunzeln. »Da hätten wir gegen uns die Landwirtschaft mit dem Einwand des Sozialismus.«

»Erinnern Eure Durchlaucht sich des Staatsmonopols auf Eisenbahnen! Jetzt ist die Reihe an den Gruben – noch nicht am Landbesitz. Über zeitgemäße Staatsnotwendigkeiten gehen wir nicht hinaus.«

»Seit wann stehen Sie im Wirtschaftsleben?« fragte Lannas. »Vergessen Sie doch nicht die vorgeblich so viel leichtere Verwaltung der Bahnen – die aber, gerade in Ihren Kreisen, auch schon für ungeschickt gilt.«

»Eure Durchlaucht bringt die Einwände des Gegners. Verhandelte ich so, die Firma Knack würde mich fristlos entlassen.«

Lannas stutzte; war dies zu viel? Dann sagte er nur, mit Blick: »Sie sind der merkwürdigste Vertreter eines schwerindustriellen Grubenbesitzers, der mir noch vorgekommen ist.«

»Ich will den Herren nur nehmen, was ihre Zuständigkeit überschreitet: die Macht im Staat. Noch haben sie die Macht erst heimlich, noch sind sie zu treffen. Mögen sie Leiter der verstaatlichten Unternehmen bleiben. Oh! sie werden nicht nein sagen, das sind Finten. Schwindelnd hohe Gehälter, samt Beteiligung am Gewinn, alles sei ihr. Eigentümer aber sei der Staat. Ihr eigenes Wohlergehen verlange die Größe des Staates. Heute verlangt es nur, daß er vor ihnen kuscht. Heute hetzen sie zu

Katastrophen, in denen nicht sie selbst untergehen würden, nur, wenn es hoch kommt, der Staat.«

Lannas sah den, der gesprochen hatte, entrüstet an, und gleich fort. Dies war zu viel, denn es war schlagend. Plumpheiten waren erträglich; nicht aber, recht zu haben gegen ein ausgewogenes System, gegen alle Kunst des Möglichen. »Der Ideologe bleibt es auch als Syndikus«, dachte er. »Der will nicht nur die Kohlenbarone untergraben. Er untergräbt von Natur, was besteht. Auch mich.« – »Wir kennen uns doch«, sagte er laut.

Hierdurch auch wieder wohlwollend gestimmt: »So viel ist sicher: unser Meinungsaustausch war niemals ohne Nutzen, ich hoffe, auch für Sie nicht. Ich schmeichle mir, Sie mit auf den rechten Weg gebracht zu haben. Könnten Sie ahnen, welch abseitiges Phänomen Sie darstellten, einst in Liebwalde. Persönlich interessierten Sie mich schon damals, sachlich mehr heute.«

Terra bedachte, daß jene frühe Szene in Liebwalde mehr ihn selbst erregt habe, diese neue beinahe mehr Lannas. Einst war er schweißbedeckt, halb blind daraus hervorgegangen, er konnte nicht lesen, was die Uhr zeigte! ... Er sah auf die Stutzuhr, es las sich glänzend. Wie man reifte, also stumpf ward! Lebensziele, gesetzt, es seien welche, wurden einfacher Verhandlungsgegenstand. »Ich ward Geschäftsmann.« Scharf betont: »Der Ideologie entwöhnt, halte ich mich an mein wohlerworbenes Wissen. Mein höchster Ehrgeiz ist einzig, es Eurer Durchlaucht zu unterbreiten, damit Sie es zulassen oder verwerfen. Eure Durchlaucht auf Ihrem Gipfel wird so viel sicherer als ein eng begrenzter Geschäftsmann entscheiden, ob Sie in Marokko intervenieren sollen, wenn die uns nunmehr bekannte Kriegsindustrie es wünscht.«

Lannas, als ob er die starke Sprache nicht hörte: »Aber auch ich habe mich seit damals bescheiden müssen, fast nur noch Geschäftsmann zu sein. Mein Gott, es ist die

Forderung der Epoche. Hören Sie mich noch philosophieren? Ich erinnere mich, daß ich Ihnen einst den Zusammenhang von Demokratie und Flotte erläuterte. Der Kaiser als Förderer beider! Mein Gott, wohin kommt man. Kaum daß ich hastig noch eine Seite Goethe lese. Sie sahen damals mein Tagebuch. Wollen Sie mir glauben, daß ich es seit zwei Jahren nicht geöffnet habe?«

Söchting erschien. »Die beiden Herren warten schon«, sagte er und verschwand wieder.

Der Reichskanzler erhob sich seufzend. »Sie sehen: nur zwei bis drei war Insel, ich muß mich wieder in die Brandung stürzen. Adieu, lieber Freund.«

Aber er ließ den Gast nicht gehen; er hatte alles gehört. »Sie dürfen mich nicht verleiten wollen, das Vernünftige und Gebotene zu unterlassen, nur weil etwa auch mein Feind es wünscht.« Er wiederholte »mein Feind« – ergriffen vom Gedanken, wer alles sein Feind war und daß auch sie es war. Gefaßt: »Marokko: – tue ich nichts, kriegen die andern den Kaiser. Das wollen Sie selbst nicht, raten Sie mir lieber! Diesmal muß der Kaiser etwas haben, etwas Sichtbares, Geräuschvolles; immer kann ich es nicht verhindern. Ich muß es sinnlich schlagender machen, als die anderen es machen würden, das muß ich. Bildhafte Wirkung, woher nehmen!« Schräge Stirnfalten; dann gleich wieder Grübchen, vertrauensvoller Griff. »Findet sich. Nur erst den Kaiser, der noch nicht den Mut seiner Neigung hat, herumbringen, sonst bringen Pfuscher ihn herum.« Er wiederholte den Gedanken noch mehrmals; ein anderer, unausgesprochener lag zwischen den Wiederholungen. »Da habe ich den Anlaß! Meine Ernennung kann heraus!«

Terra sagte schließlich: »Eine internationale Gefahr schaffen – trotz besserem Wissen?«

Darauf das Schlußwort Lannas', gesprochen mit Kraft: »Gefahr oder nicht, wichtig ist nur, daß ich bleibe.«

Verbeugung, stumm ging Terra ab. Durch die geöffnete Tür wurden zwei Herren sichtbar, dort hinten bei der Treppe. Lannas, im Rücken Terras, flüsterte: »Sehen Sie?« Tasse und Heckerott dahinten machten keinen Schritt, der Reichskanzler sollte sie holen, er sollte sich entschuldigen. Söchting, auch flüsternd: »Im Botschafterzimmer wollten sie nicht warten. Ins Arbeitszimmer hab ich sie lieber nicht reingelassen.«

»Gut«, sagte Lannas noch, »daß Sie mich gerade heute auf das Kohlenmonopol gebracht haben.« Schon in Bewegung, schon mit Empfangslächeln: »Jetzt kann ich denen damit drohen.«

So war er, so erkannte Terra, im Hinuntergehen, ihn wieder. Mit dem Guten drohte er nur. Was helfen konnte, war ihm Mittel, bloß die Lage zu erhalten. Er bediente sich der Ideen, er verwirklichte sie nicht.

Feinde seiner Klasse störten ihn nicht, der Fürst war hinaus über seine Klasse. Unter seinen eigenen Feinden freilich übersah er auch die Tochter nicht – »die jetzt immer unausweichlicher auch mein Feind wird«, dachte Terra, den Garten betretend.

Es war lau und lind noch über die Jahreszeit, stark duftete der Garten. Terra blickte die Pergola entlang, in den Gang zwischen gemauerten Pfeilern und hängendem Laub. Wie konnte sie noch immer auf ihn warten. Wahrscheinlich war sie beleidigt; mochte sich übrigens denken, er habe sie schon wieder verraten. Besser umkehren, auf der Straßenseite fortgehen und nochmals ein Jahr lang Alice nicht wiedersehen.

Dennoch schritt er den Laubgang ab, die Hände auf dem Rücken, als Spaziergänger. Von draußen Geräusche der Stadt, ihr Krampf; hier stilles Blühen. Das lebhafte Volk draußen vertraute fest, hier werde gewacht über sein Gedeihen. Nun, auch das. Aber vorher die eigene

Haut und einander rücklings abtun: »Lannas jetzt mich, ich vorhin Knack. Ich auch Alice, sie wieder den Vater – den alle jederzeit rücklings abtäten. Der Mann hat recht, in Monarchien niemand zu lieben als sich selbst.«

Was den Wandelnden getragen stimmte. »Wie mag erst mein Freund Wolf sich abzappeln, gefesselt wie er sich weiß an den Dummkopf Tolleben! Ach! zum Verrat wird auch der nicht zu dumm sein – da das einzige hier, womit die vertrauensvolle Nation dort draußen in jedem Fall rechnen kann, die Dummheit ist. Politik geht über Falschheit, Triebhaftigkeit und Dummheit, Dummheit zu Zielen, die den Handelnden unbekannt waren und manchmal besser sind als sie.« Da stand er vor Alice.

Beide bogen gleichzeitig um die Ecke der umrankten Villa, die Auswärtiges Amt hieß. »Ich komme von droben«, sagte Alice Lannas. »Sie sollten Gubitz hören. Die Pythia war ein Waisenkind.« Hier fiel ihr ein, daß sie gewartet hatte; sie verzog das Gesicht wie ein Kind. »Haben Sie mir zuliebe Papa zugeredet?«

»Ihnen zuliebe«, sagte er, sein Herz schlug auf wie je. »Meine heiligste Überzeugung ist, daß aus Marokko eine Weltsensation wird. Ich bringe sie Ihnen dar, meine gnädigste Gräfin, auf diesem Kissen.« Er riß Blätter aus dem Laub, pflückte Veilchen vom Boden, er bot ihr die Blumen in den Blättern auf seinen offenen Händen.

»Es ist gerade«, sagte sie, »als ob ich meine Pergola Ihretwegen gebaut hätte. Wenn sie nicht dastände, würde jetzt mein Mann Sie gesehen haben. Sein Platz ist dort oben neben dem Fenster.«

Schnell trat er vollends in Deckung. Sie lachte; ein Streifen ihres Armes an seinen gebot ihm, weiterzugehen. Wie leicht ihr Arm, der Schritt wie schwerelos! Wo blieb die Frau aus der Bibliothek, so entstellt von Ehrgeiz und Reue, daß er noch lieber auf Schwangerschaft schloß. Da war sie wieder, die zeitlose Liebe seines ganzen Lebens!

Gesichter einander zugewendet –: o geistreiche Augen unverzagter Jugend, euer ironischer Blitz taucht unter in Zärtlichkeit. »Sie sind dick geworden, armer Freund.« In ihrem Lachen dehnte sich die Frau, die sich geliebt sieht. Er sagte brennend: »Meine Augen blieben stets auf Sie geheftet, und ich verschlang in langen Zügen das süße Gift der Liebe ... Hören Sie, daß ich spreche wie tausendundeine Nacht? Es sind schon so viel mehr Nächte, daß ich vergebens mich sehne.«

»Nicht übertreiben, mein Lieber. Wir fangen schließlich bald an, ältere Leute zu werden.« Worauf er ihre Hand nahm und, sie küssend, ihr so lange in die Augen sah, bis sie auch die Lippen neigte. Sie küßten sich auf den Mund, das erstemal im Leben. Nur ganz schnell hatten sie das umgebende Laub geprüft, ob es genügend decke.

Leichte Trauer der Gesichter, die sich trennten. Wie war dies geschehen? Bedeutete ein Kuß heute schon nur noch so wenig, daß sie ihn wagen konnten? »Damals mit siebzehn«, fühlte sie, »dieser Kuß, und ein ganz anderes Leben war mein.« Er dachte: »Hätte ich bei ihr nur je den unwiderstehlichen Tatendrang gehabt, der mich als blutigen Anfänger in den Besitz der Frau von drüben setzte! Warum bei ihr nicht?«

»Weißt du noch?« sagte er; – und Erinnerungen kamen. Liebwalde! Sie sagte: »Damals wolltest du mich rauben. Du wolltest mich töten!« Mit Schmerz: »Beide waren wir grausam. Wir flohen uns, aus Haß auf unsere schöne Liebe.« Groß aufblickend: »Aber wir waren doch glücklich?«

»Ob wir glücklich waren!« Er hob die Hand, als wollte er die Arme ausbreiten. »Der Himmel Liebwaldes war von einer Bläue, nie wieder hab ich sie gesehn.«

»Was sprichst du? Er war steingrau.« Seine Hand nehmend: »So wateten wir durch verfaultes Laub.«

»Welcher Tag war's doch?«

»Der letzte im Jahr. Es fing zu schneien an, als du gingst.«

»Ich sehe nur Blüten regnen.«

Nach Schweigen: »Du hast recht, Lieber. Es waren Blüten.«

Die Köpfe gesenkt, gingen sie den Laubgang zu Ende. Draußen lag Sonne. »Wirklicher Frühling ist aber erst jetzt?« sagten sie. Frage der Wehmut, damit traten sie hinaus. Zwei Schritte, schon sprangen sie zurück: am Fenster droben! Tolleben!

Er sah nicht, in dem Augenblick nicht. Aber seine Miene sagte, daß er sie hier wußte und nach ihnen suchte. Terra fand den alten Haß, jenen natürlichen Urhaß, nur widerwillig der Gesittung aufgeopfert, noch einmal in voller Kraft dastehen. Die Frau dachte: »Er hat doch noch Mißtrauen. Werde ich niemals ganz mit ihm fertig werden?« Beide aber erinnerten sich, daß er zu ihrem Glück die Hände gebunden habe. Sein Vertrag mit Mangolf band ihn. Mangolf war Verleumder, Eheirrung gab es nicht. Stieß Tolleben dies um, brach er sich nach allem Vorhergegangenen den Hals. Er war wehrlos. »Wir könnten ungestraft tun, was wir wollen« – den Gedanken las jeder dem andern vom Gesicht ab.

»Es dennoch nicht tun zu dürfen«, fühlte Alice. »Im Grunde weiß niemand, warum ... Von dem dort oben aber hören zu müssen, er wolle Vater sein. Auch das noch, ich versage ihm den Erben! Meine Pflicht wäre, noch unglücklicher zu sein« – mit lautem Seufzer.

Warum sie seufze? Mit Tolleben sei nicht leicht zu leben. Plötzlich: »Nicht wahr? Er hat ein Kind?« Ganz veränderter Ton, Brauenfalte. »Sie haben keinen haltbaren Grund, mich im unklaren zu lassen. Ist es ein Sohn?«

»Eine Tochter«, gestand Terra.

»Also auch kein Erbe« – sie lachte auf. Dann leise und streng: »Wie ist es möglich, Sie haben Ihren Sohn von derselben Frau.« Worauf sie weiterging im Laubgang. Er stand angedonnert: sie wußte. Natürlich, längst wußte sie. Nur wußte sie nicht genug. Ihr nach! »Sie irren, meine gnädigste Gräfin. Die vorgebliche Tochter des Herrn von Tolleben ist keineswegs von ihm.«

»Wie? Die Fürstin Lili –« sie unterbrach sich. »Die sogenannte Fürstin Lili betrügt ihn?«

»Es ist ihre Sendung hienieden«, sagte Terra.

»Sie aber sind damit nicht entschuldigt. Von wem ist die Tochter der sogenannten Fürstin?«

Dem Ton widerstand man nicht. »Sie können doch befehlen in der Familie«, dachte er. Er sagte: »Mein Freund Mangolf hatte die Ehre.«

»Ich konnte es mir denken, mit ihm teilen Sie auch Ihre Geliebte.«

Er sagte stark: »Ich war zwanzig Jahre alt, als ich sie liebte. Übrigens war es schneller vorbei, als wir beide, gnädigste Gräfin, nur brauchen, um in falschen Verdacht zu geraten und das Leben mehrerer Unbeteiligter zu gefährden.« Als sie schon getroffen den Kopf senkte, noch stärker: »Seien Sie versichert, meine Gnädige, daß von allen Gaben des Lebens die einzige ungetrübte der Sinnengenuß ist.«

Sie hörte ihn laut atmen vor Wut. Erst als er ganz still ward, sagte sie sehr weich: »Sie müssen Ihren Sohn unendlich lieben.«

Er strahlte, er rief mit Feuer: »Sie sollten ihn sehn! ... Wenn es auch nur denkbar wäre«, stammelte er, seine ganze Person erbat Verzeihung. Sie sagte einfach: »Warum nicht. Ich wünsche mir's längst. Bei Ihrer Schwester Lea, wollen Sie?«

»Haben Sie es überlegt?«

»Ich kenne Ihre Schwester. Seit kurzem, durch die Gräfin Altgott. Sie wäre keine arrivierte Schauspielerin, wenn nicht die Altgott sie zum Tee hätte. Nächstens sage ich mich bei Ihrer Schwester an.«

»Sie werden eine stattliche Zahl Herren vorfinden«, erklärte der Bruder.

»Ich komme mit Bella Mangolf. Sie kommen mit Ihrem Jungen. Wie heißt er?«

»Claudius.«

»Claudius«, sagte sie ihm in die Augen, in den Mund. Sie standen schon außerhalb der Laube, vielleicht sah jener sie jetzt. Er mußte gehört haben, was sie so laut vorhin sprachen. Gleichviel, Alice fragte: »Sie kommen doch mit hinauf ins Auswärtige Amt? Gubitz muß inzwischen auf der Höhe sein.« Er hörte aber: »Ich verleugne dich nicht, wir treten ihm entgegen.«

Sie gingen in das Haus. Die Zimmer taten sich vor ihnen auf, nun wußten sie wieder: hier war es, hier zuerst waren sie einander wahrhaft begegnet. Andere Möbel; sie suchten den Fleck am Boden, wo ihre Füße gestanden hatten, als jenes Wort fiel, als dieser nie vergessene Blick kam.

In dem Raum dort, jetzt verlassenes Arbeitszimmer, hatten sie einst, noch am Anfang aller Wege, zusammen bei Tisch gesessen ... Da erschrak Terra: nebenan aus einem großen Sessel mit Ohrenklappen stieß ein greises Profil, Hakennase, Hakenkinn – gleich zuckte es zurück. Gubitz! Am selben Platz wie einst, als hätte er ihn nie verlassen. Noch heute brachte er es fertig, den Sessel nirgends zu überragen und mit dem Schatten eins zu sein. Zischen entstand.

»Teuflische Pläne, Tolleben! Ich bin ihnen auf der Spur. Sie kreisen mich ein!« Zischen, daß es stob; aber vergebens, Tolleben dahinten rührte sich nicht vom Fenster. Er kehrte den Rücken her, er spähte, er horchte.

Für ihn gingen Alice und Terra noch immer im Garten spazieren.

»Sie kreisen mich ein!« zischte Gubitz, sein bebendes Profil schoß vor und schrak zurück. »Ich spüre auf, ich baue vor seit Jahrzehnten. Ich habe ihre geheimen Gänge ausgehoben, habe Felsen davorgewälzt. Habe gearbeitet wie ein Zyklop, wie ein Maulwurf. Es geht nicht weiter.«

Hier klappte er vor mit dem schwarzen Leibrock, der gleich auf mageren alten Rippen lag; klappte aus dem Schutz des Sessels vor: der weiße, gequälte Kopf ward aufgefangen von zwei verrenkten Händen. »Ein Hirn gegen die Welt! Hören Sie mich, Tolleben?« Aber Tolleben war befangen im eigenen Wahn.

»Ich bin der Mittelpunkt«, zischte der Greis in den Boden, worüber er tiefer sank. »Um mich legt der Gegner konzentrische Kreise. Die Peripherien sperren zuerst unsere Grenzen ab, dahinter die Kontinente, die Meere. Ich, der Mittelpunkt, kann nicht mehr durch. Luft!« Er sprang auf.

Hinter den Schatten des Nasenhöckers erblichen die wimpernlosen Augen von dünnen, scharfen Gesichten. Die beiden Personen, die ihn anstaunten, sah er nicht. Leibrock, rasiert, korrekter Scheitel, aber er krallte Prophetenhände in die Luft. »Ein Anfall«, flüsterte Alice. Terra flüsterte: »Es ist ein vorgeschrittener Zustand.«

»Den Wurf! Gebt mir den Wurf, der alle ihre Kreise zerschmeißt! Erfinde ihn, Wirklicher Geheimer!« röchelte der Wirkliche Geheime Legationsrat. »Was siehst du?«

Er sah etwas, es leuchtete um ihn, er konnte soviel mit allen seinen Gliedern nicht packen. »Blaues Meer! Weißes Schiff! Mein feuerspeiender Automat ist drauf mit Adlerhelm. Ihr sollt euch wundern!« Worauf der Greis die steifen Beine hob, als begänne jetzt Derwischtanzen.

Er hielt sich zurück. »Es knallt!« zischte er durchdringend. »Tolleben, hören Sie es knallen?« Tolleben blieb taub, Gubitz mußte bucklig hinstolpern und ihn umdrehen. »Hören Sie nichts im Garten?« fragte Tolleben. »Hören Sie es knallen?« fragte Gubitz. »Ich schmeiße Minen, da soll es nicht knallen?«

Sie sahen sich an, keiner verstand den andern. Alice winkte Terra, schnell aus der Tür zu weichen. Leise schloß sie. »Haben Sie das verstanden?« fragte sie ernst, ja erschüttert.

»Wie könnte ich. Es ist Irrsinn.«

»Wir haben die Weltsensation.«

»Ich will verdammt sein –.«

»Keine Komödie!« sagte sie ungeduldig. »Seit einem Augenblick kennen wir die Handhabe in Sachen Marokko. Wer weiß, was wir wissen, macht das Rennen.«

»Machen Sie's – gegen Ihren Vater!« sagte er klipp und klar. Erblassen. Abwesender Blick. Dann fragte sie: »Haben Sie ihm wirklich geraten, in Marokko zu handeln?«

»Meine Wenigkeit war jedenfalls Zeuge, daß er nach einem Griff suchte, um vorzugehn. Etwas Geräuschvolles für den Kaiser, ein Sinnenschmaus fürs Publikum. Eben das, was der Kanzleidämon drinnen vor unseren Ohren soeben erfand. Beeilen Sie sich, Gräfin, es dem Fürsten wegzuschnappen!«

Da sah er Tränen in ihren Augen. Bevor er sich faßte, war sie aus dem Hause. Er eilte nach. Soeben kam Lannas den Weg entlang. Die Tochter, schnell hin, ganz nah an ihn. »Kein Wort, Papa, und gleich zum Kaiser! Der Kaiser muß nach Marokko. Ich lasse dein Auto vorfahren. Lauf, sonst ist ein anderer früher da.«

»Ich kann dir doch noch danken, Kind?« Der Vater schob die Hand unter den Arm der Tochter. Terra zog sich hinter die Ecke des Auswärtigen Amtes zurück. Er ging. So langsam er ging, die Stimme Lannas' ward bald leiser.

»Ich anerkenne, daß du es mir, nicht deinem Mann

sagst. Dafür verspreche ich euch das Staatssekretariat. Gehe ich aus dieser Sache, woran wir nicht zweifeln wollen, befestigt hervor, wird Herr von Tolleben Staatssekretär.«

»Nur du werde Fürst, Papa!«

»Weine nicht, Liebling! Du warst in Versuchung: wir kennen das. Ehrgeiz durchkreuzt alle menschlichen Beziehungen, sogar die unseren müssen wir sorglich vor ihm behüten. Uns aber wird er nicht entzweien. Du gegen mich dich mit der Dummheit verbünden? Es wäre ein schwerer Irrtum – nicht nur deiner Kindesliebe, auch deines Ehrgeizes.«

»Wieso, Papa? Ich kann ihn lenken.«

»Das meinst du. Man meint, die Dummheit beherrschen zu können. Sie aber ist die stärkere; diese Erkenntnis ist der Gewinn meines Lebens. Glaube deinem Vater, der sich Erkenntnisse aus Gefahren holt.«

Ihr Schweigen, sein etwas fettes Seufzen; dann: »Es lohnt sich nicht. Abhängigkeiten, Nackenschläge, und selbst der Schein der Macht noch täglich neu zu behaupten. Wir sollten fortgehen: zusammen nach Liebwalde oder auf eine Weltreise ... Aber Marokko, das muß ich noch machen.«

Sich ablösend, schon unterwegs: »Das kann nur ich!«

Dritter Teil

Erstes Kapitel

System Lannas.
Sein Glück und Ende

Lea Terra trat endlich ein, Graf Erwin Lannas wartete volle zwei Stunden. »Sie sind zu geduldig, Graf Lannas. Inzwischen waren wer weiß wie viele da und haben die Geduld verloren. Sie allein überleben immer alle.«

Ihre glänzenden Schultern machten einen Ruck, ob es Unverständnis ausdrücken sollte oder nur dem schillernden Hauskleid galt, damit es tiefer falle. Auch von den Armen fiel es, sie standen als märchenhaft weiße Pflanzen in den aufgeblätterten Ärmeln. »Jetzt werden Sie sagen: diese Bewegung, gnädiges Fräulein, vergütet mir die zweistündige Wartezeit. Sie sind bescheiden, Graf Lannas.« Wobei sie vor ihm umherging.

Lange Schenkel wölbten sich schillernd bei jedem Schritt, das Gesäß ging wie die Wiege aller Träume. Er sah: sie führte ihm das Rennpferd vor, das Klassetier, Seligkeit und Hoffnung ganzer Volksmengen. Sie selbst nur blickte darauf nieder. Unwahrscheinlicher Schwung von Brust und Hals, darüber aber dies Gesicht in allem Glanz doch etwas hart und etwas müde. Die Malerei der Augen unterstrich nur, daß sie prüften und wollten. Beim angestrengten Rot dieser Lippen wurden die beiden blassen Züge neben ihnen um so fragwürdiger. Glorie hochblonder Haare um dies Gesicht?

»Sie müssen mehr fordern, Graf Lannas.« Schleierlose Bühnenstimme. »Sie müssen sich die Schauspielerin, ganz für Sie allein, in hoher Schule vorreiten lassen. Umsonst sitzt ein Mann wie Sie hier doch nicht Tag für Tag sechs Stunden Reklame.«

»Zuweilen haben Sie die Ausdrucksweise Ihres Bruders«, sagte er. Sie, schnell hin: »Also nein. Für Sie bin ich die Komödiantin nicht. Wozu? Ein alter Freund, da brauche ich nicht fortgesetzt auf der Höhe zu sein.«

Sie fiel, aus Gewohnheit vollendet wie für Zuschauer, in den nächsten Sessel. Schöner breiter Gobelinsessel, um die vergoldeten Lehnen gruppierten sich ihre fehlerlos modellierten Finger sofort auf die günstigste Art. »Dafür, mein Freund, müssen Sie mir den ganzen Abend vorlesen. Ich bleibe allein. Ich habe Kopfweh, Ihre Stimme beruhigt mich. Im Theater habe ich abgesagt – jetzt eben, sobald ich wußte, wir seien allein.«

»Ich liege zu Ihren Füßen«, sagte er höflich. »Aber geht es denn noch, daß Sie absagen? In anderthalben Stunden sollen Sie auftreten.«

»In eindreiviertel. Aber ich denke nicht daran.« Sie sah tief müde aus, er widersprach nicht. »Sagen Sie mir lieber, mein Freund, welchen Bilderrahmen Sie vorhin so eilig hinter die anderen schieben wollten. Es gelang nicht, da liegt er noch.« Sie langte danach.

»Ach ja« – mit Seufzen, das auch im Parkett sowohl hörbar wie sichtbar gewesen wäre.

»Ein Kollege aus Ihren Anfängen«, sagte er, wohl wissend, es sei der junge Mangolf. Sie, überzeugt, er wisse es: »Ja. Tiefe Provinz. So jung sollte man selbst einmal gewesen sein? Durchaus unglaubhaft.«

»Sagen Sie mir eins!« Bei dieser Stimme sah sie auf; die Stimme war bewegt, sie hatte Klang, ja Wärme. »Was haben Sie, Erwin?« Er vollendete: »Wenn Herr Mangolf Sie damals hätte heiraten wollen, wären Sie jetzt glücklicher?«

Lea, starr: »Ja, Sie sahen immer viel. Ein Spaziergänger, der gerade vorbeikommt, wenn die anderen lachen oder weinen. Meistens natürlich weinen sie. Aber dazwischen sind die guten Zeiten. Sie kamen wohl gerade nicht zu den guten Zeiten.«

Er sagte mit seiner neuen Wärme: »Kein Spaziergänger, Lea. Schon längst keiner mehr. Sie sehen doch, wo ich festsitze die Stunden, die Tage. Zuerst freilich zeichnete ich Sie nur.«

»Mich? Meinen Schminktopf.«

»Das ist lange her. Wollen Sie nur selbst hinzugelernt haben? Ich sah, welch eine Künstlerin Sie sind!«

Die Künstlerin horchte auf.

»Dies fing an mit Ihrem Schuh, mit dem Fuß, der darin ging, dann kam der Gang.«

»Bis Sie beim Gesicht waren –«

»Da war das menschliche Wesen entdeckt. Ich selbst war erst jetzt eins. Ich ward es an Ihnen, Lea Terra. Andere müssen vielleicht einen Fall tun oder Opfer werden. Ich aber erlebte an mir alles, weil eine Frau es so gut spielte. Schon damals sagte ich ganz laut: ich liebe sie.« Wobei er erschrak, noch heute.

»Nur weiter«, verlangte sie. »Was hielten Sie also von mir? Das war noch fast am Anfang; noch hatte es sich nicht herumgesprochen, ich sei ohne Herz.«

»Sie, ohne Herz! Ich bin der Gegenbeweis. Ich lernte fühlen nur durch Sie.«

»Immer Erfolge gehabt zu haben, und immer falsche!« Sie fragte vorgebeugt, die Hände gefaltet: »Wissen Sie noch, Graf Lannas? Toiletten mit Tiefe. Das war mein Kennwort, darin äußerte sich das Mißtrauen beider Parteien, der Partei der Tiefe wie der Partei der Toiletten. Mir durfte man Raffiniertheit lassen und allenfalls Kraft. Aber Herz? Kein Herz – und wenn ich mich auf der Bühne wundschlug, ohne aufzuwachen aus meinem Gefühl.«

»Sie werden verehrt.«

»Junge Mädchen. Sie kommen wie Mäuschen zu der Katze. Möchten wissen, wie sie's macht, so stark zu sein, und schielen dabei nach dem Mäuseloch. Männer? Es gibt in Berlin keine Schauspielerin, zu der sie weniger wahre Beziehungen haben als zu mir: trotz dem großen Männerbetrieb hier«, schloß sie schleierlos.

Er sagte, die Augen niedergeschlagen: »Sie bleiben in allem doch unberührt.«

»Das reden nur Sie sich ein«, sagte sie ohne Spott.

»Die andere Seite ist, daß jene, was sie sonst an Ihnen auch zu schätzen wissen, das Menschenwesen nie lieben. Sie fürchten es. Jeder von ihnen sucht eigentlich das Mäuseloch.«

»Sie, Graf Erwin, fürchten nichts«, sagte sie ermunternd.

»Was wäre es wert?« fragte er. »Aber aus dem Spaziergänger, der Einblicke sammelte, wurde jemand, den die Einblicke erbarmten. Dann kam erst der Mann, der Sie liebt und daher Sie retten will. Lieben heißt wollen.«

»Erbarmen?« Sie schnitt eine Grimasse wie ihr Bruder. »Wenn nicht Sie es wären, der mir das sagt –. Mein Freund, Sie werden schon grau; wie lange noch soll man Ihnen Knabenfehler verzeihen. Sprechen wir deutlich! Ich habe unter Herrn Mangolf sehr gelitten – schon gut ein halbes Leben lang. Was ich geworden bin, kommt mit auf seine Rechnung: die Kunst – und dies hier« – mit Wink durch das Zimmer, wo Gobelinsessel, tiefe kleine Sofas, dreieckige Rohrstühle in Form vergoldeter Käfige gruppenweise warteten auf den Harem von Männern.

»Wenn ich Ihnen alles zu sagen wagte!«

»Was noch?« fragte sie feindlich.

»Was ich mir wünschte.«

»Was Sie schon wünschen können!« Sie versank in Gedanken – dann in Schmerz. Er sah zu, er war im Schauspiel. Das Zucken der beseelten Hand, dieser tragisch gewölbte Hals, das überdeutliche Spiel von Brauen oder Mund, es machte den zum Zuschauer, dessen Herz doch selbst so schwer war. Verstumme!

In der Scham, der Qual seiner Geringheit suchte er nach dem Bild Mangolfs, das sie vorhin genommen und nicht wieder fortgelegt hatte. Sie mußte es bei sich selbst versteckt haben, sie trug es am Körper! ... Da sagte sie schon: »Herr Mangolf ist auch nicht alles ganz allein geworden, an einer Komödiantin hing er. Oh! er wird hängenbleiben.« Grausamer Blick, Erwin erbleichte.

Viel ruhiger: »Älter zu werden ist ein Glück. Vor Ihnen werde ich mich nicht verstellen.« Um ihn zu versöhnen! Das Herz ging ihm scheu auf. »Gefühle, die schon lange dauern, haben nun mehrmals einen Knick weg. Dienen sie noch immer? Dann scheinen sie unentbehrlich. Verbrennen Sie sich nicht die Finger, Erwin!« Sogar gütig.

Hier klingelte es. Schnell noch hingesprochen, wie das allenfalls noch Wissenswerte: »Herr Mangolf hat große Unannehmlichkeiten. Was zwischen uns stand, hat er herzlich satt. Wenn ich will, gibt er alles auf, er läßt sich scheiden ...« Schon kamen Herren.

Zusammen kamen Kommerzienrat von Blachfelder junior und Doktor Mörser, gleich nach ihnen erschien Mangolf mit dem jungen Schellen. Der Sohn des Zeitungsgottes, der hinter Wolken wirkte, war persönlich laut und sichtbar wie je, sogleich hatte er Geschäftsgeheimnisse mit der Schauspielerin. Er bat sie ins Nebenzimmer, schrie dort aber Liebeserklärungen, die man bis herein hörte.

Lea Terra war ihm gefolgt, um dem zudringlichen Mörser auszuweichen. Schellen hatte denselben Grund. »Gleich mit uns beiden hat es die Mißgeburt«, sagte Lea. »Mißgeburt war auch das Wort der schönen Schwertmeyer«, sagte Schellen. »So nennen ihn die Damen mit guter Witterung, bei denen er sich sein Alibi holen möchte. Welchen Jungen erwarten Sie denn hier? Außer mir?«

fragte er den Nachschleichenden robust. Mörser war nachgeschlichen. Er tat zerstreut, aber die Augen wurden trüb vor Angst. »Sie müssen Ihren Herrn Vater wohl für restlos allmächtig halten«, sagte er dann doch und zog die Lippe drohend von seinen Zahnlücken weg. Zum Glück für ihn ging hier das Telephon; Lea holte Schellen, er sollte der Theaterdirektion sagen, daß sie liege. Es war zu hören, wie er sich für den Arzt ausgab. Aber da der Sekretär des Theaterdirektors noch zweifeln wollte, nannte er seinen furchtbaren Namen.

»Was tut er hier?« sagte drinnen Blachfelder zu Mangolf – der seine unbeteiligte Stimme behielt.

»Und Sie, Herr von Blachfelder? Wir sind bei einer Schauspielerin. Sie haben ihr seit neulich wieder einen herrlichen Degas hergehängt.«

»Eine Tonalität! Kein Geld bezahlt das.« Der jüngere Chef der Kalifirma entzückte sich. Seine bleiche, mandeläugige Schönheit, die schon ermüdete, blühte wieder auf vor dem teuren Bild. »Die Kunst rechtfertigt alles«, sagte er entzückt. »Lea ist Künstlerin.«

Mangolf führte dies nur aus. »Die Kunst rechtfertigt Schellen, denn er sorgt für Reklame. Andere sorgen für anderes.« Wink über die Wände.

»Sie hält ihn doch noch an der Strippe«, dachte Blachfelder, sogleich aber dachte er gewählter: »Alles mag das Leben uns erfüllen. Das Weib streicht drüber hin: fort.« Laut sagte er: »Verzeihen Sie die Frage, Mangolf: früher schienen Sie manchmal Rot aufzulegen. Da waren Sie jung. Quält das Vergehen der Jugend Sie gar nicht? Ich liege Nächte wach.« Mit Handbewegung: »Aber zur Politik! Die Tangerfahrt des Kaisers hat gewirkt wie Zauber.«

»Liegt sie Ihnen?« fragte Mangolf ruhig.

»Ich sage nur: blaues Meer, weißes Schiff, vorn drauf Gestalt im Adlerhelm, er versteht sich auf Wirkung.«

»Wir alle. Deutschland versteht sich auf Wirkung. Wenn das genügt –«

»Sie werden kritisch?« Man sah Blachfelder innerlich abrücken. »Herr Unterstaatssekretär, Sie sollten doch vorsorgen. Wird die Tangerfahrt ein großer Erfolg, müssen Sie es gleich gesagt haben.«

»Das wird sie, ich sage es.« Mangolf belebte sich. »Sie ist es schon. Infolge der Tangerfahrt hat Frankreich endlich den Mut gefunden, dem englischen Bündnis näherzutreten, das es schon längst haben kann. Darauf Anfrage von uns bei unseren Freunden in Rom. Darauf großes Durcheinanderrennen in Paris. Werden sie ihren wütenden Minister des Auswärtigen Krieg machen lassen?«

»Wir wollen Frieden«, beteuerte Blachfelder. »Wir tun alles für ihn.«

»Wir stellen ihn auf die Probe. Ein guter Friede muß tragfähig sein.« Worauf Blachfelder ihn ins Auge faßte; aber Mangolf blieb undurchsichtig. Plötzlich sagte er, daß er fort müsse, gerade jetzt werde im Auswärtigen Amt aus Paris die Entscheidung erwartet: Sturz des Ministers, sonst neun zu eins für Krieg ... »Stürzt er, wird Lannas Fürst«, warf Mangolf noch hin. Aber Blachfelder verlor den Gleichmut erst jetzt. »Wie? Fürst? Also war was dran! Sagen Sie aber, stimmt es auch? Kann man ihm gleich gratulieren? Sie! Mangolf!« Es half ihm nichts, Blachfelder blieb allein.

»Man lebt in geschichtlichen Begebenheiten«, sagte er erfüllt, er trat an ein offenes Fenster, hoch über dem weiten, hastenden Platz, wo in der schönen Junisonne niemand so viel wußte. Kaum aber hatte er hinuntergesehen, jagte er dem Unterstaatssekretär bis in den Flur nach, er holte ihn bei den Schultern zurück. »Das müssen Sie noch abwarten.«

Da erblickte Mangolf seine eigene Frau mitsamt Alice

Lannas. Soeben traten sie ins Haus. Erwin Lannas, der fortgegangen war, kehrte um und folgte ihnen.

Ihr Eintritt schuf Minuten erregter Stille. Kein Geschrei am Telephon mehr, Schellen konnte nicht genug Hände küssen. Den Mörser kam die schuftige Beflissenheit an, die auch seinen Onkel Knack vor noch Stärkeren ergriff. Mangolf schien plötzlich mit seiner Frau hier verabredet zu sein, er setzte sie neben Lea, als Lea zum Tee bat. Dann hatte aber Bella, durch eigene Kunst, Herrn Schellen neben sich. Auch Herrn von Blachfelder, den Mörser, ja selbst den Grafen Erwin zog sie an sich – indes Lea mit Alice Lannas in ihr kleines Zimmer verschwand. Mangolf sah seine Frau im Salon seiner Geliebten vier Herren tummeln. Die Herren wußten nicht, wie ihnen geschah, so herausfordernd war Bella; aber der Augenblick konnte nicht fern sein, da Schellen frech ward. Mangolf ging lieber vorher.

Lea und Alice betrachteten einander in dem kleinen bunten Zimmer, bei Lackmöbeln, Porzellanlüster, hell bemalten Seidentapeten. Lea, mit Blick umher: »Hier bei mir! ... Ich gehe nicht fort, wissen Sie, ich habe Kopfweh. Nein, ich wußte, Sie kämen!«

»Von Ihrem Bruder? Daß ich Sie sehen darf! Sie, seine Schwester. Wissen Sie, daß Sie ganz anders wirken als auf der Bühne?«

»Weil ich alles dort spiele, nur nicht Bewunderung, nur nicht – Demut?« – und Lea wollte die Hand der anderen mit ihrem Mund berühren. Aber Alice zog Lea an ihre Brust.

Drüben tollte Bella. »Hände weg, Schellen! Wir sind bei der Schauspielerin, die die meisten Brillanten hat. So wohnt man heute. Wer auf der Höhe ist, zieht nach dem neuen Westen. Ich in meinem Möllendorffschen Palais sitze da wie Nauke. Hier sehn Sie nichts als Palais!« Sprang aufs Fensterbrett und war kaum zu halten.

Blachfelder sagte, in Genua kenne er eine Straße, die aus zehn alten Palästen bestehe. Hundertsechzig neue seien mehr. Schellen benutzte dies zu überdeutlichen Anspielungen auf die erste Hochzeitsreise Bellas, als nur der Bräutigam Italien erreichte, die Braut aber umkehren mußte. Sie schwang sich weiter aus dem Fenster vor Gelächter; Erwin Lannas, schon längst um sie besorgt, zog sie ins Zimmer. Auf seiner Schulter lag sie einen Augenblick wie entkräftet. »Gott! bin ich unglücklich«, glaubte er gehört zu haben. Sie tollte schon wieder, sie sah kaum, mit wem. Aber der junge Schellen hatte um so deutlicher erfaßt, welche Aussichten ihre Krise ihm eröffne.

Alice und Lea wichen vor dem Lärm bis in das Schlafzimmer. Weiß und Silber; das Bett so niedrig, daß die weißen Felle, hoch am Boden gehäuft, fast die Kissen berührten. »Ein einschläfriges Bett!« sagte Alice. »Was nichts beweist«, sagte Lea. »Doch, doch«, sagte Alice. Schüchtern setzte sie hinzu: »Sie spielen doch immer noch mehr Komödie, als daß Sie lieben.«

Die Schauspielerin ward bös und traurig anzusehn. »Nun also, ja: meine Kraft, mein Temperament, mein ganzes Liebes- und Lebensvermögen ist verzehrt – vom Komödienspiel. Meine Ausschweifungen sind Maske, sind Angst, sind leere Gier nach Versäumtem. Das hat mich's gekostet, dies verhaßte, undankbare, unentbehrliche Komödiespiel! Jetzt, in Jahren, wo es Zeit wird nachzuholen, laß ich junge Leute beim Bühnenausgang warten. Junge Leute, deren Bild in erregten Zuständen ich den ganzen Tag vor meinen Sinnen gehabt habe: da stehn sie, ich aber, schlaff und verbraucht vom Spiel, schicke sie fort. Dreck! sage ich noch, wenn ich ins Bett sinke.«

Womit sie am Bettrand hinsank und den Kopf zwischen die Hände nahm. »Ich spreche zu einer keuschen Frau«, murmelte sie. »Sonst schwiege ich.« Alice, bei ihr:

»Verstehen Sie denn, daß wir unser ganzes Leben einen Mann lieben, dem wir nie gehören?« – »Nur darum lieben wir ihn«, sagte die Schauspielerin.

Sie erklärte der Dame, die so wenig wußte, wie es sei, einen Mann, im Grunde der einzige, betrogen und verloren zu haben. Wiederbeginn, neuer Verrat, seiner, ihrer, samt Haß, Widerstand und Treue. Erfüllung? Genuß? Fast nie, vor lauter Kämpfen. Aber unverbrüchliche Treue, trotz allen Gewalten des Lebens, bei Erniedrigungen, im Selbstverlust. Die Stirn gerunzelt, die Worte stark hervorgestoßen: »Wäre ich nicht immer erschöpft vom Komödiespiel, vielleicht hätte ich andere geliebt. So ist er mein Leben.«

Alice Lannas aber, mit Rückblick auf sich selbst: »Wäre es nur das?« Sie bedachte: »Wirklich nur, weil auch ich lieber herrschen als lieben will?« Ehrgeiz – höhere Stufe des armseligen Snobismus, der Leidenschaft aller. Aber selbst Bella liebte! Selbst die geborene Knack auf streng verteidigter Lebenshöhe versäumte nicht, zu lieben, verbotene Wege zu gehen. Alice Lannas kauerte sich neben der Schauspielerin hin.

»Ich frage mich oft, warum ich Ihrem Bruder nicht gehöre. Ich bin nicht fromm. Was bleibt dann. Die Klasse? Das Beispiel für das Volk? Mein Gott, wie lange dauern wir noch, inzwischen nimmt jeder noch schnell das Seine. Es wäre leicht.« Sie schwieg; denn undeutlich erschien vor ihrem Sinn, daß es zu leicht wäre und daß tiefere Rache an ihrem Schicksal Enthaltsamkeit sei … So versanken sie in den weißen Fellen, ganz eng beisammen, Alice und Lea.

Da ging besonders lärmend das Telephon. Zugleich erschien Frau von Haunfest-Blachfelder, sie stürzte sofort herein zum Telephon: »Theater? Schon wieder, na schön.« Nach dem Diktat Leas: »Sie denkt nicht dran, sie hat

Kopfweh. Wahrscheinlich so lange, bis Sie mehr zahlen.« – »So ist es!« rief Lea. Die geborene Blachfelder, immer hemmungsloser: »Suchen Sie die Schumsky. Wenn sie statt Lea spielen soll, müssen Sie sie suchen, wir haben sie versteckt. Jawohl, hier im Badezimmer. Na denn auf Wiedersehn, Direktor. Sehen Sie, wo Sie bleiben, ich muß was trinken.«

Die Blachfelder umarmte Lea; Alice Lannas sah leider, daß nicht einmal ihr starker Alkoholduft Lea abstieß, viel weniger die klebrigen Hände, das Figürchen, das unter der Berührung der Freundin hysterische Windungen machte.

»In dreiviertel Stunden soll er anfangen. Was tut der Mann!« rief Blachfelder junior, während sein Schwesterchen sich eigenhändig einen Drink mischte. Der Eidotter fiel ihr aufs Kleid, dennoch lehnte sie jede Hilfe ab. Ohnehin hatte sie sich schon wieder was abgetreten. Ihre Perlenschnur war offen, Lea schloß sie ihr, es fiel auf, wie zart. »Ihr Schwesterchen ist ein bezaubernder Mensch«, hörte Alice sie leider sagen. Blachfelder erwiderte: »Wenn ihr nicht immer das Rot zerliefe! Geben Sie ihr doch ein Rot, das standhält gegen Alkohol.« Hierauf bediente er Frau von Tolleben.

Auch Doktor Mörser war voll Aufmerksamkeit. Beide zugleich, die Diplomatendame und den schönen jungen Sohn des Zeitungsringes suchte er an sich zu fesseln, er gab Nachrichten über die internationale Krise. Die Nachrichten des Hauses Knack klangen schlimm. Von dem Ministerrat, der zu dieser selben Stunde in Paris tagte, war Nachgiebigkeit nicht zu erwarten: Knacksche Vertrauensmänner hatten es von den Teilnehmern selbst. Schellen warf ein, das brächten seine Blätter sowieso. »Nur nicht zurückbleiben!« – »Die Industrie rechnet mit Krieg«, sagte Mörser, der Speichel lief ihm herab. Sein schmutzfarbenes Gesicht bedeckte sich bis auf die Glatze mit dünnen Fältchen der Habgier.

Blachfelder junior aber lehnte sich zurück, er strich über seine glatte Stirn. »Ach ja, was ich fast vergessen hätte: in diesem Augenblick stürzt in Paris der Minister. A tempo ist der Herr Reichskanzler Fürst.«

Stille; Blachfelder badete in Wirkung. Er sah Alice Lannas an, sie sollte ihn bestätigen. Doktor Mörser verbeugte sich nach ihr. »Der hohe Herr Papa wird Fürst bei Kriegsausbruch. Sofort!« behauptete er und sah nach der Uhr.

»Und wir sitzen hier wie von unserem Jahrhundert vergessen«, sagte Blachfelder verwundert, worauf minutenlange Ausrufe des Erstaunens, der Spannung, der unbedenklichen Bereitschaft, diese von Bellona, der geborenen Knack. Lea Terra freilich mischte ihre private Kampfstimmung in die des Weltteils, sie erklärte, das Theater nicht mehr betreten zu wollen, bevor Direktor Necker ihr die Gage erhöhe. »Necker soll auch fort!« rief Schellen. »Nackte Machtfrage«, rief Lea – indes Alice und ihr Bruder sich ansahen. Ihm hatte sie von Kopfweh gesprochen, der neuen Freundin aber davon, daß sie nur ihretwegen bleibe.

»Nackte Machtfrage«, wiederholte eine Gesangsstimme von der Tür her, und Gräfin Altgott hielt Einzug mit dem Abgeordneten Schwertmeyer. Sie suchten Herrn Mangolf. Der Reichskanzler war unsichtbar, selbst für seine alte Freundin. »Ist es wahr, seine Ernennung ist heraus? Herr von Tolleben wird Staatssekretär?« Alice Lannas bekam sogleich wieder ihre ironische Zurückhaltung. Die Altgott kannte sie, daher unterließ sie Versuche; aus eigenem behauptete sie: »Soviel ist sicher, daß das Stadium der Konversationen hinter uns liegt. Die nackte Machtfrage wird gestellt.«

»Habe ich das nicht auch schon gesagt?« rief Lea. Die Blachfelder, die in ihrem zweiten Drink die Schnäpse samt und sonders mischte, gab ihr lärmend recht. Jeder stimmte irgend jemandem zu, ohne daß er wissen konnte, welcher Konflikt gemeint sei, der mit Necker oder der andere. Schwertmeyer bemühte sich vergeblich um Klarheit. Sein Fuchsgesicht stieß spitzschnäuzig ins Gespräch, mit gefletschten Zähnen fuhr es ab. »Wozu regen Sie sich auf?« fragte Schellen ihn. »Sehn Sie Blachfelder an! Er wartet ruhig auf Mangolf. Mangolf kommt wieder, hier hängt er.«

»Eine Viertelstunde früher als die Börse erfahre ich es immer noch«, sagte Blachfelder; aber Schwertmeyer, außer sich: »Ich muß es eine halbe früher wissen!«

»Für wen?« fragte Schellen. »Für das Bankhaus Berberitz? Für Knack? Von der schönen nationalen Rede, die Sie gestern gehalten haben, werden Sie wohl nicht fett?« schrie er frech. Der Abgeordnete überschrie ihn. »Sie haben es leicht, junger Mann. Ihre Informationen dürfen falsch sein, Sie verdienen doch dran. Wenn meine nicht stimmen, flieg ich.«

Noch stürmischer als sie ging das Telephon. Sicher Mangolf! Die Gräfin Altgott erreichte es allen voran, mit kicksender Gesangsstimme rief sie hinein: »Nicht wahr? Das Stadium der Konversationen liegt hinter uns, die nackte Machtfrage wird gestellt.« Gleich darauf taumelte sie zurück. »O Himmel, alle guten Geister, wer ist das?« Sie hielt sich die Wangen. »Der Mensch hat mir ein Wort zugerufen, in meinem ganzen Leben hatte ich es nicht gehört.« – »So lange Sie schon von der Bühne fort sind, haben Sie es vergessen«, sagte Lea rauh, sie nahm selbst den Hörer.

Mit einer Stimme, die niemand wiedererkannte, rief sie Beleidigungen zurück. Der Chor, vollzählig ins Schlafzimmer vorgedrungen, half ihr gebärdenreich, neue zu erfinden. Weit hinter seinen Bekundungen, noch draußen, soeben eingetroffen, stand Terra mit seinem jungen Sohn.

»Sieh es dir an, mein Sohn Claudius«, sagte Terra. »Es

ist das Leben, es ist die Welt. Du mußt davor die höchste, tiefgefühlteste Achtung haben. Auslese aus Politik, Kunst, Wirtschaft führt sich dir in Natur vor. Sie denkt an nichts Böses. So ist sie.«

Alice Lannas, die fortgehen wollte, stieß auf die beiden.

»Mein Sohn Claudius«, sagte Terra. Er sprach so würdig, weil er Alice den Tränen nahe sah. »An diesem bedeutungsvollen Tage bringe ich ihn zu Ihnen. Mein Sohn, die Frau Gräfin wird die nicht genug zu verehrende Güte haben, dich anzusehen.«

Alle drei gingen sie vom Flur in das Eßzimmer. Es grenzte im Winkel an den Salon, von dort kam Erwin. Er wartete, daß man ihn bemerke. Noch stand Terra, aufmerksam geneigt, neben Frau von Tolleben, die, beim Tisch sitzend, seinen Sohn prüfte. Sie sah dem Knaben in das schöne Gesicht, das ihre zitterte ganz. »Mache doch deine Augen auf!« sagte sie, und »liebst du deine Mutter?« – alles so, als wüßte sie nicht, was sie sagte. Der Knabe bog sich rückwärts unter ihrem Griff; nun er die Augen öffnete, schloß der Mund sich fest. Sie erkannte die gepreßten Lippen, diese Furcht vor dem Leben. »Und deinen Vater?« fragte sie. Er blickte um, welch argwöhnischer Blick! Terra trat getroffen fort. So fand er Erwin.

»Verzeihen Sie!« bat Erwin. »Ich bin wahrhaftig nicht gut daran. Mit Lea wie viel Schweres!« Auf einen Wink Terras: »Ja, auch Alice sieht schlecht aus. Aber um sie muß ich nicht sorgen; jener Mensch, der sie in seiner Gewalt glaubt, irrt. Er wird ihr die Freiheit niemals nehmen können. Ich sehe sie manchmal zu Fuß ausgehen: dann muß ich lächeln.«

»Wohin geht sie?« fragte Terra.

»Zu Ihnen.«

»Sind Sie toll?« Terra raunte entsetzt. Auch Erwin

ganz leise: »Wäre es anders, ich würde Herrn von Tolleben töten müssen.« – »Ein guter Gedanke«, stammelte Terra.

»Aber Lea! Sie wird gequält, aus Not gibt sie sich selbst auf. Der sie quält, ist kaum noch schuldig, ich fühle es wohl. Ihre Qual ist zum Leben selbst geworden – das unentrinnbarer ist als ein Mann. Was wird aus ihr!«

Stummer Aufschrei, Terra las ihn mehr in den Augen Erwins als von seinem Mund. Er erschrak. Da Erwin ihn wanken sah, nahm er alle Kraft zusammen. »Helfen Sie mir! Wir reißen sie heraus. Auch Alice. Beide führen wir fort – weit fort. Es gibt Südseeinseln, Neuland mit wenigen, noch frommen Menschen. Kommen Sie mit, Terra!«

»Wirklich? Weder Telephon noch Ministerrat? Die Spannung nicht, ob Schurken durchdringen, die das Völkerschlachten sofort wünschen, oder andere Schurken, die sich das Schlachtvieh erst noch mästen wollen?«

»Nicht Gier, nicht Müdigkeit, kein Verrat – oh! kein Verrat. Von Gefahren, nur was Natur will, und sie ist mild.«

»Nicht unsere. Unsere Natur ist anders; wie kommen Sie ihr bei?« – »Mit körperlicher Arbeit«, sagte Erwin. »Mit traumlosem Schlaf.« Worüber Terra auflachte. Alice dort hinten wandte eine ratlose Miene her, der Knabe eine verschlossene. Dann setzten beide Seiten ihre leise, dringliche Verhandlung fort.

»Sprechen Sie mit Lea!« flehte Erwin. »Wenn ich ihr alles zu sagen wagte!« Angstvoll aufhorchend nach dem Getriebe drinnen, das näher kam: »Es ist keine Zeit zu verlieren. Kommen Sie mit auf die Südseeinsel!«

Da störte man sie auch schon. »Es gab in meinem Leben –« konnte Terra noch vorbringen. »Jetzt bin ich unzerreißlich angebunden ... Man geht umeinander her. Keiner trifft keinen.« Die Altgott samt Schwertmeyer brachen auf, der Rest der Gesellschaft sah sich nach Frau von Tolleben um. Der junge Claudius stand kaum unbeachtet, schon hatte ihn der Mörser, er führte ihn Kuchen essen.

Lea bemerkte es, sie wollte hin; ihr Bruder selbst hielt sie ab. »Verehrte Künstlerin«, begann er stockend. »Was mir Graf Erwin an herzzerreißendem Jammer mitteilt, solltest du selbst dem letzten deiner Hörigen nicht zumuten.«

»Was hat er, er ist mein Freund.«

»Das muß eine Arbeit für den jungen Herakles sein.«

»Hast du mir sonst noch Eröffnungen zu machen?«

»Leonore!« sagte der Bruder mit Strenge, »Ich rate dir in deinem eigenen wohlverstandenen Interesse, mit der bestehenden Gesellschaft nicht deinen Spott zu treiben. Wenn du dich über sie zu beklagen hast, solange sie deine Freundin bleibt; als Feindin wäre sie von ungeahnter Zuverlässigkeit.«

»Ich bin, was ich bin.«

»Das denken erstaunlicherweise Künstler – grade sie, die ohne jeden Vorbehalt das sein müssen, was zu sein die Gesellschaft ihnen nahelegt. Die Gesellschaft ganz allein gibt dir Gelegenheit, deine Künste zu zeigen – wozu sie rechnet, daß du auch im Leben ihre eigenen Neigungen unter besonders gelungenen Formen vorführst. Keinesfalls aber erlaubt sie dir, über das Maß des Lasters und des Verbrechens hinauszugehen, das sie im gegebenen Augenblick gerade noch für gesellschaftsfähig hält.« – »Aha«, machte die Schwester.

»Du kannst bis an die Grenze gehen, es wird erwartet; nicht aber, daß du sie vorrückst. Dies bleibt Mächtigeren, als wir sind, vorbehalten. Frau von Haunfest-Blachfelder ist dir bestimmt nicht erlaubt.«

»Warst du selbst denn immer so gefügig?« fragte sie mit tiefdringendem Blick. Dunkel vertraulich der Bruder: »Mein Kind, wir sind, was wir übrigens mit ihr vorhaben, Nutznießer der bestehenden Gesellschaftsordnung. Hüte dich, sie Verdacht schöpfen zu lassen, du seist über sie hinaus!«

»Was aus dir jetzt zu werden scheint, bewundere ich, aber es liegt mir nicht«, sagte Lea bescheiden, nicht ohne Wehmut. Unvermittelt abschließend: »Jetzt lasse mich aber bitte deinen Jungen vor den Nachstellungen der Mißgeburt retten, das kann doch nur in deinem Sinne sein!«

Doktor Mörser hielt seine Bemühungen um den jungen Claudius streng dezent. Man sah, daß nicht offene Türen ihn bewogen, nur eigene Würde. Sein auf besonders guter Seide gearbeiteter Gehrock stand offen ohne Falte, auch die Hände blieben unbenutzt. Schmutzfarbe der Haut, der Augen, besorgte Fältchen der Gier bis auf die Glatze gehörten ohnedies zu der Erscheinung. Beunruhigender wirkte der Knabe. Er fühlte in seiner Unschuld das Gelüst des Mannes, er ging darauf ein! Unwissend hoben sich die langen Wimpern, durchsichtiger Blick stand fragend über kokettem Hals. Solche reine Haut, solch große blonde Locke auf reiner Stirne schwankend: – aber der erste, sich selbst noch unbekannte Liebesblick war für die Mißgeburt.

Dies sagte ihm Lea, als sie Mörser fortgeschickt hatte. Sie hielt dem Knaben die Häßlichkeit des Mannes vor; er aber hatte die Wimpern schon wieder heruntergelassen, was verstand er. »Magst du Frauen, zum Beispiel mich?« fragte Lea. Für den scheu aufhuschenden Knabenblick spielte auf einmal die ganze berühmte Kunst ihrer Augen. »Ich mag dich sehr«, sagte sie – nicht in ihrem eigenen Ton, sondern wie es von ihm hätte kommen müssen. Er preßte aber entschlossen den Mund, sie begriff nicht, was geschah.

»Machen wir keine Dummheiten, Tante Lea«, verlangte er. »Ich muß dir etwas sagen. Wem sage ich es denn? Mama kann ich nicht fragen, sie selbst ist mit drin in der Sache.«

»Du hast ein Geheimnis?«

Er öffnete mehrmals den Mund, der geöffnet noch so töricht und so schön war; Lea wollte ihn endlich darauf küssen. Da bog er den Kopf weg, leise stieß er aus: »Ein Herr schreibt mir.« Sie ließ ihn los, sie wollte abrücken, aber er setzte hinzu: »Mein Vater.«

Lange Pause. Lea begriff nicht, aber was sollte alles noch kommen? Sie sah sich schnell um: die Blachfelder war im Gehen, sie ließ den armen Erwin Lannas nicht los. Bella Mangolf verschwand mit Schellen, der zufrieden schien. Dem Teetisch entgegengesetzt saßen voreinander, inständig hingegeben den kärglichen Minuten, Terra und Alice. Aus dem Eßzimmer, wo Blachfelder und Doktor Mörser konferierten, waren beide Seiten sichtbar, die Liebenden und der beichtende Knabe.

»Wie konnten Sie das tun!« flüsterte Alice hingegeben. »Sie sind entsetzlich kühn. So mit der Liebe Ihres Sohnes zu spielen. Was haben wir armen Frauen von Ihnen zu erwarten.«

Ihre Miene, so hingegeben an Schrecken und Zärtlichkeit, entging nicht den konferierenden Herren. Mitten im Aussprechen hoher Ziffern dachten sie: »Da stimmt etwas nicht.« Mörser dachte: »Geht das Verhältnis auseinander? Dann verlöre der Mensch an Gewicht bei Onkel Knack, ich müßte ihn weniger schonen.« Blachfelder dachte: »Auch 'ne Hure!« Und gleich darauf gewählter: »Das Differenzierteste bleibt die Frauenseele.« Sie behielten es aber für sich, sie sprachen weiter in Ziffern.

»Jetzt verstehe ich seine Mutter«, hauchte Alice. Ihr Stolz beugte sich bis zu Vergleichen mit der Fürstin Lili! Er sagte daher: »Seine Mutter verfügt über große seelische Kräfte – beileibe nicht im Zerstören nur, wie ich glaubte. Sie betätigt unausgesetzt die elementare Fähigkeit, sich in falschem Glanz zu wiegen, sich ewig zu verwandeln, beliebig zu verjüngen, Erweckerin immer neuer Illusionen und die erste, die darauf hineinfällt. Ich habe triftige Gründe, ihren Sohn für ähnlich begabt zu halten. Claudius ist der Sohn des Weibes.«

»Sehen Sie hin!« sagte Alice. »Er steht da wie ein Bekenner, ein ganz törichter, ganz junger Bekenner. Der Büste eines Knaben Johannes in dem neuen Kaiser-Friedrichs-Museum fällt die Locke genauso, öffnen die Wimpern sich genauso. Aber Ihr Sohn preßt den Mund doch wie Sie.«

»Tante Lea«, flüsterte der Knabe, »es ist aber wahr. Das ist mein richtiger Vater. Er kann niemand sonst sein, denn in seinen Briefen stehen Dinge, die niemand weiß, sogar Herr Terra nicht.«

»Herr Terra? Der sorgt aber für dich.«

»Nicht mehr; ich will, daß Mama ihm alles zurückgibt. Mein richtiger Vater schickt Geld. Er schickt es geheimnisvoll, denn er ist bestimmt vom höchsten Adel und Rang.« Er ließ sich nicht unterbrechen. »Das weiß ich. Ich hab es geträumt – und auch sonst. Mir sagt es mein Blut«, behauptete er, weit die klaren grauen Augen der Mutter öffnend – jetzt preßte er, unweigerlich entschlossen, den Mund.

»Du bist verrückt«, sagte Lea, aber er, drüberhin: »Ich bin aufgewacht – seit seinen Briefen. Er hat mich im Herbst ans Meer geschickt. Sonst wollte ich nicht einmal im Sommer ohne Mama. Da hab ich mich abgehärtet, ein anderer Mensch, fühl die Muskeln!«

»Vielleicht«, sagte Terra zu Alice, »wird er das, was ich nicht sein konnte, ein wirklicher Tatmensch im Dienst des Heiligen Geistes. Vielleicht auch liefert er seiner Lebtage nichts weiter als eine arme überspannte Saite. Ich muß aber glauben an die Kraft seines Gemütes, das meinen ganz gewöhnlichen Schwindel mit so unbeirrbarer Begeisterung verficht.«

»Um Gottes willen, machen Sie es rückgängig«, bat Alice. Terra aber schmerzlich: »Er würde denn doch wohl zerbrechen … Ich wollte ihn kennenlernen. Ich kenne ihn jetzt.«

»Ach!« sagte Alice. »Sie kenne ich tiefer. Es hat Sie nicht ruhen lassen, Sie mußten erproben: wird er Ihnen entgleiten? Ach! das ist bald getan. Nicht umsonst haben Sie ihm die Briefe seines hohen Vaters geschrieben. Sie wird er jetzt hassen.« Beim Erschrecken Terras: »Versuche, die tragisch enden könnten, machen Sie mit denen, die Ihnen gehören.«

»Tragisch?« fragte er.

»Sie denken nicht daran, daß wir aufhören könnten, Sie zu lieben?« – und unverkennbar forschte sie in seinem Gesicht mit demselben Mißtrauen wie vorhin sein Sohn. »Dies ist wohl eine Warnung«, murmelte sie, und indes er tiefer erschrak: »Sie haben mich schon verraten an meine Freunde Mangolf, ich darf es nicht vergessen.«

Lea drüben machte heftige Bewegungen: »Hast du denn gar keinen Sinn für Tatsachen? Junge, darauf kommt es doch an! Ich bin entsetzt, du kennst nicht einmal den Namen des Menschen, der schlechte Späße mit dir macht.«

»Kannst du schweigen, Tante Lea?« Obwohl sie nur die Achseln zuckte, enthüllte er sich. »Ich kenne ihn, es ist Fürst Waldemar – ja, der Gemahl meiner Mutter. Ich bin sein ehelicher Sohn. Zwischen den Zeilen seiner Briefe lese ich, warum er mich noch nicht zu sich nehmen und standesgemäß erziehen lassen kann. Er befindet sich in den Händen einer Frau, vor der er mich schützen will.«

»Das hätte ich ihm nicht zugetraut«, sagte Lea trokken. »Ich kenne ihn als einen alten Taugenichts.«

»Du kennst ihn?« Im Auge des Knaben erglänzte süß und schaurig das Wunder. Sein erträumter Vater war da, jemand kannte ihn: mehr hörte er nicht. Die Schauspielerin fühlte Mitleid mit dem Knabentraum, sie umarmte Claudius. Dies sah Doktor Mörser. »Ich glaube, unsere Lea geht zur Jugend über«, sagte er dem Kommerzienrat von Blachfelder, der nur fragte: »Wieso ist sie Ihre Lea?«

Die Herren hatten fertig konferiert; noch immer kein Mangolf? Nun denn, Kunst und Liebe kamen dran. »Als Schauspielerin hat sie kein Herz«, behauptete Doktor Mörser, denn sie hatte als Frau keins für ihn. »Das haben Sie nicht erfunden«, stellte Blachfelder fest. »Ich kann Ihnen nur sagen, daß man irrt. Aber sie hat das Herz der Frau von heute, der einzigen, die uns angeht. Was wollt ihr denn? Haben wir Mondscheinsüchtige zu Geliebten? Wir kennen Weiber mit Zähnen und Klauen, die Männer fressen, ohne sich je den Magen zu verderben. Wenn hier Herz kommt, ist es ein großes Naturereignis.« Blachfelder hielt sichtlich zurück. »Wer das erlebt hat –« äußerte er durchdrungen. »So siehst du aus«, dachte Mörser.

Laut, aber gedämpft sagte er: »Die klügste Frau Berlins macht doch keine Dummheiten?« Mit Wink nach Alice. Der Blick des Kommerzienrates wies ihn zurecht, Mörser ging schleunigst zu Terra über. »Dieser Terra mit seiner falschen Würde und seiner Übermoral ist für die Industrie keine Empfehlung.« Blachfelder war auch hier großzügiger, wie er es nannte. »Angesichts der so vornehmen, Vergleiche so gut wie ganz ausschließenden Künstlerin Lea Terra bin ich verpflichtet, auch ihren Bruder mit Großzügigkeit zu betrachten. Er begegnete zufällig der Wirtschaft, bleibt aber musisch von Natur. Wer das aus sich selbst kennt –« äußerte er durchdrungen. »So siehst du aus«, dachte Mörser.

Alice und Terra wechselten mehrmals den Platz. Sie taten, als besähen sie Gemälde. Der Name des Malers fiel laut; leise und mit Bewegungen, die ganz andere Worte vortäuschten, sagten sie: »Mißtrauen! Von dir!« – »Ihr Denken ist ungrade, Sie verstecken Ihre Gründe. Ist Ihnen Herr Mangolf wirklich lieber als ich? Du ängstigst mich, wer bist du?«

Terra, laut: »Zu denken, daß der Degas einmal für fünfhundert Francs zu haben war, man möchte sich aufhängen.« Und leise: »Der bin ich, der dich vom ersten Tag an geliebt hat und einst statt einer Seele deinen Namen aushauchen wird!« Aber neue Ängste erfaßten ihn. Sie wollte natürlich Fortschritte machen in der Liebe! Sie war doch Frau! Immer nur Erinnerungen? Zartheit und Aufschub?

»Bist du uneigennützig oder kalt?« fragte sie gerade. Sie war durch Lyrik nicht mehr überzeugbar? »Was haben wir davon«, sagte er etwas zu laut, »daß die Herren Mörser und Blachfelder uns nachsehen wie den ruchlosesten Glücklichen? Zum Donnerwetter, seien wir es! Was hindert mich, meine Gnädigste, heute abend mit Ihnen zu schlafen?«

»Wir werden wohl wissen, was uns hindert«, sagte sie sanft. »Wir sind mit so viel anderem beschäftigt.«

Er widersprach, zu dem Bilde gewandt: »Alles in allem bin ich gegen die Richtung. Ehrgeizige Bravour ist nicht das Leben. Schlichte Gefühle! Ein niemals abgelenkter Wille, Glück zu nehmen, zu geben!« Und die Angst, die nach seinem Herzen griff, setzte heimlich hinzu: »Ich liebe sie und möchte, recht bedacht, nicht mit ihr schlafen. Was heißt das? ... Liebe ich sie weniger als jede Fürstin Lili?« fragte er wieder. »Daß sie nur nichts entdeckt! Mein Gott, nur nichts entdeckt!« Sie sagte aber prüfend:

»Wir sollten uns wohl einfach heiraten.«

Terra sofort auf das klarste: »Ich bin nicht dazu da, meine soziale Stellung durch Heirat mit der einzigen Tochter des Reichskanzlers Fürsten Lannas zu heben und zu festigen. Ich bin da, meine Alice zu lieben.« Über das Bild geneigt.

Auch sie sah nahe hin, ihr Kopf streifte seinen. »Nur Sie lieben so. Sie muten mir das Opfer meiner Stellung nicht zu. Jetzt werde ich noch mehr nachdenken müssen, warum wir uns trotzdem nicht gehören«, sagte sie und zog sich zurück, nahm sich wieder einmal zurück. Er wollte Hohn hören. War es im Grunde nicht Haß? – obwohl sie selbst sich nach Kräften davor gehütet hätte, weder Scheidung noch Ehebruch je zu vollstrecken.

»Das Rätsel«, raunte Terra, »werden wir ins Grab mitnehmen.« Worauf er seine Dame hinunter zu ihrem Wagen brachte.

Doktor Mörser, hinten im Eßzimmer, sagte dem Kommerzienrat: »Jetzt ist er für die Industrie keine Gefahr mehr. Er tut nur noch wie der Geist von oben, der Glanz in unsere Hütte trägt. Aber ich halte ihn für den richtigen Philister, den, der es wird, sobald er Bauch kriegt. Wir haben ihn glatt gekauft. So einer verliert sein Rätsel spielend.«

»Wenigstens ist der Junge da«, sagte Blachfelder anzüglich, denn er folgte den begehrlichen Blicken Mörsers. »Der hat noch sein Rätsel.«

Lea Terra stieß den Knaben fort, sie stand auf. »Mit dir ist nichts zu machen, du hassest deinen Vater. Aber merke dir, dann bin ich fertig mit dir.«

»Tante Lea!« Der Knabe bat. »Er ist doch nicht mein Vater.«

»Dann hast du auch keine Tante Lea mehr«, schloß sie und ließ ihn stehen, denn es läutete. Der Knabe stand verdutzt, diese Folge hatte er nicht vorhergesehn.

Alle eilten hinaus. Ja, Mangolf – und auch Direktor Necker gleich mit ihm. »Herr Unterstaatssekretär hat mich gütigst in seinem Auto mitgebracht«, erklärte der Direktor.

»Also was?« keuchten die beiden Herren, die aus dem Eßzimmer brachen. »Der Minister ist gestürzt«, sagte Mangolf. Blachfelder lief fort. »Kein Krieg?« fragte Mörser noch, in seiner tödlichen Enttäuschung. Dann lief auch er; aber Blachfelder hatte Vorsprung, er ward erster beim Telephon.

»Mein Auto war nämlich beschädigt«, erklärte Direktor Necker. »Meins«, sagte Lea, »kann ich mir von meiner Gage nicht kaufen.« – »Darum bin ich hier, Fräulein Terra«, sagte der Direktor verbindlich. »Kein Krieg?« fragte Terra, der zurückkehrte. »Auch bei euch nicht?« Denn nach allen ihren telephonischen Beleidigungen lächelten sie sich an, als sei nichts geschehen. »Es ist kein Zustand«, erklärte die Schauspielerin. »Ich bin Ihr teuerstes Mitglied, ich mache das Haus voll –« was Necker, an seinen Manschetten, seinem Taschentuch, seiner Weste zupfend, alles zugab. Nur bat er sie, gleich mitzukommen im Auto des Unterstaatssekretärs. »In zwölf Minuten sollen wir anfangen!« Sie lief schon, gleich darauf flogen Blachfelder und Mörser aus dem Schlafzimmer.

Sie ergänzten ihre Fragen an Mangolf. »Lannas hat den Minister gestürzt, er ist Fürst«, bestätigte Mangolf. Doktor Mörser behauptete: »Auch für Krieg wär er es geworden.« Mangolf sagte: »Warum nicht? Auch der gestürzte Minister ist bloß Vorwand. Seine Kollegen hatten ihn schon fallengelassen. Tanger war überflüssig.«

»Das werden die Herren im eigensten Interesse streng für sich behalten«, verlangte Terra stark, und sie versprachen es erschreckt, Direktor Necker mit Hand am Herzen.

Direktor Necker beteiligte sich an dem Gespräch geschmeichelt, aber nicht tiefer berührt; immer war er mit der Vervollkommnung seines Anzuges beschäftigt. Er persönlich ließ auch Politik gelten – überzeugt freilich, daß seine eigenen Theatersorgen nicht nur ihm, sondern auch Publikum und Presse unvergleichlich näherlägen. Terra war der Ansicht des Direktors.

»Es ist von einschneidender Wichtigkeit für alle und jeden, daß Ihre öffentliche Anstalt, mein sehr verehrter Herr Direktor, nicht etwa gar versagt. Den Sturm der öffentlichen Meinung möchte ich nicht erleben. Über die Frage: Krieg oder nicht, hat sich wieder einmal kein Mensch ernstlich aufgeregt.«

Der Direktor dankte, leer lächelnd, wie für die gewohnten persönlichen Anerkennungen. »Wer liest Zeitungen«, sagte Mörser voll Verachtung. »Die Leute merken schon längst nicht mehr, wenn etwas drinsteht. Von Krieg war zu oft was drin. Sie machen Geschäfte, uns sehen sie nicht auf die Finger.«

Blachfelder blickte wie fremd ringsum. »Nun ist es also wieder vorbei. Daraus hätte der Weltbrand werden können! Man hat einen faden Geschmack im Munde, wie nach einem aufregenden Rennen. Mindestens!« schloß er, und er ging fort, mitsamt Mörser und dem Direktor, der voraus zum Auto eilte. Lea rief von drinnen, daß sie komme. Der junge Claudius stand ihm im Weg. Der Direktor rief noch hinein: »Ihr Junge ist reizend, Fräulein Terra, ganz Ihr Bild. Das wird mein bester jugendlicher Liebhaber.«

Mangolf rührte sich nicht, er blieb vor Terra stehen, um sie her alles leer, offene Türen, aufgelöste Gruppen von Stühlen. »Du hattest mir etwas zu sagen.«

Terra, ebenso schnell, leise, bestimmt: »Mein lieber Wolf, ich verstehe dich. Tolleben ist diesen Augenblick Staatssekretär im Auswärtigen geworden. Mein tiefgefühltes Beileid, aber du solltest dich so weit beherrschen, daß du keine staatsgefährlichen Indiskretionen begehst. Unser allverehrter Reichskanzler weiß ohnehin, daß du, gleichgültig wodurch, an seinen ihm peinlichen Schwiegersohn gebunden bist.«

»Gebunden? Ich? Das war dein Plan, als du mich von dem unendlich weniger tödlichen Zweikampf mit Herrn von Tolleben zurückhieltest.«

»Das mußte kommen«, sagte Terra und senkte den Kopf, denn Mangolf hatte recht; so war sein Plan gewesen. Mangolf schwindelnd schnell: »Ich gebunden? Mit der Gewißheit, nie an die erste Stelle zu kommen? Ich werfe alles hin. Ich bin unabhängig. Bin ich du, der dick wird und sich verkauft? Einem gewissenlosen System, das alle sechs Monate aus Leichtsinn zur Kriegsgefahr wird?«

»Welche Worte von dir!« konnte Terra nur dazwischenmurmeln, Mangolf war mitten in einem großen Aufbruch.

»Ich, der ich den Krieg als äußersten Ernst des Lebens nie geleugnet habe, verachte ihn, wenn er Spielzeug wird. Der Mord, ich weiß es, bleibt letzte Stufe im Daseinskampf. Das blutgeile Gelichter der Menschen ermattet wohl, es tut gesittet, tut blaß; dann befällt doch der Blutrausch es wieder.«

Eine Tür schlug zu. Laufen und Rauschen, das helle Gesicht Leas rief herein: »Bravo! Charakterspieler!« Fort war sie. Mangolf taumelte. »Die hatten wir vergessen«, sagte Terra. »Sonst hast du recht mit jeder Silbe. Du hast dich gefunden und bist auf geradem Wege. Nimm den Glückwunsch eines käuflichen Schuftes ... Sei ein Mann!« sagte er verändert, denn Mangolf schloß die Augen.

»Also mich scheiden lassen«, hauchte Mangolf, die Augen geschlossen. »Alles ist zugleich aus.«

»Wegen des jungen Schellen? Unsinn. Deine Frau gibt dir einfach zu verstehen, daß sich mit Zeitungsreklame für dich vielleicht doch noch manches machen ließe.«

Terra schnappte und schloß den Mund; was hatte er da Grausames gesagt! Mangolf aber öffnete die Augen, er fragte: »Und Lea?«

Welch eine Angst um Lea! Mehr als um die geborene Knack, mehr als um Karriere! »Wenn sie will, wenn sie mich noch will«, sagte Mangolf unsicher, »wir gehen in die weite Welt.«

Aber Terra brauchte dies nicht mehr, er hatte sich abgewendet nach dem offenen Fenster.

Drunten fuhr heftig ein zweites Auto vor, noch im Fahren ward der Schlag geöffnet, eine Dame sprang ab, plötzlich stand sie Lea gegenüber. »Wo ist mein Kind?« rief sie. Die Fürstin Lili! Terra erfaßte erst jetzt, was vorging.

Lea, am Rande des Trottoirs, sah sich um, der Knabe Claudius fehlte. Sie sah den Direktor Necker an, dann die anderen Herren. »Ich weiß es nicht«, sagte sie und wollte einsteigen. Schon aber war die Fürstin Lili zwischen sie und den Wagentritt geglitten. Diese Schlankheit, diese Raschheit, bemerkte Terra. »Sie empfangen meinen Sohn ohne mich, dann aber wissen Sie nichts? Das geht nicht.« – »Daß Sie mich aufhalten, geht nicht« – wobei Lea sie wegschieben wollte. Dies mißlang. Atempause, Direktor Necker zog die Uhr. »Noch drei und eine halbe Minute.« Die Herren Blachfelder und Mörser rührten sich nicht. Ironische Unbeweglichkeit des Chauffeurs.

Lea warf den Kopf zurück, wie vor einem dramatischen Abgang im dritten Akt. »Gnädige Frau, der Vater des Jungen fand es offenbar nicht richtig, Sie mitzubringen in mein Haus.« – »Ihr Haus, gnädige Frau, ist bekannt«, erwiderte die Fürstin Lili gelassen und kollegial. Dabei berührten sich die Ellenbogen der Damen, ein Geschiebe drohte. Auf Wink des Direktors glitt der Wagen zwei Schritte vor, Lea flog hinein, Necker und Blachfelder gaben sich Schwung. Nur Mörser versäumte den Anschluß. »Ein drei Viertel«, sagte Necker mit der Uhr. Und Lea im Abfahren laut, um von den unfreundlichen Äußerungen der Fürstin Lili abzulenken: »Wieso ein drei Viertel? Ich komme erst in der dritten Szene, ich habe volle zwölf Minuten, und geschminkt bin ich. Meinen Sie, ich hätte sonst den ganzen Abend die Zicken gemacht? Der Direktor aus New York ist doch heute drin.«

Vor der Fürstin Lili verbeugte sich ehrfurchtsvoll Doktor Mörser. Er nannte seinen Namen, seine Adresse, sprach von starken Eindrücken, längst gehegten Wünschen; sie blieb zurückhaltend. Darauf begann er eifrig nach dem Knaben Claudius zu rufen. Die lockende Stimme überzeugte sie wohl, sie folgte ihm …

Terra sah nicht mehr hin. Der schnelle Vorgang drunten klapperte und zerfiel, denn Terra hörte Mangolf. Der Freund sprach für ihn noch immer. Die Verzweiflung des Freundes lähmte den Sinn des Vorgangs drunten. Er hörte wieder von vorn: »Ich, der ich den Krieg als äußersten Ernst des Lebens –.« Nur hierauf antwortete er.

»Du bist der ernstere, mein lieber Wolf. Dein Ideal geht dir nie verloren, weil du dir selbst das Ideal bist. So sollte es sein, oder man ist kein Mann. Zu meiner Entschuldigung kann ich höchstens anführen, daß mir der Zweck des Systems Lannas zu sein scheint, den Ernst des Lebens nach Kräften aufzuheben, und daß ich dies herzlich begrüße – vor allem in deinem eigenen Interesse. Was würde aus dir, wenn der Krieg nun käme? Du würdest das blutgeile Gelichter erleben, und dir wäre sehr übel.«

Er sah nach Mangolf nicht um, er sprach halb aus dem Fenster.

»Du solltest auf das innigste ersehnen, daß das Gelichter fernerhin gesittet und blaß tut. Empfiehl ihm das Vaterland immer nur als mündelsichere Kapitalanlage, niemals aber für gewagtere Spekulationen. Dafür ist es ungeeignet, ich bin Geschäftsmann. Was du werden willst –«

Er wollte sagen: »– kann deinesgleichen nur im allertiefsten Frieden werden«, und wandte sich dazu um. Wie? Kein Mangolf mehr? An seiner Stelle ein Kind: Claudius, aber kein Kinderblick. »Ich will Soldat werden«, sagte der Sohn.

»Es ist der geachtetste Stand«, sagte der Vater.

»Trotz deinem ewigen Hohn«, sagte der Sohn.

Erste offene Herausforderung. »Sprechen wir in allem Ernst!« – und der Vater trat ihm entgegen. »Willst du Soldat werden, wünschest du damit noch nicht den Krieg. Was man nicht kennt, kann man nicht wirklich wünschen, und den Krieg kennt von uns allen niemand.«

»Ich liebe mein Vaterland.« Harter junger Blick. »Aber von uns Jungen liebt keiner es wegen Geschäfte.« – »Sondern als Held. Das ist euer Vorrecht.«

Aber der Junge wollte nicht Duldsamkeit. »Und weil wir eure Überklugheit hassen. Eure Haarspalterei, euren Hohn. Wir hassen euch.«

Sein eigener gepreßter Mund öffnete sich und sagte ihm dies! Ergriffen sah Terra die Brust des Knaben fliegen. Sie flog, so schwach, unter der Selbstbehauptung. Ein ganzes neues Geschlecht, ein Umsturz wollte hervor aus ihr. Wie furchtbar überspielt – schon jetzt! Terra war versunken in den Sohn, und der in sich. Draußen läutete es stark, sie rührten sich nicht.

»Der Sommer ist da. Nächsten Monat, mein Sohn, gehst du wieder an die See.« – »Mit deinem Geld – nein.«

»Du hast anderes Geld, mein Sohn?« Feindliches Schweigen.

»Wenn es aber ausbliebe?«

Rot und blaß, mit Ringen: »Dann weiß ich noch immer, in wessen Hand ich stehe.« – »Nicht in Gottes Hand?« fragte der Vater.

»Auch«, sagte der Sohn. »Ganz recht, ich bin mit dem Himmel im reinen.« Terra hörte sich selbst sprechen aus jenem ähnlichen Mund. »Ich lasse mich auf nutzlose Ironie nicht ein. Was über mir ist, bleibt über mir. Dafür behaupte ich selbst meinen Platz. Wenn nötig, gegen dich!«

»Ich aber werde Gott für dich bitten«, sagte Terra so vieldeutig, daß der Sohn erschrak ... Das Sturmläuten war schlechterdings nicht mehr zu überhören, Claudius mußte öffnen gehen: da lag er im Arm seiner Mutter. Er wollte ohne weiteres mit ihr fort, aber sie weigerte sich, sie legte Wert auf das Betreten des Zimmers. »Dies ist der geweihte Raum?« bemerkte sie abweisend. »Hier empfängt die große Künstlerin ihre Verehrer?«

»Und Verehrerinnen. Du bist zu einem schlichten Familienessen morgen mittag geladen.« Nahe bei ihr raunte Terra: »Du hast ein Interesse zu kommen. Dein Sohn ist verliebt in Lea, er weiht sie in tolle Dinge ein.«

Sie war erschrocken, sie wußte also Bescheid. Sie begünstigte den Märchenglauben Claudius' und seine Erziehung zum Hochstapler! Schon hob Terra gegen sie die Hand – besann sich aber noch rechtzeitig, wer dies angerichtet und sowohl Mutter als Kind in Versuchung geführt habe. Die Hand fiel ihm am Leib herab, er blieb stehen wie verkracht, er sah seinen Drang zu mystifizieren Verbrechen zeugen. »Ich, so gut wie mein Sohn, wir können nach Gottes unerforschlichem Ratschluß nicht anders enden denn als Verbrecher!« fühlte er zitternd und ohne Gegenwehr.

Zu sich gekommen, fand er seinen Sohn in Angriffsstellung, eine Hand gegen den Vater, die andere im Rükken, die Mutter zu schützen. Dann bot er ihr den jungen Arm. Er reckte sich, erreichte fast ihre Höhe, er ging ab mit ihr wie eine Klinge.

Da räusperte sich jemand, es klang nach aufrichtiger

Bewunderung. Doktor Mörser, er verließ seinen Schatten, er öffnete dem schönen Paar die Flurtür, ergeben folgte er ihm. Die Fürstin brauchte ihn nicht erst als Zeugen des ihr Widerfahrenen anzurufen, er stellte sich restlos zur Verfügung. Vor allem bitte er, die Frau Fürstin mit dem jungen Grafen zum Souper führen zu dürfen. Junger Graf! Der Knabe Claudius ward davon noch etwas höher. Sein Gesicht vergalt so viel Begnadung des Lebens, es ward noch schöner. »Sage ja, Mama!« bat er zauberhaft.

Die Fürstin Lili zögerte. »Wie heißt Ihr herrlicher Sohn?« fragte Doktor Mörser. »Waldemar«, sagte Claudius schnell.

Worauf seine Mutter ablehnte. Sie hielte es für verfrüht, mit dem Jungen auszugehen. Was nicht stimmte, sie hielt es für verspätet, er war zu groß als Sohn. Hiervon abgesehen aber nahm sie Anstoß an einem gewissen Einverständnis des Jungen mit der Mißgeburt. Ja, Mißgeburt! Sie sah ihn an, das Wort in den Augen und so gut wie auf den Lippen, er konnte es nicht mißverstehen.

Er hielt aber, trotz verstörtem Zwinkern, alles aufrecht, Würde und galanten Anspruch. Mörser war Widerstände gewöhnt, dafür kannte er Zuneigung der Unschuld. Wie köstlich mundete Werbung von diesem Kleinen, sein Vertrauen, die ihm selbst noch unbewußte Zärtlichkeit, die mit langen Wimpern wehte nach dem Mann, indes der Knabe leise die Mutter um sein Vergnügen anging. »Kindliche Lebenslust!« fühlte Mörser. »Hier blüht mein Feld, ich darf beglücken.«

»Mama«, flüsterte der Knabe, »du wirst ihn nicht los. Er hat mich immer nur nach dir gefragt, er ist in dich verliebt.« Worauf die Mutter, besiegt, den Sohn in ihren Arm ließ. Vielleicht log er schon, wie sein Vater? Ach, er schmeichelte wie keiner. Männer hörten auf, ein trauriges Gebiet zu sein, bei diesem werdenden Mann, der nur ihr war!

Bewegung der Eifersucht nach der Mißgeburt, die unverdächtig ihrem grade eintreffenden Auto winkte. Wie ein liebendes schönes Paar stiegen sie hinein, Mörser hinterher, nur schlichter Gast, ja, abhängige Existenz, hätte man gemeint. Er wollte sich rückwärts setzen. Die Fürstin hätte ihn gelassen; sie dachte an ihre Schulden und verdoppelte ihre Zurückhaltung. Der Knabe war es, er nötigte spielend die Mißgeburt neben seine geliebte Mutter.

Das kupplerische Spiel ward noch ertappt von Terra.

Worauf es für Terra feststand, er werde Mörser in seine Hand bekommen. Nur das Privatleben der Mächtigen macht sie verwundbar, und Doktor Mörser hatte ein ausgeprägtes Privatleben. »Welch ein Ehrenmann ist doch Ihr hochverehrter Herr Onkel«, sagte Terra zu seinem Opfer, eines Abends im Schlafwagen erster Klasse nach Knackstadt. »Vorgeblich hatte er die Tänzerin Christalli, nur zu bald aber stellte sich heraus, daß er aus reinster Mannentreue einen sehr hohen Herrn deckte.«

»Er kann nichts weiter«, brachte Mörser unter Kichern hervor.

»Da sind Sie, mein Herr Doktor Mörser, ein anderer Mann! Sie bewahrten nicht nur als Kavalier die schöne Schwertmeyer vor Schlimmerem, ganze adelige Klubs leben von Ihnen!«

Als Mörser, die Miene plötzlich lang, hinter sich nach der schwankenden Wand tastete, sprach Terra ihm Mut zu. »Sie halten mich doch nicht für einen Feind der männlichsten Freuden? Nur Klassen und Völker, die herrschen sollen, kennen die Jünglingsliebe.« Das Wort fiel zu laut, Mörser prüfte beunruhigt den Gang. Aber es war spät, die anderen Industriellen hatten sich schon zurückgezogen. Auch Mörser wollte verschwinden, da lehnte aber Terra sich gegen seine Tür. Mörser war genötigt, seinen Halt an der Tür Terras zu suchen. Terra sagte: »Es muß Sie viel kosten.«

»Sprechen Sie leise!« raunte Mörser. »Was wissen Sie, und was wollen Sie?«

»Das ist ein rechtes Wort zur rechten Zeit.« Terra schöpfte Atem, dem Mörser stockte er. An ihre dahinsausenden Schlafgemächer gedrückt, erwarteten sie einander. Endlich ward die Nase Mörsers vor Angst so schmal, daß der Kneifer herabfiel; da begann Terra.

Er schilderte zuerst sein Büro in Knackstadt, die Bildnisse der Chefs schmückten es. Der Großvater, Begründer des Hauses, trug Sonntagsrock; die blaue Schürze, in der er noch mitgearbeitet hatte, sah man nicht. Sein Gesicht war hart und fromm, die Linien der Hände vermutlich schwarz. Mit den schwärzlichen Händen hatte er gerechnet im Kontor, bis sein Sohn der vollendete Großbürger war. Das Bildnis des Sohnes zeigte den Vollbart der siebziger Jahre, es war ganz Bildung und Besitz, befestigter Besitz und bürgerlicher Freisinn, gegründet in die Gewißheit, so sei die Welt gewollt, so bleibe sie.

»Das war kurzsichtig«, sagte Terra. »Aber ein rechter Mann ist immer kurzsichtig. Der mittlere Knack konnte nichts wissen von dem erst uns geläufigen Phänomen des Knack-Enkels, jener lieferte noch einfach seinem König die Kanonen.«

»Auch schon anderen Leuten«, meinte Mörser.

»Auch schon dem feindlichen Ausland? Aber doch nicht die besseren – die besseren ins feindliche Ausland?« fragte Terra. »Und hatte der mittlere Knack seine Hände schon in Staatsgeschäften? Sie sehen, wir sind weitergekommen.«

»Wir brauchen immer größeren Absatz, und dabei wird er immer schwieriger.«

»Das wollte ich sagen. Kauft! Oder wir hetzen euch in den Krieg. Die Völker aber sehen nur den unkriegerischsten Bürgersmann. Wie sinnvoll, daß unser allverehrter Chef Diabetiker ist! Sie selbst, mein Herr Doktor Mörser, waren als Kind rachitisch und tragen die Spuren. Häßlich wie ein Verwachsener schleppen Sie sich Ihr Leben lang mit der furchtbaren Aufgabe, Gebrechen Ihres Leibes zu verstecken. Achtung, zum ersten Male lassen Sie sich ertappen über den grausigen Zuckungen Ihres Gesichtsmuskels! Ich war längst dahintergekommen, zeigen Sie doch endlich aller Welt das Abbild Ihrer namenlosen Blutgier!« Mit allen Zähnen knirschend: »Mein Sohn –«

»Es ist wegen Ihres Sohnes«, kreischte Mörser. »Sie reden sich um den Kopf wegen Ihres Sohnes.«

Terra, wieder beherrscht: »Mein Sohn hat nichts gegen Sie. Jünglinge liebten auch die Mißgeburt Sokrates. Ich meinerseits bin duldsam mit dem jungen Geschlecht.« Was ihm von seiten Mörsers verächtliches Feixen eintrug. Dann lobte Mörser die eigene Seelenreinheit, zuletzt fragte er, ob Terra Geld brauche.

»Ich habe bei weitem nicht Ihre Bedürfnisse«, sagte Terra. »Sie überschreiten Ihre Mittel. Sie bestehlen den Dispositionsfonds.« Hier wurden die Mörserschen Zukkungen wahrhaft furchtbar. Terra sah ihnen schweigend zu, ohne Grausamkeit, sogar mit Bedauern. »Sie wären glücklich, wenn Sie nicht der Neffe der Firma, sondern mit fünfundsiebzig Mark monatlich bei ihr angestellt wären. Nur sinnloser Reichtum hat Sie ausschweifend und endlich, sehen Sie, gar zum Dieb gemacht.« Terra sprach lehrhaft.

Der andere fragte wehrlos: »Das wissen Sie auch? Stehen Sie im Dienst meines Onkels?«

»Trauen Sie ihm nicht zu sehr!«

Da verlor der Neffe ganz den Kopf. »Über ihn könnten Sie aber auch Geschichten erfahren, Sie würden staunen.«

»Ich staune nicht. Hingegen werden Sie, mein Herr

Doktor, sich unverbrüchlich verpflichtet halten, mir sofortige Winke zu geben bei jeder geheimen Gaunerei unseres allverehrten Chefs. Sein Privatleben ist notgedrungen rein. Wir wissen beide, daß man sich einzig und allein des industriellen Hochverrats von ihm zu versehen hat.«

»Na, na, Ihre Ausdrucksweise«, bemerkte Mörser, aber sie unterhielt ihn; die Gefahr sah er von sich abgewendet. Neugierig fragte er: »Was wollen Sie eigentlich? Ihnen geht es doch nach Wunsch. Wir haben im Geschäft natürlich auch Nörgler, sogenannte Idealisten, von Natur nur auf mittleren Stellen verwendbar und damit unzufrieden. Darüber sind Sie doch hinaus.« – »Ich will weiter hinauf«, sagte Terra klar. »Ich will zur Macht.«

»Das geht nur, wenn wir einig sind.« Gelassen schlug Mörser vor: »Stärken Sie meine Position!«

Hierüber verhandelten sie bis zum Morgengrauen.

Dennoch behielt Terra auch künftig die Sorge, Mörser könnte bei Knack gegen ihn arbeiten. Kein gewiegterer Gegner als Knack, Terra kannte ihn. Sie belauerten sich vor dem Angriff, aber wahrscheinlich zeigte nur eigene Schlauheit dem Industriellen den unversöhnten Feind. Nicht Mörser; der ward von Terra sicher gemacht, Mörser durfte stehlen mehr als je. Darüber vergingen Monate, in denen Terra nach Knackstadt fuhr, und andere, in denen Knack auf seinem Berliner Büro mit ihm saß. Den Winter über zeigte er ihm mehrmals Angebote von Putois-Lalouche. Die Vorschläge kamen von anderen, aber trotz Umwegen waren sie nicht mißzuverstehen. Ob Terra eine Falle sehe? – »In welchem Sinn?« – »Im vaterländischen. Die Konferenz von Algeciras eröffnet große geschäftliche Möglichkeiten, freilich gefährliche.«

»Ich bin Jurist, das Vaterland spricht nicht mit, solange ich nicht ins Zuchthaus komme.« Was Knack bedenklich fand. Terra wieder ward wochenlang nicht mit dem

Zweifel fertig, das verhältnismäßig harmlose Schriftstück sei vielleicht auf Bestellung verfaßt – und eigens für ihn?

Er dachte daran, Mörser zu fragen. Aber Ermittlungen, die er als Fürst Waldemar brieflich bei seinem Sohn Claudius anstellte, ließen ihm den Mörser denn doch als zu gefährlich erscheinen. »Es wird hohe Zeit, daß Fürst Waldemar in Person seinen Sohn Claudius warnt. Woher nehme ich einen Fürsten Waldemar?«

Er entsetzte sich, daß ihm kein Mittel bleibe, zu sich selbst den Knaben herzuziehen. Er konnte einzig der Mutter eröffnen, sie werde mißbraucht, auf ihr Kind sei es abgesehen. Aber das hatte die Fürstin Lili sich schon selbst gedacht, nur ihre Lage verbot ihr, des näheren daran zu denken. Claudius verschwand, sobald Terra auftauchte. »Ich bin verworfen von ihm«, fühlte Terra, da die Tür zufiel. »Mit vollem Recht. Denn ich lasse ihn schuldig werden, dann verliere ich die Zügel. Nie hat ein Vater zugleich duldsamer und schurkischer gehandelt. Eine Menschenseele geht verloren. Das bleibt die schwärzeste meiner Taten!«

»Die Grimassen hast du schon lange nicht mehr geschnitten«, bemerkte die Frau von drüben aus dem Spiegel, in dem sie ihre zeitgemäße Schönheit pflegte. Er stöhnte. »Ich war auch nicht häufig in der Lage, mich mit den sämtlichen haarsträubenden Ungeheuern dieses Lebens auf einmal herumschlagen zu müssen.«

»Wenn das einen Sinn hat, mußt du deine bekannten Dummheiten etwas reichlich gemacht haben.«

»Wüßtest du, wie es einem Elenden meiner Gattung herzerquickend wohltut, von einer bewährten Freundin deiner Gattung nach Gebühr in Grund und Boden verachtet zu werden!«

Sie kam mitleidig herbei, ihr Gesicht war ohnehin fertig. »Alter Freund«, sagte sie, »es wird hohe Zeit für dich, zur Vernunft zu kommen. In gewissen Jahren ist man kein Außenseiter mehr, oder es nimmt ein schlechtes Ende.«

»Wohin zielst du?«

»Frage. Deine Liebe meine ich natürlich. Man sieht doch, wie sie dir bekommt. Kind, mir machst du nichts vor, du hast die Frau nie gehabt.«

»Man glaubt es aber allgemein«, stammelte er erschreckt.

»Lassen wir die Leute dabei, euch Männern ist das lieber. Ich weiß, was ich weiß. Wo trefft ihr euch denn zu eurem aufreibenden Verkehr?«

»Ganz draußen«, gestand Terra, gehorsam wie ein Kind. »Es ist ein unhaltbarer Zustand bei der Witterung. Sie haßt ihren Gatten wie toll. Dies ist der hauptsächliche Grund, daß wir einander quälen müssen und zu keiner Befriedigung gelangen.«

Die Frau von drüben hob ihre schönen Schultern. »Und du merkst nichts. Dich macht sie verrückt, und den Mann behält sie. Was riskiert sie für dich? Na und du? Du willst nicht im Ernst, sonst wärt ihr schon fertig.«

»Endlich gesunder Menschenverstand«, sagte er erleichtert, indes sie sich schon wieder im Abendkleid vor dem Spiegel drehte. »Ich könnte eher Nacht für Nacht bei dir verbringen«, gestand er. – »Das möchte mancher«, sagte sie im Drehen. – »Das ist gerade meine unfaßbare Verirrung«, sagte er, ohne an sie zu denken. Sie lachte aber von Herzen, unanfechtbar und beglückend, »du wirst nicht mehr anders«, sagte sie.

»Verändere nur du dich nicht!« riet Terra ernst. »Du warst richtig, auch als Mutter. Schone unser geliebtes Kind!« bat er flehentlich.

»Deswegen kommst du her«, sagte sie gelangweilt. »Was hast aber du für ihn übrig, außer deinen gewagten – na Faxen«, schloß sie, unbesorgt um das rechte

Wort. »Ich, alter Freund«, wobei sie mehrmals auf ihren weißen Hals schlug, »ich mach ihn für mich gebrauchsfertig.«

Auf sein Stichwort stand der Junge schon in der Tür. Terra sprang auf vor Überraschung: ein junger Herr in Dreß. Schwarz machte ihn länger, Schmalheit, Anmut und die sanften Farben ließen an verkleidete Mädchen denken. Er legte seiner Mutter den Mantel um. Sie nahm seinen Arm, welch ein Paar! Ein vornehmer Jüngling hatte diese erfahrene Frau erwählt, die jung war. Das Paar der leichten Freuden, ungehemmt, unermüdlich. Das Paar, dem Reigen von Augen nachzogen, wie ihrem eigenen, Dichtung gewordenen Verlangen. Jede welkende Lebensgier mußte hintappen nach dem Paar. Es war Gold wert. »Ich wünsche gute Geschäfte«, murmelte Terra.

»Sieht er jetzt noch wie mein Sohn aus?« fragte die Mutter.

»Bei allem, was dir heilig ist: nein«, sagte Terra.

Er fragte noch: »Und dies alles für Herrn Doktor Mörser?«

Beide bekamen den wegwerfenden Mund. »Da gibt es andere Kavaliere«, sagte der Fünfzehnjährige und zog ab mit seiner Dame.

»Das ist der Anfang vom Ende«, rief Terra nach einer langen Weile. Er war allein, und er sprach laut. »Du hast es gewollt, Schurke! Abgefeimter Schurke, du versiehst die Mutter überreichlich mit Mitteln, damit sie dein eigen Kind zugrunde richtet und dir aus dem Weg räumt. Du fürchtest den jungen Mann. Das wird ein anderer Schlag, der könnte dich endlich zur Erkenntnis deines verfehlten Lebens bringen. Meuchelmörder, du stößt ihn mit Geld versehen in den ersten erreichbaren Abgrund!«

Die Selbstverdächtigungen drängten einander. Als aber alles gesagt war: »Wann war der Augenblick, ihn seiner Mutter zu entreißen?« Still für sich entschied er: »Der Augenblick war nie. Mein Claudius ist der Sohn des Weibes. In dem blonden Haar meines Kleinen, in das ich einst mein Gesicht senkte, war's dunkel. Nur sein Herz sollte nicht dunkel sein? Ich kann es nicht ungeschehen machen, das Haar nicht, das Herz nicht. Aus dem Kleinen, der mich ernst ertrug und der abwartete, ward der Große, der mein Feind ist. Überdies hege ich den schrecklichen Verdacht, daß wir uns bei alledem dennoch lieben ... Schicksal, nimm deinen Lauf!« schloß er und ging.

»Und meine alte Freundin, die mir zur Norm riet! Sie soll sich selbst raten! Wir fahren.« Er bestieg sein Auto und fuhr nach Liebwalde.

Was für Wege in Winternächten, um sich eine Stunde lang zu sehen! Die Gefahr war unvergleichbar größer, als wenn Alice ihn einfach in ihrem Roten Salon empfangen hätte. Furcht vor dem Gatten? Nicht ganz. Aber der Gatte sollte die Spur verlieren, er sollte noch lieber den Verstand verlieren. Wo sie sich trafen, würden ihm seine Spione schon melden – nicht aber, was der Spaziergang in der Nässe, an ausgefallenen Orten, für einen Sinn hatte. Terra dachte: »Legen wir es nicht eigentlich darauf an, daß er an unserer körperlichen Unschuld durchaus nicht zweifeln kann? Wir treiben die hintergründigste der Heucheleien, denn sie stimmt überein mit der Wahrheit. Wie soll ein Tolleben sich da herausfinden; schon längst würde er vorziehen, wir betrögen ihn einfach. Keine Handhabe; nicht einmal die greifbare Niederlage kann er sich holen, wie im Fall Mangolf. Es ist ein teuflisch angelegter Plan, um einem Mann seines Gewichtes den Verstand zu nehmen.«

In diesem Augenblick haßte er Alice – auf der leeren Landstraße, wo der Wind heulte. »Man sollte so weit mit dem Weib sich nicht gemein machen. Der Mann muß wenigstens kämpfen dürfen. Achte ich Tolleben nicht höher im Grunde als diese Frau? ... Wie, wenn ich umkehrte?«

Aber beim Betreten des Parkes von Liebwalde ergriff ihn die Reue. Die Bäume knarrten und klatschten im Wind, feuchtes Laub hob sich im Dunkeln schlangenhaft vom Boden, Wasser gurgelte kalt. »Dies alles birgt meine Alice. Ich suche im einsamen Unwetter meine Alice!«

Er suchte den Baumgang ab, den großen Baumgang zwischen Terrasse und Fluß. Stand sie nicht unter Bäumen im tiefsten Dunkel, gleiche Gedanken des Überdrusses lähmten sie, und sie wollte nicht wissen, daß er kam?

Am Flußufer liefen Pfade durch dürres Gebüsch, war dies noch immer nicht der traurigste Platz? Von Dornen gestreift, so schmal ist der Weg, und durch zähen Lehm, der den Schritt fesselt: da sah er, als ob der Himmel zerrisse. Hier der enge Platz zwischen den Dornen, und gebückt, mit knotig geöffneten Armen der tierartige Umriß eines Baumes! Sinnbild des Mordes, Terra erkannte alles wieder. Hinter den Büschen das überall gurgelnde Wasser schwillt an und ruft, gleich zu vergießendem Blut! Hier hatte er sie töten wollen, hier mit ihr sterben wollen. Hier hatte alles erst angefangen ... »Hier finde ich meine Alice!«

Sie ging die zehn Schritte hin und her in der Dunkelheit, wie im Käfig. Er mußte sie anhalten, sie sah und hörte nicht, im Käfig ihrer Gedanken. »Was wir erleiden mußten von damals bis heute!« rief sie. »Ist das den anderen je zu vergelten?«

Er nahm sie zart in den Arm. »Du kommst aus Nizza. Meine Alice hatte um sich nichts als strahlende Bläue, und daraus kehrt sie so schnell zurück, geradenwegs an diesen Ort, der so schlimm ist. Für mich, Alice, für mich?«

Sie hielt, in seinem Arm, die Augen geschlossen. »Ich war bis Nizza geflohen. Ich möchte immer fliehen, aber es gibt keine Zuflucht. Eine Nacht habe ich dort gelegen und gehaßt. Dann kehrte ich um. Nimm mich!« Er kniete vor ihr in den Schlamm. Sie hielt aber den Kopf abgewendet, die Augen fest zugedrückt; er mußte aufstehen, ohne daß sie sich rührte.

Auf dem Weg durch die Allee sahen sie dort vorn einen bleichen Schimmer, das Parkgitter. »Davor hielten wir einst im Laufen an, es gab einen Ruck, und wir keuchten. Ob es heute offen ist?« – »Es war immer offen, aber du entführtest mich nicht.« – »Dann schließen wir es endlich!« sagte er. »Wir bleiben die Nacht in Liebwalde.«

»Das wäre!« sagte sie, ohne anzuhalten, er vertrat ihr aber den Weg. »So geht es nicht weiter. Deine Rache in Ehren, unsere Selbstachtung und Besonderheit hin und her, aber eines Tages wird man Mensch. Im Haus ist kein Licht, du hast den Schlüssel. Dein Freund, der Wächter, wird nichts hören, und weckt seine Frau ihn, wird er behaupten, wir seien Geister.«

»Das Haus war diesen Winter noch nicht bewohnt. Bitte nicht in ein kaltes Haus! Wenn du willst, bei dir.« Womit sie ihn auch bewog, sie fortzulassen. Während sie aber das Auto bestiegen, lief der Wächter herbei: warum Frau Gräfin nicht wieder ins Haus komme, seine Frau habe inzwischen geheizt. Alice antwortete ihm nicht, sie hielt den Kragen des Pelzmantels derart an ihr Gesicht, daß auch der Chauffeur es nicht sah. Fort! – und unterwegs klagte sie, auch der Wächter habe sich ihrem Gatten verkauft. Ob Terra seinem Chauffeur traue? »Sie belügt mich«, träumte Terra – denn er hatte das Gefühl, er entführe seine Alice. Viele Jahre früher, ein Leben früher, noch damals – sie hatten es gewagt, sie waren auf und davon. Da log Alice, was war geschehen? ... Sie klagte leise: »Als ich heute abend in Liebwalde aus dem Hause trat, verfolgte eine Gestalt mich, ich lief. Ich mußte durch den ganzen Park laufen, bis zur Stelle, wo du mich fandest, ich wagte mich nicht zurück. Die Gestalt war ein Spion. Überall hat er Spione.«

»Es waren Bäume! Du sahest Bäume im Winde schwanken, als käme jemand … Armes Geschöpf!« Er hielt sie an sich gedrückt, sie sollte endlich geborgen sein. Sie entwand sich aber fiebernd. »Es wird immer ungeheuerlicher mit ihm«, stammelte sie. »Auch du würdest den Kopf verlieren, wenn du es wüßtest. Ich kann es nicht sagen.«

»Wir setzen ihm zu, das muß ihm der Neid lassen. Was gäbe er, wenn du eine ganz gewöhnliche Frau wärest, die einen Liebhaber hat! Er tappt mehr im Dunkeln als wir in Liebwalde. Ihm ist unheimlicher. Merkst du keine Veränderung an ihm?«

»Er betet.«

»Das ist ein Zeichen.«

»Ich höre ihn in seinem Zimmer laut beten. Vorigen Sonntag hat er mich zur Predigt in den Dom geschleppt.«

»Der Ärmste!« – Das Mitleid, das ihn bei der Verwirrung Alices ergriffen hatte, Terra fühlte es jetzt mit dem Gatten. Sie aber empörte sich. »Schamlos, ein Hund! Er mutet mir zu, sein uneheliches Kind bei mir aufzunehmen!«

»Wie?« Terra rang nach Worten. »Dann habt ihr euch darüber ausgesprochen.«

»Er hat mir alles gestanden – aus Gewissensbedenken, sagt er; aber es ist Niedertracht, es ist Marter: ich soll tagein, tagaus sein uneheliches Kind vor Augen haben. Er will mich martern mit dem Gedanken, daß ich keins von dir habe! … Halte niemand mehr für so dumm, daß er nicht martern kann!«

»Ich will es mir gesagt sein lassen.« Terra zog sich zusammen bei diesen Enthüllungen. Ihm fiel ein: »Es wäre dir ein leichtes, ihm den Spaß zu verderben. Sage ihm, von wem das Kind ist, das er für seines hält!«

»Das doch nicht« – sie lachte verzweifelt. Richtig, ihr blieb, daß sie dies allein wußte.

»Aber ich will, daß er stirbt«, sagte sie plötzlich. Es klang wie jeder andere Satz. Terra ging darüberhin. »Er ist Staatssekretär und nach menschlicher Voraussicht der nächste im Fall, daß deinem verehrten Vater etwas zustieße. Ich selbst könnte dir mit gutem Gewissen nicht raten, dich jetzt noch scheiden zu lassen.«

»Du hörst nicht. Ich töte ihn. Ich bin entschlossen, ihn zu töten.«

Das Auto hielt. Die Haustür Terras, aber er rührte sich nicht. Der Chauffeur erschien, Terra gab ihm gleich durch das geschlossene Fenster das Zeichen, weiterzufahren. Sie schwiegen, sie fühlten beide, sie träten unter ein fremdes Tor. Hier ging es weit und in Dunkel – ruhelos. Nie würden sie in Betten liegen wie Liebende. Sie würden in die Irre gehen, würden Bosheit und Furcht erleiden. Der letzte ihrer Vorsätze, zu lieben, war nun verfehlt. Statt ihrer Liebesnacht die Todesnacht jenes andern!

An einer unbeachteten Stelle stiegen sie aus. Terra begleitete Alice noch einige Schritte. Er flüsterte ihr ins Ohr:

»So einfach geht es nicht. Du hättest Aussicht, die ärgsten Folgen der Tat von dir abwenden zu können. Gut. Aber zu viel Peinliches bliebe. Nein, wenn es denn sein muß, ist meine nächstliegende Herzenspflicht, es statt deiner zu tun«, schloß er höflich, aber bestimmt – und war schon fort.

Er wußte, sie stände noch da, aber er sah nicht um. Jetzt ward die Tat ihr klar, nun nicht sie selbst sie begehen sollte. Jetzt zitterte sie.

Erst am Morgen überraschte ihn der Zweifel, ob sie es dennoch getan habe – übereilt aus Furcht vor seiner Dazwischenkunft, ohne Sicherheiten und gegen bessere Einsicht. Um nur fertig zu werden mit dem Gedanken an das Töten, hatte sie vielleicht getötet?

Es war zu früh, um nachzufragen. Eine Stunde immer steigender Angst, dann rief er an. Bedacht waren alle möglichen Wege, den Zustand Tollebens unauffällig zu erkunden. Im Augenblick des Entschlusses aber verlangte er einfach Tolleben selbst. Noch meldete sich niemand, da klopfte es an seine Tür, herein trat Tolleben.

»Sogleich«, sagte Terra geschäftsmäßig und sprach erst noch mit der Wohnung Tollebens, fragte, ohne Namen zu nennen, nach dem Verbleib dessen, der vor ihm saß, zog es hin. Endlich mußte er sich seinem Gast doch zuwenden. »Sie sehen nicht wohl aus, Herr von Tolleben«, sagte er, um den andern sofort in Nachteil zu setzen. »Freilich sehen wir uns vorzugsweise bei Anlässen, die es wenigstens einem von uns erschweren, lustbetont zu bleiben. Womit kann ich Ihnen diesmal dienen?«

»Mit einer anderen Art zu sprechen ... Es ist nur eine Bitte«, setzte er hinzu, beim Auffahren Terras. Tolleben konnte sich nicht verkleinern, sein riesiger Rumpf schwankte gewohnheitsmäßig von einer Lehne seines Sessels zur andern. Aber sein Gesicht bat nahezu um Entschuldigung solcher Kraftmassen. Übrigens war es müde. War Tolleben nicht ermordet, geschlafen hatte er auch nicht.

»Es ist ehrliche Besorgnis«, erklärte Terra, die Stimme gesenkt. »Wir sind auf einige Arten miteinander verbunden. Das Leben hat es gewollt, nicht wir ...«

Tolleben bewegte die Hand, als sagte er, hierüber zu streiten, sei zu spät.

»Daher«, schloß Terra, »ist Ihr Wohlergehen für mich nicht ohne Bedeutung. Darf ich Ihnen raten, verlassen

Sie für mehrere Wochen Berlin!« Wobei er tiefernst den Mann im Auge behielt. Erblaßte Tolleben? Er hatte sowieso jetzt die hellere Farbe, schon mehr Kanzleipapier. Wem ähnelte er nur mit dem fallenden Fleisch des Gesichts, das oben abgezehrt schien? Jenem Hofrat, Günstling Lannas'! Der Wunsch Lannas' begann erfüllt zu werden, der Bismarck wich dem angegriffenen Beamten. Die Augen natürlich quollen nur noch weiter aus dem erschlafften Gesicht.

Jetzt errötete er sogar. »Sie haben nicht nötig, mich fortzuschicken«, sagte sein Stimmchen. »Meine Frau tut auch so, was sie will.«

»Sollten Sie der Meinung sein«, begann Terra, »ich sei auch nur im mindesten Ihrer Ehre zu nahe getreten –.«

»Dann würde ich Sie nicht fordern. Ich habe mal Ihren Freund Mangolf gefordert, seitdem weiß ich, wie Ehrenhändel mit Ihresgleichen aussehen. Das nächste Mal müßte ich unterschreiben, daß ich Pferde gestohlen habe.« Das Stimmchen pfiff wie je, der Mordblick war da. »Wir finden uns wieder, Tolleben, wie wir uns kannten.« Terra raunte vorgeneigt. »Sie waren mein Blutfeind, das mordäugige Tier der Urnacht. Sie sind es geblieben.«

Furchtbare Vertraulichkeit, aber Tolleben lehnte sie ab. »Das liegt mir nicht«, sagte er und hielt sich steif. »Beichten liegen mir nicht.« Worauf Terra wegsah. Pause.

»Was Sie mit meiner Frau haben, sind so moderne Beziehungen.« Tolleben begann tastend, um nichts zu zerschlagen. »Aber ich bin meinem Zeitalter nicht so fremd, daß ich sie mißverstände«, schloß er geläufig. Es war auswendig gelernt und hergesagt, er atmete auf. Terra dachte, weggewendet: »Ein abhängiger Mann, und ich mißbrauche es!« – »Herr Staatssekretär! Wenn Eure Exzellenz sich die Mühe des Erinnerns nehmen wollen, ich bin zuweilen in der sicherlich unverdienten Lage, Ihnen bei Ihrem Herrn Schwiegervater, unserem hochverehrten

Reichskanzler, nützen oder schaden zu können. Ehrliches Spiel, ich tue weder dies noch jenes!«

Beim letzten erhob Terra unvermutet den Blick, da sah er: Tolleben hatte ihn beobachtet mit Sorge und mit Scheu. »Ich bin nun doch der Bittende«, sagte der Betroffene schnell. »Bringen Sie meine Frau davon ab, im Zirkus aufzutreten!«

»Wie?« fragte Terra.

»Im Zirkus aufzutreten«, wiederholte Tolleben. Er stutzte. »Ach so. Ich dachte, Sie wüßten. Also auch Ihnen sagt sie nicht alles.«

Terra verließ seinen Platz. »Das müssen wir verhindern«, entschied er.

»Wir sind einer Meinung. Aber was wollen wir machen, wenn sie auch Ihnen nicht alles sagt.«

»Wie unsinnig war schon die Reise nach Nizza!« fand Terra.

»Verschleiert Hohe Schule reiten, ist in unseren Kreisen auch nicht üblich«, bemerkte Tolleben.

»Steht sie auf dem Zettel?«

»Das fehlte noch.« Der Gedanke trieb auch den Gatten aus dem Sessel. Gatte und Geliebter kreisten mehrmals umeinander durch das Zimmer. »Harte Prüfung«, sagte der Gatte. »Nicht zu überleben«, der Geliebte.

»Ich verspreche, daß es unterbleibt«, Terra hielt an. »Zugleich aber drücke ich Ihnen meine Mißbilligung aus. Das liegt am Mann.«

»Dann also an uns!« pfiff das Stimmchen. Terra horchte auf. Natur! Das Tier war los, im nächsten Augenblick konnte er die Pranken in seine Schultern schlagen fühlen. Tolleben stand nur noch auf den Absätzen. Er stemmte sich gegen seinen Trieb, bis er blutrot war und Muskelkrampf drohte. Terra hatte das Gefühl, sich zu ducken, so grade er noch blieb. »Endlich verstehen wir uns richtig«, sagte er. Aber Tolleben:

»Nein. Denn Sie denken, ich muß es schlucken. Ich schlucke es aber nicht, weil Sie, Mensch, es wollen. Zur Ehre höherer Mächte schlucke ich es.«

Terra dachte schon, er habe sich mit dem Kaiser ausgesprochen. Tolleben schloß aber: »Meine Ehre kommt erst nach der von Gott.« Wobei ihm die Wangen ganz nach dem Hals abrutschten und die Augen erblaßten.

Terra, durch die Nase: »Wie gefällt Ihnen der neue Dom, Exzellenz? Ich versäume keine Predigt.« Beim Schweigen des andern: »Die letzte war: schlägt dich jemand auf die linke Backe, halt ihm auch die rechte hin!«

Darauf Tolleben vor, Terra auch; grade rechtzeitig ging noch die Tür auf. Alice erschien.

Sie war vollkommen bleich. Ein Blick auf die Lage, sie fiel mit Rücken und Kopf gegen den Türpfosten, sie atmete, die Augen geschlossen. »Doch noch rechtzeitig«, hauchte sie.

Tolleben, es hören und Abstand nehmen. Was ging vor? Terra hatte sofort die Haltung bekommen, als sei er abgefaßt bei vorbedachtem Mordversuch; dazu die Stellung der Frau. »Was haben sie mit mir vorgehabt?« fragte Tolleben seinen Geist. »Vielleicht verdanke ich mein Leben nur meiner großen Selbstbeherrschung – und die ist Frömmigkeit. Ich habe meine irdische Ehre geopfert, dafür rettet Gott mich.« Er stand ergriffen, Blick aufwärts; seine Hände falteten sich von selbst.

Terra inzwischen raunte Alice zu: »Frau Gräfin, Sie werden nicht im Zirkus auftreten.«

»Wie?« Sie verließ den Pfosten. »Ach darum war's nur? Das eure ganze Wut!« Sie betrachtete abwechselnd die beiden: Tolleben, der sich errötend seiner auffallenden Haltung bewußt ward, Terra und sein Fratzenschneiden, sein Schnappen. Sie lachte auf.

Beide Männer hörten ihr Lachen von einst, ohne Vorbehalt, ohne Schwere. Sie drehte sich um sich selbst und lachte. Hielt an und lachte weiter mit den Augen. Getrübte, blicklose Augen der Bedrängten, wo seid ihr. Noch einmal die schmalen, geistvollen Blitze der Lider, ja Strahlen, wenn sie aufgehn. Keine Lebensangst mehr, den Augenblick lang. Widersinn des Erlebens befreit auch einmal. Man muß nicht denken; es gibt nichts zu denken. Welch ein Spiel!

Aber unrühmliche Lasten auf seinen Schultern, blieb Terra sitzen. Das Ehepaar war fort, er spürte noch die Hand Tollebens, den ungemein vorsichtigen Druck, der um Gottes willen nicht ausarten sollte. Er sah die Augen Alices noch. Vielleicht strahlten sie jetzt schon nicht mehr – und sahen um so verzweifelter drein. »Mich haben sie unnütz an bessere Tage erinnert.« Hier trat jemand ein.

»Ich sehe recht, Herr Kurschmied?« Gleich noch eine Erinnerung; Terra freilich hatte nichts erkannt in dem verwitterten, verwegenen Gesicht als die Augen, die hellere Farbe der Halbkreise unter den Augen, deren geschärftes Blau aber viel kühner hersah. »Was ist aus Ihnen geworden?«

Das sei mit zwei Worten nicht abzutun, entschied Kurschmied. »Dafür ist mir bekannt, was aus Ihnen geworden ist.« Worüber Terra erschrak.

»Vor mir verstellen Sie sich nicht!« bat Kurschmied. »Sie sind hier, kurz und gut, um die Banditen in die Luft zu sprengen.« Seine Handbewegung lehnte Beschönigungen ab. »Dazu haben Sie sich bei ihnen eingeschlichen, sich aufgeschwungen bis an die Spitze. Ich habe es nicht anders von Ihnen erwartet, Sie waren schon immer mein Held.«

»Leiser wenigstens!« Terra gab ihm Likör. »Den gemeinsten!« verlangte Kurschmied. »Ihr Feind ist ein gewisser Mörser.«

»Sind Sie noch Schauspieler?« fragte Terra, Halt suchend. »Er warnt vor Ihnen in Paris«, schloß Kurschmied. – »Ah! Daher kommen Sie.« Kurschmied, unbeirrt: »Mörser verkauft eure Pläne nach Paris.« – »Nun muß ich doch wissen –« begann Terra. Kurschmied schnitt ab. »Pläne werden auch von dort an euch verkauft. Ihr und die Franzosen überbietet euch gegenseitig mit neuen Erfindungen. Ist einer von euch vom andern überboten worden, schreit er, schlägt Lärm und bezahlt ihn. Erreicht wird vielleicht Heeresvermehrung, jedenfalls neues Geschütz, so läuft das Geschäft. Habe ich es erfaßt?«

»Ich bin ein Kind«, dachte Terra. »Ich habe mir eingebildet, der Mörser begnüge sich mit dem Dispositionsfonds ... Nein doch, grade jetzt lasse ich mich hineinlegen, er schickt mir diesen Menschen!« – »Prost, Herr Kurschmied!« – und Terra vollzog den Trinkakt, wie in alter Zeit. »Als wir uns das letztemal begegneten, hatten Sie kein Glück. Sie versuchten umsonst einen Bräutigam auf seiner Hochzeit zu erdolchen, es war Ihre ritterliche Verehrung für meine Schwester. Ob die Verehrung heute noch vorhält, und ob das Unternehmen Ihnen jetzt besser gelänge?« Da senkte Kurschmied seine kühnen Augen.

»Fräulein Lea Terra ist alles geworden, was ich voraussah, und darüber. Sagen Sie ihr gefälligst, sie könne über mein Leben verfügen wie je – und es werde ihr diesmal nützlicher sein. Ich war in der Fremdenlegion.«

»Prost. Sie müssen Durst haben. Sie haben etwas erlebt.«

»Nicht was Sie glauben. Ich ward nicht enttäuscht, denn vom ersten Tage an war ich mir bewußt, einen Mordversuch zu büßen. Da tut man am besten seine Pflicht und macht sich beliebt.«

»Sie sind breiter und kräftiger geworden. Ihr Haarschopf war früher fade, jetzt glänzt er über der verwitterten Stirn. Sie haben jetzt Haltung, wahrscheinlich auch Seelenstärke. Ich will mir verdammt merken, daß dies alles Folgen eines Mordversuches sind.«

»Genug –«, Kurschmied blieb unbeirrt, »zuletzt wurde ich Chargierter, eine große Ausnahme. Ich hatte nun unter mir einen Mann, den ich richtig behandelte. Er nannte sich Ausländer, lernte aber auffallend schnell französisch. Ich merkte, er sei gebildet, und ich vermutete, woher er käme. In Jahren lernten wir zusammen das afrikanische Land und die Menschen kennen. Wir kamen hinter Geheimnisse, er war gebildet. Wir kamen daher auch in Gefahren. Gemeinsam, die Gefahren wie die Träume – obwohl wir Deutscher und Franzose waren … Bis er verschwand.«

»Desertiert.«

»Er mußte verfolgt, er konnte sogar erschossen werden. Der Kommandant nun will es nicht.« Kurschmied spielte, die Halbkreise wurden bläulich. »Er scheint zu wissen, wer der Mann ist, so spricht er mit mir. Ich, als Freund, soll ihn schonend zurückholen, ihn vielmehr retten; denn er kann verschleppt worden sein … Der Kommandant gibt mir Leute mit. Die Leute sollten zunächst ein Auge auf mich, den Chargierten haben, das merkte ich.«

»Das sind militärische Unmöglichkeiten, Herr Kurschmied.« Was aber unbeachtet, wahrscheinlich ungehört blieb. Kurschmied stellte dar: »Wir kommen zu einer Kette von Sandhügeln, mir und dem Verschwundenen wohlbekannt. Meine Leute ersteigen sie schon, ich bleibe am Fuß noch zurück, ich überblicke durch den Fernstecher die sandige Weite. Da fühle ich mich am Bein gezogen und falle in eine Versenkung.« – »Prost.« – »Ich war bei meinem vermißten Kameraden, und zwar in einer Schatzkammer.«

»So mußte es kommen«, bemerkte Terra. Er setzte sein Glas hin. »Ihr beachtenswerter Freund hatte den Schatz des Hamilkar aufgefunden. Aber es kostete ihn sein vielversprechendes junges Leben. Mühen und Entbehrungen hatten ihn erschöpft, und er ging von hinnen in einem Augenblick, als es sich endlich zu bleiben gelohnt hätte.«

»Halt, es war anders!« versuchte Kurschmied, aber Terra ließ ihn nicht. »Nein, mein Lieber, das kann ich besser. Ihr Held war aus erster Pariser Familie und hatte seinen Vater, bevor er das Weite suchen mußte, viel Geld gekostet. Aber der bürgerliche Kern ist unzerstörbar. Zu märchenhaften Reichtümern gelangt, bedenkt er schnell noch testamentarisch seine heiratsfähigen Schwestern, deren Mitgift er einst verpraßte.«

»Sie haben doch Geld wie Heu! Der Alte ist im Aufsichtsrat von Putois-Lalouche.«

»So kommen wir wieder zu dem Auftrag, mit dem man Sie mir geschickt hat.«

Da Kurschmied mit völlig leerer Miene dasaß: »Auch dumm können Sie tun. Herr Kurschmied, Sie waren niemals in der Fremdenlegion. Sie waren ununterbrochen beim Theater, vielleicht beim Wandertheater, aus Ihrer gesunden Farbe zu schließen. Herr Doktor Mörser, der seine Gründe hat, sich mit meiner Vergangenheit zu befassen, entdeckte darin eines Tages auch Sie. Grüßen Sie ihn!« – mit Wink. Kurschmied stand auch folgsam auf und ging der Tür zu.

Fast war er dort, als Terra die Hand erhob, wie um ihn anzuhalten. So ging doch nur die ratlose Unschuld? Solche Fortschritte hätte der kleine Schauspieler gemacht? ... Terra ließ die Hand fallen, da wendete Kurschmied sich von selbst wieder her.

»Hier habe ich ein Papier der Gesellschaft.«

»Welcher Gesellschaft? ... Alle Achtung!« rief Terra nach Lesung des Papiers. Über seinen Kneifer hinweg nickte er Kurschmied zu. »Dies beweist, daß die Herren, um ihre Produktion zu steigern, sich nicht einzig und allein auf ihre Spionage verlassen. Dies sind gewagtere Mittel.«

Er preßte den Mund, er bewegte das Papier. »Es könnte nun wieder Fälschung sein … Gleichviel, Herr Kurschmied«, Hand hingestreckt, »ich glaube Ihnen auf Ihr ehrliches Gesicht hin, und das hätte ich gleich tun sollen. Setzen Sie sich!«

»Hätten Sie mir gleich geglaubt, Sie wären nicht der, den ich verehre«, sagte Kurschmied, verwittert und rein.

»Immer noch?« fragte Terra halblaut … »Zur Sache. Sie haben die Verlassenschaft des Sohnes benutzt, um sich an den Vater in Paris heranzumachen.«

»Ich war nach Ablauf meiner Dienstzeit von meinem Kommandanten an ihn empfohlen, sonst wäre es schwerer gegangen. Er glaubte trotz allem zuerst, es sei ein Erpressungsmanöver seines Sohnes. Dann erhob er aber vor allem Anspruch auf die Verlassenschaft.«

»Die dem Staat gehört. Beraubten Sie den Staat zugunsten dieses Großindustriellen?«

»Nicht sehr. Ich verkaufte ihm ganz geringe Proben des Fundes. Glauben Sie nur nicht, ich hätte jenem Harpagon die Lage der Schatzkammer verraten. Ich will, daß sie wieder für Jahrtausende in Vergessenheit gerät. Ich will nicht reich werden, Herr Terra. Mein Einblick in das Leben der Reichen hat mich gelehrt, daß Schätze schön nur im Traum sind.«

Kopfwiegen, Lauschen, dann sagte Terra: »Harpagon zog Sie also an sich. Privatsekretär? Nur nächste Nähe, um eines Tages Ihnen doch zu entlocken, wo das Gold liegt.«

»Auch aus Furcht, ich könnte zu andern sprechen. Je verschwiegener er mich wünschte, desto offenherziger ward er selbst. Er sah mich als ihm verkauft an, weil ich etwas zu verkaufen hatte. Daher die ganz geheime Sendung, in der ich hier bin.«

»Die Seelenkunde solcher Menschen gehört zum Schwierigsten, Kurschmied. Meine Standesgenossen halten ihre Opfer ausnahmslos für naiv genug, sich von ihnen ausbeuten zu lassen, gleichzeitig aber für vollauf ausgestattet, ihnen gut zu dienen.«

»Ihre Erfahrungen geben ihnen recht«, sagte Kurschmied schlicht.

Sie kamen überein, wie die besonderen Kurschmiedschen Erfahrungen und Möglichkeiten günstigst auszunutzen seien. Vor allem durften sie einander nicht kennen. Für den Fall, daß Doktor Mörser ihre alte Verbindung herausbrachte, mußten sie sich verfeinden. Kurschmied mußte bei Knack eingeführt und gehalten werden durch Mörser – der an ihm verdienen mußte. Was Kurschmied in seiner zwischen Knackstadt und Paris geteilten Ermittlungstätigkeit verdiente, war mit Mörser zu verrechnen. Mörser mochte glauben, er habe die Hälfte, wenn er das Ganze bekam. Es komme wie immer, hielt Doktor Mörser doch sicherlich fest an solchem glänzenden Abschluß, auf ihn war Verlaß.

Anders Knack. Er selbst blieb im Problem der Unbekannte. Eine entscheidende Blöße hatte Knack sich nie gegeben. Er konnte in den Händen internationaler Verräter, aber gutgläubig sein. Er sollte dafür gehalten werden zur Ehre seiner Klasse, solange Hoffnung erlaubt war ... Kurschmied, durch Mörser tatsächlich in die erstrebte Vertrauensstellung gebracht, ließ sich von Knack betreffen bei seiner unmißverständlichen Tätigkeit. Aber hatte nicht Knack die Ehre des Hauses zu schonen? Erzwang sie von ihm nicht scheinbare Duldsamkeit für die Verirrungen des Neffen? Unter der Hand entfernte er wohl die Spuren, der Boden war wieder blank, wenn man eintrat.

Geboten schien, daß Terra ihm noch viel näher trat,

ihm persönliche Aufmerksamkeit erwies. Knack war krank, in einem gewissen Zustand verriet er halbwegs, wovon. Terra wieder lehnte ausdrücklich ab, noch jetzt um den Brei zu gehen. Er legte dem Alten nahe, sich des abgenutzten Neffen beizeiten zu entledigen. Nur die taktlose Sittenwidrigkeit Mörsers machte es dringlich; seine geschäftliche Einstellung entsprach, Terra zufolge, dem Zeitgeist. Sie war erlaubt, selbst wenn sie verboten schien, keinem geglaubten Gesetz widerstrebte sie mehr, nur erheuchelter Konvention.

Da aber Knack. Er litt unter dem Doppelspiel. Sein Prozentsatz Zucker stieg unweigerlich bei jedem neuen Zusammenstoß der überlieferten Staatsgesinnung des Hauses mit seiner erweiterten Tätigkeit. Gebrochen, tränend sah er hinan zu seinen Vätern, die an der Wand hingen und kein Zugeständnis machten. Der internationale Rüstungsring, folgerichtiger Ausbau ihres ehrbaren Unternehmens, mißfiel ihnen; der Enkel in seiner jetzigen Schwäche fürchtete sie. Er hätte rückwärts gewollt. Die blaue Schürze, die rußigen Hände seines fromm und gediegen blickenden Großvaters sprachen ihm scharf ins Gewissen, so nahe vor der Wiedervereinigung. Ob Wiedervereinigung in Rechnung zu ziehen sei? Terra wollte es nicht ausschließen. Da beichtete Knack.

Er beichtete letzte Geheimnisse, die, wie er sagte, auch seinem hervorragenden Mitarbeiter bisher entgangen seien. Der Blick aus seinen schwer noch zu öffnenden Lidern hieß freilich: »Wir kennen uns. Gerade dir beichte ich, du bist mein nächster, eingeweihtester Feind. Werde ich um einen Strich zu weit gehn? Wirst du mich in die Hand bekommen? Das Leben hat doch noch Reiz.« So hohes Spiel lernte der Großbürger, der längst alles gewonnen zu haben glaubte, erst knapp vor Schluß kennen. Gewissen! Das Jenseits und seine Vergeltungsmaßnahmen nicht ganz ausgeschlossen! Und beichten dem, der schon auf Erden Rache plante. Wie er lauerte! Denn Terra gab sich das Gesicht des Spießgesellen, dem es nicht schlimm genug kommen kann. Angesteckt von seinen Grimassen, bekam Knack, den jeder undurchdringlich kannte, hier zuerst schiefes Maul und Stirn voll Knoten ... Nur schriftlich zeigte er nichts. Sogar noch in seinem Zustand behielt Knack genug Selbstbeherrschung, er ward zur rechten Zeit ohnmächtig.

So kam nichts zu Ende. Kurschmied und Terra griffen zu einem langwierigen Gemächte, bestimmt, den Verwaltungsrat, jene Pariser Größe, in Person nach Knackstadt zu lenken. Als es gelang, war der Sommer 1907 da, die bevorstehende Friedenskonferenz im Haag brachte Gefahren, denen die verschwisterten Industrien leichter gemeinsam begegneten.

Schwüler Tag, Knack fürchtete zu sterben. Kein Spitzbauch mehr, nicht einmal Schultern. Das Jackett mußte täglich gebügelt werden, um nicht gänzlich einzufallen über den entgleitenden Körperformen. Arme, listige Verbrechermaske, weiß wie ein Schmutztuch! Verlor beim Sprechen das Gebiß, hatte aus Schläfen und Scheitel alles, was übrig war von rostigem Haar, bis an die Augen gezerrt. Irrende Augen, kratzende Hand – und die Weltmacht dieses aus zersetztem Innern Atmenden erhielt waffenstarrende Völker aufrecht und unbeugsam im Haß und in der Spannung auf Krieg!

Terra ließ Knack allein, als der Besuch kam. Er war als Arzt gemeldet, fremder Spezialist. Er blieb eine Stunde, die Kraft für Konferenzen behielt Knack auch jetzt noch. Terra und Kurschmied waren draußen auf ihren Posten. Eine Minute nachdem der Gast den Chef verlassen hatte, prallte Kurschmied im Korridor heftig mit ihm zusammen. Noch drei Minuten, Terra hatte das Schriftstück gelesen, es war durch zuverlässige Beförderung in Sicherheit gebracht.

Er ging zu Knack, auch der fremde Besucher stand wieder dort. Er und Terra faßten sich ins Auge, der Fremde war ein blonder, gesund geröteter Kerl im elegantesten Aufzug. Da seine rechte Hand nicht sichtbar war, zog Terra die seine halb aus der Hosentasche, ein Gegenstand zeichnete sich darin ab. »Mir war wieder schlechter geworden«, klagte Knack sofort. Terra sagte: »Das Rezept des Herrn Doktors ist auf unerklärliche Weise unterwegs verlorengegangen. Der Herr Doktor wird es noch einmal schreiben müssen.«

Nebenan polterte Kurschmied, die Sekretäre hatte er entfernt. Der gesunde Kerl mußte sich überzeugt haben, im Augenblick sei nichts zu machen, er ging und ließ den kranken Kumpanen selbst für sich sorgen. Knack, halb ohnmächtig, zu Terra: »Lieber Freund! Ich habe einen Herzenswunsch. Zuerst Ihre Hand!«

Terra gab ihm nur die linke, der Ohnmacht war nicht ganz zu trauen. »Heiraten Sie mein Kind! Ich gebe es Ihnen.«

Terra fuhr denn doch zurück. Das einzige Kind Knacks war Bellona Mangolf. Dies seine Antwort auf den Raub seiner schriftlichen Geständnisse? Terra überzeugte sich durch Fragen. Jawohl, Bellona sollte geschieden werden. Mangolf, der beruflich festgerannt schien, wurde einfach fallengelassen. Knack fand Worte hohen Vertrauens. »Nur Sie gehören an die Spitze des Unternehmens als mein Schwiegersohn. Wie könnte ich es anderen unberufenen Händen überlassen bei den Zeiten, die bevorstehen. Denn wenn nicht bald Krieg kommt, was Gott verhüte«, sagte Knack, »dann sind Wirtschaftskrisen unvermeidlich.«

Er werde sich möglichenfalls schon vorher vom Geschäft zurückziehen, sagte Terra vieldeutig. Seine politischen Aufgaben bekämen nachgerade den Vortritt. Womit er Knack verließ, um nach Berlin zu Lannas zu fahren. Was er berichten wollte, schien keinen Aufschub zu dulden. Terra wartete nicht bis zum Schnellzug. Sein Auto stand fertig, da ließ Frau Bellona Mangolf ihn bitten, er möge sie mitnehmen.

Er wußte nicht einmal, sie sei hier, und er glaubte es nicht. Ein Trick des Alten, ihn aufzuhalten! Aber als er seinen Wagen bestieg, erschien sie selbst; er mußte wohl nachgeben.

Sie wartete kaum ab, daß angekurbelt war, schon begann sie zu klagen. Ihre Ehe war unglücklich. Sie war betrogen – von Anfang an, wie ihr jetzt klar ward. Wer litt überhaupt wie sie? ... Hier überfuhren sie einen Menschen. Der Wagen hielt sofort, der Chauffeur sprang ab, er half dem alten Mann auf die Füße, dann sagte er ihm bündig: »Das haben Sie mit Willen gemacht.« Der Alte brüllte um so hartnäckiger; er wollte sich wieder hinfallen lassen, nur der Chauffeur ließ ihn nicht.

Ein Strom Arbeiter, der seitwärts zur Fabrik ging, ward abgelenkt durch das Geschrei, sie umstanden stumm und drohend das Auto. Terra, neben der verschleierten Tochter Knacks, hatte Mütze und Autobrille entfernt, er zeigte ein Gesicht von überdeutlicher Verzweiflung, einem Ekel, der jeden fernhielt. Die Drohenden wichen vor dem Ekel. Der Chauffeur sagte: »Alle acht Tage macht das einer« – in der Meinung, dem gelte die Miene Terras. Aber Terra dachte daran, er sei einst Armenanwalt gewesen. Was war geschehen, bis er neben der Tochter Knacks sitzen konnte und kein Wort fand, wenn ein Armer sich preisgab? Er begriff nicht.

Bella machte eine Anstandspause. Erst draußen auf der Landstraße begann sie wieder, halblaut, im Tone des nie abgebrochenen Gedankens. Wer litt wie sie? Daß sie den Mut gefunden hatte, sich zu rächen, es war nicht Mut. Und wozu Rache, die niemanden schmerzte als sie.

Denn sie liebte Mangolf, sie konnte keinen andern je lieben!

Da ward sie überrascht, Terra nahm ihre Hand, er zeigte gefühlte Teilnahme. Er nannte sie anständig im Tiefsten und Leidensgefährtin seiner Schwester, dies ganz ungebeten. Die armen Frauen! Sie gingen im Zug des Lebens zu ungewählten Zielen mit, wie er, oder wie vorhin die Arbeiter, die nur stillstanden bei Unglücksfällen.

Sie ward befangen durch seine Teilnahme, ihr Jammer floß weniger reichlich. Als es dunkel war auf der Straße, sprachen sie nichts mehr; Bella setzte wohl an, aber das fühlende Herz neben ihr anstatt des Geschäftsmannes erschwerte das Eigentliche. Erst nach Erreichung des Schnellzuges, in wohlgeschlossener, beleuchteter erster Klasse, kam sie damit heraus: Terra sollte Mangolf politisch wieder flottmachen. Davon hing alles ab. Sie selbst hatte ihm leider geschadet, damals in der Sache mit dem Duell. Seitdem war wieder Lea – obenauf, verschluckte sie noch gerade. Ach! er würde sie wieder lieben, was hieß aller Betrug – kam er nochmals in Aufstieg! ... Dies aber lag bei Terra.

Sofort fragte neben ihr der Geschäftsmann: »Ihr Angebot, meine Gnädigste?«

Es war einfach. Er heiratete endlich seine Alice, was war dann noch Tolleben – trotz Pakt mit Mangolf. Lannas beseitigte ihn; kein Schwiegersohn, kein Nachfolger. Staatssekretär ward Mangolf, und er verpflichtete sich Terra –.

»Wie er sich Tolleben verpflichtet hat«, ergänzte der Geschäftsmann – was aber die Frau nicht abschreckte. Ob er denn glaube, für seine so modernen Absichten einen Halbmodernen wie den Fürsten Lannas je wirksam einsetzen zu können. Auf Lannas bauen, statt auf seinen eigenen Jugendfreund? ... Bella war eingeübt, sie sprach die ganze letzte Stunde. Beim Abschied endlich wies er sie an Alice. Bella, die um ihr Glück kämpfte, mußte doch Sinn dafür haben, wie viel schwerer dort, und nicht einmal mehr um Glück, gekämpft ward? ... Nein, niemand hatte wohl Sinn für das neben ihm. Jedes für sich in seiner unverbrüchlichen Schranke.

»Ich«, dachte Terra noch in seiner Wohnung, »habe den höchsten Trumpf meines Lebens in Händen. Was ich ihm mitzuteilen habe, erträgt nie im Leben ein Lannas. Keine halbe Stunde, und wir haben die Revolution von oben! Ich wäre ein Narr, ihm in Haus und Familie gerade jetzt Verlegenheiten zu machen.«

Er kam nach zwei, zur Zeit der »Insel«, fand aber den Reichskanzler schon nicht mehr in der Bibliothek. Am Schreibtisch denn? Wahrhaftig. Söchting selbst erstaunte über soviel Arbeitsdrang. Aber Terra durfte eintreten.

Fürst Lannas schrieb mit einer Gänsefeder, die vorn modern und aus Stahl war. Er winkte den Gast auf die Rohrbank neben dem Schreibtisch, schrieb die letzte Zeile, hob den Blick, der repräsentierte, wenn auch zur Stunde etwas matt.

»Ich bringe Wichtiges«, sagte Terra sofort.

»Sind Sie davon durchdrungen?« fragte Lannas. Den Kopf geneigt, ließ er sehen, daß sein glatter Scheitel jetzt glänzend weiß, die Wange aber blaß und viel magerer war. »Was ist wichtig in unserer Welt? Nicht daran rühren, ist wichtig.«

»Das war der ganz alte Bismarck. Eure Durchlaucht ist in voller Aktivität und bleibt es, so Gott will.«

»Wissen Sie, daß ich dem Kaiser meine Entlassung angeboten habe?« Seufzen des Verzichts.

»Jetzt?«

»Nein. Jetzt würde er sie vielleicht annehmen.« Was kräftiger klang, Terra war beruhigt. Lannas, fast schelmisch: »Außerdem würde ich es Ihnen dann nicht sagen.

Nein, der Kaiser hatte damals eine Art Privatvertrag mit dem Zaren gemacht, über die entscheidenden Angelegenheiten dieser Welt. Ich pflege ihn für seine Handlungen unterschiedslos zu loben – mit dem Vorbehalt, daß ich dann gutmache, was noch geht. Aber Lob erwartet er mit Recht an der Stelle, wo man ihn doch nun einmal läßt. Ließe man ihn, wenn er nicht lobenswert wäre?«

Die verwirrten Falten waren fort, glatte Stirn und diese Worte! Terra verlor den Faden.

»Die absolutistischen Grundirrtümer des Kaisers«, sagte Lannas mit deutlichem Wohlwollen, »machen ihn der nationalen Sache gefährlich. Sie ergeben Improvisationen, denen Rückzüge folgen. Auch tiefe Depressionen. Der Kaiser ist sehr krank.« Leichtsinn, zärtliche Nachsicht. Dann stärker:

»In Zeiten der Depression habe ich ihn. Nicht ganz so, wenn er wieder hoch ist. Dann werden Schiffe gebaut. Dann ist Fischer daran. Ich habe dem Oberadmiral einen mäßigenden Brief geschrieben, damals war Depression. Als aber Hochgefühl herrschte, kam seine Antwort, ich möge seine Entlassung befürworten. Das konnte ich nicht, ich hätte meine eigene riskiert.«

»Wird die Nation jemals so viel Geist haben, die Gefährdung ihrer Sache sich selbst zuzuschreiben?« fragte Terra.

»Was will die Nation?« fragte Lannas, zum erstenmal ungeduldig, daher mit unschöner Stimme. »In Algeciras hatten wir die Welt fast vollzählig gegen uns, und leben noch. Ich weiß, daß man jetzt sagt, ich hätte Marokko hinter den verschlossenen Türen der Kabinette liquidieren sollen, nicht auf einer Weltkonferenz das Schauspiel unserer Isolierung geben. Aber das ist immer noch ein Schauspiel – und bei dieser Nation, diesem Kaiser –.« Er brach ab, die Ordnung der sechs Bleistifte neben dem Tintenfaß verdroß ihn, er warf sie durcheinander.

Geglättete Stirn, aber prüfender Blick auf das Gegenüber. »Und die guten Reichstagswahlen? Einer Gesellschaft, die sich in den drohenden Umsturz schon fast ergeben hatte, Gegengift beibringen, sie neu aufpulvern!«

»Nur Eure Durchlaucht vermochte es noch«, bestätigte Terra.

»Habe ich zu viel erreicht?« fragte Lannas unvermittelt. Vor innerer Unruhe war er im Aufstehen, bezwang sich aber.

»Aus eigenster Erfahrung kann ich Eurer Durchlaucht versichern, daß der von Eurer Durchlaucht geschaffene Bürgerblock eine ungeahnte geschäftliche Blüte zeitigt. Wenn wir nur Geschäfte machen!«

»Wie Sie vernünftig geworden sind!«

»Um so vertrauensvoller können Eure Durchlaucht aus meiner Hand den unumstößlichen Beweis dafür entgegennehmen, welche Geschäfte wir machen« – und Terra reichte sein Schriftstück hin.

Lannas sah es nicht an, er hielt den Blick Terras fest. »Lieber Freund, Verlegenheiten habe ich genug. Ihr Glaube an meine Kunst, mit allen fertig zu werden, soll nicht enttäuscht werden, machen Sie mir darum, wenn ich bitten darf, keine ganz aussichtslosen!«

»Lesen Sie!« sagte Terra leise und dringlich. Der Blick Lannas' schwankte, er wich. Lannas stand auf. Um die Rohrbank und Terra ging er herum, machte im Rücken Terras einige Schritte, dann ward es still. War er geflohen?

Terra ließ es darauf ankommen, er sagte, ohne sich umzuwenden und wie ins Leere: »Wenn der mächtigste Mann des Reiches mir ins Gesicht behaupten würde, es werde untergraben und nächstens in die Luft gesprengt von einer internationalen Verbrecherbande, Hauptsitz Knackstadt, ich hätte unbedingt meine Zweifel. Natürlich glaubt auch mir der mächtigste Mann es nicht. Mit einem Schlage bin ich wieder das verdächtige Subjekt. Auto! Ich gehe.«

Noch während er aufstand, sagte die entfernte Stimme Lannas': »Gewisse Dinge dürfen zwar Sie wissen, aber der mächtigste Mann nicht.« Lannas saß dahinten in der Ecke beim Rauchtisch, unter der Büste mit dem Adlerhelm. »Sonst flöge das Ganze vielleicht wirklich«, schloß er, als Terra vor ihm stand.

Glättende Handbewegung, er reichte den Zigarettenkasten, aber Terra nahm nicht. »Das Gleichgewicht erhalten!« erklärte Lannas. »Das ist meine Aufgabe. Ihre ist es, Entdeckungen zu machen, die es stören. Ich erkenne Sie an, Sie sind mein Freund.«

Terra schob wortlos das Dokument hin.

»Nur nicht lesen!« sagte Lannas – nahm es aber und hielt sein brennendes Streichholz darunter. Terra wollte zugreifen, da brannte das Papier schon. Er fiel, Beine in der Luft, über die Seitenlehne des nächsten Klubsessels. »Aus«, fühlte er; und »dieser Aal hat alles schon gewußt. Ich komme zu spät.«

Seufzer der Erleichterung, Lannas zerdrückte die Asche der Enthüllungen. »Es ist photographiert!« rief Terra aus der Tiefe des Klubsessels. Er hatte Mühe, sich herauszuarbeiten, der Tisch beengte ihn.

Lannas, ruhig: »Dann rate ich Ihnen, nur am unbelauschtesten stillen Ort sich in die Photographie zu versenken.«

Terra war auf, er lallte vor Wut. »Stillster Ort, mächtigster Mann. Mächtigster Mann am stillsten Ort. Eure Durchlaucht werden schlimmstenfalls immer noch am stillsten Ort der mächtigste Mann sein.« Vor Wut und Haß am Fleck aufhüpfend – Lannas sah dem Phänomen zu. Auch folgte er ihm, nicht ohne Teilnahme, mit den Augen, wie es um das Zimmer lief, an der geschnitzten

Bank mit Kunstmappen vorbei, an der Büste, dem reichen Ofen, um das Museumsstück von Mitteltisch mit chinesischer Vase, holländischem Sessel, und wieder vor den mächtigsten Mann hin. Fletschte Zähne, schnob wortlos, raste nochmals los, höhnisch auflachend nach dem Prunk der Wände ... Eine Tür verschob sich leise, Söchting vergaß, sie hinter sich zu schließen, dies hatte er noch nicht erlebt.

Er flüsterte dem Reichskanzler zu, der erwartete Botschafter sei da, aber Lannas zuckte die Achseln. Als Söchting fort war, stand er auf und stellte sich Terra in den Weg. »Nun?« fragte er, wie ein Irrenarzt. »Sie haben sich gehenlassen. Ist es besser?« Da der Mensch noch immer nur lachte vor Wut: »Das zeigt man doch nicht.« Und Lannas lächelte glatt, wie um sich zu üben. Er dachte an den Oberadmiral als Verkörperung aller Feindschaften, die ihm drohten, er dachte an seine Entlassung – und lächelte Terra, der nichts sah, glatt an.

»Ihr Erz- und Kohlenmonopol!« sagte Lannas milde. »Damit wollen Sie den Krieg verhindern? Wenn der leitende Staatsmann will, macht er ihn trotzdem. Ich will ihn nicht, weil meine Gegner ihn wollen, das ist Ihre Bürgschaft. Und ich bin geschickt genug, ihn jedesmal zu verhindern, im selben Augenblick, da ich ihn herauszufordern scheine – das ist die noch bessere Bürgschaft. Wie fanden Sie die Aktion, für die ich Fürst wurde? Warten Sie die nächste ab!« Er fühlte sich sichtlich besser als am Beginn der Unterredung. Er klopfte Terra auf den Arm.

»Ihre Nachrichten, lieber Freund, werden möglichenfalls anders verwendet, als Sie dachten, bleiben aber wertvoll. Versäumen Sie doch, bitte, nicht, auch am anderen Ende der Leitung nachzusehen, die von Knackstadt nach Paris führt! Betrachten Sie sich als meinen geheimen Agenten!« Er strich begütigend über die Hand, die Terra ihm nicht reichte, er brachte ihn selbst hinaus.

Erst am Fuß der Treppe bemerkte Terra, wie unklar er sah. Er erkannte die Stunde auf der großen Uhr nicht. Doch wieder wie einst! Zu früh hatte er sich gerühmt, zu reifen. »Schamlosigkeiten der Art werden mich noch längere Zeit nicht stumpf lassen, ich muß es fürchten. Dafür gearbeitet! Für dies glatte Herz. Dafür werden gemußt, was ich bin!« Laut stöhnend zog er sich zusammen wie von Schmerzen, in der Ecke seines Autos. Gerade hielt es im Gedränge, eine Dame sah verwundert zu ihm hinein. Er fuhr auf: Alice! Nein, auch diesmal falsch gesehen; aber sie sollte von ihm hören, es war aus. »Mich von der Welt zurückziehen und Bomben anfertigen, ich möchte wissen, was sonst ... Doch! Nach Paris noch fahren. Eine Verhandlung noch führen, eine einzige!«

Der Tochter Lannas', die ihn erwartete, schrieb er ab, schrieb ihr für immer ab. Am Abend fuhr er.

Am nächsten Abend verließ er in Paris sein Hotel, er ging zu Fuß nach einem Haus, das er zuweilen hatte nennen hören. Mittleres Wohnhaus, die Pförtnerin wies ihn in das Stockwerk, das er suchte. Ihm ward geöffnet, er sagte, mit wem er sprechen wolle. Noch nicht zu Hause? Aber er wurde, obwohl unbekannt, in das Zimmer geführt. Die Arbeitslampe ward angezündet und auf den Schreibtisch gestellt. Der Besucher blieb allein.

Er saß zuerst im grünen Schein der Lampe, ringsum lag Dunkel. Sie rußte, er stand auf, um den Docht herunterzuschrauben, er machte einige Schritte die Reihen der Bücher hin. Hielt an dazwischen wie ergriffen, stieß halblaut Gemurmel aus, umspannte plötzlich seine Stirn. Sah um, fand sich zurecht, kehrte zurück auf den Platz unter der Lampe. Eine Weile stillerer Gedanken, dann wieder auf. Der Wartende merkte nicht, daß Stunden vergingen.

Weit aufgerissene Tür, da stand er gerade im dunkelsten Winkel. Er hatte sich noch nicht gefaßt, der Eingetretene war schon vorbei an ihm, schon beim Schreibtisch, über Briefe gebeugt. Breiter Rücken, breiter Kopf, der Bart um die gerötete Wange glänzte silbrig ... Der Herr des Zimmers machte eine schnelle Wendung, er hatte laut atmen gehört. Eine Stimme sagte: »Ich bin in furchtbarer Verlegenheit. Jetzt kann ich nur noch als Überraschung auftreten.«

Wie der Fremde vorkam und sich verneigte, trat allein sein Kopf in den Lampenschein. »Sie sind Deutscher?« fragte der Herr des Zimmers. Nach Zögern: »Geistlicher?«

»Ich sage lieber nicht, wer ich bin«, stotterte der Besucher. »Sie würden mir noch schwerer glauben können. Unermeßlich viel ist aber daran gelegen, daß Sie mir glauben.« Dies laut und scharf.

»Reden Sie, bitte!« Geschäftsmäßig.

Der Fremde reichte, ohne zu reden, ein Stück Papier hin.

Nach Prüfung unter der Lampe: »Photographiert? Was soll ich davon halten? Mir wird so vieles gebracht.« Er hob die Schultern und beide Arme mit. Der breite Körper bewegte sich wie aus einem Stück. Der breite Kopf mit breiter Nase, Augen geschnitten wie Löwenaugen, Brauen aufgestellt schräg zur gewölbten Stirn: was sagte er? Mißtrauen? Zu klein für den Kopf. Ironie des Stärkeren sprach daraus, die einzige Drohung höherer Vernunft.

Der Fremde versuchte nochmals. »Bedenken Sie, daß seit der Dreyfus-Affäre die Stimmung hier bei euch flau für Krieg ist! Was spräche denn dagegen, daß der internationale Rüstungsring seine Maßnahmen trifft, um dies zu ändern.«

»Nichts. Aber es wird ihm nicht gelingen.« Nochmaliger Blick auf das photographierte Schriftstück, dann schneller Schritt gegen den Gast. »Sie selbst haben das mit unterschrieben, wie?« Worauf der Gast zurückfuhr ins Dunkel.

Entspannung, warme Stimme. »Ich will nicht in Sie dringen, ich bin nicht gegen Sie. Setzen Sie sich!« Auch er nahm Platz. Seine warme Stimme: »Die Affäre damals hat zu viele Geister geklärt. Nicht auch bei euch? Ihr habt euch doch miterregt, habt mitgekämpft! Nicht umsonst sind so viele Wellen von Vernunft und Güte durch die Herzen und die Köpfe gerauscht. Versöhnung!«

Die Arme ausgebreitet, senkte er den Rumpf im offenen, weit gebauschten Schoßrock rückwärts über den Tisch, der Kopf lag im Lichtschein.

Aus dem Halbdunkel der Fremde: »Die Unversöhnlichen sind mächtiger.«

»Der einstimmige Protest der Arbeiterparteien wird den Krieg verhindern!«

»Ich darf es nicht glauben. Sie sind in der Politik, wo jeder von seinen Hoffnungen spricht. Ich bin in der Industrie, da sprechen nur Tatsachen. Die Arbeiter werden mitgehen.«

»Nicht, solange ich da bin!«

Schweigen. So selbstgewiß war noch gestern in Berlin einer gewesen.

Der beschienene Kopf nahm sich zurück, der Stuhl bekam eine halbe Wendung. »Wenn Ihre Freunde es aber durchaus so wollen, wird man ihnen einen Krieg geben, den sie nicht werden wiederholen können, den Krieg, aus dem wir den Frieden der Welt und den verwirklichten Sozialismus nach Hause bringen.«

»Illusionen!« sagte die scharfe Stimme.

Die andere sagte nüchtern: »Man muß es sie fürchten lassen.« Stärker: »Man muß es glauben.« Die Stimme schwoll an, indes der Mann den Stuhl wegstieß. »Man muß verwirklichen! Was ist der Sozialismus? Er ist das

Ideal. Aber das verwirklicht man nur durch Übereinkommen mit dem Gegebenen, und wir werden stark genug sein, es zu verwirklichen.« Dies in der Bewegung zwischen Kamin und Tisch, mit Spiel wie für Zuschauer, voll Glanz, Kraft, aber immer besonnen.

»Was ist Pazifismus? Das Ideal. Seine Verwirklichung ist ein Ausgleich friedlicher Vernunft mit der gegebenen Menschennatur – die noch nicht friedlich ist. Erst der Sozialismus wird sie befrieden ...«

Zweifel inmitten starker Gesten, die ihn beseitigten; viel Anpassung, aber betont ward die Entschlossenheit; Glaube an Geist, mehr noch Wille zur Welt: dies alles arbeitete dort prachtvoll und menschlich auf angenommener Tribüne. Dann setzte der Redner sich, breit und wie unter Beifall. Sein Zuhörer sagte: »Ich danke Ihnen. Sie haben mich Weltfrömmigkeit sehen lassen. Ich kenne nur Intellektuelle ohne Weltfrömmigkeit. Ihr wißt nicht, wie trostlos das Leben sein muß, in dem sie gedeihen.«

»Seid keine Narren! Ihr habt dieselben Feinde wie wir. Das Gute wird bei euch von genau derselben Art bedroht, warum wäret ihr mutloser? ... Ich weiß wohl« – jetzt nahm der Löwe sein listiges Gesicht an –, »daß bei euch großmächtig im Vordergrund der Alldeutsche Verband steht, bei uns dagegen die Liga für Menschenrechte. Der äußere Unterschied besteht. Darunter aber ist es hier wie dort, der Feind wühlt hier nur heimlicher, die Interessenten des Bösen zeigen nicht ihr Gesicht.«

»Was aber, wenn in einem Lande kein anderes Gesicht öffentlich hervor darf als nur ihres? Ist einer der Freund des Guten? Der muß im Dunkeln wühlen sein Leben lang.« Fremde Stimme der Verzweiflung; aber der sie hörte, warf den starken Rumpf herum und sagte ihr, daß sie schweigen solle. Sie sei sträfliche Schwäche.

»Warum seid ihr schwach, warum? Wie kann eine Mehrheit Vernünftiger ruhig zusehen, daß ihr Land isoliert wird wie ein Pestträger – nicht durch Verschwörung, sondern allein durch den Gegensatz zwischen seinem willkürlichen Kastenregiment und der gesamten europäischen Demokratie.« Das war Zorn; er steigerte sich.

»Jetzt im Haag überbietet eure Regierung das in Europa erlaubte Maß von Brutalität. Wenigstens heuchelt man hier. Es ist Übereinkunft, auf Friedenskongressen guten Willen zu zeigen, sowenig auch ernstlich geschieht. Eure Regierung aber trumpft auf. Sie macht den anderen das kostenfreie Vergnügen, daß sie sogar gegen ein Schiedsgericht stimmt. Und als Krone von allem eure Geiseltheorie!« Hier sprang der Zorn auf beide Füße, er stemmte sich auf.

»Wenn ihr mit England Krieg habt, wollt ihr ihn auf französischem Boden führen, ob wir mitgehen oder nicht. Frankreich soll eure Geisel sein. Ihr kennt das Geheimnis, sogar mich gegen euch aufzubringen!« Anderer Ton: »Und ich bekämpfte doch lieber den Feind im Innern, unsere gefährlichen Streber, die nicht weniger als einen Weltbrand brauchen, um von sich reden zu machen. Daß ich da bin, bannt sie in ihr unehrliches Dunkel. Dort mögen sie Krieg erschleichen, indes der Friede offen triumphiert. Auf uns liegt das Licht des Tages, auf uns!« Dies war Selbstgenuß, der außer sich nichts hörte.

Auch war die fremde Stimme nur Murmeln. »Schande!« Zwischen gepreßten Fingern hervor immer wieder dies Murmeln und Zischen: »Schande!«

Der andere horchte endlich auf, er kam näher, ganz nahe rückte er seinen Stuhl, saß zuletzt nur am Rand, kniete fast am Boden, und hinübergeneigt hörte er.

»Ich habe ein Leben geführt wie ein Sträfling. Ich war der Ausgebrochene, der seine Schande versteckt. Meine Schande verdankte ich dem Besten in mir, meiner Menschenwürde. Wohl dem, der keine hatte! Ich habe, um mich durchzusetzen, lügen müssen. Den Mächtigen die Geschäfte besorgen, damit ich heimlich gegen sie arbeiten konnte. Ihnen mein Menschentum vorspielen zum Gelächter – da als Mensch zu handeln, dort, wo ich lebe, der beste Witz ist. So macht man selbst Geschäfte, wird reich und kann die Reichen verraten. Ich bin alles nur um zu verraten. Ich weiß vor Schleichwegen nicht mehr ein noch aus. Ein ganzes Leben in Lug und Trug!«

»Weiter!« verlangte der Beichtiger, aber lange kam trokkenes Aufschluchzen. Dann hatte der Beichtende sich zurück.

»Es ging nicht anders« – harte Stimme. »Jetzt könnte ich nicht mehr die Wahrheit sagen, selbst wenn ich es dürfte. Ich werde weiter lügen und betrügen, wohin es auch führe. Es kann zu nichts Gutem führen. Einmal muß ich vor Verzweiflungstaten stehen. Geheimkrieg gegen die Macht! Bedenkt es, ihr, die offenen Krieg gegen sie führt. Beklagt uns, er wäre bei uns schon vor Beginn verloren ...«

Da die Stimme nachließ und abklang, sagte der Beichtiger: »Sie sind nicht gekommen, mir die Photographie eines Schriftstückes zu zeigen. Dies wollten Sie mir sagen. Ich danke Ihnen. Man sieht nicht über die Grenze – unsere so nahe Grenze. Man sieht von Mensch zu Mensch nicht.«

Hier erlosch die Lampe. Der Herr des Zimmers schob vom Fenster den Vorhang, es ward Morgen.

Sie traten zum Abschied einander gegenüber. »Ich hoffe Sie nicht allzusehr gelangweilt zu haben heute nacht«, sagte der Gast mit überaus fragwürdiger Miene.

Der andere, offen und höflich: »Möchten Sie mir nicht mit allzuviel Vorbehalten zugesehen haben heute nacht! Sie sehen doch, der Unterschied unserer Länder ist nur der von Temperamenten. Sonst gehen wir beide den Leidensweg –«

»Der nie endet.«

»Auf dem wir uns stützen müssen.«

Dann gaben sie sich die Hände, beide Hände.

Terra verließ Paris mit dem nächsten Zug. Am Bahnhof in Berlin ward er erwartet. Kurschmied: – er führte ihn zu einem Wagen, worin Alice Lannas saß.

Trotz der Stunde habe sie ihn sprechen müssen. Ihn rechtzeitig aufklären, bevor er sich festlege in der Krise, die so gut wie da sei.

Kein Wort von ihnen selbst. Sein Abschiedsbrief blieb unerwähnt, die Absage war einfach überhört. Da stellte auch er die rein geschäftlichen Fragen, die am Platz waren.

Lannas war aufzugeben, seine Tochter riet dringend dazu. Es ging um das eigene Dasein, das Schiff sank. Das Leck kam von den letzten Reichstagswahlen. Die Blockwahlen! Lannas hatte zu viel persönlichen Erfolg damit gehabt, am Abend der Wahlen hatte er zum Volk gesprochen aus dem Reichskanzlerpalais – zugleich mit dem Kaiser, der aus dem Schloß zum Volk sprach. Unvorsichtige Gleichzeitigkeit! Nicht zu reden davon, daß die gut ausgefallenen Wahlen den Kaiser sicher machten. Eine immerhin noch nicht dagewesene Selbstsicherheit, er überwachte den Verkehr seines Kanzlers. »Wissen Sie, daß Ihr Besuch vorgestern meinem Vater einen Allerhöchsten Verweis eingetragen hat?«

Sie wiederholte dies mehrmals und von verschiedenen Seiten, als instruierte sie Tolleben. »Ich verstehe«, sagte Terra, »er hat wieder einmal nur seinen Feinden genützt. Zu keinem anderen Zweck gibt Gott ihm Erfolg. Er hat ihnen die Sozialisten vom Hals geschafft – als ob er die Sozialisten nicht bitter nötig hätte, um tagtäglich die Gesellschaft vor ihnen zu retten.«

»Er hat vor allem Seine Majestät übermütig gemacht«,

wiederholte sie. »Das verrät die Abgenutztheit des Systems. Etwas Neues muß kommen. Wir müssen gegenüber den Kriegstreibern unsere Selbständigkeit behaupten. Oder soll ich sagen, zurückgewinnen?«

Terra glaubte mißzuverstehen, aber es war so. Alice versprach ihm in Tolleben einen Reichskanzler, der für das englische Bündnis, den Schrecken Fischers, wäre. Mehr! Das Kohlenmonopol leuchtete ihm ein.

»Solange du im Zimmer bist!« sagte Terra bestürzt. Nein, es lag anders. Tolleben ward, stärker als von Alice, beeinflußt von seiner Frömmigkeit. Er war aus dem Herzen gegen Krieg – gegen die Klasse, die für Krieg arbeitete, das Kapital, das ihn herbeirief.

»Als Mann vom alten Schrot und Korn«, sagte Terra. Aber sie blieb dabei, es sei Bekehrung. »Willst du es wissen? Er fühlt sich unwiderstehlich versucht von dir und deinen Plänen.«

»Von meinen? Weil es meine sind?«

»Fasse es, wer kann! Es muß wohl die christliche Demut sein.«

Nichts stand im Wege, daß Terra sich persönlich überzeugte, Tolleben wich ihm nicht aus. Ganz recht, er suchte ihn ... Alice wollte nur noch wissen, ob bei solcher Übereinstimmung Terra für sie arbeiten wolle. Seine Beziehungen, seine Kunst der Menschenbehandlung –. Er hörte: sein Falschspielertalent. Er sagte nicht nein.

Der Wagen hielt an der unauffälligen Stelle, wo er aussteigen sollte, sie sagte noch schnell: »Kein Wort zu Mangolf! Alles, was er dir verspricht, ist abgekartet mit deinen schlimmsten Feinden.«

Der Nachsatz erst verriet den Zweck des Gespräches. Es war Antwort des Hauses Tolleben auf jenes andere, vor drei Tagen, mit der Frau Mangolfs.

Am Morgen freilich schon kam ein Briefchen von Alice. Nichts tun! Ihr armer Vater war unglücklich, er hatte sich ihr anvertraut. Die Welt war gar zu ungerecht gegen den Fürsten Lannas. Es hatte schon seinen Magen angegriffen. Nichts tun gegen ihn! Seine Tochter wenigstens hielt zu ihm, ihr Ehrgeiz mußte schweigen! Der Fürst trat zurück. Sie begleitete ihn nach Italien, glücklich waren sie beide nur dort gewesen. Diese umwälzenden Entschlüsse waren nachts noch gefaßt worden. Die Politik nahm jetzt zweifellos unerwartete Wendungen. »Und alles, weil ich gestern abend noch in den Roten Salon ging, wo er wartete. Von solchen Zufällen hängt das Schicksal der Welt ab.«

Wären sie nur gereist! dachte Terra. Was waren Regungen des Tochterherzens, bald klagte Alice nur noch, daß ihr Vater wieder Erfolg habe. Es schien, er werde mit Rußland fertig, es war von Österreich herausgefordert. Solange dies Spiel ging, kam niemandem der Gedanke, sich zu vergreifen an dem Diplomaten, der es führte; am wenigsten dem Kaiser, denn jede sichtbare Kriegsgefahr machte ihn plötzlich zum vorsichtigsten Menschen.

Mangolf suchte Terra von selbst auf, nur um ihm den Verlauf der bosnischen Sache zu berichten. Überzeugt vom Erfolg Lannas', glaubte Mangolf dennoch an seinen nahen Sturz. Terra für sich zu haben, war ihm wichtig. Aber es machte den Eindruck, die Kunst Lannas' erfülle Mangolf ganz. Anstatt von dem österreichischen Durchgänger sich mitreißen zu lassen der Katastrophe entgegen, hatte Lannas die Zügel ergriffen, er führte. Haarscharf am Abgrund – aber er kam vorbei. Was immer in unbewachten Stunden mit ihm vorging –

»Nichts«, sagte Terra. »Er weiß sich die Nerven des Handelnden zu geben, und ist doch Zweifler.«

»Wie, wenn er keiner wäre und uns alle nur immer zum besten gehalten hätte?« fragte Mangolf voll tiefer Teilnahme. »Sein Scharfsinn – aber der wäre noch nichts. Die Festigkeit, das ist es, diese geheimnisvolle Kraft der

Haltung, die den Gegner zum niederschmetternden Bewußtsein seiner Schwäche bringt. Dies aber schlicht. Dies aber mit männlicher Anmut. Ich sehe einen Mann.«

In aller Hingabe bekam Mangolf das abgezehrte Leidensgesicht, das sein Ehrgeiz ihm gab. Dies alles hätte er selbst tun sollen – er, der es konnte, besser als jener, zu größerem Zweck. Wann kam sein Tag! … Daher schränkte er Lannas gleich ein.

»Wohin kommt er mit seinen Erfolgen? Er hat über Paris gesiegt, jetzt siegt er über Petersburg – und dann? Die Zahl der Unversöhnlichen wächst mit jedem Sieg. Eines Tages versagt sogar eine solche Kunst: dann kommt, was er nicht gewollt, aber mit allen seinen Erfolgen nur noch sicherer gemacht hat.«

»Was würdest du tun?«

»Nicht das Bündnis mit England ablehnen im Namen unseres guten Verhältnisses zu Rußland – das man sich dann zum Feind macht.« Mangolf schlug die Luft weg. »Aber nichts kann halten, solange der gediegene Unterbau fehlt. Die Grundmauer steht im Wasser. Der Frankfurter Friede, dieser alte nationale Aberglaube.«

Terra riß die Augen auf. »Daran wolltest du dich wagen? Ich verspreche dir, mein lieber Wolf, daß ich dich hieran nie erinnern werde – auch nicht, wenn du wieder bessere Geschäfte machst und daher als Patriot wieder auf der Höhe bist.«

»Was trifft mich noch« – sagte die Bewegung Mangolfs … Denn Lannas siegte bis zur Unerträglichkeit.

Vollendeter Triumph, da hatte Lannas auch noch die Kraft der Selbstbeherrschung, er verhinderte, daß zu viel davon geschrieben ward. Mehr, er benutzte den Augenblick seines Sieges, um gegen den überspannten Nationalismus schreiben zu lassen … Immerhin überzeugte er sich, daß das Geleistete gesellschaftlich glanzvoll zu vertreten sei.

Galaempfang beim Reichskanzler, das lebhaft bewegte Bild der nächtlichen Straße, vor strahlendem Palais. Zwischen Pfeilern hohe Fenster, die strahlten bis unter den alten First. Ankunft der Wagen, der Portier empfing jeden. Stab, Dreimaster, reiche Livree, er half beim Aussteigen, da zeigten sich Hermelingestalten und das Sternengefunkel auf entblößten Damenhälsen, gewölbten Herrenbrüsten. Wagen auf Wagen fuhr hinein; die angesammelte Volksmenge, herbstlich schaudernd hinter dem Gitter, hatte an allen ihren Augen kaum genug für die Pracht, sie sah die Herrschaften auf rotem Teppich über die Treppe entschweben, sie sah Lakaien. Weiße Perükken! Die Kleidung hell und ganz bestickt, so waren Diener eines Fürsten! Sichtbare Erscheinung höherer Welt, an die nicht jeder geglaubt hatte, eines Glanzes, der von weit rückwärts hier einfiel. »So etwas gibt es doch nicht«, sagten manche.

»Wo zahlt man Eintritt für die Maskerade?« fragte jemand Terra, der noch zusah, bevor er selbst hineinging. Die ungewöhnlich große Volksmenge beschäftigte ihn. Hatte Lannas sie bestellt? War er das Opfer mehr oder weniger gutgläubiger Anhänger? Hatten sie ihm eingeredet, sein geglückter diplomatischer Bluff begeistere das Volk, und wollte er aus dem Fenster sprechen? Es konnte zur süßen Gewohnheit werden. »Ich bitte mir Ehrfurcht vor dem Herrn Reichskanzler aus!« sagte Terra scharf nach hinten. Ein junger Mann trat vor. »Geduldig«, sagte er – und gleich hinzu: »Ich verlange nicht, daß Sie es sein sollen. Ich heiße so.«

Terra sah ihn an, es war ein hübscher junger Mann, zarte Farben, Leuchtaugen, schwarze Locke unter dem Hut, und er hob ihn mit Schick. Der Mund war beweglich, er sagte: »Herr Terra! Sie haben sich wohl auch schon mal gesagt, daß dies alles nicht mehr lange dauern kann.«

»Mein junger Freund, Sie irren. Unser Regierungssystem, denn hiervon sprechen Sie offenbar, ist das glücklichste der Welt. Sie sollten diese Meinung schon darum zu der Ihren machen, weil Sie es niemals werden ändern können.«

»So dachte ich Sie mir«, sagte der junge Mann.

»Ihr Eintrittsgeld zu der Maskerade bezahlen Sie, wenn Sie sehr viel arbeiten. Dann werden Sie eines Tages mit dabeisein. Unser System erlaubt jedem, reich zu werden, und –« mit Blick auf die schwergeladene Stirn des Jungen: »Geist wird von ihm gefeiert.«

»Herr Geheimrat – Sie sind doch Geheimrat, Herr Terra? –, gleich werde ich Ihnen sympathischer werden.« Immer Hohn, jeder Ton überheblich, aber mit so viel Jugendreiz. Terra sah die Stirn Mangolfs und seinen eigenen Mund, einst am Anfang der Wege. »Nun?« fragte er.

Da wurde droben in das Fenster des Kongreßsaales ein Armleuchter gestellt. Terra behielt den Mund offen, Lannas wollte reden! Vorn am Gitter versuchte einer »Hoch Lannas«, schwaches Wagnis, niemand ging darauf ein. Lange Minuten, dann wurde der Armleuchter fortgenommen. Terra atmete auf. Jetzt hörte er auch wieder den Jungen sprechen.

»Aber den Unterschied hat er mir nicht ausgezahlt.«

»Welchen Unterschied?«

»Ich sagte doch, den Unterschied zwischen dem, was die Stimmen uns gekostet hatten, und dem Voranschlag der Regierung.«

»Welche Stimmen?«

»Der Wähler natürlich. Sie überhörten wohl, daß ich und Ihr Sohn uns als Wahlagenten der Regierung betätigt haben«, sagte dieser Geduldig inmitten gedrängter Wähler. Schleunig schlug Terra sich mit ihm seitwärts.

»Mein Sohn hat Sie geschädigt? Was verlangen Sie dafür – schnell, ich bin eilig.«

»Sparen Sie Ihre Verachtung – Herr Geheimrat!« Böse junge Stimme, die Überhebung ward gereizt, nur Scham blieb aus. »Ich habe das Schmutzgeld Ihres Staates genommen, um damit für die Revolution zu arbeiten.« – »Was durch konservative Wahlen offenbar am sichersten geschieht«, ergänzte Terra; der Junge aber: »Das verstehen Sie noch nicht, wir gehen von anderen Gesichtspunkten aus. Lassen wir es!«

»Ich bin gespannt, die Generation meines Sohnes kennenzulernen.« – »Das werden Sie noch früh genug«, sagte der Junge dazwischen. – »Sind es viele Erpresser?« Worauf er freilich den Menschen erbeben sah. Er war völlig weiß und bebte in der Ohnmacht seines Stolzes. »Sie haben nie gewußt, was es heißt, für das Ideal sogar zum Schuft zu werden«, keuchte er.

»Das hätte mir nun freilich im ganzen Leben nicht zustoßen können«; bestätigte Terra auflachend. Aber er sah die anspruchsvolle kleine Gestalt, ihre aus Geldmangel nicht fertig gewordene Eleganz, er lenkte lieber ein. »Dem Durchschnitt kommt alles nur auf sein Genußleben an, voran das befriedigte Selbstgefühl. So ist mein Sohn, der es wohl von mir hat. Mit Ihnen steht es anders, sagen Sie. Aber darum müssen Sie doch zuerst für sich sorgen, dann meinetwegen für die Idee. Ich werde versuchen, Ihnen eine Laufbahn zu öffnen. Das ist mehr, als wenn ich Ihnen das von meinem Sohn – verdiente Geld erstatten wollte. Ihre Adresse?«

»Ihr Vorschlag ist mir recht.« Mit der Miene des Geschäftsmannes zog der junge Geduldig die Brieftasche, grüßte mit Schick und entfernte sich festen Schrittes. Terra betrat das strahlende Haus und den roten Smyrnaläufer.

Oben empfing der Haushofmeister, eine Person mit Dreispitz und Degen. Der Kanzler, im ersten der Salons, gab jedem die Hand. Zu Terra sagte er: »Ich hatte Ihnen versprochen, Sie würden zufrieden sein« – und strahlte dabei wie sein Haus, Widerspruch brachte man nicht über das Herz. Sein Glück verbreitete Zauber, die betitelte und reiche Menge grüßte es, Diplomaten sogar, die es verwünschten; ja, angelockt durch den Zauber des Glückes, stellte sich neben Lannas der russische Botschafter, einmütig ließen sie die Menge vorbeiziehn.

Sie zog vom Gelben durch das Grüne in das Rote Zimmer, dort hielt die Tochter des Reichskanzlers sich auf; gedämpftes Saitenspiel aus dem Wintergarten. Dann umkehren, das Büfett war im Kongreßsaal, dem vergoldeten Riesenraum von der Höhe zweier Stockwerke. Gefüllt selbst er! Lannas hatte weit sein Haus geöffnet, gehobenes Bürgertum war zugelassen. Nicht hoffähig, berührte die Industrie doch hier sich mit der Welt verbriefter Macht. Die Herren standen, nahmen Schüsseln und Getränke von gepuderten Perücken und konnten gleich nebenan von Uniformen die Frage hören, ob der Kaiser noch komme. Zweifel bestanden merkwürdigerweise.

Seine Majestät hatten dem Botschafter – welchem? – gesagt: »Krieg werde ich nicht dulden.« Wie also, wenn Lannas, statt gegen Rußland zu gewinnen, ausgerutscht wäre? Alles war wieder einmal nur auf sein angeborenes Glück gestellt, aber »auch zu viel Glück ist unerlaubt«, sagten Kritiker. Abgeordnete bemerkten: »Nun hat er die Einkreisung durchbrochen, das Nachsehn hat England.« – »Was tut er aber nun mit Gubitz?« fragte Berberitz aus seinem schwarzen Bart. »Er hat doch seine Einfälle meistens von Gubitz, dem ganz Geheimen; Gubitz aber lebt von der Einkreisung.« – »Das ganze Deutschland freut ihn nicht mehr ohne die Einkreisung.« – »Keine Sorge, die bleibt uns erhalten, ob Lannas auch mal rüberhüpft.« Man scherzte.

Die Laune ward verwegen. Ein General zu einem Admiral: »Na, nun aber los gegen England!«

»Wie stellen Eure Exzellenz sich das vor?«

»Eine Division muß hinüber.«

»Erst können.«

»Na dann mit Rußland nach Indien!«

Stimmung aus Sekt, viel Blumen, vielen erwärmten Damen, und auch den Herren ward es leichtgeschürzt zumut, laut und gerötet bliesen sie ihren Rauch in den goldigen Nebel der italienischen Prunkräume. Fremdes Licht aus kristallenen Ketten, aus geschnitzten hohen Kerzenträgern, Licht, worin Madonnen wohnen. Sie verschwammen an den Wänden, Alice, die Altgott, wer noch alles saß darunter, immer bückten sich die Herren. Alice behielt ihren Vater im Auge.

Sie fühlte: lieber Vater! – und ihre Brauen schlossen sich vor Sorge um ihn in seinem Glück, vor Kummer über ihr Schicksal, ihn verraten zu müssen ... Er ließ sich doch nicht gehn? Gab doch kein Schauspiel, über das sie lachen würden, wenn er morgen lag? O nein! So viel Haltung hatte nur er, aber nur sie verstand sie ganz. Diese Würde dessen, der einzig auf seine Kraft zählt! »Ich lächle, ihr gebt mir nichts dazu. Die Dinge sind nicht gefügt, daß ich glatten Fußes auf die Nachwelt gelange. Was noch gut geht, ist alles meine Größe.« Wie stolz war Alice!

Indessen kam der Vater aus dem Gelben in das Grüne Zimmer, fast hätte sie seine Worte verstanden. Aber hinter ihr setzte Musik ein ... Er streifte die Gruppe Fischer, sie hielten ihn an. Der Oberadmiral spielte wie immer den Seebären, intriganter Büromensch, der er war; aber so konnte er seine ordinäre Gegnerschaft billiger äußern. Ihn hörte sie brüllen, trotz Musik. »Ich hoffe noch so lange im Amt zu bleiben, hat Pizzter der alte Bursche mir gesagt, bis eure Flotte am Grunde des Meeres liegt, und ich hab ihm gesagt: Auf Wiedersehn dort unten!« – brüllte der Oberadmiral.

Hatte der Vater erwidert, die Einkreisung sei durchbrochen? Nein, darauf hätte der gemeine Mensch nicht brüllen können: »Aber nur aus Mangel an Courage!« Jetzt stellte er sich sogar, als sei er nicht mehr fest auf den Füßen, griff nach dem Arm des Vaters und schrie: »Prost Durchlaucht, ihr besorgt alle zusammen nur mein Geschäft!« Der Vater freilich hatte den Trick vorhergesehen, er war ausgewichen. Fischer wäre lang hingeschlagen, nur seine Freunde fingen ihn ab. Daneben, aus einem sehr weiten, flachen Sessel richtete sich mühsam eine Leiche auf: Knack, Geheimrat von Knack, bei dem Wort Geschäft richtete er sich auf. War es nicht seins, noch mehr als Fischers?

Der Vater wendete sich fort, jetzt strich aber Herr von Hannemann, Chef der Reichskanzlei, über seinen Weg, rutschte in der Fahrt ein Stück zu weit, faßte endlich Fuß und meldete etwas. Er hatte die betont atemlose Haltung der Meldungen ersten Ranges, obwohl der Vater abwinkte. Er stand, das Gesicht hierher, sah Hannemann nicht an. Da ließ aber Alice ihren Fächer fallen, der Herr, der sie unterhielt, sollte sich bücken und nichts sehn. Der Blick des Vaters war erstarrt, wie vom Tode berührt war er – indes Mund und Wangen noch weiterlächelten.

Alice sprang auf, ihm zu Hilfe. Inzwischen ging auch er. Sie änderte im Laufen ihren Plan. Lachenden Gesichts, mit dem Fächer grüßend, lief sie, man konnte glauben, einer ersehnten Freundin entgegen. Schlank die Schleppe gerafft, Kopf hoch und gestreckte Gestalt. »Übermut der Jugend noch immer, welch reizende Frau!« sagten Damen zu Herrn von Tolleben. »Muse zweier großer Staatsmänner!« sagten sie.

Als Alice die Salons hinter sich hatte, lenkte sie seitwärts zum Bismarck-Erinnerungszimmer. Niemand gab acht zum Glück in dem ungeheuren Kongreßsaal, sie öffnete vorsichtig die Tür, nur einen Spalt. Richtig, dort drinnen wartete jemand allein. Sie erkannte ihn noch nicht, er saß auf dem Schreibsessel Bismarcks, eine Hand tastete am Tisch. Jetzt sprang er auf wie ertappt, es war Herr Mangolf.

Gegenüber eingetreten, ging Lannas schnell auf Mangolf zu. Der Unterstaatssekretär öffnete eine Mappe. Lannas hörte ihn sprechen, er las, was jener ihm gab. Dabei dachte er an den Augenblick der Meldung Hannemanns, als er, ohne noch ein Wort zu wissen, im Fluge das Unglück erblickt hatte. Die Musik spielte »Hoffmanns Erzählungen«, die Barkarole, er würde nie die Minute vergessen, fühlte Lannas – las aber, hörte und dachte scharf.

Er sah Mangolf in die Augen. »Ihre Verbindungen sind gut«, sagte er. »Sie sind der erste, der mir das bringt. Sie hätten es mir sogar eine Stunde früher bringen können.« Fest in die Augen, aber sie zuckten nicht. Lannas hob die Schultern.

»Schwerer Schlag, aber wir haben zu retten, was noch zu retten ist. Unsere behütetsten Geheimnisse stehen plötzlich in einer englischen Zeitung, ausgeplaudert von unserem Allerhöchsten Herrn. Was tun? Ihn schonen wie gewöhnlich? Noch immer beschönigen? Hilft hier nicht mehr. Wir müssen ihn bloßstellen.«

»Den Kaiser? –« unterdrückter Aufschrei.

»Lieber das Reichsinteresse?« fragte Lannas.

Repräsentativer Blick nach dem Bismarckbild über dem Schreibtisch. So erteilte er auch die nötigen Befehle an Mangolf. Noch nachts, sobald er das Fest verlassen könne, komme er selbst in das Auswärtige Amt … Stand weiter repräsentativ, als Mangolf schon fort war.

Er hatte alles erkannt, beim ersten Blick in das Gesicht jenes Menschen – der seine Weisheit nicht aus England hatte. Der Mensch wollte an die Stelle Tollebens, wenn

Tolleben Kanzler ward statt Lannas'. Ihn wollten sie stürzen, wie sie da waren; erklärlich, wenn auch unverzeihlich. Aber die Methode? Sich dem Kaiser, dem schädlichen Kranken zur Verfügung stellen für seine wahnsinnigsten Streiche! »Das hätte ich auch um die Macht nie getan.«

Lächerliche Schlauheit, ihr Getriebe lag bloß. Verbindung Tollebens zum Kaiser war sein Vetter von der Platze, Generaladjutant ... Beunruhigung Platzes durch die neue fromme Friedfertigkeit seines Vetters. Dieser Mangolf, der mit Tolleben zusammen Dreck verscharrt haben muß, vermittelt bei Platze, läßt sich einweihen in kaiserliche Plötzlichkeiten, schanzt die persönliche Deckung der Majestät sich und seiner Clique zu. »Tolleben weiß schon die Sache. Alice weiß sie schon ...«

»Impassible Miene«, dachte der Diplomat. »Aber fester Griff. Ich bin der Besieger Rußlands, er aber soll, oder ich kann gar nichts, das Land diesmal bis zum Ausbruch gereizt haben. Er hat Neigung gezeigt, mich fortzuschicken. Jetzt halte ich ihn in der Hand.« Versunken in seinen Zweikampf mit dem Ungenannten, merkte er nicht, seine Tochter sei da.

Sie hatte ihre geistreichsten Augen, ihr frischestes Lächeln. »Mein geliebter Papa, du machst mir Sorge. Dieser Herr Mangolf, verzeih, daß ich zusah: er hat mir noch nie gefallen, aber so wenig wie heute traute ich ihm denn doch nicht.«

Ah! Ihr sollte er trauen, drum gab sie den Mangolf auf. Sofort ward Lannas glatt – in aller Vaterliebe.

Er traf in den Tagen, die folgten, seine Maßnahmen, allein, ohne Vertraute und mit ganzem innerem Aufgebot. Dem Sturm im Lande setzte er eine undurchdringliche Stirn entgegen, sie konnte sagen: »Ich hatte noch immer verhindert, ihr wißt nicht wieviel.« Oder: »Ich decke meinen Herrn.« Oder: »Warum schreit ihr jetzt, da ihr selbst es so weit habt kommen lassen?« Oder einfach: »Sklaven!« War er zufrieden, daß sie schrien? Gefügige Liberalpatrioten, voran Schwertmeyer, lärmten plötzlich gegen den Kaiser, sie glaubten dem Reichskanzler gefällig zu sein; er sollte leichter erreichen können, daß der Kaiser »es nicht wieder tat«. Aber war er zufrieden? Er hörte einfach mit undurchdringlicher Stirne an, was man ihm brachte. Die Liberalpatrioten brachten nationale Proteste, Sturm im Lande. Lannas kannte den Sturm und was er wert war.

Aber auch Jerichow kam, sein alter Freund Kammerherr von Jerichow. Er sagte die erste halbe Stunde nur: »Was zu doll ist, ist zu doll.« Lannas unterstützte ihn nicht, er sagte vielmehr: »Reiner Zufall, hätte viel früher eintreten können.« – »Was zu doll ist, ist zu doll.« – »Läßt sich nicht ändern.« – »Kann aber mal schiefgehen.« Worauf Lannas die Schultern hob. »Ich bin dafür da, daß wir möglichst bis an sein Ende gelangen, ohne daß die Katastrophe kommt.«

Das Mitglied des Herrenhauses wollte etwas sagen, schluckte, aber auch schlucken ging nicht. Dann brachte es vor: »Sicher ist sicher, er muß weg.« – »Wir sind keine Römer«, bemerkte Lannas. Da schlug Jerichow auf den Tisch. »Aber entmündigen!« Lannas sah sich um, als stände jemand hinter ihm. Hatte er sie soweit?

Er sprach mit Mitleid von dem Kranken; aber Jerichow war über Mitleid hinaus, die konservative Partei hielt nichts vom Mitleid. »Triarier hin und her – und überhaupt verkehrt er mit Juden.« Sofort faltete Lannas die Stirn, denn auf diesen Punkt hatte Jerichow ihn zu prüfen. War er zuverlässig? ... Der arme Jerichow verriet auch ohne Umstände, weshalb er hier war. »Sie wollen einen Reichsverweser.« Angestrengt beobachtete er seinen alten Freund, der magere den dicken – aber so viel Überraschung mußte echt sein. »Das geht nicht!« rief Lannas. »Das träfe mich selbst. Ich fühle mich als seinen

Vormund, für mich ist er ein pflegebedürftiger Unmündiger. Aber es vor der ganzen Welt proklamieren! Als alter Monarchist mache ich das nicht mit.«

Die Sprache gefiel dem Kammerherrn. »Das berichte ich ihnen«, erklärte er, »und weißt du, was dann kommt? Der Kronprinz muß sich erst noch bewähren, den nehmen sie nicht. Dich nehmen sie.«

»Die Lage ist allerdings nach langen Versäumnissen so ernst geworden, daß man im höchsten Maße rompu aux affaires sein muß, um nur gerade durchzukommen.« Lannas sprach nicht mehr als Freund, der Staatsmann sprach. »Ich befürworte nicht die Entmündigung Seiner Majestät, ich würde vielmehr Widerstand leisten nach meinem Gewissen, solange er noch irgend Aussicht hat. Gegebenenfalls aber überzeugt mich meine genaue Kenntnis der verwickelten Zusammenhänge – nur wer nourri dans le sérail ist, versteht sie noch –, daß ein leitender Staatsmann von reifster Erfahrung rettend eingreifen muß.« Wohl warf Lannas sich die französischen Worte vor; aber es war das einzige Zeichen von Erregung, das er nicht hatte unterdrücken können. Schlußwort, Jerichow ging es melden.

Jetzt kam der Reichstag. Alles im Lande war von diesem Novembersturm ungeahnt geschüttelt worden, nur der Reichstag noch nicht. Die Fraktionen beschlossen, sich heftiger schütteln zu lassen als irgendwer, eine überbot die andere an unabhängiger Vaterlandsliebe, heilige Scheu fiel ab von Nachgeordneten und Untertanen, es blieben Männer. Sogar der Abgeordnete Terra, gewiß ein Herr, der leicht den Mund zu voll nahm und in Gesinnung nicht koscher war, bei dieser Gelegenheit ward er vorgeschickt von seiner Partei, er sollte reden in der historischen Sitzung, die verabredetermaßen bevorstand. Terra dachte: »Recht und schön, aber Lannas wird nicht kommen, dumm war er nie. Er wird nicht mit anhören, wie sein Herr, der einzige Mensch, von dem er abhängt, zum Schindluder wird für das gesamte hohe Haus! Sein Herr hat sich irgendwo weitab zu einem Vergnügen laden lassen, er paßt. Das kann auch Lannas.« Gleichwohl hoffte Terra, daß der Fuchs sich in die Falle locken lasse. Reichsverweser! Vielleicht betörte das Wort sogar einen Lannas. Aber Terra glaubte es nicht. Die einzige ernste Hoffnung war Alice; sie hatte versprochen, dem Vater abzuraten – derart, daß er nun erst ging.

Sie konnte an dem Tage der historischen Reichstagssitzung nicht mit ihm frühstücken. Drang der Geschäfte verbot es ihm; sie mußte ihn in letzter Stunde ausdrücklich und dringend zu sich bitten. Ihn holen, damit er kam. »Heute wären wir sogar in der Bibliothek nicht sicher gewesen«, begann Alice. »Es ist ein so gefährlicher Tag ... Ich bewundere dich, Papa, du scheinst dir gar nicht bewußt –.« – »Wessen? Mein Kind, ich gehe den Schicksalsweg, ausweichen wäre Feigheit. Ist übrigens unmöglich.« Ernst, entrückt. Dann zärtliche Nähe, Lächeln, Kuß auf die Stirn. »Du kommst doch in die Loge?« – »Sprechen willst du auch?«

Sie versuchte falsches Mitleid auszudrücken, er sollte Geringschätzung fühlen; er sollte ins Unglück rennen, weil sie, der er nicht mehr traute, ihm abriet. »Armer Papa, läßt sich mißbrauchen. Merkst du denn gar nicht, daß alle dich vorschieben? Nachher zieht jeder sich aus der Sache, nur du nicht. Dann lassen alle dich sitzen. Der Kaiser bleibt zuletzt doch der Stärkere.«

Lannas sagte: »Ich habe mir als höchste Gunst des Schicksals, wohl auch als unwahrscheinlichste, immer einen Auftrag von meinem Lande gewünscht. Aufträgen des Monarchen suchte ich, wenn ich handelte, Geltung und Widerhall zu geben, als seien sie schlechthin deutsch. Heute endlich stehe ich wahrhaft für das Land da, der deutsche Staatsmann, auf den es blickt.«

Feierlich – und so gutgläubig! »Du Kind!« schluchzte die Tochter, sie umschlang ihn. »Laß dich nicht betrügen!« flüsterte sie heiß. »Denke an deine alte Erfahrung! Keinen Rausch, um Gottes willen! Du warst einmal arm und ohne Aussichten, jetzt siehst du dich am Platz des Kaisers, das ist dein Unglück.« Ach! sie heuchelte ihr Mitgefühl nicht mehr. Er, den sie hatte verderben wollen, mußte sie trösten. Er streichelte sie, bis sie wieder sprechen konnte.

»Du glaubst, mit den Konservativen, denen du nie gefallen hast, werdest du den Kaiser stürzen. Wie aber, wenn sie gerade mit ihm verabredet wären, dich, ja dich zu stürzen!« – »Falsch genug sind sie«, meinte Lannas, »aber zu dumm – und jetzt noch dazu geistig getrübt.« Alice rang die Hände. Konnte sie ihm denn ihren eigenen Verrat gestehen? Wenigstens Terra begann sie preiszugeben; aber Lannas erwiderte, er kenne seine Feinde, jeder stehe einflußlos für sich. Dann wollte er gehen. »Geh nicht!« – im Tone dessen, der noch viel weiß. Aber Lannas lächelte voll stolzer Nachsicht, und er ging.

Terra schätzte ihn ab, wie er sich setzte am Tisch des Bundesrates, wie er die Reden anhörte. Was geschah hinter dem repräsentativen Blick? »Impassible Miene«, dachte Lannas wohl nur – bei den einmütigen, furchtbaren und beispiellosen Majestätsbeleidigungen des Hauses. Das Wort Reichsverweser vermied er wahrscheinlich zu denken, der impassiblen Miene wegen – indes die Abgeordneten der Nation sich entluden gegen ihren Kaiser, daß man es roch bis in die weite Welt. Alle langjährig gestaute Feigheit brach aus und tanzte öffentlich, verlogene Treue zeigte endlich das Gesicht, die immer vorgeschützte Bewunderung behaupteten Genies war auf einmal nichts anderes mehr als jene trübe Rachsucht des Durchschnitts. Sie rechneten ab, mit ihrem Herrn, mit sich selbst, ihrem Zeitalter, ihrer Art. Sie kannten sich nicht mehr, da erst erfuhr man alles.

»Der Abgeordnete Terra hat das Wort.« Aber was war noch zu sagen. Er lobte die Nation für ihren gesunden Sinn, die Abgeordneten, weil sie sich so schnell hineinfanden: voran die Stützen des Throns. Sie waren heute die Schärfsten und waren es mit der größten Sachkenntnis, als Stützen des Thrones kannten sie ihn. Ihr Augenmerk war einzig, ihn zu schützen gegen seinen Inhaber. Umstürzler, die hier mitmachten, sollten sich nicht zu früh freuen; der Umsturz wirkte in diesem Fall erhaltend. Konservative wieder stürzten um, es war ein allgemeiner Ausgleich, die verwirklichte Volksgemeinschaft – gegen den Kaiser.

»Und Lannas, der mich kennt!« dachte der Redner. »Mich hört er nicht zu Ende an. Gleich steht er auf und sagt sich los von der ganzen Gesellschaft.« Da aber Lannas sitzen blieb, lobte Terra ihn dem Hause. Ausgleich, Volksgemeinschaft, das war so recht Ziel und Wesen des Systems, das seinen Namen trug. Redner verbreitete sich über die Abgewogenheit aller Interessen, den kulturellen Eifer, den humanen Anstrich bei innerer Unerbittlichkeit, alles, was das System zur schlechthin vollkommenen Erfindung machte – und rühmte den Erfinder, diesen Diplomaten der weichen Hand und des stählernen Griffes, als einzigen, der nach allen seinen Siegen über die Herren der Welt bestimmt auch mit dem Kaiser würde fertig werden.

»Jetzt springt er doch auf? Schlägt auf den Tisch?« ... Nein. Lannas erhob sich wie sonst. Unbewegte Miene noch immer, aber er nahm an. Er nahm den Auftrag des Hauses an; Zurufe und Winke, die von allen Bänken und von den Galerien ihm zuflogen, er sammelte sie in einen Strauß und hatte den Auftrag. Welchen? »Die Wünsche des deutschen Volkes dem Kaiser zu überbringen«, sagte er selbst, aber die Wünsche gingen weit.

Bald kam der Tag, Lannas fuhr nach Potsdam. Er begab sich auf den Bahnhof; öffentlich wollte er hinfahren als Beauftragter des Volkes zu dem, der sich schon verkroch wie verbannt. Dies sah seine Tochter ihm an, sagte aber nichts mehr. Sie begleitete ihn bis zum Zuge, aber nur noch, um ihn nicht sichtbar verlassen zu haben. Ihr Mitleid war erschöpft, jetzt sprach das Geschick.

Beim Zuge drängte ein Häuflein herzu, es war das Volk. Aus Gehröcken reckten einige Arme sich hin. Auch einem Arbeiter durfte Lannas die Hand schütteln. Er wiederholte ihm, daß er die Wünsche des Volkes dem Kaiser überbringen werde. Als er abfuhr, erklang mehrstimmiges Hoch, es hatte einen gewissen Nachdruck. Lannas grüßte ernst – aber wie locker saß der Ernst auf dem Glück. Plötzlich verschob er sich: o Strahlen! O stummer Jubelgesang!

Alice, dies sehn und sich abwenden. Sie wußte: ein verlorener Mann. Sie wußte: wo der Sinn für den Erfolg nachläßt, verweile nicht, und wäre es dein Blut ... Zu kühne Ziele, zu hochsinnige Gedanken, selbst übergroße Kraft sind Feinde des Erfolges, wir aber müssen Erfolg haben. Erfolg bei Gleichgültigen und Schwachen, Erfolg, den wir verachten; aber wir müssen zuerst ihn haben, dann vielleicht Menschenwert. Über die weggehen, die mehr Menschenwert haben, wie wir wohl wissen. Aber sie waren nicht geschickt.

Wenn ihr Vater aus Potsdam zurückkam, hatte die Welt sich weiter verändert, schon jetzt glich sie der nicht mehr, die ein einziger Tag ihm vorgetäuscht hatte. Sie kehrte zu ihren Geschäften heim, der Sturm war vorbei, wer stürzte noch Kaiser. Ihr Vater glaubte an Wandlung und Entschluß – wo alles doch nur Geschäfte machte. Wie konnte sogar er dahin kommen, den Sinn für den Erfolg zu verlieren? Seine Tochter war ernstlich besorgt, weil es so nahe bei ihr hatte geschehen können.

Wie lange täuschte er sich noch? An dem Tage des nächsten Mai jedenfalls, als sein alter Freund Jerichow ihn nochmals aufsuchte, fehlte noch manches zu seiner Aufklärung – Lannas sagte: »Ich freue mich, daß die guten Leute für den Kaiser jetzt wieder etwas übrig haben. Er rührt sie in seiner ungewohnten Demütigung. Die meisten Geschäftsleute sind sentimental, wenn es nichts kostet. Aber das ändert nicht die Forderung der Stunde«, sagte er zum Erstaunen Jerichows. »Sehen wir ruhig ab von seiner Entmündigung, die mir niemals lag«, behauptete Lannas. »Politisch muß er doch stillgelegt werden. Zunächst habe ich mich mit ihm ausgesprochen und versöhnt«, sagte er lauter und mit Klopfen auf die Tischplatte. Denn Zweifel quälten ihn immerhin, sah Jerichow. Für Versöhnung hielt ein Lannas nicht das hinhaltende Lächeln seines Todfeindes.

Der alte Freund blieb schonend. »Du bist mit ihm ein bißchen weit gegangen. Alle Achtung, aber diesem Hohenzollern war so was noch nicht vorgekommen ... Ich sage nicht wie die andern, daß du uns alle in Ungnade gebracht hast – obwohl es auch mich um ein Haar meinen Kammerherrn gekostet hätte. Na, wir kommen wieder dran, er braucht uns.«

»Ihr waret mir im Gegenteil damals zu wild«, behauptete Lannas. »Ich machte dir gegenüber Vorbehalte.« – »Aber auf französisch« – Jerichow platzte heraus. »Das werfen sie mir jetzt vor. Sie sagen: Deine fremde Bildung, und was weißt du von Mark Brandenburg.« Roter Kopf des alten Freundes. Lannas saß, mit abgerundetem Wissen, noch lange allein da.

Sie ließen ihn fallen! Er hatte für sie Mut haben müssen, aber zum Verrat langte es bei ihnen. Vielleicht stimmten sie nächstens gegen die Erbschaftssteuer? Natürlich, da sie ihnen ohnehin nicht paßte. Bei der Gelegenheit stimmten sie ihn nieder, dann war es ganz in der

Hand seines Herrn. Sein Herr wie je! »Ich bin geworden, was ich bin, damit all mein Können und das ganze unsäglich schwierige Gleichgewicht, das ich halte, in Frage gestellt wird durch eine falsch einsetzende Depressionsperiode. Wann soll sie einsetzen?« Er verlor sich in Berechnungen. Er ging umher, rechnete und rief dazwischen: »Er wird es nicht wagen! Er hat vor mir geweint, hat gebettelt, daß ich bleibe!« Söchting machte die Tür auf, was los wäre, aber Lannas rechnete.

Er brachte die Gesetzesvorlage über die Erbschaftssteuer im Reichstag ein, sie fiel, und Lannas fuhr nach Kiel, den Kaiser um seine Entlassung zu bitten. Niemand merkte, dies sei ein parlamentarisches Ende.

Er bekam die Entlassung; – und zurückgekehrt ging er zu Fuß in die Voßstraße, zur Gräfin Altgott. Dem Portier sagte er: »Ein Telegramm aus Kiel wird herübergebracht werden.« Denn das Telegramm, das seine Entlassung widerrief und sein Kommen erflehte, mußte eintreffen so sicher wie die Nacht. Keine Stunde mehr hielt der Kranke aus!

Fürst von Lannas erstieg allein die weite alte Treppe, nur wenig schwerer als sonst auf die dünne Rampe gestützt. Vor ihm öffneten sich lautlos drei stille Räume, der leere mit der großen Vase, der lange, der kleine spiegelnde, alles still, alles gedämpft durch so hohe matte Vorhänge. Im vierten saß am Teetisch seine Freundin, er bemerkte, daß sie alt war. Er küßte ihr die runzelige Hand, setzte sich zu ihr und aß. In den Spiegel seitwärts wollte er nicht sehen. Der Diener, der um sie herging, war alt und leise. Sie sprachen nichts, jeder lächelte ermunternd.

Nun kam Alice. Die Tochter tauschte mit der alten Freundin einen Blick, den der Vater sah und doch nicht gesehen hatte. So oft als möglich neigte sie sich zärtlich, bis sie ihn berührte. »Überall spricht man von dem unausdenkbaren Unglück, daß du gehen könntest. Aber niemand glaubt es.« – »Einmal wird der Lauf der Natur selbst dies fordern«, erwiderte Lannas – und horchte, denn das Telegramm kam.

Der aufmerksame Diener öffnete schon die Tür, da sahen sie eine Gestalt erscheinen, ganz hinten erst bei der Vase; dort arbeitete sie sich fort, das leere Parkett hin, auf das ihr Stock stieß. Eine Kralle griff in die Luft, ein weißer Kopf hackte nach dem Boden bei jedem Schritt, der fortstrebende Körper im hageren Leibrock krümmte sich winklig. Langsame Reise aus gefürchteten Fernen, dann traf er ein, Wirklicher Geheimer Legationsrat von Gubitz. Sowohl die Altgott als Alice empfingen ihn mit verzweifelt deutlichen Zeichen, aber was erkannte dies irre Vogelgesicht. Kreischen, Kralle in die Luft. »Aus. Tolleben nach Kiel gerufen!« Worauf er abgewandt in den Sessel fiel, sich drin verkroch.

Alice und die Freundin sahen auf ihre Teller. Nichts? Jetzt, ein Schrei. Fremder Schrei, schwach, klagend, entsetzensvoll – gleich aber ein höherer. Lannas war auf, er hielt seine Schläfen umfaßt, er schrie vor Schmerz, er irrte, blind vom Schmerz, gegen die Wände. Winkelige Wände, eingefaßt in flache Pilaster; jede Wand hatte unten eine schmiedeeiserne, vergoldete Pforte, dahinter ging es in gemalte Landschaft. Lannas strebte hinaus, blind schlug er an eine Wand nach der andern, und sooft ihn eine zurückschlug, schrie seine fremde Stimme von neuem. Die letzte Wand nun war statt der Landschaft ein Spiegel, darin erblickte er sich. Konnte nicht anders glauben, als dies sei sein Gesicht, dieser schamlos aufgerissene Abgrund sein Gesicht. Er machte es aber zum seinen, drehte sich um und zeigte es ihnen.

Seine Tochter wollte hin, ihn halten, ihn auffangen. Die Freundin streckte die Hände vor. Er stieß beide zurück. »Verräter!« rief er. »Verräter!« noch einmal, noch zwanzigmal: »Verräter!« Da die Tür aufging, rief er es dorthin. Terra stand dort, er stammelte: »Ich konnte unmöglich fernbleiben in solcher Schicksalsstunde.«

Aus dem abgewandten Lehnstuhl drang Kreischen. »Alle Verräter! Die Einkreisung nicht mehr zu durchbrechen! Fürst Lannas, Sie gehen. Ich auch.« Schwach endend, die gekrallte Hand tastete nur noch.

»Ihr sollt es bezahlen!« rief Lannas, er hielt sich, furchtbar gerötet, inmitten aufrecht. »Ihr alle bereut noch, daß ihr mich verrietet. Ihr glaubt zu erben, aber mich beerbt keiner. Nach mir kommt nichts. Ich war der letzte, ich trug noch den Bau, ich allein. Jetzt der Zusammenbruch!« Er wankte.

Sie rührten diesmal sich nicht – nur Gleiten einer Masse. Die aus dem Lehnstuhl tastende Hand brach ab, eine Masse glitt auf den Teppich ... Als sie still lag, trat Lannas davor hin, er sah in die gebrochenen Augen. Seine Stirn entleerte sich langsam vom Blut, die Miene ward kalt, sie ward von Verachtung eisig. Tod, was wollte er. Tod, was konnte er. Die Macht nicht mehr haben! Die Macht! Die Macht!

Er wendete den Rücken. Hinter ihm preßte seine alte Freundin die Hände vor das Gesicht, aus offenen Augen weinte seine Tochter. Terra mit dem Diener hob den Toten auf, sie trugen ihn fort. Zuerst schrittweis feierlich über das leere Parkett, aber im zweiten Zimmer ging es schneller. Im dritten, an der Vase vorbei, liefen sie.

Zweites Kapitel

Wer ruft?

Mangolf, Staatssekretär im Auswärtigen Amt, war nachgeordnet einem Kanzler, den der Kaiser von vornherein gewarnt hatte: »Länger als drei viertel Jahre wird es mit Ihnen wohl auch nicht gehen.« Der Staatssekretär dachte: »Allerdings nicht – wenn man Politik machen will gegen klarste Gegebenheiten. Tolleben läßt sich beraten von seiner Frau, die gegen Industrie und Krieg ist.«

Hier wichen die Gedanken Mangolfs ab, letzte Gründe von Frauen durfte er nicht zu entdecken hoffen. Der Grund konnte einfach Terra heißen, er wagte es nicht zu glauben. Ein Reichskanzler unter dem Einfluß Terras hielt sich voraussichtlich nicht einmal drei viertel Jahr. Aber Tolleben blieb. Er durfte schaden. Er durfte den überaus schädlichen Knackprozeß zulassen, von dem gewisse Rüstungsgegner die Entlarvung eines internationalen Rüstungsringes erhofft hatten. Freilich, was brachte der Prozeß dann? Was konnte er bringen? Daß zwei Feldwebel bestochen und einige schlechte Schienen geliefert worden waren, Schluß.

Der Schwiegersohn des verstorbenen Chefs der Firma Knack bedurfte dieser Bestätigung nicht. Er wußte längst, wo der festere Wille war, bei geteilten, abhängigen Politikern oder im Schoß jener Industrie, die selbstherrlich ihre Welt auf den kommenden Krieg gründete. Er wußte, wer führte von den beiden und wer notgedrungen mittat. Er selbst tat lieber überzeugt und glanzvoll mit.

Nur wer sich an die Spitze aller Forderungen der Industrie stellte, konnte sie verwirklichen – für den Staat. Auf einen siegreichen Krieg errichte die Weltmacht dieses, deines Staates, keineswegs die der Industrie! Bediene dich ihrer, halte sie nieder! Statt Geldinteressen ein Gedanke, der europäische Gesamtstaat am Ende des europäischen Krieges. Mangolf dachte: »Unerhörter Vorsprung, allen anderen Staaten allein und ungebunden gegenüberzustehen. Nur ein siegreicher Gegner wird sie einigen. Auch die Feinde werden im Grunde für die Einigung des Weltteils kämpfen. Wir wollen dasselbe hier wie dort, es ist der gleichzeitige, unaufhaltsame Zug. Wer kommt voran? Schon sind wir in den Ländern mehrere, die wissen, um was es im kommenden Krieg geht. Hat einer meinen Ehrgeiz?« Beim künftigen Kriegsgegner arbeiteten Personen, die ihm ähnelten, für ihre eigene Zukunft, wenn sie für den Krieg arbeiteten. »Nur der Grad ist verschieden, in dem wir amtlich schon aufgerückt sind und offen vortreten dürfen. Ich Ärmster habe vor mir einen pazifistischen Kanzler.« Was ihn nicht hinderte, gegen Frankreich ein Schiff namens »Panther« loszulassen – zur Freude der ihm Gleichgesinnten in Frankreich, die aufrücken wollten … Was ihn und sie auch nicht hinderte, die Balkankriege zu begünstigen, sie in feindlichen Gruppen diplomatisch mitzukämpfen, industriell zu erweitern … Hier lag ein Rätsel.

Mangolf staunte hier. Die Welt war doch schon im Krieg. Selbst wenn sie es merkte, konnte sie nicht mehr ausweichen – aber sie merkte es nicht. Im Krieg sein und es nicht merken! Sich einbilden, er bliebe an den Rändern des Erdteiles, getötet werde nur dort, ein Fürst falle nur dort – man werde weiter Kultur schlecken und mäßige Geschäfte mit sozialen Bestrebungen verbinden. Bevor stand das ungeheuerste Weltgeschäft – und war nicht eben sozial gedacht. Sein Gegenwert war Blut. Es dampfte schon aus diesen Julitagen! »Seht ihr denn noch immer nichts?« fragte Mangolf, wenn er über Plätze, durch Volksmengen fuhr. Er meinte fest, plötzlich müßten alle im Lauf anhalten, müßten schaudernd die Arme erheben, die Füße tief im Blut. Der Platz voll Blut! Ihr Blut!

Aber sie sahen nicht, sie trieben es töricht fort. Nur Mangolf sah und schauderte. Er saß allein in seinem durch die Menge dahinrasenden Wagen, sein eingesunkenes Gesicht war leidend und verstockt. Amt und Sendung lasteten. Aber Schuld? Er kannte keine. Verantwortung? Er lehnte sie ab. Er handelte im Auftrag höherer Gewalten – höher nur, weil alle im Grunde an ihnen mitwirken. Alle, die auf dem Platz noch immer kein Blut sahen, waren doch innerlich ganz einverstanden, daß es fließe. Neu erkämpfte Tatkraft sollte sie reinigen von Entnervung und Unzucht der allzu langen Friedenszeit. Mangolf kannte sie: echte Söhne einer Zivilisation, die Mord am Schwächeren und gehobener Menschenfraß war. Sie wollten zu sich zurück, abgewirtschaftet die Lüge vom Menschen!

Wie hätten sie sonst täglich von Generalen und Admiralen öffentlich sich in den Krieg hineinreden lassen! Mangolf senkte die Mundwinkel. Was wußten jene Maulhelden selbst. Auch nur berauscht, auch nur gemeines Werkzeug. Das redete davon, mit England einen Kolonialstreit zu suchen – dann Krieg, dann Frankreich niedertreten, Weltherrschaft, oder was sie so nannten und nicht kannten. Aber kam die Stunde, dann würden sie erbleichen in ihrem Nichts, würden ableugnen, was sie getan hatten, und haltet den Dieb schreien. Wissen? Einzig hier. Und Mangolf senkte seine gelbe Stirn.

Undenkbar weit zurück lag Lannas. Wirklich erst fünf Jahre? Juli 1914 und abgespielt erst seit fünf Jahren jene kindische Geschicklichkeit, den »Frieden zu erhalten«, den es schon damals nicht mehr gab? Selbst Lannas würde heute sehen müssen, daß es damit aus war. Was sah nun der arme Tolleben? Er hatte scheinbar lichte Augenblicke, in ihnen erklärte er die Abrüstungsfrage für unlösbar, solange Menschen Menschen und Staaten Staaten seien. Es geschah aber nur, weil Mangolf seine Alldeutschen gegen ihn aufgeboten hatte. Dann wieder zögerte dieser Tolleben, die Wehrvorlage bekanntzugeben. Der Kaiser mußte ihm erst drohen, es durch Kriegsminister und Oberadmiral zu tun. Mangolf bedachte das Verhältnis des Kaisers zu seinem Kanzler, der nur drei viertel Jahre hatte dauern sollen, noch immer dauerte, oft in halbe Ungnade fiel, aber unentbehrlich schien.

Der Kaiser fühlte mehr als der Durchschnitt voraus, dafür war er krank; und er hatte Furcht. Seine großen Worte, sein Rüstungsfieber, waren betäubte Furcht. Seine Anfälle waren offene Furcht. Mangolf, der einst in schlimmer Stunde vorgelassen worden war, dachte sich den Kaiser bei Dämmerlicht am ganzen Leibe zitternd wie ein ahnungsvolles Tier, wenn draußen nächtlich der Feind schleicht. Hatte Tolleben für ihn Trost? Er war fromm. Ins Gemüt des Kaisers hatte niemals der ungläubige Lannas gefunden, Tolleben bei aller Einfachheit kannte vielleicht den Zugang. Beteten sie? Der Kaiser hätte mit keinem bürgerlichen Minister gebetet, auch mit Geistlichen nicht. Aber preußischer Uradel, Bonner Borusse, Halberstädter Kürassier?

Mangolf hätte gewollt, der Kürassier wäre fromm geworden aus List. Er wäre ein würdigerer Gegner, seine Beseitigung wäre rühmlicher gewesen. Aber er war wohl in Einfalt fromm. Fragte sich nur, wer ihn dazu gemacht – den schlichten Draufgänger geduckt, den groben Ordnungsmann in dies verhaltene Gewissen verwandelt hatte. Terra? Immer Terra? Aber wie?

Mangolf dachte viel an Terra. Was er tat, war sein Leben lang bestimmt durch wechselnde Ursachen, aber immer auch durch das, was Terra tat. Mangolf ward es manchmal inne, dann handelte er noch mehr gegen Terra – den er doch verachtete. Nie im Leben hatte er so unermeßliche Verachtung gefühlt für das elende Dasein des Erfolglosen, seine unergiebige Heuchelei – um Ziele, die von Dummköpfen edel genannt worden wären, hätte er sie wenigstens bekannt. Statt dessen hatte Terra als Abgeordneter für Wehrvorlage und »Reichsopfer« gesprochen. Als Mitglied der Knackschen Leitung machte er noch Schlimmeres mit. So eilig hatten es diese Leute mit dem Krieg vielleicht erst, seit einer der ihren beim Kanzler dagegen trieb. Bei Tolleben steckte Terra hinter der Frau. Die Tochter Lannas' ging unbegreifliche Wege, noch eher begriff man Tolleben. Auch er hatte sich überrumpeln lassen von dem Blendwerk des Kohlenmonopols, jener scheinbaren Stärkung des Staates, den es in diesem Zeitpunkt doch nur zur Entgleisung gebracht hätte. Das schlimmste war, daß Tolleben nicht scherzte wie Lannas. Sein frommer Ernst war zu fürchten, er hatte ihn schon in fühlbare Gegnerschaft zu den führenden Kräften gebracht.

Das Äußerste verhütete nur Mangolf. Er spielte dem geschäftigen Terra übertriebene Nachrichten zu, die unglaubwürdigsten heimlichen Kriegstreibereien. Der Reichskanzler erhielt von Terra die Nachrichten, von Mangolf alsbald den Beweis ihrer Falschheit. Noch besser, wenn der unbelehrbare Terra Zweifelhaftes in die Presse brachte. Mangolf konnte mehr oder weniger sichtbar eingreifen. Das deckte ihn bei den Leuten gegen den Verdacht, er sei der Böse.

Terra nützte im Grund Mangolf. Wie nützlich besonders, daß er einen solchen Sohn hatte! Das Früchtchen war, bevor es nach Afrika abging, eine Art Geschäftsfreund seiner eigenen Mutter gewesen. Selbst die nachgerade eingerissenen Sitten duldeten nicht ganz soviel, Skandal schien sicher. Der Einfluß Terras reichte nicht mehr aus, ihn niederzuschlagen; damals besuchte Terra seinen Freund noch einmal, um zu bitten. Mangolf half, der Sohn ward abgeschoben nach dunkleren Erdteilen zur zeitgemäßen Jagd auf Tiere und Menschen.

Jetzt war er wieder da und half hetzen – weniger dumm und gemein als Generale und Admirale. Mangolf schätzte das junge Geschlecht. »Es kennt seinen Körper besser als wir« – daher sah es die Dinge der Welt körperlicher, niedriger, also richtiger. »Es hat leicht tapfer sein«, dachte Mangolf, die Mundwinkel gesenkt. »Ideale werden mit ihm nicht untergehen.« Das junge Geschlecht hatte sein Gutes, vor allem, daß es seine Väter haßte!

Mangolf selbst hatte das Unglück, von seiner Tochter nicht geliebt zu werden. Die heranwachsende Halbschwester Claudius Terras des Jüngeren hielt Tolleben für ihren Vater. Seit Mangolf versucht hatte, sie aufzuklären, war er ihr Feind. Er trug es, arm an Menschen zu sein. Mit Lea war es aus, ernstlich aus, kein Rückfall erlaubt. Auch Lea hatte das von den Sitten der Zeit gegebene, reichliche Maß bei weitem überschritten ... Dazu noch seine Entfremdung von Bella, dies langsame, offenbar unaufhaltsame Austrocknen seiner Ehe. »Da wächst kein Gras mehr«, fühlte Mangolf. Ein dürrer Atem traf ihn beim Betreten seines eigenen Hauses: seine eigene Luft, selbstgeschaffen um ihn her in langer Zeit.

Heute abend wie immer wollte er gleich in sein Zimmer, Bella selbst trat ihm entgegen. Ob er vergessen habe? Ihren Hochzeitstag? Sie lächelte angstvoll. Er empfand peinlich, daß sie kämpfte, noch immer um ihn kämpfte. »Ich bin es nicht wert«, hätte er gern gesagt, entschuldigte sich aber trocken. Er blieb trocken – und sah doch, daß sie alterte, daß sie unfroh war und ihn suchte. Sie ließ ihn ausreden, sie erwiderte ergeben: »Ich verstehe deine Überbürdung – ja, auch das lange Aufsitzen gestern nacht beim Liebesmahl der Offiziere, das Trinken, das du nicht verträgst. Ja, es sind deine Anhänger, du brauchst sie für deine Politik. Aber hast du wenigstens heute ein wenig Zeit für deine Frau?« fragte sie, erzwungen munter; sie unternahm es, die Tür seines Schlafzimmers zu öffnen. Er erwiderte förmlich, sie werde so lange nicht auf ihn warten wollen. Akten ausbreitend: »Das ist meine Nacht.«

Sie blieb stehen, stand weit hinter ihm, sie nahm keinen Stuhl. Sie erblickte an seinem noch immer voll und schwarz behaarten Schädel den weit ausladenden Stirnknochen, die eingefallene Wange. »Er wird bald aussehen wie der Tod«, fühlte sie, dachte aber darüber hin: »Eine solche Kraft, ein solcher Mann!« – und ihr Herz schlug auf wie je.

Wußte er nicht mehr, daß sie da war? Sie hatte den Zeitpunkt versäumt, sie wagte sich nicht mehr zu melden, stand lautlos und sann: »Ich war oft dumm und nie bedeutend, er ist ein großer Mann. Aber wir sind schon so lange beisammen. Was auch geschehen sein mag, jetzt bin ich verblüht. Die Jugend, die ich bei ihm gelassen habe, gibt er mir nicht wieder, so groß ist er nicht.« Noch länger, da warf sie ihm vor, er liebe sie nicht mehr. Wie sehr hatte sie gegen Lea Terra gekämpft! – überzeugt, im Weg sei nur Lea, nachher komme wieder sie daran, vergessen Eheirrungen und Überdruß – komme wieder sie daran und auf immer, bis zu Alter und Ende. Statt dessen? Er ging nicht mehr zu Lea, kam aber auch zu ihr nicht. Er liebte keine Dritte, Bella hatte ihn beobachten lassen. Was also?

Sie suchte mit dem Fuß nach einem Stuhl, fand keinen und blieb trotz großer Müdigkeit stehen, um nicht entdeckt zu werden. Erst ihr Schluchzen verriet sie. Mangolf brachte den Stuhl. »Verzeih! Verzeih bitte! Ich glaubte fest, du seiest nicht mehr da.« – »Das glaubst du immer fest. Du brauchst mich nicht mehr. Es ist besser, wir trennen uns.« Sie sprach zornig, das Gesicht im Taschentuch.

Er ließ sie ausweinen. »Sei kein Kind!« sagte er dann. »Wir sind keine Anfänger. Unsere gesellschaftliche Stellung –« Sie unterbrach: »Deine Karriere! Nur deine Karriere! Von jeher nur deine Karriere!« Sie nahm das Tuch fort, sie sah ihn groß an, wie etwas Neues. »Nicht einmal aus Angst, mich und meinen Einfluß zu verlieren, bringst du es fertig, mir zu sagen, daß du mich liebst.«

»Wir waren mehr als Verliebte: Verbündete« – aber die Alternde hörte es nicht. Sie sah ihn groß an. »Warum hast du deine Geliebte verlassen? Mit ihr würdest du nicht Reichskanzler. Mich willst du behalten, damit du Reichskanzler wirst. Du hast weder sie noch mich je geliebt. Du kannst nicht lieben.«

Er öffnete den Mund, verzichtete aber. Eine Frau in dem Zustand erinnerte man nicht an das Einfachste, das sie vergessen wollte. Vernunft, die einen Mann in die Ehe führte, konnte Freundschaft, Lebensgemeinschaft werden. Ja – aber aus der jungen Frau, die er in Täuschungen hatte leben lassen, ward die Enttäuschte, die hier saß; dies war die viel stärkere Wahrheit. Mangolf erblickte, als zerrisse ein Schleier, die ganze Frau: das übermütige Kraushaar von einst, dann jene gezierte Ästhetin, endlich die Ruhelose der äußersten Stunde, die Frau mit umschatteten Augen, den Höhlungen des Gesichts – aber alle Erscheinungen verschmolzen in die eine, die sein hatte sein wollen. Er fühlte Reue kommen, Mitleid in ihm aufstehn. Zum Unglück sagte Bella noch gerade: »Ich gebe dir die Hälfte der Anteile, die mein Vater mir hinterlassen hat. Läßt du mich dann fort?«

Sofort ward er streng. »Reichskanzler, ja. Aber wie kommst du zu der Annahme, ich wolle um jeden Preis Großaktionär werden? Deine Herkunft spricht aus dir.« Worauf Bella sich in die Lippen biß.

Ihrer Rache wegen sagte sie: »Du bist wie dein Freund Terra. Ihr seid beide zu sehr Kopf, mit Frauen habt ihr

Unglück. Was hat dein Freund aus meiner armen Alice gemacht!« Mangolf horchte auf, seine Gedanken schlugen sofort wieder den gewohnten Weg ein. Wie kam Terra zu der Macht über Tolleben? Wegwerfend äußerte er: »Es scheint allerdings, daß es nicht allzu glücklich macht, den armen Tolleben zu betrügen. Deine Freundin Alice sieht schlecht aus« – betrachtete aber erwartungsvoll die Miene Bellas. Sie ward vielwissend und scharf.

Das eigene Unglück hatte Bella empfindlich gemacht für Ausströmungen fremden Schicksals. Sie glaubte nicht mehr, was Übereinkunft wohl glaubt. Aber auch ungewohnte Verschwiegenheit legte das geahnte Leiden ihr auf. »Jemand wie du weiß von Frauen nichts«, sagte sie nur.

Er wollte mehr hören. Da nichts kam, sprach er selbst, ging im Zimmer umher und suchte ihren Widerspruch zu erregen. »Sieht sie wirklich schlecht aus? Eigenartig vielmehr. Eher vorteilhaft verändert, wie? ... Sie war nie schön, oder fandest du? Ich habe keinen Sinn bei Frauen für geistreichen Ausdruck. Jetzt ist sie ernst. Ja, wenn ich's bedenke, woher der Ernst? Weißt du es? ... Reife hat ein anderes Auge«, entdeckte er. »Ihr Gesicht hat ganz das lange Oval behalten, schminkt sie es weiß? Nein? Aber es wirkt jetzt – soll ich sagen nonnenhaft? Noch mehr ...«

Unter dem vielwissenden scharfen Schweigen: »Worauf man verfällt! Wenn sie stürbe, müßte sie aussehen wie ein Mönch – ein spanischer Mönch.«

Er hielt an, ihn hatte ein Schauder berührt. »Du meinst?« fragte er streng. Lange Erwartung, dann kam von Bella:

»Es endet schlimm.«

»Ach?« Mehr nicht. Er wollte plötzlich nichts mehr wissen, nichts über jene dort hinten, nichts über sich selbst.

Bella sagte dennoch: »Alles – alles endet schlimm.«

Worauf beide den Atem anhielten und in die Ferne lauschten.

Dahinten ging Terra zu Tolleben Mann und Frau. Gleich im Parterre ward ihm das Teezimmer geöffnet. Alice hatte die Prunksäle des oberen Stockwerkes verlassen. Sie sagte, hier in den Räumen Bismarcks fühle sie sich immer noch weniger zu Gast als droben. Warum? – da droben ihre eigene, einst mit Ehrgeiz und Liebe zusammengebrachte Einrichtung stand.

Hier unten waren freilich nur die Türen vergoldet. Zwischen Pfeilerspiegeln hatte ein Schreibtisch Bismarcks gestanden, er diente jetzt nebenan dem Kanzler Tolleben. Man hörte ihn hin und her gehen. »Er hat Generäle bei sich gehabt«, sagte Alice. »Er trägt Uniform. Sie finden ihn heute eher angriffslustig.«

»War Heckerott da?« fragte Terra, aber nur, um ihr ungestört ins Gesicht sehen zu können. Sie erwiderte: ja, der General habe laut gerufen: »Wenn der Kessel nur erst explodierte!« Er scheine dies für einen technischen Glücksfall zu halten ... Alice lächelte. Terra, der schwieg und sich nicht trennen wollte, sah in dem langen, vollkommen mattweißen Gesicht die schmalen Augen glänzen zwischen ihren scharfen dunklen Rändern. Sie glänzten wie je, aber von anderem Licht, aus unbekannter Quelle. War Alice nicht getrennt von uns? Sie hatte doch gelächelt, obwohl es jetzt nicht gewesen schien; banges Lächeln einer Frau auf hohem Drahtseil. Fester Boden und Lebenssicherheit fehlten. Um sie zu schonen, sprach Terra endlich.

Er sagte, der Empfang, den Tolleben ihm bereiten sollte, werde wesentlich bestimmt werden durch die Art seiner Nachrichten. Er bringe Nachrichten, die nahezu alles Dagewesene in den Schatten stellten ... Was Alice kühl ließ. Wie leidenschaftlich hätte sie sich ehemals darauf gestürzt! ... Doch. Ihr schmales Gesicht zeigte jetzt Leidenschaft. Nur diese eine noch, nur diese. Ihn selbst begann es zu schmerzen wie alte Narben. Warum, mein Gott, einander daran noch mahnen, das Leben sei versäumt. Er wagte einen Hauch gefühlvollen Trostes – tat, als nähme er ihre Hand, als legte er sie auf sein Herz; alles nur angedeutet mit seiner eigenen. »Noch immer?« fragte er ihre gesenkten Augen, da gingen sie auf und sagten: Immer.

Begierig betrachtete er die Erscheinung. Hätte er jetzt sie nur du genannt, sie wäre vielleicht geflohen. Unvergleichlich ferner war sie ihm körperlich, als selbst zu der Zeit, da sie beide in der rauhen Nacht Liebwaldes ihren Schmerz und ihren Wahnsinn vermischten. Jede Hoffnung auf Erfüllung längst abgetan – aber ins Geistige erhoben und Gott geweiht, konnte unvergänglich in einer Frau die Leidenschaft währen, die sterblich unwürdigen Ursprungs war.

»Warum bin ich denn noch hier?« fragte sie. »Es kann nur sein, weil Sie mich halten. Sie kämpfen noch gegen die Katastrophe. Sie glauben an unsere Rettung noch.«

»Sie nicht mehr?« – Da starrte ihn wieder nur diese Leidenschaft an, ihm schon entrückt. »Wir haben nur, was wir empfinden. Die Macht? Ich weiß, was es um die Macht ist«, sagte Alice langsam. Terra verstand, sie meine den nie vergessenen Sturz ihres Vaters – der ihn selbst so schwer denn doch nicht genommen hatte. Er lebte doch, nur seine Tochter hatte wahrhaft das Nichts erblickt und war nicht mehr davon genesen. »Aller Ehrgeiz dahin?« murmelte Terra. »Wie konnte ich diese Welt seiner wert finden!« sagte ihr Achselzucken.

Sie richtete sich aber auf, sie ward stolz anzusehen wie ein Erzengel. »Wenn die Zeit der großen Opfer kommt, will ich noch da sein.«

Ihr letzter Ehrgeiz! Terra erschauderte, aufgerichtet sah er den Engel des Untergangs. Das Lampenlicht um die Gestalt erblaßte, sie leuchtete selbst ... Schon suchte er zurück in die Wirklichkeit, fand aber nur das Einst. Aus dem großen, furchtbaren Engel ward ein ganz junges Mädchen; wunderbar leicht und in den halbgeschlossenen, blitzenden Augen Liebe genug für das ganze Leben, sprang sie zu ihm, auf sein Karussell.

Terra seufzte schwer, schnell fragte er, was Tolleben tue, er sei nicht mehr zu hören.

Er bete – sagte Alice. Es sei spät; bevor er zum Tee komme, bete er. Vielleicht auch sei er eingeschlafen. Sie klopfte an die Tür, er schien wirklich zu schlafen. Sie öffnete, Terra sah ihr über die Schulter. So sahen sie den großen Kürassier seine fest gefalteten Hände bald aus dem offenen Fenster gegen die Nacht des Tiergartens strecken, bald sie zurücknehmen. Mondlicht traf seinen schwefelgelben Kragen. Er sprach zu Gott gedämpft, nur einige Sätze kamen lauter. »Vernichte unsere Feinde! Laß England in die Luft gehn! Sonst kommt Krieg. Lieber Gott, gib, daß der Kaiser morgen zuerst mich empfängt, nicht Fischer! Gib, daß Heckerott richtig Grippe kriegt! Laß meine große Zehe abschwellen! Laß Frankreich aussterben! Gib, daß Minnahütte morgen zweihundertzehn stehn! ... Lieber Gott, gib auch, daß ich über meine Frau richtig denke!«

Das vorquellende Auge erglänzte an dem täuschenden Profil Bismarcks ... Tolleben wendete sich zurück in das Zimmer des großen Vorgängers, er stützte die Fäuste auf den historischen Schreibtisch, über die grüne Lampe nach der Tür spähend. Terra allein trat ein.

»Eure Exzellenz wollen mein spätes Eindringen mit einem ganz erstaunlichen Anlaß entschuldigen.«

»Ihre Anlässe sind fast immer erstaunlich.«

»So nicht. In diesem Augenblick, da wir sprechen, versammeln sich zwanzig oder dreißig Industrielle in schönster Gemeinschaft mit höchsten Offizieren im Gebäude des Großen Generalstabs.«

»Was weiter.«

»Sie haben eine Besprechung.«

»Wahrscheinlich über Lieferungen. Sie sind gut, Terra.«

»Ein Gespräch über Lieferungen kann weit führen an solcher Stelle. Leute, die vor Wirtschaftskrisen stehen, wenn nicht bald gesiegt wird, sprechen mit anderen Leuten, deren Weltanschauung Siegen ist.«

Tolleben ward unruhig. »Verantwortliche Politik mache nur ich. Ich lasse die Versammlung aufheben.« Er langte nach dem Knopf. »Läuten Sie noch nicht!« bat Terra.

Er setzte sich sogar. »Es ist besser, wenn ich selbst hingehe – aber erst im richtigen Zeitpunkt. Meine Kollegen mißtrauen mir längst, sie müßten sonst dumm sein. Sollte Krieg kommen, würde es mir persönlich zweifellos an den Kragen gehn.« Terra beugte vor; er wußte, nach der ersten Aufwallung Tollebens käme Mißtrauen. Wirklich sagte der Kanzler: »Was Sie mir berichten, wird nachher von meinem Staatssekretär widerlegt. Wie soll ich Ihnen glauben? Ihr eigener Sohn macht uns Schwierigkeiten. Mir wird gemeldet, er sei unter denen, die jenseits der französischen Grenze die letzte Wirtshausschlägerei verübt haben. Agent provocateur Ihrer politischen Gegner, Herr Abgeordneter Terra, das ist Ihr Sohn. Was sind Sie dann selbst?«

»Ich habe einen Bekannten in der Fremdenlegion«, erklärte Terra. »Er ist mir ergeben, ich kann ihn brauchen, wozu ich will. Er hat meinen Sohn mordsmäßig verprügelt. Betonen Eure Exzellenz gefälligst diesen Umstand, wenn ich es Eurer Exzellenz gehorsamst nahelegen darf, in Ihren schicksalsschweren Verhandlungen!«

Worauf Tolleben schwieg. Er fühlte, man machte sich

lustig. Die wahre Sorge lag nicht hier ... Er setzte sich Terra gegenüber; bekümmert, wieder kleiner Beamter, trotz Uniform kein Bismarck mehr, begann er. »Ich habe Ihnen das Kohlenmonopol versprochen. Sie redeten so gewandt. Manches hat es auch für sich. Aber ich kann es nicht durchsetzen, mir sind die Hände gebunden. Geben Sie mir mein Wort zurück.«

»Nein«, sagte Terra.

Auffahren Tollebens. »Ich werde Ihnen etwas –« Blick aus dem Fenster, wohinaus er noch soeben zu Gott gesprochen hatte. »Pfeifen«, schloß er schwach; denn auch sein Wort war bei Gott.

Terra tröstete. »Der Vertrag mit England ist endlich zur Unterschrift reif. Heute in vier Wochen werden Eure Exzellenz der größte Mann der neueren Geschichte sein. Aber soll es dann noch immer eine Klasse Menschen geben, die Ihnen in den Rücken fällt? Gegner neu herausfordert? Ihre Politik mit aller Macht durchkreuzt?«

»Die bürgerlichen Elemente sind zu mächtig geworden« – Tolleben grollte. »Das war in den guten Zeiten nicht, und es muß wieder aufhören.«

»Wer hat jenen anderen englischen Vorschlag vor zwei Jahren vereitelt? Ihr Freund Fischer und der Bürgermeister von Hamburg. Aber Kohlen und Erze der gesamten Weltwirtschaft zu erstreben –« Terra brauchte nicht nachzuhelfen, Tolleben schwoll rot an, er pfiff.

»Der Krieg darf nicht kommen. Denn nachher herrschen die Kohlenhändler.«

»Mehr ist nicht zu sagen«, schloß Terra. Aber Tolleben war im Gegenteil gewohnt, sich alles vielfach einzuprägen. »Kohlenhändler haben nicht zu herrschen, sie sind nicht das historische Preußen. Auch nicht die Leute, bei denen wir unsere Patronen kaufen – sondern wir, die wir sie verschießen. Kohlenhändler –«

Terra überließ ihn der nützlichen Übung, er sah unbemerkt nach der Uhr. »Die Gesetzesvorlage über das staatliche Monopol für Kohlen und Erze kann nächsten Freitag auf der Tagesordnung des Reichstages stehen«, sagte er kalt und gemessen. Tolleben schwoll sofort ab. »Warten Sie noch!« bat er.

»Seien Sie ein Mann!«

»Was hätten Sie davon. Alle hätte ich gegen mich, sogar die Sozialdemokraten, sie haben den Wehrbeitrag bewilligt. Ich stürze. Der Krieg ist dann sicher.«

»Das hat schon Fürst Lannas geglaubt. Kämpfen Sie! Entlarven Sie die Schuldigen! Drohen Sie dem armen Kaiser mit Weltskandal, sofort tut er alles. Keine Rücksichten mehr! Lassen Sie den Kessel explodieren! Im gleichen Augenblick wird für Enthüllungen in anderen Ländern gesorgt; wir zwingen jede Regierung, vorzugehen gegen ihre Kriegsinteressenten.« Aufgestanden, alle Kraft gerafft: »Handeln Sie! Der Augenblick ist einzig. Es könnte der letzte sein! Sein furchtbarer sittlicher Aufruhr gibt Ihnen die öffentliche Meinung in die Hand. Sie nehmen das Monopol im Sturm.«

Tolleben sah ergeben zu der Kraft auf. Was war zu machen, sie war in der Fahrt. Terra rief, die Hand gespreizt: »Angefangen! Es ist Zeit. Geben Sie mir Mannschaft mit, die im Generalstabsgebäude versammelte Gesellschaft wird verhaftet wegen Verdachts des Landesverrates!«

Wußte der wilde Mann vielleicht nichts von Abhängigkeiten, Gesetzmäßigkeiten? Trotz Ergebung zweifelte Tolleben. Schwaches Zwinkern, er sagte hoch und dünn: »Warum gerade Sie den Krieg nicht wollen? Sind doch Kohlenhändler. Weil viele kaputtgehen? Kann Sie so sehr nicht aufregen, sind nicht mehr jung genug.« Zwinkern. »Krieg soll nicht sein, damit Sie recht behalten.«

Terra zuckte heftig zusammen. Das kam vom Einfältigen! Terra wich bis in den Schatten der Wand, hier erst erinnerte er sich, Wahrheit sei nicht so einfältig. »Was wissen Sie«, murmelte er. Tolleben, auch nur für sich: »Aber Alice? Warum Alice?« – und seine Miene war furchtsam in Geheimnisse verstrickt. – Pause.

»Sie ist eine Heilige«, sagte Terra.

»Heilige kennen wir nicht«, sagte der Protestant.

»Doch. Wer von Menschenfurcht nicht weiß. Wohl steht geschrieben: Widerstehe nicht dem Übel. Für Heilige aber gilt, daß sie ihm doch widerstehen.«

Verstrickt, geängstigt – jetzt aber der seltsamste Ruck, als griffen formende Hände von oben ein – und in der Miene Tollebens lag Stille. »Wir haben nicht gewählt, wir sind beordert worden«, sagte er. Denn er stand unter der Frau, die unkennbar, unter dem Amt, das unerfüllbar war, und harrte aus.

»Ich kann mit meiner Frau nicht viel sprechen. Das ist nun so«, sagte er gefaßt. »Aber melden Sie ihr nur, ich tue, was ich tun muß. Was? weiß sie besser.« Noch schlichter womöglich, aber stockend, wie schwer Gefundenes: »Soll ein Opfer gebracht werden –«

Terra sprach leise nach: »Soll ein Opfer gebracht werden –«

»Ich falle lieber für das Vaterland –«

»– lieber für das Vaterland –«

»Als daß ich es noch besser kennenlerne.«

Beide bewegten die Lippen noch, als sie schon nicht mehr sprachen; die Stille schien ihnen ungeheuer.

Dann gab Tolleben dem andern die Hand und ging, als sei er selbst der Fremde – der Gottes Wege ging.

Terra sah ihm nach, wollte rufen: »Auf Freitag! Jetzt habe ich doppelt Ihr Wort!« – sah ihm aber nur nach.

Plötzlich eilte er.

Heißer Asphalt, Geruch verbrannten Staubes; nicht einmal auf seiner schnellen Fahrt nach dem Königsplatz verlor Terra den Brandgeruch. Beim Betreten des roten

Gebäudes schlug sein Herz auf, er mußte anhalten, um zu atmen.

Weißer Saal, getünchte Wand, davor langhin tafelnd schwarze Gestalten, verrenkte, verdorbene Gestalten, ungeheuer massig oder ganz vertrocknet, immer ein grünes Gesicht zwischen zwei schlagflüssigen. Offiziere voll hochbeiniger Anmut klirrten vor dem Monstrum: »Herr Generaldirektor!« – ließen sich eckig und ironisch zu ihm nieder auf harten Stuhl. Er hatte für diesmal keinen Klubsessel bekommen! Gerade nicht! Militärische Kargheit, er war an die kahle Wand gesetzt, so machte er sich schöner!

»Herr Graf, Zigarre gefällig?« sagte der Industrielle mit verstellter Rauheit, befangen und falsch. Er sagte: »Geschenk meines Freundes Pumsty vom Stahltrust, Dollarmilliardär, Herr Graf! Haben heute zusammen gefrühstückt.«

»Gefrühstückt, sehr wohl«, wiederholte der Offizier, überzeugt, daß so was von Rechts wegen zu Mittag fresse, und zwar Kartoffelsuppe. Um so stärker betonte er die eigene gute Erziehung. Der Generaldirektor ertrug sie schlechterdings nicht mehr. »Nach dem Krieg machen wir die Sache dann aber selbst, Herr Graf!« – »Sehr wohl, Herr Generaldirektor.« – »Fauler Betrieb bei euch!«

Graf Haunfest, ablenkend: »Kennen Sie nicht den schwarzen jungen Mann? Bei Herrn Präsidenten Plockwurst steht er.« – »Geduldig. Sein Sekretär. Was finden Sie an ihm?« Stieres Staunen des Familienvaters.

Der junge Geduldig bemerkte etwas und schickte Augen her, schmale, ironische Verlockung. Graf Haunfest ward davon so ungesund anzusehen, daß der Industrielle entsetzt beiseite rückte. Präsident Plockwurst drüben nahm Anstoß, er bekam rote Augen, er knuffte seinen Sekretär, dann erhob er die Stimme.

»Was ist der Hauptzweck?« brüllte er.

»Endlich mal losschlagen«, näselte ein Militärköpfchen

hoch oben auf langer Gabel. »Kolonien nehmen!« ächzte ein Generaldirektor. »Falsch!« brüllte Plockwurst.

»Mein Freund Pizzter soll sich wundern«, erklärte der Oberadmiral in Person. Ein Totenkopf sagte: »Diktatur muß kommen.« – »Alles noch nicht das Wahre!« brüllte Plockwurst, indes sie durcheinanderriefen. »Angriffsgeist!« rief Haunfest und bog eine Hüfte gegen den jungen Geduldig. »Keine Steuern zahlen!« hörte man von überall; und Quäkstimmen aus völlig kahlen, runden Wulstschädeln: »Kontrolle der gesamten Weltwirtschaft.«

Präsident Plockwurst klapperte mit einer heiseren Glocke. »Schnauze!« brüllte er – und als er zu verstehen war: »Alles gut. Kontrolle ist gut, wenn wir siegen, Diktatur ist gut, wenn es schiefgeht.« – »Verbitte mir Zweifel!« kam es scharf aus der Höhe eines Uniformkragens. »Schnauze«, wiederholte Plockwurst.

»Hauptzweck«, schnob er, »Arbeiter kleinkriegen, Gewerkschaften zerschlagen!«

»Hab ich doch gesagt!« riefen alle Industriellen. Es war jedem zu gegenwärtig gewesen, um es auszusprechen. Plockwurst schnob: »Noch zehn Jahre Gewerkschaften, und sie werden uns über, wir sind fertig. Darum keine Zicken mehr, Krieg und dalli. Hungersnot ist traurig, auch Seuchen sind was Trauriges – aber wir vertreten viel zu große Belange, Gefühlsduselei ist nicht.«

»Sehr wahr!« Entschlossenheit mit Trauerbegleitung.

»Richtig durchgreifen ist schließlich das Menschlichste«, bestätigte Plockwurst. »Nachher bauen wir auf, dann kommt erst unsere Blüte. Siegen oder nicht, läßt uns kalt. Der Feind ist das Arbeiterschwein.«

Hier ward allseits die Entschlossenheit freudig. Nur nicht die Militärs, nicht alle von ihnen – ein besinnliches, weiches Gesicht begann: »Ich kenne außer Interessen auch noch Menschen, außer Ihnen, meine Herren, noch die Nation.«

»Wir sind national!« schrien sie. »Streng national!« brüllte Präsident Plockwurst. »Nationalhaß soll sein, woher sonst Geschäfte!«

Das weiche Gesicht entschloß sich zum stärksten Nachdruck, der ihm tunlich schien. »Geschäfte mit dem Leben Ihrer Landsleute? Pfui, meine Herren!« Stille. Murren.

Endlich Plockwurst. »Ich höre immer: pfui. Wenn ich nicht die größten Sterne ausgerechnet an dem Herrn hängen sähe, würde ich sagen: Exzellenz, davon verstehen Sie den Teufel. Das ist Ihre Branche nicht. Üben Sie Kommiß!«

Das weiche Gesicht wandte den Rücken. Andere Offiziere vermittelten, daß es blieb. Sie machten geltend, die Manieren dieser Leute seien ulkig, der Plockwurst ausgesprochenes Original. Die Stimmung hob sich zusehends, im ganzen Saal sprach jeder auf jemand ein. Das weiche Gesicht ließ es sich einfallen, an der unbedingten Überlegenheit der deutschen Artillerie zu zweifeln, da kam es schön an bei den Industriellen. Auf einmal sprachen sie nicht von ihren Lieferungen, sondern von der sittlichen Pflicht, degenerierte Rassen zu kastrieren – unbekannt, ob sie damit das weiche Gesicht meinten oder vielleicht jenen Feind, der modernere Geschütze hatte. »Meine Herren«, sagte nicht mehr das weiche Gesicht, das genug hatte, sondern nur noch sein Adjutant: »Sie sollten öfter zur Kirche gehen.« Gelächter. Abbruch, Betroffenheit – aber sogleich neuer Ausbruch, er ging so weit, daß zwei Generaldirektoren erstickten und befeuchtet werden mußten. Einer erbrach und ward hinausgebracht.

Von der Platze, Generaladjutant des Kaisers, erklärte inzwischen anderen Generaldirektoren, Rußland sei gegenwärtig außerstande, Krieg zu führen, Frankreich werde bremsen, es komme zu nichts, sie sollten sich keine Hoffnungen machen. Worauf sie mit Majestätsbeleidigungen erwiderten. Die Schlappheit würden sie nicht mehr lange mit ansehen! Einer von ihnen hatte in Afrika Neger gepeitscht, er hatte sogar Menschenfleisch probiert! Seine Nerven waren gut!

Der Totenkopf mit der Diktatur fand Zulauf. Auch er kannte keine Schrecken. Die internationalen Fragen seien nur durch Blut und Eisen zu lösen; einzig Geldsackidealisten seien gegen den Krieg – sagte er den Idealisten ringsum, die in ihrer Begeisterung von keinem Sack mehr wußten. Der Totenkopf war ihr Mann, ein Intellektueller, aber vernünftig. Hatte die Sache weg, fing Massen ein, erfolgreicher noch als sein Vorgänger, der selige Tasse.

Der Totenkopf siegte mühelos über die ganze gegen uns verbündete Welt, die Offiziere staunten. Aber auch die Niederlage hielt er für ein durchaus erträgliches Unglück. Innere Zerrissenheit, das Chaos selbst gebar dann endlich die Diktatur, die uns schon längst fehlte … Was sich glänzend anhörte, nur leider roch es schlecht. Der selige Tasse hatte nur erst nach Jodoform gerochen, dieser lange Knochen strömte schon Verwesung aus. Er redete, der Haufen lichtete sich.

Macht der Stimmung, der so maßvolle, treugesinnte Schwertmeyer ward nahezu handgemein mit unserem allverehrten Oberadmiral. Der Abgeordnete war für Unterseeboote. Jeder wußte, daß er dafür bezahlt wurde, wenn er bei Ämtern vermittelte; er vertrat berechtigte Interessen. Da aber Fischer doch behauptete, unter dem Wasser könne man nicht sehen! Bedauerlicher Zusammenstoß zweier verdienter Kernnaturen – und noch dazu fraßen gleich daneben die Herren Mörser und von Heckerott einander glatt auf. Heckerott knirschte verzweifelt, bevor ihm das Gebiß aufging, Mörser brachte überhaupt nichts vor außer Knurren und Fauchen.

Ihn hatte der Schlag getroffen. Kein Muskelkrampf mehr, keine verbotenen Triebe, keine Furcht vor dem Zuchthaus. Doktor Mörser ließ sich den Bart wachsen, ward Charakterkopf, genoß Seelenruhe. Noch mehr Schmarotzer kaufen, wozu? Sohn Heckerott zum Generaldirektor befördern, wieso? Jetzt kam der Krieg von selbst! ... Heckerott knirschte, sein Blutzudrang nach der Stirn erregte allgemein Besorgnis. Auch hier wieder zwei unserer Besten, die sich schadeten: Besonnene erkannten es besorgt. Einer warnte vor möglichen Indiskretionen, sofort prüfte jeder jeden auf Verrat.

»Es soll auch Leute geben, die mit allem, was sie hören, gleich zu dem faulen Pazifisten Tolleben laufen«, sagte einer, der auf das Gesicht Terras stieß. »Mir reichen Sie nicht bis ans Knie«, erwiderte der Abgeordnete. »Ich habe für die Wehrvorlage gesprochen.« – »Das ist es, Sie haben zwei Meinungen«, sagte jener – und fand Anklang. Das Wort »Monopol« fiel, ein Chor von Stimmen blökte es durcheinander. Plötzlich gellend: »Landesverrat!« – wer war das? Wahrhaftig, obwohl der Sprache beraubt, hatte Doktor Mörser geknurrt und gefaucht, bis gellend sein Schrei kam: »Landesverrat!« Ein Wunder, alle waren baff. Dann aber Präsident Plockwurst, Finger gereckt gegen Terra, allbeherrschendes Gebrüll: »Sie sind entlarvt!«

Aufheulen der Flut. Terra stand drin, es kam ungeahnt. Er fühlte sich weiß werden und grimassieren. »Ein falscher Schritt, der Abgrund öffnet sich. Dem Plockwurst an die Gurgel? Der Abgrund. Verschwinden? Der Abgrund.« Wild schwang er die Hand nach dem Eingang. Stimme, furchtbarer als Plockwurst: »Die Polizei!«

Verwandlung wie Donnerschlag. Plockwurst untergetaucht, kein Generaldirektor mehr auf dem Plan. Die Offiziere lachten. Als das Gelächter sie endlich aufklärte, kamen überall Generaldirektoren hervor. Sie waren wütend, wenn auch bis jetzt noch gebändigt; es hieß schnell abschließen. Terra, scharf: »Ein Scherz. Ich wollte Ihnen, meine Herren, damit zu verstehen geben, daß *wir* noch nicht so stark sind, wie *wir* vielleicht gedenken.« Wir war betont.

»Landesverräter sind Sie aber doch« – Präsident Plockwurst, schwer verärgert, glotzte gelbäugig so lange auf den nächsten Offizier, bis sie nicht mehr lachten. Durch die Stille sprach Terra: »Meine Herren, wenn ich über uns – über uns, meine Herren, die Öffentlichkeit wirklich aufklären wollte, Sie wissen, daß dann nicht Krieg, sondern schlechte Geschäfte kämen.« – »Das muß verhindert werden!« Nur Raunen.

Präsident Plockwurst vereinte all das Raunen in seinem ungeheuren, rot zerrissenen Gesicht, er schob es gegen Terra vor wie eine Erdbebensonne, er raunte: »Ziehen Sie die Konsequenzen? Nein? ...« Fürchterlich leise, aber es drang zu allen: »Dann wird Ihnen geholfen werden.« Schweigen, aber etwas schnurrte ab in dem Schweigen, Terra hörte es. Die Zivilisation setzte aus.

Eine helle, nette Stimme sagte: »So wollen die Herren photographiert werden!« Geduldig, Sekretär Plockwursts, hatte die Lage erfaßt. Schon stellte er den Apparat auf, alles nahm Haltung. Kühn, brutal und hochgeschraubt, jeder einzelne auf gradem Wege, der Herr der Welt zu werden, aber die Mageren hatten Vorsprung. »Die mageren Herren nach vorn!« bat Geduldig. Breite Füße wurden vorgestellt wie auf Nacken von Besiegten. Im eigenen Nacken entstanden, dank gewalttätiger Kopfhaltung, Rillen, scharf wie von Messern gehackt. Geduldig bat um die Profile, so gewann er auch die Rillen. Blitzlicht puffte geisterweiß. Der junge Geduldig dankte. »Meine Herren, ich habe Ihr übersinnliches Gesicht.«

Terra war draußen. Vor der Haustür stieß Geduldig zu ihm. »Wohin geht man jetzt noch?« fragte er, als seien sie verabredet. – »Was halten Sie von der Vogue?« fragte Terra, als sei er dort Stammgast. Er erklärte, warten zu wollen, bis ein freies Auto käme.

»Sie scheinen nicht ganz wohl, Herr Geheimrat?« Der Junge zeigte Besorgnis und Sympathie. Terra sagte: »Der Schreck ist mir in alle Glieder gefahren, ich will es nicht leugnen. Wären Sie nicht gewesen –.« Geduldig schnitt ab. »Nichts zu danken. Aufgeschoben ist nicht aufgehoben.« Seine Kopfhaltung sagte, dort oben vollziehe sich weiter das Unheil. Bleich und feurig, im Auge aber sowohl Schmeicheln wie Lachen: »Was haben Sie jetzt von Ihrer persönlichen Politik? Sie sind entlarvt, sagt Plockwurst. Das konnten Sie billiger haben. Sie mußten nicht Ihr ganzes Leben lang Maske tragen ... Sie sehen, Exzellenz, ich habe mich eingehend mit Ihnen beschäftigt«, schloß die gewinnende Anmut.

»Überschätzen Sie mich nicht, ich bin wirklich ein gutes Stück Generaldirektor. Haben Sie davon gar nichts? Dann werden Sie sehen, wie weit Sie kommen.« Absprechender Ton dessen, der gelebt hat. Der bleiche Lebensgierige sagte: »Ich bin beliebt. Das waren Sie wohl nie.«

Wieviel Kraft in dieser Lässigkeit! Man hört spotten, ist bezaubert – fühlt dennoch die Kraft und daß der süße Unglaube zielbewußt ist. Welch ein Reiz auf die Bedrohten! »Nein, das war ich nie«, bestätigte Terra. »Aber Sie sind es zu sehr.« Kurzweg und anzügliche Miene.

Geduldig verstand sofort. »Plockwurst ist verrückt nach mir«, sagte er gradeheraus. »Plockwurst verkennt mich, aber ich sage es ihm auch. Er soll sich noch wundern, wie normal ich bin! Ich sage ihm alles offen ins Gesicht, die soziale Revolution und daß ich ihm Hörner aufsetze.«

Ein großes Privatauto bog ein, um vorzufahren. »Verzeihen Sie, Herr Geheimrat, wenn ich Sie für den Augenblick verlasse. Es regnet, mich friert an den Beinen.

Ich muß mich erst an die kurzen Batistunterhosen gewöhnen, das verlangen die Damen.«

Das große Privatauto fuhr vor. Geduldig sprang beflissen zum Schlag. »Gnädige Frau! Herr Präsident hat oben noch dringende Konferenz.« Die reife Dame winkte entschlossen, der junge Geduldig stieg zu ihr ein. »Ich komme nach!« rief er noch im Abfahren. »Sagen Sie Herrn Plockwurst ruhig, was ich mache!«

Terra sah aber ein anderes großes Privatauto, das vorbeifahren wollte. Er rief, es hielt endlich, Erwin Lannas stieg aus. »Ich begleite die Damen, sie wissen nur nicht, wohin.« – »In die Vogue!« rief Terra dem Chauffeur zu. Er küßte die Hand der Frau von Blachfelder und seiner Schwester Lea. Beide, mehr als angeregt, riefen durcheinander: »Wir gehen groß aus!« – »Allein in der Jägerstraße hat sie sieben Schnäpse gehabt!« – »Die hat doch die Kokotte gesoffen!« – »Nein, Erwin hat sechs weggegossen!« – »Erwin ist unsere Schutzvorrichtung.« – »Erwin darf mich heiraten. Herr Mangolf hat es ihm erlaubt.« – »Aber ich nicht!« rief die Blachfelder, sie wollte kratzen, Terra hielt sie.

»Mein Kind«, sagte er zu Lea, »deine gute Erziehung hatte das Schlimmste noch immer verhütet.« – »Ach laß doch« – sie sank in die Ecke. »Das ist der Abschied, bald hört alles auf.«

Erwin mit seinem Ernst, seiner Zartheit sagte: »Die Südseeinsel, endlich sind wir beide für sie reif.«

»Kein Schnaps mehr? Keine Liebe?« fragte süß die Blachfelder. »Keine Männer, keine Weiber mehr«, entschied, tief müde, Lea Terra. »Aber auch kein Geld«, mahnte die Blachfelder.

»Also Amerika.« Die Schauspielerin blickte starr. »Du, Lieber, zeichnest für Modeblätter. Ich spiele Komödie, wie immer. Geht das?« Sie starrte. Niemand antwortete ihr. Alle fühlten, kalt berührt, es gehe nicht.

Nichts gehe mehr, fühlten sie die Dauer eines Pulsschlages der Müden nach.

Da waren sie auf dem Potsdamer Platz. Nur noch zusammengefaßte Reste Lebens auf Trottoirrändern, aber im nächtlichen Himmel lebte ihr Feenleben die Lichtreklame noch; große Sterne gingen auf und unter, über Dächer liefen Feuergestalten. »Am Tage ist das grau und häßlich«, sagte Lea Terra. »Wir auch. Aber jetzt sind wir strahlend schön.« Wobei sie in die Straße lenkten und vorfuhren. Hinein in das vom Licht überrieselte Haus!

Es hatte unten nur Garderoben und Spiegel, Zauberwelten in Spiegeln, die Gesichter der eintreffenden Damen wurden sofort hineinversetzt und festlich verwandelt. Fleisch ward überfleischlich in einem Licht, das aus großer Höhe gelinde regnete. Gesichter schimmerten wie Seltenheiten, der genau umrissene Mund schien als künstliche Frucht darin erschlossen. Statt der Ärmel wehten, an den Handgelenken befestigt, offene Schleier um kostbare Arme, die silbern glänzten. Kleider hießen tangofarben, sie hatten den Ton der Flamme, die nur erst züngelt. Sie waren aus Tüll, noch eng, noch lang, aber seitwärts geschlitzt, das Bein kam auf.

Die Damen verglichen ihre Beine. Ein ganz erlesenes ward auf einen Schemel gestellt, der Herr bediente es. Die Dame trug blaugrünes Haar? Lili. Fürstin Lili mit Sohn. Begrüßung, Terra und sein Sohn vollzogen sie gemessen. Lili war betroffen, der Zustand der Schauspielerin wie der reichen Person schien vorgeschritten, aber sie fand sich damit ab, alle betraten den Lift. Keine Treppe sichtbar, hinauf ging nur der Lift.

Ganz oben führten samtene Wege zur breit geschwungenen Estrade, darunter badete in Musik, warmen Düften und in Licht aus verborgener Quelle der vergoldete Saal, wo soupiert ward. Rundum wie Logen öffneten sich Salons – immer mehrere nacheinander, im entlegeneren ward es still. »Die Vergnügungsstätten meiner Jugend machten weniger Umstände«, dachte Terra.

Tanzmusik gedämpft weither, gedämpfte seidene Zuflucht, sogar die Bilder gut, man war wie zu Gast bei Unbekannten, die sich nicht zeigten. Der livrierte Diener hatte Auftrag, den Gästen zu gehören. Erwin Lannas bat um starken Kaffee, er hoffte, damit ernüchtere er Lea, wenn nicht ihre Freundin. Die beiden tanzten sofort. Lili war sichtlich uneins mit dem jungen Claudius; Terra in seinem ruhevollen Sessel sah auch den Gegenstand ihres Streites, jenen jungen Gent im vorderen Zimmer. Jetzt kam er, der gelbblonde Lulatsch küßte gierig der Fürstin die Hand. Sofort erhob sich vorn die Stimme der enttäuschten Dame, die er anderen Gents überlassen hatte. »Die Frau ist das lebende Rätsel. Wie lange die Frau schon mitmacht, weiß kein Mensch mehr«, sagte scharf die Rivalin.

Die Fürstin Lili hörte es wohl nicht? Sie hatte ihr unnahbares Lächeln. Sie hatte auf der Höhe ihrer schlanken Fleischespracht die blaugrüne Frisur, sie hatte den fleckenlosen Hals, dessen Schimmer herausforderte zum Vergleich mit seinen großen milden Perlen. Ihr Bein bog und streckte sich schreitend im Schlitz des tangofarbenen Kleides, welche Spannkraft! O beherrschte Weichheit, o Wiegen, verheißungsvolles Gleiten! So nahte sie Terra; das mattweiße Gesicht, der dick aufgetragene Mund ließen sich vor ihm nieder, stolz wie je. Aber Terra sah schlecht. Er sah die ewigen Augensterne nicht mehr leuchten, sie erloschen. Zerstört war die unvergängliche Fleischespracht. Es war geschehn um die Fürstin Lili, wo blieben wir alle. Welcher Wind blies aus welcher Öde? Woher der Schauder des Nichts? »Wie kommst du dazu, mich zu bedauern?« – »Was sagte ich denn?« – »Arme Lili! ... Und du selbst machst heute ein Gesicht wie hundert Jahre.«

Er entschuldigte sich. Übrigens kam sie sofort zur Sache. Ihr Sohn Claudius war hinein zu dem Gent gegangen, dessen Schwester er heiraten wollte. Die Familie Plockwurst. »Und die Eltern sind einverstanden?« fragte Terra. »Vor allem bin ich es nicht«, sagte sie. »Versorgung, nun ja. Aber unser Kind ist zu jung, mache es ihm als Vater doch klar!« Terra glaubte nicht an die Genehmigung des Präsidenten Plockwurst, aber Lili fürchtete sie. Nichts auf der Welt schien sie mehr zu fürchten als diese Heirat. Für sich? Für ihr Kind?

»Ich kann ihn doch noch nicht hergeben! ... Er ist ein einziger Junge. Sieh dir an, wie er das Monokel trägt! Sieh die hohle Magenlinie! Er hat die Frechheit und den Scharm, das glaube ich, daß sie ihn haben möchten. Mein Junge ist noch nichts für Plockwursts. Die Tochter, das hagere Elend, hat nicht einmal den Muck, ihn sich zu wünschen. Ich traue es eher der Mutter zu. Ihre Einwilligung in die Heirat ist Falle, sie will etwas anderes.«

Dann könne sie sich beruhigen, meinte Terra, aber Lili blieb dabei, er müsse Claudius zur Vernunft bringen. Sonst wende sie selbst die schärfsten Mittel an, damit die Verlobung auseinandergehe. »Mittel habe ich, das wirst du erleben. Und wenn es den Jungen seine Zukunft kostet!« Was als Ausdruck mütterlicher Sorge sonderbar klang. Sie dachte also an sich selbst, wie je. Ihr wohlgeratener Sohn gehörte nur ihr, sie gönnte ihn selbst dem Glück nicht. Todernste, fassungslose Leidenschaft des so vielerfahrenen Gesichtes – in das niemand hier spähen konnte als der alte Freund und Mitverschworene. Terra sagte gedämpft und stockend: »Meinetwegen. Du kannst ihn mir herschicken.«

Sie ging; aber es dauerte, bis ihr Claudius kam. Er tanzte sogar noch mit der Dame, die seine Mutter das lebende Rätsel genannt hatte. Sofort nahm Lili sich den jungen Plockwurst, der nach nichts anderem gedürstet hatte. Zwei schöne Paare; der Primgeiger dort vorn verließ die Seinen, spielte sich bis in das Zimmer, begleitete schrittweis die Tanzenden, ließ sein Instrument ihnen schmelzend am Ohre singen.

Aus der Nachbarschaft tanzten Fremde herein. Frau von Blachfelder ward, ihres Zustandes ungeachtet, von Erwin Lannas im Tangoschritt geführt, er hatte den einzigen Gedanken, sie von Lea zu trennen. Statt dessen saß Lea plötzlich umringt. Ein Herr, der ihren Bruder kannte, hatte die Erlaubnis erwirkt, ihr die Verehrung mehrerer Damen überbringen zu dürfen. Es waren Kokotten; eingeschüchtert, kindlich ernst sagten sie der Schauspielerin, sie hätten sie heute abend bewundert ... Dann kam noch eine andere.

Dies war Familie und Provinz, zum erstenmal mitgenommen von dem Männchen, das drüben an der Wand in großer Erregung wartete. Die junge Frau brachte Blumen, strahlend weiße Blumen an langen Zweigen, sie hielt sie bittend hin, bog ein Knie, senkte den blonden Kopf. Lea aber lag im Sessel und blieb liegen. Die Brauen rückten ein wenig höher, die Lippe wölbte sich, Zähne wurden frei. Müde, satt, ungläubig glitten aus den sprechenden Lidern diese Blicke hinab und über das sanfte Geschöpf ... Dann schloß sich der Mund, die Nase zitterte leicht. Lea nahm die Blumen, drückte sie an ihren nackten Hals, stand auf und tanzte mit der jungen Frau.

Vom Tisch verschwanden alle Fremden, der junge Claudius traf ein. »Herr Terra!« begann er, ließ das Glas aus dem Auge fallen und machte sich einen harten Blick. Der Magen war tatsächlich so gut wie fort. Auch der Sohn kam sogleich zur Sache. »Ich muß in einer für mich wichtigen Angelegenheit auf Ihr Entgegenkommen rechnen.« Sie sei aussichtslos, sagte Terra. Er kenne den Präsidenten Plockwurst. »Dem Präsidenten liegt bestimmt nichts ferner, als meinem Sohn seine Tochter zu geben.«

Das sei ihm klar, erwiderte Claudius. »Ihr Name, Herr Terra, wäre ein entscheidendes Hindernis. Daher habe ich mich natürlich gehütet, ihn auszusprechen. Meine Beziehungen zu Ihnen bestehen für Plockwursts nicht. Ich möchte Sie bitten, mich durchaus als Fremden zu behandeln.«

Und auf den Zweifel Terras, ob die Lage sich lange erhalten lassen werde: »Lassen Sie es meine Sorge sein! Schon seit ich mündig bin, betreibe ich mit aller Energie die förmliche Anerkennung durch meinen fürstlichen Vater.« Da Terra wieder zweifeln wollte: »Geboren bin ich zwar nach der Scheidung meiner Eltern, aber innerhalb einer glaubhaften Frist. Ich denke nicht daran, auf irgendeinen meiner natürlichen Vorteile zu verzichten.«

»Es sieht danach aus. Jetzt sage mir nur noch eins, mein Junge. Hast du den jungen Plockwurst schon geschäftlich engagiert?« – »Komische Frage«, sagte der Sohn. »Man engagiert geschäftlich, wen man kann.« Terra, mit Schonung: »Somit ließe sich das Problem dahin umschreiben, ob Plockwursts dumm sind. Von einem künftigen Schwager und Schwiegersohn brauchten sie sich nicht mit Geld hineinlegen zu lassen. Ein anständiger Beitrag zur Lebenshaltung läge näher.« Worauf der Junge stutzte.

»Was wollen sie dann?« fragte er endlich. »Wenn sie keine Heirat wollen? Ich habe mich zu ihnen doch als Kavalier gestellt? Sie giepern doch nach einem Fürsten?« Die Fragen wurden immer angstvoller. Erbleicht, mit kalter Wut: »Gegen den Ruf meiner Mutter kommt kein Titel auf, wollen Sie sagen? Gerade darum liebe ich meine Mutter, daß Sie es wissen!« – mit Kraft. »Ich bin für den Fürstentitel und für das, was meine Mutter ist. So bin ich.«

Terra schenkte ihm ein. Der Junge zog aus dem Ärmel des Frackhemdes das Tüchlein, er tupfte sich die Stirn.

Seine Mutter lag tanzend im Arm des Plockwurstschen Sohnes. Gerade verschwanden sie im Nebenzimmer. Auch das Männchen aus der Provinz hatte sich dorthin zurückgezogen – vor Bescheidenheit, vielleicht sogar geschmeichelt, denn seine junge Frau ging von Hand zu Hand. Wenn Frau von Blachfelder sie losließ, fiel sie Lea zu. Erwin Lannas tat, was er konnte, um Lea anders zu beschäftigen. Er wandte sich sogar an das Männchen, das besser daran getan hätte, seiner jungen Frau neue Sehenswürdigkeiten zu zeigen; aber das Männchen verstand nicht. Während Erwin erhitzt, traurig und wie in die Fremde verschlagen, sich mit der Blachfelder drehte, fiel die junge Frau, schon halb beschwipst, Lea zu. Lea hielt in der schönen Hand die Zigarette, die andere schob verlockend das Glas hin. Der Kopf war auf die Schulter geneigt. Eine Wange beschattet, um so weißer, bebender lagen die anderen Flächen da, schon leicht gedunsen, schon unjung. Verschwimmende Augen, das eine kleiner und mit einem Zucken der Braue, vielsagend wie das Lächeln. Die junge Frau fiel mit dem Gesicht auf das Knie Leas, ob vom getrunkenen Champagner oder aus Widerstandslosigkeit gegen die verschwimmenden Augen, die zuckende Braue – fiel und küßte das Knie.

Der junge Claudius hatte mehrmals schnell ausgetrunken, Angst und Zweifel waren betäubt, er ging zum Angriff vor. »Ein kluger Mensch wie Sie, Herr Terra – unbegreiflich, daß Sie auf die falsche Karte setzen konnten. Sehen Sie? Jetzt kommt Krieg, ich habe gewonnen. Wir Jungen haben gewonnen.« Er hatte gewonnen! Ward er nicht nochmals bleich – und diesmal endgültig? Verglasten die kühnen Augen nicht? Die hohle Magenlinie glitt doch zu Boden! Terra griff hin, aufzuhalten ... Erstaunt fragte der Junge: »Was haben Sie?«

Terra entschuldigte sich auch hier. »Ich traute der Welt Bestand zu, seitdem ich in ihr tätig mitwirke. Dies ist der

Irrtum des reifen Alters«, gestand er. »In deinem Alter dagegen erkannte ich auf das allerdeutlichste die Blutspur, die durch das gesamte Leben führt. Die Narrheit meiner Generation war, sie tilgen zu wollen.«

Der Junge verzog höhnisch das Gesicht über die Narrheit. Dann sprach er, die Seele gespannt, von dem bevorstehenden Erlebnis des Krieges. Es sollte viel mehr Menschen gebären als töten. Es sollte frei, schutzlos und entschlossen machen, uns entheben der niedrigen Angst um Ämter und um Geld, alle das große Entsetzen lehren, vielen das große Wagnis beibringen, manchem das große Leben schenken! ... Der Junge schwärmte. Trank und schwärmte. »Auch er«, sah sein Vater. »Der ewige Trug! Er ist mein Sohn, ob er seine Mutter verkuppelt oder in Wolken steigt« – und vollzog ernst und mit ihm den Trinkakt.

Geduldig unterbrach sie, er fragte, ob er die Damen Plockwurst hierherbringen solle. Blick auf die vorgeschrittenen Tänzerinnen, Geduldig hatte Welt. Der junge Claudius erhob sich sofort, den Krieg stellte er zurück, er führte selbst, durch das Spalier verblüffter und neidischer Herren, die reichen Damen herbei. Er setzte sie in die vertraute Ecke, wo schon seine Mutter mit dem Sohn Plockwurst ruhte. Sie ließen sich nicht stören. Die reife Frau Plockwurst breitete ihre feuerfarben umhüllten Formen hin, sie winkte neben sich den schönen jungen Mann. »Fürst Waldemar«, rief sie ihn, und feuerfarbene Flecke drangen auf ihrem weiten Gesicht durch den Puder.

Der schöne Junge stand, die Magenlinie hohler als je, vor der jungen Plockwurst, die den Bauch herausstreckte. Sie tat es aus Müdigkeit und weil sie nicht kokett war. Sie hatte auf ihrem langen Gerüst den kleinen duckmäusigen Kopf, in dessen umschatteten Augen er nun schon oft vergebens etwas anderes hatte aufregen wollen als

Heimlichkeit und Leere. Die Alte klopfte kräftig auf das Sofa, wohin er sich setzen sollte. Er setzte sich.

Terra war tief beunruhigt durch Geduldig, seine Ankunft nicht mit der Mutter allein, auch mit der Tochter. »Spazierfahrt im Tiergarten«, sagte Geduldig nur. Ob auch die Tochter schon im Auto gesessen hatte, als die Mutter ihn darin aufnahm? Geduldig begnügte sich mit den Winken, die seine Augen gaben. Er sagte allgemein: »Was man in Berlin jetzt erleben kann –. Ich selbst bin Berliner, aber das lebt nicht.« Er saß, die Hände in den Hosentaschen, eingesunken, aber unermüdlich, im Sofa, Stirnlocke, zarte Haut mit Anflug lebensfrohen Errötens, Blick Luzifers. »Jetzt kommt Ihr Sohn dran, Herr Geheimrat.« Terra mit Strenge: »Unter diesen Umständen werde ich meinem Sohn von der Heirat abraten müssen« – was aber Geduldig lächeln ließ. »Ihr Sohn sieht immer am Leben vorbei. Hat er das von Ihnen – Herr Präsident?« Er gab die Erklärung, die der Vater gefürchtet hatte. »Mir können solche Kapitalistenweiber nichts vormachen, ich amüsiere mich. Ihren armen Jungen machen sie verrückt.«

Terra sah nieder, er hielt sich steif, um nicht einzusinken wie Geduldig, er schämte sich. Der Mißbrauch seines Kindes beschämte ihn. Und die Enttäuschung, die dem Armen bevorstand! Arm und jung, wie auch wir einst waren. Hält sich für über die Maßen bedenkenlos, wird aber nur schuldig ohne Zweck, wird aber widerstandsloses Opfer derer, die bloß den Witz des Geldes haben. Das geht so fort vom Vater auf den Sohn. Das wird nie gerächt werden? ... Selbstvergessen saß Terra und schäumte.

Geduldig von seinem niedrigen Sofa her sah den Mund Terras bitter werden, sich abarbeiten, schäumen. »Das sind Sie!« sagte jemand. Terra sah auf: Geduldig, er hatte ihn vergessen. »Warum sind Sie gegen Krieg?«

fragte Geduldig, zum erstenmal ernst. Wink nach Plockwursts: »Ich bin kein Pazifist, denn ich denke wirtschaftlich. Der Tod des Henkers erspart Opfer ... Lassen Sie die da nur anfangen, aus ihrem Krieg wird langsam unserer werden.«

»Wessen?« fragte Terra. Geduldig: »Wir kennen uns – in den Ländern, die reif sind.« Er brannte düster, mehr sagte er nicht. »Welche Länder sind reif?« fragte Terra. Geduldig schlug eine Lache an. »Ich gehe Ihnen nicht auf den Leim, Herr Geheimrat. Sagen wir Rußland! Ist Rußland reif?« fragte er höhnisch – schon im Aufstehn. Der Krach bei Plockwursts erregte seine Teilnahme.

Fürst Waldemar schützte seine Mutter, Bernt Plockwurst hatte sie geküßt. Er sah es den ganzen Abend, aber plötzlich regte es ihn auf. Er wurde krampfig in der Wut, Frau Plockwurst fand ihn nicht mehr reizvoll. Sie fürchtete für ihren Lulatsch, der Mensch konnte ihm sogleich an die Kehle springen. Sie gab sich Würde, sie rief die müde Tochter. »Greta! Wir gehen. Die gnädige Frau vergreift sich an jungen Leuten. Das ist keine Verwandtschaft für dich.« Abgang, Greta hinterher. Der Lulatsch grüßte mannhaft seinen Feind mit den Augen, dann tapste auch er nach.

Stille. Das Zimmer plötzlich leer. Terra, aufgeschreckt aus seinen Gefühlen, besann sich, wer fehlte. Lea! Auch die Blachfelder – und auch jene junge Frau ... Erwin Lannas kehrte verstört wieder. »Wo ist Lea?« fragte er ins Leere. »Ich ließ mich ablenken durch den Streit, jetzt ist sie verschwunden. Herr Geduldig und ich haben überall gesucht.« Da erinnerte sich Terra, er habe sie gesehen. Er selbst war damals umnebelt vom Rauch seiner Gefühle.

Er sah es wieder, sie stand in jenem Vorhang, einen Fuß schon vorgeschoben zum Fortgehen; hielt mit der Hand das Kleid, aber ein verstohlener Finger wies lockend hinaus ins Dunkel. Die Nebenräume wurden verdunkelt ...

Oh! jetzt erschrak der Bruder, er sah ihre Miene wieder, dies kranke Locken, die armselige Verführung, den Unglauben, den Verfall. Glaubte denn die fremde junge Frau ihr? Lea verfiel doch, vor aller Augen verfiel ihr erbarmungswürdiges Lächeln, sie schwand hin und verging in dem Vorhang, wie das Experiment eines Zauberkünstlers. Man konnte ihr nicht glauben! ... Doch, die fremde junge Frau war ihr gefolgt, sie waren fort.

»Das Haus muß abgesucht werden.« Erwin anpakkend, erschrockenes Flüstern: »Kommen Sie! Sie waren nicht überall. Wo ist Geduldig?« – »Er ging nach Hause. Es sei seine Zeit.« Worüber Terra noch mehr erschrak. »Und der Gatte?« flüsterte er im Abgehn.

Fürstin Lili in ihrem verschwiegenen Winkel stand vom Sofa auf. Ihr Sohn drehte ihr noch immer den Rükken. »Komm endlich!« Er fuhr herum. »Mit dir? Nachdem du mir die Heirat versalzen hast? Es war Absicht!« – »Natürlich war es Absicht«, sagte sie ruhig.

Er sah sie an, schloß die Augen und stöhnte, die geballten Hände hebend, laut auf. »Damit du siehst, was ich kann«, sagte sie. »Du bleibst mein.« Er ließ mit Kraft die Fäuste sinken, aber auch vor seinen aufgerissenen, harten Augen wich sie nicht. »Mein richtiger Junge«, sagte sie zärtlich und wachsam. Er beugte sich böse vor. »Das Geld?« zischte er. »Gibst du mir das Geld für den Plockwurst?« – »Nein! Ich behalte es. Er schuldet es mir.« – »Dirne!« – und der Sohn fiel über sie her.

Sofort hatte sie den Arm wieder frei, sie trat seitwärts, er folgte, griff nochmals fehl ... Das geschlitzte Kleid flog auf, das schöne Bein spreizte sich, glitt. Zurück, seitwärts, vor, ein Gleiten, ein Hüftschwenken entzog sie ihm noch immer. Er glich sich jedem ihrer Schritte an wie ein Tänzer. Durch leeren, vergessenen Raum furchtbar bewegt, hatten beide dasselbe Gesicht, selbstverlorene Augen voll letzter Entschlüsse, hatten Hände, die sich nicht mehr kannten – und aus entblößten Zähnen ging leises Schnauben.

Eine Stimme sagte: »Gott behüte!« – da hielten sie an. Sekunde des Schwindels, des Erwachens, schon ließ der schlanke, hohe Kavalier die blaugrünhaarige, blendende Dame vorangehen, vorbei an dem livrierten Diener, der begeistert in zwei Hälften knickte. »Die Garderobe!« Der alte Mann riß sich zusammen wie ein Rekrut. Dann sah er dem Paar bewundernd nach.

Er wollte auch dieses Zimmer verdunkeln, nur unterbrach ihn ein aufgeregter Gast geringeren Grades. »Meine Frau!« keuchte er aus aufgeweichtem Hemdkragen. »Ich habe Ihre Frau Gemahlin nicht« – der livrierte Diener antwortete bescheiden, aber nicht ohne Stirnrunzeln. »Drei Damen waren es!« rief der Unglückliche. »Drei Damen, die zusammen tanzten. Sie haben sie gesehen!« – Der livrierte Diener, immer deutlicher befremdet: »Suchen Sie nun drei, mein Herr, oder eine? Was, bitte, soll ich gesehen haben?«

Der arme Mensch, mit der Kraft der Verzweiflung: »Daß sie entführt worden ist. Betrunken gemacht, entführt, was weiß ich, ermordet!« Er brach in Weinen aus. Der livrierte Diener versuchte es mit Güte. »Mein Herr, Sie scheinen den letzten Drink nicht vertragen zu haben, nehmen Sie ihn nie wieder!« Jetzt ward der Gast aber ungebärdig; er faselte von Verschleppen, internationalem Mädchenhandel, anrüchigen Lokalen und von Polizei. Der livrierte Diener zeigte nur noch Kälte und Erhabenheit. »Wenn Sie mich nötigen, auf diesen Knopf zu drükken, wird der Portier Sie leider hinausgeleiten, mein Herr.« Worauf der Gast laut weinend machte, daß er fortkam.

Draußen im leuchtenden Julimorgen stieß er auf zwei andere Herren. »Gibt es das?« jammerte er. »Sagen Sie mir doch nur, meine werten Herren, ob es in Berlin das gibt, daß eine Dame einfach aus dem Lokal verschwindet?« – »Sie muß ich kennen«, sagte der eine der Herren. »Ach ja, Ihre drei Damen!« – »Nur die eine«, beteuerte der Arme. Der Herr erklärte, der Fall werde harmlos liegen. Er behauptete es fest. Seine Frau sei beschwipst gewesen; wahrscheinlich, um sich auszuschlafen, mitgenommen von den Damen, die nicht wußten, wem sie gehörte. Streng vornehme Damen, der Herr nannte einen Namen, er gab eine Adresse weit draußen an. »Nur keinen Lärm! Sie würden Ihrer Frau unermeßlich schaden. Fahren Sie jetzt in Ihr Hotel! Schlafen Sie gleichfalls aus! Wenn Sie aufwachen, steht Ihre Frau an Ihrem Bett.« Der Herr winkte selbst einem Auto.

Dann kehrte aber Terra zitternd und schweißbedeckt zu Erwin Lannas zurück. »Wenn er am Nachmittag aufwacht, fährt er an die falsche Adresse, die ich ihm nannte. Ich werde dafür sorgen, daß er dort an eine andere geschickt wird. Je länger ich ihn hinhalte, desto glücklicher wird er schließlich sein, seine Frau noch wiederzusehen, und wird sich über ihre Erlebnisse vielleicht ausschweigen.«

»Wenn aber nicht?« fragte Erwin. »Dann – fahr wohl«, sagte Terra. Sie gingen nebeneinander her, zuerst langsam, aber ihr Gang beschleunigte sich von selbst. Plötzlich standen sie gleichzeitig. »Wir haben keine Minute zu verlieren«, raunte Erwin. Terra, heiser: »Wollen Sie zu Lea gehen?« Erwin wandte die Augen weg. Sie gingen weiter – in der anderen Richtung.

Hinter den Augen Erwin Lannas', undurchsichtigen Halbedelsteinen, schien Angst wie Rauch aufzusteigen. Ein Abgrund meldete sich. Er wollte aufgehen, schon war der Blick Erwin Lannas' keine verschlossene Kostbarkeit mehr. »Ich folgte ihr in die Jägerstraße, sie war so glücklich. Ich folgte ihr in die Motzstraße, arme Lea.«

Er allein kannte jede Stunde und was sie ihr gebracht hatte. »Sie ist im Herzen einfach, ich weiß es, ich bezeuge es. Kein Laster, das an sie herankäme. Sie geht hindurch, sie streift bloß an das Leben. Nie kann sie sich verlieren. Was ist ihr die Welt? Ein notgedrungener Spaziergang« ... Er sah sie in sich. Was er von allem besaß und kannte, schenkte er ihr.

»Nun ist sie fortgegangen, wohin mit mir!« Offenen Abgrund in den Augen. Er nahm den Hut ab, sein Kopf ergraute schon bis zum Scheitel. »Sie kommt nicht wieder. Diesmal nicht, ich fühle es. Ich bin ihr immer nur gefolgt, ich bin die Nebenfigur, die verehrt und mitgeht. Ich muß hin, wo sie ist. Wo immer sie ist!« Er hatte entgleiste Bewegungen. Terra vertrat ihm den Weg. »Der Skandal!« raunte er. »Vergessen Sie nicht den Skandal!« Sie sahen sich an; hinter den Augen Erwin Lannas' ging der Abgrund zu. »Ich bin sehr müde«, sagte er. »Ich will auf sie warten.« Terra ließ ihn stehen, er rannte plötzlich.

Die Straßen waren leer und noch still, ihn trieb der Wind der Katastrophen durch hellen, leeren Julimorgen. »Wie sieht sie jetzt aus?« dachte er immer wieder. »Anders, als der Träumer sie sieht! ... Das ist eine, die Schluß macht. Die fackelt nicht lange. Recht so, es ist genug geschwatzt. Der Tod des Henkers erspart Opfer, wo hörte ich das?« Er rief ein Auto an, wußte aber nicht wohin, und entließ es wieder.

»Wie sieht sie jetzt aus? ... Wir werden verschwinden müssen, wenn es Skandal gibt. Der Tod des Henkers erspart Opfer. Wir verschwinden, Geliebte! Die Katastrophe bricht an. Der Tod des Henkers –.« Er sah an einem Haus hinauf.

Zopfstil, nüchtern geziert. Es lag ein wenig zurückgezogen aus der Häuserreihe, die Klinkersteine davor waren grün. Es hatte ein großes, herrschaftliches Einfahrtstor, die kleinere Tür daneben ward gerade geöffnet. Erst bei der Luft, die daraus hervorging, dachte Terra an Mangolf. Das Haus Mangolfs.

Sofort verließ er die Straßenseite. Auf der andern freilich kam er nicht vorwärts, stampfte mit dem Fuß, aber blieb. Rauchend hin und her, hin und her. Der Mund spie Rauch, das ganze Gesicht arbeitete im Drang der Wut. »Seinetwegen!« Seinetwegen war Lea dort, wo sie war. Seinetwegen dies geworden. Der Bruder sah sie in der Blüte von einst, den Kopf hoch, den Mut hoch, helles Kleid, prahlerisch jung jedes Glied, jeder Wink – und dies Lachen, das erhabene Verachtung des Lebens war ... Jetzt endlich erlag sie dem Leben. Klammerte sich würdelos noch an und erlag, denn jemand hatte sie entwaffnet, unaufhaltsam entwaffnet ... Terra warf die zehnte Zigarette fort, harten Schrittes betrat er das Haus. Die Diener im Vorsaal und auf der Treppe wagten kein Wort, geradeswegs ging er in das Zimmer des Herrn.

Mangolf stand eben auf. Er war im Pyjama und eingeseift. »Mein lieber Wolf!« begann Terra aufgepflanzt. »Dein Haus riecht nicht nach Liebe. Ich wollte es dir schon längst sagen. Wenn ich dir völlig klarmachen könnte, welche Wirkungen auf Menschen du hervorbringst, du würdest dir ganz ohne Zweifel auf der Stelle die Gurgel abschneiden, nur daß du natürlich kein Messer, sondern einen Giletteapparat hast.«

»Bist du wahnsinnig?« fragte Mangolf. Terra schüttelte die Fäuste, sein Gesicht war derart anzusehen, daß Mangolf vorerst aufgab, sich zu rasieren. »Was wünschest du?« Aber Terra sprach lange nicht; dann trocknes Aufschluchzen, dann der Ausbruch. Mangolf verstand nur »Lea«, die Worte erstickten einander. Beunruhigt, wollte er mehr verstehen – da aber Terra! »Du hast das Recht verwirkt, auch nur ihren Namen zu kennen. Auf dir lastet beispiellos furchtbare Verantwortung. Du bist gerichtet, daß ich es dir endlich, endlich sage – gerichtet vor deinem Gewissen wie vor der lebenden Welt. Denn durch dich soll sie sterben. Dein Krieg kommt.« Woher er das wisse, sagte Mangolf; aber Terra ließ sich nicht aufhalten.

»Du bist durchschaut. Das laß dir genügen – und sei gewarnt! Dies ist kein Spiel mehr. Du hast billigen Beifall genug geerntet in deinem Leben, mache nicht noch Krieg! Du hast geschadet genug, du warst von je die größte Gefahr. Dem Gemeinen hast du zum Munde geredet, hast dich ihm angeschmissen und bist nun selbst gemein. Das ist die zweite Naivität, deine Erfindung.« Die schneidende Stimme! Der Klang von Wissen, von unwiderruflichem Beschluß! Mangolf mit seinem Gesicht voll dunkler Tiefe zweifelte auf einmal an sich, er fiel zitternd in den Stuhl. »Ich, der so leicht zweifle«, dachte er klagend.

Jetzt raunte Terra: »Wer sich um das Duell gedrückt hat, erklärt nicht Krieg. Du wirst die Mobilisierung verhindern.« Auf die mutlose Regung Mangolfs, näher bei ihm: »Verhindere sie! Sorge für schleunige Einbringung des Gesetzentwurfes über das Kohlenmonopol!«

»Er ist doch nur albern«, dachte Mangolf – fühlte sich aber gelähmt. Er mußte es stumm geschehen lassen, daß Terra nochmals laut ward, nochmals drohte, zuletzt aber stark abging.

Die Katastrophe, die Terra vorauslebte, zeigte ihr Gesicht noch am Morgen. Lea rief ihn, die fremde junge Frau war tot. Sie hatte nicht den Mut gehabt, ihrem fremden Männchen je wieder unter die Augen zu treten. Retten, was zu retten ist! Alles fiel auf Lea, die Blachfelder hatte das Sanatorium angerufen und sich abholen lassen. Der Bruder sollte retten. Er tat Wunder, der Skandal war erst am Nachmittag da, mehr konnten auch Wunder nicht. Die Abendblätter nannten noch keinen Namen, aber sogar die Polizei erklärte, daß sie es morgen früh nicht mehr werde verhindern können. Wie dann noch die Verhaftung vermeiden – bei aller gebotenen Rücksicht auf hochstehende Gönner der Schauspielerin ... Eine Nacht blieb.

Er ging zu Alice. Dieselbe späte Stunde wie gestern, dasselbe Zimmer, Alice in Schwarz. Ihm ward sofort beklommener in ihrer Luft als draußen inmitten der Katastrophe. Er bat sie, Lea zu retten, seine Schwester zu retten, sie zu retten. Sie behielt das abweisende Gesicht des Erzengels, schmal und ganz weiß auf engem, schwarzem Kragen. Sie halte niemand mehr, der gehen solle, sagte sie endlich. Sie selbst ginge gern. Da schwieg er schaudernd. Sie war in Schwarz – war sie es schon gestern gewesen? Er wußte es nicht; ihre Verwandlung kam unmerklich, aber sie kam gebieterisch, sie ergriff. Terra fühlte ihre verwandelte Schönheit als neue Macht, als den Ausdruck jener letztgeborenen Kraft, die verurteilt und beendet.

Er schüttelte den Schauder ab, er wollte streiten. Sie fragte nur ernst, ob er selbst seine Schwester, auch wenn es möglich wäre, noch einmal auf einer Bühne sehen wolle; da stockte ihm das Herz, er erkannte, es sei zu Ende mit Lea. Er stand auf. »Und ich habe sie geliebt«, sagte Alice. »Sie geht unter«, sagte der Bruder tonlos.

Er empörte sich. Was drinnen ihr Mann tue. Beten? Um Sieg? Um Massensterben? Da liege freilich nichts mehr an der einen. In der frechen Luft des bevorstehenden Massentötens sei sie schuldig geworden, Opfer ihrer reizbareren Natur, früher verzweifelt als wir andern am Wert der Selbsterhaltung. »Verantwortlich auch für dieses Opfer ist, wer den Krieg will. Er wird fallen. Der Tod des Henkers erspart Opfer.« Es war mehr, als er sagen wollte, er stockte. »Verantwortlich? Wenigstens sichtbar ist Tolleben. Es ist genug, sichtbar zu sein.« – »Er wird fallen«, wiederholte aber Alice. »Wir sind einig – auch mit ihm.« Sie ging zur Tür und öffnete.

Tolleben stand wie gestern vor dem weitoffenen Fenster, nur daß kein Mondlicht ihn beglänzte. Beschattet und gesenkt blieben Stirn und gefaltete Hände. Die hohe Stimme sprach schwach, Seufzer durchwehten sie. »Lieber Gott, ich habe es nicht gewollt. Meine Dispositionen sind unverändert, ich bin verhandlungsbereit. Laß doch nicht meine ganze Politik zusammenbrechen wie ein Kartenhaus! Lieber Gott, verhüte das Äußerste noch! Ich allein kann es nicht mehr, ich lehne die Verantwortung ab. Aber kann dein Knecht dir noch etwas nützen? Brauchst du ein Opfer?«

Schüchtern hoben sich Hände und Stirn. Tolleben lächelte schüchtern – als könnte Gott ihm die ungewohnt großen Worte verübeln. Aber zum erstenmal mit Kraft: »Ich bin bereit.« Die gefalteten Hände schnellten Gott entgegen, das große Auge sah ihn an. Alice schloß die Tür.

Sie standen, Terra fand kein Wort. Er ging schon, warf sich aber herum. »Schrecklich«, rief er. »Was haben Sie aus ihm gemacht?« Da der bleiche Engel nur noch höher wuchs: »Jetzt wird er hervorkommen, der einstige Gewaltmensch zeigt Ihnen sogleich sein ergebenes Gesicht und fragt Sie, wann es sein soll. Schrecklich!« – »Ich gehe mit ihm«, sagte sie.

Darauf hörte Terra nicht mehr. »Fahr wohl, Alice Lannas«, fühlte er, und »meine Schwester retten!«

Er fand sie in der Maske ihrer Jungfer, so stieg sie zu ihm ins Auto. »Mein Kind, du gibst dir unnütze Mühe, der Polizei ist nichts erwünschter, als daß wir verschwinden.« – »Aber Mangolf?« Rätselhaftes Lächeln. »Er will nicht, daß ich verschwinde, dann ginge es mir zu gut. Ich soll weiter leiden.«

Sie selbst wollte unter alles den Strich gesetzt haben, nicht er. Der Bruder bedachte, wie wenig dringend Mangolf nach dem Schicksal Leas geforscht, wie leicht sich abgefunden habe. Entschuldigend dachte er, daß Gleichgültigkeit von Mensch zu Mensch jetzt unerhört und einzig werden müsse … Aber er schwieg.

Sie saß im Schnellzug zur Grenze mit dem rätselhaften Lächeln. Blumen, die der Bruder ihr gereicht hatte, führte sie an ihr Gesicht, durstig und unaufmerksam, wie gestern nacht die Blumen der jungen Frau. Kein Erinnern? Keine Reue? Sie sah ihn forschen, sie sagte: »Wie sehe ich aus mit der glatten Frisur, in den einfachen Sachen? Komisch, ich hatte kein einziges passendes Stück. Ich habe niemals arme Mädchen gespielt … Warum rührt dich das?« Denn er trat zum Fenster.

Dort stand er lange, von ihr kam kein Laut. Aus dem Winkel sah er: sie hatte starre Augen. Nicht mehr ins Kissen gelehnt, nicht müde noch durstig mehr – starr aufrecht entdeckte sie alles, das Getane und was nun hinzunehmen war. Vorbei die Gefahr, die doch tätig und mutig erhält; statt ihrer aber Erkenntnis … Mit der glatten Haartracht wirkte die Nase größer, gröber geschnitten. Keine Tönung und Glättung der Umrisse mehr, ungeschminkt und arm war dies Gesicht nur noch der hölzerne Überrest so vielen getanen Lebens.

Als sie bemerkt hatte, daß er sie prüfte, sagte er: »Mein Kind, du siehst wundervoll aus.« Sie stutzte, dann entfernte sie die Handschuhe, die reichen, glänzend beseelten Hände erschienen. Sie studierte sie still – und schuf sie um. Die Knöchel herausgedrückt, die Fingerspitzen aufwärts gebogen, anschwellende Adern, sogar die Poren wurden gröber: Hand der abgenutzten Arbeiterin. »Bravo!« rief der Bruder. »Und kein Publikum hier!« Er setzte hinzu: »Dir eröffnen sich für deine fernere Karriere ungeahnte Möglichkeiten.« – »Du glaubst?« fragte sie, so demütig wie ihre Hände.

Er sagte ihr, voraussichtlich werde es für jeden einzelnen jetzt darauf ankommen, sein Leben umzuwandeln. »Es ging so nicht weiter, wir wurden zu Karikaturen unserer selbst. Zugegeben, daß jede Generation dies schließlich wird; uns aber drängt es zur knallartigen Neuschöpfung.« Katastrophe – ihr sei sie geworden, sie habe, wie noch immer, ihre Zeit vorweg begriffen ... Sie lauschte dem allen angstvoll, dennoch auch davon weg. »Das alles heißt nur: Übergang ins ältere Fach«, schloß sie bitter, wenn auch ungläubig.

Darauf blickte sie rückwärts. »Es waren schwere Jahre. Eigentlich so kurze, aber schwer. Ich war dafür nicht geboren.«

»Für deinen Beruf? Du versündigst dich.«

»Vorher denkt man: sich ausleben, sich vorführen. Ach Gott, es heißt gehorchen. Wer warnte mich einmal? Du? Nichts ist unfrei wie die Kunst. Jede Modenverkäuferin darf nachher ihrer Wege gehen. Mein Sinnen und Trachten muß zu gefallen sein. Es treffen mit der Leistung, daß die Leute hineingehen, da bleibt die Leistung nicht mein, es wird ihre. Ich bringe, was sie nur nicht haben, ich werde, was sie nicht zu sein wagen. Einzigartig und dabei gemein, eine Art Menschenerschaffer, aber zugleich abhängig, immer willfährig, vor dem Nichts jeden Abend, dann wieder für vierundzwanzig Stunden begnadigt. Einst war ich voll Hochmut. Jetzt, nach allen meinen Erfolgen, hasse ich dieses Publikum, wie ein armer Angestellter seinen furchtbaren Chef.« Beim Haß erschien doch im Leiden das Raubtier. »Und sie verehren mich. Was können Menschen, deren einzige Ehre ihr Geld ist, mir von Verehrung geben, außer Demütigungen.«

»Sie haben durch dich wahrhaftig oft genug erlebt, was sie nicht gern erlebten. Du hieltest sie verdammt in der Hand, sie hatten all ihr Geld vergessen.«

»Ich wollte es nicht«, sagte sie. »Es war der aufgezwungene Kampf. Ich wäre besser im Verborgenen eine Frau gewesen. Erduldet habe ich im Grunde lieber als gesiegt.« Er sah sie an Mangolf denken. Ihre Lippen glitten voneinander, als hörte sie ihn sprechen; selbstvergessen schwieg sie.

Am Tage bestiegen sie einen Südtiroler Lokalzug, sie verließen ihn angesichts eines hier sich öffnenden Tales. Terra kannte es, auch kleinste Wagen gelangten nicht ans Ende des Weges, der weit hinaufführte. Bevor Reitpferde beschafft waren, dunkelte es schon. Lea verlor den Mut. »Muß es denn sein? Hinauf in die Öde? Am Ende ein Gletscher? Laß uns doch nach Wien fahren, ich habe dorthin Anträge.« Sie könne sich den Vertrag jetzt sogar erhöhen lassen, bestätigte der Bruder. Die Heldin der neuesten Weltsensation sei beispiellosen Zulaufes sicher. Worauf sie schwieg und den Kopf zwischen beide Hände stützte – vergessene Haltung der Anfängerin, die einst ehrgeizig in die Zukunft träumte.

Aus schwüler Nacht dufteten große Äpfel, Wein hing schwer im Laub, der Mond verging wieder, ein burgartiges Bauernhaus bewachte hoch über der Wegbiegung, rund und weißlich, den Aufstieg. Schleife der Straße um jähe Wasserfälle, gleich hinter der Bergecke waren sie verhallt und nie gewesen. Betaute Kräuter erfrischten köstlich die Luft. Noch bewaldeten jeden Hang die Edelkastanien.

Als sie aufhörten, war es kalt, die Höfe wurden selten und arm, der Weg, eine schmale, verhärtete Rinne, zog neben Felsen, und unter ihm der Bach. Unsichtbar im Dunkeln rauschte er. »O duftende Nacht«, fühlten beide Geschwister. Sie ritten, die Schwester vorn, dann der Bruder. Das Gepäck mit dem Eigentümer der drei Pferde blieb hinter ihnen. »O duftende Nacht, erhabenes Rauschen, die Sehnsucht des Wetterleuchtens, was wir nur wünschen, Nirwana! Täuschest du, Natur? Wir, deine

Geschöpfe, täuschen so sehr. Nein, wir danken ab, es werde wieder eingegangen in dich, in die Wahrheit.« Da brach aber das lange verhaltene Gewitter los.

Sogleich hieß es wieder zu kämpfen, sich durchzusetzen hier wie immer, um das Leben. Sie hielten zu Pferd inmitten eines geisterhaften Getöses. Donnergebrüll im Dunkeln, sie glaubten zufahrende Rachen zu spüren, getroffen schrie der Bach auf ... Schwarze Minute der Spannung – plötzlich aus völligem Dunkel geschleudert eine Flammenwelt, sie sahen taghell. Blau und rot wie Blumen schlug es ihnen vor die Füße. Zwischen zwei Nächten erblickten sie einander selbst als Flammen.

Sie mußten absitzen, die Pferde bebten und stemmten sich an den wankenden Boden. Ihr Herr hatte mit dem dritten wohl eine Zuflucht aufgesucht, die sie kannten, sie kehrten um. Die Geschwister stiegen zu Fuß weiter. Es regnete. Der Donner rollte ab, Blitze wiesen nur noch selten die Richtung. Rasseln des Regens erfüllte das tiefe Dunkel, durch das sie strebten. Den Bach vermeiden, der heranschwoll! Nicht abstürzen, nicht vom Weg kommen, sehen lernen, tasten lernen, und in einem angestrengten, todfinsteren Alpdruck genug Kraft behalten bis an das Haus, bis zur Ruhe!

Sie standen manchmal und schöpften Atem. Da die Schwester häufiger anhielt, bot der Bruder ihr im Dunkeln den Arm. Obwohl er sie nicht berührt hatte, fühlte sie es im Dunkeln und lehnte sich an ihn. Sie lehnte so fest, daß er zweifelte, ob sie schlafe. Wohin mit der Erschöpften. Unbekannt, wie weit noch. Unbekannt, wie spät. Zeit verfloß, es regnete, ward kälter, er aber hielt sie aufrecht an seiner Brust, dem einzigen Platz in dieser Nacht, wo sie ruhen konnte.

»Wir müssen weiter«, sagte sie unvermutet – ergebene Stimme, ein Kind, das nicht klagt. Da setzte er die Hände von hinten auf ihre Hüften und schob sie. Er schob sie den Berg hinauf, steil ins Ungewisse. Sie lag rückwärts geneigt auf seinen beiden Händen, setzte die Füße und hielt die Augen geschlossen ... Endlich ein Licht, er sagte: »Wir sind da.« Sie öffnete dennoch die Augen nicht, sie ließ sich tragen bis ins Haus.

Ein Kind war's, dem es gehörte. Seine Eltern waren tot, es führte die Wirtschaft und pflegte die noch kleineren Geschwister. Das Mädchen brachte mit seiner Kerze die Fremden in ein niedriges Zimmer aus Holz. Es stellte die Kerze hin, es sah die Frau auf das Bett sinken, zögerte, ob es helfen solle – aber wußte auch schon hinter seiner kleinen gewölbten Stirn, dies seien Fremde, verdächtig sogar im Unglück. Was taten sie im Wetter, wo hatten sie ihre Pferde ... Aus der Gaststube ward gerufen, das Kind ging.

Lichtschein aus der Gaststube drang herauf durch große Spalten im Fußboden. Bauernstimmen drunten schrien in Lauten, die zu formen unbegreiflich mühevoll schien. Die beiden Fremden regten sich nicht. Die Schwester auf dem Bett ließ den Kopf über das Kissen hängen, sie hatte nicht Zeit gefunden, den zweiten Fuß vom Boden zu ziehen. Vor ihr der Bruder blickte auf diese geschlossenen Lider, die allen Krieg des Lebens trugen – dabei aber unterschied er allmählich, was die Bauern drunten schrien. Es galt ihnen beiden, es war Gelächter, Stallspaß mit der Liebe.

Er hob ihren Fuß auf, bettete ihn und entkleidete die beiden triefend nassen Füße. Ihre Arme hingen schlaff, er zog auch von ihnen den nassen Stoff, er trocknete Schultern und Hals. In geöffneten, verwirrten Haaren lag das feuchte, ganz entfärbte, entzauberte Gesicht, ob Tränen oder Regen abgewaschen hatten, was so viel geheißen hatte, Schönheit, Glanz und Höhe des Lebens. Der Bruder sah das noch unschöne Gesicht eines einst gekannten, unfertigen Kindes, blaß mit länglichen Zügen. Damals machte ihr Wesen sich ebenso gern kleinlich bemerkbar, wie später hochgesinnt. Die Verwandlung kam mit der körperlichen – die der Bruder noch immer kaum erfaßt hatte. Dies waren berühmte Arme! Zu den Füßen, die todmüde vor ihm ruhten, hatten einige der ersten Zeitgenossen gelegen! Der Bruder fühlte dies übernahe Wesen ganz und auf einmal, wie es je gewesen war, wie es nun dalag. Grölen und Gelächter der Bauern unten erfüllten jetzt das Zimmer so laut, als ob sie schon hier wären. Der Bruder aber, die Stirn in der Hand, hielt unverwandt seinen zeitlosen Blick auf die Schwester gerichtet.

Er sann, sie seien hier beide gemeinsam in die Enge und auf den Gipfel ihres Leidens getrieben. Sie seien beisammen – und beisammen doch erst die Wesen, als die sie einst geboren waren. Irrtum, auseinanderzugehen, Irrtum die Scham. Seltsame Scham, die sie seit dem Heranwachsen so vorsichtig gemacht hatte, was war es mit ihr gewesen? Ach! dahin. Was Leben heißt, ist bald getan. In dem Lärm, der wie Prügel dreinfuhr, summte der Bruder: »Was Leben heißt, ist bald getan.« Er glaubte, sie schliefe. Selbst betäubt vom Lärm und von der tiefen, tiefen Stille unter dem Lärm, summte er gedankenlos wie die Amme: »Schlafe. Schlafe das Leben aus. Schlafen unter der feuchten Erde, deine Füße endlich ausruhn und dein Herz nicht mehr fühlen.«

Plötzlich schwieg alles. Die in ihm singende Stimme schwieg, weil der Lärm nicht mehr prasselte. Nur Regen und der Bach, die Bauern drunten flüsterten unförmlich, berstendes Lachen ward erstickt unter der Faust. Dann Schleichen, und die Tür knarrte. Das benagelte Schleichen verlor sich, bis wieder die Treppe von ihm ächzte. Es kam; erst vor dem Zimmer der Fremden hielt es an. Flüstern, langes, feiges Vorschieben jedes andern, zuletzt aber der Griff … Terra hatte schon längst den Schlüssel umgedreht.

Neue Beratung, das Wagnis ward lauter, der Türgriff klapperte mehrmals, indes Flüche fielen. Betrunkene Stallspäße, Flüche, Tritte in die Tür. Terra, der umsah, fand Lea, die Augen aufgerissen, den Kopf vom Kissen gehoben. »Auch das noch«, sagte sie erbittert. Er versicherte: »Wir werden mit ihnen fertig werden.« – »Du?« fragte sie, nicht ohne Geringschätzung. »Man kennt mich noch immer nicht«, erklärte er, ging und zog aus dem zweiten Bett das Leintuch. Er stellte die Kerze hinter den Ofen, es wurde dunkel bis auf die Lichtstreifen im Fußboden. Über die Lichtstreifen wie auf glühendem Rost schwebte im Dunkeln etwas Weißes. Gestalt ohne Gesicht, aber zwei Feuer brannten ihr statt der Augen, und sie stöhnte. Aufgeschleudert die Tür – da stand die Gestalt, brannte, stöhnte, flatterte wie aufgebläht von heißer Luft.

Pause des Entsetzens, dann Wegstürzen, Körper, die sich hinwarfen, davonkrochen und dabei jammerten, was ihnen einfiel von Gebeten. Über die Treppe wühlte unter Fluchen die wilde Flucht, etwas Gebrochenes heulte laut. Ward aufgerafft, verzog sich hinkend nach jenen, die schon draußen durch die nasse Einöde jagten ... Nichts mehr, das Haus ganz leer, draußen Regen und der Bach. Terra holte die Kerze hinter dem Ofen hervor.

Lea sah ihn das Tuch ablegen. Die beiden Zigaretten, die er fortwarf, hatten Löcher hineingebrannt. »Gut«, sagte sie sachlich und ließ sich zurück auf das Kissen fallen. Auch der Bruder verlor kein Wort über die Störung, ernst setzte er sich wieder zu der Schwester, die sann und ihn ansah. »Ich habe dich gehört«, sagte sie leise und klar. Er erinnerte sich, er erschrak.

Sie zeigte ihm das niedrige Zimmer aus Holz. »Dies ist schon der Sarg. Nie mehr komme ich heraus. Auch du wirst mich hier oben verlassen.« – »Verhüte es Gott«, sagte der Bruder. – »Weiter ging es nicht«, sagte sie, und mit Anflug von Singsang, wie vorhin er: »Was Leben heißt, ist bald getan.« Er gab sich Nachdruck. »Segnen wir doch diese Zuflucht! Draußen bricht Krieg aus.« – »War immer schon«, sagte sie.

Er wollte hinreden über die Angst seiner Brust, er sprach vom Krieg – nicht zu ihr, nicht zu sich; sprach vom Letzten, das noch entgegenstände, der Gewißheit, die unausweichlich ward. »Ich wußte längst, wie es kommen würde. Ich wußte es mein Leben lang. Man sieht nur ab zeitweilig von der Wahrheit, das heißt leben. Man kann wissen, ohne zu glauben, die Katastrophe wachsen sehen und doch nicht an sie glauben. Den Zustand habe ich erfahren. In ihm verharre ich sogar noch jetzt ...« – »Nie mehr von hier fortgehn«, sagte die Schwester. »Endlich ausruhn. Feuchte Erde. Kein Herz mehr.« Sie sprach kaum hörbar, sie hielt die Augen geschlossen.

Den Bruder ergriff so furchtbare Angst, daß sein Stuhl mit ihm hin und her flog. Gefühle überstürzten sich, er lallte, er sah, daß er faselte. »Warum gingen wir einst fort vom Elternhaus? Ich will es zurückkaufen. Es steht doch noch? Es soll noch stehen. Wir beide wollen zusammen darin wohnen, alles soll vergessen sein. Hörst du? Vergessen. Was taten wir schließlich, das nicht jedes entlaufene Kind hätte begehen können. Gäbe es Gott, er verziehe uns.« – »Ich verzeihe mir selbst nicht«, sagte sie. »Mißerfolg war unerlaubt. Das Unglück ekelt mich.« Sie legte sich zum Schlafen.

Er nahm aber ihre Hand, er streichelte, küßte, liebkoste. »Ich glaube an dich und an dein Glück. Geliebte Lea! Das einzige wirkliche Unglück ist, daß wir uns voreinander schämten. Andere Frauen waren dazu berufen, mir die Welt zu eröffnen, oder meine Sinne, oder meinen Geist. Aber mein Herz? Aber mein Herz!« Tränen vergießend auf diese Hand – die nun seine nahm. Ja, die Schwester nahm die Hand des Bruders und legte sie sich auf das Herz. »Schlafen«, hauchte sie, der Körper streckte sich, letzte Beglückung, und blieb liegen verstummt. Schnelles Aufglänzen verschlossener Lider, gleich war es aus und versunken.

Terra ward plötzlich müde, wie nach verantwortungsvollsten Kämpfen. Kopf und Brust sanken vor, die Stirn berührte das Bett. Er hörte Rauschen. Der Bach drunten rauschte auf, schwoll heran, drang ein. Gleich riß er sie fort alle beide – o seliges Warten auf Entführung, auf Hingabe.

Klopfen, Terra stand auf. Es war heller Tag. So laut ward nur im Traum geklopft, es hatte geklungen wie Donnerschlag. Er wartete, da geschah es wirklich, aber wie bescheiden, kein Kind klopfte leiser. Er öffnete, es war ein Mönch.

Die schwarze Kutte grüßte linkisch, Terra suchte nach Geld für den Tölpel. Jener ließ es ihn aber nicht erst hervorziehen, er fragte: »Mein Herr, Sie waren gestern nacht der Geist?« In der Überraschung leugnete Terra. Der Geistliche überhörte es. »Die Bauern waren betrunken; ich dachte gleich, der fremde Herr habe sie genarrt.« Terra, herausfordernd: »Sie glauben doch an Geister?« – »Ich fühle aber auch, wo keiner ist«, sagte der Mönch.

Da sah Terra erst, daß es ein Herr war. Grobe Schuhe, der Rock verschlissen, kein Hut, aber der leichte Bart bebte mit dem schmalen, hell gebräunten Gesicht, und hier kam ein feiner, heiter zuredender Blick. »Verzeihen Sie«, bat Terra, »und treten Sie ein.« Er erklärte: »Wir sind vom Unwetter verschlagen, dort schläft meine Schwester.«

Der Geistliche sah hin. Er hatte etwas einwenden wollen, verschwieg es aber. Er stand noch und sah hin. »Sie ist interessant«, dachte der Bruder, »sie interessiert sogar die Kirche.« Nur daß aus dem Blick des Geistlichen alle Heiterkeit verschwand. Er ward tief, das fremde Gesicht verlor das Harmlose. »Hier ist nicht gut weilen«, fühlte Terra. Da sah er den Mönch die Hände zusammenführen und sie falten ... Falten vor Lea? Der Bruder trat zu ihr, sie atmete still.

Terra wandte sich um. »Was wollen Sie?« – »Ihnen helfen«, sagte jener, wieder freundlich, wieder ungewandt. »Ich kann Sie über den Verbleib Ihres Gepäcks beruhigen und Sie hinführen. Sie finden dort bequemere Unterkunft.« – »Gehen wir!« sagte Terra; er wollte dem Wesen nicht ausweichen.

»Sie sind hier zu Hause?« fragte er. Der Mönch antwortete: »Ich habe kein Zuhause. Ich bin ein Sendling. Mein Orden ist neu. Er kämpft noch um die Anerkennung der Kirche.« – »Es gibt noch Ordensgründer?«

»Sogar wundertätige«, sagte der Mönch mit lachenden Augen. »Unser Gründer weiß voraus, was Menschen tun werden. Ist es da kein Wunder, daß er ins Kloster gegangen ist, anstatt sich in die Geschäfte der Welt zu stürzen?«

»Was sagten Sie, daß er weiß?«

»Uns Brüdern sagt er unsere Sünden voraus. Einen von uns, der eifriger als wir alle war, hat er fortgeschickt, weil er schon den Verbrecher in ihm sah, der jener werden sollte.«

»Erstens würde ich ihn dann nicht fortgeschickt haben, sondern behandelt.«

»Das Fortschicken war die Behandlung. Unser Oberer achtet die Absichten Gottes. Die ihm von Gott verliehene Gabe, Menschen zu durchschauen, ist seine harte Prüfung. Es ist ihm leicht gemacht, durch Stolz zu Fall zu kommen.«

»Ferner läge für dies alles der wissenschaftliche Name ganz nahe.«

»Zum Wissen werden wir Brüder nicht gelangen.« Er sah Terra in die Augen. »Wir alle sind verstreute Sendlinge. Das Mutterhaus ist weit, Jerusalem noch weiter – aber dorthin zu gelangen, hoffen wir.«

»Nach Jerusalem?«

»Es ist unser Ziel. Aber auf dem Wege liegt viel Arbeit, viel Aufenthalt; der Tod kommt vielleicht noch vor der Stadt. So viele sind zu erinnern an den vergessenen Geist in ihnen, an den Geist Gottes.« Er bemühte sich, leicht, ja einschmeichelnd zu sein, dennoch drangen auch rauhe Laute des Gebirges hervor. Terra betrachtete, wie er sprach, das mühsam beherrschte Gesicht der alten Rasse; er bedachte: auch so hätte es kommen können. Er sah den Bach, der über Felsen schnellte, sah Fichten, Himmel und besonnten, engen Weg. Plötzlich sagte er: »Mein ehrwürdiger Vater.«

»Mein ehrwürdiger Vater«, sagte er, »ich beteuere, daß ich mein Leben lang nach bestem Wissen und Gewissen dem Geist Gottes im Menschen gedient habe.«

»Glauben Sie an Gott?« – »Nein«, sagte Terra und senkte den Kopf.

Er erhob ihn. »Zu dieser Stunde wundert es mich. Denn ich bemerke, daß ich statt an Gott an die Menschheit geglaubt habe, und das war schwerer, war aussichtsloser. Ohne Übertreibung darf ich sagen, daß ich im Menschen das gröbste, gefräßigste und boshafteste, allem Höheren abgeneigteste Geschöpf des Ewigen erlebt habe. Wenn ich ihm bei all dem eine Zukunft der Einsicht, des guten Willens, der Annäherung an die Reinheit zutrauen möchte, so frage ich mich, ob mein Glaube im Grunde nur Stolz ist.« – »Er ist Stolz.«

»Gut, er sei Stolz. Dann aber, mein ehrwürdiger Vater, geht er bis zu der festen, unerschütterlichen Überzeugung, daß wir Menschen die Schöpfer Gottes sind. Wir haben ihn gemacht – nicht im Gedanken nur, wie es heißt, auch im Raum.« – »Sie lassen sich fortreißen.«

»Wie könnte sonst ein Gedanke dem andern antworten, die nächste Tatsache der vorigen. Woher Logik, wieso Vergeltung. Wir sträuben uns doch gegen beide. Warum müssen wir sterben an der Würdelosigkeit unserer Herzen? Erklären Sie mir, mein ehrwürdiger Vater, den Krieg! Wir haben uns selbst den Richter gegeben. Unfähig, Gerechtigkeit lange zu wollen, haben wir unsern Willen ein für alle Male verkörpert in Gott, der menschlich-außermenschlich nun fortlebt.« Der Geistliche, mitleidig: »Ist es so schwer, sich zu beugen? Er reicht von Ewigkeit zu Ewigkeit.«

»Sehen Sie sich vor, mein ehrwürdiger Vater! Dann wäre die Menschheit nur ein Zwischenfall. Aber gerade Ihre Kirche will, daß sie Mittelpunkt sei. Ich bin rechtgläubiger als Sie.«

»Es kommt auf Taten an. Welche Tat beschäftigt Ihren Geist?« Worauf Terra erschrak und verstummte. Sie gingen schweigend und eiliger. Mit Seitenblick sah Terra, der Geistliche habe das Gesicht, das er am Bett Leas hatte ... Unvermutet kam aber eine schlichte, schüchterne Stimme. »Versuchen Sie, zu glauben! Wer glaubt ohne Hochmut und Sophistik, überwindet sogar, was Ihnen droht.« – »Wer sind Sie?« murmelte Terra.

Als immer noch die Antwort ausblieb, sprach er selbst, damit nur Worte fielen. Er verehre die Kirche, sie sei die einzige Gestalt, in der das Abendland den Geist habe erfolgreich gesehen gegen die Mächte des Ungeistes. Jede Philosophie sei unfehlbar vor ihnen zusammengebrochen. Die Kirche sei einfach selbst Macht geworden, »das war der Geniestreich«. Wobei er, in unerklärlicher Angst, fast schon lief. Aber der Geistliche blieb, ohne ein Wort, ihm auf der Ferse, Terra mußte weiter sich mit Sprechen betäuben. Das Überwältigendste sei die geschichtliche Vorsicht der Heiligen Kirche. Immer die bestehende Macht zu ihren eigenen Gunsten nach Kräften geschwächt, sie aber gegen neu heraufkommende, lebhaftere Mächte unentwegt verteidigt, »so dient man Gott, der unser eigenes Beste will«. Schweigen und Laufen.

»Die Heilige Kirche erlaubt uns Christen, untereinander Kriege zu führen, hat aber Naturvölker, die wir ausrotteten, manchmal gegen uns geschützt. Wie tief!« Da stand er, ein Ruck. Auch der Geistliche stand. »Sie haben gehört?« fragte er leise. Terra, ohne Ton: »Wer ruft mich?«

Er hatte seinen Namen gehört, »Claudius!«. Stimme von oben, fern, aber dringend; gleich darauf bezweifelte er sie. Er sah den Mönch an, mit Schrecken sah er: der Mönch hatte wieder die Hände gefaltet. Der Mönch sagte: »Es war der Augenblick, als sie starb.«

Der Bruder griff sich an die Stirn. Noch, als er es erfaßt hatte, schrie er »nein!« – noch als er den Körper kommen sah.

Der Körper schnellte mit dem Bach über Felsen – jetzt kopfüber, jetzt aber stand er steil auf, wie um hinauszuschreiten. Zuletzt hing er, arme, weiche Masse, drüben im Gestrüpp, das Wasser schwenkte ihn. Besonnter Goldreif, kreiste das offene Haar um dies blicklos blutende Gesicht.

Diesseits irrte der Bruder, er suchte verzweifelt nach Steinen, hinüberzukommen. Er rief hinüber: »Ich komme!« Er wollte, daß es noch seine Schwester sei; sie sollte ihn noch hören ... Schließlich blickte er nach Hilfe um, da kniete der Mönch und betete. Terra fuhr hin, er knirschte. »Sie wundertätiger Ordensgründer haben es vorausgewußt. Aber wer fallen soll, den lassen Sie allein und tun, als wäre es Weisheit. Sie können nichts! Sie können nichts!« – »Ich werde für Sie beten.«

Terra stand und höhnte. »Was tue ich morgen? Sie wissen es doch. Ich habe es vor, Sie wissen es, und tun nichts weiter, als beten.« – »Es ist Ihr Weg. Sie sind bestimmt, zu glauben.«

Da ließ Terra ihn knien und beten für die Leiche, die drüben geschwenkt ward. Atemlos langte grade das Kind an, die Besitzerin des Gasthauses zur Alpenrose. Sie hatte drunten beim Fenster des Gastzimmers gestanden, als an ihr vorüber das Fräulein in den Bach sprang. Sie war sofort dem Fräulein nachgerannt, weil infolge dieser schnellen Abreise nichts bezahlt und Gepäck nicht vorhanden war; aber mit dem Bach, in dem das Fräulein reiste, hatte sie nicht Schritt halten können. Terra bezahlte das Kind. Für eine Mehrleistung fand er es sogar bereit, andere hilfreiche Menschen zu holen.

Er reiste sofort, die Überreste der Schwester blieben in den Händen Fremder. Ihm schien, daß keine Erde, sich damit zu bedecken, ihr verwandter oder fremder sei als diese zufällige Erde. Jeder Klumpen Ton wurde von Menschen Heimat genannt, dafür waren sie jetzt überall im Begriff, sich gegenseitig Eisenstücke hineinzujagen in den Klumpen oder ihn in die Luft zu sprengen. Nachricht, die Kriegserklärung sei sicher, traf ihn unterwegs.

Dies erfaßte er noch kaum. Es erbitterte ihn nur ungeheurer gegen den Tod der einen. Sie begann das Sterben; ihr erst sollten alle nach. In Massen, in Massen – aber jeder starb doch nur sich. Und alles begleitet von Worten. Wie ihn seine eigenen quälten, die hohen Reden mit dem Mönch, genau in ihrer Sterbestunde! »Man überhebt sich in Worten, und die Leiche ist schon unterwegs. O elende Täuschung unseres ganzen Lebens, großsprecherische Worte zu so armen Geschicken!« Viel weitere Zusammenhänge hatte er zu denken vorgegeben, als seinesgleichen konnte. Hatte sich mit Weltanschauung gebrüstet; sein Geschlecht aber schaute die Welt nicht an, es legte sie in Trümmer.

»Und ich habe es daran hindern wollen, das war mein Leben. Immer dasselbe, ob ich Reklamechef, Armenanwalt oder Schwerindustrieller und Freund des jeweiligen Reichskanzlers war. Ich habe gelogen und betrogen, um die Menschheit vor sich selbst zu retten; ich will nicht auch noch morden. Endlich habe ich es satt, mögen sie einander umbringen, wenn es denn ihr Glück ist – wenn sie zu ihrem Glück Katastrophen brauchen und die kurzen erträglichen Augenblicke ihrer Geschichte nicht anders erleben und bezahlen können als um den Preis vertierter Zeiten. Du sollst nicht töten!« Da merkte er, aus ihm spreche der Mönch, der dort hinten für ihn betete, damit er nicht töte.

Er mußte aber töten. Beschlossen war, daß einer falle – statt vieler falle. Tolleben mußte fort, noch vor Ausbruch der Mordpest. Es konnte sie aufhalten. Das Zeichen aufrichten! Die den Krieg wollten, hatten das ihre schon errichtet, in Paris war jener gefallen, »der eine Nacht lang mein Bruder war«. Unschuldig, Tolleben? Niemand war unschuldig, jeder weit Sichtbare mußte gewärtig sein, zu büßen. Tolleben war gewärtig, zu büßen für alle seine Vorgänger, alle Handelnden, alle Lebenden, für die Mitwelt und ihr Werk. Er war reif und war bereit.

»Der Tod des Henkers erspart Opfer.« Vor der Einfahrt in Berlin ging im Kopf Terras nur noch der Satz um. Der Mönch dahinten betete wohl nicht mehr. »Der Tod des Henkers –.« Der Zug lief ein, gehorsam dem Ruf standen Kurschmied und Erwin Lannas da.

Angstvoll leise fragte Erwin: »Und Lea?« – »Läßt grüßen«, sagte Terra – erschrocken, weil sie keinen Gedanken, in allen ihren letzten Nöten für diesen Liebenden keinen Gedanken gehabt hatte. »Was wir besprechen werden, denken Sie sich schon, Graf Erwin.« Er sprach warm wie zum lebenden Menschen mit dem Armen, dessen ganze Liebe nicht mehr vermocht hatte als ein Schatten. »Ihre Schwester, Graf Erwin, hat vor Ihnen kein Geheimnis. Was sie noch nicht ausspricht, fühlen

Sie. Wir haben uns, meine Herren, einzig und allein über das Technische unseres Vorhabens klarzuwerden.«

Sie fuhren zu dreien so lange im Auto durch die leeren Straßen der Morgenfrühe, bis alles feststand. Dann Terra: »Ich hoffe, meine Herren, daß Sie alle beide mit dem Leben davonkommen. Da Sie den Verlauf der Dinge genau vorauswissen, werden Sie sich schützen können. Lebensgefahr bleibt bestehen; daher frage ich mich, wenn auch spät, wie ich dazu komme, Sie in Anspruch zu nehmen.« Hier ergriff Kurschmied das Wort; bis jetzt hatte er nur beantwortet, was gefragt ward.

»Denken Sie nicht an mich, Herr Terra!« sagte Kurschmied. »Sie dürfen von mir jede Leistung verlangen, Zweifel entstehen nicht. Nennen Sie mich ruhig Werkzeug. Ich diene. Aber das kommt nicht davon, daß ich Ihr Mann bin. Sie sind meiner … Ja, Sie sind meiner, ich habe Sie einst erkoren, Sie konnten es nicht verhindern, ich war sogar aufdringlich.« – »Sie sind die Treue selbst.«

»Nein, Herr Terra, ich bin schwach und abenteuerlich. Ich würde im Leben sowenig Erfolg gehabt haben wie beim Theater. Jetzt, da es voraussichtlich aus ist, darf ich wohl sprechen, auch wenn es nach Theater klingt. Das Leben ist rätselhaft und irreführend. Es ist erstaunlich, daß ich noch da bin. Nie habe ich so oft wie in der Einsamkeit der Fremdenlegion an Sie gedacht als an die Kraft, auf die ich mich verlassen kann. Sie sind die Sicherheit. Der Kopf sind Sie.« Kurschmied schwieg, aber er bebte von dem Gesprochenen, helle Kreise umzogen seine kühnen Augen.

Die beiden Begleiter stiegen aus. Als Erwin ihm die Hand zum Abschied gab, befiel Terra der Gedanke an Lea so heftig, daß er aufschluchzte. Erwin aber, tödlich erblaßt, schnell, gedämpft, dringlich: »Nichts, sagen Sie mir nichts! Ich will sterben und noch immer hoffen, daß sie lebt.«

Terra fuhr nach Haus, um seine Angelegenheiten zu ordnen. Am Ende war er nicht sicherer als die Begleiter, noch weiterzuleben. Im Schreiben und Bedenken sah er dennoch Bilder dessen, was jetzt geschah. Sie stiegen vom Papier auf, entstanden aus Zahlen, aus Rauchfäden. Erwin saß bei Alice; in aller Welt hätte er – vorher – noch Zuflucht gefunden, als bei ihr. Er nahm ihre Hand, die Morgensonne fiel auf beide. Sie wollten sprechen, erließen es aber jeder dem andern. Dies war zu schwierig, obwohl ihnen beiden so klar. So schwiegen sie – aber auf die Tür blickend, wüßten sie, der Mann dahinter sei bedauernswerter als sie. Er komme von noch weiter her zu Verzicht und Ende ... So schwiegen die beiden traurigen Kinder des heiteren Vaters.

Sie standen auf, Erwin ging, jetzt begann es! Terra lauschte atemlos – da läutete neben ihm das Telephon. Er griff so schnell hin, als könnte schon das Ende sich melden. Wahrhaftig, er hörte »Hilfe!« und einen Schrei. Schrill, entsetzensvoll, unkenntlich, Schrei einer Frau in letzter Not. Noch einmal »Hilfe!« und »Er sticht!« Da war es Lili, die Fürstin Lili, sie schrie »Nicht stechen! Herz, geliebtes Herz!« unter der Hand, die ihr den Mund verschloß. Sie schrie im Ringen, Taumeln und wie er sie fortzerrte. Die andere Stimme zischte »Schweig!« Die andere Stimme ward hell vor Zorn: »Du bist mein Unglück. Du hast meine Heirat hintertrieben. Du wirst mich immer in den Sumpf ziehn!« ... Entfernter alles, der besinnungslose Zorn, der Kampf um das Leben – endlich aber nochmals der Schrei, furchtbarer als je, und schon der Fall.

Terra hatte dazwischengerufen. Er hatte in den Kampf hineingebrüllt, besinnungslos wie die Kämpfenden. Jetzt war er still wie sie. Nach langer Pause, langem Lauschen, stark und einmalig: »Mörder!« Da antwortete ein Schluchzen.

Der Vater sah. Er sah den Sohn dahingestreckt vor seiner Tat, niedergesunken vor der Mutter, die auf ihrem Bett noch röchelte. Sie wandte zum letzten Mal das Gesicht her, es sagte stumm und grauenvoll: »Hier sterben – auf dem Bett, meinem nie bezahlten Bett, worauf ich lieber in alle Ewigkeit nur geliebt hätte!« Aber das Gesicht war nun alt, plötzlich dennoch gealtert: das konnte nur der Tod. Die vielgeliebten Glieder lagen nackt, eine Hand zog Decken darüber. Nie wieder, Fürstin Lili? Nie wieder, Frau von drüben? Terra weinte laut auf. Dort hinten antwortete das andere Weinen ... Eine Tür schlug zu. Er hängte ein.

Den Kopf in den Händen, tief über sich selbst gebeugt: »Ihre Stunde, um zu sterben!« Die Stunde, in der ihm selbst die Welt starb. Jene Frau war ihm erstes Abbild der Welt gewesen, seine Weltliebe, sein Sündenfall. Tot – tot sogar die große Fürstin, welche Mahnung! Laß endlich ab, zu wollen, zu tun. Denke doch noch daran, den Rest deiner selbst aus der Zange zu ziehen. Dein Sohn hat getötet! Töte nicht!

Er sprang auf, er lief aus dem Haus. Erst Straßen weiter bemerkte er, daß er ohne Ziel ging. Aufhalten, was schon heranzog? Wie denn? Wo zugreifen? Drängende Minute, und der Zweifel, was recht sei. »Der Tod des Henkers erspart Opfer« – falsch! Gegen alle Erfahrung und Voraussicht! Krieg war schon, es blieb Krieg. Dennoch, auch die unwirksame Tat wird unabänderlich und unverlierbar sein ... Er ließ leere Wagen vorbei, er ging zu Fuß, um sicherer nirgend hinzukommen. »Wohin mit mir, wenn nicht zu dieser Tat. Ich habe abgebrochen, ich bin nichts mehr. Ich bin entlarvt, ich kann niemanden mehr täuschen. Ich muß töten.«

»Wäre es früher geschehen – einst, als er mein Feind war! Wir haben uns gehaßt mit den Mordgefühlen der ersten Feinde aus menschlichem Geschlecht. Wie sehr ist es anders geworden – und jetzt töte ich den, der fast schon mein Bruder ist! Kein ungestümer Drang mehr, daß er sterbe; aber ein Gedanke ist gewachsen – zuerst in mir? Zuerst in mir, und durch mich in Alice. Aber endlich auch in ihm! – und dann erst in mir unbezwinglich. Alles ist Gedanke; ich kann mich nicht hindern, zu töten, denn ich denke.«

Er fürchtete den Verstand zu verlieren, er nahm ein Auto, um zu fliehen. Aber er sah Zusammenrottungen – ein Extrablatt ward ausgerufen: Ermordung des Reichskanzlers; da stieg er wieder aus ... Nichts von Ermordung; auch die Ansammlungen galten, wie gewöhnlich, anderen Schicksalsschlägen der Geschichte. Nicht dennoch dem seinen? Schon hörte er wieder aus einem andern Menschenhaufen seine Tat verkünden, Gesichter erspähten ihn feindlich. Blutgeruch stieg auf; er wollte sich umsehen, war er so nahe dem Schauplatz? Da ward es um ihn dunkel.

Auf einer Bank kam er zu sich. Die Zeit verpaßt, jetzt war es geschehen! In diesem Augenblick, zu spät, fiel ihm ein, wie es zu machen gewesen wäre, daß er selbst neben Tolleben gesessen hätte auf der Todesfahrt. Mitsterben! Er wäre mitgestorben, alle Qualen aufgelöst, kein Kopf mehr, der sie erfand. Statt dessen kam nun Buße, ein ganzer Staffelweg der Buße. »Mich anzeigen, erste Staffel.« Aber hörte jemand ihn an? Übernahm irgend jemand den Skandal? Man schickte ihn fort, man erklärte den Reichskanzler für verunglückt, ihn selbst für verrückt ... Einen freilich gab es, der ihn sorgfältig anhören, ihm alles glauben würde, Mangolf. »Wer wird mich am tiefsten verstehen? Er. Wen demütige ich mit mir? Wer haßt mich, mit mir?«

Nicht dies! Nicht beichten, die Verantwortung seiner selbst nicht fortgeben, nicht Menschen zur Last fallen. Schweigen. Allein weiterkämpfen ... Er straffte sich –

und fand auf einmal, noch könne alles widerrufen werden. Das Unheil sei gewiß noch nicht vollendet; er werde es hindern. Entschlossen fuhr er hin.

Reichskanzler von Tolleben bestieg im Hof der Reichskanzlei das Automobil, das ihn zum Reichstag bringen sollte. Die Stunde war da, dem Reichstag zu sagen, es sei Krieg. Seine Frau und ihr Bruder waren mit ihm. Die hinter dem Gitter draußen Wartenden erblickten den Kanzler so tiefernst, wie die Ereignisse es wollten, aber auch so erfüllt von Zuversicht. Er trug Kürassieruniform. Als ob er fühlte, die Reihen, durch die er fuhr, seien ratlos, sie schwankten zwischen Übermut und Angst, lächelte er – merkwürdig rein. Gedämpfte Zurufe stiegen auf und begleiteten ihn.

In dem Wagen verstummten alle. Die Frau und ihr Bruder sahen jeder zur Seite, Tolleben gerade vor sich hin. Wieviel vom Bevorstehenden wußte er? Woran dachte er auf dieser Fahrt? Nicht an den Tod. Alice erkannte: an die Pflicht. Pflicht freilich war der Tod. Die Menschen waren seit heute Sterbende, ein Tolleben drückte sich vom Sterben nicht. Nur beschäftigte ihn nicht mehr das schon gebrachte Opfer, ihm ging es um seine Verantwortung. Sehr viele ihrer sollten sterben, dies hatte er ihnen zu sagen im Reichstag, nur dies noch, dann begann großes Schweigen.

Er wollte es aber vorher Gott sagen. Sein Herz verlangte einzig noch auf Erden nach einigen stillen Worten an Gott, ob denn die Dinge stimmten, ob Verzeihung wirklich zu hoffen sei für ihn, der Zahllose in den Tod schickte – und dafür nichts anzubieten hatte als seinen eigenen … Beim Brandenburger Tor ertrug Tolleben nicht länger sein Verlangen, nicht länger Lärm und Gewühl, die ihn zu Gott nicht kommen ließen. Er befahl: nach dem Dom.

Der Wagen wendete, er fuhr die Linden zurück und gleitend beim Dom vor. Er schien nicht halten zu können, der Chauffeur machte vergebliche Anstrengungen. Der Jäger war vom Sitz gesprungen, er öffnete, er half Frau von Tolleben aus dem noch gleitenden Auto. Der Reichskanzler wollte ihr folgen, von innen aber zog jemand den Schlag zu. Schon beschleunigte sich wieder die Fahrt – dies Gleiten über den glatten Asphalt, der frisch gesprengt und glänzend naß war. Das Automobil begann sich zu drehen – jetzt wurden die Drehungen rasend schnell, es rutschte zur Seite. Immer sich drehend rutschte es und prallte mit aller Kraft gegen jenen Kandelaber.

Die Frau am Rande des Fahrdammes schrie auf. Der Jäger griff zu, damit sie nicht fiel. Zugleich war Terra da, er stammelte außer sich: »Alice! Was ist geschehen!« Schon stand sie wieder. Sie sagte dem Jäger: »Fragen Sie!« – mit Bewegung nach der Stelle des Unglücks. Das verunglückte Automobil war nicht mehr sichtbar, so viele Wagen waren inzwischen durcheinander gefahren und stockten nun. Im weiten Umkreis drängten sich Leute. Polizei verhinderte die Eifrigsten, zwischen die Wagen zu kriechen. Niemand wußte sicher, was geschehen sei, um so größer Schieben und Geschrei.

Alice sah Terra verstört bis zum Furchtbaren. Sie hätte nicht geglaubt, er könnte diese zerrissene Stirn haben, so verwilderte Augen. Sein Anblick hatte sie wachgerufen. Sie hätte sich sonst der Katastrophe hingegeben und das Bewußtsein verloren. Sie erschrak heftig, weil sie noch lebte. Am lebenden Körper alles erfahren bis zum Ende! ... Der Jäger kehrte zurück, er meldete: der Reichskanzler tot. Durch den Anprall vielleicht schon getötet, war er fortgeschleudert worden und von einem schweren Fuhrwerk ganz zermalmt. Graf Erwin Lannas war tot. Der Chauffeur lebte noch, aber er würde sterben. Er war erst heute eingestellt worden statt des plötzlich erkrankten, der ihn dringend empfohlen hatte.

Umher verstummte gradweise der Lärm. Was geschehen war, ging um; wo es ankam, schuf es Stille. Alice fuhr zusammen, sie hatte jäh bemerkt, daß es still war, das traf sie schrecklicher als alles. »Fort!« Leute erkannten sie und flüsterten es weiter, Hüte wurden abgenommen. Gestützt auf den Begleiter, ohne Tränen, aber schon ganz in Schwarz und mit Augen wie ein Geist, irrte die Witwe des Reichskanzlers durch Reihen, die schwer wie zäher Schmerz auseinanderwichen. Auf sie herab blickten Dom, Denkmal Friedrichs und Fahnen, die feierlich den angebrochenen Krieg begingen.

In der Seitenstraße hielt sie an, nur aus großer Schwäche, sonst wäre sie gern immer weitergegangen. Hinter ihr wartete aber schon der Wagen, den der Jäger besorgt hatte. Wohin? »Nach Liebwalde«, sagte Alice, die Augen geschlossen.

Terra gab den Auftrag, er sah: im Augenblick versagte sie. Zuviel des Schreckens, des Wagnisses, der Überwindung – der rettende Instinkt griff zum Trugbild. Liebwalde, versäumtes Glück, jetzt auferstand es. Sie waren wieder jung, sie waren wieder frei, Sommer war endlich, und mutiger Morgen war ... Ach! wenn nun Alice die Augen öffnete – gleich, gleich, die Sekunde! Terra zitterte davor mehr, als er vor dem Tode glaubte zittern zu können. Er mußte denken: »Das hat Tolleben nicht gekannt.«

Sie lehnte aber, ohne die Augen zu öffnen, den Kopf zurück. Er faßte den Mut, in dies Gesicht zu blicken, das noch mehr als jenes von einem schweren Fuhrwerk zermalmte sein Opfer war. Da erkannte er das Gesicht Leas, die Nacht bevor sie starb. Ermattet, irrsüß und verklärt, dem Tode oder der Liebe nahe, fanden beide, Alice und Lea, ihre erste Ähnlichkeit wieder. Am Anfang auf einer nächtlichen Wiese, wo zwei Ringer sich umbrachten, indes die junge Alice sich von ihm küssen ließ – und jetzt, da alles vollbracht war: sein Grauen und Entzükken glichen sich, denn beide Male sah er auch Lea.

Noch einmal sah er Lea ihm sterben – und bedachte, auch Lili, die Frau von drüben, sei wohl gestorben in dieser Gestalt. Auch sie konnte aussehn wie Lea. Er träumte, ihm habe eine einzige Geliebte gelebt statt der drei. Hatte er nicht auch schwesterlich Alice gefühlt, und manchmal seine Schwester mit Sinnen wie sonst die Frau von drüben? Darum starben sie alle fast am selben Tag. Seine geliebten Frauen waren einig, sich zu gleichen und gemeinsam zu sterben. Dahin nun alles, dahin die verschiedenen Formen, in denen das Leben ihn beglückt hatte, die Augen, mit deren Zauber es ihn gefangen hielt, dahin sein süßer Hauch ... Bevor auch der letzte ausgeatmet war, küßte er den noch blühenden Mund.

Alice hielt still, wie damals am Anfang. Er ließ sie von selbst los, es war aus. Sie saß aufrecht, sah ihn an und sagte: »Nie wieder. Ich werde für Sie tot sein.« – »Sie sind schuldlos!« rief er. »Alles fällt auf mich. Verwerfen Sie mich, aber leben Sie!« Sie sagte: »Ich werde in Liebwalde leben.«

»Nie wieder?« klagte er gegen alles Wissen. »Ich soll Sie nie mehr sehen? Selbst wenn ich gebüßt hätte, wenn es möglich wäre, so viel abzubüßen – ich käme nach Liebwalde, vor die Pforte, die immer offen war, uns immer hätte fliehen lassen, jetzt aber wäre sie verschlossen, und meine Alice begraben drinnen? Ich müßte umkehren, Sie würden nicht einmal wissen, daß ich da war?« Sie sagte: »Lassen Sie halten!«

Sie gab ihm noch die Hand, als er schon draußen auf der Straße stand – aber sie hatte das Gesicht des Erzengels, schmal, ganz weiß, abweisend für immer – endgültiger, als da er sie vergebens gebeten hatte, Lea zu retten.

Er öffnete seine Hand, die ihre zog sich zurück, der Vorhang schnellte über das Fenster.

Terra erwartete zu Hause sein Schicksal. Was immer die Untersuchung ergab, seine Verhaftung schien ihm unwahrscheinlich. Anderes zeichnete sich ab. Die Firma Knack benachrichtigte ihn, daß sie ihre Verbindung mit ihm sofort zu lösen wünsche. Wirkung des Kriegsausbruches, er machte seinen Standesgenossen Mut, scharf vorzugehen gegen den Entlarvten. Wegen Weiterzahlung seiner Bezüge entstanden Schwierigkeiten. Er hatte sein Vermögen erschöpft im Kampf für das Monopol und um der Kriegshetze zu begegnen. Er verkaufte, was er hatte, und fand es milde, nur arm zu werden. Die Nachricht kam, sein Sohn sei tot, sei rühmlich gefallen beim ersten Zusammenstoß mit dem Feind. Der Tod für das Vaterland sühnte selbst Muttermord. Hinaus und sterben? ... Da ließ ihn Mangolf rufen.

Es geschah telephonisch durch einen Angestellten und in Formen, die sich durch nichts vom amtlichen Befehl unterschieden. Terra sagte gelassen zu. Merkwürdig, er sollte, trotz Amtlichkeit, ins Möllendorfsche Palais kommen, frühmorgens – so früh wie erst einmal.

Wie das erstemal gelangte er geradeswegs ins Zimmer des Hausherrn, wieder war Mangolf im Pyjama und eingeseift. Er sagte, gegen den Spiegel gewendet: »Da bist du.« Heute aber rasierte er sich fertig, es brauchte Zeit. Dennoch blieb Terra geduldig stehen. Mangolf schnell vor, abgebrochen die Komödie: »So mußte es kommen!« Er hatte die volle Schwermut und seine gesamte Verachtung, Terra fuhr zusammen. Mangolf weiter: »Du wirst dir wohl niemals recht bewußt werden, wie falsch du gelebt hast, wie schmachvoll du nun endest. Ich wette, du fühlst dich als tragische Figur.« – »Nicht doch«, murmelte Terra. »Und könntest versucht sein –« Mangolf ward scharf, »es die Mitwelt wissen zu lassen. Das geht nicht, es wird verhindert werden. Durch Ausplaudern dessen, was nicht geschehen sein darf, würdest du mich zwingen, rücksichtslos gegen dich einzuschreiten.« – »Du bist der Polizeipräsident?« fragte Terra scheu.

»Unglücksmensch« – Mangolf verschränkte die Arme und senkte die Stirn. »Sieh ein einziges Mal das Leben, wie es ist!« – »Der Tod, wie er ist, wäre passender in meiner Lage«, gestand Terra. Hierüber erschrak nun wieder Mangolf. »Nein. Auch das ist nicht dein Recht. Jemand wie du rückt nicht mit unseren Jungen ins Feld.« – »Unsere? Meiner«, murmelte Terra. Mangolf verlor infolgedessen das Maß. »Halte dich ruhig, sage ich! Du bist gewarnt. Ich werde dich vernichten, unternimmst du das Geringste gegen meinen Krieg. Erbarmungslos werde ich dich zerschmettern. Die alte Sache zwischen uns ist aus und begraben.«

Terra hörte nichts als »mein Krieg«. Er wiederholte staunend und ergriffen: »Dein Krieg.« Mangolf entspannte sich daher, er wollte sogar erklären. »Tolleben, mußt du wissen, hatte mir geschrieben, um mich einzuweihen in das Unglück, das er vorausfühlte. Auch wollte er mir sagen, für seine Nachfolge empfehle er dem Kaiser mich.«

Terra dachte: »Wieviel hat er selbst vorhergewußt? Wieweit ist er mein Mitschuldiger?« Da errötete Mangolf. Vielleicht stellte auch er sich die Frage jetzt zuerst?

»Ich soll Reichskanzler werden«, sagte er schnell. »Heißen Glückwunsch, mein lieber Wolf«, murmelte Terra. »Niemand empfängt verdienteren Lohn.« Er wartete, ob er entlassen sei, und ging ab – aus Ehrfurcht rückwärts. Mangolf blieb verwundert allein.

Was war hier geschehen? Er hatte seine Vergeltung, er war auf der Höhe, jener aber ganz unten; und dennoch Zweifel? Erster Zweifel im Triumphieren selbst – sein

Zweifel und schlechtes Gewissen sollte bis zum Tode Terra heißen?

Er fuhr ins Amt, Endkampf der Spannung, noch immer vom Kaiser kein Bote, kein Wort. Als Mangolf es schon aufgab, kam er selbst, voll Macht und Gnade. Im Garten der Reichskanzlei erging er sich mit Doktor Wolf Mangolf, wie so oft einst mit dem Fürsten Lannas, seinem Leopold. Ernst und knapp fragte er, ob Mangolf in dieser schweren Zeit ihm helfen wolle, die Verantwortung für sein Volk zu tragen – vor den Menschen, denn vor Gott trage der Kaiser sie allein.

Mangolf antwortete, keine Aufgabe schrecke ihn heute, auch nicht die politische Führung im Kriege, den er für unvermeidlich gehalten, daher in seine Pläne längst eingestellt habe. Er schritt ritterlich zur Seite seines Herrn, erlaubte ihm aber keine damenhaften Herausforderungen, wie einst Lannas; langweilte ihn wohl auch nicht, wie Tolleben, wenn nicht gerade gebetet ward; aber Mangolf befremdete den Kaiser. Der Kaiser war, als er fortging, geradezu eingeschüchtert, er nahm sich vor, mit dem Kerl lieber nicht oft zu tun zu haben.

Mangolf kehrte, noch immer geschmeidig und jung unter den vielen Blicken, die ihn zweifellos erspähten, in das Haus zurück. Er nahm die Glückwünsche seiner nächsten Untergebenen entgegen, ließ sich gleich die übrigen vorstellen, gab, alle Räume durcheilend, erste Weisungen – man kam ihm kaum nach. Die alten Beamten überlief bei seiner entschlossenen Miene das Gruseln. Sie fanden ihn weit stolzer als Herrn von Tolleben, der doch von Adel gewesen war. Daß Mangolf unbeliebt sein werde, stand fest, bevor er sein Arbeitszimmer erreicht hatte.

Er befahl Söchting, niemand einzulassen. Allein geblieben, wollte er feststellen, was künftig zu machen sei aus dem Raum, der von dem scheidenden Lannas seines

Prunkes fast ganz entleert, von Tolleben nicht wieder ausgestattet war. Er verwarf jeden Gedanken an den Schreibtisch Bismarcks. Eigene, schmale, unverzierte Werkzeuge seiner Arbeit, seines Geistes! Des Geistes, der, wie keiner, gegenwärtig, beauftragt und im Recht war! Auf einmal schlug ihm das Herz wie einem Kind ... Sein Geist war der des Landes! Er hatte den Geist des Landes in sich erschaffen, bevor er dem Lande bewußt ward. Heute vertrat er ihn an der Spitze mit Recht. Dennoch aber Herzklopfen, wie ein beschenktes Kind. Herauf stiegen Bilder der Kindheit; nur schwer erwehrte er sich des Träumens.

»An unserer Tür stand: Mangolf, Agent. Ich bin Reichskanzler, dies ist das Zimmer des Fürsten Lannas. Zwanzig Jahre Arbeit? Weiß nicht mehr. Zwanzig Jahre Auf und Ab von leiden und siegen, heucheln, wühlen, lügen und sich behaupten? Weiß nicht mehr. Ich bin ans Meer gegangen, der verzauberte Fisch hat gefragt, was ich wollte. Ich habe gesagt: Reichskanzler werden. Da bin ich.«

Ob Stolz, ob Scham, er schwur: »Die Vergangenheit ist ausgelöscht. Erinnere mich niemand!« Leiserer Gedanke: »Nur gut, daß mein Vater tot ist! Was würde er sagen? Er machte sich lustig über Kaufleute, die sich wichtig nahmen.«

Plötzlich zog Mangolf seinen Taschenspiegel hervor. Er besah sich darin, schöpfte tief Atem – und brach in Lachen aus.

Mangolf, erster bürgerlicher Reichskanzler, des Gebotes, sich auszuzeichnen, voll bewußt, trat vor den Reichstag. Schon hatte er Fehler auszugleichen, die nicht seine waren. Der Kaiser hatte beim Zaren um Frieden gebettelt noch nach der Kriegserklärung; an Mangolf war es, fest und eindeutig zu rechtfertigen, was unser Wille so gut wie unser Schicksal war; er sprach für das Schwert. Nur das Schwert sei auf Erden im Recht – aufgehalten höchstens, so sage man, durch Liebe. Uns aber habe man nicht geliebt. »Wir sind in ein neutrales Land gebrochen? Niemand hatte es anders von uns erwartet. Wir stehen zu unseren Taten.« Was Beifall fand, wenn auch erschreckten. Das Nackte erschreckte. Sogar in ihrer nationalen Übersteigerung verlangte es die Versammlung nach sittlichen Schleiern. »In sechs Monaten aber würden sie es mich büßen lassen, hätte ich heute auch nur den Schatten eines Vorwurfes zugelassen. Nationen dürfen nie unrecht haben.«

Der Name des Reichskanzlers war nach dieser Rede einige Tage fast volkstümlich. Ihm sagten es die Gesichter, jedes auf seine Art gab zu: »Zwischen mir und dir greift eine höhere Macht ein und trennt uns – der Ruhm!« Aber die öffentliche Meinung verbreitet nur verflachten Ruhm, sie tötet die Phantasie. Mangolf sah es. »Im Augenblick meines ungeschminkten Bekenntnisses umwob mich etwas von jenem Grauen, das unerläßliche Bedingung für Volkstümlichkeit höchster Art ist. Aber sich zu verdichten, ward dem Grauen von der Presse nicht Zeit gelassen. Heute wird alles zweimal täglich totberichtet.«

Da hatten die Feldherren es leichter. Was sie taten, geschah weit fort, war bildhaft, Blut floß dabei, und man berichtete, was geschehen sein sollte, selbst. Der Reichskanzler dachte bei sich: »Gut, daß so ein Haudegen da ist. Ein Feind tapst heran, man lockt ihn in den Sumpf. Recht brav, ein Sioux könnte keinen besseren Einfall haben. Das Volk begeistert sich, denn es begreift. Kein in dem Vorgang wirksamer Gedanke, der ihm unzugänglich wäre. Aber ist dies Vorbereitung auf die Zukunft von Selbstzucht, Strenge, weltumfriedender Größe, die ich ihm vorbehalte?«

Der zur Macht drängende Mangolf hatte den Krieg gewollt – zuerst und vor allem, weil er die Macht wollte.

Krieg ward gerechtfertigt, wenn der zur Macht kam, der das Zeitgewollte erschaffen konnte. Die Einigung Europas durch Krieg war heute kein Traum eines einsamen Genies mehr, wie noch im Fall Napoleons. Jede aufgeklärte Willenskraft wurde heute von selbst dorthin gelenkt. »Ich werde den Eindruck des Schöpfers machen, aber nur der rechtzeitige Nutznießer des Gedankens sein«, sagte Mangolf im voraus, um sich nicht zu überheben. »So sehen alle Schöpfungen aus.« ... Dennoch blieb der Gedanke ehrgeizig. Blieb Qual und Besessenheit, solange er stumm sein mußte. Blieb Abenteuer und Hirngespinst, solange nicht andere gesiegt hatten für Mangolf. Er hing von den Siegen der Feldherren ab.

Aber schon die ersten Siege zeigten ihm, politische Führung werde sinnlos in einem Volk, das, selbst nur noch ein einziger Wille, für sein Leben kämpfte. Wer verbürgt ihm sein Leben? Doch nicht der Staatsmann, der entfernten Plänen nachhing. Sie kannten ihn nicht, er mußte schweigen. Sie kannten die Feldherren, die siegten, unterwarfen und nicht mehr als das Volk davon ahnten, daß Unterwerfung und Sieg noch nie und nirgend gedauert haben. Gewalt zeugte ewig nur Gewalt. Der Krieg war zwecklos. Mangolf sah dies fast in demselben Augenblick, da Krieg war. Vorher hatte er es nicht sehen können, erst die Gegenwart des Krieges zog den Vorhang weg. Das Unheimlichste war diese Entdeckung, nichts vorhergesehen zu haben. Der Gedanke, unerfahren wie ein Kind, die Wirklichkeit älter und stärker als er, sobald sie zur Welt kommt.

Solche Erfahrung im Herzen, tat Mangolf Dienst am Krieg. Er pries in den Parlamenten die Namen der Siege und der Sieger. Vor ihm hatten Offiziere sie in Automobilen durch die Straßen getragen, Stimmen der Straße brüllten sie vor ihm. Der Reichskanzler gab den großen Namen die letzte Weihe, dann schwieg er wieder – im

Herzen die Leidenschaft des Gedankens, von dem die Wirklichkeit sich täglich weiter trennte. Wirklichkeit und künftige Welt schuf selbsttätig der Krieg. Der Kanzler hatte ihn zu preisen. Er hatte den Dank des Vaterlandes Rettern darzubringen, zu denen er nicht zählte.

Wo es anging, sagte er: »Die einzigen großen Männer sind jetzt im Schützengraben« – was nicht nur Selbstbescheidung war. Es verriet auch den militärischen Führern hinter der Front, wofür er sie schließlich halte. Er glaubte nicht an »planmäßiges« Siegen, an das durch gar nichts abgelenkte Vorgehen nach Berechnungen eines längst verstorbenen Chefs des Generalstabes. Die Nation hing an ihrem Aberglauben, der Reichskanzler kannte die Militärs. Sein Zweifel am Sinn des Krieges machte ihn mißtrauisch auch gegen das Können derer, die ihn führten. Sie rechneten nicht damit, daß der Gegner ein Gehirn hatte, denn mit Gehirnen rechneten sie nie. Die Niederlage an der Marne bestätigte ihn unerwartet schnell und furchtbar.

Mangolf ahnte das Unglück früher, als die Militärs es ihm zugaben. Sie hatten es vor dem Reichskanzler so geheimhalten wollen wie vor der Nation, aber er zwang sie, zu gestehn. Er ward bleich, er griff sich, zurückfahrend, ans Herz, die Herren bekamen den Eindruck, der Zivilist verliere die Nerven. Sie erklärten ihm, eine Schlacht entscheide nichts, den Endsieg verzögere sie höchstens. Er ließ sie gehen, er wußte, daß es aus sei.

Diese Klasse hatte zuviel versprochen, schon der erste Verlust war unwiederbringlich. Niemand seit der Kirche früherer Zeiten hatte dem Volk seine Unbedingtheit auferlegt wie diese Klasse. Der erste Zweifel entschied über sie. Mangolf, was er auch tat, schrak immer wieder daraus auf; »sie werden verlieren«; – und jedesmal stockte ihm wieder das Herz. Er wußte nun schon, was dies Stocken und tiefe Erschrecken bedeutete. Nicht, was die

Herren gemeint hatten. Es war Tollheit, Gemeine hätten es Freude genannt. Grauen vor Ungeheuerem, noch Unaussprechlichem – und mitten hinein der belebende Zudrang. Es kam dahin, daß der Reichskanzler sich fragen mußte: »Habe ich die Niederlage gewünscht?«

Überanstrengung! Geistige, seelische. »Mein Krieg!« – und im Grunde, trotz täglicher Vielgeschäftigkeit, nur warten und zusehn dürfen. Mißerfolge und Beschönigungen der Militärs öffentlich vertreten und zu den seinen machen. Immer nur für andere arbeiten mit Unterdrükkung des eigenen Wissens. Wahrscheinlich zermürbte dies annähernd wie Trommelfeuer und Gasangriffe – nur daß man weiterlebte. Monate und Jahre der Ergebnislosigkeit folgten der verlorenen Schlacht. Monate und Jahre lang ward jede außenpolitische Handlung des Reichskanzlers ausgespäht von den Alldeutschen, die notwendigste Erhaltung der Vorgänge zur Welt draußen so gut wie vereitelt. »Und ich habe die Alldeutschen groß gemacht!« Er bat sie schriftlich, seiner Politik nicht die Fensterscheiben einzuschlagen; unverschämte Antwort ihres Vorsitzenden: es gäbe keine mehr einzuschlagen; – und die Briefe gingen von Hand zu Hand. Der Ruf des Schwächlings ward dem Reichskanzler bereitet. Vom Schwächling zum Verräter aus Schwäche war heute nicht weit. Die Alldeutschen waren die einzigen gewesen, die es sich hatten erlauben können, den Ausbruch des von ihnen ersehnten Krieges ganz laut zu bejubeln. Mangolf durfte nur still »mein Krieg« sagen. Sie hatten es leicht, ihn zu überbieten – und sie lebten vom Überbieten. Er ward nach hinten abgedrängt, nicht durch die draußen Handelnden nur, auch von denen, die im Lande lärmten.

Schon waren Hauptquartier und Alldeutsche stärker als er, auch der Reichstag ging daran, es zu werden. Er fußte auf den Opfern der Nation; sie empfing von den Regierenden nichts mehr, sie gab nur. Die große Gefahr machte sie auf einmal selbständig, alle Erfolge der Friedenszeiten hatten sie nur untertäniger gemacht. Die Nation fühlte amtliche Macht nicht mehr: einzig ihre eigene, ausgedrückt in ihren blutenden Söhnen. Wer sie führte, hatte die Nation und ihr Herz. Der Reichstag stand hinter den Feldherren, sie verkehrten mit ihm unmittelbar. Was blieb dem Reichskanzler? Einfluß auf den Kaiser? Die Feldherren drohten zu gehn – mitten in der Schlacht. Da deckte kein Kaiser ihn mehr. Er durfte raten ohne Stimme. Der Reichstag beschloß mit dem Hauptquartier. Mangolf, erster bürgerlicher Reichskanzler, hatte sich die Einführung des Reichstages unter die regierenden Parlamente der Welt ganz anders gedacht. Die Macht des Kaisers, Hemmnis schöpferisch nationalen Denkens, sollte begrenzt werden vermittels des Reichstages. Unversehens aber gab es keine Kaisermacht mehr.

Der Kaiser kam manchmal zu seinem Kanzler, er fragte nach Auskünften, die sie beide nicht hatten. Mangolf sah: der Kaiser liebte ihn nicht, aber es zog ihn zu dem Schicksalsgefährten. Beide bewegten sich schwierig im Halbdunkel. »Ich spiele nicht mehr mit«, sagte der Kaiser. »Ich habe Halsweh, ich gehe zu Bett. Was haben die Kerls im Hauptquartier jetzt wieder mit ihren Annexionen? Sie reiten mich noch schön hinein. Eine gewisse Fresse kann ich nicht mehr sehn.« Worauf sein Kanzler ihm erklärte, daß die Fresse etwas zu weit hinter der Front sitze; in das sicher gelegene Hauptquartier getrauten sich sogar Schwerindustrielle, und zwar oft. Die Forderungen der sogenannten Industrie, einiger unverantwortlicher Personen, bestimmten unsere Kriegsziele. Diese Leute brachten es fertig, hinter unwissende Militärs verschanzt, für ihren privaten Nutzen die maßlos überanstrengte Nation weiterkämpfen zu lassen – wer weiß, bis wohin. »Sonst könnten wir Frieden haben?« fragte der Kaiser. Der Reichskanzler sagte: »Sonst hätten wir Frieden.«

Der Kaiser sagte noch: »Schön, daß Sie es einsehn. Sie waren doch wohl auch so ein Moderner, wollten gegen mich mit der Schwatzbude regieren. Nun haben Sie Ihren Parlamentarismus, so sieht er aus. Genießen Sie ihn! Ich gehe zu Bett.« Der Reichskanzler geleitete ihn die Treppe hinab, barhäuptig bis zum Auto; dann kehrte er zurück mit der Gewißheit, öffentlich werde der Kaiser vorsichtigerweise nur wieder äußern, daß Politik im Kriege den Mund zu halten habe, bis Strategie ihr das Reden wieder gestatte. Mangolf war allein – wie jemand, den alle überholt haben. Er hatte sich niemals träumen lassen, es gäbe noch etwas außer Beamtenstaat und Volksstaat. Wer hatte es geahnt? Ein kaiserlicher Minister großen Formates konnte den Beamtenstaat aufrechterhalten, wenn sein Genie schon dem Volksstaat genügte und ihn ersetzte. Was zeichnete sich ab statt dessen? Etwas Drittes, Interessenherrschaft – unter Ausschluß des überlegenen politischen Denkens. Ein kaiserlicher Minister großen Formates konnte den Volksstaat heraufführen, wenn er selbst ihn trug. Diktatur. Dies Volk für sich allein brachte nichts fertig. Was denn auch die andern? Für Mangolf stand und fiel jede Zukunft von Stolz und Wert, ja, die Einigung des ganzen Erdteiles, mit der Diktatur – seiner eigenen Diktatur; diese aber mit dem deutschen Sieg ... Statt dessen nun Interessenherrschaft, als Ausdruck der sicheren Niederlage. »Das Genie der Nation ist zeitgemäßer als meines, es findet unbewußt seinen Weg sogar durch Niederlagen, ich bin allein gelassen.« Mangolf sah: »Tragik des Denkenden! Auf der Höhe angelangt, hat er schon das unbefangen nachgerückte Leben im Nacken, im selben Augenblick ist er um ein Geschlecht gealtert. Ich war endlich dort angelangt, wo ich hätte zeigen sollen, wer ich bin; da kann ich nichts mehr.«

Er hätte in alter Geschicklichkeit sich selbst verleugnen können, er wäre den Tatsachen einfach gefolgt. Nein! Vormals verleugnete er sich wohl, nicht aber, um den Tatsachen zu folgen, er war ihnen voran. Er hatte einer erwählten Idee, ob richtig oder falsch, vorangekämpft. Er hatte sich erzogen zum Glauben an die Nation und ihre Weltsendung. Die Herrschaft der größten Interessen, die ohnedies gewiß war, mit heraufzuführen, schien ihm verächtlich. Mangolf war auf die Kämpfe seines Lebens denn doch zu stolz; Siege der Art waren, sie zu beenden, zu schlecht. Der Schwiegersohn Knacks bemerkte spät, daß die Klasse, deren er sich zu bedienen geglaubt und die ihn nur benutzt hatte, sein ärgster Feind war, Feind des Gedankens, auch des nationalen, Feind jedes geistbewegten Menschen, sein Feind. Er war ihr auf der Spur, er kannte sie; seine alte Erfahrung, sein neuer Haß ergaben den Scharfblick, der alle Schliche bloßlegte. Heimlich wie sie. Öffentlich herrschte ungebrochener Burgfriede, glänzendste Einmütigkeit, Begeisterung und kein Ende.

Es gelang Mangolf, den Oberadmiral von Fischer bloßzustellen in seiner beruflichen Unfähigkeit, verbunden mit politischer Anmaßung. Er baute noch immer keine Unterseeboote, entwendete aber Akten. Der Kaiser zeigte einen Augenblick Kraft, Fischer mußte gehen. Seine Bande war seitdem im reinen über Mangolf. Er, der ohne sie nicht Reichskanzler geworden wäre! Sie haßten ihn fortan noch mehr, weil vertrauter, als andere. Er war gezwungen, Stützen zu suchen, er fand sie im Reichstag – wo der Burgfriede merklich unbeliebter ward. Abgeordnete, die von den großen Interessen noch nicht gekauft waren, ja, den Kauf vielleicht abgelehnt hätten, kamen zum Reichskanzler. Sie schützten nationalen Eifer vor, wollten aber wissen, wann endlich Friede werde. Auch er machte Umwege. Sie wüßten, daß Politik vorerst zu schweigen habe. Sie kennten, wie er, die wirklichen Mächte. Nicht einmal Besteuerung der Kriegsgewinne sei erreichbar, solange die Überzeugung dauere, der Feind werde zahlen. – Das glaubten in Wahrheit nur noch wenige, sagte der Abgeordnete. Mangolf darauf: »Aber Ihr Kollege Schwertmeyer, der Lieferanten in die Ministerien einführt, wird es noch lange glauben.« – »Bis er sich gesund gemacht hat«, sagte der Abgeordnete.

Nachdem sie gelächelt hatten, ward Mangolf tiefernst. »Wir haben ein ehrliches, treues Volk; es stirbt, es hungert, wie nur eins. Wie konnte es dahin kommen, daß die einen mit gutem Gewissen Übergewinne machen, dafür daß die andern sterben! Es scheint jetzt überall so zuzugehen, aber wir hielten uns für besser, woher sonst unser Recht auf diesen Krieg.« – »1914 waren wir in der Abwehr, nur daher die Begeisterung«, behauptete der Abgeordnete. Mangolf, mit Strenge: »Wir müssen uns ausdehnen, vergessen Sie es nicht! Die Industrie braucht neue Kohlengruben.«

Verzog der Abgeordnete kritisch das Gesicht, so konnte Mangolf, wenn auch scheinbar widerstrebend, den sträflichen Eigennutz der Industrie immerhin zugeben. Das Ausfuhrverbot für Stahl, das England schon seit 1915 hatte, war von den deutschen Interessen bis jetzt noch hintertrieben worden, sie lieferten des höheren Nutzens wegen wie toll an das neutrale Ausland, von wo der Stahl an den Feind ging. Wir aber bezahlten mit ungeheuren Menschenverlusten das Befestigungsmaterial, das sie uns vorenthielten. »Wenn nicht einmal die ersten Männer an der Spitze der deutschen Wirtschaft so viel nationales Verantwortungsgefühl haben –« – »Sind wir verloren«, ergänzte der Abgeordnete, und er ging erschüttert. Ein mit der Schwerindustrie verschwägerter Reichskanzler hatte ihm dies gestanden!

Der nächste Abgeordnete gehörte geistigen Berufen an. Der Reichskanzler lobte die Einheitsfront der Geistigen, den opferwilligen Verzicht auf die eigene, so hoch ausgebildete Urteilskraft; die Stupidität des Bürgertums einfach hinzunehmen, könne nicht immer leicht sein. Für Geschäftsleute freilich gehe alles gut, solange sie gut verdienten. Aber geistige Menschen hätten doch wohl kühnere Zwecke mit diesem Krieg verbunden, sie hätten eher noch ein Kriegsziel wie die Vereinigten Staaten Europas – sagte Mangolf, die Augen gesenkt – für möglich gehalten als solchen engen Eigennutz. Wer litte nicht unter dem stillen Hunger der Armen, dem Übermut der Verdiener, der Hyänensprache ihrer Zeitungen. Selbst in das Heer drang soziale Unmoral, die Soldaten lebten schlecht, indes höhere Offiziere Geschäfte machten. Um so nationaler handelten unsere Sozialisten, die trotz allem nur Frieden mit militärischen Sicherungen wünschten. – Davon komme man ab, getraute sich der Sozialist – wofür der Reichskanzler ihn tadelte, wenn auch mit Nachsicht. Er mußte zugeben, daß die militärische Leitung zu weit gehe im Sinne der Industrie – weit hinaus über die Absichten der Reichsleitung. »Die belgischen Deportationen haben wir nicht gewollt… Wir sind es auch nicht, die heute noch von Annexionen sprechen. Ich selbst«, sagte Mangolf, »sprach einst in meiner Jugend davon, aber ich bin belehrt. Ich habe nur einen kurzen Krieg gewünscht.« – »Wenn er nach Maß geliefert würde!« meinte der andere, aber Mangolf ertrug sogar Ironie. Dafür hörte er den Abgeordneten endlich bekennen. »Wir wollen Frieden – jeden Frieden, der uns mehr läßt als die Augen zum Weinen. Schaffen Sie ihn uns, Herr Reichskanzler!« – »Helft mir!«

Sie halfen ihm aus Ratlosigkeit, aus Not. Gutwillig und unbelehrt suchten die Redlicheren bis jetzt vergeblich zu entkommen aus dem Netz der tausendfachen Lüge. Tag für Tag seit Jahren belogen, in falsche Sicherheit gewiegt, gegängelt und entnervt, ahnten sie in bösen Träumen, es werde schlimm enden. Mehrere begriffen, daß die Lüge, die im Lande so erfolgreich herrschte, schon zurückgegriffen habe auf ihre Urheber. Die Feldherren selbst wurden ihre Opfer. Sie unterschieden das Mögliche nicht mehr. Geistig Arme, die sich rühmten, seit ihrer Kadettenzeit kein Buch gelesen zu haben, verloren sie Urteil und Halt; sie ließen sich schlagen, weil sie zu viel geprahlt hatten ... Die meisten Abgeordneten gestanden es sich später als ihre hunderttausend Wähler. Denn sie saßen der lähmenden Propaganda näher; auch wagten sie mehr mit der Wahrheit. Bei ihnen konnte Mangolf erst durchdringen, wenn sie ganz reif waren. Seine Kunst galt der Erfassung des einzigen Augenblikkes. Im Reichstag, bei den Reifgewordenen, arbeitete er auf eine Friedensresolution hin. Gleichzeitig fühlte er nach Frieden aus dort drüben, hinter den verbotenen Stacheldrähten, beim Feind.

Ganz heimlich. Völlig allein. Seine Sendlinge waren unbeglaubigt, ihren wahren Auftrag kannte höchstens das Gerede, er verschwand im Wust unterdrückter Nachrichten, die heimlich umgingen. Sie hatten für ihre Auslandsreisen finanzielle Gründe; wurden politische genannt, so hießen sie Stärkung schwankender Bundesgenossen.

Mangolf hielt mehrere seiner Agenten für Geschäftemacher, die auf die Karte des Friedens setzten, andere für Politiker ohne volles nationales Pflichtgefühl. Seine ehrgeizige Selbsterziehung, durch so viele Jahre befestigt, blieb unerschüttert, als er die Front wechselte. National wie je, wollte er nur nicht mehr die Weltherrschaft der Nation, er wollte sie einfach retten, ihre Entsittlichung aufhalten, ihr hundert Jahre Knechtschaft ersparen, sie retten. Aber er mißtraute denen, die die Weltherrschaft nie gewollt hatten. Grade auf sie war er angewiesen, welche Lehre! Die Mißachtung, die sie ihm einflößten, traf auch ihn selbst. Mangolf tat, was sein Gewissen ihm eingab, gedemütigt durch seine Helfer; dies verdächtigte ihm sogar sein Gewissen.

Er suchte nach sittlicher Bestätigung – und konnte sich doch niemandem entdecken. Vielleicht einem Kinde? Dem Kinde, das nun seine ganze Lebenswärme, sein einziger menschlicher Zusammenhang war; denn Bellona lebte mit ihm nicht mehr, schon seit Alice Lannas sich nach Liebwalde zurückgezogen hatte. Bellona war in ihrem Haus geblieben, sie besuchte Gesellschaften oder was es derart noch gab, ihn sah sie nicht. »Du bist am Ziel, mich brauchst du nicht mehr.« Übrigens hätten sie die Lannasschen Prunkräume jetzt nicht eröffnen können; auch diesen Glanz hatte sein Amt verloren, Mangolf wohnte als Junggeselle in dem Flügel des Reichskanzlerpalais zwischen Hof und Wilhelmstraße, dort wohnte mit ihm das Kind. Es war die Tochter der Fürstin Lili, sein Kind. Nach dem Tode der Mutter hatte er es zu sich genommen.

In einsamen und fragwürdigen Stunden ließ er es hinüber in sein Arbeitszimmer kommen, das Fürst Lannas nicht wiedererkannt hätte, es war nüchtern wie ein Büro. Das herangewachsene Mädchen saß abseits mit einem Buch vor den bebrillten Augen, indes ihr Vater schrieb. Hielt sie ihn für vertieft genug, sah sie hin. Sein eingefallener, gelber und ergrauter Kopf hing schief über dem Papier, die Neigung entsprach genau der Haltung jenes Christus, der hinter Mangolf auf dem alten Bild an der Wand, dem einzigen hier, seinen Schmerzensweg ging. Er war im Fallen, schon glitt das Kreuz von seiner Schulter, der einzige Hilfreiche hielt es auf – indes die Marien klagten und ein langer Zug Militärs unbekümmert hügelan trat.

»Woran denkst du, mein Kind?« fragte der Vater; mehr als je ersehnte er heute abend einen hilfreichen Sinn. Das junge Mädchen aber, mit dem Blick auf Abwegen ertappt, senkte ihn. »Du siehst den Christus an? Er fällt. Er wird sogar gekreuzigt. Aber das hat den guten Grund, daß alle die anderen Personen des Bildes – nicht sterben sollen«, schloß er mutlos, denn Vergleiche schienen ihm abgeschmackt. Die Tochter las weiter. Er fragte: »Was liest du?« – »Strategie.« – »Willst du es mir zeigen?« – Schnell schob sie das Buch in einen Haufen, stand auf und stierte durch das Glas wie ein übellauniges Schulmädchen. Sie hatte die stolze Figur der Mutter, bewegte sie aber linkisch. Das Gesicht war zu klein, verkleinerter, anmutsloser Mangolf. Gesenkter Mund, schroffer Nasenwinkel und hinter der großen Brille fremde, spitze Augen, die umhersuchten. »Armes Geschöpf!« dachte der Vater. »Mit mir allein – und haßt mich!«

Denn sie war in ihrem Gefühl die Tochter Tollebens, von ihrer Mutter dazu bestimmt, von Tolleben dafür gehalten. Natur verschlug dagegen nichts; ihr wirklicher Vater wäre der Tote gewesen. Ob durch Natur oder nicht, er hatte sie früher geliebt als dieser kalte und eigennützige Mann, dem sie mißtraute. Wie kam er auf den Platz ihres Vaters Tolleben? Hatte ihr Vater sterben müssen für diesen? Was stak dahinter? Wozu war dieser noch fähig?

Mangolf, ihrer stummen Fragen wohl bewußt, forschte dennoch: »Du wünschest doch auch, daß der Krieg einmal aufhört?« – »Erst muß er sich gelohnt haben«, sagte die Tochter. Mangolf redete ihr zu. »Was kann sich noch lohnen, wenn alle schon tot sind. Das dürfen wir nicht fordern.« Das Mädchen erklärte aber: »Mein Vater Tolleben hätte es ruhig gefordert, denn er hatte selbst keine Furcht zu sterben.« Begeistert nach oben. Mangolf beugte zurückgeschlagen den graugelben Kopf über sein Papier. Die Tochter zog unter dem Haufen das Buch wieder empor, das keine Strategie, sondern ein englischer Roman von den Abenteuern des kommenden U-Boot-

Krieges war. Sie schlich damit in einen anderen Winkel, von dort sah sie dem Vater besser auf den Schreibtisch. Was schrieb er? Was schob er? Welche Geheimnisse bargen die halb offenstehenden Fächer, die nachher so peinlich geschlossen waren? Ihre Augen suchten umher. Mangolf fühlte seinen Nacken brennen von ihren Augen.

»Sie hat mir Feigheit vorgeworfen. Auch ihr Vater Tolleben hatte dafür seine Gründe. Ich werde den Vorwurf entkräften müssen, ich muß weiter gehen, als ich bis jetzt wagte! Eines Tages wird es offenbar werden, daß ein einzelner den Sturz des Landes noch aufhielt und dabei umkam. Es wird kein sogenannter Heldentod sein – vielleicht nur das nationale Schandmal, wie Verräter es tragen. Ich muß bis zum Verrat gehn. Keine Selbsttäuschung! Was ich anbahne, heißt vorerst noch Verrat.«

Wenn er handelte, war er kühl, ging den Weg zum Feind, stellte fest, daß höchstens noch der Stand von vorher Deutschland erreichbar bleibe, ja lebte schon mehr in genauen Aufgaben von morgen als im heutigen Unfug des entgleisten Treibens. Zugleich vollführte er kalt den täglichen Betrug, die großartigen und verstockten Krieg- und Siegreden an die Nation, die sie hören wollte. Aber auch Nächte kamen, in ihnen wankte sein Wille. Er erwachte schweißbedeckt, die Seele kehrte erfahren, uralt zurück aus Zeiten, die nur ihr schon bekannt waren, aus den Zeiten nachher, wenn er das Seine vollendet hatte und gerichtet war. Im Augenblick des Erwachens glaubte er noch in das unfaßbar schreckliche Gesicht geblickt zu haben, sein Gesicht nach der Tat. Er sagte wohl: wo denn die Tat beginne. Er sei schon mittendrin, der Verlauf der Tage ergäbe sie, im Grunde forderten alle sie von dem Reichskanzler, sogar die Wütendsten; nur der Mut, sie fest anzusehn, fehlte den Feiglingen. Gleichviel, ihm sträubten sich die Haare.

In solchen Nächten ward er emporgetrieben, unhörbar suchte er am Schlafzimmer seiner Tochter vorbeizugelangen, tappte ohne Licht bis in sein Arbeitszimmer. Das alte Bild des Leidensweges lag nebelhaft im blassesten Schimmer, erst nach langer Weile unterschied Mangolf Gestalt und Bewegung. Sie bewegten sich! Der Zug des Militärs ward hügelan bewegt, er sah ihn steigen, sich verschieben, jetzt verdeckte ihn das große Pferd des Hauptmannes, das sich bäumte. Die Mutter des Verurteilten erwachte aus ihrer Ohnmacht – bald rührte gewiß er selbst sich! Mangolf wartete manche Nacht, daß Christus sich aufrichte unter seinem Kreuz, den vorgezeichneten Weg vollende und droben seinen Tod erleide. Nie tat es Christus; aber Mangolf war zuletzt erschöpft, als hätte er selbst es getan.

Einmal störte ihn ein Rascheln. Als er den Fuß ansetzte, entfernte es sich fliehend. Hinterdrein – aber im Dunkeln hatte er es gleich verloren. Als er im Zimmer dann Licht machte, fand er den Schreibtisch offen. Er hatte seit einer Stunde davor gestanden, der Spion war die ganze Zeit mit ihm im Zimmer gewesen. Gefunden hatte er nichts; Mangolf hütete sich, Gefährliches aufzubewahren, er wußte sich beobachtet. Kriegseiferer, Kriegsverdiener trafen Maßregeln gegen den Verräter, so fingen sie an, ihn unter sich zu nennen. Das Hauptquartier ertrug ihn gerade noch. Einzig der Kaiser hielt ihn bis jetzt, aus Abneigung gegen die Tyrannei der Feldherren. Aber wen hielt der Kaiser sehr lange, wenn dazu Widerstand gehörte, wenn die Feldherren ihn haßten, die Nation ihn ausstieß? »Ich bin ausgestoßen. Sie schicken mich in die Wüste. Meine Gehilfen sind nicht meine Freunde, dem Reichstag bin ich fremd, kein Volksmann, ein Beamter auf Abwegen. Seine Friedensresolution wird er gegen mich machen, den Verfasser so vieler Kriegsreden. Mein Sturz ist gewiß. Meine sogenannten Freunde haben mich längst ausgeliefert an das Hauptquartier; der Spion, der meinen Schreibtisch durchwühlt hat, kommt aus dem Hauptquartier ... Ich möchte wissen, wozu ich mich quäle.«

Wenn alle im Grunde einig waren, lieber unterzugehn als gerettet zu werden? Ein Schritt weiter, er zweifelte am Volk selbst. Hier stand Mangolf, er hielt dies Volk der Rettung nicht mehr wert. Denn es wollte vollauf, was ihm bevorstand, Zusammenbruch, Chaos – unbarmherzig sich selbst, Wachs für fremde Sieger und die eigenen gierigen Verdiener. Es haßte Vernunft; wer es rettete, verriet es – und konnte es darum nur verraten, nicht retten ... Mangolf sah sein Denken sich auflösen, ungeheure Zwecklosigkeit eröffnete sich schaudernd. »Ich, der positivste Geist!« Da erinnerte er sich seiner ungefesselten und bitteren Jugend, der unruhigen, stachligen Geister, die sie gewesen waren, Mangolf und Terra. Er dachte an Terra.

Wo war Terra? Verschollen, untergegangen auch dem, der ihm heimlich die erste Zeit noch gefolgt war auf seinem schnellen Abstieg. Ihm war wohl, er hatte es hinter sich! War dem Kampf entronnen, zur Besinnung gelangt, vielleicht zurückverfallen an die erste unbeteiligte Verachtung des Lebens, wie Gutbegabte sie haben, bevor es recht beginnt. Niemals verschmerzte Geistesreinheit der noch unbefangenen Jünglinge, wer dich wiedergesehen hätte von diesseits der Erfahrungen! Was der tätige Mann dem Leben eingeräumt hatte, verlor er an sich. Ehrgeiz! Damit einst gelehrt ward: »Reichskanzler Mangolf beging Verrat, dahin brachte ihn sein Ehrgeiz.« Ach, nicht einmal das – denn alles strebte einem Ausgang der Dinge zu, nach dem nicht einmal Gedächtnis blieb. Sterben, ganz sterben, sogar das Andenken!

War Terra tot? Er kehrte dem Übriggelassenen wieder, hartnäckig wie ein Gewesener und in der frühen Form.

Ja, auch der junge Mangolf stieg aus dem Vergessenen auf, seine Schwermut, die noch nicht gewählt hatte, noch nicht unwiderruflich das Leben, und noch Fühlung hatte mit dem Tod. Er war dem jungen Mangolf vertraut erschienen, seitdem aber fremd und grauenvoll geworden. Jetzt kam Wiedererkennen mit ihm, kam tiefe, heimliche Freude. Das ist unverloren! Eine letzte Verzauberung wartet, eine Zuflucht bleibt noch, ihr entgegen träume! ... Von Sorgen genährt, mit Qualen getränkt, hatte der zu Ende gehende Mangolf Nächte so glücklich wie ein Kind.

Hier ward verlangt, er solle den uneingeschränkten U-Boot-Krieg – nicht mitbeschließen, nur mitvertreten. Er hatte nicht anders gerechnet, als daß auch dies noch käme. Seine geheimen Friedensunterhandlungen waren fast eingeschlafen, die Fehler mußten zuerst alle begangen sein. Dieser freilich erlaubte, wenn er geschah, auch keine Unterhandlungen mehr, weder geheime noch offene. Gleichviel, er mußte begangen werden. Der Reichskanzler ließ, nur damit sein Amt noch bemerkt werde, im Hauptquartier seinen Besuch melden. »Was hat er für Schmerzen?« fragte der Generalfeldmarschall seinen Gehilfen.

»Keine«, sagte der eintretende Zivilist. »Autorität und hohes Pflichtgefühl Euerer Exzellenzen werden mir es hoffentlich leicht machen, auf meine Fragen die Antworten entgegenzunehmen, die Volk und Reichstag durch mich zu erhalten wünschen.« Der Gehilfe bekam für alle Fälle einen roten Kopf. »Wenn das auf mich geht, verbitte ich es mir!« Sein greiser Chef beruhigte ihn. Verstanden hatte auch er den Reichskanzler nicht, war aber stumpfer. Der Gehilfe zog gereizt den Hals ein, die Backentaschen hingen über den Uniformkragen. Der Reichskanzler erklärte den beiden Abgöttern der Nation, er sei nicht in der Lage, ihnen zu widersprechen. Immerhin stehe ein ernster Entschluß bevor. Solle er von einer letzten Karte sprechen? – Davon könne nicht im Traum die Rede sein, kollerte der Gehilfe. »Vielleicht könnte durch diesen Schritt der Krieg verlängert werden?« fragte der Reichskanzler. »Nein, wird abgekürzt. Todsicherer Erfolg.«

Der Generalfeldmarschall bestätigte immer nur seinen Gehilfen. Man hatte übrigens, sooft er sich bewegte, genug an der Sorge, sein ungeheurer Rumpf könnte das Gleichgewicht verlieren auf dem Stühlchen, das unter ihm einschrumpfte. Dies war die strotzende Körperlichkeit, die ganze Volksmengen begeisterte, wenn der Feldmarschall an der Spitze von Truppen, breiter und größer als alle zusammen, vorbeimarschierte – im Film. Er glaubte an die Filmabenteuer der U-Boote. Auch seine Offiziere, wenn nicht er selbst, hatten den englischen Roman gelesen. »Amerika wird glatt besiegt«, sprach er seinem Gehilfen nach. Der Reichskanzler: »Und wenn die Franzosen durch die Schweiz kämen?« – »Wäre militärisch günstig.«

»Das wollte ich hören. Es genügt mir, ich bin aufgeklärt«; – und Mangolf verließ die Abgötter schnell, er hätte ihnen zwecklos gesagt, wer sie seien. Sie hatten ihn empört und aus seiner Ergebung gerüttelt. Nein! Einsicht und Gewissen durften, auch wenn ein ganzes Volk sich aufgab, nicht schweigen vor diesem Äußersten an stumpfer Barbarei. Noch am gleichen Tage setzte Mangolf das verfallene Einverständnis mit dem Feind wieder in Kraft. Blieb ihm Zeit? Das Schicksal hing an Tagen. Die im Hauptquartier benutzten sie, ihn aber zwang ihr Argwohn zu den umständlichsten Schlichen. Wie offen ihr Argwohn schon auftrat! Diese Behandlung! – und bei seiner Rückkehr fand Mangolf schon wieder seinen Schreibtisch durchsucht.

Diesmal ließ er seine Tochter kommen, er fragte schroff,

was sie wisse. Keine Antwort, nur kalte Neugier vor seiner Wut. Sie vergaß, die unruhigen Augen zu verstecken und sich linkisch zu stellen. Plötzlich fiel es ihr ein. Er sah sie heucheln; sie fragte unbefangen kindlich, was er jetzt noch geheimhalte, jetzt sei doch beschlossen, daß endlich ganz richtiger Krieg komme. Täuschend, sie war seine begabte Tochter! Dies aber sah er nur wie im Blitzschein – und gleich wieder das Hauptquartier. Ihn verfolgte das Hauptquartier, kein kleines Mädchen. Auch noch der stürzende Mangolf wollte ernst genommen sein.

Der Feind ließ unter den erschwerten Umständen seine früheren Zugeständnisse nicht mehr gelten. Sein Sieg schien ihm näher gerückt, er wollte siegen, nur gründlichste Unterwerfung konnte ihn aufhalten. Mangolf besuchte einen der früheren Botschafter; das Land, das sie verlassen mußten, hatte die feindliche Partei gewählt, sie aber waren vom Kaiser nicht empfangen worden, weil sie vergebens gewarnt hatten. »Wir gingen«, erinnerte der Reichskanzler, »im vorigen Jahr einmal hier den Kanal entlang. Sie sagten: wenn wir Elsaß-Lothringen und die Abdankung des Kaisers anböten, kämen wir um das Schlimmste noch herum. Würden Sie dasselbe noch heute sagen?« – »Nein«, sagte der Botschafter. Mangolf hatte dies Nein abgewartet, wie den allerletzten Wink; jetzt ging er vor. Verrat – was er bisher gewagt hatte? Dies schüchterne Abtasten der Gelegenheiten? Er wollte sie erzwingen sturmartig, der Feind sollte von diesem Volk, damit es sich noch rette, Umsturz fordern. Aus eigenem kam hier kein rechtzeitiger Umsturz, nur Zusammenbruch kam, wenn alles verspielt und vertan war. Hatte dies Land keine Empörer? Doch. Einen. Mangolf handelte als Empörer, im Haß auf alles, auf alle.

An diesem seinem entscheidenden Tage kam noch einmal unangemeldet der Kaiser, Mangolf behielt kaum Zeit, ihm über die Treppe entgegenzueilen. Der Kaiser sagte: »Sie machen schöne Geschichten, das Hauptquartier nennt Sie Hochverräter.« Der Reichskanzler, sofort sehr stark: »Majestät, Hochverräter wäre, wer den Krieg nur fortführte, um sich selbst an der Macht zu erhalten – noch bis zum Zusammenbruch.« Der Kaiser, sofort eingeschüchtert: »Ich sage ja nichts. Ich habe Sie gehalten.« – »Jetzt kann auch ich Euerer Majestät nichts mehr nützen.« Ernst und dunkel.

Der Kaiser stand und sah die Wand hinan, dort sank in rotem Kleid der Christus hin wie ein Reh. Pause – darauf der Kaiser, unsicher: »Ich habe den Kerls genau das gesagt, was Sie sagen. Der Krieg ist verloren, wenn die Fäden nach England nicht zur Brücke werden. Aber machen Sie mal aus Fäden 'ne Brücke!« Der Reichskanzler schwieg. Dies alles war überholt, der Mann, der es noch aussprach, schon geopfert. Mangolf hätte ihm sagen wollen: »Gehen Sie wenigstens mutig ab!« Der Kaiser dachte: »Jetzt laß ich den Kerl aber fallen, und schleunigst.«

Da sie einander nicht ansehen konnten, blieben sie vor dem Bild stehen. Der Reichskanzler wies auf die Komposition des Bildes hin, das liegende Kreuz teilte es in Dreiecke, im ersten stand ein Kopf mit gelbem Turban, im zweiten der des hilfreichen Mannes, im dritten der Christuskopf, seine braunen Augen, die die Welt zum Zeugen nahmen. »Na ja«, sagte der Kaiser. »In den Dreiecken sieht es verschieden aus. Der eine hat den gelben Turban, der andere kommt ans Kreuz.« Worauf es auch Mangolf klar ward, daß eigentlich niemand viel teilnahm am Jammer des Fallenden. Der hilfreiche Joseph griff nicht recht zu, der Hauptmann auf stolzem Roß wollte Eindruck machen. Die Marien stützten die Ohnmächtige unter ihnen, Veronika war auf das Bildnis im Schweißtuch bedacht. Einzig der kahle Bettler vorn meinte mit seinen Gebärden den Erlöser selbst – denn er beschimpfte ihn.

»Na ja, wer für die Bande stirbt, ist schön dumm«, sagte der Kaiser. Er ging; der Reichskanzler geleitete ihn barhäuptig.

Es war später Abend, dennoch ließ Mangolf sofort das Bild in sein Schlafzimmer bringen. Aus ihm sprach zu viel, es konnte ihn verraten, es sollte nicht mehr gesehen werden. Bald darauf wollte er sich zurückziehen. Im Schlafzimmer war Licht – aber nur die Bettlampe? Darunter, sorgfältig im Licht, lag ein Revolver. Mangolf nahm ihn in die Hand, kleiner Browning, geladen und entsichert. Er legte ihn hin, seiner war's nicht, er hatte hier keinen, für wen denn. Oder konnte er in die Lage kommen, sich nachts zu verteidigen? Dann aber nur gegen Leute, die seine Waffe nicht fürchteten. Viel eher hätten sie selbst ihm eine geschickt, damit er sich erschieße.

Seine Feinde! Der Revolver kam von ihnen! Sie legten ihn neben das Bett des Hochverräters, er sollte sich selbst richten. Sie hatten die Frechheit, zu erwarten, er werde den Kampf mit ihnen aufgeben vor der Entscheidung. Der Schrecken sollte machen, daß er die Waffe, die sie hinlegten, gegen sich abdrückte ... Er schleuderte sie aber zu Boden. Sie ging nicht los, er hatte sie gesichert.

Darauf beschimpfte er die, die er haßte. Er bewegte sich ungleichen Schrittes über den Teppich, wie hinter den Gehaßten, die davonliefen, und beschimpfte sie unflätig. Neue, verzerrte Worte kamen ihm, er stieß sie aus mit erregt schwingender Schauspielerstimme, er fuhr sich ins Haar, leicht schwankend. Plötzlich stand er, er merkte, daß er den Kopf verlor. Was war geschehen? Jemand hatte sich eingeschlichen – wann? Als das Bild gehängt wurde, hatte der Revolver noch nicht dagelegen, der Diener hätte ihn fortgenommen. »Wenige Minuten darauf kam ich selbst. Der Mensch hat nur wenige Minuten gehabt, er hat nicht mehr entkommen können, er ist noch hier!« Sofort durchsuchte Mangolf das Zimmer. Nichts. Schnell weiter, er öffnete die Tür in das Zimmer seiner Tochter. Sie lag und schlief. Er schloß die Tür.

Keine Zeit verlieren! Er läutete. Der Diener – aber er befahl alle andern herbei. Als alle da waren, verteilte er sie in der Wohnung – ob etwas hervorkäme. Nichts. »Das Haus absuchen!« Die ganze Reichskanzlei, jede offene Tür. Dann auch die verschlossenen, dann auch den dunklen Garten. Zuletzt kehrten abgehetzt alle zurück; beim Portal, bevor sie es schlossen, berieten sie noch. Mangolf war schon wieder droben. Im Augenblick, da er sein Zimmer betrat, hatte er den Eindruck, an der Tür nach dem Zimmer seiner Tochter bewege sich der Griff. Täuschung? Er sah nochmals nach. Sie schlief, sie atmete hörbar.

Erschöpft und entmutigt fiel er in den tiefen Sessel beim Bett. Auch noch Rätsel! Der Feind konnte sich unsichtbar machen. Er war überall. Mangolf mußte zugeben, der Feind sei furchtbar. Fast schon am Ende seines verlorenen Glücksspiels, aber drohend bis zuletzt – bis an den Zusammenbruch. Der kam, der rächte alles. »Ich aber kann es nicht«, sagte Mangolf auf einmal laut. »Ich kann Revolution nicht machen, ohne daß dennoch Zusammenbruch daraus wird. Alle Macht erfassen in meiner Hand, Diktator, den Feind in revolutionärem Aufschwung noch von den Grenzen halten, drinnen aufräumen: – zuviel auf einmal und über jede Kraft. Über die Kraft des Volkes. Über meine«, sagte er und schrak auf. Er horchte. Alle Türen, außer einer, standen offen. Die nächsten Zimmer waren dunkel, er sah undeutlich ein umgeworfenes Möbelstück. Ein herabgerissener Vorhang lag darauf gewälzt wie ein Toter. Mangolf ging neugierig näher. Auf halbem Wege machte er kehrt; festen Schrittes dorthin, wo er den Revolver geschleudert hatte. – Fort. Wo war der Revolver?

Dies war doch die Stelle? Mangolf bückte sich; die Leute mußten beim Suchen die kleine Waffe fortgestoßen haben. Er kniete hin, er tastete unter die Möbel – nichts. Er war mit dem Kopf unter dem Bett, da hörte er jemand ins Zimmer treten.

Terra. Er stand noch halb im Dunkel; im Zimmer sah er niemand. Mangolf zeigte kniend hinter dem Bett sein erstarrtes Gesicht. »Was tust du dort, mein lieber Wolf?« fragte Terra. Mangolf antwortete: »Sage lieber, was du selbst hier tust.« – »Ich will dich sehen, bevor ich sterbe«, sagte Terra.

Und er vertiefte sich stumm in die Maske Mangolfs, die eingesunkenen Schläfen, darüber hinausstarrend dunkle Brauen, das Haar aber grau um den schmerzlich gehaltenen Kopf. Ungleiche Gesichtshälften der zerrissenen Seele, wie leidend, wie böse! Plötzlich eine Zuckung, daß die Zähne klafften. So furchtbar hatte irgendein von dummen Lastern Zerstörter einst gezuckt. So ward ein Geist? Ein reiner Geist?

Mangolf sah um den Freund verbrauchte Kleider schlottern. Grau und so abgezehrt das Gesicht, daß Züge hindurch wie eiserne Rippen liefen; aber wuchtige Haltung bei aller Gewichtsabnahme, und noch immer die überdeutlichen Blicke. Sie sagten: »Sollte es mit dir ähnlich stehen?« Mangolf sagte einfach: »Ich hatte soeben dieselbe Absicht.«

»Auch du? Fertig? Daß meine Ahnung mich gerade heute hertreibt! Ich sehe Licht bei dir, das Haustor ist unverschlossen, mir begegnet keine Seele in allen weit offenen Zimmern deines nächtlichen Palastes, da bin ich.« – »Woher kommst du?«

»Ich dachte, du wüßtest es. Wenigstens habe ich verdammt deine mächtige Hand gespürt in meinen letzten Unternehmungen. Meine gerechten Ansprüche an die

Firma Knack wurden zurückgewiesen im Namen aller staatlichen Gewalten. Für jeden Versuch, sie durchzusetzen, wurde mir mit eurer wohlbewährten Schutzhaft gedroht. Aber auch, als ich den Tod für das Vaterland vorzog, versagte man mir jede Gelegenheit schroff. Daran erkenne ich dich besonders, mein lieber Wolf«, sagte Terra ironisch und zärtlich. – »Was triebst du aber seither?« fragte Mangolf.

»Ich lebte«, sagte Terra. »Das müßte auch dir vollauf genügen. Meine Taten sind gerächt, ich suche den Tod wie die rosigste Freudengabe, die das Leben für mich noch hat.«

»Du hast gehungert?« fragte Mangolf begierig. »Du hast gebettelt?« – »Wie du gleich vorgehst!« sagte Terra. »Ich bekleidete zeitweilig sogar einen Posten als Schreiber beim Kriegsgericht. Hunderte armer Teufel, die sich auf ungesetzliche Art vom Sterben gedrückt hatten, wurden durch mich trotzdem am Leben erhalten – bis man mich fortjagte. Ich ward Armenanwalt, da war ich wieder, wo ich angefangen hatte. Ja, auch im Zirkus versah ich ein wenig geachtetes Amt ... Wozu aber triste Belanglosigkeiten. Verbringen wir zusammen, wenn für uns denn alles aussein soll, noch einmal nach gutem alten Brauch eine trauliche Stunde!«

»Ich habe es mir gewünscht. Wie sollte ich sonst wissen, was ich noch wert bin. An wem mich messen.«

»Sofern ich deine neueste Entwicklung in meiner schuldbeladenen Dunkelheit mir richtig zusammenreimte, können wir uns, wie Gott sei Dank noch jedesmal, die Hände reichen. Ich bin vom Verräter zum Mörder geworden. Du, mein lieber Wolf, verfuhrest umgekehrt.«

»Du sprichst von mir in Ausdrücken, die ohne Einblick sind« – wegwerfend und unberührt. Terra sah den Mangolf jener Dachstube im Haus des Agenten. »Ich bin als Verräter, wie du mich nennst, erst frei geworden. Ich wäre für Taten erst reif. Hätte ich mich nur nicht so schwer hinaufarbeiten müssen! Ist es dann Zeit, versagt man. Nur darum versagen auch alle andern. Deutschland wäre anders, wenn ich ihm gewachsen wäre!« sagte Mangolf mit Größe. Handbewegung abwärts: »Nun aber lassen alle mich allein.«

»Das war vor zwanzig Jahren zu bedenken«, sagte Terra.

»Weißt du etwa, warum wir gescheitert sind?«

»Ich bin länger als du aus den Geschäften heraus«, sagte Terra. »Ich hatte genügend Zeit, es mir klarzumachen. Wir sind vor allem gescheitert, weil nicht einzusehen ist, warum irgend jemand, der Talent hat und es der menschlichen Gesellschaft vorsetzt, nicht scheitern sollte. Sie will Talente nicht – und ausschließlich Zufälle, die ihr selbst am peinlichsten sind, bewegen sie manchmal, eins durchzulassen. Wir im besonderen sind noch daran gescheitert, daß wir von unseresgleichen zuviel verlangt haben.«

»Du wohl. Du hast sie bessern gewollt.«

»Du, mein lieber Wolf, hast von ihnen in der Richtung des Schlechtseins eine geradezu übermenschliche Opferfreudigkeit verlangt. Du warst ein noch größerer Idealist als ich.«

»Behauptest du wie alle Welt, wir Idealisten verständen von Geschäften nichts?«

»Noch schlimmer, wenn wir sie verstehen. Ich faßte den Entschluß, meine Geschäfte mit der bestehenden Gesellschaftsordnung zu machen. Das Schlimmste, was geschehen konnte, ist eingetreten: ich habe sie gemacht.«

»Ich fühlte schon immer«, sagte Mangolf, »wenn ich nicht von Adel war, hätte ich wenigstens mittelmäßig sein müssen.«

»Alle wirklichen Lenker der Menschheitsgeschicke waren im Geistigen mittelmäßig. Gegenbeispiele gibt es nicht. Und das ist gut. Denn die Mittelmäßigen«, sagte Terra, »handeln menschlicher als wir.«

»Was haben sie schon verhindert?« fragte Mangolf wegwerfend. »Nichts«, sagte Terra. »Die Erlebnisse der Menschen sind immer dasselbe gedankenlose Elend, nur erträglich, weil gedankenlos. Mittelmäßige aber werden nicht die abstoßenden und erbärmlichen Geschicke der Menschen auf die Spitze treiben; denn sie werden weder versuchen, sie in freundliche und edle zu verwandeln, noch werden sie Katastrophen, die einfach im Wesen des Menschen liegen, zur Höhe des Gedankens erheben wollen. Daher können sie selbst auch nicht zu Verbrechern herabsinken, wenn beides natürlich fehlschlägt, wie unter Menschen jede geistige Absicht immer fehlschlägt. Mit Mittelmäßigen als Führern haben die Menschen einige Aussicht, dem Schlimmsten zuletzt noch zu entgehen. Vor allem bleiben die Mittelmäßigen als Führer unentwegt am Leben; ihre geistige Unehrenhaftigkeit erlaubt es ihnen. Nun ist aber Sterben das einzige Unverzeihliche – wie die lebenstüchtigste Person, die wir kannten, mir einstmals einprägte.«

»Und wir sterben!« Mangolf empörte sich. »Wir sterben, weil wir geistig ehrenhaft sind!«

»Nein«, sagte Terra. »Sondern weil wir nicht auch Gegengifte in uns tragen für unseren anspruchsvollen Geist.«

»Welche Gegengifte?«

»Verachtung und Güte. Du hattest nur die Verachtung.«

»Du nur die Güte.«

»Ich danke dir, mein lieber Wolf. In diesem Augenblick hast du mehr davon als ich. Wahrscheinlich war ich niemals gut. Meinem Wunsch, den Menschen zu helfen, entsprach geradesoviel geistiger Stolz wie deinem Bestreben, sie für deine Zwecke zu gewinnen. Wir haben beide durch Stolz gesündigt.«

»Das ist theologisch gedacht.« Mangolf zeigte Strenge. »Ich hoffe, daß du dich so weit denn doch nicht vergessen hast.« Terra, wegblickend: »Man überlegt, wie es wäre, wenn es wieder anfangen könnte.« – »Genauso«, sagte Mangolf. »Lieber, als einfach nur lügen und erwerben, will ich nochmals fallen und zugrunde gehen.«

Terra dagegen: »Es fragt sich, ob wir das nächstemal nicht besser täten, alles unbesehen mitzumachen, sämtliche Infamien, die nötig sind, damit ein Mensch in aller Unschuld sein täglich Brot ißt. Nach meiner Kenntnis der Dinge wäre dies sogar Gott wohlgefälliger.«

Mangolf aber: »Bleibe ernst! Seine Stunde ist da.«

Sie hingen aneinander, ihre gealterten Gesichter erwarteten inständig jedes vom anderen den Aufschluß über sich selbst. Sie hofften wie je, sich wiederzufinden im tiefsten Bekenntnis des andern. Um einander ohne Rest zu ergründen, drängten sie aus dem Licht. Unbewußt suchten sie den Schatten, suchten Atemnähe im Winkel eines unbeleuchteten Zimmers – murmelten eifrig und geheim.

»Ich habe unerklärliche Vorgänge erlebt«, murmelte Mangolf. »Die Kraft eines Bildes, mich zu rufen und in sich aufzunehmen. Ich weiß, daß ich jenen Hügel besteigen und erst droben sterben werde. Dann fällt auch der kahle Bettler um, der mich beschimpft und als einziger geliebt hat.«

»Ich verstehe dich«, murmelte Terra. »Auch ich habe deutlich, wie durch Offenbarung, erfahren, daß es völlig vergeblich wäre, mich erschießen zu wollen, wenn nicht auch du dich erschießt. Gott nimmt uns grundsätzlich nur gemeinsam auf.«

»Glaubst du an ihn?« – »Ja«, murmelte Terra. »Es war schwer, denn ich will mich niemandem aufdrängen.«

»Kennst du ein Mittel, ihn zu fragen, ob wir wirklich sterben müssen?«

»Was dies betrifft, verlasse ich mich einzig auf unseren gesunden Instinkt. Wären wir beide nicht fertig bis auf den letzten Faden, wie käme uns auch nur die entfernteste Lust, zu sterben, an? Wir saßen doch, weiß Gott, mit Nägeln und Zähnen im Leben fest.«

»Es ist furchtbar.« – Der dumpfe Laut griff dem Freunde ans Herz, Terra sagte eifrig: »Gott will ganz gewiß von jedem nur das, was er leisten kann, von uns den Stolz.« Da richtete Mangolf sich auf. »Die Waffe! Der Revolver ist fort. Hier lag er.«

Terra war ihm gefolgt. »Er liegt noch dort« – er zeigte hin. Der Revolver lag unter der Bettlampe. Mangolf nahm ihn auf: derselbe kleine Browning. »Das ist unverständlich«, sagte er. Terra fragte: »Was ist es damit?« Und Mangolf: »Sie hatten ihn neben das Bett gelegt, damit ich mich selbst erledige. Ich hatte ihn zu Boden geschleudert, das Zimmer war voll von Menschen, er war verschwunden. Jetzt liegt er wieder da.« Terra behauptete: »Dann ist der Betreffende noch immer hier.« Mangolf widersprach, sie stritten, sahen hinter die Möbel – und erst, als hinter einem Möbel ihre Köpfe zusammenstießen, erinnerten sie sich. »Nichts ist gleichgültiger für uns als die Erklärung, warum der Revolver wieder daliegt.« – »Andererseits gibt es nichts mehr, was interessanter wäre.« Sie lachten stumm.

Da es aber Morgen zu werden versprach auch nach dieser Nacht, sahen sie keinen Grund, die Ausführung ihres Entschlusses zu überstürzen. Er stand fest genug, sie konnten, meinte Terra, in aller Ruhe eine Flasche Wein darauf trinken. Er vollzog feierlich mit dem Freunde den Trinkakt. »Auf deine Gesundheit, mein lieber Wolf«, sagte er; dann bemerkte auch er die ungelegene Formel. »Das war nun das Leben«, sprach er zu seinem Glas, »das war es nun.«

»Merkwürdig«, sagte Mangolf zu dem seinen, »wie

viel man sich doch versprach – trotz äußerstem Mißtrauen. Es ist weit weniger geworden – und dabei sind wir an die Spitze gelangt; wer noch zeitlich dächte, würde sagen: wir sind nicht fortzudenken.«

»Kein Sandkorn ist fortzudenken«, sagte Terra. »Aber warum es gerade zu dieser Sekunde und an dieser Stelle im fließenden Sand seine kleine, so große und wichtige Reibung ausübt, weiß allein Gott.«

Sie schwiegen; denn sie bemerkten: was sie sagen konnten, war immer gleich an demselben Ziel.

Es dämmerte, Marschmusik kam schwach fern her aus der Stille. »Da haben einige den gleichen Weg wie wir. Prost, mein lieber Wolf.« Diesmal tranken sie schon im Stehen.

»Aber sie begreifen nichts«, sagte Mangolf. »Das ist ihr großes Glück.«

»Es gibt in keiner Minute unseres Lebens etwas Wichtigeres, als unsere Schuld zu adeln, indem wir sie begreifen«, sagte Terra und förderte aus der Tasche seinen Revolver. Mangolf ergriff den seinen. Die Marschmusik näherte sich. »Die Armen!« rief Mangolf. »Sie – wofür sterben sie? Noch hundert Jahre werden sie jedem glauben, der ihnen von ihrer Pflicht und Größe spricht und nur ihr Geld will.«

»Viel länger noch. Denn sie haben die unvergängliche Leidenschaft, sich zu opfern«, sagte Terra. »Man muß wohl dabei auf seine Kosten kommen. Ich bin im ganzen Leben niemandem begegnet, der seinen Vorteil nicht gekannt hätte.« Hierbei hielten sie schon die Arme verschlungen, wie um Bruderschaft zu trinken – in der Hand die Revolver. »Wohin?« rief Mangolf, beschwingt vom Fieber der Erwartung. »In den Kopf!«

»In den Kopf«, sagte Terra.

Sie zielten, sie drückten ab. Mangolf hatte als Letztes das unbezweifelbare Gefühl, er ersteige, in Gestalt jenes

Christus, leicht und glücklich jenen Hügel. Er hätte sich gesehen – nur daß seine Augen schon brachen. Das ganze Innere Terras war inständig darauf aus, seinen Namen rufen zu hören von jener Stimme, die ihn als Letztes vormals gerufen hatte. Aber bevor seine Schwester ihn rufen konnte, fiel er schon. Sie fielen kreuzweise übereinander.

Die Militärmusik schmetterte draußen, Marschtritt und schwere Räder erschütterten das Zimmer. Mangolf und Terra erkannten von allem, was vorbeizog, weder den Stolz noch das Elend, kein wildes Gesicht mehr, kein angstvolles, keins, das noch kämpfte. Terra und Mangolf ruhten und formten ihr Kreuz.

Eine Tür ging auf, eine Gestalt, die keine Brille mehr trug, kam hervor. Sie bewegte sich geschmeidig und hielt sich kühn. Ihre bloßen Füße vermieden voll Widerwillen die Berührung mit den beiden Toten. Ohne Aufenthalt schritt sie zum Fenster, öffnete es stark und rief gellend hinaus in den blitzenden Kriegstag: »Hurra!«

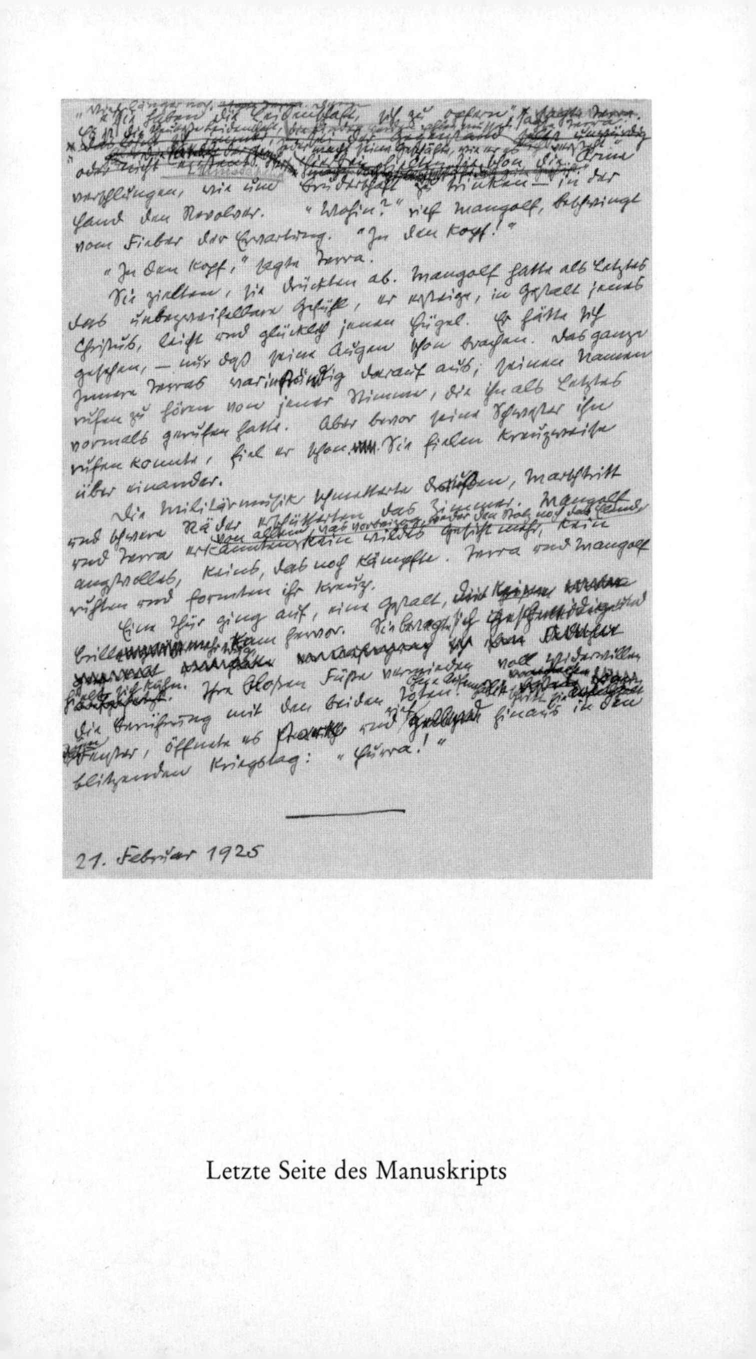

21. Februar 1925

Letzte Seite des Manuskripts

Anhang

Heinrich Mann (um 1917)

Nachwort

> »Jede noch so sehr kompromittierte Vergangenheit läßt sich leidlich tragen, wenn nachher bemerkt wird, daß eine Katastrophe sein mußte, damit ein Übergang käme. Entscheidend ist der Übergang – nach neuen, besseren Zuständen der Menschen und Dinge.«
> *Ein Zeitalter wird besichtigt* (1946)

Heinrich Manns Roman *Der Kopf* gehört nicht zu den Büchern, auf die sich der Nachruhm des Autors gründet.

Anders als *Der Untertan* (1914/18), sein weltbekannter *Roman des Bürgertums*, gingen die weiteren Bände der *Kaiserreich*-Trilogie nicht in den geläufigen Kanon der ›Klassischen Moderne‹ ein. *Die Armen* (1917), der als eine Art Fortsetzung des *Untertan* angelegte *Roman des Proletariers*, und der *Roman der Führer*, wie *Der Kopf* (1925) mit Reihentitel bezeichnet ist, sind daher beinahe vergessen. Auch die Überlieferungsgeschichte war der Verbreitung des letzten seiner *Romane der deutschen Gesellschaft im Zeitalter Wilhelms II.* nicht besonders günstig. Erst 1987 wurde er innerhalb der ›Akademie‹-Ausgabe der *Gesammelten Werke* Heinrich Manns neu ediert. In den gängigen Lexika und Literaturgeschichten sucht man ihn gewöhnlich vergebens. Vermutlich zählt sein opus magnum der Jahre nach dem Ersten Weltkrieg noch heute zu den »unbekanntesten Werken« [Renate Werner, 1972, S. 247] des Romanciers. Doch scheint das Buch interessanter zu sein, als seine Vernachlässigung nahelegt. Erstaunlich genug, gingen die Meinungen über seinen Erkenntniswert und Kunstrang sehr weit auseinander. Die einen hielten den Roman für historisch unergiebig, weltanschaulich überaus fragwürdig und künstlerisch gescheitert dazu, die anderen für eine unvergleichliche erzählerische Eigenleistung.

Überzeugt davon, dass *Der Kopf* wohl »nicht zu den erstrangigen Werken der zwanziger Jahre« [Hanno König, 1972, S. 142] gehöre, bevorzugte die Forschung lange Zeit das fraglos Anerkannte, sicher auch, um dem weitverbreiteten Vorurteil zu begegnen, man habe es mit einem modernen Klassiker ›Zweiter Klasse‹ zu tun. Ein namhafter Interpret meinte, *Der Kopf* sei Heinrich Manns »schlechteste Arbeit« [Klaus Schröter, 1983, S. 169]. Ähnlich hatten schon Arthur Schnitzler und Hugo von Hofmannsthal [siehe Materialien, Nr. 48, 54 und Nr. 77] geurteilt. Andere Zeitgenossen fanden dagegen, dass der Schlussband seiner *Kaiserreich*-Trilogie »die beiden ersten bei weitem überragt« [Otto Ernst Hesse, siehe Zeitgenössische Rezensionen, S. 838 f.]. Überaus angetan äußerte sich Thomas Mann [siehe Materialien Nr. 61]. Fürsprache kam auch aus germanistischen Fachkreisen. »Möglicherweise«, erwog das nachdrücklichste Votum, »handelt es sich um einen der verkanntesten Texte der modernen Literatur in Deutschland« [Walter Müller-Seidel, 1983, S. 120]. Tatsächlich begegnete der Roman häufiger durchaus gewolltem Unverständnis und selten kunstgerechter Interpretation.

Genau besehen, hat man es mit einem Schlüsseltext der literarischen Moderne zu tun. Wer die Misere deutscher Schriftsteller als Intellektuelle in der ersten Hälfte des 20. Jahrhunderts und Heinrich Manns intellektuellen Habitus verstehen will, kann an dem Werk nicht vorübergehen. Zu Recht empfahl es der Neffe Klaus Mann als ein »Geständnis« [siehe Zeitgenössische Rezensionen, S. 851 f.] für Nachgeborene. Nirgendwo hat dieser prototypische Vertreter politisch engagierter Literatur des vergangenen Jahrhunderts dem Selbstzweifel an Rolle und Mission des Intellektuellen, für Veränderung von Staat und Gesellschaft zuständig und verantwortlich zu sein, vergleichbaren Ausdruck verliehen. Vielleicht gewinnt der Text aus postmoderner Perspektive das Interesse, das er verdient. Denn heute ist es fast Mode, den Anspruch, gegen die Mächte der ökonomischen und politischen Ordnung anzuschreiben, als historisch erledigt oder als private Allüre zu betrachten. Man wird neugierig, was der vermeintliche ›Utopist‹ und ›Romantiker‹ Heinrich Mann zur Verabschiedung der Intellektuellen beizutragen wusste. Um deren Ende und Verschwinden geht es in diesem Buch.

Zugegeben: *Der Kopf* ist keine leichte Kost. Sinn und Form des themenreichen und mehrfach codierten Textes bereiten Deutungsprobleme. Seine Erzählweise und Diktion sind nicht nach jedermanns Geschmack, und einige der politischen Gehalte werden nach wie vor Befremden hervorrufen. Das diesem Roman unterstellte mangelnde Verständnis für die historische »Bedeutung der Klassenkämpfe« [Klaus Schröter, 1983, S. 180] dürfte inzwischen der geringste Grund sein. Über die Frage der Qualität kann auch eine schwache Leserquote nicht entscheiden. Dass er keine besondere Popularität zu erlangen vermochte, lag gewiss an seiner rätselhaften Konstruktion. Wie die Wirkungsgeschichte aber verrät, widersprach er obendrein dem kollektiven Verlangen, dunkle Vergangenheiten zu verdrängen.

Der Kopf, das stimmt, kam nicht gut an und war für Verlag und Buchhandel trotz der Prominenz des Autors eher ein Reinfall. Zwar sind auch andere bedeutende Romane aus der Zeit zwischen den Weltkriegen keine ›Bestseller‹ gewesen: Robert Musils *Der Mann ohne Eigenschaften* (1930/32) beispielsweise, der so manche Verzweiflung des modernen Intellektuellen mit Heinrich Mann teilt, oder etwa Hermann Brochs Trilogie *Die Schlafwandler* (1931/32), die sich konzeptionell auf die *Kaiserreich*-Romane bezieht. Auch Franz Kafkas später weltberühmt gewordenes Romanfragment *Der Proceß* (1915/1925), das von Schuld und Sühne erzählt und einen Akt symbolischer Selbstjustiz vollzieht, fand nicht gleich jene Aufmerksamkeit, die ihm nachträglich als ›Prophetie‹ des NS-Terrors zuteil wurde. Von Heinrich Manns Roman, hinreichend beworben und seitens der Literaturkritik durchaus beachtet, konnte nicht einmal die relativ bescheidene Erstauflage von 15 000 Exemplaren abgesetzt werden. Thomas Mann war mit dem kurz zuvor veröffentlichten Roman *Der Zauberberg* (1924), der schon bald als die atmosphärisch und literarisch dichteste Darstellung der Vorkriegsepoche galt, erfolgreicher. Gewiss gefiel den bildungsbürgerlichen Adressaten zumal dessen ironisch distanzierte Diagnose kollektiver Zivilisationsmüdigkeit zur ›Bewältigung‹ der jüngsten Vergangenheit besser. Wie das Urteil des führenden Romanisten Ernst Robert Curtius belegen kann, das »den geist- und seelenvollen Humor Thomas Manns« gegen »das cynische Grinsen von Heinrich Mann« [An Du Bos, 3. 8. 1924. Zit. nach: *Bertaux-Briefwechsel*, S. 597] beschwor, waren damals die Sympathien vorab einseitig vergeben.

Angesichts der prekären Position Heinrich Manns im intellektuellen Spannungsfeld der zwanziger Jahre verwundert es im Nachhinein also nicht, dass *Der Kopf* kein Verkaufserfolg wurde. Ein dritter Roman des Kriegsgegners und Kritikers des Kaiserreichs war den meisten der zweite zu viel. Schließlich wusste das deutsch-national und konservativ geprägte Publikum, das die militärische

Niederlage als Demütigung und den Vertrag von Versailles als pures Unrecht empfand, wie Heinrich Mann von ihm dachte. *Der Untertan* hatte der bürgerlichen Mittelschicht Geldhunger, Bildungsdünkel und Kriecherei gegenüber Adel und Militär vorgehalten. Den Bruch mit den Geschmacksidealen rhetorischer und ästhetischer Unaufdringlichkeit bewunderten wohl Leserkreise der expressionistischen Avantgarde. Dem großen Publikum aber missfielen Heinrich Manns satirische, Pathos und Skepsis mischende Schreibweise und sein literarischer Aktivismus, seine frankophile und radikaldemokratische Haltung sowieso. Wer noch der Monarchie nachhing, ersparte sich die Lektüre eines Romans, den verwandt denkende Feuilletonisten erwartungsgemäß als dürftige Kolportage, als Hypergroteske oder böses »Pamphlet« [Paul Fechter, siehe Zeitgenössische Rezensionen, S. 840 f.] abtaten. Dass *Der Kopf* in der völkischen Presse und in den von der NS-Propaganda beeindruckten Kreisen als Verrat an der deutschen Nation und Nestbeschmutzung abgelehnt wurde, versteht sich von selbst. Dort pflegte man bekanntlich die ›Dolchstoßlegende‹ und attackierte das ›Friedensdiktat‹ der Sieger zum Zweck entlastender Verdrängung und Verheißung künftiger Revanche. Aber auch Reaktionen in liberalen Blättern bezeugen, dass der Autor mittlerweile selbst als ein Vertreter der von ihm kritisierten Epoche und ihrer intellektuellen Eliten betrachtet wurde, der unverwandt nur rückwärts blicke, statt nach vorne zu schauen.

Ein nachträglicher Erfolg war dem Roman dann ebenso wenig im geteilten Deutschland beschieden, trotz Fürsprechern übrigens, hüben wie drüben. Obwohl von Johannes R. Becher einst gewürdigt [siehe Materialien, Nr. 92] und als »thematisch kühn« [Herbert Ihering, 1952, S. 81] eingeschätzt, kam im Osten keine zeitnahe Neuausgabe zustande. Vielleicht störte ideologisch, wie geschichtliche Prozesse hier zum Teil ohne erwünschte Vermittlung aus privaten Leidenschaften und intimen Bedürfnissen der machtpolitisch Handelnden abgeleitet waren. In der Bundesrepublik dagegen behinderte nicht nur der von östlicher Seite erhobene Alleinanspruch auf das Erbe Heinrich Manns die Aneignung. Viele erfüllte dazu mit argwöhnischer Antipathie, was die wenigsten faszinierte: »Heinrich Manns [...] Gereiztheit, die [...] in den Romanen *Der Untertan, Die Armen* und *Der Kopf* imponierend Gestalt gewann«, meinte Friedrich Sieburg in seinem Nachruf, »erlaubte ihm nicht die geringste Illusion über den dunklen Weg, den Deutschland gehen werde« [*Flöten und Dolche*. In: ›Die Gegenwart‹. Jg. 5, 1. April 1950]. Wegen Ressentiments gegen derartige Vorausschau blieb *Der Kopf* als Beispiel beschämender Kritik an kompromittierten Eliten im Kulturbetrieb der frühen Bonner Republik abseitig. Einmal mehr hatte die politische Klasse, das führende Personal aus Wirtschaft, Wissenschaft, Kultur und Gesellschaft, versagt und auch Hitlers Aufstieg nicht verhindern können. Höheres Interesse an der Wiederentdeckung eines Romans bestand nicht, der nach schlichtester Lesart besagte, dass ›der Fisch immer vom Kopf her zuerst stinkt‹ und Führungsgestalten, denen misslingt, Schaden vom Volk abzuwenden und seinen Wohlstand zu mehren, sich besser eigenhändig aus dem Verkehr zögen.

Wäre dies die ganze Botschaft, bräuchten wir uns heute mit dem Text nicht weiter abzugeben. Wie die Deutungsgeschichte bestätigt, verstellte aber nicht allein das Motiv, einen ›Schlussstrich‹ unter die durch Schuld und Versagen belastete deutsche Vergangenheit zu ziehen, den Zugang. Auch Rezipienten, die für artifizielle Erinnerungsarbeit aufgeschlossen waren, beurteilten Geltung und Aktualität der politischen Tendenzen des Romans kontrovers und goutierten oder verschmähten ihn deshalb.

Der Kopf ist, das wurde früh erkannt [Nikolai Serebrov, 1962], als Antikriegsroman lesbar. Er führt zum Ursprung der Blutspur des 20. Jahrhunderts im Ersten Weltkrieg, der »fast ein Selbstmord der europäischen Kultur« [Herbert Lehnert, 1983, S. 100] war und der erste moderne Krieg mit all den Möglichkeiten, die Propaganda, Bürokratie, Technologie und Industrie zur Verfügung stellten: von der verlogenen Fama des ›gerechten‹ Krieges im Namen humanistischer Wertvorstellungen über die Auslöschung des soldatischen ›Menschenmaterials‹ und skrupellosen Bombenterror gegen die Zivilbevölkerungen bis hin zum Einsatz von Massenvernichtungswaffen. *Die Blutspur* sollte der Roman zuerst heißen und warnen, wohin sie führt: zum Untergang aller nämlich. Nach wie vor sind weltweit zwar Massentötungen im Gange und Kriege als vermeintliche ›ultima ratio‹ der Konfliktbeseitigung en vogue. Allgemein ist das Begehren, daran keinerlei Schuld zu tragen, die verbale Grundlage moralisierender Friedensgesinnung. Über Ursachen des fortdauernden Unfriedens und Wege zur Vermeidung von Kriegen sind sich sogenannte ›Experten‹ uneins wie eh und je, und ›gesunden‹ Menschenverstand beruhigt zudem, dass es bislang nach jedem Inferno für die Davongekommenen zumindest irgendwie stets weiterging.

Anders als Erich Maria Remarques pazifistisch gemeintes Erfolgsbuch *Im Westen nichts Neues* (1929), das auf bessere Einsicht durch provokative Darstellung erschütternder Kriegserlebnisse setzt, verweist Heinrich Mann abstrakter, aber darum nicht weniger konkret, auf die strukturellen Bedingungen und Kontinuitäten: »Auch unsere Welt ist durch den Moloch der Rüstungsindustrie aufs schwerste gefährdet« [Lehnert, S. 100]. Der Roman berührt den militärisch-industriellen Komplex und seine administrative Komplizenschaft am Beispiel der Allianz zwischen Wirtschaftsinteressen Krupps und kaiserlicher

Flottenpolitik und Lust an ›schimmernder Wehr‹. Aber darüber hinaus lässt er nichts aus, Hintergründe latenter Kriegsbereitschaften zu benennen: den Nationalismus, wie ihn damals der »Alldeutsche Verband« propagierte; den vulgären Sozialdarwinismus hinter den Fassaden; von der psychoanalytischen Durchdringung der ›Seele‹ als Kriegsschauplatz über den ›Geschlechterkrieg‹ bis hin zum weltanschaulichen ›Krieg der Kulturen‹ gibt es wenig Neues im Diskurs, das dieser Roman nicht schon zur Sprache brachte. Dass Kriege der Gegenwart die Fortsetzung des globalisierten Freihandels mit anderer Methode sind, klingt den meisten unglaublich. Der Text schließt auch diesen Verdacht ein und den Zweifel an Friedensangeboten von ›Rechtsstaaten‹, in denen immer noch die Todesstrafe verhängt wird. Das wirkt heute so aktuell wie die Forderung der Romanfigur Terra nach Kontrolle der Erz- und Kohlenmonopole, d. h. nach der Verhinderung einer ausschließlich auf Rendite zielenden Vermarktung von Energieressourcen. Darüber, dass eine »direkte politische Aktualität« des Romans nun »passé« wäre [Jork de la Fontaine, 1987, S. 1], scheint also das letzte Wort noch nicht gesprochen.

Das gilt analog für seine justizkritische Tendenz, die nicht bloß als rückblickende Abrechnung mit dem Rechtspositivismus der wilhelminischen Epoche und als zeitgemäßer Protest gegen reaktionäre Unterwanderung der Weimarer Justiz zu verstehen ist. Denkt man an so furchtbare Juristen wie Carl Schmitt, der die Mordlust Hitlers als eine Recht schaffende Gewalt zu legitimieren versuchte, oder jene unbelehrbaren Nazi-Richter, die es im Nachkriegsdeutschland wieder zu Amt und Würden brachten und politischen Einfluss gewannen, steht die Weitsicht Heinrich Manns außer Frage. Versuche, auch unter demokratischer Regie geltendes Verfassungsrecht zu unterlaufen, gibt es hierzulande nach wie vor, und rechtsfreie Räume einzurichten, kennt man als Paradox des Anspruchs der westlichen Vormacht, die Welt möge an ihrem Wesen genesen. Ähnlich gegenwärtig sind die sozialen Widersprüche und die politischen Folgelasten, die ungezügelter Kapitalismus erzeugt. Ohne Marxist zu sein, sah der Autor die Gefahr übernational agierender Großkonzerne voraus, wie die Kritik des Synarchismus im letzten Roman *Der Atem* (1949) beweist.

Zweifellos verschärfte die Inflation, *Die Tragödie von 1923*, wie die zeitgleich entstandenen Essays dazu überschrieben waren, den kapitalismuskritischen Ansatz des Romans und erklärt Heinrich Manns »Feindbild des Industrieherrn« [Lehnert, S. 100]. Denn diejenigen, die sich schon am Krieg bereichert hatten, verdienten danach an der Geldentwertung, während der Mittelstand, zu dem er sich rechnete, mit Vermögensverlusten bezahlte und die Unterschicht noch ärmer gemacht wurde. Man muss zwar nicht glauben, dass kriegstreibende Monopole und Plutokratie, d. h. die Herrschaft der Reichen, allein die Weimarer Republik zerstört hätten. Dass der Amoklauf des absolut gesetzten Renditeprinzips mit Geist und den Erfordernissen der Demokratie vereinbar wäre, hat sich aber schon damals als ein Märchen erwiesen. Gegen die Verkultung der kapitalistischen Ökonomie zu einer Form ersatzreligiöser Weltanschauung bezog Heinrich Mann, deutlicher als hier im Roman, aus dem er Passagen mit geänderten Figurennamen unter dem Titel *Lamballe Kobes* (1924) vorveröffentlichen ließ [siehe Materialien, Nr. 32], in seiner allegorischen Novelle *Kobes* (1925) Stellung. Auch dort vollendet sich das Schicksal eines empörten Intellektuellen im Suizid, und dessen Aufstieg zur Macht im Firmenimperium Kobes', gemeint war der Industriemagnat Hugo Stinnes, schlägt fehl.

Wie sich kritische Schriftsteller seinesgleichen als Intellektuelle in der von oligarchischen Bestrebungen, durch den Vorrang wirtschaftlicher Macht und durch Korruption bedrohten Demokratie als ein wirksames Korrektiv profilieren könnten, ohne ihre Künstlerschaft aufzugeben, war die Kernfrage, die Heinrich Mann umtrieb. An einen Umsturz nach bolschewistischer Art oder an die Möglichkeit einer Sozialrevolution von unten dachte er nicht. Was immer der Roman sonst sein mag – es handelt sich zuallererst um einen modernen Intellektuellenroman, der eine kreative und zeitgemäße Antwort zu geben versuchte. Die gemeinte aber ohne weiteres zu verstehen, fiel indes sogar solchen Leuten schwer, die überparteiliche Systemkritik von links und seine Romankunst schätzten. Man kann diese Irritation nachvollziehen.

Der Kopf gibt, das ist wahr, gewisse Rätsel auf. Wer trotz Wohlwollens mit dem Roman nicht viel anzufangen vermochte, berief sich gern auf die Befremdung Kurt Tucholskys: »Ich weiß«, schrieb dieser an den Autor, »daß hier etwas Neues gemacht ist: die Geschichte, wie sie *nicht* gewesen ist – eine andere Welt«; die fiktionale ›Verfremdung‹ der Realgeschichte schien ihm hingegen allzu gewagt: »[…] sobald etwas von der Realität fort ist, in politicis, dann macht mir das Kummer« [siehe Materialien, Nr. 68]. Der Roman enttäuscht sowohl die Erwartungen des üblichen Realismusbegriffs offizieller Geschichtsschreibung als auch einer Sensationslust, die journalistische Enthüllungen aufgetischt haben möchte. Vom Anteil deutscher Geheimdiplomatie am Gelingen der Revolution in Russland wusste Heinrich Mann nichts. Auf Anhieb musste seine Mixtur aus Fakten und Erfindungen, aus zeitgeschichtlichen, literarischen und autobiographischen Anspielungen auch unplausibel erscheinen. Zwar folgt die Chronologie des Romans dem Ablauf der historischen Ereignisse, doch wirken die Daten wie beinah belanglose Requisiten: Der »Panama-Skandal« und der nicht verlängerte Pakt mit Russland, die Friedenskonferenzen, die Abweisung der englischen Bündnisanträge oder die »Daily Telegraph-Affäre« und anderes mehr. Auch der ›Dreyfus-Skandal‹ ist erwähnt. Zwar sind viele Nebenfiguren des Romans ziemlich leicht als Masken bekannter Persönlichkeiten aus Politik, Wirtschaft und Kultur zu identifizieren – Wilhelm II. kommt ganz unmaskiert vor –, doch konnte man die Protagonisten nur mit Mühe auf reale Vorbilder unter den damals prominenten Akteuren beziehen. Wie Klaus Terras und Wolf Mangolfs politische Strategien scheitert die auf Systemerhalt und Kriegsvermeidung zielende Machtpolitik des Fürsten Lannas, unter dessen Einfluss die beiden Hauptfiguren, Advokaten von Beruf, aufsteigen und Karriere machen. An den Schalthebeln der Macht angelangt, kann der eine den verabscheuten Krieg nicht verhindern, der andere die von ihm gewollte Katastrophe nicht beenden. Der Verfehlung privaten Glücks und des politischen Erfolgs einsichtig geworden, setzen beide ihrem Leben durch gemeinsamen Suizid ein Ende.

Trotz stimmiger Details waren hier in beider Schicksal keine Porträts zu erkennen: in Terra, einiger Ähnlichkeiten mit Karl Liebknecht ungeachtet, weder ein Reichstagsabgeordneter noch, was die Figur zugleich nahelegt, ein Vorstandsmitglied des Krupp-Konzerns; in Tolleben und seinem Nachfolger Mangolf nicht der um Ausgleich nach außen und um Demokratisierung nach innen bemühte Reichskanzler Theobald von Bethmann-Hollweg; in dem eher konservativ-liberal gezeichneten Lannas nicht jener von Bülow, dessen Weltmachtpolitik das Kaiserreich in die Isolierung geführt hatte. Für einen politischen Schlüssel- oder historischen Epochenroman konventioneller Formgebung wichen Konfiguration und Handlung also erheblich vom Erwarteten ab.

Félix Bertaux und Heinrich Mann (Ende August 1927)

Ein anderer Erstleser, an dessen Urteil Heinrich Mann gelegen war, Félix Bertaux, der nähere Freund und vertraute Briefpartner aus der Entstehungszeit des Romans, verfolgte daher eine weitere Spur: »[...] es ist nicht nur der Roman einer Epoche, sondern auch Ihr eigener, insofern, als ich so viele Bestrebungen und Erinnerungen aus Ihrem Leben darin versammelt zu finden glaube, dass ich nicht umhin kann, ebenso viel an Heinrich Mann zu denken wie an die wilhelminische Gesellschaft« [siehe Materialien, Nr. 51]. In der Tat ist das Autobiographische des Romans unverkennbar, wie die unverhohlene Absicht, epochale Bezüge zwischen eigener Lebensgeschichte und dem Geschichtsprozess herzustellen. Dass generell »persönliche und politische Geschichte in eins zu denken sind« [Ariane Martin: *Erotische Politik.* Würzburg 1993, S. 18], war eine der Grundüberzeugungen des Autors. An der Frage, ob dem Roman eine überzeugende Umsetzung gelang, scheiden sich die Geister; er sei das Resultat einer grandiosen Selbstüberschätzung eigener Zeiterfahrung, sagen die einen; am epochalen Stellenwert des Konflikts zwischen den Brüdern Mann, der hier romanhaft überhöht wurde, halten die anderen fest und betonen die mimetischen Vorzüge des Abbilds der Epoche, das die Katastrophe des deutschen Kaiserreichs als Albtraum und schlechte Schicksalstragödie vor Augen führt. Seine als Karikatur oder hasserfüllte Verfälschung abgelehnte Sicht auf das autoritär auseinanderregierte System unter Wilhelm II. und den traumwandlerischen Gang in das Verderben ist von heutigen Einsichten soziologischer und historischer Wissenschaft über Imperialismus und Krieg jedenfalls nicht weit entfernt. Wahrscheinlich macht die szenisch-theatralische Auflösung des Geschehens in Reden und Gegenreden die Selbstdestruktion der wilhelminischen Gesellschaft und ihrer Regierung wie deren unerhörtes Vabanque und den massenpsychotischen

Kriegswahn heute sinnfälliger, als es gelehrte Geschichtsschreibung gewöhnlich kann. Ob es um den Beitrag zur Aufklärung der Sozialgeschichte der literarischen Intelligenz ähnlich bestellt ist, bedarf der Diskussion.

Die historische Bedeutung der modernen Figur des literarischen Intellektuellen, wie sie in Frankreich durch Émile Zola während der Dreyfus-Affäre Gestalt gewann und um deren Repräsentanz in Deutschland er sich wie kein anderer Autor seiner Generation bemühte, neu zu überdenken, hatte der fast Fünfzigjährige allen Anlass. Seine Aura als eines Kriegsgegners der ersten Stunde, der mit seiner fast einsamen Prognose von der Niederlage des Kaiserreichs recht behalten hatte, begann sich paradoxerweise gegen ihn zu kehren. Seine und die Hoffnung anderer Autoren auf größeren Einfluss im politischen Leben zerstreuten sich zusehends. Es half nicht viel, dass er damals von Gesinnungsfreunden zur einzigen Lichtgestalt »unter den deutschen Literaten« [Hermann Fernau: *Deutschlands Verhängnis.* In: ›Die Weltbühne‹, Jg. 15, Nr. 39, 18. September 1919, S. 350] ausgerufen wurde. Mit fatalen Folgen verkam das Schlagwort ›Intellektueller‹ zur polemischen Vokabel für Produzenten angeblich unpatriotischer und nachrangiger Literatur und Kunst. Heinrich Mann sei »[...] kein Schöpfer aus Herz und Seele, sondern ein Hirnmensch, kein Idealist, sondern ein Ideologe, kein Ethiker, sondern ein ›Intellektueller‹, [...] ein ›Civilisationsliterat‹, wie sein Bruder Thomas diesen Typus genannt hat«, verkündete die 2. Auflage der vielbeachteten Literaturgeschichte von Albert Soergel, die im selben Jahr wie der Roman erschienen war [*Dichtung und Dichter der Zeit. Eine Schilderung der deutschen Literatur der letzten Jahrzehnte.* Leipzig: Voigtländer 1925, S. 81]. Mit anderen Worten: Heinrich Manns geistespolitische Aktivitäten hatten seinem Ansehen als Kunstschriftsteller geschadet.

Thomas Mann (um 1920)

Was das eigentliche künstlerische Anliegen des Autors anbelangte, sollte *Der Kopf* durch die kritische Darstellung der Oberschicht und Führungsebene seine Psychopathographie des Kaiserreichs abrunden. Darin die Rolle jener Elite einzubeziehen, zu der er sich selbst zählte, d. h. die Rolle der Intelligenz, die im Kaiserreich machtpolitisch nicht zum Zuge kam, war das Problem. Es zu lösen, versucht die zweistrangige Erzählung von Aufstieg und Untergang der Protagonisten auf der einen Seite und Nebenhandlungen der ›Kopfgesellschaft‹ auf der anderen. Mit den sonstigen Eingriffen in historisch Verbürgtes scheint der Lösungsversuch dagegen in ein »Dilemma« geraten, nämlich in den nach dem Diktum Hegels beim Geschichtsroman störenden »Widerspruch des sonst schon in unserer Vorstellung Festen und des durch die Poesie neu Hervorgebrachten […]« [Hans Wißkirchen, 1994, S. 248]. Ein Zeitroman jedoch, der Kunstfiguren wie Terra und Mangolf als Mitspieler der Realgeschichte imaginiert und reale Staatslenker der politischen Zeitgeschichte fiktional bearbeitet, legt es auf diese Kollision an und rechnet mit Lesern, die sich auf das eben dadurch signalisierte Gedanken- und Maskenspiel einlassen.

Der Kopf muss als ein erzähltes »Gedankenexperiment« verstanden werden; dann kann er als kritische Abkehr vom »autoritären Typus des Intellektuellen« [Peter Stein, 2002, S. 99] gedeutet werden. Demnach bietet der Roman vor allem eine »innere Zeitgeschichte« [An Paul Hatvani, 3. 4. 1922; siehe Materialien, Nr. 17] der wilhelminischen Eliten. »›Innere Zeitgeschichte‹ heißt bei Mann zum einen: die *noch nicht sichtbare*, erst werdende Realität. […] ›Innere Zeitgeschichte‹ beschreibt zum anderen den von *inneren Kräften* angetriebenen Geschichtsprozeß, der für Heinrich Mann ein Prozess von psycho-physischen

›Machtverhältnissen‹« [Stein, S. 60 f.] ist und für ihn nicht in Klassenkämpfen aufgeht. Der metahistorische Zugriff des Romans begibt sich in eine Konkurrenz mit nichtfiktionalen Methoden, Geschichte zu objektivieren. Heinrich Mann beharrte ja darauf, durch künstlerische Einbildungskraft und ästhetische Poiesis den »Sinn des Lebens selbst« zu beschwören, wie das sein Vortrag über *Die geistige Lage* [*Das öffentliche Leben, StE*, 2001, S. 52] von der Kunst des demokratischen Zeitromans verlangte. Diesen Sinn soll eine »überrealistische« [An Eugen Bautz, 17.9.1920; siehe Materialien, Nr. 7] Erzählweise anschaulich machen, die den kruden und herrschenden Realismus des bloß Offensichtlichen und für selbstverständlich Gehaltenen durchdringen will und die Anpassung an die Macht faktischer, aber weder alternativeloser noch unveränderlicher Gegebenheiten verweigert. Um die finale Haupthandlung zu verstehen, in der zwei in Freund-Feindschaft und Gesinnungsstreit verstrickte Juristen scheitern, sollte man die positiven und negativen Definitionen des Intellektuellen im Auge behalten, wie sie durch Heinrich Manns Manifest *Geist und Tat* (1911) und den berühmten *Zola*-Essay (1915) vorgetragen wurden. Terra und Mangolf sind »[…] als aktive Intellektuelle konzipiert. Sie verkörpern den Geist, der handeln will. Deswegen lassen sie sich auf unterschiedliche Weise mit der Staatsmacht des wilhelminischen Kaiserreichs ein, um dem Volk zu ›dienen‹. Der eine, Mangolf, macht sich skrupellos an die Herrenkaste heran, aber nicht als geistiger Schmarotzer […], sondern mit der […] Absicht, von ganz oben mittels Diktatur und blutiger Gewalt den nationalen ›Volksstaat‹ zu errichten. Er bringt es schließlich zum Reichskanzler. Der andere, Terra, will die Herrenkaste stürzen, aber nicht durch den Widerstand eines nonkonformistischen Geistes […], sondern subversiv von innen, durch Überlistung der herrschenden Macht mit ihren eigenen Mitteln. Sein Wille ist, als er es schließlich zum einflußreichen Bevollmächtigten der Schwerindustrie gebracht hat, durch eine Revolution von oben den Krieg zu verhindern, die Rüstungsindustrie zu sozialisieren und den Rechts- und Friedensstaat zu schaffen« [Stein, S. 98]. Diese nach üblichen Kriterien historiographischer Wiedergabe unerlaubte, ›kontrafaktische‹ Verfremdung der Realgeschichte wäre dann als künstlerischer Test auf eine gedachte Möglichkeit zu verstehen: »Hätte ein politisches Engagement von Intellektuellen mit dem Ziel, nicht *gegen* die Macht, sondern mit ihr und zugleich nicht mit dem Volk, sondern *für* es zu handeln [...], im Kaiserreich eine Chance gehabt? Es hat, wie Heinrich Mann sehr wohl wußte, weder solche Intellektuelle, noch solche Politik gegeben. [...]. Indem er zeigt, daß selbst im autoritären Kaiserreich die Diktatur oder Revolution von oben scheitern musste«, verabschiede Heinrich Mann das autoritäre Missverständnis der Rolle des Intellektuellen und richte an die kritische Intelligenz der Weimarer Zeit die Botschaft, »ein in die Republik versetzter Lannas bzw. ein Jaurès«, der französische Sozialistenführer und fiktiver Gesprächspartner Terras, seien Vorbilder, »Inaktivität bzw. doktrinäre Ungeduld« [Stein, S. 99 f.] zu überwinden.

Dieser schlüssige Versuch, das Erzählmodell aus der Autorenpoetik abzuleiten und den Roman *Der Kopf* als gedankliches Experiment zu interpretieren, das dazu auffordert, die Intellektuellenrolle in den Demokratien pragmatisch und egalitär zu bestimmen, beleuchtet eine Seite der Konstruktion, die exoterische nämlich, d. h. die an die Uneingeweihten adressierte Botschaft. Die Krise des Urhebers, der nach kurzfristigem Höhenflug seiner Hoffnungen gezwungen war, der Enttäuschung über die Wirkungslosigkeit seines eigenen literarisch-politischen Aktivismus und seiner Verzweiflung über die falschen

Kontinuitäten der Geschichte Herr zu werden, kommt darin zu kurz. Die Erstrezeption des Romans zeigt, dass er Jüngeren nicht unbedingt als Wink erschien, »um klar die eigene Aufgabe« [Stein, S. 100] als Intellektuelle zu erblicken, sondern umgekehrt zum Beweis der Ratlosigkeit Heinrich Manns diente oder gar zum Beleg einer »Selbstwiderlegung«, als »Selbstmord des Kopfes«, wie es ein etwas hämischer Artikel [Erich Dürr, siehe Zeitgenössische Rezensionen, S. 855 f.] ausdrückte. Wenn nicht alles täuscht, ist der Roman Produkt einer tieferen Desillusionierung. Daher wäre die Analyse des Gedankenexperiments noch durch die autobiographische Dimension zu ergänzen.

Der Kopf erzählt, nimmt man sein Symbolsystem ernst, das Historisches, Literarisches und Autobiographisches verknüpft, von einem dreifachen Scheitern: von dem der wilhelminischen Eliten, vom Scheitern der bürgerlich-unbürgerlichen Literatur und vom eigenen Scheitern in der Rolle des aktivistischen Intellektuellen. Überspitzt formuliert: Heinrich Mann besichtigt Heinrich Mann. Es handelt sich um die andere, die esoterische, d. h. an die Eingeweihten gerichtete Botschaft des Romans. Der gegen die Gesellschaft revoltierende Terra trägt Züge Heinrich Manns und des Dichters Frank Wedekind, der anpassungsbereite Mangolf solche des Bruders Thomas und Maximilian Hardens; zudem sind auch Erlebnisse Heinrich Manns der Figur Mangolf zugeordnet, und mit Terra in der Camouflage eines ›Antidreyfusards‹ ist auf Hardens tatsächlich kritische Haltung zur Dreyfus-Affäre angespielt. Berücksichtigt man dieses ›Quartett‹, das Wedekind als virtuellen »Freundschaftsbund« [siehe Materialien, Nr. 20] beschworen hatte und das der Autor als die von ihm gemeinte Rollenbesetzung später beglaubigte [siehe Materialien, Nr. 91], stellt diese Konfiguration die

Frank Wedekind (um 1906)

bei Kriegsausbruch in persönlicher Verfeindung verlorene Solidarität poetisch wieder her und vermeidet einen Moralismus, der den Bruder wegen dessen Kriegsapologie beschämt haben würde. Thomas Mann indes hatte noch in seinen *Betrachtungen eines Unpolitischen* geweissagt: »Der Zivilisationsliterat wird nicht die débâcles des deutschen second empire zu schreiben haben, das keinesfalls. Er wird froh sein müssen, wenn Deutschland nicht allzu auffällig siegt« [GKFA Bd. 13.1, S. 68]. Dass *Der Zauberberg* in Gestalt Settembrinis am Ende eine gemilderte Zeichnung des ›Zivilisationsliteraten‹ zugesteht und dass *Der Kopf* den Kanzler Mangolf zuletzt nicht einfach als Verräter am Geistesideal verurteilt, sind beiderseits Gesten, den ›Bruderkrieg‹ zu verwinden.

Vor diesem Hintergrund wird das gedankliche Experiment als Romanphantasie über die Möglichkeiten begreiflich, hätten Publizisten wie Harden, Literaten wie Wedekind und Schriftsteller, wie sein Bruder und er, wirklich die politische Macht gehabt. Das beweist auch die Vita Terras, die als Werdegang eines Schriftstellers plausibel wird, der – Heinrich Mann nicht unähnlich – vom Ästhetizismus, Symbolismus und Nihilismus der Jahrhundertwende zum politischen Aktivismus gelangt, wie die Karriere Wolf Mangolfs als politisches Pendant der keineswegs unpolitischen Ambition des Bruders, der repräsentative »Nationaldichter [zu] werden« [*Macht und Mensch, StE*, 1989, S. 114]. Wenn die beiden Figuren, die sich, eine reale ›Urszene‹ des Bruderkonflikts wiederholend, den Tod [S. 39] an den Hals wünschen, in einem Akt der Selbsttötung enden, antwortet dieses Schlusstableau des Romans auf eine Passage aus den *Betrachtungen eines Unpolitischen*, die Heinrich Mann als bloßen ›Libertin‹ gegen Friedrich Nietzsche ausspielt: »[...] ein *freier Geist* von der Art dessen, der dem Europa vom Ausgang des neunzehnten Jahrhunderts das tragischste und heldenhafteste [...] Schauspiel kritischer Selbstkreuzigung bereitete, – o nein, das ist er nicht« [GKFA Bd. 13.1, S. 339]. Das beziehungsreiche Geflecht solcher Allusionen ist längst noch nicht erforscht.

Da Heinrich Manns Komposition als literarische Intellektuelle gekennzeichnete Figuren scheitern lässt – Terra in der Rolle eines Geistes- und Mangolf in der Rolle eines Realpolitikers –, kann die entsprechende Botschaft des Romans konkreter bestimmt werden. Er verabschiedet nicht allein den Typus des ›autoritären‹ Intellektuellen. Der Roman ist auch nicht nur Abgesang auf Voluntarismus und Aktivismus der Literaturrevolte des expressionistischen Jahrzehnts: *Der Dichter greift in die Politik* (1912) mit nichts weniger als dem Ziel, *Die Änderung der Welt* (1916) herbeizuführen, wie zwei Manifeste Ludwig Rubiners überschrieben waren. Er ist überdies ein selbstkritischer Rechenschaftsbericht über den eigenen Willen zur Macht durch Literatur, der das Erreichte besichtigt. Liest man den Roman in dieser Weise, räumt er mit der Vorstellung auf, Intellektuelle müssten im Kampf der politischen Parteien eine eigene Machtposition erringen. Bekanntlich hatte Heinrich Mann zu Beginn der Arbeit am Roman noch der Münchener Sektion des »Politischen Rates geistiger Arbeiter« vorgestanden und wollte sich der Regierung Kurt Eisners zur Verfügung stellen. Entgeht einem die geschichtspolitische Intention und darin begründete Botschaft, hinterlässt der Roman den Eindruck abgründiger Resignation. Als Kapitulation des Intellektuellen vor der Macht des Kapitals und als Abdankung Heinrich Manns wurde er denn auch häufig gedeutet und missverstanden.

Doch *Der Kopf* ist ein geschichtspolitischer Text. Der Roman erzählt die jüngste Geschichte, indem er sie mit ästhetischer Lizenz in anderem Sinne umschreibt, d. h. von der Historie öffentlichen Gebrauch macht, um auf das Geschichtsbild des Publikums Einfluss zu nehmen. Heinrich Mann sorgte sich schon mitten im Krieg, dass die offizielle Erinnerungskultur den Nachgeborenen ein falsches Abbild von der »nieder- u. widermenschlichen Katastrophe« vermitteln würde. In den im Frühjahr 1916 niedergeschriebenen *Aufzeichnungen über den Ersten Weltkrieg* bereits umriss er für sich die schriftstellerische »Aufgabe« künftiger »Übertragung unserer Erfahrungen auf das kommende Geschlecht«: »Ihr sollt wissen, wie es in Wirklichkeit zuging: das *Innere*, das Niemand wissen würde, weil Die selbst, die es erlebt haben [...], nicht darum wissen *wollen.*/Es war nicht, es war keineswegs, wie die Geschichtslehrer euch vorlügen werden./Der Krieg ist nichts Begeisterndes, er versittlicht nicht,/reinigt nicht, macht nicht wahr, noch gerecht. Er macht/auch nicht brüderlich« [zit. nach: *Die Armen, StE*, 1995, S. 233 f.]. Solange man den *Kopf* nicht als eine beabsichtigte geschichtspolitische Korrektur an der üblichen Konzentration auf die sogenannten ›großen‹ Figuren der Zeitgeschichte und deren Hagiographien und Memoiren wahrnimmt, wird der Sinn der provozierenden ›Verfremdung‹ verkannt.

Der Kopf spricht, um seine Bedeutung für den Diskurs der Gegenwart zu akzentuieren, vom möglichen Ende der Intellektuellen. Ein halbes Jahrhundert, bevor man sich angewöhnt hat, ihren Tod zu proklamieren oder ihr Verschwinden zu begrüßen, widmete Heinrich Mann dem Thema einen ersten *Tombeau des intellectuels*, so der bekannte Titel eines postmodernen Nekrologs von Jean-François Lyotard (1983/85). Dass das ›Begräbnis‹ auf andere als neoliberale Weise erfolgt, sollte nicht überraschen. An eine Selbstaufgabe des Anspruchs, sich zu den Defiziten und Fehlentwicklungen demokratischer Staatswesen tagespolitisch zu äußern, dachte er nicht. Der offene Brief an Stresemann, *Diktatur der Vernunft* (1923) betitelt, ist eines der vielen Beispiele damals. An Skandalisierungsmöglichkeiten nach Zolas Vorbild, auf dessen Roman *La terre* (1887) schon der Name ›Terra‹ anspielt, glaubte Heinrich Mann weiter und hielt den Dreyfus-Skandal, der einen frühen Sieg des Faschismus in Frankreich verunmöglichte, für ein Geschichtszeichen und Versprechen des 20. Jahrhunderts. Aber schon der Erste Weltkrieg erschütterte die gehegte Hoffnung auf eine Internationale der Intellektuellen. Dass die von ihm ersehnte Republik eine Totgeburt sein würde, ahnte er. Dass man die ›historische‹ Bedeutung seines Werks und seiner Person bestreiten würde, war zu befürchten. Im Zwiespalt und mit der Unsicherheit, was werden sollte und was von ihm bliebe, ist diese gewagte Synthese aus Zeitanalyse und erster Lebensbilanz, aus ›Dichtung und Wahrheit‹, aus Klage und Anklage entstanden.

Heinrich Mann erläuterte Absicht und Grundidee seines Romans *Der Kopf* in dem Essay *Kaiserreich und Republik* (1918) so: »Das Mal des Kaiserreiches auf seinen Geistern waren Verfälschtheit und Dünkel«, heißt es und über seinen Anteil daran und die Hoffnung auf erwünschte Veränderung: »Nur die vollkommene Geistwidrigkeit eines Zeitalters wie des abgetanen [...] hat manchen für Kämpfe verpflichtet, die zu beenden das Ersehnteste wäre, was die Demokratie ihm gewähren möge« [*Macht und Mensch, StE* 1989, S. 229]. Am Ende der langwierigen Abfassung meinte er nach sieben Jahren, eine »Generalabrechnung mit Zeit und Vergangenheit, mit dem Leben selbst« hinter sich gebracht zu haben, und bezeichnete den *Kopf* als sein »traurigste[s] Buch« [siehe Materialien, Nr. 44]. Diese Zuschreibung genügt, den Text als Zeugnis einer Vergangenheitsbewältigung, besser gesagt, als Dokument persönlicher ›Trauerarbeit‹ zu würdigen. Ohne sein Romanprojekt zu erwähnen, hatte der

Autor in einem nicht abgeschickten Brief an den zur Versöhnung unwilligen Bruder am 5. Januar 1918 versichern wollen, was er den einst Kriegswilligen gegenüber nun empfand: »Selbstgerechtigkeit? O nein – sondern weit eher das Gemeinschaftsgefühl mit denen, die auch, gleich mir, es wissen, wie viel wir alle, die Kunst und Geistesart unserer Generation, es verschuldet haben, daß die Katastrophe kommen konnte« [siehe Materialien, Nr. 3]. Nach Abschluss des Romans war er überzeugt, keine »Hinrichtungen« [siehe Materialien, Nr. 46] vollstreckt zu haben. Allgemeine Verfehlungen modernen Intellektuellentums stehen im Vordergrund: die Hybris des im verbürgerlichten Nietzscheanismus geübten Größenselbst, der Mangel an Demut und die bildungselitäre Verachtung des Durchschnittlichen und Mittelmäßigen, die Karrieresucht und die Unfähigkeit zu intelligenter Feindesliebe. Nicht von ungefähr taucht Goethes Wortschöpfung von der »Weltfrömmigkeit« [S. 529] als Maxime auf, sich im intellektuellen Bereich vom Bourgeois zum Citoyen zu entwickeln.

Um den Roman als Kunstwerk wahrzunehmen, ist es wohl unerlässlich, ihn als ›Grabmal der Intellektuellen‹ im Sinne der Tradition des künstlerischen ›tombeau‹ zu lesen. Dass es Heinrich Mann um eine literarische Totenklage ging, die etwa den Tod seiner Schwester Carla in Gestalt der Lea betrauert, gehört zu den offenen Geheimnissen, wie sein Anliegen, Wedekinds und anderer Intellektueller seiner Generation zu gedenken. Die Absicht, in diesem Roman sich vielleicht auch selbst ein Denkmal zu setzen, kann man nachsehen. Auch als ein Mahnmal scheint er von Dauer. Er erinnert daran, dass ungute Vergangenheiten immer erst dann vergehen, wenn die Ursachen beseitigt sind, durch die sie erst ermöglicht wurden. Der Prolog des Romans fängt mit einem dieser Probleme an.

Heinrich Mann (1925)

Zur Entstehungs- und Überlieferungsgeschichte

Wie in seinem Memoirenwerk *Ein Zeitalter wird besichtigt* nachzulesen, plante Heinrich Mann seit Sommer 1918, »die leitenden Gestalten des Kaiserreiches« zum Gegenstand eines weiteren zeitkritischen Romans zu machen. Einem ersten Entwurf zufolge sollte die Erzählhandlung anfangs »in ein Land mit ausgedachtem Namen« [siehe Materialien, Nr. 95] verlegt werden. »Nach dem Bürger (*Untertan*) und den Arbeitern (*Die Armen*)«, erläuterte er 1937 rückblickend, »wollte ich die Schicht der Intellektuellen darstellen, ihre verschiedenen Abarten, alle auf das Schicksal des Reiches bezogen« [siehe Materialien, Nr. 91]. Der Autor hatte allerdings weder von Beginn an vor, einen Romanzyklus zu verfassen, noch beabsichtigte er ursprünglich, den Roman *Der Kopf* als Abschluss einer Trilogie vorzulegen. Heinrich Mann entschied sich erst im Sommer 1916 zu einer Fortsetzung des ersten Romans und geraume Zeit nach Beendigung des zweiten im April 1917, das neue Erzählprojekt den beiden vorangegangenen Werken in Serie zuzuordnen. Diese Absicht bekundete er auch in der Beantwortung einer Rundfrage des ›Neuen Görlitzer Anzeigers‹ im März 1922, der zufolge sein »seit langer Zeit« in Arbeit befindlicher neuer Roman »der dritte und voraussichtlich letzte Teil« einer mit *Der Untertan* begonnenen und mit *Die Armen* fortgesetzten »Romanreihe« sei [siehe Materialien, Nr. 16]. Offenkundig erwog Heinrich Mann eine Zeitlang deren Erweiterung sogar über drei Romane hinaus. Wenngleich die ›innere Einheit‹ der Kaiserreich-Trilogie problematisiert werden kann, ist die zyklische Präsentation daher nicht nur als spätere Werbestrategie des Verlags zu betrachten. 1925 erschien *Der Kopf* zugleich mit den beiden erneut aufgelegten Romanen als Abschluss der in zwei Bänden vereinten Trilogie. Auf eigener Seite am Ende war das Buch unter dem Reihentitel ›Das Kaiserreich‹ als dritter der ›Romane der deutschen Gesellschaft unter Wilhelm II.‹ aufgeführt und mit dem Untertitel als ›Roman der Führer‹ bezeichnet. Die ungefähre Datierung des Plans zum Roman stimmt mit der anderweitigen Angabe überein, dass das im Frühjahr 1917 begonnene Napoleon-Drama *Der Weg zur Macht* (Leipzig: Kurt Wolff Verlag 1919) im Juni 1918 abgeschlossen war. Mit der vorangestellten Novelle, die in die Zeit der napoleonischen Kriege versetzt, knüpft der Roman auch an diesen Werkzusammenhang an.

Das durchweg mit Tinte geschriebene Manuskript des Romans *Der Kopf* ist im Nachlass Heinrich Manns erhalten [HMA* 8, 641 Blatt, 748 Seiten]. Der Vergleich zwischen der Romanhandschrift und dem veröffentlichtem Werk gibt unter anderem zu erkennen, dass ein den ›Bruderkampf‹ [siehe Materialien, Nr. 3] berührender Passus noch ausgeschieden wurde. Anstatt: »Er setzte sich an das Klavier. Terra stand erschüttert noch da« [vgl. S. 40, Z. 7–9], hieß es im Manuskript:

* HMA = Heinrich-Mann-Archiv im Archiv der Akademie der Künste, Berlin. Zu den Nummern nach dieser Sigle vgl.: *Vorläufiges Findbuch der Werkmanuskripte von Heinrich Mann.* Bearbeitet von Rosemarie Eggert. Berlin (Ost) 1963 (= Deutsche Akademie der Künste zu Berlin, Schriftenreihe der Literatur-Archive, Heft 11).

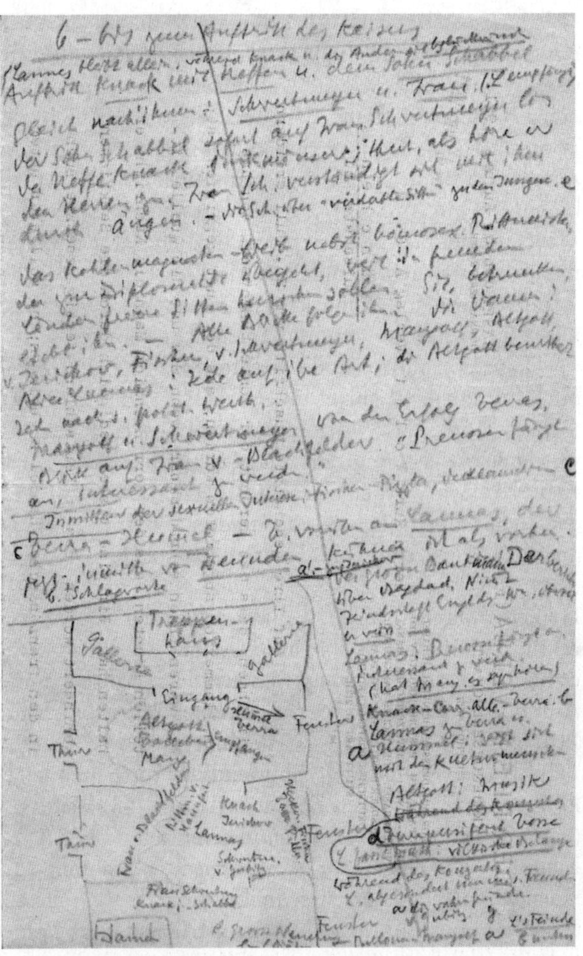

Notizen und Lage-Skizze Heinrich Manns
zum Salon Altgott
... bis zum Auftritt des Kaisers
[vgl. S. 341 ff.]

»Bleibe doch bei der Wahrheit! – und alles ist in Ordnung. Noch hast du die Wahl … Was könntest du übrigens in einem Staat wie diesem viel werden? Konsul, aber nicht Botschafter. Dann lieber ein freier Zyniker in der Tonne.« Mangolf setzte sich an das Klavier; er begann »Tristan« zu spielen. Er sprach in Pausen in die Musik hinein.

»Ich denke hier nicht sitzen zu bleiben. Ich weiß noch nicht wie, aber ich komme zur Macht.«

Terra dagegen: »Wenn ich zur Macht käme, weiß ich wie. Nur, wenn die Vernunft zur Macht käme.«

»Deine Vernunft ist die ärgste Tyrannei. Du sollst mich mit ihr nicht länger unterjochen. In inimicos!«

Terra hörte das Wort und wußte sogleich, niemals werde er es vergessen. Unzählige Male im Leben werde er dies an ihm vorbeigewendete, erbitterte Gesicht wiedersehen und den Freund sagen hören: »Mein Feind bist nur du.« [S. 30 der Handschrift]

Heinrich Mann verzichtete also erst bei der Schlusskorrektur darauf, die von ihm als ›Urszene‹ der Entzweiung erinnerte ›Kriegserklärung‹ des Bruders während ihres Aufenthalts in Rom 1897/98 als ein Streitgespräch der Protagonisten im Roman wiederzugeben.

Im Nachlass sind weiterhin weit über 500 Seiten zugehörige Aufzeichnungen überliefert [465 (469) Blatt, 567 (819) Seiten mit 25 Zeitungsausschnitten – HMA 11, Mappe 1–41]. Der Autor hat sie ohne Seitenzählung vorwiegend auf den Leerseiten an ihn gerichteter Briefe aus der Zeit vom 4. Juni 1917 bis zum 31. Januar 1925 festgehalten (ein Brief stammt vom 24. August 1912). Sie geben Einblicke in verschiedene Phasen der Vorarbeit zur fiktionalen Verwertung von Personen und Ereignissen der damaligen Zeitgeschichte, zur Handlungsführung und zur Charakterisierung des Figurenpaares ›Terra – Man-

Maximilian Harden

golf‹ und anderer Gestalten der übrigen ›Kopf-Gesellschaft‹. Als »Szenen« betitelt, sind auch einige Dialoge des Romans darin vorgeformt. Ebenso wird der lange Zeit zur Titelgebung erwogene Leitgedanke benannt: »Die Blutspur als Grundmotiv./*Mang*[olf] glaubt an sie, setzt sie fort./*Terra* will, daß sie aufhört. *Die Blutgeilheit des Menschen*« [HMA 11, Bl. 29]. Wann und warum Heinrich Mann schließlich den Titel *Der Kopf* vorzog, ist aus dem Nachlass nicht ersichtlich. Sein späterer Hinweis, er habe bei der Figur des ›Wolf Mangolf‹, die in den Aufzeichnungen anfangs den Vornamen ›Max‹ trägt, »am Häufigsten an Harden gedacht« [siehe Materialien, Nr. 91], legt den Anklang an dessen Schrift *Köpfe* (Berlin: Erich Reiß 1910) als Grund für die Wahl des Romantitels nahe. Vielleicht auch griff Heinrich Mann auf den Titel eines geplanten Buches über Maximilian Harden zurück, das 1914 nicht mehr zustande kam (vgl. Frank Wedekind, Thomas Mann, Heinrich Mann. Briefwechsel mit Maximilian Harden. Herausgegeben, kommentiert und mit einem einleitenden Essay von Ariane Martin. Darmstadt 1996, S. 31). Wahrscheinlich ist, dass er von Frank Wedekinds Projekt einer Hommage an Harden als »dem Kopf« wusste. Ein Entwurf des inaugurierten Titels lautete: »Maxim.[ilian] Harden[.] Der Kopf.«

In das Konvolut der Aufzeichnungen ordnete der Autor Exzerpte und Kommentare zu benutzten Büchern ein. Deshalb und aufgrund von Anstreichungen oder Randnotizen im entsprechenden Handexemplar seiner Arbeitsbibliothek sind folgende Schriften als Quellen zu benennen: *Denkwürdigkeiten des Fürsten Chlodwig zu Hohenlohe-Schillingsfürst.* Stuttgart und Leipzig 1907. – Fürst von Bülow: *Deutsche Politik.* Berlin 1917. – Graf Ernst Reventlow: *Deutschlands auswärtige Politik 1888 bis 1914.* Berlin 1918. – Heinrich Friedjung: *Das Zeitalter des Imperialismus 1884 bis 1914.* Erster Band. Berlin

2. Seite. Nr. 269. Münchener Post.

Kriegsverbrechen der Schwerindustrie.

Im „Sozialist“, einer von Breitscheid herausgegebenen und wenig bekannten Zeitschrift, erhebt ein Wissender unter Beibringung von beweiskräftigen Einzelheiten schwere Anklagen gegen Hauptleute der deutschen Schwerindustrie. Das Material ist derart belastend, daß entweder der Untersuchungsausschuß der Nationalversammlung sein Verfahren nach dieser Richtung wird ausdehnen müssen, oder ein besonderes Verfahren wird nötig.

Bei Kriegsausbruch übertrug das damalige Reichsamt des Innern, dem der Deutschnationale Delbrück vorstand, dem Stahlwerksverband die alleinige Kontrolle über die gesamte Ausfuhr an Halbzeug, Schienen, Formeisen usw. unter der Bedingung, daß vornweg der kriegswichtige Heeresbedarf unbedingt und voll gedeckt werden müsse. Ein so rührendes Vertrauen konnte nur bei Staatsmännern des alten Systems aufkommen, die die demokratische Tugend des Mißtrauens nur den Arbeitern gegenüber kannten. Man machte den Bock zum Gärtner, wie wir gleich sehen werden, und setzte Wölfe als Hüter über die Schafe. England war weit weniger vertrauensselig gegen seine Industriellen und weniger sentimental gegen die Bedürfnisse der Neutralen. Es verhängte trotz seines Reichtums an Rohstoffen bereits 1915 die Eisenausfuhrsperre, die auch rücksichtslos durchgeführt wurde. In den neutralen Ländern stieg als Folge der englischen Ausfuhrsperre Nachfrage und Preis der Eisen- und Stahlerzeugnisse in rapider Weise. Der deutsche Stahlwerksverband ließ sich das Geschäft natürlich nicht entgehen und exportierte immer toller, bis die monatliche Ausfuhrquote 250,000 Tonnen betrug.

Im Jahre 1916, bei Beginn der mörderischen Somme-Schlacht, verlangte die deutsche Generalintendantur dringend die monatliche Lieferung von 15,000 Tonnen Stahl für Drahtbefestigungen. Der Stahlwerksverband aber erklärt, diese Menge nicht liefern zu können, weil er vertraglich nur fünf Mark Konventionalstrafe je Tonne von den ausführenden Werken bei Uebertretung der Ausfuhrbeschränkung erheben dürfe. (!!!) Ein Ausfuhrverbot hätte dem landesverräterischen Treiben der Mitglieder des Stahlwerksverbandes ein Ende gemacht. Auf diesen einleuchtenden Gedanken kamen aber weder der Stahlwerksverband noch die Behörden des alten Systems. Das fehlende Befestigungsmaterial mußte lange, schwere Monate hindurch mit ungeheuren Menschenverlusten bezahlt werden.

Blut war billiger als Stahl! Die Auslandsverkäufe brachten noch höhere Gewinne als die Aufträge der Heeresleitung. Sollen die Geister der nutzlos Erschlagenen vergeblich um Sühne schreien?

Die Stinnesschen Werke in Differdingen sollten während des Krieges eine größere Menge unverwendbaren Halbzeuges zu Schienen umwalzen für die Feldeisenbahnen. Das Werk ließ die Heeresleitung lange Monate warten und redete sich auf alles Drängen und Mahnen mit der Ausflucht heraus, daß ihm zum Abtransport keine Wagen zur Verfügung standen. Die militärische Nachprüfung ergab die völlige Unwahrheit der Ausrede. In die Enge getrieben, gestand der Differdinger Abteilungschef ein, daß die Dortmunder Zentralleitung (an deren Spitze das volksparteiliche Mitglied der Nationalversammlung Herr Vögler steht), ihm Anweisung gegeben habe, die kriegswichtige Auswalzung der verlangten Schienen einzustellen und dafür Auslandsaufträge zu erledigen, die ja auch viel höhere Gewinne abwarfen. Herr Vögler ist in der Nationalversammlung als Ankläger Erzbergers bekannt geworden. Um seinen Mut ist er sicher zu beneiden.

Herrn Thyssen wird zum Vorwurf gemacht, daß er der deutschen Heeresverwaltung für Infanterieschutzschilde 117 Mark pro Stück abnahm, zu gleicher Zeit diese aber der holländischen Regierung zum Preis von 68 M. anbot. Wie sagte doch ein deutscher Dichter: „Ans Vaterland, ans teure, schließ dich an!“

Herrn Klöckner, der im Kriegsministerium allmächtig war, wird nachgesagt, daß er von den Spandauer Staatswerkstätten Flußeisen zum Preise von 250 M. je Tonne kaufte. Ohne das Material auch nur ausladen zu lassen, verkaufte es Herr Klöckner einige Tage später an eine andere Abteilung des gleichen Staatswerkes zum Preise von 400 M. Ein Staatsanwalt hat sich bisher für ihn noch nicht gefunden.

Die Rheinischen Stahlwerke sollen dringende Heeresaufträge zurückgestellt haben, um trotz des amtlichen Bauverbots und ohne die vorgeschriebene behördliche Bauerlaubnis Spekulationsbauten in Erwartung des gewinnbringenden Schwerfriedens zu bauen. Für sie gab es trotz unerledigter Heeresaufträge also keinen Materialmangel.

Herr Stinnes rühmte sich, mit seinem Verlangen, Tausende belgischer Arbeiter zu deportieren, gegen den Gouverneur v. Bissing durchgedrungen zu sein. Da vor zwei Wochen die Nachricht durch die Presse ging, daß Belgien für jeden Deportierten etwa 8000 M. Schadenersatz von der deutschen Republik verlangt, wird das Geständnis des Herrn Stinnes noch rechtzeitig bekannt, um den millionenschweren Urheber des völkerrechtswidrigen Verbrechens zum Teil wenigstens zivilrechtlich haftbar zu machen für die Entschädigungssummen, die das unschuldige deutsche Volk leisten soll.

Herr Röchling soll durch wahrheitswidrige Angaben den Abbruch voll im Betriebe befindlicher belgischer Werke veranlaßt haben, um der deutschen Schwerindustrie eine lästige Konkurrenz vom Halse zu schaffen. Die Heereslieferungen sollen dadurch zum Schaden der Kriegführung stark beeinträchtigt worden sein. An der Verschleppung belgischer Maschinen und Fabrikeinrichtungen, die wir jetzt mit ungeheuren Kosten ersetzen müssen, wird ihm die Hauptschuld zugeschrieben.

Die Ausplünderung der deutschen Steuerzahler durch die Kriegslieferungen ist ein besonders interessantes Kapitel. Auf Grund seiner persönlichen praktischen Erfahrungen berechnet „Industricus“, daß sich Granatstahl für 120 bis 200 Mark je Tonne herstellen ließ. Der Stahlwerksverband aber nahm dem „teuren“ Vaterland 260 bis 300 M. je Tonne ab bei einem Bedarf, der allmählich auf 300,000 Tonnen monatlich anwuchs. Als der Heeresverwaltung die Dinge nicht mehr geheuer erschienen, weil sie in ihren eigenen Betrieben sehr viel billiger erzeugte, wurden die Leiter der letzteren auf Betreiben der Schwerindustrie einfach herausgeworfen. Die Heeresverwaltung verlangte dann Vorlegung der Selbstkostenberechnung, die wohl zugesagt, dann aber verweigert wurde mit dem vielsagenden Hinweis, daß dadurch die Fabrikation beunruhigt und die Schaffensfreude gelähmt werde. Anscheinend kommt unter 100 pCt. Gewinn keine Schaffensfreude auf! — Interessant ist auch, daß das Kriegsministerium eine Stelle einrichtete zur Regelung der Eisenpreise, deren Leiter sich bemühte, die Produktion zu steigern und die Preise herabzusetzen. Zu diesem Zwecke wollte er auch die belgischen und französischen Stahlwerke in Betrieb setzen. Resultat: er wurde herausgeschmissen, verfemt, telegraphisch eingezogen und die Stelle wurde mit einem Kandidaten der Schwerindustrie besetzt. Das Wohl des Stahlwerksverbandes war oberstes Gesetz und das verblutete Volk zahlt die Zeche.

Wehe, wenn das deutsche Volk und seine Vertretung nicht die Kraft fänden, die Schuldigen an unserem Zusammenbruch zur Verantwortung zu ziehen!

Kriegsverbrechen der Schwerindustrie (1919)
(Zeitungsausschnitt mit eigenhändigen Vermerken Heinrich Manns)

1919. – Pierre Drieu La Rochelle: *Mesure de la France.* Paris 1922. – Alfred Fabre-Luce: *La Victoire.* Paris 1924. – Frank Wedekind: *Gesammelte Werke.* Vierter Band: »Der Marquis von Keith«/»König Nikolo«/»Karl Hetmann, der Zwergriese (Hidalla)«. München und Leipzig 1919. – Anatole France: *Die Probierpuppe.* Roman. München 1920. – Anatole France: *Professor Bergeret in Paris.* Roman. München 1921. Aus den Stücken Wedekinds wurden die nachstehenden Zitate unverändert oder abgewandelt in die Figurenrede ›Terras‹ bzw. ›Mangolfs‹ übernommen: »Geschäfte kann man nur mit der bestehenden Gesellschaftsordnung machen« [S. 95; vgl. »Der Marquis von Keith«, Zweiter Aufzug]. – »Mich stieß die menschliche Gesellschaft einst als unbrauchbar aus ihren Kreisen aus. Ich ging nicht zugrunde, kam zurück und bot ihr wieder meine Dienste an. Mehr als einmal« [S. 389; vgl. »Karl Hetmann, der Zwergriese (Hidalla)«, Zweiter Akt]. – »In schwarzen Stunden halte ich dich für ein sogenanntes Original, dem die Befriedigung eigener Eitelkeit höchstes Ziel ist« [S. 392 f.; vgl. »Karl Hetmann, der Zwergriese (Hidalla)«, Zweiter Akt]. Die Aufzeichnungen zum Zwiegespräch der Figuren ›Lannas‹ und ›Terra‹ im fünften Kapitel des ersten Teils [S. 211–226] wiederum, die durch Annotation auf Lessings ›Nathan‹ bzw. Schillers Marquis von Posa verweisen, stehen für ein anderes Beispiel literarischen Quellenbezugs im Roman: Heinrich Mann gestaltete die Dialogszene analog der Schlüsselszene des *Don Carlos* [3. Akt, 10. Auftritt].

Das Konvolut enthält ferner 25 Zeitungsartikel aus den Nachkriegsjahren, die häufig der ›Münchener Post‹ entnommen und als Quellen verwendet wurden. Sie betreffen Fragen der Kriegsschuld von Diplomatie und Rüstungsindustrie oder rezensieren Neuerscheinungen zur Zeitgeschichte (Otto Hammann: *Bilder aus der letzten Kaiserzeit.* Mit 12 Lichtdrucken nach Zeichnungen von Olaf Gulbransson. Berlin 1922. – *Aus dem Leben des Fürsten Philipp von Eulenburg und Hertefeld.* Hg. von Johannes Haller. Berlin 1924. – Theodor Wolff: *Das Vorspiel.* Bd. 1. München, Berlin 1924. – Alexander von Hohenlohe: *Aus meinem Leben.* Hg. von Gottlob Anhäuser. Frankfurt am Main 1925).

Zudem hat Heinrich Mann in den Notizen einigen seiner Romanfiguren reale Personen der Zeitgeschichte zugeordnet. Ähnlichkeiten waren demnach beabsichtigt zwischen ›Lannas‹ und Bernhard von Bülow (1849–1929), ›Fischer‹ und Alfred von Tirpitz (1849–1930), ›Knack‹ und Friedrich Alfred Krupp (1854–1902), ›Tolleben‹ und Theobald von Bethmann-Hollweg (1856–1921), ›Gubitz‹ und Friedrich von Holstein (1837–1909), ›Tasse‹ und Ernst Hasse (1846–1908). Dem im Roman nicht namentlich genannten Gesprächspartner ›Terras‹ in Paris, der in den Aufzeichnungen ›Daurèze‹ heißt, präfiguriert demnach Jean Jaurès (1859–1914), zu dem sich Heinrich Mann einen Gedenkartikel, einschließlich einer Zeitungsfotografie, in seine Notizen legte. Aus den Aufzeichnungen geht auch hervor, dass der Kriegstrust zwischen ›Knack‹ und der Firma ›Putois-Lalouche‹ des Romans auf die durch Krupps Verbindung über Skoda mit dem französischen Rüstungskonzern Schneider-Creusot bestandene Kooperation anspielt. Schließlich hielt der Autor stichpunktartig eine Fülle politisch-historischer Daten des Zeitraums nach 1891 fest. Als eine maßgebliche Quelle für Heinrich Manns Gebrauch von Aussprüchen Kaiser Wilhelms II. muss die Sammlung *Das persönliche Regiment* von Wilhelm Schröder (München: G. Birk & Co. 1907) angenommen werden.

Anzumerken bliebe jedoch, dass eine umfassende quellenkundliche und editionsphilologische Bearbeitung des Nachlassmaterials, dem auch Skizzen zu Interieurs im

Roman beigefügt sind, aber noch aussteht. Wie die handschriftliche Erstfassung des Romanschlusses belegt, die Heinrich Mann vorab für Albert Soergels Literaturgeschichte (*Dichtung und Dichter der Zeit. Eine Schilderung der deutschen Literatur der letzten Jahrzehnte. Neue Folge: Im Banne des Expressionismus*. Leipzig: Voigtländer 1925, S. 83) zur Verfügung stellte, fehlt dort noch der letzte Absatz des fertigen Manuskripts sowie der gedruckten Fassung [siehe Abbildung S. 691]. Zu erwähnen ist ferner eine undatierte eigenhändige Einführung zu einer Lesung aus dem 2. Kapitel des 2. Teils des Romans [HMA 10, 6 (7) Blatt, 12 (14) Seiten; siehe Abbildung S. 837].

Mittlerweile wurde der sowohl in der Autobiographie als auch in den Aufzeichnungen zu *Der Kopf* erwähnte und lange Zeit für verschollen gehaltene umfängliche »erste« bzw. »Haupt-Entwurf« zum Roman im Nachlass Lion Feuchtwangers entdeckt [Doheny Library, University of Southern California, Los Angeles]. Es handelt sich um 88 durchpaginierte Seiten eines undatierten handschriftlichen Notizbuchs von Heinrich Mann, das vorangestellt auch Vorarbeiten zu *Der Weg zur Macht* und zu *Erneuerung* enthält. Die Transkription dieses bislang unveröffentlichten Entwurfs nach einer Kopie des mit Bleistift angefertigten Originals [HMS 7723] ist in diesem Band auszugsweise abgedruckt [siehe Materialien, Nr. 1]. Aufgrund des wohl ab November 1918 entworfenen Erzählprogramms lassen sich nun auch ursprüngliche Konzeption und Werktext vergleichen.

Mit der Niederschrift des Romans begann Heinrich Mann nach Ende des Ersten Weltkriegs [siehe auch Materialien, Nr. 97] und schloss das Werk, der Datierung eigener Hand zufolge, am 21. Februar 1925 ab. Anfang 1920 ließ er im ›Berliner Tageblatt‹ einen Vorabdruck aus dem »un-

Die Militärmusik schmetterte draussen, Marschtritt und schwere Räder erschütterten das Zimmer. Mangolf und Terra erkannten von allem, was vorbeizog, weder den Stolz noch das Elend, kein wildes Gesicht mehr, kein angstvolles, keins, das noch kämpfte. Terra und Mangolf richten und formten ihr Kreuz.

(Schluss des Romans »Der Kopf«)

Heinrich Mann

Früherer Romanschluss
[vgl. S. 650 u. S. 690]

vollendeten Roman« ohne die Nennung eines Romantitels veröffentlichen. Fortgang und Abschluss verzögerten sich jedoch immer weiter: Im Mai 1923 glaubte er, das Opus frühestens zum Jahresende abschließen zu können [siehe Materialien, Nr. 21]. Noch im November 1924 aber fehlten das vorletzte und das Schluss-Kapitel [siehe Materialien, Nr. 37]. Abgesehen von gesundheitlichen Problemen und leidiger Ablenkung durch Gerichtsprozesse und geschäftliche Querelen sowie von reisebedingten Unterbrechungen, hinderten Heinrich Mann vor allem zwei Umstände, kontinuierlich am Text zu arbeiten. Zum einen fühlte er sich zur öffentlichen Einmischung in aktuelle Angelegenheiten von gesellschaftlicher Bedeutung verpflichtet. Neben erbetenen Gedenkreden und Laudationen kosteten ihn politisch-didaktische Ansprachen und Aufsätze viel Zeit und Energie. Von ›Sinn und Idee der Revolution‹ (1918) und ›Kaiserreich und Republik‹ (1919) über ›Die Tragödie von 1923‹ bis zu dem Beitrag über ›Die jungen Leute‹ (1925) begleitet den Entstehungsprozess des Romans ein umfangreiches essayistisches Œuvre. Enthalten ist es in den Sammelbänden: *Macht und Mensch.* München und Leipzig: Kurt Wolff Verlag 1919. – *Diktatur der Vernunft*. Berlin: Verlag Die Schmiede 1923. – *Sieben Jahre. Chronik der Gedanken und Vorgänge*. Wien: Paul Zsolnay Verlag 1929. Zum anderen war Heinrich Mann wegen seiner finanziell prekären Lage häufiger genötigt, die Arbeit am Roman zurückzustellen. Durch die Geldentwertung um das ererbte Vermögen und die Einkünfte aus dem Verkaufserfolg des *Untertan* gebracht, gingen oftmals Zeitungs- und Zeitschriftenbeiträge gegen umgehende Honorierung vor. 1924 bearbeitete er seinen ersten Roman *In einer Familie* (1894) für eine Neuausgabe der Ullstein-Bücherei [siehe Materialien, Nr. 35], um die Mittel zur ungestörten Beendigung des Romans zu beschaffen.

Gleichwohl führte der Autor neben der Arbeit am Roman auch andere literarische Projekte fort. Am 21. November 1921 beendete er die Komödie in drei Akten *Das gastliche Haus* (München: Gunther Langes 1924), um deren Aufführung er sich zunächst jahrelang vergeblich bemühte [An Félix Bertaux, 29. 12. 1923; siehe Materialien, Nr. 27]. Zwischen Anfang 1923 und Frühjahr 1924 schließlich verfasste er eine Reihe kürzerer Prosa-Texte, die dem Roman *Der Kopf* nahestehen. Sie wurden entweder eingearbeitet oder behandeln gleiche Motive eigenständig und spitzen die Diagnose der ›Entwertung der Werte‹ und die Kritik der ›Machtergreifung‹ des Kapitals zu:

Szene. In: ›Bohemia. Deutsche Zeitung‹. Prag. Jg. 96, Nr. 76, 1. April 1923, Oster-Beilage, S. 17–18.
–. In: Heinrich Mann: *Abrechnungen.* Sieben Novellen. Berlin: Propyläen [1924], S. 31–39 (= Das kleine Propyläenbuch).

Sterny. Eine Skizze. In: ›B. Z. am Mittag‹. Berlin. Jg. 46, Nr. 90, 3. April 1923, 1. Beiblatt, S. (5).
–. In: Heinrich Mann: *Der Jüngling.* Novellen. München: G[unther] Langes (1924), S. 71–88.

Die roten Schuhe. In: ›Bohemia. Deutsche Zeitung‹. Prag. Jg. 96, Nr. 300, 25. Dezember 1923, Weihnachts-Beilage, S. 13–14.

Der Gläubiger. Novelle. In: ›Prager Tagblatt‹. Prag. Jg. 49, Nr. 95, 20. April 1924, Oster-Beilage, S. 3–4.
–. In: *Abrechnungen*, S. 7–27.

Lamballe Kobes. In: ›Die große Welt‹. Leipzig. Jg. 1, Nr. 1, 1924, S. 49–57. Illustriert von Hans Friedrich.
[Zuerst nachgewiesen von Klaus Schuhmann: *Kobes & Co.*

bei Heinrich Mann. Eine Wiederentdeckung. In: ›Aus dem Antiquariat‹ (2001), Nr. 9, A531–A535. – Auszug der Novelle, siehe Materialien, Nr. 32].

Kobes. In: ›Die Neue Rundschau‹. Berlin. Jg. 36, Heft 3, März 1925, S. 235–266.
– . Mit 10 Lithographien von George Grosz. Berlin: Propyläen (1925). 71 S.

Von Kurt Wolffs Weigerung bitter enttäuscht, ihm während der Inflationszeit Vorschüsse zu gewähren, sah sich Heinrich Mann nach einem anderen Verleger um. Ein Versuch, zunächst den neuen Roman im Wiener Thyrsos-Verlag unterzubringen, misslang. Am 14. April 1924 kam die Absage (vgl. Heimo Strempfl: *Die Blutspur. Zur Darstellung der Kontinuität von Kaiserreich und Weimarer Republik in Heinrich Manns Roman ›Der Kopf‹.* Frankfurt am Main u. a. 1993, S. 187). Schließlich wechselte er zu dem erst 1923 gegründeten Paul Zsolnay Verlag, der ihm überaus vorteilhafte Regelungen zugestand (vgl. Murray G. Hall: *Der Paul Zsolnay Verlag. Von der Gründung bis zur Rückkehr aus dem Exil.* Tübingen 1994, S. 91). Am 7. Januar 1925 fragte der Verlag nach dem Umfang des Romans, mit dessen Drucklegung aus technischen Gründen unverzüglich begonnen werden müsse [siehe Materialien, Nr. 40]. Am 31. Januar wurden Heinrich Mann die ersten Korrekturbögen zugeschickt, nicht ohne an das gegebene Wort zu erinnern, »daß wir auf den Abschluß des Romans bald rechnen dürfen« [siehe Materialien, Nr. 43].

Heinrich Mann hat sich verschiedentlich zum Roman und seiner Entstehung geäußert:

Alfred Neumann: *Gespräch mit Heinrich Mann.* In: ›Neues Wiener Journal‹. Wien. Jg. 28, Nr. 9573, 1. Juli 1920, S. 3 und 4.

Vertrag weiter über die diplomatische Aktion Deutschlands geplaudert. Die Reichszeitung werde (folgt wie oben).

---

zend gedruckt, sie werden vielleicht nicht glänzend honoriert. Es kann der Tag kommen, wo wir satt sein werden von Vorwärtsparolen und „freie" Schriftsteller brauchen, die im Sinne des Goetheschen Wortes arbeiten: „Nicht geziemt es dem Deutschen, weiterzuleiten die große Bewegung". Werden diese wohl von der Kulturabgabe etwas kriegen? Das führt auf allerhand Gedanken, die auszusprechen eine andere Gelegenheit ersehen sein mag.

Die freie Schriftstellerei ist vor allem, Talent vorausgesetzt, Sache des Charakters. Hier liegen verhängnisvolle Fragen.

Paul Ernst hat das Genie nicht zum Maßstab gemacht. Sondern im Gegenteil: er hat festgestellt, daß naturgesetzlich immer die Unrechten bisher unterstützt worden sind: von Akademien (Frankreich) und von bedeutenden Männern (Goethe).

Gewiß bleibt, daß die Not sehr groß ist und daß irgendwie geholfen werden soll. Der Kampf mit den Verlegern (wie er analog dem Kampf der Handarbeiter mit den Arbeitgebern eigentlich ausgefochten werden sollte) ist aussichtslos. Wenn der Schriftsteller streikt, freut sich der Verleger nur, außer in wenigen Fällen. Jeder fühlende Mensch wird die Not mitempfinden, jeder denkende aber auch begreifen, daß, gerade weil Geistiges so empfindlich ist, hier auch die Gefahren signalisiert werden.

Wer das Los des freien Schriftstellers wählt, der wählt ein unsicheres, gefährliches, karges Brot. Er muß aber wissen, was er wählt.

Wir wünschen auch zu helfen. Nur nicht um den Preis des Staatspensionärtums der freiesten Gilde, die es gibt und geben muß.

Und nun wollen wir warten, bis das Gesetz kommt.

Lehrgang für Volksbüchereiwesen. Die Volkshochschule Thüringen veranstaltet im Rahmen der diesjährigen Jenaer Ferienkurse am 4. und 5. August in Jena einen Lehrgang für Volksbüchereiwesen. Der Lehrgang ist für alle bestimmt, die in der praktischen Volksbildungsarbeit als Lehrer, Bibliothekare, Buchhändler usw. stehen, vor allem auch in der Kleinstadt und auf dem Dorfe. Teilnehmerkarten für solche, die nicht Hörer der Ferienkurse sind und die nur am Lehrgang für Volksbücherei teilnehmen wollen, im Sekretariat der Ferienkurse (Universität) für 5 M. Für Hörer der Ferienkurse berechtigt das Belegen des Lehrgangs für Volkshochschullehrer zur Teilnahme an allen Veranstaltungen.

Goethe – Lannas
II – III

Zeitungsausriss mit dem eigenhändigen Vermerk Heinrich Manns *Goethe – Lannas*

Victor Wittner: *Gespräch mit Heinrich Mann.* In: ›Neues 8 Uhr-Blatt‹. Wien. Jg. 8, Nr. 2151, 30. November 1921, S. 4.

Wege deutscher Dichter (Eine kleine Rundfrage.) In: ›Neuer Görlitzer Anzeiger‹. Görlitz. Jg. 45, Nr. 68 vom 21. März 1922, Wochenblatt des ›Neuen Görlitzer Anzeigers‹ zur Unterhaltung und Belehrung, Nr. 12, o. S. [siehe Materialien, Nr. 16].

Ich beende soeben meinen Roman »Der Kopf« ... In: ›Neues Wiener Journal‹. Wien. Jg. 33, Nr. 11.266, 2. April 1925, S. 6 [Antwort auf eine Umfrage unter Schriftstellern zum Thema »Woran arbeiten Sie?«].

Erst kürzlich habe ich den Roman »Der Kopf« bei Zsolnay in Wien erscheinen lassen ... In: ›Neue Illustrierte Zeitung‹. Wien. Jg. 30, Nr. 53, 25. Dezember 1925, S. 11 [Antwort auf eine Umfrage unter Schriftstellern zum Thema »Woran arbeiten Sie jetzt, sind Sie mit Ihrem Verleger zufrieden?«].

Jolan Jacobi: *Aktuelle Unterredungen. Heinrich Mann.* In: ›Wiener Allgemeine Zeitung‹. Wien. Jg. 17, Nr. 14.539, 11. November 1926, S. 3 und 4.

Die Druckgeschichte* des Romans *Der Kopf* begann mit der separaten Veröffentlichung der späterhin als Prolog verwendeten Novelle *Neunzig Jahre vorher* unter anderem Titel:

* Angaben nach Brigitte Nestler: *Heinrich Mann-Bibliographie.* Bd. I. Das Werk. Morsum (Sylt) 2000, S. 58–59 und S. 126–127.

Der Mörder. In: ›Berliner Tageblatt‹. Berlin. Jg. 47, Nr. 658, 25. Dezember 1918, 2. Beiblatt.
–. In: ›Allgemeine Zeitung‹. München. Jg. 127, Nr. 120, 30. März 1924, Sonntags-Ausgabe, S. 11.
–. In: Heinrich Mann: *Der Jüngling.* Novellen. München: G[unther] Langes (1924), S. 59–70.

Es folgte eine Anzahl kurzer Vorabdrucke aus dem Roman in Zeitungen, Zeitschriften und Sammelwerken:

Schmerzliche Jugend. In: ›Berliner Tageblatt‹. Berlin. Jg. 49, Nr. 591 (Ausgabe A: Nr. 307), 25. Dezember 1920, Morgen-Ausgabe, 4. Beiblatt.
–. In: ›Bohemia. Deutsche Zeitung‹. Prag. Jg. 94, Nr. 1, 1. Januar 1921, Neujahrs-Beilage S. (3).
–. In: Für unsere kleinen russischen Brüder! Genf: Hohes Kommissariat Prof. Fridtjof Nansen (1922), S. 173–177.
–. In: ›Frankfurter Zeitung und Handelsblatt‹. Frankfurt am Main. Jg. 67, Nr. 663, 19. September 1922, 1. Morgenblatt, S. 1.
–. In: ›Prager Abendzeitung‹. Prag. 27. September 1922, S. 2.

Die Verwandten. Aus einem unvollendeten Roman. In: ›Berliner Tageblatt‹. Berlin. Jg. 49, Nr. 1, 1. Januar 1920, Morgen-Ausgabe, 2. Beiblatt, S. 1–2.

Die Flucht. In: ›Der Tag‹. Wien. Jg. 1, Nr. 29, 24. Dezember 1922, S. 10.

Am Anfang der Wege. In: ›Bohemia. Deutsche Zeitung‹. Prag. Jg. 95, 24. Dezember 1922.

Weltwende. Stimmungen 1890. In: ›Berliner Börsen-Courier‹. Berlin. Jg. 56, Nr. 187, 20. April 1924, Morgen-Ausgabe, 1. Beilage.

Der Kaiser beim Kanzler. In: ›Prager Tageblatt‹. Prag. Jg. 50, Nr. 81, 5. April 1925, S. 3.
– . In: ›Wiener Allgemeine Zeitung‹. Wien. Jg. 16, Nr. 14.061, 9. April 1925, S. 2–3.

Heinrich Manns noch im Jahre 1924 unternommener Versuch, den Roman in der ›Frankfurter Zeitung‹ vorab zu veröffentlichen, scheiterte an politischen Vorbehalten der Redaktion [siehe Materialien, Nr. 41].

Das Datum der Auslieferung bzw. der erste Verkaufstag des Romans sind nicht genau bezeugt. Dem oben genannten, am 5. April 1925 erschienenen Vorabdruck im ›Prager Tagblatt‹ ist die Mitteilung beigegeben, der Roman werde »in den nächsten Tagen« vom Verlag ausgeliefert. Heinrich Mann rechnete in einer Karte an Maximilian Brantl vom 28. März [siehe Materialien, Nr. 45] mit Dienstag, dem 7. April, als Erscheinungstermin und gab Félix Bertaux am 13. April dann Nachricht, dass das Buch »vor einigen Tagen erschienen« sei [siehe Materialien, Nr. 46]:

Der Kopf. Roman (Roman der Führer. Einbandentwurf Rudolf Geyer. 1.–15. Tsd.). Berlin, Wien, Leipzig: Zsolnay 1925. 636 S. (Das Kaiserreich. Die Romane der deutschen Gesellschaft im Zeitalter Wilhelms II. [Band 2.] Teil 3).

Die Neuerscheinung wurde der Prominenz des Autors entsprechend von der Literaturkritik beachtet und in der Regel mit höflicher Anerkennung besprochen [siehe Zeitgenössische Rezensionen, S. 836–860]. Elogen oder

HEINRICH MANN

DER KOPF

DER GESTALTER UNSERER ZEIT FORMT IN DIESEM
ROMAN DER FÜHRENDEN KLASSEN
DIE MENSCHEN EINER ENTSCHEIDENDEN EPOCHE,
IHRE LEBENSLEIDENSCHAFTEN, IHREN IRRTUM,
IHR VERDERBEN. IN GEWALTIGER STEIGERUNG
ERLEBEN WIR DEN WEG ZUR KATASTROPHE DES
WILHELMINISCHEN KAISERREICHS

PAUL ZSOLNAY VERLAG

PVZ

Schutzumschlag der Erstausgabe

Verrisse waren eher die Ausnahme. Zum insgesamt verhaltenen Echo der Presse nahm Heinrich Mann mehrfach kritisch Stellung [siehe Materialien, Nr. 46, 56 u. 66]. Zunächst entsprach der Absatz des Buches den Erwartungen von Autor und Verlag [siehe Materialien, Nr. 52]. Noch im selben Jahr druckte Zsolnay den Titel nach (16.-23. Tausend, 1925) und legte zugleich die beiden Vorgänger in einem Band vereint vor, jeweils auf einer gesonderten Seite am Schluss als Teil der Romanreihe ›Das Kaiserreich‹ bezeichnet (Band 1: *Der Untertan*, 101.–105. Tsd., *Die Armen*, 61.–65. Tsd.; Band 2: *Der Kopf*, 1.–15. Tsd.). Doch konnte die erste Auflage nicht abgesetzt werden. Sechs Jahre später brachte Zsolnay den Roman in der gleichen Zusammenstellung, nun mit der Überschrift ›Das Kaiserreich‹ auf dem Titelblatt, noch einmal als »2. Auflage« heraus (Band 1: *Der Untertan*, 105. Tsd., *Die Armen*, 65. Tsd.; Band 2: *Der Kopf*, 15. Tsd., 1931).

An zu Lebzeiten Heinrich Manns nachgedruckten Auszügen sind bisher lediglich die drei folgenden bekannt:

Der Kaiser beim Kanzler. In: ›Wiener Allgemeine Zeitung‹. Wien. Jg. 16, Nr. 14.061, 9. April 1925, S. 2–3.

Wer hat gerufen? In: ›Die Welt am Abend‹. Berlin. Jg. 3, Nr. 176, 30. Juli 1925, Beilage, S. 5–6.

Auftritt Wilhelm Imperator Rex. In: Deutsche Prosa seit dem Weltkriege. Dichtung und Denken. Eine Anthologie. Hg. von Otto Forst de Bataglia. Leipzig: Rohmkopf 1933, S. 213–223.

In die vom Zsolnay Verlag ab 1925 bis 1932 veranstaltete Gesamtausgabe (*Gesammelte Werke.* 13 Bände. Berlin,

Wien, Leipzig) wurden die drei Romane des ›Kaiserreichs‹ nicht aufgenommen. Noch im Erscheinungsjahr selbst erschien – mit einem Porträtfoto von Heinrich Mann – ein Roman-Auszug in französischer Sprache (»Der Kopf« [Extrait]. In: ›La Revue Rhénane/Rheinische Blätter‹. Mainz. Jg. 5, Nr. 10/11, Juli/August 1925, S. 592–595). Bereits ein Jahr nach Veröffentlichung des Romans erschien eine erste Übersetzung ins Tschechische: *Hlava.* Román. (Aus dem Deutschen übersetzt von František Bicek. Praha: Obelisk 1925 [recte 1926]. 601 S.) Aus den Abrechnungen, die Zsolnay an den emigrierten Autor schickte, geht hervor, dass der Vertrieb seiner Werke 1933 fast gänzlich eingestellt worden war. Die ohne den Reihentitel ›Das Kaiserreich‹ erschienene Sonderausgabe dürfte kaum noch Leser erreicht haben:

Der Kopf. Roman (Ungekürzte Sonderausgabe). Berlin, Wien, Leipzig: Zsolnay 1933. 636 S.

1936 erschien eine gekürzte Übersetzung des Romans ins Russische mit vorangestellten Auszügen aus einem Brief Heinrich Manns an Johannes R. Becher: *Golova.* Roman. In: ›Oktjabr'‹. Moskva 1936, Nr. 12, S. 47–189 (Übersetzung von N. Kasatkina). Ein Jahr später wurde der vollständige Text in russischer Übersetzung mit einem Vorwort von Johannes R. Becher publiziert [siehe Materialien, Nr. 92], das Heinrich Manns damalige Stellungnahme zu *Der Kopf* enthält [siehe Materialien, Nr. 91]: *Golova.* Roman. Predislovie I. Becher. Moskva: Goslotizdat 1937.

Nach Heinrich Manns Tod erschien 1952 eine Übersetzung des Romans ins Serbokroatische (*Glava.* Zagreb: Matica hrvatska). Im Rahmen der achtbändigen russischen Werkausgabe Heinrich Manns (*Socinenija.* Perevod s nemeckogo pod. red. G. N. Znamenskoj dr. Moskva 1957–1958) erschien *Der Kopf* als Band 4: *Golova.* Perevod N. Kasatkinoj. 1957. 598 S.

In die 1951 bis 1962 veröffentlichte Werkausgabe (*Ausgewählte Werke in Einzelausgaben.* Hg. im Auftrage der Deutschen Akademie der Künste von Alfred Kantorowicz. 13 Bände. Berlin: Aufbau-Verlag) ist der Roman dagegen nicht aufgenommen worden. So blieb im deutschen Sprachgebiet auf Bibliotheken und Antiquariatshandel angewiesen, wer den Roman lesen oder erwerben wollte. Erst ein halbes Jahrhundert nach der letzten Ausgabe im Paul Zsolnay Verlag wurde er durch die Neuedition des Aufbau-Verlags wieder einem breiteren Publikum in Deutschland zugänglich:

Der Kopf. In: *Gesammelte Werke* (Hg. von der Deutschen Akademie der Künste, ab 1973 Akademie der Künste der Deutschen Demokratischen Republik. Redaktion: Sigrid Anger), Bände 1–18, 24. Berlin, Weimar: Aufbau-Verlag 1965–1989. Bd. 8. *Die Armen. Der Kopf.* 1987, 690 S., hier S. 165–651. Nachbemerkung von Sigrid Anger.

Als Lizenzausgabe des Aufbau-Verlags Berlin erschien der Roman im Folgejahr mit Reihentitel nur auf dem Schutzumschlag und der Nachbemerkung von Sigrid Anger bei Claassen innerhalb der Werkausgabe sowie als Sonderausgabe:

Der Kopf. In: *Gesammelte Werke in Einzelausgaben.* Bände 1–18. Hamburg, Düsseldorf: Claassen 1958–1988, Bd. 18. *Die Armen. Der Kopf. Zwei Romane.* 1988. 691 S., hier S. 165–652.

–. In: Heinrich Mann: *Die Armen. Der Kopf. 2 Romane* (Sonderausgabe). Düsseldorf: Claassen 1988, hier S. 165–652.

Der Hinweis scheint angezeigt, dass der Roman bis heute weder in englischer noch in französischer Übersetzung vorliegt. Nur zwei weitere ins Französische übersetzte Auszüge sind ermittelt, die freilich auch zu Lebzeiten des Autors erschienen waren:

La tête. Le Kaiser chez la Comtesse Altgott. In: ›Les Nouvelles Littéraires‹. Paris. Jg. 4, 22. August 1925, S. 4.

Kaiser Wilhelm en soirée. Traduction de Félix Bertaux. In: *Romanciers Allemands.* Préface d'Edmond Jaloux. Paris: Les Éditions Denoël & Steele 1932, S. 76–100 (Collection G. Charensol. Les romanciers étrangers contemporains; 3).

Der vorliegenden Studienausgabe liegt die Edition des Romans innerhalb der *Gesammelten Werke* zugrunde. Über die Textkonstitution berichtet Sigrid Anger in ihrer ›Nachbemerkung‹:

Die Handschrift zu *Der Kopf* ist erhalten geblieben, sie konnte für die Textrevision des vorliegenden Bandes herangezogen werden. Die Maschinenabschrift und die im Briefwechsel mit dem Paul Zsolnay Verlag erwähnten Korrekturfahnen beziehungsweise Korrekturbogen sind nicht überliefert.

Die Handschrift ist sorgfältig mit Tinte geschrieben. Die Korrekturen im Text entstanden zum Teil während der Niederschrift und teilweise im nachträglichen Korrekturgang.

Der Vergleich der Handschrift mit der Ausgabe des Paul Zsolnay Verlages von 1925 zeigt, dass Heinrich Mann für die Druckvorbereitung eine Reihe von Textkorrekturen vorgenommen hat.

Ursprünglich sollte der Roman »Die Blutspur« heißen. Die Blutspur, »die durch das gesamte Leben führt« [S. 584, Z. 2 f.], wurde in den Notizen mehrfach das Grundmotiv des Buches genannt.

Heinrich Mann hat jedoch die erste Seite der Handschrift mit diesem früheren Titel [siehe Abbildung S. 705] beiseitegelegt und sie mit dem Titel »Der Kopf« neu geschrieben [siehe Abbildung S. 10].

Die Gliederung des Romans in drei Teile wurde erst für den Druck vorgenommen; die Handschrift hat jedoch vom zweiten Teil an eine neue Seitenzählung. Die Bezeichnungen »Erstes Kapitel« und so fort sind erst im Druck eingeführt worden, während die Überschriften der Kapitel schon in der Handschrift enthalten sind.

Der Zsolnay Verlag hat, wie der Vergleich mit der Handschrift beweist, in Orthographie und Interpunktion modernisierend eingegriffen. Außerdem wurden zahlreiche Absätze der Handschrift für den Druck aufgehoben, um bei dem umfangreichen Band Raum zu sparen.

Dem Text der vorliegenden Ausgabe liegt dieser Druck des Paul Zsolnay Verlages von 1925 zugrunde.

Eine Reihe kleiner Textabweichungen zwischen Handschrift und Zsolnay-Ausgabe deuten auf unbemerkt gebliebene, sinnentstellende Übertragungsfehler hin. In diesen Fällen erfolgte ein Rückgriff auf die Handschrift.

Zwei Textstellen aus der Handschrift wurden in die vorliegende Ausgabe übernommen, da es sich offensichtlich um versehentliche Auslassungen bei der Abschrift handelt:

– Seite 118, Zeile 14 f., wurde nach dem Namen »Terra:« eingefügt: »›Vorkehrungen sind getroffen.‹ Sie, ihn abschätzend:«

– Seite 571, Zeile 13 f., steht jetzt statt des Satzes »Alles gut, wenn es schiefgeht.« folgender Text: »Alles gut. Kontrolle ist gut, wenn wir siegen, Diktatur ist gut, wenn es schiefgeht.«

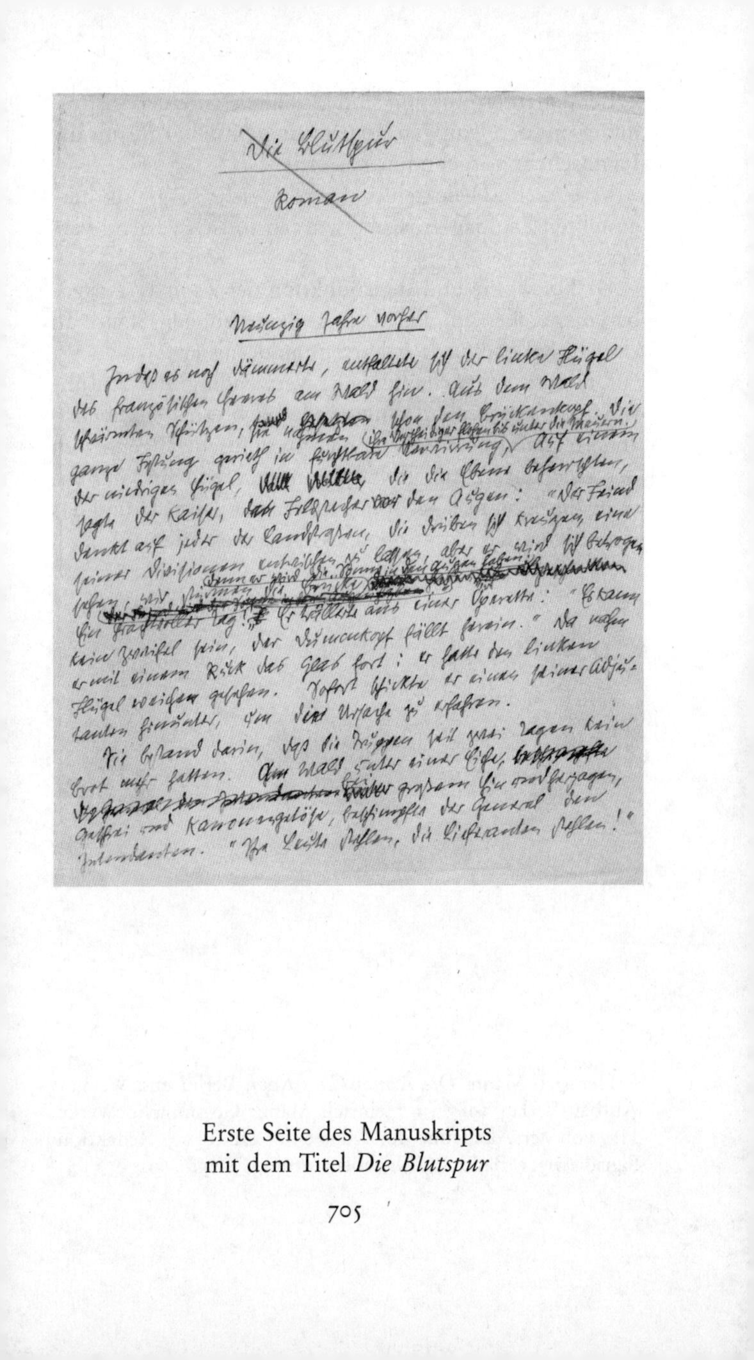

Erste Seite des Manuskripts
mit dem Titel *Die Blutspur*

Bei der Interpunktion sind gleichfalls, in Übereinstimmung mit den heutigen Regeln, einige Rückgriffe auf die Handschrift vorgenommen worden.

Vereinzelte Druckfehler der sonst sehr sorgfältig hergestellten Zsolnay-Ausgabe wurden stillschweigend verbessert.

Orthographie und Interpunktion der Zsolnay-Ausgabe entsprechen im allgemeinen dem heutigen Stand. In einigen Fällen wurde behutsam modernisiert.

Die zum Teil uneinheitliche Verwendung der Anführungszeichen bei gedachter Rede blieb erhalten, ebenso andere charakteristische sprachrhythmische Eigenheiten der Zeichensetzung, etwa die unterschiedliche Verwendung des Kommas bei appositionellen Fügungen und das Komma in der Funktion eines Gedankenstrichs.*

* Heinrich Mann: *Die Armen/Der Kopf.* Berlin und Weimar: Aufbau-Verlag 1987 (= Heinrich Mann: Gesammelte Werke. Hg. von der Akademie der Künste der DDR [...]. Redaktion: Sigrid Anger. Band 8), [Nachbemerkung], S. 690–692.

Materialien

Heinrich Mann: [Erster Entwurf zum Roman 1
Der Kopf], Notizbuch (ca. 1918/19) [Auszug]:

[Seite 1]

Feinde ringsum Die Macht
Das [Durchstrichen: ganze] Leben ein Kampf
Der ewige Kampf (Der ganze Mensch)
Roman
Die jungen Begierden. Die Blutspur

I Anehren. Das Leben beginnt. Gegenüber/wohnt sogleich seine Krone, seine reichste Beute./Unmöglich, sie heimzutragen. [Durchstrichen: Aber es gibt dreiste-/re Wege. Ihr 10jähriger Sohn ist sein kleiner/Kamerad. Er bekommt Zutritt]. Seine Schwester./Die Frau gegenüber ist zu seine[r] Schwester gemein,/das gibt den ersten Bruch, das erste Gefühl des/eigenen Wesens. Freilich, sie ist gemein. Aber dies/ist die Schönheit selbst, das Leben, wenn es begeh-/renswerth ist. Das Ideal sieht anders aus./Daran schafft er, zu ihm betet er. Was man/will, ist gemein. (Dualismus)

Die Frau ist im Haus, sie gefällt, trotz Ver-/dächtigkeiten. Er wird mit ihr geneckt. »Jetzt/kennen wir wenigstens deinen Geschmack.« Sie/giebt vor, ihn nicht ernst zu nehmen, giebt ihn/lachend für ihren Verlobten aus. Sie gehen aus,/sie treten in Läden, er spielt mit seinem Namen

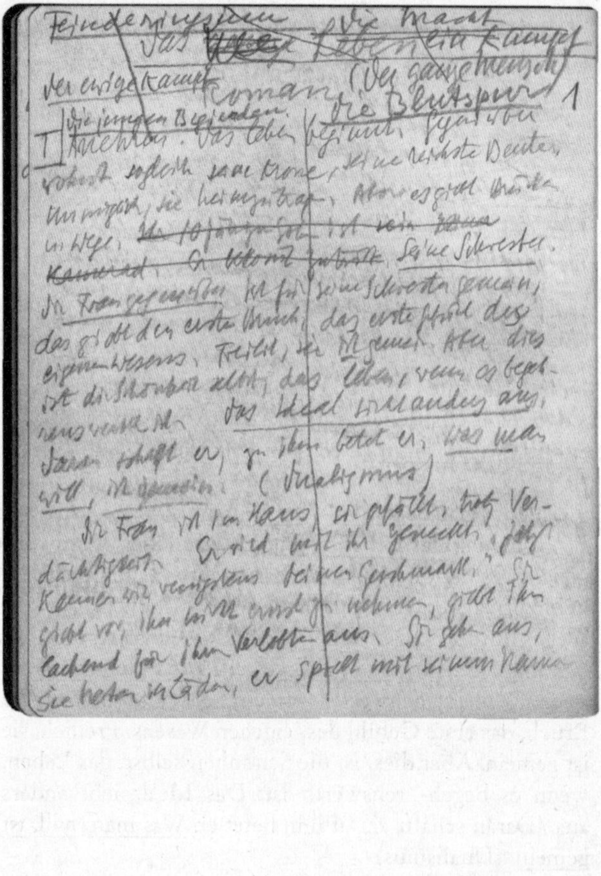

Erste Seite aus dem Notizbuch Heinrich Manns
mit dem ersten Entwurf zum Roman *Der Kopf*
Feuchtwanger Memorial Library,
University of Southern California, Los Angeles

[Seite 2]

des Verlobten, will es glauben, kauft für sie ein,/»Und dein Vater, wenn die Rechnung kommt?«/Er wird es verantworten. – Sie hat immer neue/Sachen, sie ist wohl reich. – Am 1ten kommen/Rechnungen, die er abfängt. Es sind Unsummen,/sie hat Alles auf seinen Namen gekauft. (Die/Fragen u. die Gesichter der Kaufleute haben ihn/vorbereitet.)

Was thun? Durchgehen mit ihr! Er macht/Waren zu Geld. Verabredung. Er soll sie besitzen/vor der Abreise. Endlich. Sie ist in ein Hotel beim/Bahnhof umgezogen, der Heimlichkeit wegen. Gilt/schon für abgereist. Er kommt hin, wartet, sie/soll noch zurückkommen. Nach langer Zeit: Die/Dame war da, ist mit dem Gepäck fort. – Nie/wieder finden, was so, schön, so trügerisch,/so gemein u. doch das Leben war. Es war das/Leben in der Fülle, auf einmal, ohne Schmerz/u. Kampf sogleich ergriffen u. geliebt. Jetzt muss es/Stück für Stück erkämpft u. erlitten werden./

– Dies aber in einander gearbeitet mit dem

[Seite 3]

Freund, der zugleich Diplomat, Kenner,/Spekulant u. Skeptiker ist. Arm, als/Wagner-Spieler kommt er in das Haus des/Freundes, erobert die Schwester, langsam,/bewusst. Bekommt Geschenke von ihr, von der/Mutter, die ihn auch liebt. M. sieht es/spät, noch nicht zu spät (als seine Hochstap-/lerin eben fort ist). Scene, Bruch./ Der andere geht zum Vater, hält an, wird/abgewiesen.

Erste Begegnung: M. mit der Frau von drüben;/der Freund, trüber Neid./Der Freund will die Schwester aus Neid, aus/Gegnerschaft, um etwas von ihm zu nehmen,/ ihn zu schwächen./Der Freund ist der Schwächere. Stark ist nicht/dasselbe wie bedenkenlos. Erster Dialog. M. der/reine Geist, der Freund denkt nicht immer hier/ zu sitzen! Die Welt ist es nicht werth etc. Der/König Xerxes, das ist doch schön. Das Leiden ist/gottgewollt. Herrenrecht. – Paradoxe. (Alles aus Neid, [...]

Original: Notizbuch im Nachlass Lion Feuchtwangers der Feuchtwanger Memorial Library, Specialized Libraries and Archival Collections, University of Southern California, Los Angeles; Kopie: Archiv der Akademie der Künste, Berlin, HMS 7723. – Das Notizbuch enthält 37 Seiten Notizen zum Schauspiel *Der Weg zur Macht* (1919), folgend 12 nicht paginierte Seiten Entwürfe zum Essay *Erneuerung* (Erstdruck in: ›Berliner Tageblatt‹. Berlin. Jg. 48, Nr. 1, 1. Januar 1919, Morgenausgabe, 2. Beiblatt) sowie 88 Seiten Vorstudien zum Roman *Der Kopf*. Wahrscheinlich also sind diese Ende 1918 bis Frühjahr 1919 entstanden. Der vollständige Text des unveröffentlichten Manuskripts mit Kommentar zum Verhältnis von Entwurf und Roman, Sacherläuterungen und textkritischen Anmerkungen in: ›Heinrich Mann-Jahrbuch‹ 28/ 2010, S. 165–220.

2 Heinrich Mann an Kurt Hiller,
[München], 18. Juli 1917 [Briefentwurf]:

Vor kurzem hat er sich der »Arbeitsgemeinschaft« angeboten. »Wählt mich, laßt mich im Reichstag eine große politische Rede halten, dann gehe ich wieder.« Die Ungeistigkeit jener Leute hat das Ereignis verhindert. Wäre es eingetreten, ich wäre nicht heute beinahe der einzige, der es sieht, daß Harden, trotz allen Abwegen und Selbstverleugnungen, ihm auferlegt von den Nöten der Zeit und seiner Natur, dennoch während der ganzen trostlosen Wilhelminischen Epoche der alleinige Vertreter des Geistes im handelnden Leben war. Als Literat von 1885 konnte er zur Tat nicht anders gelangen als über Bismarck hin, und blieb belastet mit der Überlieferung eines Systems, dessen Schlüssel der Krieg ist. Seine anarchische Literatenkritik an der Handhabung dieses Systems aber hat es unvergleichlich mehr kompromittiert als irgendeine Opposition der Gesinnung. Er hat es von innen heraus zersetzt, und war schon an seine Wurzeln gelangt, als der Krieg kam. Im Krieg dann ist er nicht umgefallen, nur seine Maske ist ihm abgefallen. Für den Geist trat er schon immer ohne sie auf. Er und sein Blatt haben propagiert: Wedekind und mich.

Original: (Notizbuch): HMA 473. – Druck: Heinrich Mann: *Die Armen. Der Kopf.* 2 Romane. Berlin und Weimar: Aufbau-Verlag 1987, [Nachwort], S. 684. Der Briefentwurf ist mit der Zeile *Harden (»Zukunft« verboten). Juli 1917* überschrieben.

Kurt Hiller (1885–1972), Dr. jur., Schriftsteller und Pazifist, Mitbegründer des ›Literarischen Aktivismus‹ ab 1915.

Heinrich Mann an Thomas Mann, 3
München, 5. Januar 1918 [Briefentwurf, Auszug]:

»In inimicos« sagtest Du, 22jährig am Klavier sitzend in via Argentina trenta quattro, nach rückwärts gewandt gegen mich. So ist es geblieben für Dich; aber Du bist noch jung, ich darf Dir noch abrathen, bevor es zu spät wird, denn es war nicht gut so für Dich, u. wird immer weniger gut. Bezieh nicht länger mein Leben u. Handeln auf Dich, es gilt nicht Dir, u. wäre ohne Dich wörtlich dasselbe. Der 2te Satz des *Zola* hat nichts mit Dir zu thun, u. die wenigen Seiten weiterhin, die auch Dich angehen, ständen so oder ähnlich noch da, wenn es nur die Anderen gäbe. Von diesen anderen haben manche seither sich eines Besseren besonnen, u. ich bin wieder ihr Freund. Ich trenne mich niemals vorsätzlich u. für immer.

Selbstgerechtigkeit? O nein – sondern weit eher das Gemeinschaftsgefühl mit denen, die auch, gleich mir, es wissen, wie viel wir alle, die Kunst und die Geistesart unserer Generation, es verschuldet haben, dass die Katastrophe kommen konnte. Selbstprüfung, Kampf erleben noch einige neben Dir, wenn schon bescheidener; aber dann auch Reue u. neue Thatkraft: nicht nur eine »Behauptung«, die so grosse Umstände nicht verlohnt, nicht nur das »Leiden« um seiner selbst willen, diese wüthende Leidenschaft für das eigene Ich. Dieser Leidenschaft verdankst Du einige enge, aber geschlossene Hervorbringungen. Du verdankst ihr zudem die völlige Respektlosigkeit vor allem Dir nicht Angemessenen, eine »Verachtung«, die locker sitzt wie bei keinem, kurz, die Unfähigkeit, den wirklichen Ernst eines fremden Lebens je zu erfassen.

In: Thomas Mann/Heinrich Mann: *Briefwechsel 1900–1949*. Hg. von Hans Wysling. 3., erweiterte Ausgabe. Frankfurt am Main: Fischer Taschenbuch Verlag 2005 (= Fischer Taschenbuch, Bd. 12297, 2. Aufl., Dezember 2005), S. 177–179; Auszug S. 177 f. [Im folgenden zitiert: *TM/HM*]
Das nicht abgeschickte Schreiben war als Antwort auf Thomas Manns Brief vom 3. Januar 1918 gedacht, in dem dieser das Versöhnungsangebot Heinrich Manns vom 30. Dezember 1917 ablehnte und »Trennung für alle Zeitlichkeit« ankündigte: »– Laß die Tragödie unserer Brüderlichkeit sich vollenden.« (*TM/HM*, S. 176)
Die Brüder Mann hatten sich nach einem letzten Gespräch Ende September oder Anfang November 1914, das im Unfrieden endete, bis 1917 nicht wiedergesehen. Ebenso scheint Thomas Manns für den kriegsgegnerisch gesinnten Bruder enttäuschender Brief vom 18. September 1914 (Abdruck: *Macht und Mensch, StE* (1989), S. 267) der letzte in beider Korrespondenz gewesen zu sein, ehe Heinrich Mann den Kontakt wieder brieflich zu erneuern versuchte.

Beim Aufenthalt in Rom im Winter 1897/98 wohnten die Brüder Mann in der Via Torre Argentina 34.
Die Rede ist von Heinrich Manns Essay *Zola*. In: ›Die weißen Blätter‹. Jg. 2, Heft 11, November 1915. Der »2te Satz« lautet: »Sache derer, die früh vertrocknen sollen, ist es, schon zu Anfang ihrer Zwanziger Jahre bewußt und weltgerecht hinzutreten.« Thomas Mann schien dieser Satz persönlich verletzend gemeint. Folgt man Heinrich Manns Widerrede, könnte auch der ›Jungdemokrat‹ und um eine führende literaturpolitische Rolle bemühte Hiller Adressat der Polemik gewesen sein.
Bei denjenigen, »die sich seither eines Besseren besonnen«, ist vor allem an Harden und Wedekind zu denken, die sich 1915 von Kriegspropagandisten zu Gegnern des Krieges wandelten. Brieflichen Kontakt zu Harden nahm Heinrich Mann erstmals wieder am 17. Januar 1916 auf.

Heinrich Mann: *Der Marquis von Keith* [Auszug]: 4

Niemand in der ganzen Welt aber glaubte weniger an den Frieden unter den Menschen, als Frank Wedekind. Ob es ihm dabei wohl oder wehe war, er sah nur Kampf, fühlte nur das immer atemlosere Gewühl des Kampfes – im Lande wie in seinem Herzen. Weiber, die nur genießen, Männer, die nur erraffen, jede uneigennützige Handlung ein Hereinfall, jedes freundliche Gefühl ein Gelächter, nur kalte Neugier für Menschliches anstatt Teilnahme, nur Machtsucht, sogar bei dem Denker, den Armen vom Gesetz nur gerade das gefährliche Maul gestopft, den Schiebern aber jeder Erfolg auf Erden und im Himmel: das alles war in seinem Herzen schon fertig, als es im Lande erst heranwuchs, und der ganze Anfang des Jahrhunderts sprang, kaum daß es in der Wirklichkeit begonnen hatte, gewappnet aus seinem Kopf. Nirgends wie in seinen Stücken können Sie mit Händen greifen, wie sehr das Leben jener Tage schon Krieg war, bevor es dann wurde, was es war. Niemand hat so unausweichbar vorausgezeigt, wohin solche seelische Haltung treibe.

Erstdruck: ›Berliner Tageblatt‹. Jg. 47, Nr. 544 vom 24. Oktober 1918, Morgen-Ausgabe. – Abdruck: *Macht und Mensch, StE* (1989), S. 154–157; Auszug S. 154 u. 156. Nicht gehaltene Ansprache, datiert 4. Oktober 1918.

Das Hochstapler-Drama *Der Marquis von Keith* (1901) des am 9. März 1918 verstorbenen Wedekind hat das Verhältnis von Kunst und Kommerz zum Thema.

5 Maximilian Brantl an Heinrich Mann,
München, 25. März 1919 [Auszug]:

Möge Ihr Geist, Ihre Hand nicht erlahmen, gerade jetzt, wo Sie endlich auf der großen Tribüne Ihres Volkes stehen, wo das ganze geistige revolutionäre Deutschland in Ihnen sein Haupt zu erblicken hat.

In: *Heinrich Manns Briefe an Maximilian Brantl.* Hg. von Ulrich Dietzel. In: ›Weimarer Beiträge‹ 14 (1968), Heft 2, S. 393–422, hier S. 419. [Im folgenden zitiert: *Brantl-Briefe*]

Maximilian Brantl (1881–1951) war mit Heinrich und Thomas Mann befreundet und beider Rechtsberater.

Einen Höhepunkt öffentlicher Beachtung fand Heinrich Mann mit seiner Gedenkrede auf *Kurt Eisner* (Abdruck: *Macht und Mensch, StE* (1989), S. 167–172), die er am 16. März 1919 im Münchner ›Odeon‹ hielt.

6 Heinrich Mann an Maximilian Brantl,
München, 29. März 1919 [Auszug]:

Ihr Brief würde mich stolz machen, wenn er mich nicht auch in Verlegenheit setzte. Alle Ihre Erwartungen werde ich nicht mehr erfüllen können, ich bin schließlich nur ein Schriftsteller. Aber ich wünsche uns Allen, daß die Dinge doch den Weg gehen, den ich bezeichne.

In: *Brantl-Briefe*, S. 407.

»Ihr Brief« [siehe Materialien, Nr. 5].

Heinrich Mann an Eugen Bautz, 7
München, 17. September 1920.

Original: Stadtbibliothek der Hansestadt Lübeck (Sign: 1959 B 210^{a}). – Abdruck: *Der Untertan, StE* (1991), [Nr. 61 der Materialien], S. 611–613; *Die Armen, StE* (1995), [Nr. 10 der Materialien], S. 282–285.
Eugen Bautz, geboren am 20. Februar 1895 in Neuwied am Rhein, gestorben am 10. Januar 1969 in Hannover, war von 1920 bis 1928 Rektor an der Sammelschule in Aken/Bezirk Calbe bei Magdeburg.

Heinrich Mann: *»Der Weg zur Macht.« Bemerkungen* 8
zu diesem Stück zur Uraufführung am 21. Oktober 1920 im Residenz-Theater.

Original (Typoskript): Deutsches Literaturarchiv/Schiller-Nationalmuseum, Marbach am Neckar (Sign. A:Heinrich Mann; 58.1294). – Druck: ›Theaterzeitung der staatlichen Bühnen Münchens‹. Jg. 1, Nr. 37 vom Oktober 1920 (Auszug). – [Autobiographische Bemerkung zu:] *Der Weg zur Macht* [1920]. Abdruck: *Madame Legros II. Sämtliche Schauspiele, StE* (2005), [Nr. 121 der Materialien] S. 659–662.

Thomas Mann an Ludwig Ewers, 9
München, 6. April 1921.

In: *TM/HM*, S. 479 f. – Abdruck: *Sieben Jahre, StE* (1994), [Nr. 4 der Materialien], S. 592 f.
Ludwig Ewers (1870–1946), Schulfreund und Briefpartner Heinrich Manns aus Lübeck, Redakteur bei den ›Hamburger Nachrichten‹, hatte dort den Jubilar zum 27. März gewürdigt. Heinrich Manns *Briefe an Ludwig Ewers 1889–1913* sind, hg. von Ulrich Dietzel und Rosemarie Eggert, 1980 im Aufbau-Verlag erschienen. [Im folgenden zitiert: *Ewers-Briefe*]

Heinrich Mann (um 1920)

Heinrich Mann an Maria (Mimi) Kanova, 10
Badgastein, 27. Juni 1921 [Auszug]:

Hier habe ich die erste Woche für die letzten Kapitel meines Romans einen solchen Zustrom von Einfällen gehabt, dass ich kaum schnell genug nachschreiben konnte. Jetzt hat sich der Apparat ziemlich beruhigt. Wenn der Roman gut fertig würde, hoffe ich grade mit ihm ein ausreichendes Geschäft zu machen.

Original: HMA 715.

Maria (Mimi) Kanová (1886–1946) war von 1914 bis 1930 mit Heinrich Mann verheiratet. Aus der Verbindung stammte sein einziges Kind, die Tochter Carla Maria Henriette Leonie (1916–1986), gen. »Goschi«.

»Roman«: *Der Kopf.*

Heinrich Mann an Maximilian Harden, 11
München, 16. September 1921:

Verehrter, lieber Maximilian Harden,
heute darf ich Sie und auch mich beglückwünschen, denn Ihr Aufstieg und Wirken gehören in der auch von mir erlebten Zeitgeschichte zu den Erscheinungen, die ich am höchsten stelle.

Sie wissen, was ich so hoch stelle: die echte Leidenschaft Ihres Geistes – und daß Sie, in einer Epoche nie dagewesener Einflußlosigkeit der geistigen Persönlichkeit, eine öffentliche Macht wurden. Dies ist unvergeßlich ehrenvoll für Jeden von uns.

Eine Macht – vermittels Zergliederung und Durchleuchtung des Handelnden, vermittels Erkennen! Eine Macht – auf dem Wege des leidenschaftlichen Styles, des Pathos der Idee und der Geste! Macht durch Literatur! Daneben verschwinden alle Einwände, jede abweichende Meinung.

Heinrich Mann (1921)

Sie haben in erstarrter Zeit bewegend gewirkt: so wirkt der Antrieb des Geistes. Auch Sie haben für die Republik gebaut. Ich wünsche sehr, das zu erneuernde Deutschland verwerthete Ihre Erfahrung und Ihre Kraft. An Ihrem Gedenktage wünsche ich es Ihnen und uns.

In herzlicher Gesinnung bleibe ich Ihnen ergeben.

Heinrich Mann

In: *Frank Wedekind, Thomas Mann, Heinrich Mann. Briefwechsel mit Maximilian Harden.* Hg., kommentiert und mit einem einleitenden Essay von Ariane Martin. Darmstadt 1996, S. 189 f.

Der offene Brief erschien in der Festschrift: *Maximilian Harden. Zum sechzigsten Geburtstage. 1861–1921*, Berlin: Erich Reiß [1921], S. 21.

Thomas Mann: Tagebuch 12
München, 18. September 1921 [Auszug]:

Heute kräftiger, mutiger. Beschäftigte mich ruhiger mit der Bearbeitung des Kapitels ›Gegen Recht und Wahrheit‹, obgleich es wichtiger wäre, den Z[auber]b[er]g zu fördern. Daß H[einrich] mit seinem Zeitroman zu einem großen Schlage ausholt, ist klar.

In: Thomas Mann: *Tagebücher 1918–1921.* Hg. von Peter de Mendelssohn. Frankfurt am Main 1979, S. 546.

Thomas Mann bereitete das Kapitel XII der *Betrachtungen eines Unpolitischen* (1918) für den Druck in *Gesammelte Werke* [in Einzelausgaben] (Berlin: S. Fischer 1922) vor.

Thomas Manns Roman *Der Zauberberg* erschien 1924 bei S. Fischer in Berlin.

HEINRICH MANNS FREUNDE

UND DER KURT WOLFF VERLAG

bitten Sie zu der am Donnerstag

den 7. April 1921 Luisenstraße 31

abends 8 1/2 Uhr stattfindenden

FEIER

DES 50. GEBURTSTAGES

VON

Heinrich Mann

*

Um Antwort

an die Adresse des Kurt Wolff Verlages

Luisenstraße 31 / Telefon 55350

wird gebeten

Programm

PHILIPPINE LANDSHOFF / LUISE WILLER

LUDWIG LANDSHOFF:

Kammerduett „E pur vuole il cielo"... Giacomo Carissimi (1604–1674)

Arie „Deh, rendetemi, ombre care" a. d. Oper „La Stellidaura vendicata"............... Francesco Provenzale (ca. 1640 bis ca. 1700)

Kammerduett „Vo cercando fra le ombre".. E. B. d'Astorga (geb. 1680)

JOACHIM FRIEDENTHAL:

Heinrich Mann und sein Werk

KURT STIELER:

Richard Elchinger......... Sonett auf Heinrich Mann

Heinrich Mann.......................... Der Bruder

Heinrich Mann................. Drei-Minuten-Roman

PHILIPPINE LANDSHOFF / LUISE WILLER

LUDWIG LANDSHOFF:

Menuett aus der Oper „Erminia"....... G. B. Bononcini (ca. 1660 bis ca. 1750)

Arie a. d. Oper „La donna ancora è fedele.... A. Scarlatti (1659–1725)

Einladungskarte des Kurt Wolff Verlags
zum 50. Geburtstag Heinrich Manns
(1921)

13 Heinrich Mann an Carl Sternheim, München, 9. Dezember 1921:

Sehr verehrter Herr Sternheim,
gestern Abend kam ich von Wien zurück (wo ich Mme Legros herausgebracht und über »Europäisches Denken« gesprochen hatte), fand Ihren *Tasso* vor und habe ihn schon gelesen. Sie nennen mich Ihren Kameraden: es ist ehrenvoll, aber, ich glaube auch richtig – schon allein darum, weil mein reaktionärer Minister, in dem Roman, den ich schreibe, dauernd Goethe im Munde führt.

Nehmen Sie für Ihre unbeirrbare Schrift meinen Dank!

Wir grüßen Sie beide herzlich

Ihnen ergeben

Heinrich Mann

Original: HMS 6316 – Abdruck in: *HM-Dok*, S. 218.

Erwähnt ist der Essayband *Tasso oder die Kunst des Juste Milieu. Ein Wink für die Jugend*. Berlin: Erich Reiß Verlag 1921 (= Tribüne der Kunst und Zeit. 25).

Heinrich Manns Drama (Erstdruck: *Madame Legros. Drama in drei Akten.* Berlin: Paul Cassirer 1913) wurde vom Wiener Burgtheater am 2. Dezember 1921 in Anwesenheit des Autors aufgeführt.

Der Vortrag über »Europäisches Denken« ist bislang weder im Druck noch als Manuskript nachweisbar. Heinrich Mann hatte ihn am 9. Oktober 1921 auf Einladung des Schutzverbandes deutscher Schriftsteller im Schwechten-Saal in Berlin gehalten (der 9. Oktober war ein Sonntag). Kurze Besprechungen des Vortrags sind in der ›Vossischen Zeitung‹ und im ›Berliner Börsen-Courier‹ am 10. Oktober, im ›Berliner Tageblatt‹ am 11. Oktober und in ›Der Kritiker. Zeitschrift für Kunst, Politik und Wirtschaft‹ im 2. Oktoberheft erschienen. An Maximilian Brantl schrieb Heinrich Mann am 16. November 1921: »Der Berliner Vortrag war eine geschickte Zusammenstellung von Stellen aus ›Macht und Mensch‹. Vielleicht entschließe ich mich, eben denselben auch in Wien zu halten […]« [HMS 4989]. In der Nachlassbibliothek Heinrich Manns befindet sich ein Exemplar der zweiten Auflage von *Macht und Mensch* mit Anstreichungen, Marginalien und eingelegten Zetteln, so dass man vermuten kann, dass der Vortrag eine kombinierte Lesung aus *Zola*, *Der Europäer* und *Kaiserreich und Republik* war. In Wien hat Heinrich Mann den Vortrag am 3. Dezember 1921 (Samstag) im Konzerthaussaal gehalten. Das ›Neue 8 Uhr-Blatt‹ berichtet darüber am 5. Dezember, die ›Neue Freie Presse‹ und das ›Neue Wiener Tagblatt‹ berichten am 6. Dezember, am 7. Dezember erscheinen längere Besprechungen in der ›Arbeiterzeitung‹ und in der ›Prager Presse‹. [Diese Ermittlungen stellte freundlicher- und dankenswerterweise Bernhard Veitenheimer zur Verfügung, der den entsprechenden Band in der Heinrich-Mann-Essay-Ausgabe bearbeitet.] »Minister« meint die Romanfigur Lannas in *Der Kopf*.

Thomas Mann an Heinrich Mann, 14
München, 31. Januar 1922:

Lieber Heinrich,
nimm mit diesen Blumen meine herzlichen Grüße und Wünsche, – ich durfte sie Dir nicht früher senden.

Es waren schwere Tage, die hinter uns liegen, aber nun sind wir über den Berg und werden besser gehen, – zusammen, wenn Dir's ums Herz ist, wie mir. T.

Original: HMA 1990. – Druck: *TM/HM*, S. 179.
Nach Forschungsstand war die Korrespondenz zwischen den Brüdern mit Thomas Manns Brief vom 18. September 1914 zum ersten und mit seinem Brief vom 3. Januar 1918 zum zweiten Mal abgerissen. Bis Frühjahr 1921 scheinen sie sich nur dreimal gesehen zu haben, 1917 anlässlich eines Vortrags von Karl Kraus, im März 1918, als Heinrich Mann die Grabrede auf Frank Wedekind hielt, und im Februar 1920 bei einer Lesung von Thomas Manns Freund Kurt Martens (1870–1945) in der Buchhandlung Steinicke.

15 Thomas Mann an Ernst Bertram,
München, 2. Februar 1922 [Auszug]:

Mein Bruder (ich habe in höherem Sinn ja nur einen; der andere ist ein guter Bursch, mit dem keine Feindschaft möglich wäre) erkrankte vor einigen Tagen schwer: Grippe, Blinddarm- und Bauchfellentzündung, Operation bei Bronchial-Katarrh, der Lungen-Komplikationen befürchten ließ. Auch vom Herzen her drohten Gefahren, und drei, vier Tage lang war die Lage sehr ernst. Sie können sich denken, was da alles aufgeregt wurde. Meine Frau besuchte die seine. Man meldete ihm meine Teilnahme, meine täglichen Erkundigungen und berichtete mir von der Freude, die er darüber gezeigt habe. Diese Freude soll auf ihren Gipfel gekommen sein, als ich ihm, sobald dergleichen ihm nicht mehr schaden konnte, einen Blumengruß und einige Zeilen sandte: Es seien schwere Tage gewesen, aber nun seien wir über den Berg und würden besser gehen, – zusammen, wenn es ihm ums Herz sei, wie mir. Er ließ mir Dank sagen und wir wollten uns nun – Meinungen hin und her – »nie wieder verlieren«.

Freudig bewegt, ja abenteuerlich erschüttert, wie ich bin, mache ich mir doch keine Illusionen über die Zartheit und Schwierigkeit des neu belebten Verhältnisses. Ein modus vivendi menschlich-anständiger Art wird alles sein, worauf es hinauslaufen kann. Eigentliche Freundschaft ist kaum denkbar. Die Denkmale unseres Zwistes bestehen fort, – übrigens versichert man mir, daß er die *Betrachtungen* niemals gelesen hat. Das ist gut – und auch wieder nicht; denn von dem, was ich durchgemacht, weiß er also nichts. Das Herz will sich mir umkehren, wenn ich höre, daß er nach dem Lesen einiger Sätze im ›Berl. Tageblatt‹, in denen ich von Solchen sprach, die Gottesliebe verkünden und ihren Bruder hassen, sich hingesetzt und geweint habe. Aber mir ließ der Jahre lange Kampf um Gut und Blut, den ich bei physischer Unterernährung zu führen hatte, zu Thränen keine Zeit. Davon, und wie diese Zeit mich zum Manne schmiedete, wie ich dabei wuchs und auch anderen zum Helfer und Führer wurde, – von alldem weiß er nichts. Vielleicht wird ers irgendwie fühlen, wenn wir wieder zusammen kommen. Noch darf er niemanden sehen.

Er soll weicher, gütiger geworden sein in diesen Jahren. Unmöglich, daß seine Anschauungen nicht irgendwelche Korrektur erlitten haben. Vielleicht kann von einer gewissen Entwicklung zu einander hin doch die Rede sein: Mir ist so zu Mute, wenn ich mich erinnere, daß der mich zur Zeit eigentlich beherrschende Gedanke der einer neuen, persönlichen Erfüllung des Humanitätsgedankens ist, – im Gegensatz allerdings zur humanitären Welt Rousseaus'.

In: *TM/HM*, S. 481 f.

Mit Ernst Bertram (1884–1957) korrespondierte Thomas Mann seit 1910. Der Germanist, ab 1922 Professor in Köln, teilte im Ersten Weltkrieg dessen deutsch-nationale und antifranzösische Gesinnung.

Der »guter Bursch« Genannte ist der jüngere Bruder Viktor Mann (1890–1949). Postum erschien sein Erinnerungsbuch *Wir waren fünf. Bildnis der Familie Mann*. Konstanz 1949; Nachdruck: Frankfurt am Main: Fischer Taschenbuch Verlag, 1994.

»Sätze« verweist auf Thomas Manns Artikel: *Weltfrieden?* In: ›Berliner Tageblatt‹ vom 27. 12. 1917, der Heinrich Mann zu seinem brieflichen »Versuch einer Versöhnung« veranlasst hatte [vgl. Materialien, Nr. 3].

Heinrich Mann: [Antwort auf eine Rundfrage] (1922) 16

Ich arbeite schon seit langer Zeit an einem großen Roman. Er ist der dritte und voraussichtlich letzte Teil der Romanreihe, die mit dem *Untertan* begonnen, mit den

Armen fortgesetzt wurde. Alle drei Teile zusammen ergeben das Kulturbild des Wilhelminischen Reiches: der erste gehört dem Bürger, der zweite dem Proletarier, der dritte schildert die geistige und politische Leitung.

Druck: *Wege deutscher Dichter (Eine kleine Rundfrage).* In: ›Neuer Görlitzer Anzeiger‹. Görlitz. Jg. 45, Nr. 68 vom 21. März 1922, Wochenblatt des ›Neuen Görlitzer Anzeigers‹ zur Unterhaltung und Belehrung, Nr. 12, o. S.

17 Heinrich Mann an Paul Hatvani [d. i. Paul Hirsch], München, 3. April 1922.

Faksimile in: *Heinrich Mann.* Hg. von Heinz Ludwig Arnold. Stuttgart, München, Hannover: Boorberg 1971 (= ›Text + Kritik‹-Sonderband), S. 7 f. – Abdruck in: *Der Untertan, StE* (1991), [Nr. 62 der Materialien] S. 613 f.; *Die Armen, StE* (1995), Auszug [Nr. 11 der Materialien] S. 285.

18 Heinrich Mann an Félix Bertaux, München, 19. Oktober 1922 [Auszug]:

Ich arbeite an dem Roman, der auf den *Untertan* und *Die Armen* folgt und die Politik und die Geistesart der wilhelminischen Ära in ihren höchsten Vertretern, von Anfang bis ans Ende – behandelt. Ich hoffe, dass mein Gesichts- und Gedankenkreis sich darin erweitert zeigen wird; aber es wäre kühn von mir, es zu behaupten.

In der Hoffnung, bald wieder von Ihnen zu hören, begrüsse ich Sie in aufrichtiger Hochachtung.

Heinrich Mann

In: Heinrich Mann/Felix Bertaux: *Briefwechsel 1922–1948.* Mit einer Einleitung von Pierre Bertaux. Auf der Grundlage der Vorarbeiten von Sigrid Anger, Pierre Bertaux und Rose-

Seite 24 aus dem Notizbuch Heinrich Manns
mit dem ersten Entwurf zum Roman *Der Kopf*
mit der Lageskizze eines Schauplatzes
Feuchtwanger Memorial Library,
University of Southern California, Los Angeles

marie Heise bearbeitet von Wolfgang Klein. Frankfurt am Main 2002 (= Heinrich Mann: *Gesammelte Werke in Einzelbänden.* Hg. von Peter-Paul Schneider), S. 38–40. [Im folgenden zitiert: *Bertaux-Briefwechsel*]

In einem umfangreicheren Konvolut sind weitere 48, vom 14. Mai 1922 bis 27. August 1927 datierte Briefe Bertaux' an Heinrich Mann entdeckt worden (vgl. Peter Stein, *Bericht über den Heinrich Mann-Nachlass-Fund 2004 in Prag.* In: ›Heinrich Mann-Jahrbuch‹ 26/2008, S. 185–195, bes. S. 188), die in einem Ergänzungsband zur Edition erscheinen (Félix Bertaux: *Weitere Briefe an Heinrich Mann 1922–1929.* Übersetzt und kommentiert von Wolfgang Klein. Bielefeld 2012). Sechs davon beziehen sich u. a. auf *Der Kopf.*

Der mit Heinrich und Thomas Mann befreundete französische Germanist und Übersetzer Félix Bertaux (1881–1948) setzte sich für die Verbreitung der Werke beider in Frankreich ein. Während der Abfassung des Romans *Der Kopf* wurde er zu Heinrich Manns bevorzugtem Briefpartner.

19 Heinrich Mann an Félix Bertaux,
München, April 1923 [Auszug]:

Wir haben es so viel schwerer, als die Mächte des Bösen, denen ihre Propaganda von selbst kommt. Uns kostet sie die persönlichsten Opfer; wie viel lieber schriebe ich jetzt an meinem Roman, den Artikel zu oft unterbrechen müssen. Aber wenn Meinesgleichen nicht seine Pflicht thut, wer bleibt übrig? Der Industrie und ihren teuflischen Plänen, die thatsächlich auf die Vernichtung aller menschlichen Freiheit hinauslaufen, steht hier nichts weiter gegenüber als eine von ihr schon halb eingefangene Sozialdemokratie. Je grösser eine solche Partei, desto unthätiger, ja, schädlicher. Intellektualismus war hier leider von je vereinsamt. Anders bei Ihnen.

In: *Bertaux-Briefwechsel*, S. 55–57; Auszug S. 56.

Félix Bertaux, Pierre Viénot, Heinrich Mann
in Pontigny (Ende August 1923)

20 Heinrich Mann: *Erinnerungen an Frank Wedekind, Vortrag* [Auszug]:

An seiner langen Wirtstafel sagte Wedekind einst: »Die Freundschaft stirbt aus.« Und über mehrere Köpfe hinweg zu mir: »Wir sollten einen Freundschaftsbund gründen, Sie, ich, Ihr Bruder, Harden. Ob man sich darum öfter sieht oder nicht, einen Freundschaftsbund.« Es war zu hören, wie feierlich er dies nahm in seinem romantischen Herzen. Unbefangene Kameradschaft anstatt des hinterhältigen Verkehrs mehrerer Eitelkeiten, mehrerer Selbstsüchte! Kameradschaft auf Grund gemeinsamen Willens zur Vergeistigung des Lebens! Ein Traum, wir haben ihn nicht verwirklicht. Die Gewohnheiten verhinderten es, vor allem die inneren. Auch bei Wedekind. Wer, wie er, den einsamen Kampf gewöhnt ist und in der Brust den Ehrgeiz trägt, dies Wirkungsbedürfnis, das nicht abläßt, was verspricht ihm die Freundschaft? Es könnte ein einziges Mal anders werden, er selbst sich verwandeln, sein sturmbewegtes Herz könnte sich hingeben und ruhn.

Erstdruck in: ›Prager Presse‹. Jg. 3, Nr. 109 vom 22. April 1923, S. 14; Nr. 111 vom 24. April, S. 8; Nr. 112 vom 25. April, S. 9; Nr. 113 vom 26. April, S. 7. – Abdruck: *Sieben Jahre, StE* (1994), S. 69–87; Auszug S. 79 f.

21 Heinrich Mann an Félix Bertaux, Bad Schachen, 10. Mai 1923 [Auszug]:

Der schöne und dankenswerthe Artikel von Rivière wäre wirklich zu erweitern, und zwar in Ihrem Sinn. Ich möchte es wohl thun, aber ich gestehe, daß ich mich zu der Arbeit werde zwingen müssen, denn ich bin müde. Meine Arbeiten dieses Winters waren abgeschlossen mit einem großen Aufsatz, der im Juliheft der Neuen Rundschau, u.

dessen zweiter Theil zugleich in ›Europe‹ erscheinen soll. Der Aufsatz richtet sich gegen die Industriellen, die Europa uneinig erhalten, um es für sich auszubeuten, und fordert zu einem Bündnis deutscher u. französischer Intellektueller auf. Auch hieran könnte ich anknüpfen, wenn ich den Artikel für die N[lle]R. Franc[se] schriebe. Ich werde mich also der Sache wegen wohl verpflichtet fühlen und ihn vermutlich um den 25ten abschicken, – obwohl ich solange lieber ganz ausruhen würde. Denn es war mein Plan, dann endlich wieder an meinem Roman zu schreiben. Ich komme dazu viel zu selten, es liegt an den Umständen. Da Sie Biographisches wünschen: ich habe Jahrzehnte lang nur immer mein Werk gefördert, ganz gleich, ob es geschäftlich sich lohnte. Jetzt mit 52 Jahren muß ich in Amerika, Tschechoslowakei und jedem Land, das besser zahlt als Deutschland, mein Brot verdienen; dann erst kommt meine wirkliche Arbeit. So stehen wir heute, – indeß die »Industrie« alles aufkauft. Ich kann Frankreich nur vor dem gleichen Weg warnen.

Gern sage ich Ihnen alles, was Sie brauchen können über mich. Die Chronologie meiner Bücher gab ich Ihnen schon, nicht auch die Lebensdaten? Ich bin aus Lübeck, einer freien Stadt, mein Vater sass im »Senat«. Die väterliche Familie war immer schon dort in der Kaufmannschaft. Dagegen war von meinen beiden Grossmüttern die eine portugiesische Brasilianerin, die andere Tochter eines französischen Schweizers, der im Gefolge der Napoleonischen Kriege nach Lübeck kam. Es scheint, er war – tranchons le mot [deutlich gesagt] – Kriegslieferant, und zwar Napoleons! Ist dies pittoresk?

[...]

Wenn ich (frühestens Ende des Jahres) meinen Roman abschliesse, will ich ihn Ihnen schicken, niemand wird sich seiner besser annehmen. Der Verlag Stock erklärte sich bereit ihn zu drucken. Es käme natürlich auf die

Bedingungen an, die Stock oder die Revue Europeénne machen.

In: *Bertaux-Briefwechsel*, S. 57–59.

Der Artikel von Jacques Rivière (1886–1925): *Pour une entente économique avec l'Allemagne.* In: ›La Nouvelle Revue Française‹. Paris. Tome XX, 1. Mai 1923, S. 725–735.

Der erwähnte »große Aufsatz« *Europa. Reich über den Reichen* erschien in: ›Die Neue Rundschau‹. Berlin, Leipzig, Jg. 34 (der Freien Bühne), Bd. 2, Heft 7, Juli 1923, S. 577–602; der zweite Teil (*L'Europe. L'État suprême*) erschien in der von Romain Rolland (1866–1944) begründeten Monatsschrift für Literatur und Kultur: ›Europe‹. Paris. Bd. 2, Nr. 6, 15. Juli 1923, S. 129–149. Ein Vorabdruck (in: ›Prager Tagblatt‹. Jg. 48, Nr. 151, 1. Juli 1923, 2. Ausgabe, S. 1 f.) trug die Überschrift *Die Stinnes und die neuen Untertanen.*

Heinrich Manns Artikel für ›La Nouvelle Revue Française‹ erschien in der Nr. 69 vom 1. August 1923 in der kürzenden Übersetzung und mit einem redaktionellen Vorspann von Bertaux u. d. T. *Coopération économique seulement?* (Nur wirtschaftliche Zusammenarbeit?). U. d. T. *Deutschland und Frankreich. Antwort an Jacques Rivière* wurde er vollständig in ›Die Neue Rundschau‹ im September desselben Jahres abgedruckt und danach in die Essaysammlungen *Diktatur der Vernunft* (1923) und u. d. T. *Noch ein Krieg mit Frankreich* in *Sieben Jahre* (1929) aufgenommen; vgl. *Sieben Jahre, StE* (1994), S. 117–127.

Neben seinem Vater Thomas Johann Heinrich Mann (1840–1891) erwähnt Heinrich Mann die beiden Großmütter Maria Bruhns, geb. da Silva (1828–1856), und Elisabeth Mann, geb. Marty (1811–1890).

22 Heinrich Mann an Félix Bertaux,
München, 11. Juni 1923 [Auszug]:

Gerne werde ich Sie auf deutsche Neuerscheinungen hinweisen, sooft ich besonders Werthvollem begegne. Ich muss aber gestehen, dass ich fast nur älteres lese, die

Einband der Erstausgabe von
Diktatur der Vernunft (1923)

grossen französischen Romanciers des 19. Jahrhunderts, oder E. T. A. Hoffmann, oder 1001 Nacht. Das bedeutendste Buch der letzten Zeit ist *Voltaire* von Brandes, 2 Bde, deutsch bei Erich Reiss, Berlin 1923. – Interessant sind wohl die Erinnerungen des Fürsten Eulenburg, *Aus 50 Jahren*, bei Gebr. Paetel, Berlin. Ich kenne nur erst Auszüge.

In: *Bertaux-Briefwechsel*, S. 60–64; Auszug S. 63 f.

Heinrich Mann befasste sich schon in seiner Dresdner Zeit mit den Schriften des dänischen Literaturwissenschaftlers Georg Brandes (1842–1927).

Philipp Fürst (seit 1900) zu Eulenburg und Hertefeld (1847–1921) war 1894–1902 Botschafter in Wien. Als Freund und Vertrauter Wilhelms II. behauptete er eine einflussreiche Stellung am Kaiserhof, ehe ihn Harden 1906 als homosexuell öffentlich skandalisierte. Das erwähnte Buch: *Aus 50 Jahren. Erinnerungen, Tagebücher, Briefe*. Hg. von Johannes Haller. Berlin 1923.

23 Heinrich Mann an Arthur Schnitzler,
München, 4. Oktober 1923 [Auszug]:

Im Geschäftlichen, das Sie erwähnen, bin ich nachgerade an Vieles gewöhnt. Die Verlage produziren kaum noch; wenn ich meinen Roman jetzt fertig hätte, würde ich meinen Verleger in Verlegenheit setzen. Dennoch will ich natürlich weiter daran arbeiten; nur jene anderen Gewissensverpflichtungen haben mich kurze Zeit davon abgehalten. Was die Geldentwertung betrifft, mache ich Sie darauf aufmerksam, daß mein Bruder Thomas von Fischer jeden Monat eine gewisse Anzahl Bände seiner Gesamtausgabe (ich glaube 300) voraushonorirt bekommt, in Buchmark mal Index natürlich. Er behauptet, daß er größtentheils davon lebe. So glücklich bin ich nicht. Ich erstrebe Valorisation meines Vertrages mit Wolff, der mir seit Jahr und Tag so gut wie nichts gezahlt hat. Ich habe ein Gutachten eines Valorisations-Spezialisten erreicht, das mir günstig ist. Wenn Wolff infolgedessen seine Sache nicht verloren giebt, werde ich wohl klagen müssen.

Original: HMA SB 199. – Druck: *Sieben Jahre, StE* (1994), S. 622 f.; Auszug S. 622.

Den Wiener Schriftsteller und Arzt Arthur Schnitzler (1862–1931) lernte Heinrich Mann 1907 während eines Kuraufenthalts in Riva am Gardasee kennen.

Heinrich Mann prozessierte gegen seinen Verleger Kurt Wolff (1887–1963), der erbetene Vorschusszahlungen verweigerte. Er wechselte zu dem neugegründeten Verlag Paul Zsolnays, wozu ihm dessen Freund Richard Nikolaus Graf Coudenhove-Kalergi (1894–1972) in einem Brief vom 22. November 1923 geraten hatte.

Heinrich Mann an Félix Bertaux, 24
München, 11. Oktober 1923 [Auszug]:

Jetzt schreibe ich einen Artikel für Amerika, dann hoffe ich endlich an meinen Roman gehen zu können.

Bertaux-Briefwechsel, S. 71 f.; Auszug S. 71.

Der Artikel »für Amerika«, *Intellectual Germany in 1923*, erschien am 8. Dezember 1923 in der ›New York Evening Post‹ und deutsch u. d. T. *Geistige Neigungen in Deutschland* in: *Sieben Jahre, StE* (1994), S. 211–216.

Heinrich Mann an Kurt Tucholsky, 25
München, 17. Oktober 1923 [Auszug]:

Verehrter Herr Doctor Tucholsky,

Ihr Brief erfreut mich, weil ich sehe, dass Sie gern mit mir sprechen. Trostreich ist er nicht, aber das ist auch nicht zu verlangen. Sie haben natürlich recht mit Ihren Zweifeln an der Wirksamkeit meiner vorigen Arbeit und aller übrigen. Der französische Kollege unseres Staatsmannes würde einem Schriftsteller, der ihm so freundlich zuredet, beispielsweise vielleicht seine Visitenkarte schikken. Anders der hiesige. Denn erstens: hat er es nöthig? Und dann, ich kompromittire ihn höchstens. Aber das wusste ich vorher, und habe mir die Mühe auch nicht seinetwegen gemacht, so wenig wie für diese fragwürdige Nation: sondern mehr zu meiner Selbstbehauptung. Was vernünftig wäre, muss man doch wenigstens gewusst haben, sonst ginge man gar zu nichtswürdig mit unter.

Als ich für *Europa, Reich über den Reichen* einige vehement idealistische Forderungen aufgestellt hatte, sagte ein deutscher Berufsgenosse: »Das ist so blau.« Dagegen ein Franzose: »Justement. Il faut forcer sa conviction.« So ist es. So ist wahrscheinlich alles gemacht worden, was an Besserungsversuchen je unternommen wurde. Wer auf die eigene restlose Überzeugtheit wartet, kommt nie zu was. Womit nicht gesagt ist, dass ich zu was komme. Aber wenn ich bloss meine Skepsis sprechen liesse? Dann hätte der übliche Schafskopf oder Halunke jede erdenkliche Ausrede. Ich zeige ihnen, dass sie eigentlich garnicht so dumm und so verbrecherisch sein müssten, und dass das sogar besser wäre für sie selbst. Sie wollen es trotzdem sein? Na schön. Dann muss ich immer noch hoffen, dass die Macht der Dinge – oder etwa gar die Macht des Geistes, der in den Dingen ist – es besser mit ihnen meint als sie selbst. Das ist vorgekommen.

Im Übrigen und für den Tagesbedarf ist Pessimismus erlaubt und geboten. Bevor der härteste – sachliche oder menschliche – Zwang unseren Zeitgenossen etwas Anstand abnöthigt, werden sie noch tolle Zicken machen. Ich sehe dem entgegen.

Original: Deutsches Literaturarchiv/Schiller-Nationalmuseum, Marbach am Neckar, A:Tucholsky, 86.2213/2. – Druck: Michael Stark: *»Ihre Briefe sind selten ...«. Neuigkeiten zum Briefwechsel zwischen Heinrich Mann und Kurt Tucholsky.* In: ›Arbeitskreis Heinrich Mann. Mitteilungsblatt‹. Nr. 17 (1982), S. 64–87, hier S. 74–76. [Im folgenden zitiert: *Tucholsky-Briefe*]

Mit der »vorigen Arbeit« bezieht sich Heinrich Mann auf seinen an Gustav Stresemann gerichteten offenen Brief, der als Leitartikel u. d. T. *Diktatur der Vernunft* am 11. Oktober 1923 in der ›Vossischen Zeitung‹ (Jg. 220, Nr. 481, S. 1) erschienen war. Berlin: Verlag die Schmiede 1923.

Der »französische Kollege« meint Aristide Briand, zwischen 1915 und 1932 Außenminister und zur Zeit der Abfassung des Briefes französischer Ministerpräsident.

Heinrich Mann an Félix Bertaux, München, 2. Dezember 1923 [Auszug]: 26

Ich stecke bis über den Hals in Arbeiten nicht nur, auch in geschäftlichen Veränderungen, denn ich muss vom Verlag Wolff fortgehen oder Prozess gegen ihn führen, – und sogar in einer Unordnung des äußeren Lebens, denn wir wollen nach Wien ziehen und setzen alle verfügbaren Kräfte in Bewegung, um dort eine Wohnung zu bekommen. Alles ist ungeheuer schwierig und anstrengend. Noch keinen Strich wieder am Roman gethan, nur Erwerb und Sorgen; denn zu allem übrigen Unheil haben wir jetzt eine sogenannte Goldwährung (ohne Gold), was sich darin ausdrückt, dass wir im Handumdrehen das teuerste Land Europas geworden sind. Ich suche in Wien vor allem Ruhe und wirkliche Fruchtbarkeit.

In: *Bertaux-Briefwechsel*, S. 72–74; Auszug S. 72.

Der geplante Umzug unterblieb. Auch die »Heinrich Manns« hätten wie etliche Schriftsteller vor, berichtete Arthur Schnitzler seiner geschiedenen Frau Olga am 27. November 1923, nach Wien überzusiedeln, doch »kriegen sie alle keine Wohnung« (Arthur Schnitzler: *Briefe 1913–1931*. Hg. von Peter Michael Braunwarth, Richard Miklin, Susanne Pertlik und Heinrich Schnitzler. Frankfurt am Main: S. Fischer 1984, S. 332).

27 Heinrich Mann an Félix Bertaux,
München, 29. Dezember 1923 [Auszug]:

Ich habe aus der Noth eine Tugend gemacht. Da ich jetzt nur mit Unterbrechungen schreiben kann, habe ich eine Reihe Novellen aus dieser Zeit begonnen. Einen Roman liesse sie noch nicht zu; aber Zeitdokumente, die zusammenhängen und auf das gleiche Ziel losgehn, erlaubt sie mir. Meine Hoffnung ist dennoch, dass ich im Frühjahr, bei mehr Ruhe, meinen Roman wieder fördern kann.

In: *Bertaux-Briefwechsel*, S. 74–76; Auszug S. 76.
Bei der »Reihe Novellen aus dieser Zeit« handelt es sich wohl um *Der Gläubiger, Lamballe Kobes* [siehe Materialien, Nr. 32] und *Kobes*.

28 Hermann Hesse an Italo Zaratin,
Januar 1924 [Auszug]:

Zum Schlusse muss ich nun aber doch auch der Dichter gedenken. Diejenigen unter ihnen, welche von der Dichtung weg zur Literatur gegangen sind und sich bemühen, das deutsche Bewußtsein zum Verständnis der Lage zu erziehen, haben, offen gestanden, mein Interesse bald wieder verloren, sowohl der virtuose aber untiefe Heinrich Mann wie der wärmere und rassigere Otto Flake scheinen mir, so sehr ich ihre Arbeit achte, an einem Zahn zu ziehen, der ganz von selber ausfallen wird. Um ehrlich zu sein, darf ich nicht verhehlen, daß ich selbst ebenfalls eine Weile, während dieser furchtbaren Jahre deutschen Elends, mich heftig um intellektuelle Lösungen der großen Seelennot bemüht habe, um mich aber bald wieder enttäuscht und aufatmend zurückzuziehen.

Hermann Hesses Antwort an ein Mitglied des Triester Kreises junger italienischer Schriftsteller und Künstler erschien auch als offener Brief u. d. T. *Über die heutige deutsche Literatur* in der ›Neuen Zürcher Zeitung‹ am 7. Januar 1924. – Abdruck: Hermann Hesse: *Gesammelte Briefe.* Zweiter Band 1922–1935. In Zusammenarbeit mit Heiner Hesse hg. von Ursula und Volker Michels. Frankfurt am Main 1979, S. 74–77; Auszug S. 76 f.

Otto Flake (1880–1963), anfangs als Kritiker und später am Expressionismus als Romanautor beteiligt (*Die Stadt des Hirns.* Berlin: S. Fischer Verlag 1919), veröffentlichte 1922 zehn politische Aufsätze aus der ›Weltbühne‹ und der ›Neuen Rundschau‹ u. d. T. *Deutsche Reden.*

[Anonym:] *Mann und Masaryk. Ein offener Brief* [Auszug]: 29

Sie sagen des weiteren: »Im Laufe einiger Geschlechter geschieht es vielleicht nur einmal, daß ein Intellektueller handelt. Wir aber haben den Vorzug, es öfters als einmal zu sehen. In Rußland mehrere, und dann Thomas Masaryk.« Nun: darüber, ob das, was Lenin, Trotzki und deren Kreise in Rußland gemacht haben, in politisch staatsmännischem Sinne Handlungen sind, ist das Urteil der Geschichte noch nicht abgeschlossen. Sicher ist nur, daß die Männer jener Richtung, die ich die alte Schule nennen möchte und auf deren Prinzipien Staaten errichtet worden sind, die tausend Jahre und länger bestanden haben, nicht mit Volksführern in einem Atem genannt werden dürfen, die vorderhand nur ein Trümmerfeld und

Massengräber geschaffen haben. Ebenso wird es der Zukunft vorbehalten bleiben, dem gottlob durchaus unblutigen Präsidenten Masaryk eine Stellung in der Reihe der Tatmenschen zuzuweisen. Wir Zeitgenossen – insbesondere Sie, Herr Mann, der sie in Lana gefrühstückt haben – stehen den Ereignissen zu nah, um eine Entscheidung fällen zu können. Hingegen wäre es Ihnen gewiß möglich, genauer zu umschreiben, was Sie eigentlich unter einem Intellektuellen verstehen. Ich finde, daß Sie den Begriff so eng ziehen, daß Sie dem Intellektuellen alles absprechen, auch die Intelligenz. [...]

Mit dem Worte »intellektuell« wird, so fürchte ich, gerade von den Nächstbetroffenen seit einigen Jahrzehnten schrecklicher Unfug getrieben, vor allem in Deutschland. Es scheint fast so, als ob nur solche Menschen mit diesem Epitheton belegt werden dürften, die keiner anderen Handlung fähig sind, denn ihre stets geduldige Feder ins Tintenfaß zu tauchen, und die in dem Augenblick, da sie sich vom Schreibtische entfernen, unsägliche Wirrnis anrichten.

In: ›Münchner Neueste Nachrichten‹. Jg. 77, Nr. 36, 6. Februar 1924, S. 1 u. 2. – Abdruck: *Sieben Jahre, StE* (1994), S. 638–643; Auszug S. 642 f.

Der Artikel bezieht sich auf Heinrich Manns Bericht über seinen Besuch beim tschechoslowakischen Staatspräsidenten Tomáš G[arrigue] Masaryk auf Schloss Lana bei Prag im Januar 1924: *Gespräch mit Masaryk.* In: ›Neue Freie Presse‹. Wien. Nr. 21 334 vom 1. Februar 1924, Morgenblatt, S. 2–3. Abdruck: *Sieben Jahre, StE* (1994), S. 153–158.

30 Joseph Roth: *Der tapfere Dichter* [Auszug]:

Heinrich Mann, seit Jahren der einzige Rufer von Geist im brüllenden Streit der reaktionären Barbaren (des Großkapitals, des Nationalismus, des völkischen Gedankens), schreibt ein Buch: *Die Diktatur der Vernunft*, in dem folgende Sätze stehen:

»Ihr (der Bürger) Anblick zwingt den Unschuldigen, zu fragen, was sie denn, außer Raffen, noch können – da sieht er: nichts. Gegen sie waren Monarch und Generalstab humanistische Genies. Einer von ihnen hatte gerade mit Hilfe eines Agenten, der vom Balkan kam, die Mehrheit der Aktien einer Berliner Bank heimlich und hinterrücks an sich gebracht. Dann ging er in eins der Parlamente und sprach – der Satz kam vor – : ›Ich kann meine Zeit produktiver anwenden, als hier!‹ Mit Balkangeschäften. Derselbe wurde von einem Berichterstatter gefragt, für wen er eigentlich so unsinnig viel Geld verdiene. Er hätte natürlich sagen müssen: Für den Aufbau der deutschen Wirtschaft. Oder: Für Deutschland. Oder: Zum Heil der Welt. Aber nein, er vergaß sich. Für wen er soviel Geld verdiene? ›Für meine Kinder‹, sagte er schlicht.«

»Industrielle beider feindlicher Länder fanden sich, nach vollbrachter Tat, dort zusammen, um zu beaugenscheinen, was sie vollbracht hatten. Die Herren verließen ihre starken und glänzenden Autos. Obwohl von feindlicher Herkunft schritten sie in bestem Einvernehmen über die Stätte ihres Wirkens. Es war ihr gemeinsames Wirken. Die Feindschaft war in Wahrheit Arbeitsgemeinschaft.«

»Es gibt heute kaum noch vorgeschrittene Geistigkeit, ohne einen gewissen Internationalismus. Er wird bedingt schon durch die Qualität der Nationalisten.« – – – Wie viele Dichter von Ansehen und Rang schreiben noch so in Deutschland? Wen von ihnen kümmert das Parlament, dieser Stinnes, diese Industrie, dieser Patriotismus? Wäre dieses Buch von Heinrich Mann selbst nicht so geistreich, selbst nicht so von musikalischem Rhythmus, vom edelsten dichterischen Atem durchweht, wie es ist, – es müßte nur als eine deutsche Kuriosität verzeichnet und verbreitet werden, zur Erleuchtung der Anständigen, zur Beschämung der schweigenden Dichter. Ich fürchte nur: sie werden sich nicht schämen. Auch sie sagen: ihr Reich sei nicht von dieser Welt, und glauben sich dadurch berechtigt, zusehen zu dürfen, wie die anderen gekreuzigt werden. In einigen Jahren, wenn die Republik eine Legende geworden, wird sie ihnen das gegebene »distanzierte« Thema geworden sein. Denn ihr Blick ist so auf die Nachwelt gerichtet, daß sie an dem Untergang der Mitwelt schuldig werden.

In: ›Vorwärts‹. Berlin. Jg. 41, Nr. 85 vom 20. Februar 1924, Morgen-Ausgabe, [S. 2]. – Abdruck: *Sieben Jahre, StE* (1994), S. 643–647; Auszug S. 646 f.

In der vorangestellten »Vorrede« beklagt der österreichische Schriftsteller und Publizist Joseph Roth den mangelnden schriftstellerischen Protest gegen die damals aktuellen Gewalttaten der ›Rechten‹.

Die Essays der Sammlung *Diktatur der Vernunft*, die 1923 im Berliner Verlag Die Schmiede erschien, wurden nochmals im Essay-Band *Sieben Jahre* (1929) veröffentlicht. Zu einzelnen Abweichungen vgl. *Sieben Jahre, StE* (1994), S. 626–637.

Der Großindustrielle Hugo Stinnes (1870–1924) schloss am 14. August 1922 mit dem französischen Unternehmervertreter Raoul de Lubersac ein Abkommen über die Beteiligung der deutschen Schwerindustrie an den Reparationsleistungen, die der Versailler Vertrag auferlegt hatte. Als Inflationsgewinnler und Antidemokrat war Stinnes für Heinrich Mann ein Symbol der Kräfte, gegen die sich die Republik durchzusetzen hatte. Ihn meinte er mit der Titelfigur seiner grotesken Novelle *Kobes* (1925) und gab ihm in *Lamballe Kobes* (1924) den Vornamen ›Florian‹ [siehe Materialien, Nr. 32]. Bei der Wahl des Nachnamens wird sowohl die Anspielung auf Stinnes' rheinländische Herkunft (›Kobes‹ als regionale Kurzform von ›Jakob‹) als auch die poetische Verweisung auf das politisch-satirische Gedicht *Kobes I* von Heinrich Heine leitend gewesen sein.

Heinrich Mann an Félix Bertaux, 31
Prag, 27. Februar 1924 [Auszug]:

Sie sehen, die ruhige u. fruchtbare Arbeit am Schreibtisch war mir auch jetzt nicht vergönnt. Ich lebe unter der Nothwendigkeit, Dinge zu unternehmen, die sofort Geld bringen. Dieser Winter, der die Einführung unserer sogenannten Goldmark gesehn hat, ist ein Kriegswinter für mich. Denn das Leben in Deutschland ist plötzlich um Vieles theurer, während man keineswegs viel mehr verdienen kann u. die »Devisen« für uns entwertet sind. Sonderbarer Verlauf, ich erwähne ihn eben wegen seiner Sonderbarkeit. Einige Novellen aus dem Kreise »Kobes u. seiner Welt« habe ich dennoch geschrieben. Es sind äusserst zeitgemässe Sachen, denn Kobes ist ein Anderer auf -es; und ich hoffe, dass wenigstens dieser Band bis zum Herbst fertig ist, wenn es schon nicht der Roman sein kann. Aber ich wünschte mir die Zukunft fruchtbarer. Ich darf sagen, dass es nicht an mir liegt, wenn nicht schon die Gegenwart es ist. Ich bin voll ungeschaffener Arbeit. Die Zeit erlaubt sie mir nicht, und sie hat auch meine Nerven schon geschwächt.

In: *Bertaux-Briefwechsel*, S. 77–80; Auszug S. 79.
Die Novelle *Kobes* erschien im März 1925 in ›Die Neue Rundschau‹ und im gleichen Jahr als selbständige Veröffentlichung im Berliner Propyläen-Verlag mit zehn Lithographien des Malers und Graphikers George Grosz.

Heinrich Mann: *Lamballe Kobes* (1924) [Auszug]: 32

I.

Ihre Mutter hatte, bevor sie den Großindustriellen Kobes heiratete, eine romantische Begeisterung für Adeliges gehabt. Die Tochter hieß nach der Prinzessin Lamballe, deren Kopf auf einer Pieke spazieren ging.

Lamballe hatte dementsprechend eine heroische Jugendliebe, einen Sozialdemokraten, der ihr schwur, er werde, wenn es so weit sei, Kobes enteignen. Lamballe wäre ihm sicher erlegen, er war ein Mann von solcher Intensität. Einzig ihr Stolz auf die Kobessche Hausmacht hielt sie aufrecht. Jemand, der mit den Arbeitern ging und Vater enteignen wollte, nie! Aber ihn lieben – ach, nur noch mehr! Lamballe ward bleich, ward mager, schwand und verging. Man sprach davon. Hals über Kopf verheirateten die Eltern das reiche Mädchen an den erstbesten rechtgläubigen Abgeordneten der Industrie.

Der Mann bekam nicht viel in die Hand. Blühender Körper samt Frohsinn, alles schien bei dem ersten geblieben. Kein Mensch wollte übrigens glauben, daß sie ihm nicht gehört habe. Nicht einmal ihren guten Ruf bekam der Gatte mit. Aber Abgeordneter Herrlich war gesund, was ging ihn ein inzwischen verschollener Genosse namens Pfühl an, man mochte reden. Herrlich war gläubig von Natur. Mühelos glaubte er, gegen alle, an die Frau, die nun einmal sein war.

Seiner Pflicht gegen die gute Sache der Industrie genügte er ohne jede Begabung, aber treu. Erst Lamballe machte aus ihm, was er werden sollte. Von den Kämpfen mit ihrer Liebe hatte sie einen hochgespannten Ehrgeiz mitgebracht. Er war Vermächtnis des politischen Gegners, den sie entsagend geliebt hatte. Ekstasen des Ehrgeizes riefen ihr den Verlorenen zurück, wahrscheinlich hatte sie ihn nie verloren gegeben. Kraft des Gedankens an ihn war sie erfolgreich. […]

Erstdruck in: ›Die große Welt‹. Leipzig. Jg. 1, Nr. 1, 1924, S. 49–57; Auszug S. 49. – Der Text ist mit drei Zeichnungen des Leipziger Malers und Lithographen Hans Friedrich (1887 – vor 1955) versehen. Der Wortlaut der Seiten 50–57 der Novelle ist mit Abschnitten aus dem Roman *Der Kopf* (S. 330, 331, 400, 401–411) identisch. Verändert sind die Ei-

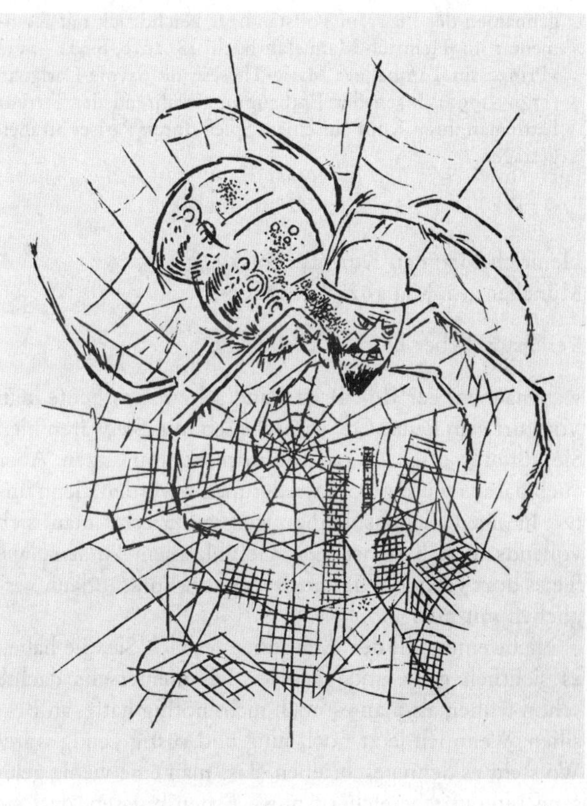

George Grosz: Titel-Illustration zu *Kobes* (1925)

gennamen der Figuren. Vollständiger Nachdruck mit Kommentar in: ›Heinrich Mann-Jahrbuch‹ 28/2010, S. 221–233. »Prinzessin Lamballe«: Marie-Thérèse de Savoie-Carignan (1749–1792). Nach der Enthauptung während der Terreur hatte man ihren Kopf auf einem Spieß durch Pariser Straßen getragen.

33 Heinrich Mann an Kurt Tucholsky,
München, 12. Mai 1924 [Auszug]:

Verehrter, lieber Doctor Tucholsky,

was machen Sie? Ihre Briefe sind selten, was heute kein Vorwurf sein kann. Oft wünsche ich mir, Sie wären hier, Sie könnten öfter ein paar Stunden bei mir sitzen. Aber auch daraus würde wohl wieder nichts werden, denn unter hiesigen Lebensbedingungen verkriecht man sich vollends in sich selbst. Das Gefühl, allein zu sein, wie Sie es dort verstehn, hat noch was von Volksauflauf, verglichen mit hier.

Nicht einmal in der Weltbühne lese ich Sie, Sie haben es sichtlich ganz und gar satt. Ich meinerseits dachte schon früher, als man es noch nicht nöthig hatte, an Brasilien. Wenn ich jetzt noch jung und rüstig genug wäre! Wo steht es denn geschrieben, dass man eine wenig gelesene Literatur bereichern muss. Sehen müssen, dass sie immer Privatsache bleibt und nichts ändern kann! An eine analphabetische Reaktionsperiode schliesst sich lükkenlos die nächste an; »Revolutionen« sind nur Athemholen für die nächste. Während des ganzen Wilhelms wartete ich, ob nicht doch mal Licht käme. Aber erst nach der Revolution steht es fest, dass ein Fünfziger ganz gewiss keins mehr sehen wird.

Dazu wieder das alte Spiel: Radikalismus in Frankreich, sobald in Deutschland überhaupt nichts mehr zu machen ist. So geht es nicht, die Beiden kommen durch eigne Kraft nicht zusammen. Man muss im Innern wohl alles treiben lassen: noch mehr völkische Tage mit Erlaubnis sozialistischer Innenminister, noch zehntausend Kommunisten abgeknallt. Lohn aber für zwölf Stunden Kohlenhacken abzüglich Mittagspause 5 Mark. Man muss dies und anderes mehr, z.B. dass wir im Interesse irgendeiner Industrie verhindert werden nach Italien zu reisen, möglichst gelassen mit ansehn und sich lieber auf das Internationale werfen, wie der junge Coudenhove mit seiner Agitation für Pan-Europa. Auch von da aus kann man Denen, die ein einzelnes Land erniedrigen und abwürgen, doch hoffentlich noch in die Suppe spucken. Ich habe dem jungen Coudenhove meine französischen Bekanntschaften ans Herz gelegt. Diesen Sommer wird er dort persönlich wirken. Das ist ein Anfang; möge er mehr bedeuten als was wir Andern thun können!

Als alter Arbeiter beende ich meine Roman-Geschichte des Kaiserreichs. Heute kann fast Niemand dies verstehn; später finden dann einige Hundert dort den Schlüssel; es spricht sich herum; und man war nicht unnütz. – Diesen Winter schrieb ich auch den Hymnus der Inflation, eine Art Stinnes-Verklärung in Novellenform, kurz, aber vehement. Wer weiss, was damit wird. Für wen? ist immer und bei alledem die grosse Frage.

Man sollte Märchen schreiben. Ähnliches nehme ich mir vor, sind meine Aufgaben erst gemacht.

In: *Tucholsky-Briefe*, S. 78 f.

Heinrich Mann war sich im Ziel der Völkerverständigung mit Richard Nikolaus Graf Coudenhove-Kalergi einig, der 1922 in der Presse für die Idee einer Paneuropa-Bewegung zu werben begann, 1923 in Wien den Paneuropa-Verlag gründete und die Monatszeitschrift ›Paneuropa‹ herausgab.

»Hymnus der Inflation« meint die Novelle *Kobes*.

»Märchen« spielt auf die Oktober 1925 vollendete Novelle *Liliane und Paul* an, die 1926 bei Zsolnay erschien.

34 Heinrich Mann an Félix Bertaux,
München, 24. Mai 1924 [Auszug]:

Die neunziger Jahre hatten eigentlich eine weichere Luft, sie waren vergleichsweise harmlos und wohlwollend. Die Jungen (wir Jungen) damals glaubten an alles Gute. Die Meisten schrieben Stücke, die wohl düster, aber im Grunde menschenfreundlich waren, und die Hinweise auf die nahe bevorstehende Lösung der sozialen Frage, auf den Frieden unter den Menschen waren.

Dies sage ich in einem Vortrag über Wedekind, – der in jener Generation die grosse, bleibende Ausnahme war. Er war älter als ich, mein Empfinden ist von seinem schon wieder durch 7 Jahre getrennt; aber ich verstehe ihn doch durch Erinnerung und Miterleben. So spreche ich jetzt öfter über ihn, in Städten, wo man mich hören will. Montag fahre ich nach der Schweiz. Acht Tage Umherspazieren ist mir nicht unerwünscht, der Winter war schwer. Erst im Frühling bin ich in meinem Roman wieder vorwärts gekommen.

In: *Bertaux-Briefwechsel*, S. 80 f.; Auszug S. 81.
Der zitierte »Vortrag« ist die nicht gehaltene Ansprache *Der Marquis von Keith* [vgl. Materialien, Nr. 4].

35 Heinrich Mann an Félix Bertaux,
Riccione, 23. August 1924 [Auszug]:

Ich habe mich letzthin ein wenig in meine Anfänge zurückdenken müssen, denn mein erster Roman *In einer Familie* soll neu erscheinen. Ich musste ihn ganz durcharbeiten, habe aber von den jugendlichen Gedanken behalten, was möglich war. Der Verlag Ullstein meint das Buch vertreiben zu können, und ich habe es ihm erlaubt, hauptsächlich weil ich dadurch die Musse erwerbe, mei-

Heinrich Mann am Strand von Riccione
(August 1924)

nen neuen Roman (hoffentlich) zu beenden. Übrigens kommt bei Ullstein noch ein kleines Novellenbuch und eine neue Sache, die wahrscheinlich von George Gross illustrirt wird. Dies alles hoffe ich Ihnen nach und nach zu schicken.

In: *Bertaux-Briefwechsel*, S. 83–86; Auszug S. 83, 85.

Heinrich Manns erster Roman *In einer Familie* war 1894 bei Albert in München und in 2. Auflage 1898 im Verlag Schuster & Loeffler in Berlin erschienen. Für den Neudruck im Berliner Ullstein Verlag 1924 wurde er vom Autor durchgesehen und leicht gekürzt. Die Erstfassung erschien neu in den *Gesammelten Werken in Einzelbänden*. Hg. von Peter-Paul Schneider. Frankfurt am Main: S. Fischer 2000.

1924 erschienen der Titel *Abrechnungen* (Berlin: Propyläen-Verlag) mit den Novellen *Der Gläubiger* und *Szene* sowie *Der Jüngling* (München: Gunter Langes) mit den Novellen *Der Mörder* und *Sterny*.

36 Heinrich Mann: *Anatole France* [Auszug]:

Nicht hassen! muß das große Bestreben einer Natur sein, die, obwohl erkennend, an der Welt doch nicht verzweifeln will. Nicht in Verzweiflung untergehn: weiterleben, immer mehr noch erfassen, noch einsammeln und wissen. Haß würde früh töten, France aber muss alt werden. Wer im Geist viel Strenge führt, sollte an Menschen um so versöhnlicher rühren, er schadet sonst sich und hilft ihnen nicht. Sie wollen sanft angefaßt, wollen verführt werden zum Besseren. Nichts ist so schonenswert wie ihre Selbstachtung. Immer den »respect humaine« gewahrt! Immer daran denken, daß sie Seelen sind, – die nur zufällig Betrüger, Unterdrücker, Fälscher wurden. Gefallene Engel.

Daher früher die bittere Abneigung Frances gegen Zola. Der sieht, wie ihn dünkt, nur das Tier, die ganze Erde ein schmutziges, schändliches Tier, und formt es mit herausfordernder Heftigkeit, erniedrigt jeden Menschen in seinem Menschentum. Schwere Prüfung des Humanisten, er hat keine feindlichere Kritik geschrieben als über *La Terre*, das größte Epos des materialistischen Jahrhunderts. Verachtung, ja Mitleid dem, der nicht den Menschen achtet!

Demselben Zola aber hielt er dann die Grabrede des Freundes; denn seither hatten sie, im Dreyfus-Bürgerkrieg, gemeinsam für die Wahrheit gekämpft. In solchem Kampf war niemand härter. Wer die Wahrheit angreift, hat Nachsicht verwirkt, er verfällt dem Schwert des Geistes. Nur in seiner Chronik jener Jahre kennt France den bitteren Haß. Er kann einzig für Ideen hassen, geistige Bosheit allein erschüttert ihn wahrhaft. Das war kein Epikuräer mehr zu jener Zeit, dahin die Skepsis. Als Revolutionär stand dieser auf, nur weil er den Gedanken rein und einen Menschen nicht der Lüge geopfert wollte.

Schon sechzig, da war er erst voll er selbst, dank Erkenntnissen des Kampfes. Er gehörte zu jenen, die zart beginnen, zögernd, fast schwach beginnen dürfen, weil sie ganz alt werden sollen und Zeit haben, noch Fesseln abzuwerfen, wenn andere schon ermüden. Auf der Höhe, von unumstößlichem Ansehen geschützt, stehen sie befreit und als Empörer da. Anatole France ward Sozialist, zum Schluß hieß er Kommunist. Er war es aber in der Idee, aus geistiger Ungebundenheit, auch nicht mehr gebunden an eine bürgerliche Gesellschaft, deren höchste Blüte doch gerade sein Geist und Antlitz war.

Er glaubte an den Kommunismus in hundert Jahren. Wenigstens bis zu den letzten europäischen Katastrophen hielt er nur unmerkliches Werden für wahrscheinlich; und er war erhaben über die Furcht vor Ideen und ihren Wirkungen, gegen die man noch aufmuckt, indes man schon mitten hineintreibt. Er hätte sich für entehrt gehalten durch Kleingläubigkeit vor der Zukunft. Aber ihren gewalttätigen Anbruch leiblich mitmachen? Die Hinrichtung dessen, was wir waren? Er paßte weder nach Rußland noch hätte er 1793 da sein mögen. Der Handelnde entgeht der Schuld nicht, aus reinen Gedanken werden Verbrechen. So steht es für die Revolutionäre in *Die Götter dürsten*. Angesichts der Schreckensmänner fühlt er mit sanften, feinen Menschen, deren Zeit vorbei ist.

Erstdruck: ›Neue Freie Presse‹. Wien. Nr. 21590 vom 19. Oktober 1924, Morgenblatt, S. 3–4 – Abdruck u. d. T.: *Anatole France. Zu seinem Tode* in: *Sieben Jahre, StE* (1994), S. 162–170; Auszug S. 163–165. Vgl. auch das Vorwort Heinrich Manns zu: *Anatole France: Die Vormittage der Villa Said.* Gespräche gesammelt von Paul Gsell. (Übertragen aus dem Französischen von Hans Jacob.) Berlin: J. M. Spaeth 1925, S. IX–XX; Abdruck: *Geist und Tat, StE* (1997), S. 204–211.
Erwähnt ist Zolas Roman *La terre* (1887) aus dem Zyklus *Les Rougon-Macquart* (1871–1893), also jener zwanzigbändigen »Natur- und Gesellschaftsgeschichte« des Second Empire, die Heinrich Mann zum Vorbild seiner Kaiserreich-Trilogie nahm.
Der Roman *Les dieux ont soif* von Anatole France war 1912 erschienen.

37 Heinrich Mann an Félix Bertaux,
München, 24. November 1924 [Auszug]:

Vor Weihnacht erfülle ich Aufträge der Zeitungen; alles in allem bringt mir das soviel wie ein ganzes kleines Buch, ich darf es also nicht lassen.

[...]

Nun sehen Sie meinen Kriticismus wohl als Reaktion gegen das (bisher) landläufige Deutschthum an; ich hoffe aber doch, wenn ich es auch noch nicht beweisen kann, dass meine Arbeiten Anfänge einer sozialen Roman-Literatur sind. Wir haben keine, wie Sie bemerken; aber glauben Sie, dass Demokratie sich heranbilden kann, ohne Darstellung der Gesellschaft? Sie ist künftig das Einzige, was Sinn und Berechtigung hat: nicht mehr das »Zeitlose«, das heute noch immer höchster Zweck scheint.

[...]

Im Übrigen höre ich von einer neuen französischen Ausgabe des Untertan garnichts. Der Rhein-Verlag scheint sich um das Buch nicht im Geringsten zu bekümmern, für jeden Preis könnte man es haben. Es wäre nur eine typographisch echtere Ausgabe herzustellen.

Vielleicht geschieht es einst, wenn man sich in Frankreich mit meinem neuen Roman beschäftigen sollte. Ich bin glücklich, endlich regelmässig wieder darin fortzuschreiten. Bis Ende des Jahres, hoffe ich, wird das vorletzte grosse Kapitel fertig sein und, wäre das Schicksal nur halbwegs gütig, bis Anfang März das Ganze. Aber ich darf nicht vorgreifen.

In: *Bertaux-Briefwechsel*, S. 87–91; Auszug S. 87 f., 90.
Die erste französische Ausgabe des *Untertan* war zwei Jahre zuvor erschienen: *Sujet!* Roman. (Traduit par Paul Budry.) Paris, Bâle: Éditions du Rhin 1922. In derselben Übertragung erschien *L'Empire. 1. Sujet!* 1928 in Paris bei Kra.
Das »vorletzte Kapitel« des Romans *Der Kopf* ist das als *System Lannas. Sein Glück und Ende* betitelte erste Kapitel des dritten Teils.

Heinrich Mann an Thomas Mann, 38
München, 11. Dezember 1924:

Lieber Tommy,
wir haben Dein Buch mit Freude bekommen, wir danken Dir bestens für das schöne Geschenk. Mimi ist jetzt freilich versorgt, sie kann wochenlang lesen. Dann hoffe

ich mich daranzumachen. Wer dies grosse Werk gethan hat und es fertig sieht, muss wohl froh und erleichtert sein. Ich stehe immer noch tief in dem meinen, aber die nächsten Monate sollen es schaffen.

Alles Gute und auf Wiedersehn. H.

In: *TM/HM*, S. 182 f.

Dank für den Erhalt des Romans *Der Zauberberg*, der ab 24. November 1924 im Buchhandel erhältlich war.

39 Heinrich Mann an Félix Bertaux,
München, 27. Dezember 1924 [Auszug]:

Jetzt habe ich grade den langen vorletzten Abschnitt meines Romans beendet, bin davon und von winterlichen Katarrhen sehr ermüdet. [...]

Deutschland ist eine werdende Demokratie. Die gesellschaftliche Umschichtung hat seit 10 Jahren das literarische Publikum verkleinert und verändert. Es handelt sich darum, statt der Liebhaber von früher neue Volksschichten zu gewinnen. Ich sage Deutschen, die mich nach Mittel und Wegen hierfür fragen: Betheiligung der Demokratie an der Literatur ist möglich. Sie ward vollzogen in Frankreich durch die grosse Romanreihe des 19. Jahrhunderts. Alle diese Romane hängen zusammen, sie bilden die vollständige Soziologie ihrer Zeit, lebende Soziologie, Kritik als Leben, Erkenntnis, die sich abspielt und jedermann angeht, Vergeistigung des langen Alltags. Je wirklicher und geistiger in dem Werk die Zeit ist, desto länger dauert es. Dauer ist gleich Zeitgemässheit in Gestalt grosser Kunst. Nur solche Verewigung kann eine Demokratie sich geben.

In: *Bertaux-Briefwechsel*, S. 91 f.

»Romanreihe des 19. Jahrhunderts«: Émile Zolas Zyklus *Les Rougon-Macquart*.

Paul Zsolnay Verlag an Heinrich Mann, 40
Wien, 7. Januar 1925 [Auszug]:

Soeben erhielten wir Ihre Karte und erlauben uns, Ihnen ergebenst mitzuteilen, dass wir untröstlich darüber sind, dass unsere Berliner Stelle nun schon zum zweiten Mal in der Absendung der Monatsrate lässig gewesen ist. [...] Bitte über das bedauerliche Versäumnis nicht ungehalten zu sein und die besondere Freundlichkeit zu haben uns mitzuteilen, wie gross der Umfang Ihres Romans, dessen Herstellung sofort beginnen muss, endgültig sein wird.

Original: HMA 11(30).
»Karte«: nicht erhalten.

Redaktion der ›Frankfurter Zeitung‹ an Heinrich Mann, 41
Frankfurt, 8. Januar 1925 [Auszug]:

Wenn wir Ihnen heute erklären, eine Veröffentlichung nicht übernehmen zu können, so geschieht das mit grossem Bedauern. Wir empfinden nämlich den psychischen Tonfall und die satirische Färbung Ihres Romans als eine zu auffallende Durchbrechung des Tenors unserer politischen Redaktion, wenn sie sich mit der Wilhelminischen Epoche kritisch auseinandersetzt. Es ist eben anzunehmen, dass Ihr Werk von unserer Leserschaft mehr auf seine sachlich-satirischen Gegenstände (gewissermassen als politischer Schlüsselroman) als auf seine künstlerischen Werte hin aufgenommen wird. Gerade im Feuilleton bestreben wir uns, die Leser möglichst von gar zu auffällig politisch betonten Initiativen frei zu halten; namentlich in einem Fall, wo das Vorrecht des Künstlers zur subjektiven Behandlung seines Stoffes von künstlerisch Unzuständigen missdeutet würde.

Da wir annehmen dürfen, dass Sie mit uns von dem

Ernst der erzieherischen Wirkung einer Zeitung überzeugt sind, glauben wir, dass Sie sich unseren Ausführungen nicht verschliessen werden.

Original: HMA 3245.

Die Absage unterzeichnete Bernhard Ludwig Diebold (1886–1945). Der Theaterfachmann und Verfasser von Schriften zum expressionistischen Drama war literarischer Redakteur der ›Frankfurter Zeitung‹ von 1917 bis 1934.

42 Heinrich Mann an Félix Bertaux,
München, 9. Januar 1925 [Auszug]:

Sie sprechen von unserem baldigen Wiedersehen. Vielleicht bewahrheitet sich das, und wenn Sie nicht hierher kommen, so könnte ich ja auf dem Weg nach Nizza über Paris reisen. Das wäre in etwa zwei Wochen. Ich brauche Sonne und eine ganz ungestörte Beendigung meines Romans.

In: *Bertaux-Briefwechsel*, S. 93 f.; Auszug S. 94.

43 Paul Zsolnay Verlag an Heinrich Mann
Wien, 31. Januar 1925 [Auszug]:

Wir bestätigen dankend den Erhalt Ihrer freundlichen Karte vom 27. Jänner und gestatten uns mitzuteilen, dass die ersten Korrekturfahnen heute an Sie abgegangen sind. Wir werden jetzt fortlaufend Korrekturbögen an Sie abgehen lassen [...].

Mit grosser Freude nehmen wir es zur Kenntnis, dass wir auf den Abschluss des Romanes bald rechnen dürfen.

Original: HMA 11(29).

»Karte«: nicht erhalten.

Heinrich Mann an Félix Bertaux, 44
Nizza, 18. März 1925 [Auszug]:

Ich habe grade das traurigste Buch meines Lebens beendet. Aber wenn alles andere Täuschung und Trauer wäre, hätte doch das Buch zu schreiben noch Wirklichkeit und Reiz gehabt.

Seit Ende Januar bin ich hier, komme aber erst jetzt ein wenig mehr aus dem Zimmer. Die letzte Anstrengung war hart, dann kamen Fluten von Korrekturen. Kurz vor Ostern soll der Band erscheinen, denn zu meiner Freude ist es doch nur ein Band, wenn auch 650 Seiten. Sie bekommen ihn dann sogleich; ich bin gespannt, was Sie über das Buch sagen werden. Für mich ist es eine Art General-Abrechnung mit Zeit und Vergangenheit, mit dem Leben selbst. Es wird viel darin gekämpft; für mich aber ist es kaum noch ein Kampfbuch, wie der *Untertan* eins war. Sie werden sehen. Was früher, bevor es stürzte, unerträglich schien, wird hier schon manchmal mild und freundlich neben den damals erst heraufdrängenden Mächten, die jetzt groß dahstehn. Hätte ich das Buch schon 1919 oder 20 beenden können, ich hätte manches nicht gewußt. Inflation und Plutokratie haben mir doch vielleicht zu einem reiferen, vollständigeren Buch verholfen.

Mir hat das Klima von Nizza die Kraft zu dem notwendigen letzten Aufschwung gegeben. Ich bin sehr dankbar, daß ich hier so lange verweilen durfte. Jetzt möchte ich den Aufenthalt noch ein wenig in Freiheit genießen. Mitte April fahre ich wohl langsam nach München.

In: *Bertaux-Briefwechsel*, S. 94–96; Auszug S. 94 f.

Heinrich Mann (Prag, 1924)

Heinrich Mann an Maximilian Brantl, 45
Nizza, 28. März 1925 [Auszug]:

Wir gingen abends ins Theater und sahen einen glänzenden Possen-Komiker. Damit war der Geburtstag gefeiert. Aber am 7. April soll mein Buch erscheinen. Was mir daraufhin alles zu theil wird, liegt noch im Dunkel.

Original: HMS 5016.

Heinrich Mann an Félix Bertaux, 46
Nizza, 13. April 1925 [Auszug]:

Der Kopf ist vor einigen Tagen erschienen. Der Verlag schickt Ihnen das von mir gewidmete Exemplar. Entschuldigen Sie, dass ich wegen Abwesenheit die Widmung nicht selbst hineinschreiben konnte. Sie haben an dem Entstehen des Buches eine so starke Theilnahme gezeigt, dass ich Sie schon darum zu meinen wichtigsten Lesern zähle. Sie werden gewiss sehen, dass in dem Roman das Schicksal eine Tragödie vollzieht, deren Haupt-Aktoren nicht alle schwach oder schlecht sind. In Deutschland wird es vermuthlich heissen, dass ich nur Hinrichtungen vollstrecke. Schon ist der Vergleich mit ›la Débâcle‹ ausgesprochen worden, – worin alles mit einbegriffen ist, was damals Zola an unberechtigten Vorwürfen hören musste. Die erste Kritik, die ich sehe, ist von Felix Salten, Neue Freie Presse, der mir immer gewogen, diesmal noch dazu dem Verlag verbunden ist. Trotzdem, bei allem ungetheilten und glänzenden Lob, im Grunde nur Kälte und nie tiefes Eingehen. Terra und Mangolf enthalten doch, seien sie wie immer, die Kämpfe eines ganzen Geschlechts!

Der Verlag schickte mir hierher zwei zusammengeheftete Exemplare der Druckbogen; keine fertigen Bücher, aber vielleicht haben Sie dort einmal Gelegenheit, sie Jemandem zu geben: einer Zeitschrift, einem Verlag, die dafür zu interessiren wären. Erlauben Sie mir, dass ich Ihnen die beiden Exemplare zugehn lasse.

Schreiben Sie mir bald nach München über den *Kopf* und über unseren Sommer.

In: *Bertaux-Briefwechsel*, S. 96 f.; Auszug S. 97.

Zolas Roman *La Débâcle* (1892; dt. *Der Zusammenbruch*) schildert die Niederlage der französischen Armee im Krieg von 1870/71.

Felix Salten (1869–1947), eig. Siegmund Salzmann. Die Besprechung war am 5. April 1925 erschienen [siehe Zeitgenössische Rezensionen].

47 Heinrich Mann: *Die jungen Leute* (1925) [Auszug]:

Ein wirklichkeitsfreudigeres Geschlecht sollte eigentlich schon vor der Tür stehen. Die jungen Leute von 1925 haben jüngere Brüder, die alsbald nachrücken und die unverbraucht sind. Fünfzehn oder zwanzig Jahre nach einem Krieg ist das Talent zu leben am größten, der Geist auf der Höhe. Die benachteiligte Mehrheit könnte dann endlich die gegebenen Machtverhältnisse ausnutzen, die sie heute nicht einmal erkennen will. Sie ist sich noch gar nicht bewußt, in einer Republik zu leben, also der Herr zu sein. Aber das kommt. Die Plutokraten werden sich ihrer konservativen Republik nicht lange erfreuen. Die Überlegenheit der Republik ist, daß aus der konservativen die radikale werden kann, ja muß. Monarchien dürfen nie schwanken.

Auch 1890 kam ein gutes Geschlecht auf, alles in allem doch wohl das beste bis jetzt. Intellektuell und sozial gerichtete junge Leute, Arbeiter, die lernen wollten und

Glauben hatten, eine wirtschaftlich aufsteigende Gesellschaft, in der geistige Kräfte mitwuchsen. Nur, die Machtverhältnisse der Monarchie waren unverrückbar, unerschütterlich; kein Wachsen der Intelligenzen half. Mein jetzt erschienener Roman *Der Kopf* stellt jenes tragische Geschlecht dar. Talente mußten zur Literatur gehen, die Macht hatte nur reservierte Sitze, Opposition blieb draußen, um wieviel mehr Erneuerungswille. In der Republik von 1940 wird gerade er die Macht sein.

Erstdruck: ›Berliner Börsen-Courier‹. Jg. 57, Nr. 174, 15. April 1925, Abend-Ausgabe, S. 1 f., Leitartikel. – Abdruck in: *Sieben Jahre, StE* (1994), S. 195–199; Auszug S. 197–199.

Arthur Schnitzler: Tagebuch, 48
Wien, 19. April 1925:

Lese den *Kopf* von Heinrich Mann; vorläufig mit einigem Widerstand.

Arthur Schnitzler: *Tagebuch 1923–1926*. Unter Mitwirkung von Peter Michael Braunwarth, Susanne Pertlik und Reinhard Urbach hg. von der Kommission für literarische Gebrauchsformen der Österreichischen Akademie der Wissenschaften. Wien 1995, S. 243. [Im folgenden zitiert: *Schnitzler-Tagebuch*]

Thomas Mann an Heinrich Mann, 49
München, 22. April 1925:

Lieber Heinrich,
es war ein großer Augenblick, als gestern Nachmittag Dein Roman hereingetragen wurde. Vielen Dank für das

Geschenk! Katja hat sich zuerst darüber her gemacht, aber auch ich hoffe, daß ich schon in den nächsten Tagen beginnen kann, es zu erwerben, um es zu besitzen.

TM/HM, S. 183.

Dank für den Erhalt des Romans *Der Kopf*.

Erwähnt ist Thomas Manns Ehefrau Katia, geb. Pringsheim (1883–1980), deren Vorname Thomas Mann zumeist in der Form ›Katja‹ schrieb.

50 Thomas Mann an Julius Bab,
München, 23. April 1925 [Auszug]:

Lieber Herr Bab,
allerherzlichst habe ich Dank zu sagen für Ihren großartigen Aufsatz. Ich habe ihn mit Ergriffenheit gelesen. Daß das Soziale meine schwache Seite ist, – ich bin mir dessen voll bewußt und weiß auch, daß ich mich damit in einem gewissen Widerspruch zu meiner Kunstform selbst, dem Roman, befinde, der das Soziale fordert und mit sich bringt. Aber der *Reiz* – ich drücke es ganz frivol aus – des Individuellen, Metaphysischen ist für mich nun einmal unvergleichlich größer. Sicher, Roman, das heißt Gesellschaftsroman, und ein solcher ist der Zbg. bis zu einem Grade ja auch ganz von selbst geworden. Einige Kritik des vorkriegerischen Kapitalismus läuft mit unter. Aber freilich, das »andere«, das Sinngeflecht von Leben und Tod, die Musik, war mir viel, viel wichtiger. Ich bin deutsch, – glauben Sie nicht, daß ich das Wort im Sinn des unbedingten Selbstlobes und ohne nationale Selbstbezweiflung gebrauche. Das Zolaeske ist schwach in mir, und daß ich auf den 8-Stunden-Tag hätte kommen müssen, mutet mich fast wie eine Parodie des sozialen Gesichtspunktes an. Aber da haben wir ja nun den ›Kopf‹. Ich gehe erst jetzt daran, vermute aber im Voraus, daß

das Prinzip der Arbeitsteilung zwischen uns Brüdern gewahrt ist.

In: Thomas Mann: *Briefe 1889–1936*. Hg. von Erika Mann. Frankfurt am Main: S. Fischer 1961, S. 238 f.; Auszug S. 238. Julius Bab (1883–1955) war einflussreicher Literatur- und Theaterkritiker, bis zur Emigration einer der Wortführer der deutsch-jüdischen ›Symbiose‹.

Thomas Mann bezieht sich auf dessen Besprechung von *Der Zauberberg* in der ›Berliner Volkszeitung‹, Nr. 138 vom 25. März 1925, die in erweiterter Form am 15. April auch in ›Die Hilfe. Zeitschrift für Politik, Wirtschaft und geistige Bewegung‹, Jg. 31, S. 187–192 erschien.

Félix Bertaux an Heinrich Mann, 51
Sèvres, 1. Mai 1925 [Auszug]:

Verzeihen Sie, dass ich noch nicht geschrieben habe. Sie können sich wohl denken, dass ich es nicht tun wollte, ohne zuvor *Der Kopf* gelesen zu haben; und wenn ich es jetzt tue, dann noch immer nur nach einer ersten Lektüre, auf die ich noch einmal mit Muße zurückkommen muss. Eine Reihe kleiner Wechselfälle des Lebens haben mich in letzter Zeit belastet, so dass ich die zwei zusammenhängenden Tage Zeit nicht fand, die ich ausschließlich dieser Lektüre widmen wollte; so sind meine Eindrücke noch lückenhaft. *Der Kopf* ist derart inhaltsreich, er spricht so vieles aus und deutet so vieles an, dass es mir unmöglich ist, alles auf einmal zu bewältigen. Ich glaube, es ist nicht nur der Roman einer Epoche, sondern auch Ihr eigener, insofern, als ich so viele Bestrebungen und Erinnerungen aus Ihrem Leben darin versammelt zu finden glaube, dass ich nicht umhin kann, ebenso viel an Heinrich Mann zu denken wie an die wilhelminische Gesellschaft. So ist meine Erregung nicht nur eine geistige, sondern zugleich eine menschliche, und ich ertappe mich dabei, wie ich bei jeder

Seite über Ihr Schaffen nachsinne und darüber, was Ihr Leben in dieser Atmosphäre seit dreißig Jahren hat sein können, und ich bewundere, dass Sie bei aller Wirrnis der äußeren Begebenheiten Ihren Weg so unbeirrt zu finden wussten und Ihr Ideal so hoch gesetzt haben. Eben dieser Ihrer Charaktergröße ist es zu danken, wenn an Ihren Helden nicht ein Urteil »vollstreckt« wird wie von einem Richter, und ich finde, dass der Roman dadurch ungemein gewinnt. Hier ist das Leben nicht zerstückelt und breitgetreten, sondern es hat drei Dimensionen; hinter dem, was man sieht, und dem, was man von Terra und Mangolf erfährt, gibt es noch all das, worauf Sie hindeuten, was man ahnt, das leidende, menschliche Element, das mit einem Schicksal ringt, das stärker ist als der Mensch, aber im Innern nicht besiegt, nicht vernichtet wird, ohne Spuren zu hinterlassen. Mir fallen dabei gewisse Gedichte oder Essays von Hermann Conradi ein, der mich beeindruckt hat, und sein Ausdruck »Kandidaten der Zukunft«: hier gewinnt man den tröstlichen Eindruck, dass mit den zwei Revolverschüssen noch nicht alles zu Ende ist, dass alles, was in dem stählernen Räderwerk des Kaiserreiches keinen Raum gefunden hat, wohl auch in Zukunft der Ungewissheit ausgeliefert sein wird, aber zugleich ein Hort der Hoffnung bleibt. »Alles kommt auf die Auffassung an«, sagte Goethe, und diese »Humanität« der Auffassung Ihres Sujets hebt es in meinen Augen weit über die bloße Satire hinaus, die alles in allem leichter zu machen gewesen wäre, »spannender«, durch die das Buch aber die innere Würde eingebüßt hätte, auf der es beharrt. Es ist schwere, gediegene Arbeit. Dass man das Buch mit Zolas *Zusammenbruch* hat vergleichen können, wundert mich insofern, als es zwar von den gleichen äußeren Gegebenheiten ausgeht, Sie aber etwas ganz anderes aus ihnen herausgeholt haben, ein starkes moralisches Element, das komplexer ist als bei Zola, weil es viel mehr die psychologischen Voraussetzungen berücksichtigt, insbesondere die Psychologie des Dunklen, in die man zu meinem Entzücken zusehends unerschrockener eindringt. Porträts à la Saint-Simon, oder selbst Stendhal genügen unseren Ansprüchen nicht mehr, und ich bin froh, dass neben Ihrem Kaiser, der so pittoresk und anschaulich, aber al fresco dargestellt ist, noch die wimmelnde Menge von Männern und Frauen agiert, die mit ihrem Tun und Treiben, ihren Äußerungen und Entscheidungen den Leser »packen«: Da ist das Leben, das uns »überrollt«, mit allem, was es oft auf den ersten Blick an Unerklärlichem, an »Willkürlichem« und dennoch zutiefst Folgerichtigem hat. Die Gedrängtheit, der Lakonismus der Sätze, die mancher sicher schwierig finden wird, verstärken noch diesen Eindruck der »Wucht«. Es hat eine eigenartige Wirkung auf mich, wenn ich in dieser neuen Gestaltungsweise die alten Rhythmen Ihres Denkens und Fühlens wiederfinde; und denen, die sich bei mir erkundigen, werde ich wohl antworten: Wenn Sie Heinrich Mann kennen lernen wollen, lesen Sie zuerst *Der Kopf*; darin ist er voll und ganz gegenwärtig, mit seiner Jugend und mit seiner Reife. Ich hätte noch viel zu sagen, aber dazu bedürfte es eines längeren Gesprächs – besonders über zwei Punkte, die sich berühren: über das »Dämonische« im Leben Ihrer Helden, in dem Sinne, den Goethe dem Wort gegeben hat, und auch über seinen spezifisch germanischen Charakter, was das Innenleben der Gestalten angeht. – In dem, was die Darstellung selbst an Dynamik, Brisanz und zugleich an Konzentration hat, finde ich natürlich Tendenzen wieder, die ich bei Ihnen immer schon beobachtet habe, aber sie erscheinen hier in eigenwilligerer künstlerischer Form. Wir werden noch darüber reden, nicht wahr? Wegen der Übersetzungsmöglichkeiten habe ich begonnen, mich zu erkundigen – in dieser Hinsicht geraten wir in eine ganz ungünstige Periode [...].

Ich brauche ein »little change«, wie die Engländer sagen, und ein wenig Ruhe. Sind Sie selber in Form? Denken Sie schon über eine Fortsetzung nach? Der Zyklus ist noch nicht geschlossen, und jetzt brauchen wir die neuen Kettenglieder …

In: *Bertaux-Briefwechsel*, S. 102–106; Auszug S. 102–104, 106.

Zitiert wird Hermann Conradis (1862–1890) Fragment *Ein Kandidat der Zukunft – Übergangsmenschen* von 1889 (in: *Hermann Conradis Gesammelte Schriften*. Hg. von Gustav Werner Peters. Dritter Band. München und Leipzig: Georg Müller 1911, S. 449–481).

Erwähnt ist Louis de Rouvroy, duc de Saint-Simon (1675–1755), dessen *Mémoires* 1826 erschienen.

Zeugnisse der Beschäftigung Heinrich Manns mit Stendhal sind verzeichnet in: *Geist und Tat*, *StE* (1997), S. 249 [siehe auch Materialien, Nr. 85].

52 Heinrich Mann an Maximilian Brantl,
München, 2. Mai 1925 [Auszug]:

Der Kopf geht im Buchhandel gut, von Besprechungen waren bisher wenige von Belang. Die Ihren bringen Sie mir wohl mündlich mit. Haben Sie Einwände, so beruhigen Sie sich: ich will es nicht wieder thun. So etwas schreibe ich nicht mehr. Es war das Vollständigste u. das Höchste, das ich zu leisten hatte.

In: *Brantl-Briefe*, S. 410.

53 Heinrich Mann an Félix Bertaux,
München, 4. Mai 1925 [Auszug]:

Sie haben mein Buch werth gehalten, sich sehr ernst damit zu beschäftigen. Wer weiss, ob ich noch einmal einem so liebevollen Eingehen begegne, ich bin darin nicht verwöhnt. Nicht, dass es mir (neben gründlicher Abneigung) an Verehrung fehlte. Aber sie drückt sich summarisch aus oder merkt vom Wesentlichen nichts. Mit der literarischen Kritik steht es hier schlimm. Ich danke Ihnen um so mehr. [...]

Meine Romane über das Kaiserreich sind, glaube ich, beendet. Bürger, Arbeiter, Führer, das war alles, was mir für die Epoche wichtig schien. Der weitere Verlauf ist auch nicht undankbar für die Darstellung, aber vorerst nicht meine Sache. Ich möchte zu kleineren Aufgaben, einigen Einzeldarstellungen aus dem Privatleben, übergehen.

In: *Bertaux-Briefwechsel*, S. 106–108; Auszug S. 106 f. Antwort auf Félix Bertaux' Brief vom 1. Mai 1925 [siehe Materialien, Nr. 51].

Arthur Schnitzler: Tagebuch, 54
Wien, 11. Mai 1925:

Las den Kopf zu Ende. Es ist kein gelungenes Werk.

In: *Schnitzler-Tagebuch*, S. 247.

[Wilhelm] K[un]ze: Die neue Literatur. Heinrich Mann, 55
Der Kopf. Roman. 1925 (P. Zsolnay, Wien) 637 S. [Auszug]:

Arnold Ulitz hat in einem seiner Romane gelegentlich geschrieben, die Romane sollten nur einmal über den Menschen hinaus u. unter den Menschen hinunter führen, so würden sie auch schon in den Menschen hineingehen. So können dem entsprechend Romane, die wirklich über die Zeit, deren Genossen wir sind, hinaus u.

unter sie hinunter reichen, wohl recht eigentlich erst in die Zeit hineinführen. Historisch gesehene Romane haben gewöhnlich nicht die Kraft des Lebens, die zur Tragik führt, zum inneren Leiden, – u. Ironie oder Satire ersetzen sie nicht. Aber mit der Zeit verbundene Romane, die vom Herzschlag des Lebens aus geschrieben sind – wie dieser *Kopf*, – Romane, die den Menschen nicht als ein Geschöpf des Augenblicks wissen, wenn sie ihn auch so darstellen, die werden erst die richtige Perspektive aufziehen. Man kann die Zeit nur von einem Standpunkt über ihr beurteilen; man kann die Kopfkräfte, von denen sie bestimmt wird, auf zweierlei Weisen beurteilen. Der Kopf kann sich selbst bespiegeln, – das geschieht mit Ironie (Thomas Mann); oder es kann das Herz Gerichstag über den Verstand halten, u. davon ist ein wenig in dem vorliegenden Roman enthalten. Es ist notwendig, soll die Verstandeskultur unseres Zeitalters nicht zur endgültigen Lebensspielerei werden, daß das Herz teilnimmt an unserem Dencken; denn der Kopf wird sich selbst morden, der Kopf wird sich unaufhörlich in Sackgassen verrennen. Das Herz weist den Weg.

Der Kopf Heinrich Manns ist nicht mehr nur bloßer politischer Roman, (obwohl er das auch ist); die Politik hat ja nichts mit dem Herzen zu tun, was ihren Ursprung angeht. *Der Kopf* Heinrich Manns hat etwas an sich, was im Wirbel des gesellschaftlichen Tohuwabohu – das wir eben jetzt noch Zivilisation nennen – nach dem *Menschen* verlangt, nach dem Menschen, wie er wirklich ist. Gewiß kann auch Heinrich Mann nicht ganz auf das Vorbild der äußeren Wirklichkeit verzichten, wenn er derselben auch nicht gerade unbedingt bedarf wie Thomas Mann, aber im Gegensatz zu dem letzteren u. vielleicht auch im Gegensatz zu sich selbst, wie er war, führt er in dem neuen Roman hinter der Historie, hinter dem »historischen« Menschen den tragischen Konflikt, der vom Leiden diktiert wird, u. *nur* vom Leiden. Aus dem tiefen Schmerz an der Zeit, deren Genossen wir sind, – es ist billig nicht dieser Zeit Genosse sein zu wollen –, aus dem tiefsten Schmerz kommt uns dort die Liebeskraft, die wir brauchen, um tätig sein zu können: gerade heute, wo man allenthalben den Menschen (vom Kopfe aus) zu fesseln versucht. In diesem Sinne ist Heinrich Mann ein großer Zeitgenosse u. sein neuer Roman ein Wendepunkt, gegen die Tendenz seiner früheren Bücher … »Es ist feige, dem Leben auszuweichen«.

Der Kopf ist der letzte Roman der Trilogie *Das Kaiserreich*; die beiden früheren Bände waren *Die Armen* u. *Der Untertan.* Somit sind Proletarier, Bürger u. Herrscher jetzt an ihrer eigenen Zeit abgehandelt; sie mögen nunmehr mit ihr *verwandelt* werden. Dazu sind wir in das Leben gekommen; es trifft sich gut, daß die ältere Generation in Heinrich u. Thomas Mann (über dessen *Zauberberg* später) auf die ihr gemäße Art das Resume ihres Zeitalters zieht u. somit Platz schafft für den neuen Impuls, den sie gleichzeitig auf eben diese Weise anerkennt. Nur geben sie sich nicht einem Irrtum hin über die Richtung, aus welcher er kommt; er kommt nicht von ihren Schülern und Kindern.

Original: Deutsches Literaturarchiv/Schiller-Nationalmuseum, Marbach am Neckar (A:Kunze). Die Heinrich Mann zugesandte Rezension des Schriftstellers Wilhelm Kunze (1902–1939) blieb unveröffentlicht. Im Juni 1925 erschien seine überarbeitete Besprechung des Romans im Vergleich mit Thomas Manns *Der Zauberberg* [siehe Zeitgenössische Rezensionen].

Der Schriftsteller und Gymnasiallehrer Arnold Ulitz (1888–1971) stand mit seinem beachteten Roman *Ararat* (1919) dem Spätexpressionismus nahe.

56 Heinrich Mann an Wilhelm Kunze,
München, 15. Mai 1925 [Auszug]:

Ihre Besprechung meines Romans *Der Kopf* wurde mir gebracht, und ich möchte Ihnen danken. Ich kann nicht sagen, dass Ihre Kritik die beste ist, denn es ist in Deutschland die überhaupt erste. Das Buch erschien vor 5 Wochen. Sie sehen: welch ein Interesse! Ich nehme lieber an: wie viel Rathlosigkeit!

Ihre Auffassung meines Buches ist mit darum lieb, weil sie bis zu den menschlichen Wurzeln eines »politischen« Romanes dringt. Zeitromane zu lesen, will gelernt werden. Wenn sie 100 Jahre alt sind, wie Le Rouge et le Noir, ist es keine Kunst mehr.

Original: Deutsches Literaturarchiv/Schiller-Nationalmuseum, Marbach am Neckar (A:Kunze).
»Ihre Besprechung« [siehe Materialien, Nr. 55].
Stendhals Roman *Le rouge et le noir. Chronique de 1830* war im November 1830 erschienen.

57 Heinrich Mann an Félix Bertaux,
München, 27. Mai 1925 [Auszug]:

Persönlich würde ich die Zusammenstellung von *Kobes* mit den beiden anderen Novellen für das Richtigste halten. – Wegen des *Kopf* schrieb ich an Fels um Antwort. Ich erlaubte mir, ihm zu sagen: wenn es mündlicher Besprechungen bedürfe, würden Sie dazu bereit sein.

In: *Bertaux-Briefwechsel*, S. 109 f.; Auszug S. 110.
Zur Verbreitung des Romans *Der Kopf* in französischer Übersetzung fand sich kein Verlag bereit. Auch der Versuch, *Kobes* durch die Vermittlung Bertaux' unterzubringen, blieb zunächst ergebnislos. Die Novelle erschien in französischer Sprache in: ›Le Rouge et le Noir‹. Paris. Heft 5, Dezember 1927/Januar 1928, S. 648–687.

Heinrich Mann an Félix Bertaux, 58
Bad Gastein, 22. Juni 1925 [Auszug]:

Wegen der Rechte *Kobes* muss ich meinen Vertrag durchsehen, was ich erst im Juli in München kann. Aber sagen Sie mir, was Gallimard höchstens als Vorauszahlung bietet, zu verrechnen mit 10% – und ich oder der Verlag Ullstein nehmen an. Ich werde Ihnen sehr, sehr danken, wenn Sie vor Ihrer Abreise noch ein Ergebniss erreichen mit Kobes wie mit Kopf.

In: *Bertaux-Briefwechsel*, S. 111.

Heinrich Mann an Kurt Tucholsky, 59
München, 7. August 1925:

Verehrter Herr Doctor,
sehr bedauere ich, dass Sie krank waren. Ich hoffe immer, Ihnen zu begegnen. Wenn ich den Grund Ihres Fernbleibens gewusst hätte, würde ich Sie aufgesucht haben.

Ich weiss, für Hessling sind die 25jährigen, die das letzte Examen machen, verpflichtet, sich zu interessiren, sonst werden sie nicht Agrégé de l'université. Das kann ihnen hierzuland nicht passieren; aber ich glaube auch nicht, dass sie hier über Barbusse oder France geprüft werden. Es wird wohl beim Rolandlied bleiben.

Sie werden mich erfreuen, wenn Sie Nachricht geben. Es ist nun schon zu lange, dass Sie schweigen. – Im Juni gedachten Herzog und ich in Gastein, wo er mich besuchte, Ihrer.

Mit den besten Grüßen bin ich Ihnen ergeben

Heinrich Mann

Ich liess den *Kopf* für Sie an die Weltbühne schicken. Haben Sie ihn bekommen?

In: *Tucholsky-Briefe*, S. 82.
Erwähnt ist die Romanfigur Diederich Heßling, der negative Protagonist in *Der Untertan*. Offenbar gehörte der Roman zur Pflichtlektüre beim französischen Examen zum ›Agrégé de l'université‹.
Der französische Schriftsteller Henri Barbusse (1873–1935) gründete 1919 die Antikriegsbewegung ›Clarté‹. Im Auftrag des ›Politischen Rats geistiger Arbeiter‹ (München) schrieb Heinrich Mann den offenen Brief *An Henri Barbusse und seine Freunde* (in: ›Münchner Neueste Nachrichten‹. Jg. 72, Nr. 113 vom 11. März 1919, Morgen-Ausgabe, S. 1).
Erwähnt ist das nach der altfranzösischen Quelle der *Chanson de Roland* etwa um 1170 entstandene *Rolandslied* des ›Pfaffen Konrad‹.
Wilhelm Herzog (1884–1960), Journalist, Biograph und Herausgeber kulturkritischer und pazifistisch-sozialistischer Zeitschriften (›Das Forum‹), war mit Heinrich Mann seit der Münchner Zeit befreundet.

60 Carl Helbling an Heinrich Mann,
Zuoz, 14. August 1925:

Sehr verehrter Herr,
da Ihnen vielleicht durch Ihren verehrten Herrn Bruder mein Name einmal ans Ohr geklungen hat, nehme ich mir die Freiheit, ein paar Worte an Sie zu schreiben. Deswegen, weil vor einigen Tagen aus meiner Feder eine Besprechung Ihres *Kopf* in der Neuen Zürcher Zeitung erschienen ist u. weil ich das Bedürfnis habe, einiges beizufügen.

Sie wissen, daß die N.Z.Z. ein im wesentlichen stark konservatives Blatt ist, zum mindesten in der politischen Haltung. Aber es ist auch die gelesenste Zeitung der Schweiz, mit dem besten literarischen Teil unserer Presse. So fand ich es wertvoll, daß Ihr Buch darin gewürdigt wurde, wenn es auch nicht die Würdigung sein durfte, die meiner Überzeugung entsprochen hätte. Ich war etwas gebunden, durfte nicht zu weit ausholen; sonst wäre ich Gefahr gelaufen, daß mein kleiner Aufsatz überhaupt in den Papierkorb gewandert wäre.

Auf diesem Wege möchte ich Ihnen nun persönlich ausdrücken, welche Bewunderung ich für Ihr letztes Werk empfinde, wenn ich auch vieles hart, sehr hart fand. Aber ich erinnere mich zum mindesten nicht, eine so gewaltige u. kluge Betrachtung aller Zusammenhänge des Geistes im vorkriegerischen Deutschland je gelesen zu haben. Ihr Roman war mir wahrhaftig eine Erleuchtung, so daß ich glaube, heute selber klarer zu sehen als vorher u. durch die Kunst in einen Geist eingedrungen zu sein, der so sehr das Unglück unserer Zeit geworden ist. Vielleicht habe ich durch meine Jugend etwas mehr Zuversicht u. Glauben an Kräfte im deutschen Volke u. in der europäischen Menschheit als Sie es wenigstens in Ihrem Buche zum Ausdruck kommen lassen. Darum warte ich mit Sehnsucht, bis Sie vielleicht auch den Roman der Regeneration schreiben, der auch in der Utopie geliebt werden wird.

Ich bitte Sie, mir meine Besprechung nicht zu verübeln, sondern meinen Grundgedanken zu berücksichtigen, daß über Ihren Roman in der N.Z.Z. überhaupt geschrieben werden müsse.

Sollte Ihr Weg Sie einmal nach dem Engadin führen, so wäre ich glücklich Sie begrüßen zu dürfen. In aufrichtiger Verehrung Ihr ergebener Carl Helbling

Original: HMA 1343.

Der Schweizer Literaturhistoriker Carl Helbling (1897–1966) war 1922–1938 Gymnasiallehrer für Deutsch und Geschichte am Lyceum Alpinum in Zuoz und später a. o. Professor an der Eidgenössischen Technischen Hochschule in Zürich.

Die erwähnte Besprechung in der ›Neuen Zürcher Zeitung‹ war am 9. August 1925 erschienen [siehe Zeitgenössische Rezensionen].

61 Thomas Mann: [*Briefe aus Deutschland*], [Sechster Brief], *September 1925* [Auszug]:

Der neue Roman von Heinrich Mann, betitelt »Der Kopf«, eröffnet, im Gegensatz zu der moralischen Intimität der Schnitzlerschen Gabe, einen weiten historisch-politischen Horizont. Er ist die Arbeit vieler Jahre, ein figuren- und schicksalsreiches Werk, dabei der dritte Teil nur, wenn auch ein durchaus geschlossener und selbständiger Teil, einer epischen Trilogie, die den Generaltitel »Das Kaiserreich. Die Romane der Gesellschaft im Zeitalter Wilhelms II.« führt, und deren andere beiden Stücke der weltberühmte »Untertan« (Roman des Bürgertums) und »Die Armen« (Roman des Proletariats) bilden. Dies nun ist der Roman der *Führer*, und ich urteile vollkommen objektiv, wenn ich sage, dass er nicht nur der überragende Höhepunkt dieser gesellschaftskritischen Serie, in Wahrheit eine mächtige künstlerische Steigerung innerhalb ihrer bedeutet, sondern zu den absolut schönsten und stärksten Leistungen dieses glänzenden, im höchsten Sinn sensationellsten Schriftstellers gehört: er rangiert für mich mit seinen Meisterstücken, der »Kleinen Stadt« und dem »Professor Unrat«.

Von allen deutschen Dichtern ist Heinrich Mann der sozialste, der Mann eines gesellschaftlich-politischen Impulses, wie er in westeuropäischer und zumal lateinischer Sphäre nichts Ungewöhnliches, bei uns aber etwas Unerhörtes ist, – wenn auch dank schwerer Schicksalszüchtigungen, die über uns gekommen, etwas sehr Zeitgemässes. Es sind metaphysische, moralische, pädagogische, kurz innermenschliche Motive und Interessen, die uns anderen am Herzen liegen: der Erziehungs-, der Entwicklungs- und Bekenntnisroman war immer die spezifisch deutsche Spielart dieser literarischen Kunstgattung. Bei diesem Autor fast allein, und verbunden mit soviel künstlerischem Glanz nur bei ihm, trug das moralische Element von Anbeginn nicht das Gepräge »innerweltlicher Askese«, um mich eines religionsphilosophischen Terminus zu bedienen, sondern dasjenige der politisch-sozialkritischen Ausdehnung. Er ist es, der, als wir noch im Glanze lebten, an der ideellen Stagnation unseres Staatslebens am tiefsten gelitten und unsere Führer in literarischen Manifesten, deren fulminante Ungerechtigkeit dennoch einem höheren Rechte entsprang, vor das Forum des Geistes gezogen hat. Er hat den Zusammenbruch des kaiserlichen Deutschland am Ende seines wütend karikaturistischen Romanes vom deutschen »Untertan« symbolisch prophezeit. Und er erzählt nun, in freier künstlerischer Gestaltung, die Geschichte dieses Unterganges, erzählt sie in einer Prosadichtung, die nicht mehr und nicht weniger vorstellt, als ein deutsches Gegenstück zu »La débâcle«.

Es ist das Buch eines Vierundfünfzigjährigen, Gereiften, Gemilderten, das, weit entfernt von der rasenden Satire seiner Vorgänger, gerechter nach allen Seiten und menschlich durchwärmt ist, – wie denn die besondere dichterische Gabe dieses Schriftstellers darin besteht, das Poetisch-Menschliche aus dem Gesellschaftlichen so erwachsen zu lassen, dass jenes von diesem erhoben und bedeutend gemacht, dieses aber von jenem beseelt und poetisiert wird. Es ist grossartig, wie hier das individuelle Schicksal in die Tragödie der Zeit hineinwächst und wie, zugleich mit der Entfaltung des Romans aus provinzieller Intimität ins Europäische seine künstlerische Instrumentierung, sein Pathos sich steigert. Ich bedaure, dass der Raum mir nicht gestattet, eine wirkliche Analyse und Beschreibung des ausserordentlichen Buches zu geben, aber es wäre wahrhaft zu wünschen, dass die Teilnahme daran sich nicht auf das Land seiner Entstehung beschränkte. Das dichterisch Schönste darin ist die Geschichte der

Freundschaft zweier Männer, deren sich überkreuzende Schicksale getränkt sind mit der Melancholie des Widerstreits von Idee und menschlicher Unzulänglichkeit. Wilhelm dem Zweiten selbst sind ein paar glänzende Szenen gegeben, in denen die Hysterie und gefährdete Halbgenialität des pompösen und beklagenswerten Repräsentanten vollkommen gekennzeichnet sind. Sie spielen sich ab in dem Hause des Fürsten Lanas, einer Figur, die, gestaltet in freier Anlehnung an die Erscheinung des Fürsten von Bülow, kraft ihrer Klugheit und Geistesnähe, kraft einer zugeständnisvollen Schmiegsamkeit aber auch, die letzten Endes unfähig bleibt, dem Bösen wahrhaft zu begegnen, zur bedeutendsten des Buches erwachsen ist.

[...]

Einem Roman wie dem »Kopf« – und ich wage es sachlich, sein brüderliches Gegenstück, den »Zauberberg« mitzunennen –, den grossen Büchern Alfred Döblins ferner, von denen hier noch nicht geredet zu haben ich mir zum Vorwurf machen muss, ist kein gleichzeitiges theatralisches Produkt seiner Konzeption und Wirkung nach an die Seite zu stellen.

In: ›The Dial‹. New York, Vol. LXXIX (July to December 1925), Nr. 4, Oktober 1925, S. 333–338. – Abdruck in: GKFA Bd. 15.1, S. 1003–1012; Auszug S. 1006–1008, 1009. – Teilabdruck: *Sieben Jahre, StE* (1994), S. 658 f. Heinrich Mann nannte dieses Statement des Bruders »grossmüthig« [siehe Materialien, Nr. 62].

Mit »Schnitzlersche Gabe« ist dessen Novelle *Fräulein Else* gemeint, die 1924 bei Zsolnay erschienen war; Émile Zolas Roman *La débâcle* war 1892 erschienen.

Heinrich Manns, vom Bruder im Brief vom 30. September 1909 als »hohes Lied der Demokratie« (Abdruck: *Die kleine Stadt, StE* (1986), S. 464) apostrophierter Roman, war 1909 im Insel-Verlag Leipzig und sein Roman *Professor Unrat* 1905 in München bei Albert Langen erschienen.

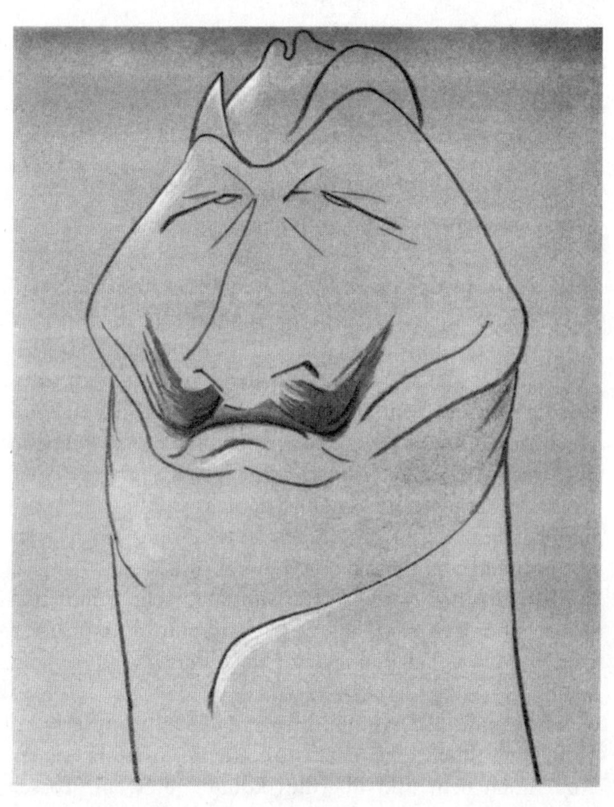

Karikatur Wilhelms II. von Umberto Tirelli
[vgl. S. 374 f. u. *Der Untertan, StE* (1991), S. 100 f.]

Alfred Döblin war 1924 nach *Die drei Sprünge des Wang-lun* (1915) und *Wallenstein* (1920) mit dem Roman *Berge Meere und Giganten* hervorgetreten.

62 Heinrich Mann an Félix Bertaux,
München, 8. Oktober 1925 [Auszug]:

Ihre Kritik in der N. R. F. hat mich ebenso erfreut wie interessiert. Sie haben ein bewundernswerth richtiges Auge für das »Funktionieren« eines Buches, und wie grade diese Art, die Maschine zu bauen, durch Sein und Leben des Autors bedingt ist. Bei meinem Bruder dehnen Sie Ihre Einblicke vielleicht mehr auf das Menschliche aus, als bei mir. Ich könnte fast eifersüchtig sein. Aber ich weiss natürlich, dass man sich nicht so klug und sympathisch mit der Technik beschäftigt, ohne auch vom Menschlichen einiges zu sagen. Ich danke Ihnen vielmals.

Mein Bruder war so grossmüthig, sehr rühmende Worte über den *Kopf* im amerikanischen »Dial« zu sagen, worauf sogleich ein Verlag die Übersetzung bringen will. [...]

Ich beende soeben eine grössere Novelle, die erst zu Ostern als Buch erscheinen soll. Denn vorläufig ist der *Kopf* noch neu; und überdies kommt jetzt ein grosser Theil der Gesamtausgabe.

In: *Bertaux-Briefwechsel*, S. 115 f.; Auszug S. 115.

Die »Kritik« von Bertaux war in der Oktober-Nummer der Zeitschrift ›La Nouvelle Revue Française‹ erschienen [siehe Zeitgenössische Rezensionen].

Die »größere Novelle«: *Liliane und Paul.*

In der »Gesamtausgabe« des Zsolnay-Verlags (Heinrich Mann: *Gesammelte Werke* [Bände 1–13]. Berlin, Wien, Leipzig 1925–1932) erschienen 1925 die Bände 1–8.

[Kürzel: -in]: *Ein Gespräch mit Heinrich Mann. Schöpferischer Pessimismus* [Auszug]: 63

»Ich gewann den Eindruck, daß Ihre letzten Bücher mehr auf erzieherische Wirkung abgestellt sind.«

Zur Problematik der Zeit

»Dadurch, daß man länger lebt, kommt einem das Beklagenswerte des Lebens immer stärker zum Bewußtsein. Als junger Mensch hatte man nicht die Absicht, zu bessern. Doch in Deutschland wird diese Tendenz wieder problematisch. Ich bedauere, auf dem Gebiet des Zeitromans keine Nachfolger zu haben. Meine einsamen Erfolge setzen mich in Erstaunen.«

»Man geht der Zeit aus dem Wege, wie allem, was schmerzlich ist.«

»Wer sich mit Illusionen tröstet, läßt das Schmerzliche bestehen. Erkenntnis aber ist Aufbau.«

»Dennoch sagten Sie, die erzieherische Tendenz sei problematisch ...«

»Ja, ich sehe immer mehr ein, daß sich durch Literatur nichts bessern läßt. Abgesehen von der Dreyfusaffäre, habe ich nichts dergleichen erlebt. Die Epoche ist ausschließlich auf das Materielle gerichtet. Durch ideelle Beweggründe macht man sich nur verdächtig. Der Grund unserer geistigen Verarmung besteht darin, daß jede Idee sogleich als Utopie gebrandmarkt wird. Unsere heutigen Politiker stehen mit den Ideen auf Kriegsfuß.«

»Sehen Sie nirgends Ansätze einer Besserung?«

»Ich sehe Proteste. Ganz rechts die reaktionäre ›Action Française‹ (Das Blatt gleichen Namens ist, seinem geistigen N i v e a u nach, eines der besten der Welt – was ich natürlich mit den größten inhaltlichen Einschränkungen verstanden wissen möchte). Ganz links der russische Kommunismus, der vom Protest zur Tat geschritten ist.

Der Geist hat sich in die Extreme geflüchtet. Dazwischen gibt es leider nur die verschwommene bourgeoise Mitte, für welche die Idee nicht existent ist.« [...]

Schöpferischer Pessimismus

»Ich bewundere nichts mehr, als jene unbekannte Stärkung, die Sie, ungeachtet Ihrer äußerst pessimistischen Beurteilung der Lage, von irgendwoher empfangen. Ist es irrationaler Wille, ist es bewußte Überlegung?«

»Es besteht immerhin für uns alle die Möglichkeit, daß wir eine Aenderung noch miterleben. Und wenn überhaupt keine Hoffnung wäre, obläge es noch dem größten Pessimisten, wenigstens seine Seele zu salvieren. Das Bewußtsein, richtig zu sehen und zu denken, gewährt, jenseits aller Erfolge und Mißerfolge, eine stille Befriedigung. Schließlich muß man auch das Vielleicht in seine Rechnung einbeziehen. Es gibt ein heroisches Vielleicht. Sein Ausdruck ist der schöpferische Pessimismus. Was noch nicht ist, kann vollbracht werden. In der Potenz ist alles da. Jeder kann sein bescheidenes Teil dazu beitragen, das Mögliche in den Akt zu überführen ...«

»Wenn der Pessimismus, wie bei Ihnen, von einem großen Verstand begleitet ist, dann besteht noch ein zweiter Ausweg – die reine Betrachtung. Seine Verlockung ist groß. Ich denke an die *Göttinnen*, die auch den Keim einer rein betrachtenden Einstellung in sich enthalten.«

»Die reine Betrachtung, die das Leben, wie auch immer es beschaffen sei, als bloßes Schauspiel hinnimmt, ist die letzte Rettung des geistigen Menschen. Doch dazu gehört eine große philosophische Ruhe, von der man nicht weiß, ob man sie gerade dann noch zur Verfügung hat, wenn man ihrer als einer letzten Rettung bedarf. In den *Göttinnen* befinden sich sowohl Ansätze zum aktiven wie zum betrachtenden Leben. Die Zeitumstände begünstigen mehr das eine oder das andere. Im tiefsten Frieden konnte man leicht betrachten.«

»Sie halten also eine Geisteshaltung, die sich damit begnügt, das Leben bloß als Schauspiel zu betrachten, an sich nicht für verdammenswert?«

»Ich würde es keinem verübeln, wenn er es kann. Im übrigen gehört das, was Sie Betrachtung nennen, ohnehin zum Rüstzeug des Romanciers.«

»Und welches ist nun der letzte Trumpf, den der heroische Pessimismus noch auszuspielen hat, bevor er sich – vielleicht – der reinen Betrachtung ergibt?«

»Die Hoffnung auf eine Straffung und Klärung des Geistes – die Ausschaltung der Verschwommenen, die Sammlung der Intellekte.«

In: ›Berliner Börsen-Courier‹. Berlin. Jg. 58, Nr. 487 vom 17. Oktober 1925, Morgen-Ausgabe, S. 3. Abdruck in: *Sieben Jahre, StE* (1994), S. 659–664, 666; Auszug S. 663 f., 666.
Die »Action française« bildete sich 1898 in der Dreyfus-Affäre unter Führung der Schriftsteller Charles Maurras und Léon Daudet um die gleichnamige Zeitschrift als erste faschistische Bewegung.
Der Roman *Die Göttinnen oder die drei Romane der Herzogin von Assy* war in drei Bänden im Münchner Albert Langen Verlag mit dem Erscheinungsjahr 1903 auf dem Titelblatt Anfang Dezember 1902 erschienen.

Heinrich Mann an Félix Bertaux, 64
Dortmund, 20. Oktober 1925 [Auszug]:

Lieber Freund,
Sie wissen wohl kaum, wie sehr Ihr schöner Aufsatz mich erfreut. Ich hätte mir nie träumen lassen, dass dies in einem französischen Essai über mich gesagt werden würde, noch dazu von einem Freund, den zu gewinnen mir vergönnt war. [...]

Zum Vater des Expressionismus wurde ich wohl um

1910 ernannt. Politische Ansprüche wurden an mich natürlich erst gegen Ende des Krieges gestellt. Aber es war nicht die bayerische Präsidentschaft, u. nur ein einzelner Schwärmer wollte mich zum Reichspräsidenten machen. Man erwartete einfach meine Dienste für gewisse Parteien. [...]

Ich las Ihren Aufsatz jetzt das zweite Mal, und fand ihn noch besser, noch wärmer und – noch kühner. Sie sagen auch in Ihrem Brief, dass Sie an meine Dauer glauben. Ich weiss es nicht – je länger, desto weniger. Sie halten mich für robust. Da ein Kenner wie Sie und ein Freund wie Sie es sagt, darf ich glauben, dass ich im Geistigen wirklich kein Schwächling bin. Der Kampf mit den Nerven, mit lasterhaften Neigungen und mit Zweifeln ist wohl nur der nothwendige Ausgleich. Sie ermuthigen mich. Ich danke Ihnen.

Ich bitte sehr um Ihre Beiträge im Intransigent, Ihre Erfolge sind mir nahe. – Könnte der *Kopf* in einer bedeutenden Zeitung erscheinen, ich wäre glücklich!

In: *Bertaux-Briefwechsel*, S. 117–119.
Der von Bertaux gesandte »Aufsatz« erschien dann in der Januar-Nummer 1926 der Zeitschrift ›Europe‹ u. d. T.: *Heinrich Mann et les lettres françaises.*
Heinrich Mann wurde erstmals 1915 von Otto Flake in einer Kritik des Expressionismus als »Vater der deutschen intellektuellen Literatur« bezeichnet (*Von der jüngsten Literatur.* In: ›Die Neue Rundschau‹. Berlin und Leipzig. Jg. 26, Heft 9, September 1915, S. 1276–1287. Abdruck: *Deutsche Intellektuelle 1910–1933. Aufrufe, Pamphlete, Betrachtungen.* Hg. und mit einem Kommentar versehen von Michael Stark. Heidelberg 1984, S. 79–92, S. 83).
Mit »Schwärmer« ist Kurt Hiller gemeint, der 1921 an Heinrich Mann geschrieben hatte: »Sie sind unser Führer; werden Sie es!« Bei den Reichspräsidentenwahlen 1932 schlug Hiller in seinem *Weltbühnen*-Artikel »Der Präsident« Heinrich Mann als Einheitskandidaten der vereinigten Linke vor [siehe Materialien, Nr. 89].

Heinrich Mann an Kurt Tucholsky, 65
München, 31. Oktober 1925:

Sehr verehrter Herr Doctor,
hat der Verlag Zsolnay Ihnen meinen Roman *Der Kopf* geschickt. Ich frage nicht darum, weil ich von dem Empfänger Anzeigen verlange.

Ich möchte mich nur vergewissern. Machen Sie mir, bitte, kurze Mittheilung.

Die letzte Nachricht von Ihnen bekam ich aus Lourdes.

Ich begrüße Sie, Ihnen ergeben, Heinrich Mann

In: *Tucholsky-Briefe*, S. 83.

Heinrich Mann: *Unser gemeinsames Problem.* 66
Bericht nach Frankreich 1925 [Auszug]:

Die beiden Nationen werden heute, wie vor dem Kriege, nicht von Intellektuellen, sondern von Wirtschaftsinteressenten geführt; und diese sind Nationalisten geblieben. Man möchte sagen: sie stellen sich nur wie Nationalisten. Denn in Wahrheit kennt doch die ganze Welt sie als internationale Geschäftsleute – nicht erst jetzt, da sie über einen internationalen Trust miteinander verhandeln. Vor dem Krieg waren sie es auch schon.

Man möchte also von Heuchelei sprechen. So einfach liegt es aber nicht. Sie bringen es ganz gut fertig, beim Gegner geschäftlich beteiligt und darum erst recht vor sich selbst Patrioten zu sein. Übrigens sind in dieser Hinsicht ihre Köpfe nicht ganz klar. Man darf sie nicht überschätzen. Sie haben wirtschaftlich soviel zu organisieren, daß im Geistigen manches bei ihnen durcheinandergeht. Mögen sie noch so klug sein, dafür reicht es nicht mehr. Die großen Herren der Wirtschaft haben sich von jeher mit der mehr oder weniger ehrlichen Meinung beruhigt, ihrem Lande würden wunder welche Dienste geleistet, wenn sie selbst sich bereicherten.

Dies wird ihnen niemals auszureden sein. Sie sind sogar empört, wenn jemand es in Zweifel zieht. Die außerordentliche Schwierigkeit, mit einer Macht, die bisher so verderblich gewirkt hat, fertig zu werden, liegt darin, daß sie zur Hälfte ehrlich ist. Zur anderen Hälfte freilich erwidern diese Leute mit Schlichen, die auf kein gutes Gewissen deuten. Ich weiß davon zu erzählen und tue es gewiß nicht um der Reklame wegen. Es würde mir auch nichts nützen. Mein Buch, das ich erwähnen will, ist zu dick, um unter heutigen Verhältnissen ins Französische übersetzt zu werden. Wenn ich auch davon spreche, kann es hier doch nicht gelesen werden.

Der Kopf, ein Roman, zeigt in der Epoche des herannahenden Krieges vor allem die Verantwortung der internationalen Hütten- und Rüstungsindustrie. Aber keine der Besprechungen in den Blättern, die dieser Industrie gehören, sagt davon ein Wort. Sie entrüsten sich über den Angriff auf die Monarchie. Sie tun wie treue Monarchisten. Die Monarchie war aber in den Händen der Rüstungsindustrie und der von ihr bezahlten politischen Verbände. Sie ist gerade von dieser Industrie zugrundegerichtet worden. Die Monarchie wird daher bei mir nur indirekt belastet. Das verschweigen die deutschen Blätter der Hütten- und Rüstungsindustrie.

Kürzlich schrieb über mein Buch auch eine Rheinische Revue, die französisch erscheint und deren Geld nicht aus der deutschen Industrie kommt. Die Kritik war von Haß erfüllt und wollte das Buch vernichten. Zu diesem Zwecke sagte sie vorerst, der Verfasser sei geist- und talentlos, ohne freilich zu verraten, warum sie sich dann mit ihm beschäftigte. Übrigens belaste er Deutschland und die Monarchie. Das hätte auch von der deutschen Industrie bezahlt sein können. Dann aber kam noch: der

Verfasser bereue wohl, – als ob der Kritiker nicht genau wüßte, daß ich nicht zur internationalen Rüstungsindustrie gehöre und daher nichts zu bereuen habe. Fertig. Von dem Kern des Buches, der Verantwortung der Industrie, kein Wort. So ist die Methode auf beiden Seiten der Grenze. Die eine Industrie deckt die andere.

Was ist da zu tun? Gegen Leute, die durchaus herrschen, aber anonym herrschen wollen, und die alles niederschlagen, was sie aufdeckt. Das schlimmste ist, daß der größte Teil des Bürgertums in beiden Ländern mit diesen wenigen großen Interessenten fühlt. Das Bürgertum allein haßt noch jetzt das andere Land. Die Intellektuellen, soweit sie den Namen verdienen, hassen nicht mehr. [...]

Das Bürgertum, vielmehr nur sein unbelehrbarer Teil, haßt ganz allein; und merkwürdigerweise sieht es nicht, wie es damit selbst eingesteht, daß der ganze Krieg und alles, was davon noch übrig ist, ausschließlich eine bürgerliche Angelegenheit ist. Es sind die wirtschaftlichen Zwecke des Bürgertums, vielmehr seiner reichsten Schicht, die die Geschicke unserer Länder schon längst bestimmt haben und noch jetzt bestimmen. Keine Idee spricht mit. Kein höherer politischer Plan spricht mit.

Denn diese reiche Schicht ist völlig unpolitisch. Wo sie herrscht, gibt es keine Politik mehr. Was so heißt, sind nur noch Geschäfte weniger Personen. Diese Geschäfte müssen sofort realisierbar und sehr einträglich sein. Es lohnt sich diesen Geschäftsleuten nicht, Dinge anzufangen, die in hundert Jahren reif sein werden.

Dazu bedurfte es früher eines Menschentyps, der nicht so eilig war, wie der Geschäftsmann. Dazu wird es immer einer Herrenklasse bedürfen, die sich nichts daraus macht, daß zunächst Verluste eintreten. Geschäftsleute sind keine wirkliche Herrenklasse. Sie können ein Land nur ausbeuten, nicht es lenken.

Lenker sind notwendigerweise Menschen, die im Kopf einen beherrschenden Gedanken haben. Den Gedanken läßt so einer sich und dem Lande etwas kosten. Wirren, schlechte Zeiten, Haß gegen seine Person und Kampf, viel Kampf, – wenn er nur hofft, eines Tages Recht zu behalten und vor seinem verwirklichten Gedanken zu stehen. Große Politiker waren also geistige Menschen. Wo der Typ des geistigen Menschen nicht mehr öffentlich wirksam ist, hört Politik auf.

Erstdruck: ›La Revue Européenne‹. Paris. Jg. 3, Nr. 33, 1. November 1925, S. 62–67, u. d. T.: *Le problème, qui nous et commun*, trad. de Félix Bertaux. – Abdruck: *Sieben Jahre, StE* (1994), S. 228–233; Auszug S. 230–233.

In der ›Revue Rhenane‹ wurde Heinrich Manns Kaiserreich-Trilogie von Georges Pey besprochen [siehe Zeitgenössische Rezensionen].

67 Heinrich Mann an Félix Bertaux,
München, 5. November 1925 [Auszug]:

Hier fand ich Ihre Zeitschriften. Ich bin sehr froh, dass Sie nun auch in *Europe* mein Buch so schön gewürdigt haben.

[...]

Lassen wir es bei der Eintheilung in Brüder und entfernte Vettern, so finde ich doch, dass viele Brüder einander ferner sind, als Menschen, die garnicht verwandt sind. Ein ähnlicher Geist macht immerhin auch verwandt, nicht nur dasselbe Blut. Sogar Klasseninteressen überwiegen, wie wir sehen, das Nationalgefühl und nähern sich denselben Interessen jenseits der Grenze.

Nationalität soll, glaube ich, die Summe vieler gemeinsamer Erlebnisse sein. Stimmt das heute noch? Wie ist der Krieg erlebt worden? Nur von zwei militärischen Gruppen? Oder auch, innerhalb von jeder Gruppe, von Denen, die genossen, und von Denen, die litten? Gehörten die, die litten (und protestirten) nun eigentlich mehr zu Denen, die genossen, oder zu Denen, die – drüben – litten?

Ich weiss, dass immer noch eine Menge körperlicher u. seelischer Bedingungen übrig bleiben. Die Nationalität ist eine gesicherte Thatsache. Immerhin wäre sie noch gesicherter, wenn sie selbstverständlich wäre. Über Nationalität wird jetzt von jeder einzelnen Nation auffallend viel nachgedacht und gestritten. Schriftsteller, die für »europäisch«, daher nicht völlig deutsch gelten, bekommen schlechte Noten von den Mittelmässigkeiten, die allerdings deutsch sind. – Dies führt weit. Ich habe mir im Allgemeinen zum Gesetz gemacht, das Nationale auf sich beruhen zu lassen. Mich bringt es nicht weiter.

In: *Bertaux-Briefwechsel*, S. 119–122; Auszug S. 120 f.
Die erwähnte Rezension, die bereits am 15. August 1925 in ›Europe‹ erschien, war Félix Bertaux' erste Besprechung des Romans *Der Kopf* [siehe Zeitgenössische Rezensionen].

Kurt Tucholsky an Heinrich Mann, 68
Le Vésinet, 7. November 1925 [Auszug]:

Den *Kopf* habe ich bekommen. Ich habe ihn sorgfältig gelesen, und es ist mir nicht leicht gefallen, zu verstehen. Ich weiß, daß hier etwas Neues gemacht ist: die Geschichte, wie sie *nicht* gewesen ist – eine andre Welt ... aber sobald etwas von der Realität fort ist, in politicis, dann macht mir das Kummer. Das ist kein Urteil – sondern eine Inkompetenzerklärung. (Ich schreibe Ihnen das so, weil ich weiß, daß Sie es so auffassen, wie es gemeint ist.) [...]

In: *Tucholsky-Briefe*, S. 84 f.
Über Heinrich Manns Roman schrieb Tucholsky anlässlich einer anderen Rezension, Jean Giraudoux habe in seinem

Roman *Bella* (1926) »Wahrheit und Dichtung gemischt, also etwa ein ähnliches Verfahren, wie es Heinrich Mann im ›Kopf‹ angewendet hat« (Peter Panter: *Bella.* In: ›Vossische Zeitung‹. Jg. 223, Nr. 54 vom 4. März 1926, Post-Ausgabe; Unterhaltungsblatt Nr. 53, [S. 1]).

69 Thomas Mann: [Antwort auf eine Umfrage] 1925 [Auszug]:

Gern gebe ich Ihnen eine kleine Liste von Büchern, die ich in letzter Zeit gelesen und denen ich so viel Dankbarkeit bewahre, daß ich sie als Weihnachtsgabe empfehle. Ich nenne an erster Stelle, wie es sich gebührt, das großartige Alterswerk Knut *Hamsuns* »Das letzte Kapitel«. Dann Heinrich *Manns* großen Zeit-Roman »Der Kopf«. Dann den armen, edlen Franz *Kafka* mit seiner Prosadichtung »Prozeß« – hochmerkwürdig und neu erschienen in dem sehr lebendigen Verlag »Die Schmiede«, Berlin.

In: ›Prager Tagblatt‹. Jg. 50, Nr. 278, 29. November 1925, 1. Beilage: ›Dichtung und Erlebnis‹, S. 3. Die Umfrage *Welche Bücher schenken Sie zu Weihnachten?* war vermutlich von Max Brod (1884–1968) veranstaltet. In wenig veränderter Form auch u. d. T.: *Die besten Bücher des Jahres.* In: ›Das Tage-Buch‹. Berlin. Jg. 6, Heft 49, 5. Dezember 1925, S. 1817. – Abdruck: GKFA Bd. 15.1, S. 1053 f.
Der Roman *Sidste Kapitel* (1923) von Knut Hamsun erschien in dt. Übersetzung in zwei Teilen 1924/25.
Franz Kafkas zwischen August 1914 und Januar 1915 entstandenes Romanfragment *Der Proceß* wurde postum 1925 von seinem Freund Max Brod veröffentlicht.

Heinrich Mann an Félix Bertaux,
München, 23. Dezember 1925 [Auszug]: 70

Durch M. d'Ormesson erhielt ich das Novemberheft des Mercure de France mit einem grossen Aufsatz von Spenlé (Professor in Strassburg?) über mein »Kaiserreich«. Er ist mir günstig und zeichnet sich sogar aus dadurch dass er im *Kopf* den Zusammenhang mit Wedekind entdeckt hat. Freilich hält er mich für beeinflusst vom Werk W's, während ich mich vielmehr der Gestalt Wedekinds für meinen Terra bedient habe. Die Sprache Terras und die Handlung, so weit er sie bewegt, sind natürlich verwandt. – Dies wäre nicht erwähnenswerth, ich bemerke nur wieder, dass alles fehlerhaft ist, was nur »Kritik« ist. Zu einem Buch muss man freundschaftlich stehn, wenn nicht gar liebevoll, sonst bemüht man sich im Grunde vergebens um es.

In: *Bertaux-Briefwechsel*, S. 122 f.
Frau d'Ormessons Mann, André Comte d'Ormesson, war französischer Gesandter im Botschafterrang in München. An diesen erinnerte Heinrich Mann im Bertaux-Kapitel des *Zeitalter*-Buches, *StE* (1988), S. 266.
Die Besprechung des Straßburger Germanistik-Professors Jean-Édouard Spenlé über *L'Empire* war am 15. November erschienen [siehe Zeitgenössische Rezensionen].

Heinrich Mann: [Antwort auf eine Rundfrage] (1925): 71

Erst kürzlich habe ich den Roman *Der Kopf* bei Zsolnay in Wien erscheinen lassen. Es ist der dritte und letzte Teil der Romanreihe *Das Kaiserreich*. (*Der Untertan*, Roman des Bürgers; *Die Armen*, Roman der Proletarier; *Der Kopf*, Roman der Führer)! Als Nächstes kommt eine Novelle, gleichfalls im Paul Zsolnay-Verlag, heraus. Die Novelle wird einigermaßen merkwürdig und spannend sein. Der Verlag wird sich für sie so liebevoll und so geschickt einsetzen, wie für den *Kopf*.

In: ›Neue Illustrierte Zeitung‹. Wien. Jg. 30, Nr. 53, 25. Dezember 1925, S. 11. Anmerkung der Redaktion: »Unsere Rundfrage an die deutschen Schriftsteller: Woran arbeiten Sie jetzt, sind Sie mit Ihrem Verleger zufrieden?«
Mit »Novelle« ist *Liliane und Paul* gemeint.

72 Bertolt Brecht: *Kehren wir zu den Kriminalromanen zurück!* (1926) [Auszug]:

1
Zweierlei Damen

In meinen Augen ist es ein Vorteil der nordischen Literatur, daß man einfach schon durch die Lektüre herausbringen kann, ob ein Buch von einem Mann oder einer Frau geschrieben ist. Ist es nicht angenehm, daß man, wenn man nach der Lektüre von *Jerusalem* und *Buddenbrooks* feststellt, diese Bücher seien von Frauen geschrieben, bei *Jerusalem* recht behält und bei den *Buddenbrooks* nicht? Selbst dort, wo man bei deutschen Büchern der letzten Jahrzehnte auf männliche Erzähler schließt, passiert es einem, daß man dann auch absolut ähnlich geschriebene Bücher für von Männern geschrieben hält, nehmen wir an den *Kopf* und *Die Kegelschnitte Gottes*. Die Geschlechtsbestimmung des Verfassers ist in Deutschland nur durch Beilegen einer Photographie möglich. Wenden wir uns den Kriminalromanen zu.

2
Übelwollender Vorschlag

Ich fürchte, es ist eine unfreundliche Regung von mir, den Lesern zu empfehlen, die Haltung zu studieren, in der einer ein Buch schreibt. Nehmen wir ein Beispiel, das die Tragweite dieses Gedankens durchaus nicht erkennen läßt: Mit keinem Detail und keinem sonstigen Dreh wird mir Thomas Mann vortäuschen können, daß er zum Beispiel in seinem *Zauberberg* (als Stoff betrachtet) zu Hause ist. Darum ist mir diese billige Ironie so verdächtig. Da erfindet einer im Schweiße unseres Angesichts lauter Dinge, über die er ironisch lächeln kann. Vor [!] irgend etwas anderes auf dem Papier steht, ist dieser Herr schon für alle Fälle einmal ironisch.

In: ›Die Literarische Welt‹. Berlin. Jg. 2, Nr. 14 vom 2. April 1926, S. 4 [S. 108]. – Abdruck: Bertolt Brecht: *Werke. Große kommentierte Berliner und Frankfurter Ausgabe.* Hg. von Werner Hecht, Jan Knopf, Werner Mittenzwei, Klaus-Detlef Müller. Berlin und Weimar: Aufbau-Verlag; Frankfurt am Main: Suhrkamp Verlag. Bd. 21: Schriften I, Schriften 1914–1933. Bearbeitet von Werner Hecht unter Mitarbeit von Marianne Conrad, Sigmar Gerund und Benno Slupianek†. Frankfurt am Main 1992, S. 128–130; Auszug S. 128. Das Manuskript ist m. d. T. *Sieben Glossen über Kriminalromane* überschrieben. In dieser Version trägt der erste Abschnitt die Überschrift »Zweierlei Weiber«.
Autorin des Romans *Jerusalem* (1901; dt. 1902) war die schwedische Schriftstellerin Selma Lagerlöf.
Der Roman *Die Kegelschnitte Gottes* (1921) von Berta Helene Eckstein-Diener (1874–1948) erschien unter deren Pseudonym ›Sir Galahad‹.

Heinrich Mann an Maximilian Brantl, 73
München, 2. Juli 1926 [Auszug]:

Nächsten Sonntag hoffe ich das Beicht-Kapitel beendet zu haben. Sie werden sehen, daß ich mich in das Labyrinth nicht tief hineinbegebe. Wenige sichere Thatsachen, da kann nichts vorkommen. Im Ganzen kommt es, wie in jedem Fall (*Kopf*), auf die innere Wahrheit an.

In: *Brantl-Briefe*, S. 414.
Mit »Beichtkapitel« ist das entsprechende Kapitel des damals entstehenden Romans *Mutter Marie* (1927) gemeint.

74 Heinrich Mann: [Antwort auf eine Umfrage] (1926):

Das Einzige, was die Todesstrafe tatsächlich rechtfertigen könnte, wäre, wenn unter ihrer Herrschaft keine Morde geschähen. Zum mindesten müßten dort, wo sie herrscht, unvergleichlich weniger Morde vorkommen als dort, wo sie abgeschafft ist.

Nun wird ihre Aufrechterhaltung aber gerade damit begründet, daß zu viel Morde verübt werden. Die Todesstrafe hat also nichts genützt. Es ist nicht bewiesen, daß die Furcht vor ihr auch nur einen einzigen Mörder von seiner Tat zurückgehalten hat. Um schliessen zu können, müßte man die Todesstrafe wenigstens zeitweilig aufheben.

Die ungesetzliche Neigung, Blut zu vergiessen, ist nicht beseitigt dadurch, daß auch das Gesetz welches vergießt. Ist sie dadurch im Gegenteil vielleicht bestärkt worden? Sind die Menschen – auch die Verbrecher – vor allem Abbild und Ergebnis der Sitten, unter denen sie leben? Wäre das schwerste Verbrechen seltener in einer Gesellschaft, die sich ihrerseits weigerte, Blut zu vergiessen unter welchem Vorwand immer, so wenig auf dem Richtplatz wie auf dem »Schlachtfeld«?

Mein »Terra« im *Kopf* ist der Meinung, daß Todesstrafe und Krieg zusammenhängen. So wie die Anhänger der Todesstrafe müsse man gesinnt sein, um auch Krieg zu führen – und herbeizuführen. Eine Gesellschaft, die das Recht auf Blutvergiessen sogar im Frieden habe, steuere geistig schon darum immer auf den nächsten Krieg zu.

Hiernach sollte die Gesellschaft allen, die töten oder

jemals töten könnten, mit gutem Beispiel vorangehen. Milde Sitten, Gerechtigkeit, Obdach und Brot für alle, unter keinen Umständen aber Blutvergiessen. Statt mit der Todesstrafe, die nichts genützt hat, könnte die Gesellschaft es auch so einmal versuchen.

Statt dessen hat sie letzthin Millionen alles genommen, Brot, Obdach, Recht, und denen, die sie am Leben ließ, das Vertrauen zum Leben. Dann ist sie entsetzt, daß mit der Verzweiflung, der tödlichen Erschütterung alles Menschlichen die Verbrechen steigen, und besteht auf der Todesstrafe, – die doch schon lange machtlos ist gegen das Uebermaß ihrer eigenen Fehler.

In: *Für und wider die Todesstrafe. Eine Sammlung von Äußerungen.* Hg. von Emil Dosenheimer. Frankfurt am Main: Neuer Frankfurter Verlag 1926, S. 38 f. – Der Vorabdruck in: ›Vossische Zeitung‹ vom 10. 3. 1926 erschien ohne den Beitrag Heinrich Manns; ein Auszug u. d. T. *Gegen die Todesstrafe* wurde veröffentlicht in: ›Prager Tagblatt‹. Prag. Jg. 57, Nr. 237, 7. Oktober 1926, S. 3.

Max Herrmann-Neiße: *Gekonnte Barbarei* [Auszug]: 75

Die umfangreiche Erzählung *Volk ohne Raum* von Hans Grimm, die sich selbst eine politische nennt, ist formal reif, gekonnt, aber äußerst unangenehm, gefährlich in ihrer tendenziösen Verarbeitung der Geschehnisse. Dargestellt werden die Ereignisse von der Zeit etwa um Bismarcks Tod herum bis zu diesem Jahre. Es ist natürlich löblicher, was uns unmittelbar angeht, die Kämpfe der Gegenwart zu gestalten, als sich um die Entscheidung zu drücken und in spielerische Phantasiegebilde zu flüchten. In der Ablehnung des deutschen Schrifttums, »das sich allzu bequem vor Volk und Zeit bei Einbildungen verschloß«, gebe ich Grimm vollkommen recht. Auch bekennt sich der Roman in seinen auseinandersetzenden Stellen und einem persönlichen Schlußteil ausdrücklich zu seiner Meinung und Meinungsmache. Aber wie er in seinem bildnerischen Teil die Vorgänge arrangiert und für seine Zwecke nutzt, in seiner Art Schwarz-Weiß (-Rot) malt, ja die Dinge auf den Kopf stellt und verbohrt tausendmal Widerlegtes dem naiven Leser durch geschickt plazierte Situationsbilder einpaukt, das ist unerträglich. Das älteste Ladenhüterzeug völkischer Geschichtsklitterung wird mit Inbrunst vertreten und mit »Fakten« illustriert, gegen Internationalismus, Freisinn, Pazifismus, Völkersolidarität, Sozialdemokratie, Parlamentarismus in der üblichen Weise gewettert. In der doppelfrontigen Haltung der sogenannten nationalsozialistischen Überzeugung: Fürstendienst wird getadelt, aber Zucht und Unterordnung gefeiert, das Großkapital angegriffen, aber auch die angebliche »Begehrlichkeit und Ehrfurchtslosigkeit der Massen«.

[...]

Wäre unsereins wie Herr Grimm bis zur blinden Ungerechtigkeit verstockt in der eigenen Überzeugung, würde man ihn nach derlei Entstellungen für einen Böswilligen halten. Aber man gibt gern zu: aus dem ganzen Ton seiner Ausführungen ist zu spüren, daß alle diese Irrtümer und Verdrehtheiten sein ehrlicher Glaube sind. Er ist einer von jenen vielen, die aus ihrer deutschen Haut nicht heraus können und nun aus der Not eine Tugend machen, das heißt aus ihrer Haut gar nicht heraus wollen.

[...]

Es wäre dringend zu wünschen, daß Dichter freierer, humanerer Gesinnung und weiteren Blicks ebenso kraftvoll Romane schrieben, in denen die Gegenwartsprobleme vom völkerversöhnenden, freiheitlichen, antinationalistischen Standpunkt aus behandelt werden. Aber außer

Heinrich Manns *Der Untertan* und *Der Kopf* kenne ich leider keine Werke, die man Grimms gekonnter Barbarei als wirksame, überlegene Tatsachenspiegel entgegenhalten könnte.

Erstdruck: ›Frankfurter Zeitung‹. Jg. 71, Nr. 813 vom 31. Oktober 1926. – Abdruck in: Max Herrmann-Neiße: *Gesammelte Werke.* Hg. von Klaus Völker. Bd.: *Die neue Entscheidung. Aufsätze und Kritiken.* Frankfurt am Main 1988, S. 669–671.

Der Schriftsteller Max Herrmann-Neiße (1886–1941), Autor des Expressionismus, war als Literaturkritiker von 1925 bis 1929 vor allem im ›Berliner Tageblatt‹ vertreten.

Der völkisch-nationale Erziehungsroman *Volk ohne Raum* (1926) von Hans Grimm (1875–1959) war ein Kultbuch des Nationalsozialismus.

Werner Mahrholz: *Der Expressionismus* [Auszug]: 76

Heinrich Mann enthüllt das Gesicht der herrschenden Klasse, ehe George Groß seine Karikaturen zeichnete, die expressionistischen Maler die Revolution malten.

Heinrich Mann hat sein Leben lang in einer erbitterten Opposition zu allen herrschenden Mächten der Zeit gestanden: das soll man, als einen Akt persönlichen Mutes, in dem innere Notwendigkeit sich ausspricht, bei aller Kritik gegen sein Werk und Wesen sich gegenwärtig halten. Er hat mit einer erschütternden Aufrichtigkeit die Schwächen und Fehler der Generation, die den Weltkrieg heraufgeführt hat, frühzeitig gesehen und beschrieben: ihre weichliche Genußsucht, ihren Drang zur Pose, ihren Hang zu Streberei und Heuchelei, ihre Unwahrhaftigkeit und Machtgier. Aber – und hier beginnt der grundsätzliche Fehler seiner Sehweise – Heinrich Mann sah diese Generation nicht als eine Erscheinung der europäischen Gesamtwelt an, sondern, aus enttäuschter Liebe zu Deutschland, aus Verbitterung des deutschen Literaten heraus, glaubte er, daß diese Generation in Deutschland ihre wichtigsten, ihre symbolischen Vertreter habe. Und noch eines macht das Weltbild Heinrich Manns so eigentümlich schief und peinlich: er sah und sieht die treibenden Kräfte der jungen Generation in Deutschland, diese eigentümlichen Revolutionäre vor der Revolution, nicht, er hat keine Brücke zu der Bewegung der Jugend gefunden, die sich gewiß nicht nur in der »Jugendbewegung« ausdrückt. Auch hat Heinrich Mann, um auch dies noch zu sagen, keinen Blick für die Tradition des alten, vorbourgeoisen Deutschland, die doch auch unter der Vorherrschaft des Wilhelminismus noch lebendig war und sich in einer stillen, aber zähen Opposition des heimlichen Deutschland gegen das offizielle aussprach. Dies sind die Fehlerquellen seiner Blickeinstellung, die dann freilich ihm zugleich die Möglichkeiten seiner pamphletistischen Satire boten. […]

Manns Roman Der Kopf ist der Abschluß seiner Trilogie über das wilhelminische Zeitalter. Es ist der Roman, in dem die führende Schicht in ihrer inneren Haltlosigkeit und Verfaultheit aufgezeigt werden soll. Artistisch läßt sich nicht mehr als alles gegen Manns Roman sagen; aber menschlich hat er in einem Ausmaß recht, daß darüber gewichtige künstlerische Bedenken schweigen müssen. Es ist ein Menschentyp, gegen den der Schriftsteller zu Felde zieht; es ist die Frivolität und der Zynismus der herrschenden Schicht, gegen die Heinrich Mann kämpft, und man spürt auf jeder Seite den ehrlichen Zorn des Moralisten, der für eine Erneuerung, eine Läuterung der Führerschicht sein Wort und seine Anklage erhebt. Verantwortung vor der Zukunft: das ist die menschlich-sittliche Haupteigenschaft der zur Führung Berufenen. *Der Kopf* aber zeigt gerade die ziellose Eitelkeit, die faule Nichtigkeit, die Verantwortungslosigkeit vor dem Schicksal der Nation und ihrer zukünftigen Generationen, aus der der Zusammenbruch mit Naturnotwendigkeit herauswächst.

In: Werner Mahrholz: *Deutsche Dichtung der Gegenwart. Probleme, Ergebnisse, Gestalten.* Berlin: Wegweiser-Verlag 1926 (Auswahlreihe des Volksverbandes der Bücherfreunde), Sechstes Buch: Der Expressionismus; Auszug, S. 424 f., 491.
Heinrich Mann avisierte Bertaux die Neuerscheinung am 8. Dezember als Weihnachtsgabe mit der kritischen Bemerkung: »Vielleicht gehört sie zu den besseren Darstellungen, ich denke, sie wird Sie interessieren. Ich selbst bin wenig einverstanden.« (*Bertaux-Briefwechsel*, S. 148)
Werner Mahrholz (1889–1930), Dr. phil., Schriftsteller und akademischer Berufsberater in München, 1924 Redakteur der ›Vossischen Zeitung‹, war in der ›Volksbildungsbewegung‹ engagiert.

Hugo von Hofmannsthal an Willy Haas, 77
Rodaun, 19. Dezember 1926 [Auszug]:

Wie kommt es eigentlich, lieber Herr Haas, daß man diesen Heinrich Mann überall mit einer Art von Hochachtung behandelt? Nach Jahren nahm ich wieder einmal etwas von ihm in die Hand: eine Erzählung Liane [!] u. Paul. Das ist doch gar nichts als lumpiges Litteratentum, weder Gestaltung, noch Talent, noch Geist, noch Anstand, sujet und Haltung (mehr Allure als Haltung) copiert von Wedekind, einzelnes abgestohlen von Strindberg, das Ganze so flau und schal und gemein und dumm wie nur möglich! Warum toleriert man solche Figuren? Ein junger Historiker sagte mir, er habe aus Neugierde den Roman ›der Kopf‹ von dem gleichen Individuum in die Hand bekommen, es sei von ekelerregender Flachheit und Dummheit – die äußerste Unkenntnis der Welt mit Anmaßung vermischt. Warum liest man nie ein *wahres* Wort über einen solchen Litteraten? Warum sind alle diese Zustände bei uns so verlogen? Mir kommt dieses litterarische Getue aller dieser älteren und jüngeren Menschen manchmal so ekelhaft vor, daß es nicht zu sagen ist!

Erstdruck in: *Hugo von Hofmannsthal/Willy Haas. Ein Briefwechsel.* Hg. von Rudolf Italiaander. Berlin: Propyläen Verlag 1968, S. 71 f.; Auszug S. 72.
Willy Haas (1891–1973), Kritiker und Essayist, gab von 1925 bis 1933 ›Die Literarische Welt‹ heraus.

78 Louis Durieux: *Heinrich Mann wuenscht den »europäischen Block« der Intellektuellen.* [Auszug]:

Wir plaudern zusammenhanglos, denn wir kennen uns schon. Von Zeit zu Zeit begrenzt der Verfasser von *Der Kopf* ganz einfach meine Indiskretion mit einem »Aber sagen Sie das nicht weiter …!« nachdem er eine Meinung von sich gegeben hat, die ihm plötzlich zu gewagt erscheint. Allein seine literarischen und politischen Meinungen sind kaum gewagt, oder vielmehr, sie sind es nur für richtige Bayern, jene obstinaten Konservativen und widerwilligen Republikaner. Und sie werden es ihn bald merken lassen: entweder werden sie seine Werke boykottieren, oder eine Verschwörung methodischen Todschweigens um sie anzetteln.

In: ›Revue Rhénane. Rheinische Blätter‹. Mainz. Jg. 8, Heft 2, November – Dezember 1927, S. 45 f. Abdruck: *Sieben Jahre, StE* (1994), S. 694–696, Auszug S. 694.
Louis Durieux arbeitete als Korrespondent für französische Zeitungen in München.

Heinrich Mann: *Rede, gehalten bei der Liga für Men-* 79
schenrechte und der Frauenunion der Vereinten Natio-
nen 1927 [Auszug]:

Als junger Mann begriff ich schon, daß mein Leben darin bestehen würde, den Roman der deutschen Gesellschaft zu schreiben.

Das verhindert nicht, daß die Lektüre bestimmter französischer Bücher den Ehrgeiz und vielleicht die Gabe dazu in mir ausgelöst hat. Ich werde noch mehr sagen. Eine bestimmte Kommunikation der Ideen mit Frankreich war geeignet, diesem Geist der Opposition gegen das kaiserliche Regime zu dienen, der dem besten Teil der deutschen Literatur unter dem Imperium eigen ist. Ich will als Beweis nur die heftige Emotion nennen, die vor allem in Deutschland die Dreyfusaffäre auslöste. Offensichtlich konnte sie nicht ohne sichtbare Folge bleiben. Aber ein tiefes und damals beinahe hoffnungsloses moralisches Unbehagen kündigte sich in der ebenso leidenschaftlichen wie platonischen Teilnahme am französischen Kampf um Wahrheit und Gerechtigkeit an. Es existierte schon vor der berühmten Affäre, die es nur offen zu Tage brachte. Sehen Sie also das Werk, das am besten die junge Generation der ersten Zeit von Wilhelm II. repräsentiert, das Theater des dreißigjährigen Hauptmann. Die soziale Revolte dominiert darin. Und ich erinnere mich, daß anläßlich der ersten Aufführung der Weber in Berlin der Schauer, der durch das Publikum ging, dem glich, den einige Jahre später alle fühlten, die der großen Stimme der Gerechtigkeit zugänglich waren. Damals war es das Leben selbst, das handelte, während es in Berlin an diesem Abend nur das Theater war, das dennoch die Vollmacht des Lebens besaß.

Die soziale Revolte habe ich nicht in Romane umgesetzt, da ich der zeitgenössischen deutschen Gesellschaft böse war, und da sie damals weit von jeder wahrhaften Revolte entfernt war. Aber ich habe mich bemüht, ihr Gerüst bloßzulegen. Das war nicht einfach. Der Gesellschaftsroman, ich will sagen, der in guter Kenntnis der ganzen Gesellschaft geschriebene Roman, existierte damals in Deutschland nicht und war übrigens nicht einfach zu schreiben. Die offizielle Gesellschaft jener Zeit funktionierte in gewisser Weise bei geschlossenen Türen. Aber es ist nutzlos, die gegenwärtige Geschichte irgendeiner Klasse oder eines Zirkels schreiben zu wollen, ohne eine genaue Vorstellung von dem von ihnen errichteten Regime und von denen, die sie darstellen.

In der Tat habe ich von meinen Anfängen an versucht, die Macht zu begreifen. Die Mentalität der Mächtigen, sogar die Bedeutung der Herrschaft waren vielleicht lange Zeit hindurch meine beständigste Sorge. Als ich die Romane der großen und der kleinen Bourgeoisie zusammenstellte, leitete mich diese Auffassung der Dinge. Beim Roman *Der Kopf*, der die Geschichte der Herrschenden selbst ist, angelangt, hatte ich nicht mehr viel über diese zu lernen, was ich nicht schon durch den Umgang mit ihren Untertanen gewußt hätte.

Aber damit ich die Erlaubnis erhielt, den Roman über die Herren zu schreiben, mußten sie zuerst verschwunden sein. Es traf sich gut, sie gingen unter. Ich machte damals für mich persönlich die Erfahrung, von der andere unter ähnlichen Umständen profitiert hatten. Ich hatte oft das Glück von Zola bewundert, der den Plan zu den Rougon-Macquart nur zwei Jahre vor dem Niedergang des Kaiserreiches gefaßt hatte, den damals niemand vorhersah und ohne den er nicht sein großes Werk hätte schreiben können. Dieses Glück bezahlt man mit viel Leid. Ich erfuhr, daß der Schriftsteller, der sich gründlich mit einer Niederlage beschäftigt, nur dadurch seinen eigenen Sieg daraus macht, daß er sich selbst zahlreiche Wunden zufügt. Um den Epilog des gefallenen Regimes zu schreiben, mußte ich darin mich selbst und meine geistige Generation mit unseren enttäuschten Hoffnungen und unseren Schimären, mit unserer niemals durch das wirkliche Leben gesättigten Intellektualität auftreten lassen.

Um diese drei Romane zu schreiben, in denen ich vereinigt habe, was das verschwenderische Reich mich gelehrt hatte, war es auch nötig, daß ich den Krieg erlebte. Es war sogar notwendig, daß ich ihn in dem ersten, der den Titel *Der Untertan* trägt, vorhergesehen, denunziert und daß ich unverhältnismäßig mehr darunter gelitten hatte, als mir eigentlich zugestanden hätte.

Ich weiß wohl, das einzige wirklich eines Interesses würdige Leiden spielte sich während des Krieges in den Schützengräben ab. Fern liegt es mir, hier denjenigen vorstellen zu wollen, der für sich allein die Last der moralischen Welt trägt. Nur daß ich eben in keinem Augenblick vergessen habe, daß das nicht hätte sein dürfen. Ich behielt während diesen langen blutigen Jahren, die dem Geist noch gegenwärtig sind, Erinnerungen, die Verpflichtungen waren, und wartete nur auf die Stunde, in der die damals begrabenen Ideen von Humanität und Solidarität wieder aufleben würden. Das war der Fall für viele andere, das braucht nicht betont zu werden. Ich erkläre nur, wie ich mich genau mitten in der schlimmsten Tragödie mit einer großen Untersuchung über Zola, über seine optimistische Aktion, um die Unschuld zu retten, beschäftigte und wie ich damals ein Theaterstück mit dem Titel *Madame Legros*, in dem die Unschuld noch gerettet wurde, aufführen ließ. Es wurde von der Zensur durchgelassen; diese alte Geschichte vom Gefangenen Latude und seiner naiven und wilden Beschützerin beunruhigte kaum. Das Publikum fühlte dennoch sehr gut, daß es sich um es selbst handelte, daß die menschliche Würde zumindest für einen Augenblick aus der Bastille hervortrat. Ich hörte sagen, daß man von neuem einander ins Gesicht schauen könnte. Das war einer der ersten meiner ehrlichen Erfolge beim großen Publikum.

Denn ich muß Ihnen gestehen, daß meine Art zu sehen, erst nach den Ereignissen, die ihr nur allzu recht gaben, von der Masse der Leser begriffen und gewürdigt worden ist. Vorher kannte ich nur literarische Ehre.

Da ich hier meine Beichte ablege, will ich sagen, daß es sehr gut ist, den Triumph flüchtig erblickt zu haben, und daß es auch sehr gut ist, in den Kampf zurückzukehren, das Ziel niemals vollständig zu erreichen und sehr gehaßt zu werden. [...]

1923 kehrte ich zum ersten Mal nach Paris zurück. Der berühmte Pariser Freund, der mir die Stadt zeigte, führte mich zu dem Café, wo Jaurès starb. Da stellte sich zwischen mich und diese banale und tragische Fassade eine Vision, die eine Erinnerung war. Ich befand mich an einem Donnerstag des Jahres 1914 in dem Augenblick im bayerischen Gebirge, als der Zug einfuhr. Die Türen öffnen sich, jemand, den ich erwartete, springt heraus, und sogar bevor er mich grüßt, ruft er mir zu: Sie haben Jaurès getötet. Dann schwiegen wir, sehr bleich. Wir wußten wohl, daß es nun vorbei war und daß sich das Ende ankündigte.

Erstdruck bislang nicht ermittelt. – Abdruck in französischer Sprache: *Sieben Jahre, StE* (1994), S. 395–405. Dt. Übersetzung ebd., S. 511–523; Auszug S. 515–518.

Die Rede wurde am 12. Dezember 1927 in der ›Union féminine pour la Société des Nations‹ und am 14. Dezember in der ›Ligue des Droits de l'homme‹ gehalten.

Das sozialkritische Drama *Die Weber* (1892) von Gerhart Hauptmann wurde am 26. Februar 1893 im ›Neuen Theater Berlin‹ uraufgeführt.

Heinrich Mann, der Paris erstmals 1893 besuchte, hielt sich nach der Tagung in Pontigny, die bis zum 9. September 1923

dauerte, noch einige Tage dort auf. Der »Pariser Freund«, der ihn durch die Stadt führte, war Paul Desjardins.
Der Sozialist Jean Jaurès (1859–1914), Kriegsgegner und Verfechter der deutsch-französischen Verständigung, wurde am 31. Juli 1914 von dem nationalistischen Fanatiker Villain erschossen. Die Nachricht von Jaurès' Ermordung überbrachte Maximilian Brantl, der Heinrich und Mimi Mann im August am Schliersee besuchte.

Walter Mehring: *Kleine Nachtischrede an* 80
Heinrich Mann [Auszug]:

Es läßt sich darüber streiten, ob den stärkeren Einfluß Proust oder ob ihn James Joyce übt; ob der Stil des Anatole France veraltet und das Werk des Herrn Claude Anet bemerkenswert ist. Wir wollen diese Entscheidungen dem persönlichen Urteil der Einzelrichter überlassen oder der höheren, ebenso zweifelhaften Instanz der Nachwelt.

Entscheiden wollen wir uns für etwas Wesentlicheres: eine Führerschaft, einen Vorkämpfer, auf den wir uns berufen können; einen, in dessen Namen zu sprechen ein Programm bedeutet. Wie Zola ein Programm war; wie Voltaire ein Programm war; um zwei Franzosen hier zu nennen, die Ihnen wertvoll sind.

Ich sage das, Herr Heinrich Mann, ostentativ und um Sie festzulegen. Sehen Sie darin kein Mißtrauensvotum; nein, das Gegenteil! Allerdings ist, gerade in Deutschland, in dieser Richtung unser Vertrauen immer wieder mißbraucht worden. Wir brauchen einen Führer! Wir brauchen einen Namen! Nicht als seine intellektuellen Untertanen; nicht daß jeder jedes Wort von ihm gutheißen soll! Einen Namen zur geistigen Propaganda! Einen Führer, der sich in Entscheidungen eindeutig bloßstellt!

In: ›Das Tage-Buch‹. Berlin. Jg. 8, Heft 53 vom 31. Dezember 1927, S. 2138 f. – Abdruck: *Sieben Jahre, StE* (1994), S. 703–705; Auszug S. 704 f.

Der Schriftsteller, Publizist und Kabarettautor Walter Mehring (1896–1981), Mitarbeiter der ›Weltbühne‹, lebte 1924–1928 in Paris.

Genannt ist Marcel Proust, der Verfasser des siebenteiligen Romanzyklus in 15 Bänden *À la recherche du temps perdu* (1913–1927).

Claude Anet (1868–1931), d. i. Jean Schopfer, französischer Schriftsteller, Journalist und Industrievertreter. Sein Roman *Ariane, jeune fille russe* (1920) wurde 1931 mit Elisabeth Bergner (1897–1968) verfilmt.

81 Félix Bertaux: *Heinrich Mann* (1928) [Auszug]:

Räumliche und zeitliche Entfernung, der politische Impetus des Lübecker Bürgersohns, sein Interesse an der Geschichte, vor allem der französischen, die Lektüre Zolas und Stendhals und der Nachklang der malerischen Impulse seiner Jugend mögen daran mitgewirkt haben, dass Heinrich Mann um diese Zeit ein großes Freskogemälde vom Deutschland Wilhelms II. entwirft. Er forscht nach den Triebfedern der Macht im Individuum, und sie stellt sich ihm, gleichsam synthetisiert in Menschengruppen dar, deren jeder er einen Roman widmet: den bürgerlichen Untertanen, den Armen, den Herrschenden. Es ist die Trilogie *Der Untertan, Die Armen, Der Kopf*. Inzwischen ist der Autor zu beschaulicheren Themen zurückgekehrt. *Liliane und Paul*, *Mutter Marie* und *Das gastliche Haus* wollen nur ein Sittenbild der Nachkriegszeit vermitteln. Die politische Periode Heinrich Manns war, ohne dass man sie nun als beendet bezeichnen könnte, Ausdruck einer Bewusstseinskrise, die individuelle Entsprechung der allgemeinen deutschen Krise.

[…]

In der Darstellung Heinrich Manns, den man den deutschen Zola genannt hat, verschwinden Feinheiten, Nuancen, die zum Deutschen auch gehören. Ungeachtet dessen aber zerteilt sich der Rauchvorhang, den die Opiumlieferanten so gern um das mit Seelentiefe verwechselte »Gemüt« wallen ließen und der eben dieser Tiefe geschadet hat. Wahrer Idealismus war es, für frische Luft und für Klarheit zu sorgen, sei es auch auf schockierende Weise. Der kritische Rationalismus von Revolutionären, dem Anschein nach zerstörerisch, beseitigt nur die parasitären Zellen eines Organismus, der von sich aus bestrebt ist, seine normale Lebenskraft wiederzugewinnen. Die Ereignisse haben diesen Prozess befördert. Doch Heinrich Mann gehört zu denen, die eine Wendung herbeiführen helfen und zugleich unter ihr leiden. Und es ist kein Zufall, dass sich sein Idealismus mit dem der deutschen Revolution verbunden hat. In den Essays, in denen er die verdummende Macht anprangert, sei es nun die der »Realpolitik« oder die eines gewissen Wagnerkults, schloss er sich der von Nietzsche begründeten Richtung an und wurde selbst zum Schrittmacher. In Deutschland, das weder eigene Enzyklopädisten noch eine eigene Revolution und keine Affäre Dreyfus gehabt hatte, setzte er die Sache des Gerechtigkeit fordernden Gewissens, des nach Autonomie strebenden Geistes auf die Tagesordnung. In seiner Gegenüberstellung von »Macht« und »Mensch« ermuntert er nicht nur den Menschen, gegen die Macht aufzubegehren, er fordert auch den Triumph des Geistes über die Maschine.

Geist und Tat, eine andere von ihm stammende Formel, hat 1910 die Jugend begeistert, in einigen Gruppierungen intellektuelle Leidenschaften geweckt, die im Systemwandel zur Wirkung kamen. Heinrich Mann hat den Geist zur Tat aufgerufen, wenn nicht zur unmittelbaren revolutionären Aktion, so doch zumindest zu einer jener Taten, die wie die von Voltaire und Rousseau ihre Wirkung auf das Volk haben und es auf die innere Umwälzung vorbereiten. Als kämpferischer Mensch wollte Heinrich Mann, dass die Vernunft selbst kämpferisch werde. Er führte sie als bewaffnete Macht wieder in die deutsche Öffentlichkeit ein. In ihrer Obhut wollte er auch das Reich sehen, als er dann *Diktatur der Vernunft* schrieb. Die Bewegung, die er bei den Intellektuellen auslöste, erreichte ihren Höhepunkt unmittelbar nach 1918. Seither hat sich die Literatur, auch die Heinrich Manns selbst, von der Politik getrennt. Das Wirken des Geistes kann nur Bestand haben, wenn es sich über solche Formen der Aktion erhebt, es überdauert nur, wenn es den Geist vom Zufälligen befreit.

[...]

Unter literarischen Gesichtspunkten kann man dieser Kunst, die nicht gefällig ist, die Anstoß erregt, und zwar mit Absicht, eine erstaunliche schöpferische Kraft nicht absprechen. Der tyranneitrunkene Unrat, der an seiner Knechtseligkeit sich berauschende Heßling, Kobes in seinem Organisationsrausch tragen Balzacsche Züge. Eine Figur wie Kobes ist mit ihrer Gewalttätigkeit Ausdruck einer gewalttätigen Zeit; seine Anarchie wird nur noch in Schach gehalten von der »Wirtschaft«, deren diktatorisches Walten Heinrich Mann durchschaut und dergegenüber die politischen Diktaturen, ob Mussolinischer oder sowjetischer Prägung, altmodisch erscheinen. Die Großartigkeit des dargestellten Typus beruht darauf, dass er der ewige Ehrgeizling aller Zeiten ist – vormals hätte er Richelieu oder Mazarin geheißen – und zugleich ein Herrscher der Zukunft, dessen Ehrgeiz Formen annimmt, die die Massen, von ihm zu Sklaven gemacht, kaum ahnen konnten.

Die Handlung, in die Heinrich Mann seine Gestalten

stellt, sprengt den Roman. Um ihre Turbulenz wiederzugeben, musste er häufig beim Drama Anleihen machen, weil die Handlung selbst im dramatischen Ringen des Gewissens mit den Vorgängen besteht. Das Ergebnis ist eine Sprache, die mit den Verhältnissen sich herausgebildet hat, die dramatische Diktion bewahrt, aber üppig bleibt, Überladenheiten zulassend, wenn die Geschehnisse es so wollen, und bündig, härter werdend, wenn es der Rhythmus einer Art von Existenz erfordert, die selbst karg und hart ist. Mit der Wahl dieses Rhythmus ist Heinrich Mann zum Vater des Expressionismus geworden. […]

In: Félix Bertaux: *Panorama de la littérature allemande contemporaine.* Paris: Kra 1928. – Abdruck: *Bertaux-Briefwechsel*, S. 720–730; Auszug S. 725 f., 726–728, 729. Vor Erscheinen lag Heinrich Mann das ihn betreffende Kapitel im Manuskript vor.

Mit »Essays« gegen »die verdummende Macht« sind die in der Sammlung *Macht und Mensch* (1919) enthaltenen gemeint, vor allem der Artikel *Reichstag* (Erstdruck: ›Pan‹. Berlin. Jg. 2 (1911/12), Nr. 5 vom 1. Januar 1912, S. 133–136; Abdruck: *Macht und Mensch, StE* (1989), S. 26–31) und die für den Roman *Der Kopf* grundlegende Abhandlung *Kaiserreich und Republik* von 1919 (*Macht und Mensch, StE* (1989), S. 173–230).

»Enzyklopädisten« werden die Gründer, Herausgeber und Mitarbeiter der *Encyclopédie ou Dictionaire raisonné des sciences* (1751–1780) bezeichnet, zu denen neben Denis Diderot und Jean le Rond d'Alembert, Rousseau, Voltaire und Paul Heinrich Dietrich Baron von Holbach (1723–1789) gehörten.

Gemeint sind ›Wesenszüge‹ des französischen Romanciers Honoré de Balzac, Verfasser des Romanzyklus *La comédie humaine* (1842–1848/1853–1855).

Benito Amilcare Andrea Mussolini, der nach dem »Marsch auf Rom« (27./29. Oktober 1922) an die Macht gelangte, war Führer des italienischen Faschismus.

Der Kardinal und Staatsmann Armand Jean du Plessis, duc

de Richelieu, und sein Nachfolger Jules Mazarin waren Vertreter des Absolutismus.

82 Heinrich Mann: *Bibi und andere Gestalten II* (1928) [Auszug]:

Ich bereite ein Theaterstück vor, das die Geschichte eines jungen Mannes aus unseren Tagen erzählt von dem Augenblick an, da er, ein Oberschüler, in Begleitung einer verheirateten Frau flüchtet, bis zu seiner Heirat, die einer Reihe von Abenteuern gesellschaftlicher und gefühlvoller Natur, die zum größten Teil verrückt, manchmal melancholisch sind, ein Ende setzt. Wenn es scheint, daß ich ihn nicht ganz ernst nehme, obwohl ich an seinen Geschicken Anteil nehme, dann deshalb, weil dieser junge Mann von 1928 selbst überhaupt nicht überzeugt ist, weder vom Wert seiner Taten und Gesten noch von dem einer Gesellschaft, in der er dennoch mutig versucht, sich mit aller Kraft und allen Mitteln, selbst tadelnswerten, seinen Platz zu schaffen. Auf eine Art und Weise skeptisch zu sein, und zwar ganz an der Oberfläche, antworte ich mit einer leichten Komödie, begleitet von Jassmusik. Manche werden es mir vorwerfen; d. h. sie berücksichtigen weder *Liliane und Paul* noch *Mutter Marie*, wo dieselbe Jugend, im Gegenteil auf tragische Weise geprüft, eine unleugbare Charakterstärke zeigt. Sie findet Reserven in ihrer Leichtfertigkeit selbst, ohne daß sie sich jemals von dieser Verachtung für die Vergangenheit oder von ihrer Sorglosigkeit der Zukunft gegenüber löst, die ihr eigen sind.

Das ist nur ein Beispiel. Ebenso habe ich für *Der Untertan* die komische Seite eines autoritären Regimes angesprochen, während ich es in *Der Kopf* das ausdrücken lasse, was es an Enttäuschendem und Unlogischem und zugleich Bedrohlichem und Finsterem hatte. Die Haltung der beiden Romane unterscheidet sich je nach den Personen, die sie ausfüllen, und dem moralischen Zirkel, in dem sie sich bewegen. Dort, wo es nur Untergebene gibt, gehe ich anders vor als bei den Repräsentanten der Intelligenz. Nicht ich wähle eine Art, sie zum Leben zu bringen: Sie erlegen sie mir ihrerseits auf. Ich lege auf keinerlei bestimmten Stil Wert. Ich suche auch nicht nach Adel und Schönheit, aber meine Personen haben sie mich manchmal auf Grund ihrer Leidenschaften, Leiden und moralischen Anstrengungen finden lassen. Die anderen haben mich in ihre lockeren Existenzen und diese Naivität im Bösen, die für mich das Komische ausmacht, eingeweiht. Es ist möglich, daß ich sie alle mit ihren Fehlern und ihren guten Eigenschaften in mir selbst gefunden hatte, bevor ich sie in eine faßbare Wirklichkeit versetzte. Und außerdem war es noch nötig, daß sie mir viele Dinge beibrachten und vor allem die Fähigkeit zu schreiben, denn ich habe sie von ihnen. Ich glaube gern, daß ich unter dem Diktat der Masse meiner Zeitgenossen geschrieben habe. Bald ließen sie mich Pathetisches, bald Lächerliches hören. Ich habe sie als dumm und sogar zärtlich gekannt. Immer baten sie mich, etwas daraus zu machen, das sie gut und in einem Stil wiedergäbe, der ihrer intimen Natur angemessen wäre, die zweifellos nicht für jedermann erkennbar ist.

Sie haben von mir weder Realismus noch Romantik und vor allem keinen Kitsch verlangt. Sie wollten ausdrücklich in einen Stil umgesetzt werden, den sie selbst gelebt hätten. Allerdings haben sie sich in dem Augenblick, wo ich sie sprechen und handeln ließ, selten wiedererkannt, und sie haben mich ziemlich brutal ihr Unverständnis fühlen lassen. Fünfzehn Jahre später war alles verändert, und sie gaben mir oft recht – was die Vergangenheit betraf. Was die Gegenwart betrifft, so fahren sie fort, Einschränkungen zu machen.

Es geht vor allem darum durchzuhalten. Man erzielt die Wahrheit nicht durch die Erkenntnis allein. Ich habe meine Gründe zu glauben, daß die Wahrheit eine Angelegenheit der Kraft ist, die man erworben hat.

In: ›Berliner Tageblatt‹. Jg. 57, Nr. 493 vom 18. Oktober 1928. Morgen-Ausgabe, S. 1. – Abdruck von Teil II in französischer Sprache: *Sieben Jahre, StE* (1994), S. 483 f. Dt. Übersetzung ebd., S. 538–540.

»Theaterstück« ist Heinrich Manns letztes, Ende 1926 bis Anfang 1927 entstandenes Schau- und Singspiel *Bibi. Seine Jugend in drei Akten. Bühnenmanuskript* (Erstdruck: Berlin: S. Fischer 1928; Abdruck: Heinrich Mann: *Sie sind jung.* Berlin, Wien, Leipzig: Paul Zsolnay Verlag 1929, S. 131–211; *Madame Legros II, StE* (2005), S. 369–431). Die Komödie wurde am 22. Oktober 1928 im Berliner Theater im Palmenhaus uraufgeführt.

83 Heinrich Mann: [Antwort auf eine Enquête] (1928):

Ihr wollt töten! Die Strafe für einen Mord war niemals Strafe, sie ist die heiß ersehnte Gelegenheit für den intellektuellen Blutdurst der führenden Stände. Auf den einen Auswürfling, der aus Trieb oder Not tötet, kommen die hunderte der Gerichte, Polizei und Presse, die tausende der Öffentlichkeit, die, abscheulicher als der Auswürfling, zum Töten eine Ideologie brauchen. Dieselbe sublimierte Blutgeilheit, die Mörder tötet, bietet Staatsgewalt und Vaterland auf, damit Krieg wird. Im Volk wollen Krieg nicht einmal die Mörder.

In: *Der Mörder und der Staat. Die Todesstrafe im Urteil hervorragender Zeitgenossen.* Hg. von E. M. Mungenast. Stuttgart: Hädecke 1928, S. 75.

Heinrich Manns Antwort auf eine Enquête zu den Fragen: »Ist die Todesstrafe mit den Grundsätzen und Forderungen eines modernen Kulturstaates zu vereinbaren?« und »Glauben Sie an eine abschreckende, erzieherische Wirkung der Todesstrafe?« zitiert die Romanfigur Terra [S. 222 f.].

Adolf Bartels: *Die Moderne* [Auszug]: 84

Ich muß gestehen, daß ich Mann nie habe ernst nehmen können, bis dann seine letzten Werke, *Der Untertan* (1918), der angeblich das Zeitalter Wilhelms II. darstellt, aber weiter nichts als eine freche Karikatur deutschen Lebens ist, *In einer Familie* (1924), *Der Kopf* (1925), meinen Zorn wachriefen. Nun steht mir Mann neben Heine als Verfasser von *Deutschland, ein Wintermärchen*.

In: Adolf Bartels: *Geschichte der deutschen Literatur. Große Ausgabe in drei Bänden.* Dritter Band: Die neueste Zeit. Leipzig: H. Haessel Verlag 1928, S. 382–1210; Auszug S. 802.

Der völkische Literaturgeschichtsschreiber und Antisemit Dr. Adolf Bartels (1862–1945) war mit auflagenstarken Schriften im deutsch-nationalen Bildungsmilieu weit verbreitet. Der vollständige Passus (S. 801 f.) fand später in dem NS-Hetzartikel gegen Heinrich Heine und Heinrich Mann Verwendung: (Dr. S.:) *Ein Abgesang: Auch ein Heinrich, vor dem uns graute ...* In: ›Völkischer Beobachter‹. Ausgabe A, Norddeutsche Ausgabe, Berlin. Jg. 46, Nr. 50/51 vom Sonntag/Montag 19./20. Februar 1933, Zweites Beiblatt. Abdruck: *Das öffentliche Leben, StE* (2001), S. 428–437.

Heinrich Mann: *Stendhal* [Auszug]: 85

Stendhal setzte für seine Person das Napoleonische Zeitalter fort, er dachte nicht daran, zu heucheln und sich den wiedererschienenen Mächten der Vergangenheit zu unterwerfen. Nachdem er ein mit Energie geladenes Leben hatte führen dürfen, übertrug er sie den ganzen Rest seines Daseins in Bücher, besonders in ein Buch, Le Rouge et le Noir.

Dies ist die Geschichte einer großen, aber unterdrückten Kraft. Die ganze Autorität einer Ordnung, in der sie weder Raum noch Recht hat, kann doch nicht verhindern, daß diese Kraft lebt und wirkt. Sie lebt illegitim und wirkt wie ein Sprengstoff. Julien Sorel, einer der Begabtesten des Geschlechtes, mußte Priester werden, wenn auch ohne an die Religion zu glauben, denn ein Bürgerlicher konnte nur so auf hohe Stellen gelangen. Er mußte der Sekretär eines Ministers sein und haßte das herrschende System. Er hatte ein aussichtsloses, aber stürmisches Liebesverhältnis mit der Tochter des Ministers. Sozial genommen war er für sie ein Domestik. Er liebte, in anderem Stil, aber auch mit seiner vollen Natur, die sanfte Frau eines Industriellen in der Provinz. Für diesen war er ein Bettler. Er begehrte alles, was über ihm stand, und seine Leidenschaft war jedesmal vermischt mit Haß. Er war feurig, mußte verschlagen sein, haßte sein Geschick und darum alle anderen. Er kämpfte in der allein zulässigen Form, er wühlte. Verzweifelt wühlend, hatte er die Selbstachtung schon verloren, als er endlich auch mordete. Es war eine Art freiwilligen Todes, in den er die sanfte Rênal nur mitnahm. Dann endete er unter dem Fallbeil.

Gerichtet ist in diesem Roman die Ordnung, die es dahin kommen ließ. Einer der Begabtesten mußte sein ganzes junges Erdenleben unter Heucheln verbringen – mit dem Erfolg, daß er zuletzt mordet. Es ist die furchtbarste Anklage, die gegen ein Zeitalter jemals erhoben werden durfte. So viel Kraft, ein leidenschaftlicher Wille, dem auch Großes erreichbar gewesen wäre, und alles mußte nutzlos hingeopfert und gewalttätig abgefeuert werden. Der Mißbrauch und die sture Verachtung der menschlichen Kraft durch herrschende Mächte, hier wird sie in Friedenszeiten gezeigt. Seitdem hat man erfahren, wie dasselbe in Kriegsjahren aussieht. Es ist dasselbe. Mit Julien wird nicht besser verfahren als mit der zerfetzten Kriegsjugend, deren Glieder durch die Luft flogen. Wir sind in Krieg und Frieden oft mißbraucht worden.

In: *Geist und Tat. Franzosen von 1780 bis 1930*. Berlin: Gustav Kiepenheuer Verlag 1931, S. 31–63 (Teil I und II). Erstdruck Teil I: ›Vossische Zeitung‹. Berlin. Jg. 228, Nr. 114 vom 8. März 1931, Morgen-Ausgabe, ›Unterhaltungsblatt‹, Nr. 57, S. (1 f.). – Abdruck (Teil I und II): *Geist und Tat, StE* (1997), S. 28–51; Auszug, S. 42 f.
Julien Sorel und Mme de Rênal sind Figuren aus Stendhals Roman *Le rouge et le noir.*

Gottfried Benn: *Heinrich Mann. Zu seinem 60. Geburtstage* [Auszug]: 86

Immer das Panier hoch, Redensart von Utes Gönner, immer das Panier hoch Andreas Zumsee, Augenweide von Adelheid Türkheimer, dreißig Jahre, bevor der Gigolo kulturhistorisch und soziologisch in Erscheinung trat. Das Panier hoch, San Bacco, herrlicher Grande, die Degenspitze voraus, sanguinisch, offen und mit Gewalt. Attaché von Tolleben: »Ich bin der Mann der rücksichtslosen Leidenschaft« (»Haben Sie zehn Pfennig bei sich für Ihren Leierkasten?«) Später dann: »Ein ehrenhaftes Auskunftsmittel wird sich finden lassen, um die Frau wieder loszuwerden und die Mitgift zu behalten.« Lannas, Reichskanzler, Schlüsselfigur, charakterologisch tiefgründig bestätigt durch gewisse heutige Denkwürdigkeiten.

[...]

Einander helfen, einander lieben, sagte schon Lola, aber das wurde nun politisch. Oder aus den *Armen*: »Die Macht, das ist mehr als Menschenwerk, das ist uralter Widerstand gegen unser Atmen, Fühlen, Ersehnen. Das ist der Zwang abwärts, das Tier, das wir einst waren. Das ist die Erde selbst, in der wir haften. Frühere Menschen, zu Zeiten, kamen los aus ihr und künftige werden loskommen. Wir Heutigen nicht. Ergeben wir uns« –: also tiefe Blicke, aber das wurde nun zersetzend. Sein Schwärmen für die Französische Revolution: »Dies Jahr war da, sein Gedanke ist mein Trost« – das wurde nun antinational, wo Schiller doch noch tiefer schwärmte. Wenn man nämlich gewisse öffentliche Stimmen beachtet, müßte man folgern, wir befänden uns hiermit bei der Huldigung auf einen Defaitisten, Stimmen, die aus der gleichen Affekttrübung heraus die heroische Intransigenz Nietzsches für ihren unfundierten Imperialismus in Anspruch nehmen und Batallione bei ihm ausheben, obschon er es doch war, der schrieb: der deutsche Geist ist meine schlechte Luft, ich atme schwer in der Nähe dieser Instinkt gewordenen Unsauberkeit in psychologicis. Aber andererseits wächst auf dem entgegengesetzten Flügel ein literarisches Geschlecht heran, das die Mannschen Ausbrüche und Eroberungen, seine Evolution nicht mehr miterlebte, das niemand auf sie hinweist, ja die man ihm verschweigt bis zu einem Grade, daß harmlose junge Leute bei ihm den Begriff des nützlichen Schriftstellers ausliehen, mit dem sie sich etwas Rouge auflegten, in dem sie ganz vergehen vor Opportunismus und Soziabilität. *Beides, was für Verdunklungen.*

[...]

Oder atmet vielleicht ein Satz innerhalb des liberalen Schwunges, der öffentlichen, also opportunistischen Sphäre, der im Zusammenhang politisch ansetzt, aber dann ansteigt zu seinem bitteren, hyperboräischen Glück: »Über Trümmern von hundert Zwingburgen drängt der Geist der letzten Erfüllung der Wahrheit und Gerechtigkeit entgegen, ihrer Vollendung und sei es die des Todes –«, das ist doch wohl keine demokratische Wirtschaftsfuge, keine Sanierungsperspektive, kein Parteitaggedanke, das ist überhaupt kein Gedanke, keine Abstraktion, sondern Gesicht, in Deutschland: Gesicht, das ist Form, Wuchs zum Ausdruck, Begnadung zum Stil, das ist Geist, reiner Geist – descende in hortum nostrum.

Es ist Kunst. Oder richtet sich die *Große Sache* vielleicht gegen ein Währungsprogramm, gegen den Stand der Reichskanzler, gegen den Hansabund oder die Volkspartei? Sie richtet sich gegen die Zeit, das ist sicher, aber mit welchen Mitteln? Kaum noch Mitteln: mit dem Sturm und Drang einer ganz extremen karikaturistischen Potenz, der jugendlichen Spannung eines artistischen Könnens, das es in Europa nicht zum zweitenmal gibt, zehnmal Th. Th. Heine, zwanzigmal Gulbransson, und in Kurven, phantastisch aber sicher, haarscharf aber irreal, figural fit, aber unpsychologisch, nämlich in der Verwirklichungsweise des Traumes und der Inspiration überschneiden sich Zeit und Raum und springen Brüstung und Mulle in der Arena an.

In: ›Die Literarische Welt‹. Berlin. Jg. 7, Nr. 13 vom 27. März 1931, S. 1 f., 8. – Abdruck: Gottfried Benn: *Sämtliche Werke. Stuttgarter Ausgabe.* In Verbindung mit Ilse Benn hg. von Gerhard Schuster. Bd. III, Prosa 1, Stuttgart 1987, S. 305–314; Auszug S. 305 f., 309 f., 311 f.

»Utes Gönner«: Karl Panier, der Vormund Claude Marehns in *Die Jagd nach Liebe, StE* (1987).

»Andreas Zumsee« und »Adelheid Türkheimer«: Protagonist und Figur des Romans *Im Schlaraffenland, StE* (1988).

»San Bacco«: Figur aus *Die Göttinnen. Die drei Romane der Herzogin von Assy, StE* (1987).

»Tolleben«: Figur und Zitate aus *Der Kopf*, S. 196 u. 200; »Lannas«: Figur ebd., Anspielung auf Bernhard von Bülow: *Denkwürdigkeiten I–IV.* Berlin: Ullstein 1930/31.

»Lola«: Figur aus *Zwischen den Rassen, StE* (1987).

Zitat aus *Die Armen, StE* (1995), S. 204 f.

Zitat aus dem Essay *Eine Freundschaft. Gustave Flaubert und George Sand* (1905), in: *Geist und Tat. Franzosen von 1780 bis 1930, StE* (1997), S. 97.

»Satz« aus *Geist und Tat* (1910/11).

Vorbild für die Figur Karl August Schattich in Heinrich Manns Roman *Die große Sache* (1930) war Dr. Hans Luther, 1918 Oberbürgermeister in Essen, 1923 Finanzminister, Reichskanzler (1925/1926), Reichsbankpräsident (1930–1933), bis 1937 Botschafter in Washington.

Thomas Theodor Heine und Olaf Gulbransson waren Karikaturisten und Illustratoren des ›Simplicissimus‹.

87 Heinrich Mann an Félix Bertaux,
Nizza, 24. Dezember 1931 [Auszug]:

Es ist nicht erquicklich, in Unsicherheit und von lauter Hass umgeben zu leben. Geistige Arbeit verliert dadurch an Reiz, ja sogar an Bedeutung. Mit einem Wort: ich habe mich nach Nizza zurückgezogen, um meine Widerstandskraft zu stärken. 1919 habe ich an dem Tage, als Eisner, der revolutionäre Münchner Minister, ermordet wurde, mein Kapitel im *Kopf* weitergeschrieben. Diesmal bin ich gesonnen, nicht mehr ernsthaft zu bleiben und ein leichtes Buch ohne viel Bedeutung zu machen. Ich glaube, ich werde sogar Chansons darin unterbringen. So oder so, die Männer meiner Generation werden nicht viel Glück haben mit ihrem Lebensabend.

In: *Bertaux-Briefwechsel*, S. 252–254; Auszug S. 253.
In Nizza arbeitete Heinrich Mann bis Mitte März am Roman *Ein ernstes Leben* (1932), der auch Chansons enthält. Am 10. Februar 1932 teilte er Bertaux mit: »Übrigens ist das nicht mehr der Roman, von dem ich Ihnen erzählt habe. Ich habe etwas Ernsthafteres angefangen, das mich innerlich angeht.« (*Bertaux-Briefwechsel*, S. 256. Abdruck: *Ein ernstes Leben*, *StE* (1991), S. 300). Das Buch sollte nicht zuletzt eine Form literarischer Liebeserklärung an seine Lebensgefährtin und spätere zweite Ehefrau Nelly, geb. Kröger (1898–1944), sein.

88 Heinrich Mann: *Der Schriftsteller und der Krieg*
[Auszug]:

Der Krieg bedroht abermals die Welt – und dies nach allem, was wir versucht haben, um ihn zu verhindern! Diesmal ist den Schriftstellern, denen, die mit Recht dafür angesehen werden, kein Vorwurf zu machen; sie haben seit der vorigen Katastrophe wirklich das ihre getan. Es gibt kein erfolgreiches und erst recht kein wertvolles Kriegsbuch in Europa, das den Krieg beschönigt. Ich weiß nicht, ob auch die Kriegspartei irgendeines Landes ihre Schriftsteller hat, – aber dann sind es Schriftsteller eben nur für ihre Partei, und die anderen sind es für die Welt.

Unermüdlich haben wir Schriftsteller den Krieg entlarvt und entblößt, seine verachtungswürdigen Gründe aufgedeckt, und alles, was sonst im Dunkel der Phrase bliebe, den ganzen menschlichen Bestand des Vorganges haben wir durchleuchtet. Sollte alles vergebens gewesen sein?

Es ist nicht vergebens. Die Kraft unserer Angriffe wächst, und unsere Leidenschaft summiert sich. Schriftsteller hatten den Krieg schon längst durchschaut und verachtet. Aber wenn wir an frühere Zeiten denken wollen: die ironischen Ausfälle Voltaires im *Candide* gelten kleinen Kriegen. Der ungeheure Krieg, den wir erlebten, hat bei uns eine zugleich zornigere und sachlichere Auflehnung gezeitigt. Schriftsteller und Kriegsteilnehmer, oft ein und dieselbe Person, was früher selten vorkam, sie haben im Namen aller, aus der Erinnerung aller und ganz und gar aus der Masse heraus gesprochen. So war das sonst nicht.

Die Masse indes verändert sich schnell, weil sie sich verjüngt. Das neue Geschlecht kommt und bringt mit: erstens Unwissenheit; dann Widerspenstigkeit; dann Mut und Lust auf Abenteuer; und dann die gewohnten schlechten Instinkte, auf die von den Anstiftern des Krieges auch 1914 mit Erfolg gerechnet werden konnte.

Immerhin wird es den Anstiftern und Interessenten das nächstemal schwerer gemacht sein; wir haben ihnen zum voraus entgegengearbeitet. Sie werden auf neue Mittel verfallen müssen, um die Völker zu überlisten und ihnen den Verstand zu rauben.

In: ›Berliner Tageblatt‹. Jg. 61, Nr. 432 vom 11. September 1932, Morgen-Ausgabe, Beiblatt ›Die Brücke‹ Nr. 37. Zusatz der Redaktion: »Zum Thema: Erziehung gegen den Krieg«. Die Erklärung wurde von Heinrich Mann im August 1932 in Amsterdam auf dem ›Internationalen Kongress gegen den imperialistischen Krieg‹ verlesen.
Voltaires Roman: *Candide ou l'optimisme* (1759).

89 Kurt Hiller: *Der Präsident* [Auszug]:

Aber Deutschland hat Heinrich Mann.

Ich weiß, was ich sage, wenn ich diesen Namen nenne; und daß bei unsern Abderiten ein Gelächter ausbricht, wenn jemand wagt, für ein hohes nationales Amt einen Großherrn des Geistes vorzuschlagen. Sie unterscheiden nicht zwischen Dichtern in Wolken und jenen schaffenden Geistern, die von Anfang an unter die Pflicht getreten sind, dem Gesamtbestand des sozialen Seins und der Forderung, die ihm entsprüht, in ihrem Werk Gestalt zu geben. Heinrich Mann weiß vom Wesen der Politik und von der Aufgabe eines republikanischen Staatsmanns und sogar von den ökonomischen Hintergründen und vom Sozialismus mehr, als jeder verstockte, in Quisquilien verhockte und verbockte Parteisekretär. Heinrich Mann hat den Überblick, den großen Aspekt der Dinge; er hat ein Herz, und das wohnt im Hirn. [...]

Es kommt hier auf alles andre eher an als darauf, ob die publizierten Meinungen dessen, der, aus Enthusiasmus für den geschichtlichen Strom zwischen Voltaire und Zola, den Geist zur Tat rief und der Die Diktatur der Vernunft verkündete, dem Einen von uns zu demokratisch, den Anderen zu diktaturistisch sind: worauf es ankommt, ist: daß hier eine große geistige Persönlichkeit von ausgesprochen politischem Naturell, klar-links, dennoch über den Parteien, das Vertrauen der proletarischen Massen verdient, in deren Breite sein Werk schon zu dringen begonnen hat.

In: ›Die Weltbühne‹. Berlin-Charlottenburg. Jg. 28 [der ›Schaubühne‹], Nr. 6 vom 9. Februar 1932, S. 194–198; Abdruck: *Das öffentliche Leben, StE* (2001), S. 399–405; Auszug S. 403 f.

»Abderiten« für ›Kleinbürger‹ bzw. ›Schildbürger‹; von Christoph Martin Wieland im Roman *Die Abderiten* (1774; 2 Bde. 1781) humoristisch dargestellt.

Sigmund Freud an Albert Einstein, 90
Wien, im September 1932 [Auszug]:

Einer Klage von Ihnen über den Mißbrauch der Autorität entnehme ich einen zweiten Wink zur indirekten Bekämpfung der Kriegsneigung. Es ist ein Stück der angeborenen und nicht zu beseitigenden Ungleichheit der Menschen, daß sie in Führer und in Abhängige zerfallen. Die letzteren sind die übergroße Mehrheit, sie bedürfen einer Autorität, welche für sie Entscheidungen fällt, denen sie sich meist bedingungslos unterwerfen. Hier wäre anzuknüpfen, man müßte mehr Sorge als bisher aufwenden, um eine Oberschicht selbständig denkender, der Einschüchterung unzugänglicher, nach Wahrheit ringender Menschen zu erziehen, denen die Lenkung der unselbständigen Massen zufallen würde. Daß die Übergriffe der Staatsgewalten und das Denkverbot der Kirche einer solchen Aufzucht nicht günstig sind, bedarf keines Beweises. Der ideale Zustand wäre natürlich eine Gesellschaft von Menschen, die ihr Triebleben der Diktatur der Vernunft unterworfen haben. [...]

Die mit dem Kulturprozeß einhergehenden psychischen Veränderungen sind auffällig und unzweideutig. Sie bestehen in einer fortschreitenden Verschiebung der Triebziele und Einschränkung der Triebregungen. Sensationen, die unseren Vorahnen lustvoll waren, sind für uns indifferent oder selbst unleidlich geworden; es hat organische Begründungen, wenn unsere ethischen und ästhetischen Idealforderungen sich geändert haben. Von den psychologischen Charakteren der Kultur scheinen zwei die wichtigsten: die Erstarkung des Intellekts, der das Triebleben zu beherrschen beginnt, und die Verinnerlichung der Aggressionsneigung mit all ihren vorteilhaften und gefährlichen Folgen. Den psychischen Einstellungen, die uns der Kulturprozeß aufnötigt, widerspricht nun der Krieg in der grellsten Weise, darum müssen wir uns gegen ihn empören, wir vertragen ihn einfach nicht mehr, es ist nicht bloß eine intellektuelle und affektive Ablehnung, es ist bei uns Pazifisten eine konstitutionelle Intoleranz, eine Idiosynkrasie gleichsam in äußerster Vergrößerung. Und zwar scheint es, daß die ästhetischen Erniedrigungen des Krieges nicht viel weniger Anteil an unserer Auflehnung haben als seine Grausamkeiten.

In: *Warum Krieg?* Internationales Institut für geistige Zusammenarbeit (Völkerbund). Paris 1933, S. 25–62. – Abdruck: *Sigmund Freud Studienausgabe.* Hg. von Alexander Mitscherlich, Angela Richards und James Strachey. Bd. IX. Frankfurt am Main: Fischer Taschenbuch Verlag 1982, S. 275–286; Auszug S. 284, 285 f.

Das Schreiben Sigmund Freuds beantwortete Albert Einsteins Anfrage vom 30. Juli 1932, ob er Wege weisen könne, »die Menschen von dem Verhängnis des Krieges zu befreien«? Um Gedankenaustausch über ein Thema und mit einem Adressaten seiner Wahl war Einstein von der Kommission für geistige Zusammenarbeit im Auftrag des ›Comité permanent des Lettres et des Arts de la Société des Nations‹ angegangen worden. Die öffentliche Verbreitung der 1933 auf Deutsch, Französisch und Englisch vorgelegten Briefe war in Deutschland verboten.

Ich habe länger daran gearbeitet als an jedem anderen Roman, sieben Jahre, von 1918 bis 1925. Als ich die Vorbereitungen traf, bestand das Kaiserreich noch, und ich hätte die Handlung in ein angenommenes Land verlegen müssen, obwohl es dennoch Deutschland gewesen wäre. Als der Zusammenbruch kam, erinnerte ich mich daran, dass auch Zola den Zusammenbruch des Kaiserreiches »gebraucht« hatte, als er seine Geschichte in Romanen begann.

Die diplomatische Geschichte des Bismarck'schen Reiches hat mich damals unaufhörlich beschäftigt, ich beherrschte sie schon wie ein Fachmann. Für den *Untertan* hatte ich nur das Fabrikwesen, besonders eine Papierfabrik, genau kennenlernen müssen.

Der Kopf ist ein Buch der Erinnerungen, da ich das Kaiserreich seit den letzten Jahren Bismarcks bewusst erlebt habe. Nach dem Bürger (*Untertan*) und den Arbeitern (*Die Armen*) wollte ich die Schicht der Intellektuellen darstellen, ihre verschiedenen Abarten, alle auf das Schicksal des Reiches bezogen. Der Reichskanzler Lannas (Bülow) ist bei mir ein Intellektueller nicht ohne geistigen Ehrgeiz: Geist als politische Macht. So unzulänglich er ist, er steht doch im Gegensatz zu der alldeutschen Dummheit (Tasse) und den plump gierigen Industriellen. Seine Stellung beim Kaiser ist gegeben, abgesehen von seiner Schlauheit, durch geistige Mittel.

Terra und Mangolf sind unter den Intellektuellen der Unabhängige und der zur verdächtigen Anpassung Geneigte, der endlich auch zur Rebellion zurückkehrt. Ihre Tragik ist dasselbe wie ihre Brüderlichkeit. Ich habe bei Mangolf am Häufigsten an Harden gedacht. Terra habe ich so sehr an Wedekind angenähert, dass er seine Sprache und seine Sätze aus seinen Stücken spricht.

„Der Kopf“

Ich habe länger daran gearbeitet als an jedem anderen Roman, sieben Jahre, von 1918 bis 1925. Als ich die Vorbereitungen traf, bestand das Kaiserreich noch, und ich hätte die Handlung in ein angenommenes Land verlegen müssen, obwohl es dennoch Deutschland gewesen wäre. Als der Zusammenbruch kam, erinnerte ich mich daran, dass auch Zola den Zusammenbruch des Kaiserreiches „gebraucht“ hatte, als er seine Geschichte in Romanen begann.

Die diplomatische Geschichte des Bismarck'schen Reiches hat mich damals unaufhörlich beschäftigt, ich beherrschte sie schon wie ein Fachmann. Für den „Untertan“ hatte ich nur das Fabrikwesen, besonders eine Papierfabrik, genau kennen lernen müssen.

„Der Kopf“ ist ein Buch der Erinnerungen, da ich das Kaiserreich seit den letzten Jahren Bismarcks bewusst erlebt habe. Nach dem Bürger („Untertan“) und den Arbeitern („Die Armen“) wollte ich die Schicht der Intellektuellen darstellen, ihre verschiedenen Abarten, alle auf das Schicksal des Reiches bezogen. Der Reichskanzler Lannas (Bülow) ist bei mir ein Intellektueller nicht ohne geistigen Ehrgeiz: Geist als politische Macht. So unzulänglich er ist, er steht doch im Gegensatz zu der alldeutschen Dummheit (Tasse) und den plump gierigen Industriellen. Seine Stellung beim Kaiser ist gegeben, abgesehen von seiner Schlauheit, durch geistige Mittel.

Terra und Mangolf sind unter den Intellektuellen der Unabhängige und der zur (verdächtigen) Anpassung geneigte, der endlich auch zur Rebellion zurückkehrt. Ihre Tragik ist dasselbe wie ihre Brüderlichkeit. Ich habe bei Mangolf am Häufigsten an Harden gedacht. Terra habe ich so sehr an Wedekind angenähert, dass er seine Sprache und Sätze aus seinen Stücken spricht.

Alles in Allem: die geistige Schicht von einst hat versagt, und vielleicht war sie missraten. Aber sie war noch da.

Eigenhändiges Manuskript *Der Kopf* (1937)

Alles in Allem: die geistige Schicht von einst hat versagt, und vielleicht war sie missraten. Aber sie war noch da.

Manuskript: HMA 304. – Druck: ›Der Sonntag‹. Berlin [Ost]. Jg. 5, Nr. 12, 19. März 1950, S. 6. – Nachdruck als Faksimile: ›Kulturaufbau‹. Düsseldorf, Nr. 6, 1950, S. 139.
Um eine Stellungnahme Heinrich Manns zum Roman *Der Kopf* hatte Johannes R. Becher gebeten. Er benutzte den Text im Vorwort zur russischen Übersetzung des Romans [siehe Materialien, Nr. 92].
Heinrich Mann bat Ludwig Ewers am 31. Oktober 1906 um Auskünfte über Papierfabrikation (*Ewers-Briefe*, S. 422- 424; Abdruck auszugsweise: *Der Untertan*, StE (1991), S. 529–531).
Der ›Alldeutsche Verband‹ unterstützte die imperialistische Politik und verlangte, gegen Sozialdemokraten, Juden, Polen und sog. ›undeutsche Bestrebungen‹ vorzugehen. In der Figur ›Tasse‹ hat Heinrich Mann dessen ersten Vorsitzenden Ernst Hasse (1846–1908) im Roman *Der Kopf* karikiert.

Johannes R[obert] Becher: Vorwort zu Heinrich Manns Roman *Der Kopf* (1937): 92

Es ist bekannt, daß der bürgerliche deutsche Roman niemals eine solche Höhe erreichte wie der französische, englische oder russische. Die Misere der deutschen Wirklichkeit kam unter anderem auch im Schicksal des deutschen Romans zum Ausdruck. Die entscheidenden Volksschichten fielen immer aus den Elementen der dargestellten Wirklichkeit heraus, den Schriftstellern gelang es nie, ein vollständiges Bild der gesellschaftlichen Kräfte zu entwerfen und Gestalten zu schaffen, die für die breitesten Kreise der Gesellschaft anziehend und zutreffend sind.

Es mangelte nicht an zahlreichen und Aufmerksamkeit heischenden Versuchen, die Form des Romans zu vertiefen und zu erweitern. Balzac und Dostojewski, Flaubert und Stendhal waren in Deutschland nicht unbekannt. Tolstoi und Gogol wurden ins Deutsche übersetzt, die Übersetzungsliteratur hoher Qualität nahm in der deutschen Buchproduktion einen bedeutenden Platz ein. Aber die Versuche, die großen Romanschriftsteller in den deutschen Boden zu »verpflanzen«, trugen immer einen irgendwie unnatürlichen und krampfhaften, gekünstelten und gezwungenen Charakter. All diese Versuche, die alten Formen zu sprengen und fremde einzuführen, schlugen auf Grund ihrer »tiefen Oberflächlichkeit« fehl. Diejenigen, die diese Versuche unternahmen, waren zu beschränkt und einseitig, um den großen Vorbildern mehr zu entnehmen als äußerliche und nebensächliche Momente. In den meisten Fällen kopierte man nur stilistische Besonderheiten und verbesserte die Technik, die Werke selbst jedoch, der Boden, der sie hervorgebracht hat, wurden nicht in vollem Maße verstanden. Es kann einem grauen, wenn man sieht, wie der deutsche Roman an den gesellschaftlichen Konflikten vorbeiging. Wenn die Kunst nicht darauf hinausliefe, mit der Wirklichkeit zu verwachsen, sondern sich von ihr zu entfernen, würde der deutsche Roman an erster Stelle stehen.

Heinrich Mann erhebt sich über dieses Niveau der deutschen Literatur: Er und auch Thomas Mann arbeiten seit Anbeginn ihres schriftstellerischen Wirkens an der Schaffung des großen deutschen Romans. In allen bedeutenden Werken Heinrich Manns, wie *Im Schlaraffenland* (1900), *Die Jagd nach Liebe* (1904), *Professor Unrat* (1905), *Zwischen den Rassen* (1907), *Der Untertan* (1913), *Der Kopf* (1925), *Die große Sache* (1930), erkennt man das leidenschaftliche Bestreben, die Armseligkeit des deutschen Lebens in zwei Richtungen zu überwinden, die deutsche Wirklichkeit zu entlarven und damit dem großen deutschen Roman, der das Leben der Gesellschaft kritisch beleuchtet, den Weg zu bahnen. Heinrich Mann glaubt glühend an seine Berufung, diese Idee zu verwirklichen. Vielleicht spürt er, daß ein großer Romanschriftsteller in unserer Zeit ein scharfer Kritiker der bürgerlichen Gesellschaft sein muß.

Heinrich Mann war in jener Zeit für uns, die junge Generation, ein Träger des Vermächtnisses der Französischen Revolution von 1789. Sein unruhig umherirrender Blick schleuderte Blitze; der Schriftsteller sucht und findet in jenen Jahren nicht den Ausgangspunkt, von dem aus er die Erbärmlichkeit des deutschen Lebens attackieren und überwinden könnte. Zeitweise macht er den Eindruck eines verzweifelten, hysterischen und zur Exaltation neigenden Menschen; er verfällt in schreienden Expressionismus und verfeinert seinen Stil bis zur Manieriertheit; er will Menschen darstellen, aber unter seinen Händen verwandeln sie sich in Masken; er selbst verbrennt im kalten Feuer seiner Einsamkeit. Bei all dem stellen jedoch die Werke Heinrich Manns gewaltige und bedeutende Gemälde dar, in ihnen werden große soziale Probleme aufgeworfen, wird die bürgerliche Wirklichkeit leidenschaftlich kritisiert. In diesem Sinne gebührt der erste Platz seiner Haupt-Trilogie mit dem Titel *Das Kaiserreich*, zu der die Romane *Der Untertan*, *Die Armen* und *Der Kopf* gehören. Der Untertitel zum *Untertan* lautet: *Roman des Bürgertums*, zu den *Armen*: *Roman des Proletariats* und zum *Kopf*: *Roman der Führer.*

Die Armen sind das schwächste Glied dieser bemerkenswerten Trilogie. Der Konflikt zwischen dem Fabrikanten Heßling und dem Arbeiter Balrich ist für den Heinrich Mann jener Periode äußerst kennzeichnend. In diesen Gestalten gibt er eine naive Gegenüberstellung der beiden Klassen; im Arbeiter Balrich findet sich nichts von der Kraft des Proletariats, die die Welt umgestalten soll und die in ihrer Fortsetzung zu den heldenhaften deutschen Arbeitern der Illegalität führt, die dem heutigen Heinrich Mann Worte der Anerkennung und des begeisterten Lobes entlockten. Im Arbeiter Balrich zeigt sich nicht die Wirklichkeit der Arbeiterbewegung jener Zeit. Das ist eine zufällige, blutleere Gestalt, die zudem von vornherein zur Niederlage im Kampf gegen eine Gestalt wie Heßling verurteilt ist. Aus den Heßlings mußten erst Hitler-Anhänger werden, bevor Heinrich Mann verstand, wie weit die Gestalt des Arbeiters Balrich von der Wirklichkeit entfernt war. Aber man darf nicht vergessen, daß *Die Armen* der erste Versuch Heinrich Manns war, sich dem Volk zu nähern. In der naiven Abstraktheit dieses Buches spürt man ein leidenschaftliches und hartnäckiges Suchen nach Wahrheit. Bei einer Gegenüberstellung mit dem *Untertan*, diesem Buch des Hasses gegenüber der herrschenden Klasse, offenbart sich die ganze Bedeutung der *Armen* Heinrich Manns.

Interessant ist, was Heinrich Mann heute als Antwort auf unsere Frage selbst über sein Werk *Der Kopf* schreibt: »Ich habe an diesem Roman länger gearbeitet als an allen übrigen: sieben Jahre – von 1918 bis 1925. Als ich die Vorarbeiten zu ihm begann, existierte noch das Kaiserreich, und ich mußte die Handlung des Romans in ein erdachtes Land verlegen, das trotzdem Deutschland war. Nach dem Fall der Monarchie erinnerte ich mich, daß auch Zola in seiner Romanserie den Fall eines Imperiums schildert.

In jener Zeit beschäftigte mich ununterbrochen die diplomatische Geschichte des Bismarckschen Staates, ich kannte sie bis in alle Einzelheiten – wie ein Fachmann. Für den *Untertan* brauchte ich nur die Fabrikproduktion zu studieren, insbesondere die Produktion einer Papierfabrik.

Der Kopf ist ein Buch der Erinnerungen, da mein bewußtes Leben noch die letzten Jahre Bismarcks berührte. Nach den Bourgeois (*Der Untertan*) und den Arbeitern (*Die Armen*) wollte ich die Intelligenz, ihre verschiedenen Schichten, im Zusammenhang mit dem Schicksal des Reiches darstellen. Reichskanzler Lannas (Bülow) wird bei mir als Intellektueller vorgestellt, dem es nicht an Ehrgeiz mangelt. Mag er gewesen sein, wie er will, so kann er trotzdem der pangermanischen Dummheit (Tasse) und der stumpfsinnigen Habgier der Industriellen gegenübergestellt werden. Seine Stellung beim Kaiser ist nicht nur durch List, sondern auch durch geistige Überlegenheit gewonnen worden.

Terra und Mangolf sind Typen Intellektueller; der eine ist unabhängig, der andere neigt zu niedriger Anpassungsfähigkeit; letzten Endes kehrt auch er zum Rebellentum zurück. Ihre Tragödie entwuchs demselben Boden wie ihre brüderliche Verbindung. Als ich Mangolf schuf, dachte ich vor allem an Harden, und Terra habe ich so sehr Wedekind angenähert, daß er sogar in der Sprache und in einzelnen Sätzen aus Wedekinds Stücken spricht.

Die Bilanz: Die Intellektuellen der Vergangenheit waren Bankrotteure oder Versager. Aber sie waren doch noch eine Kraft.«

Diese kritischen Bemerkungen Heinrich Manns zu seinem eigenen Werk ließen sich leicht ergänzen und vertiefen (erwähnen wir nur die Hoffnungslosigkeit und den Mystizismus der letzten Seiten des Romans). Aber für den sowjetischen Leser sind die schwachen Seiten des Buches so offensichtlich, daß es kaum nötig ist, eine solche kritische Vertiefung und Ergänzung vorzunehmen. Um so mehr, als all diese Extravaganzen und Grimassen in der Schreibweise, die zeigen, wie schwer es von den Positionen aus, die Heinrich Mann zu jener Zeit einnahm, war, eine politisch genaue, realistische Darstellung der tiefen gesellschaftlichen Konflikte und ihrer Teilnehmer zu geben, in keiner Weise verdecken, daß wir ein Werk von außerordentlichem Interesse und Gehalt vor uns haben. Wir können in den erschütternden Darstellungen des Romans *Der Kopf* nicht die Prognose über Schicksal und Wege des »Dritten Reiches« übersehen.

So zeichnet sich vor dem sowjetischen Leser der lange und schwere Weg ab, den Heinrich Mann in einem wichtigen Abschnitt der Geschichte Deutschlands beschritten hat. Der Heinrich Mann des heutigen Tages ist neben dem Heinrich Mann des gestrigen und vorgestrigen Tages deutlicher zu erkennen. Die Bedeutung des heutigen Heinrich Mann und unsere Achtung vor ihm wachsen noch stärker an, wenn wir ihn mit dem vergleichen, der er war, wenn wir sehen, was er in dieser Zeit bewältigt hat.

»Vor kurzem sagte mir Wilhelm Pieck in Paris, Dimitroff halte meine Arbeit für wertvoll. Das erfüllt mich mit Stolz – mehr als ein gelungener Roman. Das Buch ist eine Schöpfung eines einzelnen, die politische Wirkung dagegen zeugt vom Kontakt mit den Massen. Ich habe einen Beweis einer solchen Wirkung erhalten: Deutsche Illegale schrieben mir einen Brief, der mich auf Umwegen erreichte und den ich erst einweichen mußte. Und ich erfuhr, daß Tausende deutscher Arbeiter mich und besonders meine Worte kennen, die dem hellen Gedächtnis Rudolf Klaus' gewidmet sind. Ich bin glücklich, daß es heute Deutsche gibt, die man zu den echten Helden zählen kann. Nie zuvor habe ich dieses Gefühl verspürt. Über diese Helden zu schreiben ist eine heilige Pflicht. Es gibt Arbeit in Hülle und Fülle.«

Bei der Lösung der gewaltigen Aufgabe, die vor den deutschen antifaschistischen Schriftstellern in der Emigration steht, gebührt Heinrich Mann seinen Verdiensten nach der erste Rang. Bei allem Unterschied der beiden

Literaturen und ihrer Vertreter kann man sagen, daß Heinrich Mann der Fortsetzer der Sache unseres unvergessenen Henri Barbusse ist. Im Kampf mit dem vertierten Hitlerfaschismus stellt er das Gewissen aller ehrlichen Deutschen dar, ist er ein mächtiges Sprachrohr all derer, die der Sache des Friedens aufrichtig und ehrlich ergeben sind.

Erinnern wir uns an Heinrich Manns Worte in der Sorbonne, die er als erster offizieller Gast nach dem Krieg in Frankreich sprach: »Ich habe in Deutschland niemals vor einem fünftausendköpfigen Auditorium gesprochen, hier aber habe ich mich mit einer Rede an fünftausend Franzosen gewandt und habe den Sieg einer Idee erfahren, den sichersten Sieg, den es nur geben kann – einen im Herzen verankerten ...« – wenn wir uns an diese Worte erinnern, die gleichzeitig voller Bitterkeit und Freude sind, können wir Heinrich Mann ohne jede Übertreibung versichern, daß heute jedes Wort von ihm von einem unsichtbaren Auditorium aber Tausender [!] Deutscher vernommen wird und daß ihm hier, in der Sowjetunion, nicht nur fünftausend, sondern unvergleichlich mehr begeisterte Zuhörer lauschen. Er weiß, daß er in der UdSSR einen solchen Sieg der humanistischen Idee erfahren wird, auf den er selbst zur Zeit seiner ersten unberührten und kühnen Träume nicht zu hoffen wagte.

In: Johannes R. Becher: *Gesammelte Werke.* Herausgegeben vom J. R. Becher-Archiv der Akademie der Künste der DDR. Band 15: Publizistik I 1912–1938. Berlin und Weimar: Aufbau-Verlag 1977, S. 674–679. Abdruck: *Heinrich Mann. Texte zu seiner Wirkungsgeschichte.* Mit einer Einleitung hg. von Renate Werner. München; Tübingen 1977, S. 166–170.

Das Vorwort wurde zur russischen Ausgabe, Moskau 1937, geschrieben. Die Rückübersetzung besorgte Helga Gutsche. Die Wiedergabe der Stellungnahme Heinrich Manns weicht mehrfach von der Vorlage [siehe Materialien, Nr. 91] ab.

Nach der Hinrichtung des Kommunisten Rudolf Claus schrieb Heinrich Mann zu dessen Gedenken (*Es kommt der Tag*. Erstdruck: ›Die Neue Weltbühne‹. Prag–Zürich–Paris. Jg. 32 [der ›Weltbühne‹], Nr. 5 vom 30. Januar 1936, S. 126–131; Abdruck: *Es kommt der Tag, StE* (1992), S. 13–20, S. 13 f.).

In der Sorbonne trug Heinrich Mann am 2. Dezember 1927 zum Thema *Ein geistiges Locarno* vor (Erstdruck: ›Revue d'Allemagne‹. Paris. Jg. 1, Nr. 4, Februar 1928, S. 291–301; Abdruck: *Sieben Jahre, StE* (1994), S. 385–394). Vor 5000 Zuhörern sprach Heinrich Mann am 16. Dezember 1927 im Palais du Trocadéro Victor Hugo zu Ehren (in: *Sieben Jahre, StE* (1994), S. 406–408).

93 Heinrich Mann an Alfred Kantorowicz,
Los Angeles, 3. März 1943 [Auszug]:

1917 im Frühling hörte ich, wie der Fürst Lichnowsky gefragt wurde: »Vor einem Jahr meinten Sie, wenn wir Elsass-Lothringen abträten und der Kaiser abdankte, kämen wir noch leidlich davon. Sagen Sie das noch jetzt?« Der Fürst antwortete: »Nein«. Ich habe die Klarsicht immer geachtet, es ist eine Charaktereigenschaft; Ehrlichkeit macht wahr.

Die Republik, die nun folgt, war schrecklich verlogen: der eigentliche Grund ihres Misserfolges. Sie hat die Tatsachen des vorigen Krieges niemals anerkannt: Masaryk und Briand sagten mir gleichlautend was ich schon wusste. Die ersten Gesandten der Republik waren Conventikler und Gesundbeter; in ihren Kreisen trieben alle denselben Schwindel.

Die Lügen Hitlers sind nicht seine; die Republik hat sie ihm in den Mund gelegt. Nur, dass aus dem Gewinsel über »Versalch« allmählich die Hetze und die Drohung wurde – auch dies schon unter der Republik; sie hatte endlich gegen ihren Nachfolger keine Waffe, er benutzte ihre eigenen.

Original: Deutsches Literaturarchiv/Schiller-Nationalmuseum, Marbach am Neckar (A:Heinrich Mann; 64.39). – Druck: *Ein Zeitalter wird besichtigt, StE* (1985), S. 711–716; Auszug S. 713.

Alfred Kantorowicz lebte 1941–1946 in New York. 1950–1957 leitete er das Heinrich-Mann-Archiv der Akademie der Künste in Berlin (Ost).

Anlässlich der Aufführung von *Madame Legros* im April 1917 in Berlin war Heinrich Mann mit Karl Max Fürst Lichnowsky, 1912–1914 deutscher Botschafter in London, bei Hardens Bruder Richard Witting zu Besuch, in dessen Villa im Tiergartenviertel sich zuweilen pazifistische Kreise trafen. Zum Zitat vgl. S. 639 des Romans.

Heinrich Mann hat Tomáš Garrigue Masaryk im Januar 1924 besucht [siehe Materialien, Nr. 29] und war am 3. Juni 1931 von Aristide Briand empfangen worden.

»Versalch« spielt auf die deutsche Revanche-Propaganda gegen den am 28. Juni 1919 unterzeichneten Vertrag von Versailles an.

Heinrich Mann: *Autobiographie* (1946) 94

Original HMA 464. – Druck: *Die Armen, StE* (1995), Auszug [Nr. 14 der Materialien] S. 288.

Heinrich Mann schrieb diese autobiographische Notiz für einen Katalog des Verlages Mondadori zur Gelegenheit des vierzigjährigen Bestehens.

Heinrich Mann: *Ein Zeitalter wird besichtigt* (1946) Achtes Kapitel: *Die Gefährten.* [Abschnitt]: *Mein Bruder* [Auszug]: 95

Ich brauchte sechs Jahre immer stärkere Erlebnisse, dann war ich reif für den *Untertan*, meinen Roman des Bürgertums im Zeitalter Wilhelms des Zweiten. Der Roman des Proletariates, *Die Armen* benannt, kam im Krieg 1916 zustande. An die leitenden Gestalten des Kaiserreiches ging ich erst im Sommer 1918, wenige Monate vor seinem Zusammenbruch – dessen Zeitpunkt bis zuletzt unbestimmt war. Für meinen ersten Entwurf des Romans *Der Kopf* fand ich es noch geraten, die Handlung in ein Land mit ausgedachtem Namen zu verlegen.

Früh war ich nicht aufgestanden, meine Eingebung hatte nichts von Prophetie. Allerdings begann ich, als die Tatsachen noch dämmerten. Als Sonnen sind sie nicht gerade aufgegangen. Litt ich an meinen Erkenntnissen, die zu der gleichen Zeit ein jeder hätte empfangen können? War ich ein Kämpfer? Ich gestaltete, was ich sah, und suchte mein Wissen überzeugend, wenn es hochkam, auch anwendbar zu machen.

Es ist nicht angewendet worden. Nach dem Kaiserreich betrachtete ich die Republik und hielt von ihr ziemlich genausoviel, wie sie wert war.

In: *Ein Zeitalter wird besichtigt, StE* (1989), S. 236–248; Auszug S. 245.

96 Heinrich Mann: *Ein Zeitalter wird besichtigt* (1946). Zehntes Kapitel: *Deutschland hat seine Niederlage schlecht getragen.* [Abschnitt:] *Begegnungen* [Auszug]:

Zwischen 1918 und 1925, als mich ein Roman beschäftigte, geschah dies und jenes. Aus Deutschland wurde eine Republik. Die erste Sorge der Republik war ein innerer Krieg; er endete mit dem Sieg der Inflation. Die Inflation war künstlich veranstaltet worden, ohne daß der kaiserliche Reichsbankpräsident Havenstein sie auch nur begriff; er starb am Schrecken.

Wirtschaftliche Vorgänge werden, die beamteten Vollzieher ganz beiseite, meistens nicht einmal von den wirklichen Urhebern begriffen: sie sprechen sich von der Verantwortung frei und tragen in Geduld, daß die gegebene Konjunktur sie reicher macht, als je geahnt. Man sagt wohl, die deutsche Inflation, 1916 leise begonnen, Ende 1923 abgebrochen wie durch Zauber, als die Mark gleich einer Billion in Papier war, dieses Märchen von einer Inflation sei absichtsvoll erfunden worden, um die inneren Schulden loszuwerden. Wer hat die Inflation erfunden, wenn der Reichsbankpräsident sie für ein Märchen hielt, obwohl es ihm ans Leben ging?

1916 in einem Berliner Haus, das einer großen Privatbank verwandt war, äußerte ich in aller Unschuld, daß wahrscheinlich jetzt Noten gedruckt würden ohne vorhandene Golddeckung. Jemand antwortete mir, kein deutscher Minister würde sich hierfür bereit finden. Der Sprecher, sein Ton war überzeugt, er war innig, versah nachher selbst das Amt eines Reichsfinanzministers und druckte Markscheine, so deutlich wie nur möglich stand »eine Billion« darauf.

[...]

Indessen erinnere ich mich einiger Gespräche mit einer Dame aus der schönsten Mitte der Industrie: eines im Krieg, den sie mißbilligte, als ob er nicht Sache ihrer Klasse gewesen wäre; eines nach der Niederlage, als das Rheinland, von fremden Truppen besetzt, das deutsche Reich verlassen zu wollen schien; wohlverstanden war sie dagegen. Beim dritten und letzten Mal redete die Rheinländerin mir ins Gewissen wegen meines Romans *Der Kopf*, worin ihre Verwandtschaft, die Industrie, den Krieg verschuldet. Ihr war es unbekannt, oder sie hatte es vergessen. [...]

Während sie sprach, 1925, waren ihre Leute im Zuge, Hitler zu finanzieren. Früher hatten sie die »Alldeutschen« finanziert, und hauptsächlich die hartnäckigen Forderungen der Industriellen nach eroberten Gebieten hatten den Kaiser und seine Strategen bis in die vollendete Niederlage getrieben. Der Republik haben sie alsdann, wie wenn es eine Wette gälte, sieben Millionen Arbeitslose aufgehalst – hätten aber dieselbe Zahl beschäftigen können für das Geld, das ihr Hitler sie kostete. 1944 verschlingen sie auch ihn. Wenn er fertig ist, hoffen sie zu bleiben und weiterzublühen.

Aber sie kennen sich nicht; man lasse ihre Frauen reden, da kommt es heraus. Sie glauben die Opfer zu sein; sie handeln in verzweifelter Selbstverteidigung, wenn sie schon den dritten deutschen Staat tothetzen. Die Angst für ihren unerträglich großen Besitz treibt sie, ihn zu vergrößern um alles, was Europa besitzt. Die Nationen mitsamt ihrer Geschichte müssen ausgetilgt werden, sonst käme der Bolschewismus. Die Menschen des einstmals stolzen Erdteils müssen eine gedemütigte Masse von Zwangsarbeitern werden, weil sonst der Bolschewismus käme.

Selbstsichere Weltbeherrscher sehen anders aus als Milliardäre eines verelendenden Deutschland und der Führer, den sie ihm zugemutet haben. Die Gesellschaft schlottert. Meine Industriedame 1925 hatte auch nur die eine Sorge, und das Gespräch fand eben darum statt: kommt der Bolschewismus? Er war einigermaßen entfernt, aber dessen wollte sie versichert werden von dem Eingeweihten, für den sie mich hielt. Sie wußte nicht, und nie haben die Ihren gewußt, was sie taten, für wen, wozu, ob notwendig, zweckmäßig und mit welchen Folgen. Diese Reichsten leben von der Hand in den Mund.

In: *Ein Zeitalter wird besichtigt, StE* (1989), S. 318–328; Auszug S. 318–321.

Rudolf Havenstein war 1908–1921 Präsident der Reichsbank.

Mit »Fachmann« ist möglicherweise Rudolf Hilferding (1877–1941) gemeint, der bis zu Stresemanns Kabinettsumbildung 1923 Reichsfinanzminister war.

Heinrich Mann: [Beantwortung eines Fragebogens von Karl Lemke], 97
Los Angeles, 29. Januar 1947 [Auszug]:

[*Der Kopf*:] Geplant 1918 mit fiktivem Namen des Landes. Begonnen nach dem Krieg, geschrieben 1918 bis 1924, Studium der diplomatischen Geschichte. Dazwischen Theater, Essays, Novellen.

Heinrich Mann: *Briefe an Karl Lemke und Klaus Pinkus.* Hamburg: Claassen o. J. [1964], S. 46.

Der Autor, Redakteur und Verlagslektor Karl Lemke (1895–1969) hatte Heinrich Mann 1926 in Berlin kennengelernt. Zu dessen 75. Geburtstag veröffentlichte er im Aufbau-Verlag eine kleine Monographie. Nach 1946 sammelte er Material für eine Heinrich-Mann-Biographie.

Zeitgenössische Rezensionen
(Auswahlbibliographie
in annotierten Regesten)

Salten, Felix: *»Der Kopf«.*
In: ›Neue Freie Presse‹. Wien. Morgenblatt, Nr. 21753 vom 5. April 1925, S. 1–3.
Heinrich Manns Romanwerk über das Kaiserreich insgesamt wird Émile Zolas *Les Rougon-Macquart* gleichgestellt und *Der Kopf* als Meisterwerk beworben, das wie *La Débacle* »die Ursachen des Zusammenbruchs« beschreibe. Es enthülle die brüchige Machtfassade des wilhelminischen Regimes und die mangelnde »Genialität und Redlichkeit« der Führungsschicht. Trotz der Mischung »aus Dichtung und Wahrheit« vermittle der Roman ein historisch authentisches Epochenbild. Unnötig sei, »die nach Vorbildern geformten« Figuren zu identifizieren. Auf welche Persönlichkeiten Lannas bzw. der namenlose frz. Sozialistenführer anspiele (Bülow, Jaurès), verstünde sich von selbst. Die »eigenmächtig erschaffenen« Rivalen Terra und Mangolf stünden für zeittypischen egomanen Opportunismus, der auch in der Liebe keineswegs der »Stimme des Herzens«, sondern Karriereerfordernissen folgte. Beide seien, »wie die Großväter im Prolog«, zuletzt nur »enttäuschte Profitmacher«, die gemeinsam scheitern. Heinrich Mann fand diese Deutung zu oberflächlich. – Dazu und zum Rezensenten (geb. 6. 9. 1869 in Budapest, gest. 8. 10. 1947 in Zürich) siehe Materialien Nr. 46.

Offenburg, Kurt: *Heinrich Mann: Der Kopf.*
In: ›Die Glocke‹. Berlin. Jg. 11, Bd. 1, Nr. 6 vom 9. Mai 1925, S. 188 f. [Gekürzt wiederabgedruckt im Artikel: *Heinrich Mann.* In: ›Deutsche Republik‹. Berlin, Frankfurt. Jg. 2 (1927/28), Heft 16, 20. Januar 1928, S. 513–516, S. 515 f.]

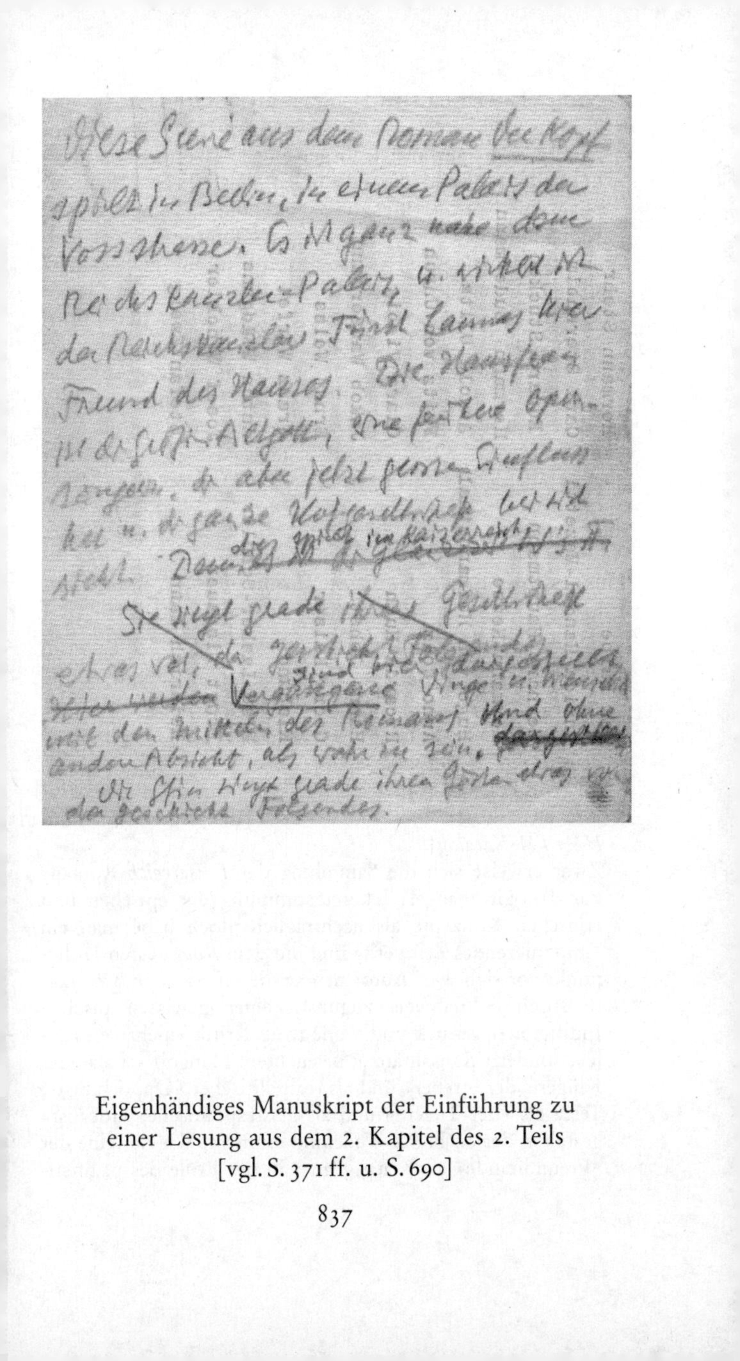

Eigenhändiges Manuskript der Einführung zu einer Lesung aus dem 2. Kapitel des 2. Teils [vgl. S. 371 ff. u. S. 690]

Nicht ohne Distanz zu Heinrich Manns Schreibweise und Typ des ›Gesellschaftsromans‹ wird *Der Kopf* als »Phänomen für sich« gewürdigt. Er gebe »ein verzerrtes und überhöhtes [...] Abbild des gesellschaftlichen Lebens und der phantastischen Überkreuzungen des politischen Spiels in der wilhelminischen Ära«. Der »Pazifist« Terra und der »Chauvinist« Mangolf seien »personifizierte Ideen« und Spukgestalten hoffmannesker Art. Kunstfiguren würden mit historischen Gestalten konfrontiert; u. a. werde auf Julien Sorel aus Stendhals Roman *Rot und Schwarz* angespielt; Lea wirke Heinrich Manns Romanfigur der *Herzogin von Assy* sehr verwandt. – ›Kurt Offenburg‹ war das Pseudonym des jüdischen Schriftstellers und Übersetzers Kurt Dreifuß (geb. 25.11.1898 in Offenburg/Baden, gest. 1946 in Sydney/Australien). Bis zu seiner Emigration 1932 lebte er in Frankfurt a. M.

Hesse, Otto Ernst: *Heinrich Manns neuer Roman ›Der Kopf‹.*

In: ›Vossische Zeitung‹. Berlin. Jg. [222], Nr. 21 vom 24. Mai 1925, 3. Beilage ›Literarische Umschau‹, S. (1).
Abdruck: *Heinrich und Thomas Mann. Ihr Leben und Werk in Text und Bild.* Katalog zur ständigen Ausstellung im Buddenbrookhaus der Hansestadt Lübeck/Buddenbrookhaus. Hg. von Eckhard Heftrich, Peter-Paul Schneider, Hans Wißkirchen. Lübeck 1994, S. 280–285. [Im folgenden zitiert: *HM/TM-Katalog*]

Zwar erweise sich die Sammlung der *Kaiserreich*-Romane zur Trilogie mangels Übereinstimmung der epischen und ethischen Konzepte als nachträglich, doch habe man ein »imponierendes Zeitwerk« und mit dem *Kopf* dessen Höhepunkt vor sich. Der Autor nehme die satirische und karikaturistische Schreibweise zugunsten einer »gewissen epischen Indifferenz« zurück und wolle trotz Kritik »nicht verurteilen, sondern Kausalitäten« beleuchten. Mangolf sei als »der Klügere, der Streber« und als realpolitischer »Opportunist«, Terra als »der Tiefere« und als geistespolitischer »Idealist« gestaltet, der an Frank Wedekind erinnere. Wie der eine der »Freundfeinde« als Kriegsgegner in der Rolle des pazifistischen »Ideologen« und des subversiven Agenten der Rüstungsindustrie, scheitere auch der andere als Kriegsbefürworter und späterer Kriegskanzler an der Macht der Militärs; »beide sündig durch Hybris«, die sie im Freitod sühnen. Formal ein »Dialogroman« bzw. ein »Drama« mit »ausführlichen Regiebemerkungen«, sei *Der Kopf* weder ein »Schlüsselroman« noch ein auf pure »Richtigkeit« historischer Faktenwiedergabe bedachter Geschichtsroman, sondern »eine geniale Kolportage« bzw. »etwas schlechthin Neues«, um »zur tieferen Wahrheit, also zum Gleichnis zu kommen«, d. h. ein Erzählexperiment, das »historische Möglichkeiten« vorführt, »die in der Wirklichkeit nicht Ereignis wurden«. Während im *Zauberberg* des Bruders »das Gewöhnliche mit enormer Kunst zum Gleichnis« gemacht würde, greife Heinrich Mann »zum Ungewöhnlichen und Außerordentlichen« und springe »mitten in das Zentrum«, wozu »der größere Mut« gehöre. *Der Kopf* sei womöglich »als überpersönliches Dokument wichtiger« und eher »wilhelminisch« im Versuch »hybrishafter Kühnheit«, den historischen Stoff »legendarisch zu verschieben«. – Der Rezensent (geb. 20. 1. 1891 in Jeßnitz/Anhalt, gest. 16. 5. 1946 in Berlin), als Journalist und Schriftsteller tätig, unterrichtete 1915 Vortrags- und Redekunst an der Universität Königsberg, war 1917 Feuilletonredakteur der ›Königsberger Allgemeinen Zeitung‹, ab 1925 der Berliner ›Vossischen Zeitung‹ und ab 1932 Feuilletonchef der ›BZ am Mittag‹.

Sarnetzki, D[etmar] H[einrich]: *Der neue Roman von Heinrich Mann. Der Kopf.*

In: ›Kölnische Zeitung‹. Köln. Jg. 124, 1. Morgen-Ausgabe, Literatur- und Unterhaltungsblatt Nr. 429 vom 13. Juni 1925, S. (2).

Gegen die vorige Rezension gerichtet, die einer mit Heinrich Mann »gesinnungsverwandten linksdemokratischen« Haltung entspräche, wird mit dem Autor generell aus unverkennbar national-konservativer Sicht abgerechnet und *Der Kopf* als politisch-moralisches »Pamphlet in Romanform« verrissen, das den Wunsch ausländischer Propaganda nach Pseudobeweisen »für die deutsche Kriegshetze und Kriegsschuld«

bediene. Obwohl eine »großzügige Idee im dramatischen Aufbau« nicht bestritten wird, sei der Roman gänzlich unhistorisch, voller abseitiger Figuren, in Handlungsverlauf, Stil, Sprache und Gehalt völlig verfehlt: »strotzend von Unwahrscheinlichkeit«, »böswilliger Karikatur«, »dem Expressionismus abgelauschten Unklarheiten [...], die lieblose Groteske eines in seiner Manier verrannten antinationalen Pathologen und überkünstelten Ästheten.« Die Tendenz des Werks sei »charakteristischer für die Gegenwart«, in der es an »menschlicher und nationaler Würde« fehle, »als das groteske Marionettenspiel des Inhalts für die Vergangenheit«. Heinrich Mann bleibe »ein feindlich-gehässiger Kritiker«, der mangels »Blutverbundenheit mit dem Volke« kein »Herz« für Deutschland habe. – Der Rezensent (geb. 26. 11. 1878 in Bremen, gest. 24. 8. 1961 in Köln) war von 1903 bis 1943 Redakteur der ›Kölnischen Zeitung‹ und auch schriftstellerisch tätig.

Fechter, Paul: *Roman und Pamphlet. ›Der Kopf‹ von Heinrich Mann.*

In: ›Deutsche Allgemeine Zeitung‹. Berlin. Jg. 64, Nr. 288 vom 21. Juni 1925, Sonntagsbeilage ›Welt und Werk‹, S. (1).

Abdruck: *HM/TM-Katalog*, S. 285–290.

Dieser polemische Verriss, unverkennbar geschrieben aus der Sicht des antirepublikanisch eingestellten ›Jungkonservativen‹, gibt der Abneigung gegen die inzwischen »versöhnten Brüder« Mann Ausdruck und hält den *Kopf* für »kein erquickendes«, sondern an eine »peinliche Nichtigkeit« verschwendetes Werk. Niemals könnten »die politischen, wirtschaftlichen, geistigen Kräfte wirklich eine solche Auslese von Dummheit und Brutalität, Haltlosigkeit und Schieberei« gewesen sein, wie es suggeriert werde. Misslungen sei zudem, in der »feindseligen Freundschaft« zwischen Terra und Mangolf »das Bürgertum in zwei wesentlichen Kräften« darzustellen. Künstlerisch völlig misslungen sei die verwirrende Konfrontation von mehreren Realitäten: die frei »erfundene Wirklichkeit« der Protagonisten und meisten Frauengestalten, »die unverschleierte Wirklichkeit des Kaisers, der redend und handelnd auftritt«, die »leicht verschleierte Wirklichkeit des Fürsten Bülow, des Admirals Tirpitz, des Herrn v. Holstein und anderer Menschen jener Zeit« sowie »eine sozusagen sezierte Wirklichkeit als dritte: Bethmann-Hollweg wird in zwei Nachfolger Bülows zerlegt, in seine adlige und seine bürgerliche Komponente aufgeteilt.« Die Lektüre nötige einem den »Kampf gegen Langeweile« und »Geschmacklosigkeit« ab. – Der Rezensent (geb. 14. 9. 1880 in Elbing, gest. 9. 1. 1958 in Berlin-Lichterfelde), Dr. phil., als Journalist und Schriftsteller tätig, war ab 1906 Redakteur der ›Dresdner Neuesten Nachrichten‹, von 1911 bis1914 bei der ›Vossischen Zeitung‹, 1918 – 1939 Redakteur der ›Deutschen Allgemeinen Zeitung‹ und 1933 – 1940 Mitherausgeber der ›Deutschen Rundschau‹. Er publizierte u. a. die weitverbreitete literaturgeschichtliche Darstellung *Dichtung der Deutschen* (Berlin: Deutsche Buchgemeinschaft 1932) und bekannte sich zum Nationalsozialismus.

Feder, Dr. Ernst: *›Der Kopf‹. Ein neuer Roman von Heinrich Mann.*

In: ›Berliner Tageblatt‹. Jg. 54, Nr. 297 vom 25. Juni 1925, Abend-Ausgabe, S. (4).

Der Kopf wird als »großes Werk« gelobt, »das die Dächer von vielen Häusern der Kaiserzeit hebt« und das »ein zerfallendes politisches System, das Versagen der Oberschicht im Zeitalter Wilhelm II.« mit »Mut, Aufrichtigkeit und verschwenderischer Phantasie« darstelle. Die Auflösung des Geschehens im Dialog und »atemberaubenden Tempo« erziele »eine hohe Intensität« des Erzählten. Frappant sei präzise Charakteristik historischer Personen durch Details und die Fülle der zeitgeschichtlichen Anspielungen, auf »Algeciras, Björkö, den ›Daily-Telegraph‹-Artikel und den Panthersprung nach Agadir« beispielsweise. Am Romanschicksal Terras und Mangolfs zeige der Autor das Scheitern der Wege zur Macht durch entweder idealistische Überlistungsversuche oder rücksichtslose Anpassung und das Scheitern von Liebesbeziehungen, die nur »Fortsetzung der Politik mit anderen Mitteln« sind. Die Protagonisten stünden zum Schluss vor der Erkenntnis: »Nicht der Volksstaat folgt dem Beamtenstaat, sondern die Herrschaft der Interessenten, durch die staatspolitisches Denken ausgeschaltet wird.« – Der Rezensent (geb. 18.3.1881 in Berlin, gest. 29.3.1964 ebd.), als Rechtsanwalt, Notar und Journalist tätig, war von 1919 bis 1931 leitender Redakteur für Innenpolitik des ›Berliner Tageblatts‹. Er emigrierte 1933 nach Paris, 1941 nach Rio de Janeiro; in Petropolis war er Nachbar Stefan Zweigs (1881 bis 1942) und kehrte 1953 nach Deutschland zurück.

Kunze, Wilhelm: *Zwei literarische Neuerscheinungen.* In: ›Die Drei. Monatsschrift für Anthroposophie, Dreigliederung und Goetheanismus‹. Stuttgart. Jg. 5 (1925), Heft 3 (Juni), S. 237–240. [Rezension zu Thomas Mann *Der Zauberberg* und Heinrich Mann *Der Kopf*]

Die Brüder Mann und ihr Romanschaffen werden als »in ihrer Wesensrichtung auseinanderstrebend« charakterisiert: Thomas Mann als »der Diplomat, Unzeitgemäße, Aristokrat« und kalt Distanzierte, der »begreiflicherweise mit besserem Erfolg« das »öffentliche Leben« ignoriere; Heinrich Mann dagegen als »der Politiker« und »Zeitgenosse«, der mit Empathie für Menschen »Farbe bekennt«. Während *Der Zauberberg* nur Beispiel der obsoleten Formkultur einer »alten, leergelaufenen Generation« sei, verdiene *Der Kopf* die Anerkennung der »Jugend«, die das Schicksal Mangolfs und Terras tiefer berühre als ironische Arabesken um einen »Privatmann in Davos«. Doch mangele es auch Heinrich Mann an notwendiger »Kraft der Erneuerung«, die den Intellektualismus durch eine neue »Intellektualität des Herzens« zu überwinden vermöchte. Die immanente Botschaft des Romans, »die Finger von der hohen Politik und jeglicher Karriere zu lassen«, vermittle den Eindruck, dass der Autor im *Kopf* mit seinem ›Latein‹ am Ende sei. – Der Rezensent (geb. 1.11.1902 in Nürnberg, gest. 1.7.1939 ebd.) war Erzähler und Lyriker. Siehe auch Materialien Nr. 55 und 56.

Binz, Arthur Friedrich: *Heinrich Mann und sein neuer Roman Der Kopf.*

In: ›Kölnische Volkszeitung‹. Köln. Jg. 66, Nr. 479–481 vom 2. Juli 1925, ›Literarische Beilage‹ Nr. 26, S. 1 f. [Gekürzte und leicht veränderte Fassung wiederabgedruckt in der Sammelbesprechung: *Neue Prosadichtungen.* In: ›Orplid. Literarische Monatsschrift in Sonderheften‹. Mönchen-Gladbach und Köln. Jg. 2 (1925/26), Heft 9, Dezember 1925, S. 363–368, S. 364 f.]

Einleitend werden schriftstellerische Leistung und die Rolle Heinrich Manns gerühmt, zugleich aber historisiert. »Vielleicht war er der erste Romandichter in Deutschland [...], der die Welt des großen Schwindels und der Schiebungen, die Welt der geblähten Bäuche, den ganzen tollen Hexensabbat« in der Literatur zu spiegeln vermochte und früher und tiefer als alle »hinter die Schminke« der Gesellschaft sah. Heute jedoch habe sich seine Wirkung »verbraucht«. Er scheine, wie Maximilian Harden, »mit dem Regime, das er, solange es herrschte, bitter bekämpfte«, nun selber »gestürzt«. *Der Kopf* sei wegen seiner Orientierung am Gestern eine »fragwürdige Angelegenheit«, »eine gläserne Groteske auf das Regime Wilhelms II.«, zwar »in einer bewundernswert ironischen Hochdramatik« erzählt, indessen wirke »die ganze Maskerade [...] tönern«, und alle Figuren seien »auf Draht gearbeitet«: »es fehlt das Blut«. Die junge Generation wolle heute andere Dichtungen, solche »die emporreißen aus Zusammenbruch und Untergang« und wieder von ewigen Werten und positiven Einstellungen künden. – Der Rezensent (geb. 26. 11. 1897 in Saarbrücken, gest. 13. 12. 1932 ebd.) war Volksschullehrer, der sich auch als Schriftsteller, Literaturkritiker und Essayist betätigte.

Les[z]er, Jonas: *Prosa.*

In: ›Wissen und Leben. Neue Schweizer Rundschau‹. Zürich. Jg. 18, Bd. 28, H. 11/12, 10. Juli 1925, S. 759–771. [Sammelrezension; zu *Der Kopf*, S. 766–771]

Wie vom Verlagslektorat nicht anders zu erwarten, wird *Der Kopf* als bedeutende Neuerscheinung des prominenten Autors beworben: »In letzter Ironie gegen die bürgerliche Zivilisation, dem Kommenden leidenschaftlich dienend«, stelle er »die tief unechte und menschenfeindliche wilhelminische Epoche« dar, erfasse die Zeit des »militärisch-industriellen Gewaltrausches« und Ära des »schamlosesten, die Volksseele verfälschenden und vergiftenden Widergeistes, [...] bitterer Unfruchtbarkeit und Hoffnungslosigkeit in allen Triumphen und Orgien des Erwerbs und des Genusses, der Gier und Lüge: Leerlauf und Abtanz und das Chaos am Ende [...].« Nach Thomas Manns »Selbstkorrektur« der Überzeugung, »alles Gesellschaftliche« sei »äußerlich und zweiten Rangs«, und der Aussöhnung der Brüder sei der Gegensatz zwischen einer individualisierenden Dichtung sogenannter deutsch-metaphysischer »Innerlichkeit« und der angeblich nivellierenden Literatur der westeuropäisch-zivilisatorischen »Äußerlichkeit« als kunstideologische Fiktion überwunden: »Der höchste Bildungsroman heute ist Thomas Manns *Zauberberg*, der bedeutendste gesellschaftskritische Heinrich Manns neuer Roman *Der Kopf*.« Sprachlich biete der Roman die »beste nachnietzschische« Prosa, inhaltlich »das plastische Bild der Generation zwischen 1890 und 1918, ihre geistige Erschlaffung und [...] sittlichen Abstieg«, am Beispiel zweier »in Liebeshass« verbundener Freunde großbürgerlicher und kleinbürgerlicher Herkunft, die in ihrem Karrierestreben, über diese ›Bürgerlichkeit‹ hinauszugelangen, scheitern. »Sie gehören zusammen als die beiden Seiten des korrumpierten Intellektualismus.« Auch Terra sei »Narr und Opfer« zugleich, im Vergleich mit Mangolf die problematischere Figur, in der sich eine »unerhörte Scharlatanerie und Verschlagenheit« mit »zynischem Spieltrieb« verbinde. Zur Vertiefung der Lektüre wird auf den Essay *Kaiserreich und Republik* und auf die Novelle *Kobes* hingewiesen. Wie *Der Kopf* einen »Industrie-Absolutismus, Demokratie genannt,« prognostiziere, gestalte die Groteske bereits »den Mythos von den überlebensgroßen Wirtschaftshyänen«. Deren Wahl- und Wahrspruch laute dort: »Leben müssen nicht Menschen, sondern die Wirtschaft.« Das sei, so die Botschaft, als »neue Religion« zu befürchten. – Der Rezensent (geb. 3. 8. 1895 in Czernowitz, gest. 9.2.1968 in London), Dr. phil., war Lektor des Zsolnay-Verlags in Berlin und auch als Essayist und Übersetzer tätig; 1938 emigrierte er nach England.

Beßmertny, Alexander: *Bücher-Querschnitt.* In: ›Querschnitt‹. Berlin. Jg. 5, Heft 7, [Juli] 1925, S. 634 f. [Kurzrezensionen; zu *Der Kopf*, S. 634]

Die Notiz würdigt das Buch als raffinierte »Kolportage« des real-grotesken Kaiserreichs, die Sprachartistik für Kenner mit »Kintoppgeschehen« für viele verbinde. – Der Rezensent (geb. 20.3.1888 Sankt Petersburg/Russland, hingerichtet 22.8.1943 Berlin-Moabit), Dr. jur., war Schriftsteller und Essayist, ab 1918 Mitarbeiter der ›Prager Presse‹ und des ›Querschnitt‹; er emigrierte 1933 nach Frankreich und wurde 1939 in Prag als Jude denunziert und verhaftet.

Br[aun], H[arald]: *Thomas, Klaus und Heinrich Mann.* In: ›Eckart. Blätter für evangelische Geisteskultur‹. Berlin. Jg. 1 (1924/25), Nr. 10 [Juli 1925], S. 278–280.

Anlässlich der zu Thomas Manns 50. Geburtstag publizierten Würdigungen von Arthur Eloesser (S. Fischer Verlag 1925) und von Oswald Brüll (Rikola-Verlag 1925) wird zu erklären versucht, warum dieser, »der ganz und gar nicht ›Moderne‹, der staatlich und akademisch Anerkannte«, gerade der jungen Generation (protestantisch) religiöser Prägung mehr zu sagen habe als Sohn Klaus und Bruder Heinrich. Beiden fehle die Kraft moralischer ›Güte‹ zur Synthese »des Zwiespältigen mit der Persönlichkeitsmacht des Einenden«. Der Novellenband *Vor dem Leben* entfalte einen »wirren Komplex halberfaßter, irregeleiteter, überbildeter Problematik meist erotischer Natur, in einer nervösen Angestrengtheit, wie sie die heutige Jugend als unseliges Erbe mit sich herumschleppt«. Heinrich Manns Roman *Der Kopf* sei ohne künstlerische »Berechtigung«, weil er nicht an die »brennenden Gegenwartsfragen« rühre und »bis zum Überdruß Gesagtes und Erlebtes« nur wiederhole, ohne »neue Zuversichten und Zukunftskräfte« hervorzurufen. Der Roman beweise, dass trotz der menschlichen Versöhnung der Brüder der weltanschauliche und literarische Gegensatz, eine »deutsch-ideelle Volksverbundenheit«

auf der einen, »westlich orientiertes Zivilisations-Literatentum« auf der anderen Seite, fortbestehe. – Der Rezensent (geb. 26. 4. 1901 in Berlin, gest. 24. 9. 1960 in Xanten), als Autor und Filmregisseur tätig, gab 1931 die Anthologie ›Dichterglaube. Stimmen religiösen Erlebens‹ heraus und war ab 1955 Mitglied der Akademie der freien Künste.

Kamp, Dr. A.: *Kunst und Wahrheit. Bemerkungen zu zwei neuen Romanen.*

In: ›Der Gral. Monatsschrift für schöne Literatur‹. Essen. Jg. 19 (1925), Heft 10, Juli 1925, S. 495–497.

Im Gegensatz zum (katholisch) »romantischen Pessimismus« in der deutschen Literatur, welcher »Anteilnahme und Liebe« verbreite, menschliches »Leid durch Humor« überwinde und »gütig, allverstehend« die ganze Wahrheit des Lebens erfasse, erweise sich Heinrich Mann in seinem Roman *Der Kopf* als ein »naturalistischer Pessimist«, als Autor ohne »metaphysische Verankerung« und Sinn für Erhabenes: »Nirgendwo reichen die Maße bis an das Herz des völkisch deutschen Seins.« Er schildere alles einseitig: »Die aufstrebende Schwerindustrie ist ihm *bloß* eine Verbrecherbande, die Alldeutschen sind ihm *nur* großmäulige, gewissenlose Kriegshetzer. Der Gegenspieler [...] Terra schwankt in zweideutiger Haltung hin und her, bis auch er dem naturalistischen Pessimismus zum Opfer fällt. Graf Lannas [...] sieht den Abgrund und [...] *schlägt nicht drein* [...].« Wie Mann offenbare sich Hans Heyck in seinem Roman *Der Zeitgenosse* (Leipzig: Staakmann Verlag 1925) als ein technisch »glänzender« Schriftsteller, doch sei auch er nur ein »Schilderer pessimistischer Einseitigkeit«. – Lebensdaten des Rezensenten sind nicht bekannt.

Pey, Georges: *La trilogie de Henri Mann. »Der Kopf«* (Extrait).

In: ›La Revue Rhenane‹ (Rheinische Blätter). Mainz. Jg. 5, Nr. 10/11, Juli/August 1925, S. 590–593.

Thomas Mann wird unter Hinweis auf den *Zauberberg* als der sicherlich intelligentere und künstlerisch bedeutendere

Autor dem älteren Bruder gegenübergestellt, der in Deutschland im Ruf eines »enfant terrible« stünde. Tatsächlich sei er orientiert an abstrakten humanitären Ideen und verfehle so die Realität. *Der Untertan* wie *Die Armen* verbreiteten nur das Zerrbild einer »bourgeoisie militariste, expansionniste et impérialiste« oder des »capitaliste«, der ›natürlich‹ als borniert, egoistisch und brutal dargestellt werde. Auch *Der Kopf*, angekündigt als analytische Tragödie der Macht und der Intelligenz, hielte nicht, was die Verlagswerbung verspreche. In Terra lüge sich der Autor über die Ohnmacht des Denkens hinweg. Der Roman biete eine äußerst verwirrende Mischung aus Wahrheit und Dichtung, Geschichte und Phantasie: Mangolf sei kein Bethmann-Hollweg, Fürst Bülow in der Figur des Lannas kaum wiederzuerkennen, andere Gestalten könne man leicht identifizieren: Knack als Krupp, Fischer als Tirpitz, Tasse als Konterfei des Chirurgen Ernst von Bergmann, Pillnitz als das des Theologen Adolf von Harnack. Das Buch sei, was die Vergangenheit angeht, teilweise zwar aufschlussreich, besage aber nichts über die Zukunft, weshalb der Autor auch nicht mehr zum ›Führer‹ der Jugend tauge. Dem Verriss folgt eine Übersetzung der Passage über den kaiserlichen Auftritt im Salon der Gräfin Altgott, S. 371–376. – Zu Heinrich Manns Reaktion siehe Materialien Nr. 66. – Die Lebensdaten des Rezensenten sind nicht bekannt.

Helbling, Carl: *Heinrich Manns neuer Roman.*
In: ›Neue Zürcher Zeitung‹. Zürich. Jg. 146, Nr. 1244 vom 9. August 1925, Zweite Sonntagsausgabe, Blatt 6.
Obwohl »die bürgerliche Welt« wegen seiner ›hyperkritischen‹ Abrechnungen (in: *Der Untertan*, *Die Armen* usw.) mit »dem Bourgeoistum, der kapitalistischen Weltordnung, der sozialen Einstellung der Mehrheit« nicht grundlos auf Heinrich Mann »schlecht zu sprechen« sei, wird *Der Kopf* als exzeptionelles Werk empfohlen, zumal darin die »oft beklagte Gehässigkeit einer milderen Schau des Seins und Geschehens gewichen ist«. Die Figur Terra wird als »kostbare« Erfindung hervorgehoben, deren »Wesenszug die Dialektik ist, der diamantscharfe Geist der Destruktion«, und die »Ge-

walt der Spannung« im Erzählen als »großartig«, habe man die ersten hundert Seiten nur hinter sich. Andersgesinnten dürfte missfallen, wie die »Katastrophe Deutschlands« im Roman gestaltet werde: »Der Aufstieg war ein Triumph der Industrie, der die Skepsis fehlt und die durch Eroberungen den Staat größer machen will, während eine ältere Schicht schon nicht mehr ganz an die Macht glaubt. Die Industriellen sind Führer, Hand in Hand mit den aus Glauben und Willen forschen Militärs.« Doch handle es sich nicht mehr um eine »Anklage«; auch der Freitod der Protagonisten, die »ihrer Führerschaft enthoben« sind, wird als »versöhnlicher« Schluss gedeutet. Entweder werde, wozu man übrigens »kein Bolschewist« sein müsse, die »ehrlich-anständige« Gesinnung hinter der Sichtweise Heinrich Manns anerkannt, »auch wo sie nicht geteilt wird«, oder die Zeitromane seien »von Anfang an zur Makulatur verdammt«. – Zu Lebensdaten des Rezensenten (geb. 16. 12. 1897 in Rapperswil/Kanton St. Gallen, gest. 17. 6. 1966 in Zürich) siehe auch Materialien Nr. 60.

Bertaux, Félix: *Heinrich Mann: Der Kopf.*
In: ›Europe‹. Paris. Jg. 3. Tome VIII, Nr. 32 vom 15. August 1925, S. 495–498.

Heinrich Manns Roman *Der Kopf* wird als Finale des in den beiden Vorgängerromanen entworfenen kritischen Sittenbilds der wilhelminischen Vorkriegsgesellschaft gerühmt. Er zeige u. a., dass das öffentliche Leben nicht durch Persönlichkeiten geprägt gewesen sei, die der Entwicklung Deutschlands zu einer ›normalen‹ Nation hätten förderlich sein können. Stattdessen habe die Idee der Macht wie ein »panthéisme primitif« das Denken aller Schichten durchdrungen, das ›Phantom‹ des Reichs als eines überwältigenden ›Imperiums‹. Kulturkritische Stimmen, wie diejenige Nietzsches, seien dagegen nicht zum Zuge gekommen. Dem Bürgertum, das sich nach Niederlage und Revolution durch den *Untertan* angegriffen fand, habe der Autor als »furchtbarer Kerl« gegolten, während die ›ironische‹ Schreibweise Thomas Manns goutiert worden sei. *Der Kopf* intendiere weder eine ›Reinwaschung‹ noch eine Verurteilung Deutschlands. Die kaiserliche Administration erscheine als ein fehllaufender bürokratischer

Apparat, indes die Großindustrie zur eigentlichen Staatsmacht aufrücke. Hinter Mangolf werde Maximilian Harden erkennbar. – Zu dem mit Heinrich Mann befreundeten Rezensenten (geb. 9.11.1881 in Dombras/Frz.-Lothringen, gest. 19.9.1948 in Sèvres) siehe auch Materialien Nr. 18 und weitere Dokumente. Auf den Roman *Der Kopf*, »den der Autor uns noch schuldet«, und der »die herrschende Klasse« bzw. ›die oberen Zehntausend‹ zum Gegenstand haben werde als ein Gegenstück zum *Untertan*, der nur »die herdenhafte Masse« beschreibe, hatte der Freund schon am 1. November 1924 hingewiesen. (*Heinrich Mann*. In: ›La Revue européenne‹. Paris; Abdruck in: *Bertaux-Briefwechsel*, S. 707–720, Zitate S. 717)

Posselt, Erich: *Recent German Books.*
In: ›The Saturday Review of Literature‹. New York. Jg. 2, 29. August 1925, S. 87. [Sammelrezension]
Die kurze positive Würdigung stellt den Roman (»The Head«) als dritten, doch unabhängigen Band der *Kaiserreich*-Trilogie vor. Terra und Mangolf werden als typische Vertreter der abgrundtief gespaltenen »ruling classes« aufgefasst: rein und aufrecht im Kampf für die Wahrheit der eine, skrupellos auf Erfolg bedacht der andere; der Roman sei, abgesehen von den *Göttinnen*, Heinrich Manns vorläufig bester. – Der Rezensent (geb. 27.5.1892 in Neustueck/Böhmen, zuletzt erwähnt 1935) war Journalist, Schriftsteller und Feuilletonist, Mitglied des Deutsch-amerikanischen Schriftstellerverbands.

Flake, Otto: *Schreibende Welt.*
In: ›Die Neue Rundschau‹. Berlin und Leipzig. Jg. 36 (1925), Heft 8 (August), S. 865–876. [Sammelrezension; zu *Der Kopf*, S. 865–867]
Aus Sicht des auf ›Augenhöhe‹ mit Formfragen des modernen Romans beschäftigten Autors wird der Erzählmodus Heinrich Manns als ›graphisch‹ problematisiert. *Der Kopf* vollziehe »die Umwandlung des Stoffes in eine Folge radierter Blät-

ter«, die an Callots Manier erinnere. Zudem erschwere die »Symbolik«, »ein Zuviel an Kunst«, das Verständnis. Ihn befremde, so das Stichwort, die »morbide Gotik« und die »Flamme Mephistos« in der »zugespitzten« Schreibweise. Einem auf die »Dämonie« der »Intrige« zielenden »Temperament« müsste die Form des Dramas näherliegen. Handlungsmotivation und Charaktere der Figuren, »brüchige, unfreie [...] gehetzte«, »die Schicksal nicht formen, sondern erleiden«, seien nicht »zwingend«. Das Neue, »diese Existenzen ins Tragische zu heben«, bezeuge zwar eine existentielle ›Reifung‹ des Autors, doch fehle den Gestalten die vormalige ästhetizistische Sinnlichkeit bzw. parodistische Genauigkeit Mannscher Figuren. Ferner sei die ›Systemkritik‹ im Roman nicht mehr eindeutig wie früher, als der Autor die »Symptome der Morbidheit der deutschen Gesellschaft« zuerst erkannte. Mit *Der Kopf* habe endlich ein »Republikaner« einen »großen politischen Roman« vorgelegt, jedoch leider nicht in einer Form, »die dem Arbeiter, dem Leser von Zola und Sinclair«, eingängig wäre. – Der Rezensent (geb. 29. 10. 1880 in Metz, gest. 10. 11. 1963 in Baden-Baden) war damals ein bekannter Romanautor. Siehe auch Materialien Nr. 64.

Schultze, Käte: *Zeitgenössische Literatur. Heinrich Mann: »Der Kopf«.*

In: ›Neueste Nachrichten‹. Braunschweig. Jg. 29, Nr. 221 vom 20. September 1925, Beilage ›Der Sonntag‹, S. 3 f.

Die Rezension gehört zum antisemitischen ›Binnendiskurs‹ in der Literaturkritik. Trotz der »Überdurchschnittsleistung und fesselnder Wirkung«, die man dem Roman zugestehen müsse, beweise *Der Kopf* ein weiteres Mal, dass sein Urheber kein »Ekstatiker, sondern der Hysteriker großer Gefühle; nicht der Lebendigmacher, sondern der Poseur großer Gesten ist«. Zu weit ginge aber, ihn als »nationalen Schädling« (Adolf Bartels) abzutun. Dennoch dürfe bei der »ernsten Beurteilung Heinrich Manns [...] seine Blutmischung nicht vergessen werden. In ihr finden wir den Schlüssel zu manchem, was uns befremdet.« Im Übrigen sei dieser deutsche »Begründer des

Erotismus« in der Nachfolge d'Annunzios »persönliche Geschmackssache« und kein »literarisches Problem«. Nicht ganz unzutreffend berichte der Roman die historischen Vorkommnisse der Ära Bülow, obschon nur in der »Teilwahrheit seiner Tendenz«. Richtig sei die Charakteristik der ›Intellektuellen‹ durch die Figuren Terra und Mangolf: »der eitle Intellekt untergrub eine ganze Epoche und beschwor den Krieg. Und die ›Köpfe‹, die Intellektuellen, die Führer dieser Epoche, sie stürzten – und sie litten – denn sie hatten begriffen.« – Die Lebensdaten der Rezensentin sind nicht bekannt.

Grolman, [Adolf] v[on]: *Mann, Heinrich: Der Kopf. Roman. Wien: Paul Zsolnay 1925.*

In: ›Die schöne Literatur‹. Leipzig. Jg. 26, Nr. 9, September 1925, S. 404.

Nicht weiter erläuterte Antipathie aus politischer Gesinnung schließt auch Thomas und Klaus Mann, deren »dichterische Vorstellungskraft« ähnlich »spärlich« sei, in die Polemik gegen den Roman mit ein. Sein künstlerischer Wert wird wegen der »Inhalts-, Gestalt- und Belanglosigkeit« der Figuren als gering eingeschätzt. Möglicherweise sei er Gegenstück zu Thomas Manns *Betrachtungen eines Unpolitischen.* – Der Rezensent (geb. 6. 10. 1888 in Karlsruhe, gest. 17. 8. 1973 ebd.), Dr. jur. et Dr. phil., war 1919–1922 Privatdozent in Gießen und später freier Schriftsteller; nach der NS-Zeit gab er die Schriftenreihe ›Oberrheinisches Geistesleben‹ (1946 ff.) und die Hamburger ›Texte europäischer Literatur‹ (1947 ff.) heraus.

Mann, Klaus: *Heinrich Manns neuer Roman.*

In: ›Prager Presse‹. Prag. Jg. 5, Morgen-Ausgabe Nr. 285 vom 18. Oktober 1925, Beilage ›Dichtung und Welt‹ Nr. 42, S. (1 f.).

Der Neffe rühmt den *Kopf* als eine Überbietung der bisherigen Bände des Onkels zur politisch-sozialen Analyse und Anklage, die »über das Politische weit hinaus« reiche und einer »ewigen Trauer« Ausdruck gebe. In Mangolfs und Terras Schicksal sei die unglückliche Geschichte des deutschen Volkes angedeutet, und der »Unterschied«, »daß das Volk, dumpfer, unbewußter, träger als Organismus weiter leben muß und darf, während die Einzelnen, die Stellvertretenden, die unerbittlich Auserlesenen, die ›geistig Ehrenhaften‹, daran sterben müssen«. *Der Kopf* sei ein »verzweifelter, pessimistischer, im tiefsten ›Nein‹-sagender Roman«, wichtig auch als eine »radikale Absage« an »manch utopistisch sehnsüchtigen Traum«. Er sei das »erschütterndste Dokument« einer »Enttäuschung« und »das große Geständnis einer Generation, die so viele Hoffnungen vergehen, so wenig Gutes zur Wahrheit reifen sah«. – Thomas Manns ältester Sohn Klaus (geb. 18.11.1906 in München, gest. 21.5.1949 in Cannes) war Schriftsteller und Journalist.

Bertaux, Félix: ›*Der Kopf*‹ *par Heinrich Mann.*
In: ›La Nouvelle Revue Française‹. Paris. Tome 25, Nr. 145, Oktober 1925, S. 510–512.
Heinrich Mann wird kurz als politischer Autor vorgestellt, der sich eine deutsche Demokratie nach dem Vorbild der Republik in Frankreich wünsche. Nach einer Charakteristik des Autors als ›Dramatiker‹ (*Madame Legros, Das gastliche Haus*) wird das Interesse auf den Romancier gelenkt, dem in jedem seiner Romane eine neue Synthese aus dem Leben der Menge und repräsentativer Typisierung gelinge. Hervorgehoben wird der Dynamismus der Schreibweise des »père de l'expressionisme«, die der Filmkunst nahestünde. Parataktische Kürze und wilder Rhythmus als Eigenheiten seines Stils würden am szenischen Auftritt Wilhelms II. im Salon der Gräfin Althof [Altgott] im Roman *Der Kopf* exemplarisch deutlich.

Rosenfeld, Fritz: *Soziale Dichtung.*
In: ›Der Kampf. Sozialdemokratische Monatsschrift‹. Wien. Jg. 18, Nr. 10, Oktober 1925, ›Bücherschau‹, S. 398–400.
Der Roman wird hymnisch als Abschluss einer »gigantischen Romantrilogie« gefeiert, in der die deutsche Gesellschaft der

wilhelminischen Zeit »systematisch« und »objektiv« dargestellt sei. *Die Armen* werden als »Roman der Opfer«, *Der Untertan* als »Roman der Stützen« des Reichs bezeichnet und *Der Kopf* als »Roman der Schuldigen« gedeutet. Dort träten bekannte Persönlichkeiten des politischen und wirtschaftlichen Lebens »in sehr dünnen Verhüllungen« auf. Nicht Wilhelm II., »der größenwahnsinnige, eitle Phrasenheld und Säbelraßler« sei mit dem Romantitel gemeint, sondern zum einen die regierenden Mächte, »die Schwerindustrie und die Offiziersclique«, und in »bedeutsamer Doppelsymbolik« die beiden Protagonisten, die Verkörperung »der widerstrebenden Anlagen und Absichten *eines* Menschen« seien: Idealismus versus Realismus, Streben nach Gerechtigkeit versus Erfolgsmoral. Beide scheiterten an sozialen Strukturen und politischen Machtverhältnissen. Die Typisierung in unterschiedlichen Graden der Verschlüsselung könne man wie folgt auflösen: Knack (Krupp), Firma Putois-Lalouche (Schneider-Creuzot), Schellen (Scherl), Hummel (Wildenbruch), ohne Figurenname (Ballin, Claß, Tirpitz und Hollstein), »während die drei Kanzler Lannas, Tolleben und Mangolf mit den Kanzlern Hohenlohe, Bülow, Bethmann-Hollweg und Michaelis in nicht immer gradliniger Beziehung« stünden. Als Hauptschuldige würden Rüstungsindustrielle, die Alldeutschen und die Militärs benannt. In der Devise: *»Siegen oder nicht läßt uns kalt. Der Feind ist das Arbeiterschwein«* habe der Autor ein für alle Mal den verlogenen Patriotismus der ›Herrschenden‹ und die wahre Funktion nationalistischer Propaganda demaskiert. – Der Rezensent (geb. 5. 12. 1902 in Wien, gest. 1987 in Bexhill/East Sussex) war Germanist und als Journalist und Dramaturg tätig; er emigrierte 1934 in die Tschechoslowakei, 1939 nach England und lebte zuletzt in Orpington/Kent.

Kurtz, Rudolf: *Mensch in der Zeit.*
In: ›Die Literarische Welt‹. Berlin. Jg. 1, Nr. 6 vom 13. November 1925, S. 4. [Sammelbesprechung]
Wie Carl Einsteins Roman *Bebuquin oder die Dilettanten des Wunders* (Berlin-Wilmersdorf: Verlag der Wochenschrift DIE AKTION 1912 bzw. 1917) bezeuge *Der Kopf* das Di-

lemma moderner Schriftsteller, »einen metaphysischen Ort außer der Zeit« schaffen zu wollen, ob nun als »Utopie oder historischer Roman«, aber »umso unentrinnbarer« der Gegenwart verhaftet zu sein, je mehr sie diese als historische Gegebenheit von sich distanzieren möchten. Auf »empirische Gültigkeit« käme es in dem Roman, »in dem sich gegebene geschichtliche Vorgänge, kühn konstruierte Situationen, überraschende Aussprachen beziehungslos überschneiden«, nicht an. Es sei ein »herrliches« ›Manifest‹ »der Freiheit eines Dichters«. Bemerkenswert ist die Anmutung, dass das Buch sozusagen »in Null« aufginge: »die künstlerischen Mittel haben [...] den Dichter liquidiert.« – Der Rezensent (geb. 31.12.1884 in Berlin, gest. 26.7.1960 ebd.), Essayist und Schriftsteller, war ab 1913 Filmdramaturg und ab 1916 Direktor der Film-Unions AG (später Ufa), in den 20er Jahren Chefredakteur der ›Lichtspielbühne‹, 1945–1953 der Herausgeber des ›Nacht-Express‹.

Spenlé, Jean-Édouard: *Lettres allemandes. Le roman politique et social.*

In: ›Mercure de France‹. Paris. Jg. 36, Tome 184, Nr. 658, 15. November 1925, S. 253–260. [Besprechung zur Kaiserreich-Trilogie]

Der Kopf wird als Abschluss der politischen und sozialen Romantrilogie begrüßt, in der Heinrich Mann verschiedene Aspekte der deutschen Gesellschaft gültig fixieren wollte. *Der Kopf* sei eine stärker pessimistisch geprägte Darstellung der wilhelminischen Führungsschicht, genauer, der Intelligenz. Im Hintergrund stünde vor allem die Auseinandersetzung mit Friedrich Nietzsche und Frank Wedekind. Die Protagonisten repräsentierten zwei Typen der »intellectuels« im Widerstreit. Mangolf stelle eine Art intellektuellen ›Untertans‹ dar; Terra sei Heinrich Manns Sprachrohr. *Der Kopf* sei eine »chronique scandaleuse« der wilhelminischen Ära und ein Versuch, hinter die Maske des immoralischen Zynismus und des Nihilismus zu blicken. Das dem Suizid vorausgehende Gespräch zwischen Terra und Mangolf könne als politisches Testament Heinrich Manns gelesen werden. Dass der Autor die Rolle als ›Führer‹ der demokratischen Jugend in Deutschland oder die Funktion der Intellektuellen dementiere, sei dennoch zweifelhaft. – Zur positiven Reaktion Heinrich Manns siehe Materialien Nr. 70. – Der Rezensent, Professor für Germanistik an der Universität Straßburg, publizierte Schriften über die deutsche Romantik, die Gründe der Zustimmung der deutschen Sozialdemokratie zum Krieg (1926) und die kulturkritische Studie *Deutscher Geist von Luther bis Nietzsche* (1942). Weitere Lebensdaten sind nicht bekannt.

Dürr, Erich: *Der Selbstmord des Kopfes.*

In: ›Die Literatur. Monatsschrift für Literaturfreunde‹. Stuttgart und Berlin. Jg. 28 (1925/26), Heft 2, November 1925, S. 75–77.

Der Kopf wird wegen »der Durchdachtheit der Komposition, dem Reichtum der Motive, der Schärfe des Blicks (in der nun einmal eingenommenen Richtung), der Plastik, Knappheit, dem Zielbewußtsein des Stils« nach als das »Nonplusultra« der *Kaiserreich*-Trilogie bezeichnet. Das Lob ist fast ›tückisch‹ zu nennen. Erstmals wird der Roman als künstlerische Selbst-Reflexion verstanden, als Versuch Heinrich Manns nämlich, sich »ein äußerstes Denkmal seiner selbst zu setzen«, das aber bewusst-unbewusst zum selbstkritischen ›Mahnmal‹ geraten sei: »Eine Überwindung, [...]: eine Selbstwiderlegung«, eine Art Endspiel der »moralischen Salti mortali« des ihm eigenen »Überintellekts«. Der Autor bekenne sich »mitverantwortlich für das, was hier, Motto: ›Weltgeschichte‹, geschieht«, und wegen dieser Einsicht erhalte sein neues Romanwerk »etwas Versöhnliches, Resignierendes«, bezeuge den längst fälligen »Übergang von anklägerischer Tendenz zur Feststellung des Unvermeidlichen«. Heinrich Mann habe erkannt, dass seine eigene Gesellschaftskritik der »Unfruchtbarkeit« der von ihm kritisierten Epoche ›kongenial‹ gewesen war. Den Roman als »Karikatur, boshaften Witz und Farce« zu kritisieren, wäre oberflächlich und unnütz: »Hier waltet ein Sarkasmus, der sich selbst zum Verhängnis wird.« Offen müsse bleiben, ob »der Hirnmensch Mann« bloß »seinen Tribut der Zeitdevise ›Los vom Kopf‹« zollte oder, »nach soviel romanisierendem Geist«, erfreulicherweise endlich »ins Lager der ewig Unpolitischen« eingeschwenkt sei. Die Frage nach der ›Wahrheit‹ der Details sei völlig nebensächlich: »Nicht eine historische Wirklichkeit, sondern eine geistige Möglichkeit galt es darzustellen«, noch genauer, eine »Unmöglichkeit«; »Der Drang zur Ausschaltung der Intelligenzen ist heute vielbemerkte, natürliche Reaktion auf die Hypertrophie der Gehirne.« Auch das Fazit überzeuge: »Der Kopf, der Führer, ›war nicht geschickt‹, im Doppelsinn des Wortes; sein Fehlen wurde Schicksal.« Doch verkenne der Autor, dass der Typus des »Intellektmenschen«, den er selber repräsentiere, in Deutschland immer schon minoritär gewesen sei. *Der Kopf* vollziehe »wider Willen« die Abdankung der als erfolglos blamierten (linksliberalen) ›Geistespolitik‹. »Neues werden die Jungen schaffen mit dem Glauben im Blut«, lautet der letzte Satz dieser gescheiten, jedoch für die intellektuelle ›Faschisierung‹ höchst aufschlussreichen Literaturkritik. – Der Rezensent (geb. 2. 10. 1889 in Cannstatt, gest. im August 1945) war Dramaturg am Mannheimer Theater und wurde Referent in Goebbels' Reichspropagandaministerium.

Strecker, Karl: *Romane und Novellen. (Neues vom Büchertisch).*

In: ›Velhagen & Klasings Monatshefte‹. Berlin, Bielefeld, Leipzig, Wien. Jg. 40 (1925/26), Bd. 1, Heft 3, November 1925, S. 348–351. [Sammelrezension; zu *Der Kopf*, S. 349 f.]

Der Verriss setzt die von Karl Strecker schon bei Gelegenheit der *Armen* und des *Untertan* beabsichtigte »Abschlachtung«, die auch Thomas Mann als niveaulos missfiel, unbeeindruckt fort. Im *Kopf* mühe sich ein eigentlich »unpolitischer Schriftsteller«, »aus Anekdoten, Kaffeehausgeschichten und Leitartikeln ein Zeitbild von der Regierung Wilhelms II. zusammenzuklauben« und natürlich vergebens mit literarischen ›Größen‹ wie Balzac und Zola zu konkurrieren. Die Erzählung habe »ursprünglich anderen Verlauf vorgesehen«. Mit »Drahtpuppen« wie Terra und Mangolf sei das »Thema eines Freundeshasses« verflacht. Wenn er meine, die volksbewussten Deutschen würden noch »hundert Jahre [...] jedem glauben, der ihnen von ihrer Pflicht und Größe spricht und nur ihr Geld will«, müsse man Heinrich Mann bedauern. – Der Rezensent (geb. 8.4.1862 in Dumadel b. Greifenberg/Pommern, gest. 19.2.1933 in Garmisch) war Journalist und Schriftsteller, ab 1901 Theaterreferent bei der Berliner ›Täglichen Rundschau‹ und später Mitarbeiter bei ›Velhagen & Klasings Monatsheften‹. Dort äußerte er sich zu *Die Armen* (Jg. 32, Bd. 1, Heft 4, Dezember 1917, S. 477 ff.) und zum *Untertan* im Vergleich mit den *Betrachtungen eines Unpolitischen* (Jg. 33, Bd. 2, Heft 8, April 1919, S. 216 f.). Gegen Streckers Versuch, ihn gegen seinen Bruder Heinrich auszuspielen (vgl. den Artikel: *Thomas und Heinrich Mann. Ein Vergleich nach ihren beiden letzten Werken.* In: ›Tägliche Rundschau‹. Berlin. Jg. 39, ›Unterhaltungsbeilage‹, Nr. 79 vom 15. April 1919, S. 1, und Nr. 80 vom 16. April 1919, S. 1), verwahrte sich Thomas Mann brieflich und reagierte privat ungehalten (vgl. den Brief an Strecker vom 18. April 1919 und die Tagebucheinträge vom 18./19. April 1919). – Abdruck in: *Der Untertan, StE* (1991), S. 599 f.

Schneider, Rudolf: *Heinrich Mann: »Der Kopf«.* In: ›Frankfurter Zeitung‹. Frankfurt a. M. Jg. 70, Nr. 946 vom 20. Dezember 1925, Erstes Morgenblatt, S. 1 f.

Das literaturkritische Urteil über den Roman fällt zwiespältig aus. Das Buch sei eine »kühne, leiderfüllte Anklage gegen eine Zeit, die schlecht war und schlecht ist, eine Abrechnung, bei der dem Gegner nichts geschenkt« und »das strenge Urteil gesprochen wird: das Todesurteil«. Vielleicht sei *Der Kopf* die berechtigte »Bankerotterklärung der Menschheit überhaupt«, »machtvoll auf unerbittlichem Geiste« beruhend, erzählerisch von »großer Spannung« und gedanklich in »blendende Form« gebracht. Doch scheine der Roman nicht »allen Strömungen gerecht geworden« zu sein und zu wenig »in der Jugend neue Hoffnung zu suchen«. Zu kurz kämen »Einflüsse und das Spiel des *Auslandes*« und »der Mensch« als *»Mensch«*. Die Figuren Heinrich Manns seien immer Charaktertypen, letztlich nicht »erlebt«, sondern »erdacht«. Auch die auf *»innere* Wahrheit« sich berufende kontrafaktische Gestaltung bleibe fragwürdig. Nichtsdestoweniger: »Wenn es wirklich so war«, wie uns der Autor belehren wolle, »dann war es ungeheuerlich.« – Der Rezensent (geb. 8.3.1890 in Antwerpen, gest. 18.5.1956 in München) war Schriftsteller und Journalist; 1933 wurden auch seine Bücher verbrannt; Schneider[-Schelde] war ab 1945 Sekretär der deutschen Gruppe des P.E.N.-Clubs und 1949–1951 stellvertr. Programmdirektor des Bayerischen Rundfunks.

S[chwabach], E[rik] E[rnst]: *Heinrich Mann: Der Kopf.* In: ›Zeitschrift für Bücherfreunde. Neue Folge‹. Leipzig. Jg. 18, Heft 2, März–April 1926, Beiblatt ›Neue Bücher und Bilder‹, S. 76f. [Rezension auch zu Thomas Mann: *Der Zauberberg*]

Anders als Thomas Manns Roman, dem weltliterarischer Rang vorausgesagt wird, erscheint *Der Kopf* als politisch motivierte »Verzerrung« der Epoche: »Diese ›Führer‹ hat es nie gegeben [...]«; trotz »aller Feinheiten« künstlerischen Niveaus sei die Lektüre enttäuschend und für die meisten Leser ein Ärgernis. – Der Rezensent (geb. 24.1.1891 in Kronberg/Siebenbürgen, gest. 4.4.1938 in London) war Journalist und Schriftsteller. Er begründete 1913 die Wochenschrift ›Die Weißen Blätter‹ und arbeitete vor der Emigration als Mitarbeiter der ›Literarischen Welt‹ und beim Breslauer Rundfunk.

Berg, Ernst: *Heinrich Mann: Der Kopf.* In: ›Die neue Bücherschau‹. Berlin. Jg. 6, Folge 4 (1926/27), Schrift 1, S. 35–37 [Anfang 1926].

Der Roman erfasse »die Schwächen und Lächerlichkeiten, die Absurditäten und Monstrositäten« der Vorkriegsgesellschaft durch »unerhörte Darstellungskunst«, mit »Bekennermut« und in charakteristischer Weise. *Der Kopf* sei kein faktengetreues, sondern geschichtsdeutendes Kunstwerk. Die Romanhelden, »Geistesaristokrat« jeder, bildeten die

»verkörperte Kritik« des Wilhelminismus. Der Autor wage, »vielleicht zum erstenmal in der Geschichte des Romans«, den Versuch, »eine vollkommen auf sich gestellte geistige Individualität gegen die Welt der Wirklichkeit« kämpfen und an ihr scheitern zu lassen. Die Figur des Terra sei »in der Geschichte der Weltliteratur ohne Parallele«. Dennoch hinterlasse dieser »starre Individualismus« den »Eindruck des Problematischen«. Die Zukunft erst werde zeigen, ob das Publikum Verständnis »für die Tragik im Leben Terras« habe, in der sich »die Tragik des Dichters Heinrich Mann« widerspiegele. – Der Rezensent (geb. 17. 12. 1888 in Kassel, zuletzt erwähnt 1931) war Privatgelehrter jüdischer Herkunft. Er publizierte u. a. Schriften über Lessing, Nietzsche und Schopenhauer.

Bertaux, Félix: *Livres allemands à traduire.*
In: ›Die Literarische Welt‹. Berlin. Jg. 5, Nr. 5 vom 1. Februar 1929, S. 5.

Wie zu vielen anderen Texten der deutschen Literatur werden Übersetzungen des *Zauberberg* und des *Kopf* angemahnt.

Bluth, Edith: *»Der Kopf«.*
In: ›Aufstieg. Zeitschrift des Berliner Abend-Gymnasiums‹. Berlin. Jg. [1], Heft 3, Februar 1929, S. 32 f.

Obwohl der Roman für all jene, »die für die Geschehnisse der Vorkriegszeit nicht unmittelbar verantwortlich sind«, weder »Erholung« noch »Genuß« sei, verdiene *Der Kopf* als mutiger politischer Schlüsselroman »volle Anerkennung«. Er sei eine unerbittliche Anklage der damaligen Realpolitik, der zugleich die Chancen idealistischer Alternativen untersuche. Dass der Dichter Terra, den »Vertreter dieses Prinzips« scheitern lasse, zeuge aber von einem »tiefem Pessimismus« der Erkenntnis, »dass die Mächte schrankenloser Profitgier, Grausamkeit und Dummheit stärker sind als die Humanität«. Bemängelt wird die »Künstlichkeit« der Sprache und »Konstruktion« sowie das eher Marionettenhafte der Figuren. – Im Inhaltsverzeichnis der Zeitschrift ist die Rezensentin als Schülerin der Obertertia und »Direktionssekretärin« erwähnt. Fraglich bleibt, ob es sich um die Journalistin Yehudith Biluth, vormals Judith Bluth (geb. 26. 10. 1895 in Berlin, gest. 1977 in Tel Aviv), handelt.

J. A. B. [d. i. Brandt, Joseph A.]: *Heinrich Mann: »Das Kaiserreich«.*

In: ›Books Abroad‹. Norman/Oklahoma. Jg. 6, Nr. 1, Januar 1932, S. 65.

Zum Anlass der ›2. Auflage‹ wird die *Kaiserreich*-Trilogie als meisterhafte und historischen Darstellungen überlegene Bilanz der letztlich durch das Regime Wilhelms II. geprägten Epoche empfohlen, in welcher Anpassung (Diederich Heßling, Eugen Fischer) oder Überwältigung (Karl Balrich) jeden Idealismus zerstört habe. *Der Kopf* führe an den beiden gegensätzlichen Protagonisten (Wolf Mangolf, Klaus Terra) die Vergeblichkeit vor Augen, den mörderischen ›Siegeszug‹ des Imperialismus zu verhindern oder sich zunutze zu machen. – Der Rezensent ist möglicherweise Joseph Brandt, eig. Samuel Brustein (geb. 1909 in Polen, gest. Juli 1997), der 1924 nach New York ausgewandert war und ab 1937 die Kommunistische Partei in den USA zu organisieren versuchte.

Weiterführende Literatur

Berle, Waltraut: *Heinrich Mann und die Weimarer Republik. Zur Entstehung des politischen Schriftstellers in Deutschland.* Bonn 1983.

Emrich, Elke: *Macht und Geist im Werk Heinrich Manns. Eine Überwindung Nietzsches aus dem Geist Voltaires.* Berlin, New York 1981.

Fontaine, Jork de la: *Heinrich Manns Roman ›Der Kopf‹. Seine Motive und seine Quellen.* Frankfurt a. M. u. a. 1987 (= *Europäische Hochschulschriften* 975).

Gnettner, Ines: *Vorkriegszeit im Roman einer Nachkriegszeit. Studien zu einem ›anderen‹ historischen Roman zwischen Vergangenheitsbewältigung und Zeitkritik in der Weimarer Republik.* Würzburg 1993.

Grollman, Stephen A.: *Heinrich Mann. Narratives of Wilhelmine Germany 1895–1925.* New York [u. a.] 2002 (= *Studies in Themes and Motifs in Literature* 64)

Hardaway, R. Travis: *Heinrich Mann's Kaiserreich-Trilogy and his Democratic Spirit.* In: ›Journal of English and German Philology‹ 53 (1954), S. 319–333.

Haupt, Jürgen: *Heinrich Mann.* Stuttgart 1980 (= *Sammlung Metzler* 189). [zu: *Der Kopf*, S. 80–82]

Holzheimer, Sandro: Allerhöchstes Monstrositätenkabinett. Heinrich Manns politischer Roman *Der Kopf*. In: *Monströse Ordnungen. Zur Typologie und Ästhetik des Anormalen*. Hg. von Achim Geisenhauslüke und Georg Mein. Bielefeld 2009 (= *Literalität und Liminalität* 12), S. 483–500.

Nr. 66
Dienstag, 9. Februar 1926

Berliner Tageblatt

1. Beiblatt
Druck und Verlag von Rudolf Mosse in Berlin.

Die Romanzwillinge.

Zeichnungen und Text von Rudolf Grossmann.

Thomas und Heinrich Mann.

Die Romanzwillinge (1926)

Ihering, Herbert: *Heinrich Mann.* Berlin 195[1]. [zu: *Der Kopf*, S. 72–78]

Imm, Ursula: *Literarischer »Anatomie-Atlas des Reichs«. Untersuchungen zu Heinrich Manns ›Kaiserreich-Trilogie‹: »Der Untertan«, »Die Armen«, »Der Kopf«.* Aachen 1988. [zu: *Der Kopf*, S. 181–245]

Joch, Markus: *Bruderkämpfe. Zum Streit um den intellektuellen Habitus in den Fällen Heinrich Heine, Heinrich Mann und Hans Magnus Enzensberger.* Heidelberg 2000. [zu Heinrich vs. Thomas Mann, S. 145–303]

König, Hanno: *Heinrich Mann. Dichter und Moralist.* Tübingen 1972 (= *Hermea* 31). [zu: *Der Kopf*, S. 135–264]

Kraske, Bernd M. und Gerhard Lellau: *›Der Kopf‹ – ein Antikriegsroman.* In: *Heinrich Mann. Werk und Wirkung.* Hg. von Rudolf Wolff. Bonn 1984, S. 24–52 (= *Sammlung Profile* 7).

Lehnert, Herbert: *Künstler-Führer und Künstler-Narr in Heinrich Manns Werk der Weimarer Republik.* In: *Heinrich Mann. Sein Werk in der Weimarer Republik. Zweites Internationales Symposion Lübeck 1981.* Hg. von Helmut Koopmann und Peter-Paul Schneider. Frankfurt a. M. 1983, S. 85–102.

Lützeler, Paul Michael: *Heinrich Manns »Kaiserreich«-Romane und Hermann Brochs »Schlafwandler«-Trilogie.* In: *Heinrich Mann. Sein Werk in der Weimarer Republik. Zweites Internationales Symposion Lübeck 1981.* Hg. von Helmut Koopmann und Peter-Paul Schneider. Frankfurt a. M. 1983, S. 183–210.

Martin, Ariane: *Drei Dichter und ein Journalist. Harden, Wedekind und die Brüder Mann.* In: *Frank Wedekind, Thomas Mann, Heinrich Mann. Briefwechsel mit Maximilian Harden.* Hg., kommentiert und mit einem einleitenden Essay von A. M. Darmstadt 1996, S. 9–47.

Müller-Seidel, Walter: *Justizkritik im Werk Heinrich Manns. Zu einem Thema der Weimarer Republik.* In: *Heinrich Mann. Sein Werk in der Weimarer Republik. Zweites Internationales Symposion Lübeck 1981.* Hg. von Helmut Koopmann und Peter-Paul Schneider. Frankfurt a. M. 1983, S. 103–127. [zu: *Der Kopf*, S. 80–82]

Prohl, Jürgen: *Heinrich Manns Romantrilogien und seine geistes- und literaturgeschichtliche Bedeutung für die Entwicklung der deutschen Romantrilogie.* In: ›Heinrich Mann – Jahrbuch‹ 4/1986, S. 3–38.

Rösch, Gertrud Maria: *Ein Maskenball um den Fürsten Bülow. Verschlüsselung und Intertextualität in Heinrich Manns Roman ›Der Kopf‹ (1925).* In: ›Heinrich Mann – Jahrbuch‹ 21–22/2003–04, S. 97–109.

Schöll, Norbert: *Vom Bürger zum Untertan. Zum Gesellschaftsbild im bürgerlichen Roman.* Düsseldorf 1973 (= *Literatur in der Gesellschaft* 17). [zu: *Der Kopf*, S. 98–105]

Schröter, Klaus: *Zwischen Autobiographie und Zeitgeschichte. Zu Heinrich Manns Roman ›Der Kopf‹.* In: *Heinrich Mann. Sein Werk in der Weimarer Republik. Zweites Internationales Symposion Lübeck 1981.* Hg. von Helmut Koopmann und Peter-Paul Schneider. Frankfurt a. M. 1983, S. 169–181.

Segelcke, Elke: *Heinrich Manns Beitrag zur Justizkritik der Moderne. Zu den ideengeschichtlichen Grundlagen des Rechtsdenkens in seinem Werk.* Bonn 1989. [zu: *Der Kopf*, S. 140–152]

Serebrov, Nikolai: *Heinrich Manns Antikriegsroman ›Der Kopf‹.* In: ›Weimarer Beiträge‹ 8 (1962), S. 1–33.

Stein, Peter: *Heinrich Mann.* Stuttgart, Weimar 2002 (= *Sammlung Metzler* 340). [zu: *Der Kopf*, S. 96–100]

Strempfl, Heimo: *Die Blutspur. Zur Darstellung der Kontinuität von Kaiserreich und Weimarer Republik in Heinrich Manns Roman ›Der Kopf‹*. Frankfurt a. M. u. a. 1993 (= *Europäische Hochschulschriften* 1367).

Tenckhoff, Jörg: *Heinrich Mann und das Recht.* In: ›Heinrich Mann – Jahrbuch‹ 12/1994, S. 65–94.

Werner, Renate: *Skeptizismus, Ästhetizismus, Aktivismus. Der frühe Heinrich Mann.* Düsseldorf 1972. [zu: *Der Kopf*, S. 247–268]

Weisstein, Ulrich: *Heinrich Mann. Eine historisch-kritische Einführung in sein dichterisches Werk.* Tübingen 1962. [zu: *Der Kopf*, S. 130–141]

Wißkirchen, Hans: *»Brüderliche Arbeitsteilung«? Heinrich Mann ›Der Kopf‹ und Thomas Mann ›Der Zauberberg‹.* In: ›Heinrich Mann – Jahrbuch‹ 12/1994, S. 235–255.

Siglenverzeichnis

Brantl-Briefe
Heinrich Manns Briefe an Maximilian Brantl. Hg. von Ulrich Dietzel. In: ›Weimarer Beiträge‹ 14 (1968), H. 2, S. 393–422

Bertaux-Briefwechsel
Heinrich Mann/Félix Bertaux: *Briefwechsel 1922–1948*. Mit einer Einleitung von Pierre Bertaux. Auf der Grundlage der Vorarbeiten von Sigrid Anger, Pierre Bertaux und Rosemarie Heise bearbeitet von Wolfgang Klein. Frankfurt am Main: S. Fischer 2002 (= Heinrich Mann: *Gesammelte Werke in Einzelbänden.* Hg. von Peter-Paul Schneider)

Ewers-Briefe
Heinrich Mann: *Briefe an Ludwig Ewers 1889–1913*. Hg. von Ulrich Dietzel und Rosemarie Eggert. Berlin: Aufbau-Verlag 1980

GKFA
Thomas Mann: *Große kommentierte Frankfurter Ausgabe. Werke – Briefe – Tagebücher.* Herausgegeben von Heinrich Detering, Eckhard Heftrich, Hermann Kurzke, Terence J. Reed, Thomas Sprecher, Hans R. Vaget, Ruprecht Wimmer in Zusammenarbeit mit dem Thomas-Mann-Archiv der ETH, Zürich. Frankfurt am Main: S. Fischer 2002 ff.

HM-Dok
Heinrich Mann 1871–1950. Werk und Leben in Dokumenten und Bildern. Mit unveröffentlichten Manuskripten und Briefen aus dem Nachlaß. Geleitwort von Alexander Abusch. Hg. von der Deutschen Akademie der Künste zu Berlin anläßlich der Ausstellung zu seinem 100. Geburtstag. Ausstellung und Katalog: Sigrid Anger unter Mitarbeit von Rosemarie Eggert und Gerda Weißenfels. Berlin und Weimar 1971

HMA/HMS
Heinrich-Mann-Archiv der Akademie der Künste, Berlin; HMA = Heinrich Manns Nachlaß; HMS = Heinrich-Mann-Sammlung des Archivs

HM/TM-Katalog
Heinrich und Thomas Mann. Ihr Leben und Werk in Text und Bild. Katalog zur ständigen Ausstellung im Buddenbrookhaus. Hg. von Eckhard Heftrich, Peter-Paul Schneider, Hans Wißkirchen. Lübeck 1994

Schnitzler-Tagebuch
Arthur Schnitzler: *Tagebuch 1923–1926.* Unter Mitwirkung von Peter Michael Braunwarth, Susanne Pertlik und Reinhard Urbach herausgegeben von der Kommission für literarische Gebrauchsformen der Österreichischen Akademie der Wissenschaften. Wien 1995

StE
Heinrich Mann, *Studienausgabe in Einzelbänden.* Hg. von Peter-Paul Schneider. Frankfurt am Main: Fischer Taschenbuch Verlag 1986 ff.

TM/HM
Thomas Mann/Heinrich Mann: *Briefwechsel 1900–1949.* Hg. von Hans Wysling. 3., erweiterte Ausgabe. Frankfurt am Main: Fischer Taschenbuch Verlag 2005

Tucholsky-Briefe
Michael Stark: *»Ihre Briefe sind selten ...« Neuigkeiten zum Briefwechsel zwischen Heinrich Mann und Kurt Tucholsky.* In: ›Arbeitskreis Heinrich Mann Mitteilungsblatt‹, Nr. 17 (1982), S. 64–87

Abbildungsverzeichnis

Seite 224/225:
Notizen Heinrich Manns zu *T.[erra] gegen die Todesstrafe* [vgl. S. 220 ff.]
(auf der Rückseite eines Briefes der Agentur Knobloch an Heinrich Mann vom 23. Januar 1920)
HMA 11, Mappe 9

Seite 372/373:
Notizen Heinrich Manns *Auftritt S[einer] M[ajestät]/ Disposition* [vgl. S. 371 ff.]
(auf der Rückseite eines Briefes der ›Neuen Freien Presse‹ (Wien) an Heinrich Mann vom 21. September 1922)
HMA 11, Mappe 2

Seite 399:
Notizen Heinrich Manns *System Lannas* [vgl. S. 398 ff.]
(auf der Rückseite eines Briefes des Kurt Wolff Verlags an Heinrich Mann vom 13. Dezember 1919)
HMA 11, Mappe 12

Seite 651:
Letzte Seite des Manuskripts
HMA 8

Seite 654:
Heinrich Mann (um 1917)
Foto: Erna M. Kollstede, Phot. Atelier, München, Karlsplatz 20/4
HMS 5736

Seite 666:
Félix Bertaux und Heinrich Mann (Ende August 1927)
HMS 6031

Seite 669:
Thomas Mann (um 1920)
HMS 5751

Seite 674:
Frank Wedekind (um 1906)
Porträt-Postkarte, Hof-Atelier Elvira, München
(auf der Rückseite: Grethe Wilm an Martha Hauptmann, 13. März 1906)
Carl-Hauptmann-Archiv, Akademie der Künste, Berlin, Sign. K 169

Seite 680:
Heinrich Mann (1925)
HMS 6524

Seite 683:
Notizen und Lage-Skizze Heinrich Manns zum Salon Altgott ... *bis zum Auftritt des Kaisers* [vgl. S. 341 ff.]
(auf der Rückseite eines Briefes des Rhein Verlags an den Kurt Wolff Verlag vom 3. August 1921)
HMA 11, Mappe 2

Seite 685:
Maximilian Harden
akg-images

Seite 687:
Kriegsverbrechen der Schwerindustrie (1919)
Ausschnitt aus ›Münchener Post‹, 33. Jg., Nr. 269 vom 19. November 1919, 2. Seite mit eigenhändigen Vermerken Heinrich Manns
HMA 11, Mappe 30

Seite 691:
Früherer Romanschluss [vgl. S. 650 und S. 690]
Faksimile in: *Dichtung und Dichter der Zeit. Eine Schilderung der deutschen Literatur der letzten Jahrzehnte. Neue Folge: Im Banne des Expressionismus.* Leipzig: Voigtländer 1925, S. 83
Sammlung Peter-Paul Schneider

Seite 695:
Ausriss aus bislang nicht identifizierbarer Zeitung mit dem eigenhändigen Vermerk Heinrich Manns *Goethe – Lannas* [siehe dazu S. 211 f.]
HMA 11, Mappe 5

Seite 699:
Schutzumschlag der Erstausgabe
Sammlung Peter-Paul Schneider

Seite 705:
Erste Seite des Manuskripts mit dem Titel *Die Blutspur*
HMA 9

Seite 708:
Erste Seite aus dem Notizbuch Heinrich Manns mit dem ersten Entwurf zum Roman *Der Kopf*
Feuchtwanger Memorial Library, University of Southern California, Los Angeles, Heinrich Mann Collection, Box 10, Folder 7

Seite 716:
Heinrich Mann (um 1920)
Porträt-Postkarte des Pallas Verlages, Jena
(auf der Rückseite: Heinrich Mann an Maximilian Brantl, 7. März 1920)
HMS 4978

Seite 718:
Heinrich Mann (1921)
HMA 3676

Seite 720/721:
Einladungskarte des Kurt Wolff Verlags zum 50. Geburtstag Heinrich Manns (1921)
Schiller-Nationalmuseum/Deutsches Literaturarchiv, Marbach am Neckar, A:Heinrich Mann, Zeitungsausschnitt-Sammlung

Seite 727:
Seite 24 aus dem Notizbuch Heinrich Manns mit dem ersten Entwurf zum Roman *Der Kopf* mit der Lageskizze eines Schauplatzes
Feuchtwanger Memorial Library, University of Southern California, Los Angeles, Heinrich Mann Collection, Box 10, Folder 7

Seite 729:
Félix Bertaux, Pierre Viénot, Heinrich Mann in Pontigny (Ende August 1923)
HMA 3704

Seite 733:
Einband der Erstausgabe von *Diktatur der Vernunft* (1923)
Sammlung Peter-Paul Schneider

Seite 745:
George Grosz: Titel-Illustration zu *Kobes* (1925)
Schiller-Nationalmuseum/Deutsches Literaturarchiv, Marbach am Neckar, Bibliothek

Seite 749:
Heinrich Mann am Strand von Riccione (August 1924)
HMA 3684

Seite 758:
Heinrich Mann (Prag, 1924)
Foto: Drtikol & Pol., Praha 1924
(auf der Rückseite: Heinrich Mann an Filip Kahn, 18. Februar 1924)
HMA 3683

Seite 777:
Umberto Tirelli: Il Kaiser Guglielmo II° [Dalla serie/*Protagonisti*] [vgl. S. 374]
In: Enrico Gianeri: Umberto Tirelli (1871–1954). Tolentino 1967 [= IV. Bienale dell'Umorismo nell'Arte], o. S. – Auch in: Friedrich Wendel: *Wilhelm II. in der Karikatur*. Dresden: Artemis 1928, S. 50

Seite 822:
Eigenhändiges Manuskript *Der Kopf* (1937)
HMA 304

Seite 837:
Eigenhändiges Manuskript der Einführung zu einer Lesung aus dem 2. Kapitel des 2. Teils [vgl. S. 371 ff. und S. 690]
HMA 10

Seite 862:
Die Romanzwillinge (1926)
Schiller-Nationalmuseum/Deutsches Literaturarchiv, Marbach am Neckar, A:Heinrich Mann, Zeitungsausschnitt-Sammlung

Zeittafel

1870/1871	Französisch-Deutscher Krieg. Gründung des Deutschen Reiches unter preußischer Vorherrschaft (18. 1. 1871). Bismarck Reichskanzler
1871	Luiz Heinrich Mann am 27. März als erstes Kind des Kaufmanns Thomas Johann Heinrich Mann und seiner Ehefrau Julia, geb. da Silva-Bruhns, Tochter eines aus Lübeck stammenden Plantagenbesitzers und einer Deutsch-Brasilianerin, in Lübeck geboren
1875	Geburt des Bruders Thomas
1877	Wahl des Vaters zum Senator von Lübeck
1878–1890	Sozialistengesetz
1884	Reise nach St. Petersburg
Seit 1885	Erste erzählerische, seit 1887 erste poetische Versuche
1889	Abgang vom Gymnasium (»Katharineum«) aus Unterprima. Ab Oktober: Buchhandelslehrling bei Zahn und Jaensch in Dresden. Heinrich Manns erste Veröffentlichung einer Erzählung in den ›Lübeckischen Nachrichten‹
1890	Entlassung Bismarcks
1891–1892	Ab April: Volontär im S. Fischer Verlag, Berlin. Studien an der Friedrich-Wilhelms-Universität. Erste Rezensionen in der Zeitschrift ›Die Gesellschaft‹

1891	13. Oktober: Tod des Vaters (geb. 1840). Liquidierung der Firma Johann Siegmund Mann. Erste Rezensionen in ›Die Gesellschaft‹
1892	Sanatoriumsaufenthalt nach Lungenblutung in Berlin; danach Kuraufenthalte in Wiesbaden, im Schwarzwald und in Lausanne. Rezensionen in ›Die Gegenwart‹
1893	Übersiedlung der Familie nach München Reisen nach Paris, Italien
1894	*In einer Familie*, Roman
1895–1896	Herausgeber der Monatsschrift ›Das Zwanzigste Jahrhundert. Blätter für deutsche Art und Wohlfahrt‹
1895–1898	Aufenthalt in Rom und Palestrina, zeitweilig zusammen mit dem Bruder Thomas *Im Schlaraffenland* begonnen Erste Notizen zu den *Göttinnen*
1897	*Das Wunderbare und andere Novellen*
1898	*Ein Verbrechen und andere Geschichten*
1899–1914	Ohne festen Wohnsitz. Aufenthalte in München, Berlin, meistens in Italien, oft in Riva am Gardasee im Sanatorium von Dr. von Hartungen, und an der Côte d'Azur
1900	*Im Schlaraffenland. Ein Roman unter feinen Leuten*
1902	*Das Strumpfband*, Drama (erschienen und uraufgeführt 1965)
1903	*Die Göttinnen oder Die drei Romane der Herzogin von Assy* *Die Jagd nach Liebe*, Roman
1905	*Flöten und Dolche*, Novellen *Professor Unrat oder das Ende eines Tyrannen*, Roman

Eine Freundschaft: Gustave Flaubert und George Sand, Essay
Übersetzung von Choderlos de Laclos' *Gefährliche Freundschaften*
Bekanntschaft mit Inés (Nena) Schmied (die Verlobung wird 1909 wieder gelöst)

1906 Erste Notizen zum *Untertan*
Drei Novellenbände: *Schauspielerin, Stürmische Morgen, Mnais und Ginevra*

1907 *Zwischen den Rassen*, Roman

1908 *Gretchen*, Novelle aus dem Stoffkreis des *Untertan. Die Bösen*, Novellen

1909 *Die kleine Stadt*, Roman

1910–1913 Jährliche Uraufführungen der Schauspiele Heinrich Manns in Berlin

1910 *Französischer Geist* (später *Voltaire – Goethe); Geist und Tat*, kulturpolitische Essays
Das Herz, Novellen
Dramatisierung der Novellen *Der Tyrann* (Uraufführung am 2. März am Neuen Deutschen Theater, Prag) und *Die Unschuldige* (Uraufführung am 21. November am Kleinen Theater Unter den Linden, Berlin)
30. Juli: Freitod der Schwester Carla (geb. 1881)
Varieté, Einakter (Uraufführung – zusammen mit *Der Tyrann* und *Die Unschuldige* – am 21. November am Kleinen Theater Unter den Linden, Berlin)

1911 *Die Rückkehr vom Hades*, Novellen
Schauspielerin, Drama (Buchausgabe und Uraufführung am 6. November am Theater in der Königsgrätzer Straße, Berlin)

1912	Beginn der Niederschrift von *Der Untertan*
	Die große Liebe, Drama (Buchausgabe)
1913	Bekanntschaft mit der Prager Schauspielerin Maria (Mimi) Kanová während der Proben zu *Die große Liebe* am Lessing-Theater, Berlin (Uraufführung: 8. Februar)
	Madame Legros, Drama (Buchausgabe)
1914	*Der Untertan* als Fortsetzungsroman in ›Zeit im Bild‹
	12. August: Heirat mit Maria (Mimi) Kanová. Wohnsitz in München
	13. August: Abbruch des Vorabdrucks nach Beginn des Ersten Weltkrieges. Weiterer Abdruck der russischen Übersetzung bis Oktober in Petersburg (›Sowremennyj Mir‹)
1915	Russische Buchausgabe des *Untertan*
	Konflikt mit dem Bruder. Abbruch der Beziehungen nach dem Erscheinen von Thomas Manns *Gedanken im Kriege*
	Zola, Essay; in ›Die Weißen Blätter‹, herausgegeben von René Schickele
1916	*Der Untertan*, Privatdruck in etwas mehr als 10 Exemplaren
	10. September: Geburt der Tochter Henriette Maria Leonie (Goschi)
1917	*Die Armen*, Roman
	Brabach, Drama (Buchausgabe; Uraufführung: 1919)
	Madame Legros an den Münchener Kammerspielen (19. Februar) sowie am Stadttheater Lübeck (20. Februar) uraufgeführt und kurz darauf am Lessing-Theater in

Berlin (Premiere: 26. April) mit großem Erfolg gespielt
Versuch einer Versöhnung mit Thomas Mann

1918 Grabrede auf Frank Wedekind (gest. 9. März)
Ende des Ersten Weltkrieges. Abdankung Wilhelms II. Novemberrevolution in Deutschland
Mitarbeit Heinrich Manns im ›Politischen Rat geistiger Arbeiter‹ in München
Der Untertan, Roman (Buchausgabe)
Beginn der Arbeit am Roman *Der Kopf*

1919 Ermordung Karl Liebknechts und Rosa Luxemburgs.
Friedrich Ebert Reichspräsident. Beginn der Weimarer Republik (Weimarer Reichsverfassung)
Macht und Mensch, Essays (gewidmet *Der Deutschen Republik)*
Gedenkrede für Kurt Eisner, den ermordeten Ministerpräsidenten der bayerischen Räterepublik
Uraufführung von *Brabach* am Münchener National- [vormals: Hof- bzw. Residenz-] Theater (22. November)

1920 *Die Ehrgeizige*, Novelle
Uraufführung von *Der Weg zur Macht* am Münchener National- [vormals: Hof- bzw. Residenz-] Theater (21. Oktober)
In den folgenden Jahren wachsende publizistische Tätigkeit

1921 *Die Tote und andere Novellen*

1922 Nach schwerer Krankheit und Operation Aussöhnung mit Thomas Mann

Bekanntschaft mit dem französischen Germanisten Félix Bertaux

Rapallo-Vertrag zwischen Deutschland und der UdSSR

1923 Ruhrbesetzung, Generalstreik. Putschversuch der Nationalsozialisten im November in München. Adolf Hitler wird 1924 zur Festungshaft in Landsberg am Lech verurteilt. Inflation und erster Nachkriegsbesuch Heinrich Manns in Frankreich (Teilnahme an den ›Entretiens de Pontigny‹)

Rede bei der Verfassungsfeier in der Staatsoper Dresden

11. März: Tod der Mutter Julia (geb. 1851).

Diktatur der Vernunft, Reden und Aufsätze

1924 Reise in die Tschechoslowakei, Begegnung mit Tomás G. Masaryk auf Schloss Lány bei Prag

Abrechnungen, Novellen

Der Jüngling, Novellen

Das gastliche Haus, Komödie (Buchausgabe; Uraufführung: 1927)

1925–1932 *Gesammelte Werke in 13 Bänden* im Paul Zsolnay Verlag, Wien

1925 Zweite Frankreichreise nach dem Krieg, erste Impulse für den *Henri Quatre* in den Pyrenäen und in Pau

Der Kopf, Roman

Kobes, Novelle

Tod Friedrich Eberts. Hindenburg zum Reichspräsidenten gewählt.

Zusammenfassung der Romane *Der Untertan, Die Armen, Der Kopf* zur *Kaiser-*

reich-Trilogie, der *Romane der deutschen Gesellschaft im Zeitalter Wilhelms II.*

1926 Wahl zum Mitglied der Preußischen Akademie der Künste zu Berlin, Sektion Dichtkunst am 27. Oktober
Liliane und Paul, Novelle

1927 Uraufführung der Komödie *Das gastliche Haus* an den Münchener Kammerspielen (21. Januar)
Verstärktes Wirken für eine Verständigung zwischen Deutschland und Frankreich
Rede im Trocadéro, Paris, zum 125. Geburtstag von Victor Hugo
Begegnungen Gustav Stresemanns mit Aristide Briand
Freitod der Schwester Julia (geb. 1877)
Mutter Marie, Roman

1928 Trennung von Maria Mann, Übersiedlung nach Berlin
Vorsitzender des Volksverbandes für Filmkunst
Eugénie oder Die Bürgerzeit, Roman
Bibi, Singspiel (Uraufführung im Theater am Palmenhaus, Berlin, am 22. Oktober)

1929 Bekanntschaft mit Nelly Kröger, seiner späteren zweiten Frau
Sie sind jung, Novellen (mit dem Singspiel *Bibi*)
Sieben Jahre. Chronik der Gedanken und Vorgänge (1921–1928), Essays
Weltwirtschaftskrise

1930 Scheidung von Maria Mann
›Der blaue Engel‹, Verfilmung des Romans *Professor Unrat* u. a. mit Marlene Dietrich und Emil Jannings

Die große Sache, Roman

1931 Wahl zum Präsidenten der Sektion Dichtkunst bei der Preußischen Akademie der Künste. Feier in Berlin zu Heinrich Manns 60. Geburtstag mit Reden von Gottfried Benn, Lion Feuchtwanger, Adolf Grimme, Max Liebermann und Thomas Mann. Teilnahme an einem internationalen Schriftstellerkongress in Paris. Gespräch mit Aristide Briand. Rede im Admiralspalast zur deutsch-französischen Verständigung

Geist und Tat. Franzosen 1780–1930, Essays

1932 Wiederwahl Hindenburgs zum Reichspräsidenten

Ein ernstes Leben, Roman

Das öffentliche Leben, Essays

Das Bekenntnis zum Übernationalen, Essay

Beginn der Arbeit am *Henri Quatre*

1932/1933 Unterzeichnung von Aufrufen zur Aktionseinheit von KPD und SPD gegen die Nationalsozialisten, gemeinsam mit Käthe Kollwitz und Albert Einstein

1933 30. Januar: Hitler Reichskanzler

15. Februar: Ausschluss mit Käthe Kollwitz aus der Akademie der Künste

21. Februar: Flucht nach Frankreich über Frankfurt am Main, Kehl am Rhein und Straßburg

25. August: Aberkennung der deutschen Staatsbürgerschaft

Der Haß. Deutsche Zeitgeschichte, Essays

1933–1940 Wohnsitz in Sanary-sur-Mer, dann in Nizza. Reisen nach Prag, Genf und Zürich. Po-

litische Artikel in der ›Dépêche de Toulouse‹.
Vorsitzender des Vorbereitenden Ausschusses der deutschen Volksfront, Ehrenpräsident des 1933 gegründeten Schutzverbandes Deutscher Schriftsteller (SDS). Antifaschistische Flug- und Tarnschriften

1934 10. Mai: Heinrich Mann Präsident der Deutschen Freiheitsbibliothek
Der Sinn dieser Emigration, Essays

1935 Juni: Rede auf dem Internationalen Schriftstellerkongress zur Verteidigung der Kultur in Paris
Die Jugend des Königs Henri Quatre, Roman

1936 Heinrich Mann wird ebenso wie sein Bruder Thomas tschechoslowakischer Staatsbürger. Beginn des Spanischen Bürgerkriegs
Es kommt der Tag. Deutsches Lesebuch, Essays

1937 10./11. April: Volksfrontkonferenz in Paris, Eröffnungsansprache Heinrich Manns

1938 Münchener Abkommen
Die Vollendung des Königs Henri Quatre, Roman

1939 *Mut*, Essays; *Nietzsche* (Kommentar zu einer Auswahl)
9. September: Heirat mit Nelly (Emmy) Kröger in Nizza
Hitler-Stalin-Pakt. Ausbruch des Zweiten Weltkriegs

1940 Kapitulation Frankreichs vor den Hitler-Truppen

	Flucht zusammen mit Nelly und Golo Mann sowie Franz und Alma Werfel über Spanien und Portugal in die USA. Aufenthalte in New York, Princeton, Hollywood, Wohnsitz in Los Angeles und Santa Monica bis zum Tod
1941	Beginn der Arbeit an dem szenischen Roman (»Filmroman«) *Die traurige Geschichte von Friedrich dem Großen* und am Roman *Empfang bei der Welt*
	Verschleppung Maria Manns ins KZ Theresienstadt
1943	Ehrenpräsident des Lateinamerikanischen Komitees der Freien Deutschen
	Lidice, Roman
1944	*Ein Zeitalter wird besichtigt* im Manuskript abgeschlossen
	17. Dezember: Freitod Nelly Manns (geb. 1898)
1945	Bedingungslose Kapitulation Deutschlands
	Klaus Mann bringt die gesundheitlich schwer geschädigte Maria Mann aus dem KZ Theresienstadt nach Prag zurück
1946	*Ein Zeitalter wird besichtigt*, Autobiographie
1947	Ehrendoktor der Humboldt-Universität Berlin
	Tod Maria Manns in Prag (geb. 1886)
1949	21. April: Tod des jüngsten Bruders Viktor (geb. 1890)
	25. April: Nationalpreis I. Klasse für Kunst und Literatur der DDR
	21. Mai: Freitod von Klaus Mann (geb. 1906) in Cannes
	Der Atem, Roman

1950	Berufung Heinrich Manns zum ersten Präsidenten der neugegründeten Akademie der Künste zu Berlin/DDR. Vorbereitung zur Rückkehr mit dem polnischen Dampfer ›Batory‹ 11. März: Tod Heinrich Manns um 23.28 Uhr in Santa Monica bei Los Angeles
1951	DEFA-Verfilmung von *Der Untertan*
1955	Thomas Mann stirbt am 12. August
1956	*Empfang bei der Welt*, Roman
1958/1960	*Die traurige Geschichte von Friedrich dem Großen*, szenisches Romanfragment
1961	Überführung der Urne Heinrich Manns von Kalifornien nach Prag 25. März: Überführung der Urne nach Berlin und Beisetzung auf dem Dorotheenstädtischen Friedhof in Anwesenheit von Leonie Mann

Heinrich Mann
Studienausgabe in Einzelbänden

Herausgegeben von Peter-Paul Schneider

Der Atem
Roman. Band 5937

Die Armen
Roman. Band 12432

Empfang bei der Welt
Roman. Band 5930

Ein ernstes Leben
Roman. Band 5932

Es kommt der Tag
Essays. Band 10922

Flöten und Dolche
Novellen. Band 5931

Geist und Tat
Essays. Band 12860

Der Haß
Essays. Band 5924

Die Göttinnen
Die drei Romane der Herzogin von Assy
I. Band: Diana
Band 5925

Die Göttinnen
II. Band: Minerva
Band 5926
III. Band: Venus
Band 5927

Im Schlaraffenland
Ein Roman unter feinen Leuten
Band 5928

Die Jagd nach Liebe
Roman. Band 5923

Die Jugend des Königs Henri Quatre
Roman. Band 10118

Die Vollendung des Königs Henri Quatre
Roman. Band 10119

Die kleine Stadt
Roman. Band 5921

Macht und Mensch
Essays. Band 5933

Madame Legros I/II
Sämtliche Schauspiele.
Band 16712/13

Mut
Essays. Band 5938

Professor Unrat oder Das Ende eines Tyrannen
Roman. Band 5934

Sieben Jahre Chronik der Gedanken und Vorgänge
Essays. Band 11657

Stürmische Morgen
Novellen. Band 5936

Der Untertan
Roman. Band 10168

Ein Zeitalter wird besichtigt
Band 5929

Zwischen den Rassen
Roman. Band 5922

Fischer Taschenbuch Verlag

fi 555 077 / 2

Heinrich Mann

Der Untertan

Band 90026

Nach oben buckeln und nach unten treten: Natürlich kann man den ›Untertan‹ als brillante Satire auf eine hinter uns liegende Zeit lesen, als hellsichtige Studie über die Vorgeschichte des Nationalsozialismus, als großartiges Zeugnis eines Autors und Demokraten, der mit seiner Hauptfigur den Inbegriff des autoritätsgläubigen Spießers dargestellt hat. Das Buckeln und Treten aber ist auch heute weit verbreitet. Und auch wenn es sich vor allem in Wohnzimmern und Büros abspielt, kann man von Heinrich Mann lernen, wie politisch dieses scheinbar so Private ist.

Fischer Taschenbuch Verlag

fi 90026 / 1

Heinrich Mann

Die kleine Stadt

Roman

Band 90231

Eine kleine italienische Stadt gerät durch die Ankunft einer Theatergruppe in Verwirrung und Aufruhr. Kunst, so Heinrich Manns tiefe Überzeugung, kann befreiend wirken, kann Empörung, Diskussion, Begeisterung auslösen – und fördert dadurch Menschlichkeit und Demokratie. Für heutige Ohren mag das allzu optimistisch klingen. Noch immer aber ist dieser Roman eine wunderbare Medizin gegen Zynismus und Melancholie.

Fischer Taschenbuch Verlag

fi 90231 / 1

Heinrich Mann
Félix Bertaux
Briefwechsel 1922 – 1948
Mit einer Einleitung von Pierre Bertaux
Im Anhang noch aufgenommen:
Neue aufgefundene Briefe von Félix und Pierre Bertaux
800 Seiten, Leinen, Fadenheftung

»Die Aufschlusskraft dieses Briefwechsels ist kaum zu überschätzen. Keine andere Quelle vermittelt uns über diesen gesamten Zeitraum so ungeschützte Einsichten in Heinrich Manns Wahrnehmung seiner selbst, seines Werkes, seiner politischen und künstlerischen Lebensumstände.«
Heinrich Detering

»... das einzigartige Dokument einer deutsch-französischen Freundschaft in schwierigen Zeiten.«
Wilfried F. Schoeller, Süddeutsche Zeitung

Der Band enthält mehr als 200 unbekannte Briefe aus dem Nachlass Heinrich Manns.

S. Fischer

fi 1-048500 / 1

Thomas Mann / Heinrich Mann

Briefwechsel 1900 - 1949

Herausgegeben von Hans Wysling

Band 12297

Der Dialog der beiden großen Brüder war oft Disput. Unterschiede des Temperaments und der Moralität führten zu einer »repräsentativen Gegensätzlichkeit«, die sich zunächst in der Kunstauffassung, dann vor allem in den politischen Anschauungen der beiden offenbarte. Im Ersten Weltkrieg kam es zum Bruch, als sich Heinrich in seinem ›Zola‹-Essay gegen den Bruder wandte und dieser sich in den ›Betrachtungen eines Unpolitischen‹ zur Wehr setzte. Bei einer schweren Erkrankung Heinrichs 1922 bahnte sich die Versöhnung an, die zu mehr als einem »modus vivendi« kaum führen konnte. Als Thomas 1946 schwer erkrankte, bekannte ihm Heinrich, er empfände es als müßig, weiterzuleben ohne ihn. Diese sehr menschlichen Dokumente sind zugleich literarische Zeugnisse: sie enthalten Kommentare und Selbstinterpretationen zu fast allen großen Werken.

Fischer Taschenbuch Verlag

fi 12297 / 1